KB203657

만년 두류산(지리산)에 오기 전 청매선사가 머물렀던 변산 월명암

월명암에서 바라다본 의상봉 전경

의 입으로 말하고 관음(觀音)의 귀로 듣되 나귀의 발 아수라의 손을 써서 이 세간의 중생을 건져주는 분이다. 이렇듯 우리 불교의 역사에 불조(佛祖)의 정법안장(正法眼藏)을 짊어지되 자비 인욕의 행을 나투는 대조사가 있었을까. 아마 중국 남북조시기 대성사이신 남악혜사선사(南岳慧思禪師)같은 법화행(法華行)의 보디사트바가 그런 분이 아닐까 한다.

아! 학담의 청매선사의 게송에 대한 평창에 조그마한 아름다움이 있다면 그를 알아줄 이도 청매선사일 것이고 작은 허물이라도 있다면 그를 꾸짖을 이도 청매선사일 것이다.

불기 2565년 신축(辛丑) 11월 10일
청매집 평창자 학담 합장

『청매집』의 재판을 발간하며

　청매인오선사(靑梅印悟禪師)의 문집 발간은 연곡사(燕谷寺) 도량불사의 인연과 더불어 집필 당시 한국사회 큰 변화의 흐름과 함께하였다. 『소요집』을 집필할 때는 한국사회가 변화와 개혁을 요구하는 대중의 함성으로 온통 시끄러울 때였다. 이른바 광화문 촛불 시위가 한창일 때였다. 촛불의 민심으로 개혁정부가 출범한 이후 나는 청매(靑梅)조사의 어록을 안고 진영 논리에 갇힌 개혁의 주장이 한계에 봉착하리라는 뜻을 펴며, 개혁 또한 개혁되어야 한다고 말한 바 있다. 교육자도 교육되어야 하듯 개혁도 개혁되어야 하며 있음[有]의 실체성이 부정되어야 하듯 공(空)도 다시 공해야[亦空] 삶의 진실이 실현된다.

　청매조사는 사회의 불의와 악, 지옥 같은 전쟁의 한복판에서 지옥불과 싸우면서도 자기에게 돌아올 한 톨의 쌀, 한 오라기 실도 탐하지 않고 시대의 고통과 싸웠다. 이제 연곡사에 세워지는 사적비가 자기 삶을 송두리 채 바쳐 구세의 원력[救世願力]으로 돌이킨 청매선사를 연곡 도량에 길이 모시는 역사의 금자탑이 될 것이다.

　소요선사가 조사선(祖師禪)의 가풍을 떨치되 경전의 가르침과 제종(諸宗)의 종지를 본분(本分)의 일착자(一着子)에 거두어서 떨치고 있다면, 청매선사는 살불살조(殺佛殺祖) 조사선의 가풍에 더 충실한 선사다. 또 선사는 서산(西山)·사명(四溟) 두 조사와 함께 직접 창과 활을 들고 임진전쟁의 한가운데서 외적과 싸운 조사이다. 문집 가운데는 과거 조사 가운데도 이렇게 살생업을 짊어진 조사가 있었을까 라고 하며 스스로 가슴을 치며 한탄하는 대목이 나온다. 청매선사는 세상이 아수라의 업으로 싸우면 아수라의 업을 짊어지고 아수라의 세계에 가서 그 중생을 건져내며, 세상이 화탕지옥의 업으로 불타면 화탕에 가서 불에 타는 중생을 건져내는 자비 인욕의 보디사트바이다. 옛 선사의 말을 빌면, 청매선사는 붇다

11

군림하며, 자기문파 세력확장에 급급한 도인불교(道人佛敎)를 넘어 이 땅에 자기해탈과 역사해탈을 함께 행하는 보디사트바(bodhi-sattva) 마하사트바(mahā-sattva)의 출현을 기대한다.

나무 마이트레야 보디사트바 마하사트바!

끝으로 평창자 학담이 청매선사께 바치는 한 게송으로, 긴 청매인오선사문집 평창작업에 마침표를 찍는다.

　　　푸른 매화로 깨달음을 도장 찍음이여
　　　만 가지 모습이 참되고 항상함 드러내네
　　　두 개울의 물이 흐름이여
　　　꽃이 피니 향냄새 방위 없어라

　　　靑梅印悟兮　萬像現眞常
　　　雙溪水流兮　花開香無方

　　　　　　　　　　　2017년 8월 서울 숭인동 동묘 토굴에서
　　　　　　　　　　　　　　학담(鶴潭) 합장

곳곳에 도사리고 있는 패권적 문화, 이것만이 옳고 다른 것은 그르다는 종교적·사상적 독선주의이다.

학담은 이러한 사유의 흐름 속에서 그 폐단 극복의 사상적 대안으로 원효대사(元曉大師)의 화쟁(和諍)을 찾아내고, 『평석 아함』 집필 이후 「원효대승기신론소(元曉大乘起信論疏)」 해석 작업을 1년 가까이 진행하였다. 일천 쪽에 가까운 번역과 해석작업을 마치고 마지막 출판 단계에서 나는 또 다시, 학담의 선(禪)적 사상[敎]적 고투의 산물로서 원효 해석과 '자본주의 상품으로서의 책' 사이에서 깊은 갈등과 고민을 겪게 되었다. 출판 바로 전 단계의 저술 작업을 파일 상태로 둔 채 나는 휴식과 자기성찰의 기간을 가졌다.

그 때 연곡사 주지이자 푼다리카 출판사 대표인 원묵사의 『소요집』과 『청매집』 발간 요청을 받게 되었다. 『소요집』 발간 이후 미주에서의 발간 고불식(告佛式)을 마치고 시작한, 『청매집』의 번역과 평창작업의 초고는 두 달이 채 걸리지 않았다. 두 선사의 문집을 평창하며 필자는 나에게 지금 닥치고 있는 갈등과 고민이 고인들에 견주어 큰 고통의 문제가 아님을 알게 되었다.

불교인으로서 원효(元曉)와 서산(西山)·소요(逍遙)·사명(四溟)·청매(青梅)가 살았던 때는 우리 역사에서 가장 처참했던 국제전쟁의 시기였으며 인간의 인간에 대한 죽임이 자행된 시기였다. 나는 두 선사의 문집을 통해 '견디고 참고 기다려야[堪忍待]' 하는 이 사바(sabhā; 娑婆, 堪忍土)에서 다시 한 번 인욕행(忍辱行)의 결단을 발원하며, 지금 민족사의 상극과 전쟁을 방조하는 모든 형태의 분단주의를 넘어 평화주의로의 전진을 발원한다.

그리고 문정(門庭)의 담에 갇힌 채 검증되지 않은 지견으로 대중 위에

②『청매집』의 평창자 학담에게 세속나이 회갑을 앞뒤로 거의 십 년은 긴 시련의 세월이었다.『학담평석 아함경』12책 20권의 4~5년 저술기간 불면(不眠)의 밤은 잠과 깸이 모두 공한〔寤寐俱空〕선적 체험을 선방 좌복 위가 아니라, 사만 장의 원고지에 볼펜으로 글을 써야 하는 치열한 노동 속에서 감당하도록 하였다.『평석아함』이 발간된 뒤 나에게는 몇 년의 힘겨운 자기와의 싸움 속에서 무너지지 않았다는 안도감만 남고, 노동과 시간의 대가로 돌아온 것은 새로운 앞날의 노동을 예비하기에 너무 미미한 것이었다.

어수룩하고 마음 편한 스님의 모습이 아니라, 늘 시대의 짐과 사상적 고뇌의 짐을 안고 있는 것 같은 학담의 모습은 많은 불교대중에게 함께하기보다 멀찌감치 바라보아야 할 대상이었던 것 같다. 보통 대중은 어느 진영에 속해 자기를 진영의 논리에 일체화시키기에 익숙해있다. 그러한 대중의 속성과 달리 진영에 속하기를 거부하고 어떤 틀 안〔格內〕에 갇히기를 싫어하는 학담에 대해, 진영논리에 익숙한 이들이 보기에 학담은 늘 자기들 편이 아니었던 것 같다.

마하야나의 시각으로 보면 이것과 저것을 적대적 의존관계로 나누어 놓고 진보와 개혁이라는 명분을 쥐고 자기 기득권을 적당히 확장하는 것 속에 진정한 역사 기여가 나올 수 없다. 보디사트바의 파라미타는 이것의 자기 해탈이 저것의 해탈을 함께 안을 수 있어야 파라미타의 이름에 걸맞을 수 있다. 그것은 마치 중관철학(中觀哲學)에서 있음〔有〕의 실로 있음〔實有〕을 깨기 위한 공〔空〕은, 공도 공해야〔空亦空〕비로소 있음〔有〕을 자기 안에 거둘 수 있는 참된 공〔眞空〕이 될 수 있는 것과 같다. 공도 공해야 하듯 교육자도 교육되어야 하며 개혁도 개혁되어야 한다.

오늘의 한국역사가 넘어야 할 장벽은 남북 분단주의와 함께 한국사회

장소는 연곡사가 아닌 것으로 밝혀졌다.

그러나 그간 한국불교 선류들 사이에서 청매선사가 연곡사에서 입적하였다고 오래 전해져 온 것은 선사가 연곡도량과 깊은 인연이 있음을 미루어 알게 한다. 또한 지금 연곡 도량을 중창하고 있는 후학의 청매어록 발간의 원력이 청매선사를 연곡도량의 조사로 세워주고 있는 것이다.

아울러 근래 많은 학자 소설가들이 청매선사를 연곡사에 인연 있는 선사로 기록하고 있으니, 그와 같은 뒷사람의 마음이 이미 청매선사를 연곡의 도량조사로 모심이라 할 것이다. 임진·정유 왜란시 연곡사는 영남과 호남의 접경지역을 왜군의 침입으로부터 지켜 왜군의 호남진격을 막는 요충지였으며, 정유재란시 불탄 뒤 소요선사가 연곡사 의신사를 중창한 뒤로는 당시 상가 수행도량의 중심이 되는 총림(叢林)이었다.

이는 중관해안선사의 다음 게송[題燕谷寺會; 연곡사모임을 노래함]에서 여실히 드러난다.

> 옛날에 있었던 계림이라는 곳 선의 동산에는
> 세상에서 율의 범 뜻의 용이라 하는 분들이 사네
> 천년의 나그네가 바람과 구름에 기대 휘파람 부니
> 아득히 넓은 바다 늙은 잉어를 놀라 뛰게 하네

> 昔在鷄林仙苑地　時稱律虎義龍居
> 千年客倚風雲嘯　驚起滄溟老鯉魚

이 게송을 통해 우리는 소요선사가 머물렀던 연곡사가 당대 조선 승가 선교율(禪敎律)의 종장들이 함께 탁마했던 법의 뜰이었음을 알 수 있다.

지혜가 원만한 큰 보디사트바[悲智圓滿菩薩]'로 역사 속에 기술해야 하며, 선(禪)의 깨달음을 역사 구원에까지 넓힌 대선사로 서산(西山)·사명(四溟) 조사와 함께 길이 현창해야 할 것이다.

본 『청매집』의 평창작업도 『소요집』의 발간과 같이 지리산 연곡사(燕谷寺) 도량의 인연과 현 연곡사 주지 원묵사(元默師)의 어록 발간 원력의 인연이 함께하고 있다. 소요선사는 임진·정유 왜란 이후 연곡사 중창공덕주로 연곡사에 총림을 개설하여 대중을 모아 가르친 기록이 분명히 나와 있다.

그에 비해 청매선사는 승가의 구전으로 연곡사에서 입적한 것으로 알려져 왔으나, 중관해안선사(中觀海眼禪師)의 '청매선사를 제사 모시는 글'1)에 '함양 영원암에서 입적했다[告終靈原庵]'는 구절이 있으므로 입적

---

1) 청매자 묵계대선사제문(青梅子 默契大禪師祭文) : 본 제문은 서산청허조사의 제자 가운데 한 분인 중관해안선사(中觀海眼禪師)가 청매인오선사를 제사드리는 글로, 「중관대사유고(中觀大師遺稿)」에 세 편의 제문(祭文)과 한 편의 소문(疏文)이 실려 있다.

평창자 또한 『청매집』 마지막 교정 작업 때 이 글의 존재를 알게 되어, 글을 찾아 열람하고서 청매선사의 입적지가 영원사임을 알게 되었다. 그러나 이 제문은 비록 길지 않은 글이지만 평창자 소견에 한문학 최고의 난문(難文)일 뿐 아니라, 담고 있는 내용이 넓고 소요·청매 선사와는 다른 중관해안의 강한 임제태고법통설의 관점이 드러나 있다. 평창자의 소견에 『청매집』 원래의 글로만 청매인오선사의 문집을 발간하는 것이, 선사로서 청매인오의 선풍을 드러내는 데 적합하다는 생각으로 이 제문을 함께 싣지 않았다. '묵계대선사제문'의 초역은 마쳤지만, 뒷날 중관해안의 불교관이나 청매관이라는 별도의 장으로 다루어야만 제문의 내용을 감당할 수 있다는 생각이 들었다. 거기에는 한문학계·불교학계·사학계 여러 분들의 동참원력이 함께해야 되리라고 본다.

『청매집』을 발간하며

① '푸른 매화로 깨달음을 도장 찍다'라는 본서는 조선조 임진전쟁의 한복판에서 구국운동의 진두에 서서 불교상가를 이끌었던 서산청허조사(西山淸虛祖師)의 제자 청매인오선사(靑梅印悟禪師)의 문집을 다시 평창해 추모한 책이다. 이 책은 학문적 성과를 쌓기 위한 강단학계의 연구서가 아니며, 이른바 선시(禪詩)를 좋아하는 이들의 문학적 관심에 의한 책도 아니다.

그런 현학적이고 느슨한 호사의 관심만으로 『청매집』을 다루기에 선사의 삶은 너무 아프고 아픈 처절한 고난의 삶이었다. 그 스스로 출가사문의 징표인 가사와 발우를 벽에 걸어두고 창과 칼을 쥐고 저 지옥과 같은 전쟁의 한가운데로 뛰어 들었으며, 그 스스로 어떤 때 '과거 조사들에게도 이처럼 창칼을 쥐고 살생업을 짊어진 조사가 계셨던가' 피눈물 나는 물음을 던지고 있다.

그러므로 그의 문집에는 다른 조사스님들의 어록과 달리 나라를 침탈해 민중을 도륙하는 왜적에 대한 적개심과 원한심이 배어나오며, 조선승려를 팔천(八賤)으로 전락시키고 불교를 역사의 뒤안길로 내몬 시대의 한과 조선지배세력에 대한 비판과 성토가 배어 있다. 전쟁 속에 죽어가는 백성의 참상에 피울음을 같이 울고, 백성보다 먼저 가마를 돌려 제 살길 찾기 위해 피난길에 오른 왕과 지배세력에 대한 울분을 토로하고 있다.

그러나 만약 그것 뿐이라면 청매선사는 우리에게 구국운동에 몸을 바친 의사(義士)나 열사(烈士)로만 기억되고 조사(祖師)와 선사(禪師)로는 기억되지 못했을 것이다. 우리가 청매의 이름을 청매조사(靑梅祖師)로 기억하는 것은, 그가 지옥에 빠진 중생을 건지기 위해 보디사트바의 행업〔菩薩行業〕을 나툰 분이자 깊은 선정으로 여래의 정법안장(正法眼藏)을 깨친 선사이기 때문이다. 이런 뜻에서 우리는 청매선사를 '자비와

5

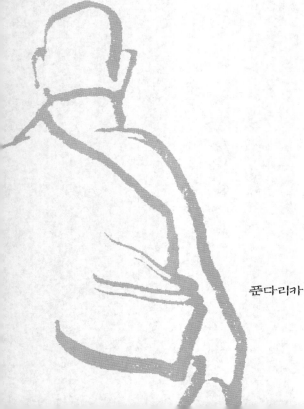

푸른 매화로 깨달음을 도장 찍다

청매인오선사 靑梅印悟禪師 문집 ─ 학담평창 鶴潭評唱

푼다리카

푸른 매화로 깨달음을 도장 찍다

임진전쟁 뒤 소요선사의 중창 이후
서산 부휴 문하 종장들의
중심수행도량이었던 연곡사.
현재 중창불사 중인 도량 전경

연곡사 일주문과 복원불사 중인 천왕문

청매선사가 만년 변산에서 돌아와 머물렀던 도솔암에서 바라본 천왕봉

청매선사가 한 때 주석했던 남원 지역의 중심사찰 실상사 도량

고운(孤雲) 최치원선생의 쌍계(雙溪) 석문(石門)의 친필이 새겨진 쌍계사 입구의 바위

청매선사 입적지 영원사 두류선원과 도량 전경

청매인오선사의 사리탑으로 알려진 영원사 승탑

차례

2부 사람과 경계 따라 노래하다

3부 기리고 받들며 애도하고 깨우치는 여러 글

청매집에 붙인
뒷사람들의 여러 글들

청매선사의 생애와 선풍

- 학담(鶴潭)

■

청매선사의 탄생과 출가, 그리고 출가 후의 수행과정에 대해서는 알려진 것이 별로 없으며 중관해안선사의 '묵계대선사 제문'을 통해 입적 장소가 함양 영원사임이 알려져 있다. 한국불교 승가의 선류(禪流)들 사이에서는 그간 청매선사가 십무익송(十無益頌)의 저자이고 서산청허조사의 제자라고만 알려져 왔다.

선사가 어느 지역 태생이며 어느 절에서 출가했는지 『청매집』 자체의 기록으로는 확인할 길이 없다.

『청매집』의 서문을 지은 월사 이명한의 글에, 전쟁 뒤 변산 월명암에 머물고 있던 청매선사와의 만남과 선사의 방에 가득한 여러 서적에 관한 기록이 있는 것을 통해 선사가 만년 지리산으로 옮기기 전 월명암(月明庵)에 머물며 원효암(元曉庵)을 중창한 것을 알 수 있을 뿐이다.

그리고 선사의 자전적 기록이라 할 수 있는 '아차봉기(丫嵯峯記)'에 의하면 선사는 어려서부터 산과 물을 좋아하여 발길 닿는 대로 유람하다 출가하여 명아주 지팡이를 끌고 금강산·태백산·지리산·구월산을 두루 다녔다. 이처럼 삼십 년을 학처럼 지내다 다시 묘향산 제일봉에서 좌선하던 중, 임진 전쟁을 만나 창칼을 들고 전쟁에 참여하고 그 뒤 변산 월명암에서 지낸 것을 알 수 있다.

남은 기록을 통해 우리는 당대 선사를 기억했던 사람들이 선사에 대한 직접적 언급보다 선사의 인품과 행실 본분종사로서의 깊은 지혜를, 청매선사가 중국에서 삼신산(三神山)으로 불렀던 봉래산(蓬萊山) 방장산(方丈山)에 살았던 선사의 머묾을 통해 알아보게 한 것임을 느낄 수 있다.

삼신산은 봉래산·방장산·풍악산을 말하기도 하고 봉래산·방장산·영주산을 일컫기도 하는데, 중국인의 시각을 위주로 하면 한라산인 영주산, 변산인 봉래산, 지리산인 방장산을 삼신산이라 한 듯하다. 사람이 다만 사람이 아니고 그의 삶의 행위가 사람이고 그의 머묾이 사람이니 청매선사는 삼신산의 사람[三神山人]인 것이다.

비록 전장에서 홍진만장(紅塵萬丈)을 누빈 선사이되 연꽃이 진흙에 물듦이 없듯, 선사는 삼신산 같이 때 묻음 없고 삼신산 같이 민중의 대지 위에 우뚝 솟구친 분인 것이다.

선사는 만년 지리산 천왕봉 아래 머물렀다고 기록되어 있고, 연곡사 등 지리산 일대 여러 아란야에 머물며 수행한 것을 알 수 있다. 중관해안 선사의 묵계대선사 제문에도 영원장실(靈源丈室)에서 납자들을 제접한 내용이 실려 있으며, 박여량(朴汝樑)의 '두류산일록(頭流山日錄)'에는 청매선사가 도솔암을 세우고 수행자들을 지도한 다음 기록이 나온다.

> "도솔암은 인오스님이 세우고 스스로 살고 있는 곳이다. 인오는 우리 유가의 책을 세속의 글이라고 하여 다만 불경만으로 앎을 삼았다. 여러 스님들을 위하여 붉은 깃발을 세우고 발자취가 동구 밖을 나서지 않았다."2)

위 박여량의 글에서 '청매선사는 유가의 글을 세속의 글이라고 하여 오직 불경만을 앎으로 삼았다'는 것은 청매선사에 대한 오해에 기인한 글이라 할 수 있으니, 청매선사는 불경뿐만 아니고 노자·장자·유가경서·사기·춘추 등 사서에도 널리 통달한 분이기 때문이다.

다만 유가선비의 그런 표현은 당대 소요·청매·중관 등 불교상가를 이끌었던 선가 종장들의 유가사대부들에 대한 비판적 시각이 다시 유가에 의해 그리 비춰졌으리라 본다.

곧 불교경전과 선(禪)을 모르면 지식인축에 못 들었던 중국 독서인(讀書人)들의 풍조와 달리, 당시 조선 선비들은 불교와 선(禪)을 아예 모른 채 불가수행자들을 천시하면서 학자 행세하였다. 그에 대한 선가종장(禪家宗匠)들의 부정적 시각이 유가의 눈에 불경만 알고 유교경전을 모르는 사람들로 보였을 것이다.

---

2) 率乃僧舍印悟 所築而自居者也 悟以吾儒書爲世俗文 只以識佛經 爲諸僧立赤
　熾 足跡不出洞門 云云

위 박여량의 글을 통해 지리산 도솔암에서 머문 것을 알 수 있을 뿐 아니라, 문집 안에 실린 선사의 시에도 남원에 머물며 쓴 시와 실상사 문수전에서 하룻밤을 세우며 지은 시가 있다. 또 제자를 다른 지방에서 두류산에 보내며 쓴 시에 석문(石門)과 쌍계(雙溪) 청학동 신선골 등이 등장하고 있다.

이런 것을 보면 선사는 두류산 곧 지리산과 늘 연관을 짓고 지냈으며, 만년 연곡사가 있는 피아골 의신동 남원 실상사를 오가며 지낸 것을 알 수 있다. 지금 함양 영원사에 청매선사의 부도로 알려진 승탑이 모셔져 있다.

그리고 변산 월명암 근처 마천대에 청매선사가 중창한 것으로 되어 있 는 원효암(元曉庵)은 원효께서 삼국전쟁 이후 백제유민을 위무하기 위해 머물며 수행했던 도량으로, 고려조에 와서도 원효를 인식하고 추모했던 고려 유학자들이 참배하고 공경의 시를 남겼던 곳이다.

원효성사(元曉聖師)가 머물렀던 그 원효암을 중건하며 청매선사는 무 엇을 발원했을까. 국제전쟁으로 전개되었던 삼국전쟁 뒤 백제 땅에 와 역사의 화쟁(和諍)을 가르쳤던 원효를 따라, 전쟁과 살육 빼앗고 빼앗김 이 없는 평화의 세상, 사람 사람이 자기 삶의 주인이 되는 새 세상을 염원 하였으리라.

■

청매선사의 선사로서의 수행가풍은 어떠했을까.

선사는 붇다의 제자 가운데 두타행〔Dhūta〕으로 으뜸가는 제자이자 중국 조사선풍의 연원이 되는 옛 카샤파존자의 가풍처럼 수행했다. 선사 는 가난하고 검박한 산사람〔山人〕으로 살았지만, 책장에는 오백 상자 책 이 있다고 했듯이 늘 경서를 가까이했다. 봄가을 철에 입는 옷 한 벌로 한해를 지내며, 아침저녁 한 소쿠리 찬밥 한 덩이로 생활하였다.

선사는 늘 두타행과 아란야행〔Araṇya〕으로 수행했지만 늘 경서를 가 까이해, 불교경전뿐이 아니고 노장(老莊) 유가(儒家)의 경서까지 널리 섭렵한 듯하다. 선사가 장자(莊子) 제물론(齊物論)의 '손가락과 말의 논증[指馬論]'에 자신이 깨친 선지(禪旨)로 자유롭게 견해를 피력함에서도 외학(外學)까지 두루 아우른 선사의 박학을 알 수 있다. 요즈음 교외별전 (敎外別傳)의 그릇된 이해로 불교경전까지도 보지 않고, 비불교적 세계 관으로 선(禪)을 말하는 말폐의 선류들에게는 큰 경종이 아닐 수 없다.

선사는 스스로 시 읊기를 좋아하고, 시를 지어 제자나 대중에게 교훈을 주었다. 중국조사들의 법어 가운데서도 청매선사는 한산(寒山)·습득 (拾得)·풍간(豊干)의 언구 읊조리길 좋아한다고 했으며, 본서 첫째 권 에 해당하는 조사 공안법문의 끝을 습득·풍간의 법문과 한산의 시(詩) 로 마무리하고 있다.

『청매집』1부에 실려 있는 조사공안 법문은 중국선종의 삼십삼 조사설 (卅三祖師說)에서 인도 이십팔조(二十八祖)로 중국에 와 동토초조(東土 初祖)가 된 달마선사의 공안으로부터 출발한다. 그리고 하택선사의 '육대 전의설(六代傳衣說)'에 의해 육대 조사로 확정된 이조혜가 삼조승찬 사조 도신 오조홍인 육조혜능까지의 주요법문이 차례로 실려 있으며, 그 뒤 조사선 오종(五宗)의 법통에 주요한 조사들의 법어가 실려 있다. 147개 의 법문은 우리나라 고려조에 편집된『선문염송집(禪門拈頌集)』의 차례 를 그대로 따르고 있다.

또한 이런 편집의 입장은 설두중현선사(雪竇重玄禪師)가 고칙 공안(公 案) 백 칙(則)에 게송을 붙인〔頌古百則〕편제와 같으니, 이는 선종이 달 마로부터 출발한다고 보는 중국 조사선 법통주의(祖師禪 法統主義)에 충 실한 관점이다. 소요태능선사가 공안선(公案禪)을 표방하되 천태(天 台)·화엄(華嚴)·원각(圓覺)·능엄(楞嚴)을 널리 회통하여 법을 쓰는 것과는 대조적이다.

청매선사는 조사선 법통주의에 충실하되 그 법통의 교조화나 공안언어 의 신비화에 떨어지지 않았다. 그는 당대 억불의 시기에 호교론적(護敎論 的) 필요에 의해서 스승 서산조사까지 채택했던 임제일종(臨濟一宗)의 적통설(嫡統說)에 흔쾌히 가담하지 않았고, 오종 주요 조사들의 법문을 고루 이끌어 보였으며 오종 밖 북종(北宗) 파조타선사(破竈墮禪師)의 법 문과 조사선 법통주의에서 산성(散聖)으로 분류된 보화(普化)·한산·

습득·풍간·무착선사(無著禪師) 등의 공안을 널리 보이고 있다.

그에 비해 청매인오선사의 제문을 지었던 중관해안선사(中觀海眼禪師)는 임제태고법통설(臨濟太古法統說)을 제창했던 선사로서, 청매인오선사를 '임제선의 가지요 청허조사 방의 아들〔臨濟禪枝 淸虛室子〕'이라 말하고, '청허를 맏이로 이은 분이고 귀곡의 먼 증손〔淸虛嫡嗣 龜谷玄孫〕'이라 한다. 소요·청매 양 선사는 조사선의 종지를 얻은 분들이었지만, 임제 일종만을 내세우지 않았으니, 두 분은 선의 정법안장 자체만을 현창하고 법통 자체는 중시하지 않았다.

청매선사처럼 조사선의 가풍에 충실한 것과 조사선의 교조화는 같지 않으며, 간화선(看話禪)을 목 놓아 외치는 것과 간화의 실천정신에 철저한 것은 전혀 다른 것이다. 선에 여래선(如來禪) 조사선(祖師禪)의 이름을 붙인 것은 중국불교에 고유한 종파주의·국가주의의 특성과 시대정신의 요구 속에서 규정된 것이지, 선에 여래선이 있고 조사선이 있는 것이 아니다.

여래가 가르친바 세계의 실상 그대로 사마타(śamatha)와 비파사나(vipaśyanā)가 하나된〔止觀具行〕 디야나(dhyāna)의 실천 밖에 신비화될 수 있는 어떤 기특한 법이 있는 것이 아니니, 그러한 법이 있다면 그것은 붇다의 법〔佛法〕이 아닌 '바깥 길의 법〔外道法〕'인 것이다.

조사선의 조사가풍이 우리에게 주는 가르침은 붇다가 밝히신 연기의 진리를 나의 구체적 삶 속에서 증험하는 것이며, 팔만 장경의 가르침을 나의 삶의 진리로 주체화하는 것이다. 이런 뜻으로 보면 청매선사는 조사선에 가장 충실한 선사이되, 조사선을 넘어 자신의 선적 깨달음을 지장(地藏)과 관음(觀音)의 대자비로 발현한 선사인 것이다.

간화선(看話禪)의 화두(話頭)는 실상에 들어가는 방편어(方便語)이니, 마치 문을 두드리는 기왓조각〔叩門瓦子〕과 같다. 기왓조각을 집어 드는 것은 문을 두드려 열기 위함인데, 기왓조각을 쥐고 자랑거리를 삼는다면 지나가는 세 살 어린이도 웃을 일이다. 그와 같이 화두 드는 것으로 자랑거리 삼는 자들을 옛 조사는 화두로 '면제 받는 명패〔優免牌〕' 삼는 자들이라 경책한다.

세계관적인 물음이 없이 말귀만을 외우고 있으면 옛 조사는 그런 화두를 '만겁에 나귀 메는 말뚝〔萬劫繫驢橛〕'이라 꾸짖으며, '옛 사람의 깨친 이야기〔古人機緣言句〕'를 나의 삶의 문제로 가져오지 못하고 깨친 인연에 집착해 구함은 마치 '토끼가 나무그루터기에 부딪혀 죽음'을 보고 '나무그루터기를 지켜 토끼 기다리는 어리석음〔守株待兎〕'이라 말하는 것이다.

간화선에서 공안타파(公案打破)라는 말 자체가 공안참구의 법을 바로 보이고 있다. 그러므로 공안이 깨뜨려짐은 끝이 아니라 '다만 물음'인 공안의 물음이 '물음이자 해답인 물음'으로 현전하는 것을 말한다. 공안이 깨뜨려 질 때 지금껏 말인 공안의 말귀는 '말이되 말 아닌〔言而非言〕 산 말의 언구〔活句〕'로 현전하는 것이다.

이 때 말 아닌 산 말을 쓰는 자는 삶의 매 순간 물음의 주체이자 해답의 주체로 서는 자이며, 그의 삶은 매 순간 물음과 해답의 연기적 일치성이 현전하는 역동적 삶이 되는 것이다.

이런 관점에서 보면 공안언어를 신비화하고 공안타파하면 모든 것이 끝나는 신비한 경계에 들어감으로 선(禪)을 말하는 것이야말로, 가장 간화선의 실천정신에 배치되는 것임을 알아야 한다. 조사선의 가풍을 충실히 받아 행하되, 조사선과 간화선을 자기 삶 속에서 철저히 주체화하여 자신의 선적 실천을 비지원만(悲智圓滿)의 파라미타행으로 펼친 조사가 우리 역사에서 참으로 누구인가.

아아! 우리 청매선사(靑梅禪師)와 송운대사(松雲大師)·소요선사(逍遙禪師) 같은 분들이 그런 이라 할 것이다.

■

청매선사의 문집에 일관되게 나타나는 흐름은 '선정지혜의 고요하고 밝음〔定慧等持; 止觀明靜〕이 중생의 아픔과 고통에 늘 함께한다'는 것이다. 당시 임진 전쟁에서 민중의 고통에 대해 피눈물 같이 흘리며 깊이 아파함은 평창자의 가슴에도 눈시울 젖게 하는 비애를 불러일으킨다. 요즈음 선(禪)의 밝음과 고요함〔明靜〕을 내면의 자유만으로 설명하며 선을 가르치는 종사(宗師)들은 크게 한번 돌이켜 보아야 할 것이다.

선사는 조사선의 가풍에 철저한 분이지만, 모든 법을 여래가 깨쳐 열어 보인 법계의 진리[法界理]에 귀결시키며 조사 공안의 수행방편도 무념(無念)의 종지에 돌이킨다. 연기법에서 만법은 한 생각[一念]을 떠나지 않지만 연기이므로 만법은 공한 것이고, 만법이 공하므로 생각은 생각이 아니다. 그러므로 생각에서 생각을 떠나면 생각 없음[無念]에서 생각 없음마저 떠나게 되니, 생각에서 생각 떠나는 무념법이 실은 공관(空觀)과 가관(假觀)·중도관(中道觀)을 모두 거두는 것이다.

청매선사는 소요선사처럼 직접적으로 교관의 언어를 쓰고 있지 않지만, 무념의 종지를 통해 '한 마음의 세 살핌[一心三觀]'과 공안선(公案禪)의 끝이 다르지 않음을 가르치고 있다.

청매선사의 법문 가운데 널리 알려진 법문은 '열두 깨달음의 시[十二覺詩]'로 알려진 게송이다. 흔히 이 게송의 뜻을 깨달음의 신비화처럼 말하는 이들이 있으나, 그것은 청매선사의 뜻과 가장 배치된 풀이다. 열두 깨달음의 시는 원효성사(元曉聖師)가 「대승기신론소(大乘起信論疏)」에서 밝히고 있는 바 '깨달음의 자성 없음[覺無自性]'을 다시 노래한 것이다. 「기신론」은 붇다가 가르친 깨달음을 못 깨침[不覺]·본래 깨침[本覺]·새로 깨침[始覺] 이 세 가지 틀로 다시 정리해 보이니, 곧 사제법(四諦法)의 대승적 재구성인 것이다. 「기신론」은 중생 망념의 인연과 고통이 없지 않음을 못 깨침[不覺]이라 하고, 중생의 고통이 인연으로 난 것이라 실로 있지 않음을 본래 깨침[本覺]이라 한다. 그리고 중생의 고통이 실로 있지 않되 실로 없지 않으므로 중생의 닦아 얻음이 없지 않으니, 이것을 새로 깨침[始覺]이라 한다. 이처럼 '세 깨침이 서로 의지해 세워지므로 세 깨침이 모두 자기성품 없다'는 것이 원효성사의 해석이다.

청매선사의 '열두 깨달음의 시'는 바로 세 깨침의 자기성품 없음[三覺無自性]을 노래한 시이다. 만약 '중생의 못 깨침[衆生不覺]'이 실로 있다면 중생은 영원히 중생으로 해탈할 기약이 없을 것이며, '중생의 본래 깨침[衆生本覺]'이 실로 있다면 중생의 현실적 고통과 중생이 중생되는 까닭을 해명할 수 없을 것이다. 그리고 중생의 못 깨침 밖에 얻어야 할 '붇다의 새로 깨침[佛始覺]'이 있다면, 이미 보디를 이루신 여래가 중생세간에서 중생과 같이 살며 중생을 위해 설법하여 중생을 깨달음에 이끌 까닭이 없을 것이다. 그리고 그 새로 깨침이 실로 있다면, 이미 깨침을 이룬 붇다와 큰 보디사트바의 중생을 위한 자비(慈悲)를 설명할 수 없을 것이다.

이러한 연기론적 실천관에서 보면 '망상을 끊고 위없는 도를 얻었다'고 말하는 자가 깨친 자가 아니고, 세 깨침에 자기성품 없음을 증험한 자에게 깨침 아닌 깨침의 거짓 이름을 줄 수 있는 것이다. 이렇게 깨침에 자기성품 없음을 알아 보디의 길〔菩提路〕가는 것을 조사선은 '집안 일〔家裏事〕을 떠나지 않고 길 가운데 일〔途中事〕을 지음'이라 하고, 이를 천태는 지음 없는 사제〔無作四諦〕의 원돈지관(圓頓止觀)이라 한다.

이 뜻을 영가선사는 '망상을 없애지 않고 참됨을 구하지 않는다'고 하며, 천태가의 조사 형계담연선사(荊溪湛然禪師)는 '온전한 닦음이 성품이고 온전한 성품이 닦음을 일으킨다〔全修卽性 全性起修〕'고 말한다. 그러므로 원효·천태의 중도의 뜻〔中道義〕과 달리 닦음을 말하고 깨침을 말하며 돈오돈수(頓悟頓修)를 말하면, 이 사람이 경론의 뜻을 저버리고 연기론적 실천의 눈〔文殊眼〕을 잃어버린 자라 할 것이다.

■

지금까지 간략히 살핀 바처럼 『청매집』에는 조사선 본분종사로서 청매선사의 높은 안목이 드러날 뿐 아니라, 중생의 고통·시대의 아픔에 함께 하는 보디사트바로서 청매선사의 자비 마음이 넘쳐 난다. 아울러 문집에는 조선왕조에 들어와 불교 대탄압이 시작된 이후 불법의 명맥을 이어온 오대 성사(五大聖師)에 대해 재 올리며 추모하는 간절한 정성의 글이 들어있고, 스승 서산조사의 동학제자인 송운대사 사명(松雲大師 四溟)에 대한 깊은 공경의 글이 들어있다.

문집에서 등계존자(登階尊者)는 벽계정심선사(碧溪正心禪師)이고, 벽송국로(碧松國老)는 벽송지엄선사(碧松智嚴禪師)이다. 벽계정심선사는 성종 연산조시 불교 탄압이 극심할 때 상투를 틀고 환속한 처사처럼 숨어 지내며 벽송에게 심인(心印)을 전한 조사이고, 벽송선사는 무장출신으로 출가하여 법을 구하다 황학산 근처 숨어 지내는 정심선사를 찾아가 몇 년을 모시고 공부하다 깨친 선사이다.

부용영관선사(芙蓉靈觀禪師)는 서산조사의 스승으로 원래 종의 아들로 출가하여 참선하는 여가에 불교경전뿐 아니고 노장과 유가의 경전까지 통달했다. 나중 고향에 돌아가자 옛 상전이 처음 하대를 하다가 말을 나누어 보고 놀라 절을 하고 공경을 바쳤다는 이야기가 서산대사의 『청허집(淸虛集)』에 나온다.

부용영관선사의 양대제자가 서산청허조사(西山淸虛祖師)와 부휴선수대사(浮休善修大師)이니, 지금 한국불교 승가 구성원은 모두 서산 부휴 양조사의 문손에 해당한다. 부용영관선사 당시 허응보우대사(虛應普雨大師)가 출현하여 승과를 부활하여 서산·사명을 발탁하고 불교중흥을 위해 순교하였다. 그러나 그 이름이 거론되지 못한 것은 임란 이후 전쟁에 큰 공을 세운 불교계에 은전을 베풀 때까지도 보우선사(普雨禪師)에 대한 거론은 금기시되었던 것 같다.

청매선사가 크게 현창한 오대 성사[五聖師]와 허응보우대사가 아니었으면 오늘 한국불교의 이와 같은 교단 유지도 어려웠을 것이다. 그런데도 지금 대중의 많은 물질적 시주를 누리며 숭앙을 받고 있는 이른바 선가의 종사들이 고작 중국 조사타령이나 하고 근세불교 문중주의나 따지고 있으니 참으로 한심한 일이다. 과거 자기 자신의 아픈 역사에 대한 인식과 지금 중생의 은혜에 대한 보은행(報恩行)이 없으면 그것을 어찌 종사의 바른 지혜의 눈이라 할 수 있겠는가.

사명(四溟)이 송운대사(松雲大師)이니, 송운은 청매선사와 같이 서산의 제자이다. 사명대사는 보통 나라와 민중에 큰 공을 세우고 은혜를 끼친 승병장으로 알려져 왔다. 또한 서산의 제자로서도 그를 선(禪)에는 큰 깨달음이 없는 제자, 교종(敎宗)을 이은 이라고 하는 후학들의 기록이 있다. 그러나 청매선사는 사명대사를 '선의 종지와 설법을 겸한 조사[宗說兼通]'로 높이 추앙하고 있으며, '구세의 큰 보디사트바[救世大菩薩]'로 묘사하고 있다.

소요태능선사 또한 사명대사에 대한 추앙과 공경심이 대단했으니, 동학(同學) 제자로서 같은 법형제에 대해 청매·소요처럼 공경심을 보인 본보기로는, 중국 송대 천태가의 조사 사명지례존자(四明知禮尊者)에 대해 동학 자운준식(慈雲遵式)이 '하늘에는 사명존자 한 달이 있을 뿐이다'라고 찬탄한 것밖에 그 예를 찾기 어렵다.

■

끝으로 청매선사의 법어 가운데 선가의 선류들과 일반대중에 널리 알려진 '열 가지 이익 없음의 노래〔十無益頌〕'와 청매선사의 뜻을 적극적으로 풀이한 학담의 '열 가지 이익됨의 노래〔十有益頌〕'를 이끌어 보임으로 해제 글을 마친다.

- 열 가지 이익 없음의 노래〔十無益頌〕

① 마음을 돌이켜 비추지 않으면 경을 보아도 이익이 없다.
② 성품이 공함을 통달하지 못하면 좌선해도 이익이 없다.
③ 원인을 가벼이 하고 결과를 바라면 도를 구해도 이익이 없다.
④ 바른 법을 믿지 않으면 고행해도 이익이 없다.
⑤ 아만을 꺾지 않으면 법을 배워도 이익이 없다.
⑥ 안으로 실다운 덕이 없으면 밖으로 몸가짐을 보여도 이익이 없다.
⑦ 사람 스승될 덕이 없으면 중생 건져도 이익이 없다.
⑧ 마음이 미덥고 진실하지 않으면 교묘한 말도 이익이 없다.
⑨ 한 생에 어긋나 뾰족하게 살면 대중에 살아도 이익이 없다.
⑩ 쓸데없는 지식만 배에 가득하면 교만해도 이익이 없다.

① 心不返照 看經無益
② 不達性空 坐禪無益
③ 輕因望果 求道無益
④ 不信正法 苦行無益
⑤ 不折我慢 學法無益
⑥ 內無實德 外儀無益

⑦ 欠人師德 濟衆無益
⑧ 心非信實 巧言無益
⑨ 一生乖角 處衆無益
⑩ 滿腹無識 憍慢無益

- 열 가지 이익됨의 노래〔十有益頌〕

① 티끌을 깨뜨려 경을 꺼내면 경을 보는 것에 이익이 있음.
② 마음의 성품이 공함을 깨달으면 좌선하는 것에 이익이 있음.
③ 원인과 결과에 어둡지 않으면 도를 행함에 이익이 있음.
④ 바른 믿음이 굳세면 만 가지 파라미타행에 이익이 있음.
⑤ 나에 나 없음을 통달하면 법을 배움에 이익이 있음.
⑥ 안과 밖이 공한 줄 통달하면 몸을 장엄하는 것에 이익이 있음.
⑦ 사람 스승이 될 덕이 있으면 중생 건네줌이 이익이 있음.
⑧ 마음에 헛되고 속임이 없으면 참된 말에 이익이 있음.
⑨ 한 생에 대중을 거두면 대중 속에 사는 것에 이익이 있음.
⑩ 방편의 지혜가 갖춰지면 연을 따름에 이익이 있음.

① 破塵出經 看經有益
② 了達性空 坐禪有益
③ 不昧因果 行道有益
④ 正信堅固 萬行有益
⑤ 通達無我 學法有益
⑥ 達內外空 嚴身有益
⑦ 具人師德 度衆有益
⑧ 心無虛誑 眞言有益
⑨ 一生攝衆 處衆有益
⑩ 方便智足 隨緣有益

인오노사는 나를 사문의 법으로 맞이해주시고

- 월사노인(月沙老人) 이명한 〔靑梅集序 : 『청매집』머리글〕

어려서 자장(子長)[3]의 노님을 가만히 사모했는데, 일찍이 나라 가운데 삼신산(三神山)이 있다는 말을 들었다.

풍악은 봉래산(蓬萊山)이고 지리산이 방장산(方丈山)이며, 변산이 곧 영주(瀛洲)이다.

늘 한 번 보기를 바랐지만 그럴 수 없었다.

만력 정해 아버님〔家君〕이 오산(鰲山)에 수령이 되셨는데, 영주까지 겨우 백여 리 떨어졌다.

부모님을 살펴 모시는 틈에 먼저 이 산을 찾아 산 가운데 열닷새를 머무르며 거의 두루 돌아보았다.

월명사(月明寺)는 산등〔山脊〕 고요하고 높은 곳에 있었는데, 인오(印悟) 노사는 나를 사문의 법도로 맞이해주고 더불어 같이 밤을 지냈다.

그 거처에 비자나무 책상과 향로를 보니, 맑음이 빼어나 세속 티끌을 끊어서 서천 세계인가 했고, 시렁에 가득한 경서는 금글자의 제목이 다 붓으로 쓰였고, 바르게 쓰는 것에 법이 있었으며, 글자 글자가 볼 만하였다.

더불어 말해보자 풍류가 밝게 일어나고 신령한 말솜씨가 가로세로로 자재하여, 사람으로 하여금 보람 있어 싫증나지 않게 하였다.

그 시의 절구를 들어보니 묵은 말을 이어 물려받지 않고, 거의 연기 불로 밥 짓는 통속적인 말이 아니었다.

내가 한 번 보고 마음을 기울여 방위 밖의 어울림을 맺고서 손을 붙잡고 헤어져 무언가를 잃은 듯 탄식하고 산을 나왔다.

신선 같은 분과 범부가 곧 떨어져 지금까지 사십여 년이 되었다.

---

3) 자장(子長) : 사기(史記)의 저자 사마천.

옛날 노닐음을 아득히 생각하니 어찌 일찍이 그 일들이 마음에 오고가지 않겠는가.

신미년 섣달 공직에서 물러나 고요히 앉아있는데, 산 사람 유경(惟敬)이 문을 두드리며 보고자 했는데 손에 『청매집』두 권을 쥐고 있었다. 보여주며 말했다.

"이는 돌아가신 스승 인오대선사의 남은 원고인데, 이제 판에 새겨 사라지지 않도록 하렵니다. 가만히 돌아가신 스승에게 들었는데 상공(相公)에게서 다행함을 얻었다 합니다. 상공께서 한 말씀 주시길 바라옵니다. 아아, 산 가운데서 서로 만나 하루 아침에 정성스러움을 합한 것은 천 년의 기이한 만남이라, 정(精)과 신(神)이 서로 느끼어 불이 다하자 섶을 전한 것입니다."

죽고 삶이 떨어져 열린 나머지에서 지금 남은 글〔遺墨〕을 홀연히 볼 수 있으니, 이것이 어찌 오랜 생의 묵은 인연이 아니겠는가.

지금과 옛날에 느끼는 생각 이를 제목 삼아 지어드린다.

숭정 신미 섣달 초하루에 월사노인이 쓰다.4)

---

4) 少也 窃慕子長之遊 嘗聞國中有三神山 楓岳是蓬萊 智異卽方丈 邊山卽瀛洲
恒願一見而不可得 萬曆丁亥 家君作宰於鰲山 距瀛洲纔百餘里 定省之暇 首訪
玆山 留山中十五日 登陟殆遍
月明寺在山脊寂高處 印悟老禪 迎我於沙門 仍與同宿 視其居柴几鑪香 淸逈
絶塵 怳是西天世界 滿架經書 金字題卷 面皆其筆也 揩正有法 字字可翫 與之
語 風流暎發 靈屑縱橫 令人亹亹不厭 聽其詩絶 不沿襲陳言 殆非烟火食語也
余一見傾心 結爲方外交 握手而別 悵然如失一出山 仙凡便隔 于今四十餘年
矣 緬憶舊遊 何嘗不徃來于懷也
辛未之臘 公退悄坐 山人惟敬 叩門求見 手持靑梅集二編 以示曰
此乃亡師印大禪遺藁也 今將剞劂 以爲不朽圖 竊聞亡師 獲幸於相公 願相公
賜之一言噫 邂逅山中 一朝之合誠 千載奇遇也 精神相感 火盡薪傳
今忽得見遺墨 於死生隔闊之餘 玆豈非多生宿緣耶 感念今昔 題此而贈之
崇禎辛未臘後一日 月沙老人書

우리 스승 인오선사께서는 송운과 더불어 서산조사의 발우를 전
해 받으셨으니

        - 쌍운(雙運)〔靑梅集終 : 청매대사 시문 뒤에 부친 글}5)

  대저 부안현의 변산은 옛날 봉래라고 말한 곳이 아닌가.

  내가 그 산 위에 오르니 마천대가 있어서 이렇게 말한다.

  "그 위를 살피니 겹친 구름 위로 솟구치고, 아래는 푸른 바다에 다
다라 웅대하고 기이함이 아주 빼어나 넓고 깊음을 높이 끼고, 구름 기
운이 감추어 보살피는 곳으로 신묘한 사물〔神物〕들이 닫아 막는 곳이
다. 붉은 언덕〔丹丘〕 붉은 솔〔赤松〕에 사는 무리들이 세간에 과연 있
지 않으면 그만이지만, 옛과 지금에 전한 것이니 만약 갖가지로 팔 흔
들어 뿌리칠 수 없다면, 이것이 신선의 굴인 것은 뚜렷이 밝은 것이
다. 진시황과 한무제가 아랫도리를 걷어올리고 머리 적시는 것을 돌
아보면, 지금에도 멀리 옮겨 가는 한 나그네가 마른 지팡이와 짚신 뜻
대로 함을 얻는 것이다."

  저 우뚝 솟은 돌을 찾아보니 날마다 긴 바람 흰 이랑 가운데서 나오
고 들어가 아득하고 넓어서, 곧장 '기가 넓고 큰 자〔灝氣者〕'와 더불어
노닐어 보게 됨을 살피게 된다.

  그러므로 소장공은 이렇게 말했다.

  "만 번 죽어 쓸쓸한 곳에 던져져도 나는 한탄하지 않으나, 이렇게
기이하고 빼어난 곳에 노니는 것은 평생에 가장 으뜸인 것이다. 알 수
없도다. 과연 누가 한 머리를 사양할 것인가."

  길 가는 가운데 한 납자가 법호가 유경(惟敬)이라는 사람인데, 나
를 보고 동쪽을 가리키며 말했다.

  "한 떨기 연꽃이 구름 끝에 아득히 휘날리는 것은 지리산의 천왕봉
인데, 그대는 어찌 또한 듣지 못했습니까. 이것은 곧 방장산인데 탐라

---

5)〔靑梅集終〕 四字〔附愛日題雙運作〕詩之後(下段十九行)編者移置於此.

의 한라산은 영주산이고, 이 산과 더불어 아울러 삼신산(三神山)6)이
라고 일컫습니다. 두보노인〔杜老〕이 방장(方丈)은 삼한 밖이라는 것
〔三韓外者〕이, 어찌 이것을 가리켜 말한 것이 아니겠습니까."7)

우리 스승 인오선사께서는 어려서 송운(松雲)과 더불어 서산조사
에게서 발우를 전해 받고, 같이 임진전쟁에 나와 널리 창생을 건진 뒤
에는 늙음을 천왕봉 아래 옛 작은 암자에 돌이키셨다.

또 남긴 글이 있어 그 책의 권이 비록 많지 않으나, 그 시(詩)를 읽
고 그 사람〔人〕을 생각하면 그 평생을 볼 수 있는 것이라고 말한다.

내가 이것에 대해 이렇게 지어 말한다.

"아아, 내가 서산대사와 송운대사와 더불어 한두 번 본 것이 아니
다. 금강산과 묘향산에서 공(空)을 이야기하고 현묘함〔玄〕을 탐구함
에 미쳐서는 공문의 벗에 그친 것이 아니었다.

인오선사는 그 주신 바 거두는 옷〔攝衣〕으로 법의 당에 오른 분〔昇
堂者〕이니, 곧 물러서 계셔도 큰 선지식〔元賓〕이라고 말할 분이다.

그런데 하물며 그 시와 글을 보면 바로 설산의 소나무 잣나무와 같
고, 가을 못에 달이 도장 찍어 시방에 두루 비추어 만 가지 경계가 모
두 고요함〔萬境俱寂〕이겠는가. 흩날리듯 곧장 허공을 밟아 바람을 부
리려 하나 그렇지 못하니, 어찌 선사의 글만 부러워하는 벗을 기약할

---

6) 삼신산을 이명한은 금강산(봉래산)·지리산(방장산)·변산(영주산)이라고
하는데, 쌍운은 지리산(방장산)·한라산(영주산)·변산(봉래산)이라고 한다.

7) 夫扶安縣之邊山 非古所稱蓬萊者哉 余登其上 盖有摩天臺云 觀其上出重霄 下
臨滄海 雄奇傑特 高夾曠邃 雲氣之所藏護 神物之所閟閉者 丹丘赤松之徒 世
果無有則 已古今所傳 如不可以一切 掉臂而揮之 此爲神仙窟者 較然明矣 顧
秦皇漢武之所褰裳而濡首者 今乃以一遷客枯節草蹻遂得恣意 探討彼碅石 日
觀出沒於長風白浪之中 茫茫浩浩 直與灝氣者游視之
蘇長公 萬死投荒吾不恨 玆遊奇絶冠平生者 不知果孰讓一頭也耶 行中一衲法
號惟敬者向 余東指而曰
一朶芙蓉 縹緲於雲際者 智異山之天王峯也 子豈亦聞之耶 此卽爲方丈山 耽羅
之漢挐山爲瀛洲山 與玆山並稱爲三神山 杜老方丈三韓外者 豈非指此而言之也

건가. 선사의 삶은 매미 허물 벗듯 물질의 모습 밖에 벗어나는 것이라, 다만 괴로움의 바다에 뜨고 가라앉는 무리로 하여금 남은 글 끊긴 글에 머리 숙여 절하도록 함이로다."

얼마 전 공경하는 선사와 마천대 위에 가서 눈을 돌려 살피며 동으로 천왕봉을 가리킨 것은 또 어떠한가. 처음 공경하는 선사를 만나 그 얼굴 보고 그 말을 들으니, 한 티끌도 눈썹과 눈에 섞이지 않았으니 참으로 이미 그에 함께하는 마음이었다.

이미 인오선사의 시를 보고 또 그가 서산(西山) 송운(松雲)의 바른 법의 마루〔正宗〕임을 알았으니, 곧 그의 어지심은 조금쯤 이미 볼 수 있음이었다. 공경하는 선사는 원효암(元曉庵)을 마천대 아래 다시 세우셨는데, 공사를 이미 마치고 앞으로 천왕봉(天王峯) 아래 돌아가려 하였다.

선사의 진영과 남기신 글을 뵈었는데, 이를 출판하려 하면서 가려고 하는 나에게 한 마디 말을 청하여 책 끝에 글을 쓰고 돌아왔다.

때는 숭정 신미년 늦은 봄 하순 어느 날.

갇혀 고달픈 사람이 금성(錦城)에서 재실에 몸을 붙여 쓴다.8)

---

8) 吾師印悟 少與松雲 傳鉢於西山 同出於壬辰 及其普濟之後 歸老於天王峯下舊小庵 畢竟歸化留眞 且有遺篇 其卷秩 雖不多 讀其詩 想其人 可見其平生云 余於是乎作而曰
　嗟乎余與 西山松雲 非止一再觀也 泊夫金剛妙香 談空覈玄 不啻空門之友 悟師又其所與 攝衣而升堂者 則郎退之所謂旨實也 況閱其詩文 正如雪山松栢 秋池印月 十方遍照 萬境俱寂 飄飄乎 直欲躡虛 而御風得非 安期羨文之侶 蟬蛻羽化於色相之外 而只使苦海浮沉之輩 耆首膜拜 於殘編斷簡中耶
　向之與敬師 縱目於摩天臺上 東指天王峯者 又何如也 初得敬師 觀其貌 聽其言 一塵不雜於眉目 固已屬之心矣 旣見印師之詩 又知其爲 西山松雲之正宗 則其賢可少槩見也 敬師重建元曉庵於摩天臺下 工已訖矣 將歸于天王峯 謁其師之眞 仍以遺編 欲付之剞劂 臨行請余一言 遂書顚末以歸之
　時崇禎辛未暮春下浣 纍人錦城寄齋書

백 년의 반이 되는 세월이 물 흐름 같아

- 쌍운(雙運)

백 년의 반이 되는 세월이 물 흐름 같아
빛과 그림자 헛되이 보내고 시름 이기지 못하네.
충성과 효성의 두 길에 모두 걸음 물리어
헛되이 흰 머리 긁으며 또 가을을 맞네.

百年當半歲如流　虛送光陰不勝愁
忠孝兩途俱退步　空搔白髮又逢秋

사물은 스스로 나지 않고 하늘 땅을 빌어서 남을 삼고
도는 스스로 행하지 않고 사람의 스승을 빌어서 행하게 되네.
제자 등은 이미 남의 제자이니, 감히 스승의 은혜를 저버리겠는가.
선사께서는 도의 가풍을 읊조려 노래했는데
제자 등이 간행하지 못해 스승의 도가 거의 흐릿해졌다.
먼저 스승의 은혜 갚는 마음을 낸 뒤에
문인들을 불러 모으고 공인을 모아 판각에 넣어드리니,
뒤에 올 이들에게 보여지길 바람이다.

物不自生 假天地以爲生 道不自行 借人師以爲行
弟等旣爲人弟 敢辜師恩, 先師吟咏道風 弟不從刊 師道幾憮
先發報恩後 募門人鳩工入梓 要覽後來

때는 숭정 육년 계유 삼월　일
지리산 영원제자 쌍운 삼가 씀.

卋維崇禎六年癸酉 三月 日
智異山靈源弟子 雙運謹誌

인오 노선사는 세속에 물든 스님이 아니니

- 백주 이명한(白洲 李明漢) 〔附李參議詩 : 이참의의 시를 부치다〕

만력 기축해 사이에 집의 어른〔家大人〕이 오산으로부터 영주에 들어와 노닐어 보기를 열흘 남짓 되었다.

그 때 곧 인오 노선사(印悟老禪師)가 계셨으니, 한 번 보고 세속에 물든 스님이 아닌 줄 알았다.

그의 시권(詩卷)을 보고 그 평생을 물으니, 대개 세상에서 평안치 못함이었다.

못난 내가 자나 깨나 이 산에 지낸 지 몇 십 년이 되었다.

숭정 기미 여름에 외숙부 구씨께 절하고 부축하면서 안과 밖의 산의 절을 두루 다니다, 인오선사께서 이미 서쪽으로 가신 줄 깨달았다.

그렇지만 시권은 오랜 상자에 담겨져 있었는데 소산(小山)이 공경히 바랑에 넣어 지니고 산을 나와서 또한 며칠이 되었다.

그 시를 읽고 그 사람을 생각하면서, 나 이간(李偘)은 물건은 있는데 사람이 없는 감회를 이기지 못했다.

드디어 시 한 수를 이루어 책의 끝에 쓴다.9)

절문 옆 소나무 그림자 낮인데도 짙게 섞였고
나그네는 숭양에 이르러 옛 스님을 묻네
산 사람의 마음 아파하는 곳을 슬퍼하나니
세간에 떨어져 내린 것 몇 편의 시인가

---

9) 萬曆己丑間 家大人 自鷲山入瀛洲 游賞十餘日 時則有印悟老禪師 一見知非爲
俗僧 見其詩卷 問其平生 盖不平於世者也
不佞寤寐玆山數十年 崇禎己巳夏 拜舅氏扶風 仍歷內外山寺 悟師已西游 而
詩卷則 藏之舊龕 小山惟敬 持鉢出山 亦纔數日矣 讀其詩思其人 不勝李偘 物
在人亡之感 遂成一絶 書諸卷末
寺門松影晝參差 客到崇陽問舊師 惆悵山人苦心處 世間零落幾篇詩

寺門松影畫參差　客到崇陽問舊師
惆悵山人苦心處　世間零落幾篇詩

백주 이명한(白洲 李明漢)이 귀의하며 절하다.[10]

---

10) 白洲李明漢和南拜

1부

조사공안 법문을 노래한다

1. 이를 드러내 웃으며 동쪽으로 옴〔齘來東〕

양무제가 달마대사에게 물었다.
"짐이 일생에 절을 짓고 상가에 공양했는데, 무슨 공덕이 있습니까?"
대사가 말했다.
"아무 공덕이 없습니다."
또 말했다.
"어떤 것이 거룩한 진리의 으뜸가는 뜻입니까?"
대사가 말했다.
"툭 트여 거룩함이 없습니다."
또 말했다.
"짐을 마주하고 있는 분은 누구입니까?"
말했다.
"알지 못합니다."

梁武帝問師曰 朕一生造寺供僧 有何功德 師曰並無功德 又問如何是
聖諦第一義 師曰廓然無聖 又曰對朕者誰 曰不識

청매선사(靑梅禪師)가 노래했다.

처음의 말 서리기운이 궁전의 붉음을 때리니
맨 뒤의 번갯빛이 푸른 허공에 번뜩이네
갈대 타고 강을 건넘 바람의 힘 인해 있지 않고
황제의 배 밤에 건너는데 꿈이 겹치고 겹치네

初言霜氣打宮紅　末後雷光閃碧空
蘆渡不因風力在　龍舟夜渡夢重重

　위 법문은 선문염송 본칙〔98則〕의 다음 법문을 청매선사가 재구성
해 말한 것이다.

　　달마대사에게 양무제가 물었다.
　　"어떤 것이 거룩한 진리의 으뜸가는 뜻입니까?"
　　이로 인해 달마대사가 말했다.
　　"툭 트여 거룩함이 없습니다."
　　무제가 말했다.
　　"짐을 마주하는 이가 누구요?"
　　조사가 말했다.
　　"알지 못합니다."
　　무제가 계합하지 못하니, 조사가 강을 건너 위나라에 이르렀다.
　　(분주소가 대신 말했다. "제자의 지혜가 얕았습니다.")
　　무제가 이 이야기를 들어 지공(誌公)에게 물으니, 지공이 말했
다.
　　"폐하께서는 도리어 이 사람을 아십니까?"
　　무제가 말했다.
　　"알지 못합니다."
　　지공이 말했다.
　　"이는 관음대사로서 붇다의 마음도장을 전합니다."
　　무제가 뉘우쳐 사신을 보내 불렀다. 지공이 말했다.
　　"폐하의 부름을 말하지 말라. 온 나라 사람이 가더라도 그는 또한
돌이키지 않을 것이다."11)

---

11) 達磨大師 因梁武帝問 如何是聖諦第一義 曰廓然無聖 帝云對朕者誰 祖曰不
　識 帝不契 祖遂渡江至魏 (汾州昭代云第子智淺)
　　武帝 擧問誌公 誌公云 陛下還識此人不帝云不識 誌公云 此是觀音大士 傳佛
　心却 帝悔當遺使詔之 誌公云 莫道陛下詔 闔國人去 他亦不迴

선문(禪門)의 법어를 달마대사로부터 시작하는 것은 중국불교에서 붇다의 깨달음의 전승을 달마선종 중심으로 법통을 세운 당조(唐朝) 이후 선불교의 전형적인 모습이다. 이는 중국 송대 설두중현선사(雪竇重玄禪師)가 옛 공안 백 칙을 노래한 것[頌古百則]에 평창을 붙인 원오극근선사(圓悟克勤禪師)의 벽암록(碧巖錄)의 편제와 같은 체계이다.

조사선의 법통주의에서는 인도에서 달마라는 분이 동으로 와 붇다의 마음도장[佛心印]을 전했다고 주장하지만, 붇다의 마음도장이 세계의 실상이라면 누가 가져와 미망의 중생에게 주는 것이라 할 수 있겠는가. 그리고 여래의 팔만장경의 가르침 그 실천적 내용이 사마타(śamatha)와 비파사나(vipaśyanā)가 하나된 디야나(dhyāna)이고, 디야나는 여섯 파라미타의 만행으로 발현되는 디야나이니, 선(禪)이 가르침 밖에 따로 전한 비밀한 뜻[密旨]이라고 말해도 안 될 것이다.

연기의 진리는 '여래가 세상에 오시든 오시지 않든 법계에 늘 머무는 삶의 실상'이니 삼세의 모든 붇다도 이 법을 깨달아 붇다라 이름지어진 분이다. 그러므로 우리는 법계의 진리가 법등을 전한 선지식의 법을 떠난 것이 아니지만, 여래의 법이 어떤 선지식의 깨달음에 닫혀있다고 해서도 안 된다.

위 문답에서 황제가 절을 짓고 상가에 공양했어도 '아무 공덕이 없다'고 답한 것은 모습에 갇힌 함이 있는 공덕[有爲功德]이 공한 줄 알아 모습에 머묾을 떠나야 헤아릴 수 없는 공덕의 곳간에 설 수 있음을 보인 것이다.

거룩한 진리는 사성제(四聖諦)이니 고통에서 해탈에 나아가는 실천의 인과를 밝힌 것이다. 이 때 없애야 할 고통이 실로 있고 고통을 없애고 얻어야 할 니르바나의 진리가 실로 있다고 하면, 이는 세간 나고 사라짐의 인과[生滅因果]에 갇힌 진리관이다. '툭 트여 거룩한 진리가 없다'는 것은 없애야 할 고제와 집제가 공하고 얻어야 할 니르바나의 멸제에 실로 얻을 것이 없어서 중생의 닦음에 닦되 닦음 없음을 바로 보인 것이다.

청매선사의 게송에서 '처음의 말 서리기운이 궁전의 붉음 때린다'고 한 것은, 달마의 한 마디가 중생의 망상을 끊고 얻어야 할 니르바나의 실체를 단박 깨뜨림을 말한 것이리라.

지금 황제를 마주하고 있는 이에도 알 것이 없다는 한 마디는 지금 눈앞에 보는 것에 실로 볼 것이 없음을 바로 알 때 '거룩한 진리의 으뜸 가는 뜻〔聖諦第一義〕' 그대로임을 바로 들어 보인 것이니, 이 뜻을 청매선사는 '맨 뒤의 번갯빛이 푸른 허공에 번뜩인다' 한 것이리라.

청매선사가 '달마의 갈댓잎배가 강을 건너는 것은 바람의 힘을 인한 것이 아니라 함'은 인연의 힘이 공한 곳에서 법계의 힘〔法界力〕 의지함을 노래한 것인가. 그리고 '용의 배〔龍舟〕가 강을 건넘에 꿈이 겹치고 겹침'이란 달마대사를 뒤쫓는 사신의 배가 갈매잎 달마의 배를 아득히 쫓을 수 없음을 그리 노래한 것인가.

설두현(雪竇顯)선사는 다음 같이 노래했다.

> 거룩한 진리 툭 트임을 어찌 맞게 가릴까
> 마주해 묻는 자가 누군가 하니 도로 모른다고 하네
> 이로 인해 가만히 강을 건넜으니
> 어찌 깊은 가시밭길 내는 것 면하랴
> 온 나라 사람이 따라가도 다시 오지 않음이여
> 천만고에 헛되이 서로 생각하도다
> 서로 생각하는 것 쉬라
> 맑은 바람 땅을 휩쓰는데 어찌 끝이 있으리
>
> 선사가 좌우를 돌아보며 말했다
> 이 속에 도리어 조사가 있는가
> 스스로 말했다
> 있다면 불러와 이 노승의 발을 씻게 하리라
>
> 聖諦廓然 何當辨的

對問者誰 還云不識
因茲暗渡江 豈免生深棘
闔國人追不再來 千古萬古空相憶
休相憶 淸風匝地有何極

師顧視左右云 者裏還有祖師麽
自云有 喚來與老僧洗脚

　'조사가 있다면 이 노승의 발을 씻게 하리라'고 한 설두선사의 뜻을
바로 알아야 비로소 조사의 선〔祖師禪〕을 말할 수 있는 대장부라 할
것이니, 살피고 살펴야 할 것이다.
　천복일(薦福逸)선사는 이렇게 노래했다.

툭 트였음은 한 화살이 먼 허공 뚫음이요
알지 못함은 거듭 송곳을 내림이로다
양무제는 어디로 갔는지 알지 못하니
천고 만고에 소식이 없도다

廓然一鏃遼空　不識重下錐刺
梁帝不知何處去　千古萬古無消息

학담(鶴潭)도 한 노래 붙이리라.

사제가 본래 공하니 진리는 무슨 물건인가
툭 트여 거룩함이 없고 무제를 마주함도 없네
갈대 꺾어 강을 건넘에 물결 이랑 급한데
긴 하늘에 아득하게 흰 구름 날아가네

四諦本空諦何物　廓然無聖沒對帝
折蘆渡江波浪急　長天悠悠白雲飛

2. 소림에서 혜가가 팔을 끊다〔少林斷臂〕

선종 2조 혜가선사(慧可禪師)가 소림에서 면벽 좌선하고 있는 달마를 찾아가 법을 물으며 믿음을 보이기 위해 팔을 끊었다는 이야기에 대해, 청매선사는 다음 같이 노래했다.

서릿발의 칼을 한 번 휘둘러 봄바람을 베니
눈 가득한 빈 뜰에 지는 잎이 붉어라
이 속에서 옳고 그름 겨우 헤아린다면
반 바퀴 차가운 달 서쪽 봉우리에 잠기리

一揮霜刃斬春風　雪滿空庭落葉紅
這裏是非才辨了　半輪寒月枕西峯

평창

혜가가 달마를 찾아가 법을 구해 믿음을 보이고 법을 깨친 이야기는 선문염송 본칙〔100則〕에 다음 같이 기록되어 있다.

달마대사에게 혜가가 물었다.
"모든 붇다의 법인을 들을 수 있습니까?"
대사가 말했다.
"모든 붇다의 법인은 사람에게서 얻는 것이 아니다."
혜가가 말했다.
"제 마음이 편안치 않으니 스님께서 편안케 해주십시오."
대사가 말했다.
"마음을 가져오라, 편안케 해주리라."
혜가가 말했다.
"마음을 찾아도 얻을 수 없습니다."
대사가 말했다.

"너의 마음을 편안케 했다."12)

앞의 달마와 무제의 문답이 '사제법의 지음 없는 뜻〔無作義; 無作四諦〕'을 묻고 답한 것이라면, 이 문답은 네 곳 살핌〔四念處〕에서 마음 살핌〔心念處〕과 느낌 살핌〔受念處〕의 법을 달마와 혜가의 문답으로 보인 것이다.

중국 선종사에서 달마선종의 달마의 존재는 선종의 권화로서 모습은 뚜렷하지만 역사적 실체로서 달마의 존재는 어디에도 밝게 드러나지 않는다. 당조에 들어 하택신회선사에 의해 중국 초조달마로부터 육조혜능까지 의발이 전해졌다는 육대전의설(六代傳衣說)이 세워졌지만, 달마가 인도 28조라는 법통설은 하택신회 때까지 확정되지 않았다. 인도 28조 중국 육대전의설을 합한 삼십삼 조사설〔卅三祖師說〕은 나중 보림전(寶林傳)에 가서야 확정된다.

도선율사(道詵律師)의 당고승전에도 달마에 관한 기록은 몇 줄에 그치고 있으나, 남악혜사선사(南嶽慧思禪師)와 천태선사(天台禪師)에 관한 기록은 번역된 한글로 몇 십 쪽에 걸쳐 방대하게 기술되고 있으며 남악선사에 대해서는 '남북 선종이 그의 법의 실마리를 잇지 않음이 없다〔南北禪宗罕不承緒〕'고 말하고 있다. 혜가선사는 여러 기록에 그의 실재가 증명되고 있으며, 삼론종의 혜포법사(慧布法師)와 문답한 기록도 남아있다.

붇다가 가르치신 연기론의 세계관에서는 존재는 안의 마음〔內心〕밖의 세계〔外境〕 그 어디에도 실체적 자기출발점은 없다. 서양철학의 오랜 전통은 제1원인의 탐구라는 기본 틀에서 크게 벗어나지 않는다. 그러므로 마음이 먼저면 관념론(觀念論)이 되고, 물질이 먼저면 유물론(唯物論) 실재론(實在論)이 되며, 말씀이 먼저면 유명론(唯名論)이 될 것이다.

붇다의 가르침은 세계의 온갖 것은 안에도 자기뿌리가 없고〔非自作〕

---

12) 達磨大師 因慧可問 諸佛法印可得聞乎 師云諸佛法印 匪從人得 可曰我心未寧 乞師與安 師云將心來 與汝安 可曰覓心了不可得 師云與汝安心竟

밖에도 자기뿌리가 없으며[非他作], 안과 밖을 기계적으로 합한 곳도 출발점이 아니며[非共作], 안과 밖을 떠나서도 존재의 출발은 없다[非無因作]. 온갖 법은 나되 남이 없고[生而無生] 남이 없이 나는 것[無生而生]이니, 지금 마음의 괴로움도 온 곳이 없지만 오지 않음도 없다.

괴로움이 실로 온 곳이 없음을 깨치면 이를 본래 깨침[本覺]이라 하니, 본래 깨침을 알아야 중생은 진여의 문[眞如門]에 들어설 수 있는 것이다.

청매선사가 '서릿발의 칼로 봄바람을 벤다'고 한 것은 지금 있는 법이 공해 실로 깨뜨릴 것이 없음을 바로 보임이고, '눈 가득한 빈 뜰에 지는 잎이 붉다'고 한 것은 인과가 공하므로 인과가 없지 않음을 보임이리라.

있음에 있음이 없고 없음에 없음이 없는데, 이 가운데 무엇을 따져 헤아릴 것인가. 한 법도 얻을 수 없는 곳에서 오히려 '불 속의 연꽃[火裏蓮]'을 볼 것이니, 운거원(雲居元)선사의 다음 노래를 들어보자.

눈에 서서 힘듦을 잊고 팔을 끊어 구했으나
마음 찾을 곳 없음에 비로소 마음이 쉬었네
뒤에 와 편히 앉아 마음 평안히 하는 자들이여
뼈를 부수고 몸 없애도 갚을 수 없으리라

立雪忘勞斷臂求　覔心無處始心休
後來安坐平懷者　粉骨亡身未足酬

지혜일(智海逸)선사도 이렇게 노래했다.

팔 끊는 것은 눈에 서있는 것보다 어려운데
마음 찾아 찾을 곳 없음에 비로소 마음 편안했네
누가 알리 만 이랑 갈대꽃의 경계에
낱낱 고기잡이 마다 낚싯대 잡은 줄을

断臂難於立雪難　覓心無處始心安
誰知萬頃蘆花境　一一漁翁把釣竿

학담도 한 노래 붙이리라.

낱낱 사람 머리 위에 달은 스스로 밝은데
어찌해 남을 따라 법의 도장 구하는가
만 이랑 갈대꽃에 맑은 바람 부는데
강 위의 고기잡이 늙은이 낚싯대 보고 있네

個個頭上月自明　如何從他求法印
萬頃蘆花淸風拂　江上魚翁視釣竿

3. 삼조승찬대사가 풍병에 걸렸다〔三祖風恙〕

승찬대사가 이조에게 물었다.
"제자의 몸이 풍병에 걸렸는데 대사께서 죄를 참회해주시길 빕니다."
이조가 말했다.
"죄를 가져오라, 너를 참회해주리라."
삼조가 말했다.
"죄를 찾아도 얻을 수 없습니다."
이조가 말했다.
"너의 죄를 참회해 마쳤다."

師問二祖曰 弟子身纏風恙 乞師懺罪祖曰罪將來 與汝懺 師曰覓罪了
不可得 祖曰懺罪竟云云

청매선사가 노래했다.

진흙을 인해 넘어지면 진흙 따라 일어나니
병과 다스리는 약이 원래 한 몸에 있네
고개 위의 뜬 구름 바람이 쓸어 다하니
저 하늘은 아득히 푸르러 다시 티끌이 없네

因泥而倒從泥起　病藥由來在一身
嶺上浮雲風掃盡　蒼蒼落落更無塵

평창

선문염송 본칙〔105則〕의 이야기는 다음과 같다.

이조 혜가대사에게 삼조가 물었다.

"제자가 온몸이 풍병에 걸렸으니 화상께서 죄를 참회해주십시오."

이로 인해 혜가대사가 말했다.

"죄를 가져오라, 너를 참회해주리라."

삼조가 잠자코 있다 말했다.

"죄를 찾아도 얻을 수 없습니다."

혜가대사가 말했다.

"너의 죄를 참회하여 마쳤다. 붇다와 다르마와 상가[佛法僧]에 의지해 머물도록 하라."

삼조가 말했다.

"제가 지금 화상을 뵙고서 이미 상가를 알았는데, 무엇을 붇다와 법이라 하는지 살피지 못했습니다."

혜가대사가 말했다.

"이 마음이 붇다요 이 마음이 법이라 붇다와 법이 둘이 없으니, 승보도 또한 그러하다."

삼조가 말했다.

"오늘에야 비로소 죄의 성품이 안[內]과 밖[外] 가운데 사이[中間]에 있지 않으며, 그 마음이 그러하듯 붇다와 법도 둘이 아닌 줄 알았습니다."

혜가대사가 깊이 법의 그릇임을 알았다.[13]

달마선종 육대전의설에서 이조혜가(二祖慧可)와 사조도신(四祖道信)은 역사적 실체가 명백하나, 삼조승찬(三祖僧粲)의 실체는 모호하다. 그래서 여러 문헌은 그가 '누구인 줄 알지 못한다[不知何人]'고 기록한다. 이조와 삼조의 문답은 붇다의 네 곳 살핌의 교설[四念處]로

---

13) 二祖可大師 因三祖問 弟子身纒風恙 請和尙懺罪 師曰將罪來 與汝懺 祖良久 云 覓罪了不可得 師曰與汝懺罪竟 宜依佛法僧住 祖云某今見和尙 已知是僧 未審何名佛法 師曰是心是佛 是心是法 佛法無二 僧寶亦然 祖曰今日 始知罪 性 不在內外中間 如其心然 佛法無二 師深器之

보면, 몸 살핌[身念處]과 법 살핌[法念處]에 해당한다 할 것이며, 붇다·다르마와 상가 이 삼보(三寶)의 뜻으로 보면 '모습 모아 보이는 삼보의 뜻[總相三寶義]'을 밝힘이라 할 것이다.

몸의 병은 업(業)으로 인해 일어났고, 업은 마음[心]으로 인해 일어났으나, 마음은 실로 난 바가 없다. 그리고 지금 몸[身]은 몸에 몸 없으니 몸에 난 병은 어디서 왔다 어디로 가는가. 몸과 몸의 병이 실로 온 바가 없고 난 바가 없음을 살펴 몸의 병과 살피는 마음이 함께 공하면 마음은 마음 아닌 마음이 되니, 마음에 마음 없음[於心無心]에 돌아감이 보디(bodhi)에 돌아감이고 법[dharma]에 돌아감이다.

곧 중생의 병과 번뇌를 떠나 따로 보디가 있음이 아니라, 중생 번뇌의 공한 진실을 아는 것이 보디에 돌아감이다. 이를 청매선사는 '병과 약이 한 몸이 있으니 진흙에서 넘어지면 진흙에서 일어나라' 가르치는 것이리라.

운거원(雲居元)선사는 이렇게 노래했다.

> 붇다를 헐뜯는 글을 이루어 큰 가풍 드러내니
> 이로부터 가르침 일으켜 눈멀고 귀먹은 이 교화하네
> 이미 죄의 성품 오는 곳이 없음을 알았으니
> 칼로 뜬 구름 끊음이고 물로 허공을 씻음이네
>
> 毀佛書成顯大風　從茲起敎化盲聾
> 旣知罪性無來處　劍斷浮雲水洗空

해회연(海會演)선사가 노래했다.

> 구멍 없는 피리와 털로 된 박자판에
> 다섯 소리와 여섯 가락이 다 널리 두루하네
> 사람들은 노란 깃발 펄럭임을 알지 못하고
> 저가 보배궁전 오름이라 웃고 말하네

無孔笛子戞拍版　五音六律皆普遍
時人不識黃幡綽　笑道儂家登寶殿

조계명(曹溪明)선사 또한 다음 같이 말한다.

죄를 참회하며 죄의 성품 공한 줄 알았으니
힘들게 칼 휘둘러 봄바람 쓸어내지 않도다
지금 산골짜기 봉우리 끝의 달이여
만상이 같이 한 비춤 가운데 돌아가네

懺罪方知罪性空　不勞揮劍掃春風
如今山谷峯頭月　萬像齊歸一鑑中

말법제자 학담도 한 노래 붙이리라.

몸의 병은 업이 일으키나 업은 좇아옴이 없으니
죄와 업의 성품 어느 곳에 있으리
구름 깊고 우레 떨쳐도 하늘은 그대로이니
안개 흩어지고 바람 자면 밝은 해가 비치리

身病業起業無從　罪與業性何處在
雲深雷振天依然　霧散風息杲日映

4. 해탈의 법을 보여주십시오[四祖解脫]

사조가 삼조에게 물었다.
"해탈의 법 주시길 빕니다."
삼조가 말했다.
"너를 묶은 사람이 없다."
사조가 말 아래 크게 깨쳤다.

師問三祖曰 乞與解脫法 祖曰無人縛汝 師言下大悟

청매선사가 노래했다.

아득하고 아득한 하늘과 땅 가운데와 가를 끊었는데
깃폭이 찢어지고 콩이 나뉨 어찌 하늘을 원망하리
그물 뚫은 비단잉어 도로 물에 걸려 있는데
붕새는 만 리에 날개 쳐도 어깨 한 번 흔들 뿐이네

茫茫堪輿絶中邊　幅裂豆分豈怨天
透網綿鱗還滯水　鵬搏萬里一搖肩

평창

　사조도신과 삼조승찬의 만남은 선문염송 본칙[108則]에 다음 같이
나온다.

　　사조 신대사가 삼조에게 물었다.
　　"화상께서 자비로 해탈법문 주시기를 바랍니다."
　　삼조가 말했다.
　　"누가 너를 묶었느냐?"
　　사조가 말했다.

"묶은 사람이 없습니다."
삼조가 말했다.
"어찌 다시 해탈을 구하는가?"
사조가 말 아래 크게 깨쳤다.14)

도신선사는 달마선종 사조로 되어있지만 문헌에 나오는 도신선사의 스승은 천태선사의 제자 지해선사(智鍇禪師)이다. 지해선사는 원래 삼론종(三論宗)의 고승으로 천태에게서 선관(禪觀)을 받아 법화삼매(法華三昧)를 증득한 선사로 여산(廬山)에 대림정사(大林精舍)를 창건하였다. 도신선사가 여산 대림정사에서 십 년을 머물다 기주 쌍봉산에서 동산법문(東山法門)을 개창하니, 오조홍인에서 신수 혜능에 이어지는 동산법문의 뿌리는 도신선사이다.

사조도신선사와 승찬대사의 문답은 중생의 묶임과 고통이 인연으로 난 것이라, 본래 공하여 중생이 본래 해탈되어 있으며[本自解脫] 본래 니르바나되어 있음[本來涅槃]을 바로 보인 가르침이다. 이처럼 본래 해탈되어 있는 집안일[家裏事]을 떠나지 않고 해탈의 도정을 가야만 [途中事] 그 해탈의 실천이 연기론적 해탈의 길이 되는 것이다.

이는 승만경에서 사제법 가운데 끝의 '니르바나의 멸제만이 늘 머무는 법이고, 다른 고제 집제 도제는 덧없는 법이다'라는 뜻과 다르지 않을 것이다. 그래서 청매선사는 본래 니르바나되어 있는 멸제(滅諦)에 앉아 감이 없이 가는 해탈의 도정을 장자(莊子) 소요유(逍遙遊)의 '봉새의 날아감'으로 비유한 것이리라.

운거원(雲居元)선사는 사조도신의 기주 쌍봉산 동산 법문을 다음 같이 기려 노래했다.

묶음 없어서 밝고 밝은 해탈의 몸이여
서산의 흙무더기 속 한 꽃의 봄이로다

---

14) 四祖信大師問三祖曰 願和尚慈悲 乞與解脫法門 三祖曰 誰縛汝 四祖曰無人縛 三祖曰何 更求解脫乎 四祖於言下大悟

황제의 부름을 받지 않았다고 말해도
또한 기주의 광제현 사람이로다

無縛明明解脫身　西山堆裏一花春
直饒不受文皇詔　也是蘄州廣濟人

학담도 한 노래 붙이리라.

본래 스스로 해탈되어 있는데 어찌 다시 구하리
막혀 걸림이 없지 않으니 뜻 세워 해탈 구하도다
닦음과 닦지 않음 본래 얻을 것 없음이여
기러기가 가로 세로 날으나 하늘은 한 모습이네

本自解脫何更求　障礙不無志求脫
修與不修本無得　雁飛縱橫天一樣

5. 성이 비었음을 답하다〔五祖答姓〕

홍인선사가 어린이때 사조가 물었다.
"너는 무슨 성인가?"
어린이가 말했다.
"붇다의 성품입니다."
사조가 말했다.
"성이 없는가?"
"성품이 공하기 때문입니다."

師作童子時 四祖問 汝何姓 師曰佛性 祖曰無姓乎 師曰性空故

청매선사가 노래했다.

한 성품에 같이하므로 법에 취함이 없고
다른 모습 끊어졌으므로 법에 버림이 없네
힘을 다해 소리 높여 불러도 응함이 없으니
북두의 별을 보려거든 남쪽 하늘 아래네

同一性故法無取　絶異相故法無捨
盡力高聲喚不應　要看北斗南天下

평창

　오조홍인선사가 어린이 때 사조선사와 문답한 위의 내용은 선문염
송 본칙〔109則〕에 다음 같이 기술된다.

　　오조 홍인대사가 어린이때 사조가 말했다.
　　"너는 무슨 성이냐?"
　　답했다.

70 푸른 매화로 깨달음을 도장 찍다

"성은 곧 있으나 보통 성이 아닙니다."

사조가 말했다.

"무슨 성이냐?"

"붇다의 성품입니다."

사조가 말했다.

"너는 성(姓)이 없는가?"

"성품이 공하기 때문입니다."

조사가 잠자코 그가 법의 그릇임을 알고 곧 출가하도록 하여 뒤에 법을 부쳤다.15)

홍인(弘忍)이 비록 어린 나이지만 보디의 마음을 이미 일으켰으니〔發菩提心〕그는 바로 세간법과 세간 부모의 인연이 공한 줄 아는 출세대장부인 것이다. 세간법이 실로 있는 세간법이 아닌 줄 알면 그가 이미 진여문(眞如門)에 들어선 이이고 여래 불성의 바다〔佛性海〕에 든 것이니, 그를 어찌 어린이라고 말하랴.

그는 이미 남쪽 하늘을 향해 북두별을 볼 수 있는 사람이며, 세간 물결 이랑 속에서 세간을 벗어난 사람이다. 중생의 집착이 있으므로 보디의 법을 세우고 세간 인연의 탐착이 있으므로 불성(佛性)을 말했으나, 중생의 집착이 없으면 불성과 진여(眞如)를 말해 무엇하리. 이것이 곧 '원수 집이 아니면 머리 모을 일 없다〔不是怨家不聚頭〕'는 옛 조사의 뜻인가.

조계명(曹溪明)선사는 이렇게 노래했다.

성을 물었는데 불성을 가지고 대꾸하니

옷을 전해준 이 나이 어리나 멋스런 바람 흐르네

처음 길러주신 어머니를 사람들이 아는가

원수집이 아니면 머리를 모으지 않네

---

15)〔109則〕五祖忍大師 作童子時 四祖問 子何姓耶 答姓卽有 不是常姓 曰是何姓耶 答是佛性 曰汝無姓乎 答性空故 祖默識其法器 卽俾出家 後乃付法

問姓能將佛性酬　傳衣年少也風流
當初養母人知否　不是冤家不聚頭

학담도 한 노래 붙이리라.

중생이 아니면 어찌 붇다를 말하리
중생의 성품이 공하니 그 성이 붇다의 성품이네
어젯밤 바람 급하고 물결 높았지만
물결이랑 쉬자 고깃배는 갈대꽃에 자네

若不衆生何謂佛　衆生性空姓卽佛
昨夜風急波浪高　浪息魚舟宿蘆花

6. 어찌 바람과 깃발이 움직이리〔爭風幡動〕

　인종화상의 회상에서 대중이 '바람에 깃발이 흔들리는 것'을 보고 '바람이 흔들린다 깃발이 흔들린다' 다투었다.
　노행자가 말했다.
　"어찌 바람과 깃발이 움직일 것인가, 그대들 마음이 움직인다."

　이에 대해 청매선사가 노래했다.

　사물이 허공에서 흔들림 이치가 참으로 그러하니
　바람과 깃발이 서로 만남 좋은 인연이로다
　눈 먼 나귀가 온전한 기틀 드러남을 알지 못해
　노행자를 아주 괴롭히나 눈 속 잣나무는 굳세네

　物在空搖理固然　風幡相遇好因緣
　瞎驢不識全機露　惱殺盧生雪栢堅

평창

　열반경을 강설하는 인종화상(印宗和尙)의 회상에서 노행자가 바람과 깃발로 다투는 대중에게 보인 법문은 선문염송 본칙〔110則〕에 다음 같이 나온다.

　　육조 혜능대사가 인종법사의 회상에 있는데 두 승려가 바람과 깃발로 다투는 것을 보았다.
　　한 사람은 '바람이 움직인다' 하고, 한 사람은 '깃발이 움직인다'고 하는데, 육조가 말했다.
　　"바람이 움직이는 것도 아니요 깃발이 움직이는 것도 아니요, 그대들 마음이 움직이는 것이오."

두 승려가 놀랐다.16)

노행자가 오조 홍인선사의 회상에서 가사와 발우를 몰래 받아 남방으로 길을 떠나 10년을 사냥꾼 틈에 숨어 살다 광주(廣州) 법성사(法性寺) 인종화상의 회상에서 대중과 문답한 이야기이다.

'마음이 움직인다'는 노행자의 뜻은 무엇인가. 깃발이 바람에 흔들리는 것은 깃발이 깃발 아닌 깃발이고, 바람이 바람 아닌 바람이라 깃발과 바람이 만나 깃발의 움직임이 있기 때문에 청매선사는 '바람과 깃발이 서로 만남 좋은 인연이다'고 한 것이리라.

또 저 경계로서의 깃발의 움직임이 움직임 아닌 움직임이라, 이치가 참으로 그러함이라 말한 것인가. 사람의 눈이 저 깃발의 움직임을 볼 수 있다고 함이, 경계가 경계가 아니고〔境非境〕마음이 마음 아님〔心非心〕을 바로 드러내 보임이리라.

개암붕(介庵朋)선사는 이렇게 노래했다.

바람과 깃발 모두가 아니요
그대들 마음 또한 아니네
끊어진 비가 옛길에 누웠는데
아래에는 검은 돌거북이 있네

風幡俱不是　仁者心亦非
斷碑橫古道　下有石烏龜

경계가 경계가 아니라 경계를 들면 곧 마음인 경계요 마음이 마음이 아니라 마음을 들면 곧 경계인 마음이니, 설두현(雪竇顯)선사는 이렇게 노래했다.

---

16) 六祖慧能大師 在印宗法師會下 見二僧爭風幡 一僧曰風動 一僧曰幡動 祖曰不是風動不是幡動 仁者心動 二僧悚然

깃발도 아니고 바람도 아니라 함이여
납승이 여기에 흘러 통하는 말 지었도다
강을 건너는데 뗏목 쓰는 것은 보통 일이라
남산에 숯을 태우는데 북산이 붉네

不是幡兮不是風　衲僧於此作流通
渡河用筏尋常事　南山燒炭北山紅

　마음의 진실을 경계로 보이고 경계의 진실을 마음으로 보임이라면
아는 마음과 알려지는 바 경계에 같은 모습도 없고 다른 모습도 없
는 것이니, 이것을 이것이라 하면 마음과 경계의 진실을 스스로 등
지리라.
　천의회(天衣懷)선사는 이렇게 노래했다.

바람도 아니고 깃발도 아니라 함이여
이 말이 나타나자 이미 사람 사이 퍼졌네
늙은 노씨 맞는 뜻을 알려고 하는가
천태와 남악에는 만 겹의 산이로다

不是風兮不是幡　斯言形已播人間
要會老盧端的處　天台南嶽萬重山

장령탁(長靈卓)선사 또한 이렇게 보인다.

꿈에 화정봉에 노닐어 단구를 지나가니
찬 구름 밟아 다하고 돌 누각에 기대어 있네
폭포 물이 언덕 벼랑에 쏟아지는 것 탐착해 보면
어찌 몸이 푸른 강머리에 있는 것을 알 수 있으리

夢遊華頂過丹丘　躡盡寒雲倚石樓
貪看瀑泉瀉崖壁　豈知身在碧江頭

꿈속에서 쏟아지는 폭포 구경에 빠지면 몸이 푸른 강머리에 있는 것을 알 수 없지만, 몸과 저 물이 모두 꿈이니 꿈을 깨고 나면 끝내 머무는 곳은 어디인가.

학담도 한 노래 더해 옛 조사의 뜻에 같이하리라.

깃발이 움직임은 바람의 힘만을 인하지 않아서
원인이 아니고 조건이 아니고 원인 없음도 아니네
눈으로 깃발 움직임을 봄이여
인연의 이치가 스스로 드러나니
오는 해 따뜻한 바람에 꽃이 가득 피어나리

幡動不因風氣勢　非因非緣非無因
眼見幡動理自彰　明年薰風花滿發

7. 신주로 배를 몰라〔新州理舟〕

육조대사가 말했다.
"나는 신주로 간다. 빨리 배의 노를 준비하라."

師云我向新州 速理舟楫云云

청매선사가 노래했다.

신주에 가서 교화의 연을 마치고자 해
안개 물결에 머리 돌리나 생각은 그대로이네
뿌리에 돌아간다는 한 말 아는 사람 없는데
가고 오며 헛되이 만 리의 배를 모네

欲往新州畢化緣　烟波回首思依然
歸根一語無人會　往復空修萬里船

평창

　혜능선사가 마지막 세간의 연을 미치려 할 때 제자들과 묻고 답한
이야기이니, 선문염송집 본칙〔115則〕은 이렇게 말한다.

　　육조가 하루는 문인들에게 말했다.
　　"나는 신주로 돌아가려 한다. 그대들은 빨리 배의 노를 준비하
　라."
　　문인들이 말했다.
　　"스승께서 여기에서 가시면 언제나 돌아오십니까?"
　　육조가 말했다.
　　"잎이 지면 뿌리에 돌아가니 오는 때에 입이 없다."17)

---

17) 六祖 一日謂門人曰 吾欲歸新州 汝等速理舟楫 門人曰 師從此去 早晩却迴

연기법에서 나고 사라짐은 실로 나고 사라짐 없되 남이 없이 나고 사라짐 없이 사라진다. 그러므로 뿌리에 돌아감이란 나되 남 없으므로 가되 실로 감 없음을 나타내고 올 때 말 없음은 오되 옴이 없이 옴을 말함인가. 그렇다면 나고 사라짐 없는 진여의 고향은 지금 나고 사라지는 시절인연을 실로 떠남이 없으리라.

이 일이 쇠까마귀 해〔日〕가 날고 옥토끼 달〔月〕이 달리는 세간법의 덧없음 떠나지 않음을, 해인신(海印信)선사는 이렇게 노래했다.

　　　잎이 져 뿌리에 돌아가니 올 때엔 입이 없다
　　　물이 불어 배가 높아지고 까마귀 날고 토끼 달린다
　　　만약 숲 사이 사자새끼라면
　　　세 살에 크게 울부짖을 수 있으리라

　　　葉落歸根　來時無口
　　　水漲船高　烏飛兎走
　　　若是林間師子兒　三歲便能大哮吼

학담도 한 노래 붙이리라.

　　　사라지되 사라지지 않고 남이 없이 나니
　　　잎은 져 뿌리에 돌아가고 올 때 입이 없네
　　　먼 산에 새 우는 소리는 아득하고 아득한데
　　　서쪽 하늘에 놀 지니 달은 동쪽에 뜨네

　　　滅而不滅無生生　葉落歸根來無口
　　　遠山鳥啼聲悠悠　西天落霞月出東

祖曰葉落歸根　來時無口

8. 두 선사의 등을 궁녀가 밀게 하다〔宮姬措背〕

혜안국사와 신수대사가 측천무후의 궁 가운데 들어가 목욕하는데, 무후가 궁녀들로 하여금 등을 밀게 했다.

安國師與神秀大士 入武后宮中浴次 后使宮姬措背

청매선사가 노래했다.

물가 안개와 때가 연꽃을 어지럽히는데
장락궁의 종소리는 한밤 가운데 가라앉았네
황금열쇠 옥빗장도 모두 관계하지 않으니
바람 맵고 서리 겹쳐 길은 통하기 어려워라

水邊烟膩亂芙蓉　長樂鍾沉夜正中
金鎖玉扃都不管　風嚴霜重路難通

평창

혜안국사(慧安國師)와 신수선사(神秀禪師)는 모두 천태선사 개창 도량 형주 옥천사에 머물렀던 성사들로 육신의 목숨 또한 세간범부를 뛰어넘어 장수선사로 알려져 있으며, 혜능의 남종(南宗)에 대해 후대 북종(北宗)의 두 선사라 일컬어진다.

측천무후가 두 선사를 모셔 공양하고 아름다운 궁녀들로 하여금 목욕시켜 드림에, 혜안국사가 참으로 의연한 모습을 보여 측천이 찬탄한 이야기다. 선문염송집 본칙〔116則〕은 이렇게 보인다.

숭악혜안국사가 북종신수선사와 같이 무후의 부름을 받아 궁전에서 공양을 받고 목욕하였다. 궁녀들이 모시는데 홀로 선사만이 편안하여 다름이 없었다.

무후가 찬탄해 말했다.
"물에 들어가보아야 비로소 높은 분이 있음을 알겠구나."[18]

두 선사를 흔드는 궁궐의 권세와 아름다운 여인 두 가지 마라의 경계를 청매선사는 안개와 때가 연꽃을 어지럽힘으로 비유하고, 궁궐의 위세와 세간 권세와 부를 황금열쇠 옥빗장이라 말한 것이리라. 비록 마라의 위세가 대단하나 마라가 공하여 법계인 줄 살피므로 마라가 보디의 길 깨뜨리지 못함을 길을 통하지 못함이라 한 것인가. 산처럼 굳세고 달처럼 맑은 선사의 뜻을 쇠망치라도 어찌 깨뜨리리.
무진거사(無盡居士)는 이렇게 노래했다.

진나라 동산 신선 같은 아가씨의 흰 옥 같은 뺨
장미강에서 물을 길러 찬 재에 뿌리네
자줏빛 궁전 문 풀집에 자물쇠가 없는데
돌무더기 떨어지듯 쇠망치로 쳐도 열리지 않네

秦苑仙娃白玉腮　薔薇行水灑寒灰
柴門草戶無扃鐍　磊落金槌擊不開

학담도 한 노래 붙이리라.

얼굴빛은 복사꽃 같고 손길은 옥과 같은
궁녀들이 모셔 받들어도 그 마음 안온하네
밝고 밝게 닿는 곳에 느낌은 허공 같으니
연꽃이 물들지 않아 향내는 방위를 넘네

顔色桃花手如玉　宮姬給侍怡怡然
明明觸處受如空　蓮華不染香超方

---

18) 崇嶽慧安國師 與北宗神秀 被武后召入禁中 供養因澡浴 以宮姬給侍 獨師怡
然無他 后歎曰 入水始知有長人

9. 대유령에서 발우를 엎어놓다〔大庾覆鉢〕

밤중에 노행자가 홍인선사의 법의 부촉을 받고 길을 떠나니 노행자의 가사와 발우를 뺏기 위해 신수선사를 따르던 제자 가운데 도명선사가 쫓아와 대유령에 이르자, 노행자가 발우를 바위에 놓고 숨은 이야기이다.

청매선사가 노래했다.

노행자 자취를 좇는 대유령에 새도 놀라 날아가니
그대에게 맡겨 돌아가려 하나 일은 이미 그릇됐네
좋은 것이 원수되어 도리어 아주 죽이려 하나
봄의 은혜는 옳고 그름의 기틀 가리지 않네

追蹤庾嶺鳥驚飛　任你將歸事已非
好箇冤尤還特殺　春恩不擇是非機

평창

대유령에서 노행자와 뒤를 쫓던 도명선사가 만난 광경을 선문염송의 본칙〔117則〕은 다음 같이 말한다.

몽산 도명선사(道明禪師)가 노행자를 쫓아 대유령에 이르렀는데 행자가 도명이 오는 것을 보고 곧 가사와 발우를 돌 위에 던지고 말했다.
"이 가사는 믿음을 나타내는 데 힘으로 다투겠소. 그대가 그냥 가져가도록 하오."
도명선사가 들었으나 산처럼 움직이지 않았다.19)

---

19) 蒙山道明禪師 因趁盧行者 至大庾嶺 行者見師至 卽擲衣鉢於石上云 此衣表信 可力爭耶 任君將去 師遂擧之 如山不動

법의 물질적 징표로서 가사와 발우는 진리가 아니지만, 가사와 발우를 떠나서도 진리가 없다. 저 모습에 모습 없되 모습 없음도 없음을 체달한 이가 조사의 심인[祖師心印]을 받은 자라 할 것이다.

돈오법(頓悟法)으로 법을 인증받은 노행자를 도명(道明) 등이 함께 뒤따르도록 한 것은 오조 홍인선사가 저 돈오법이 인과적 점차의 법[漸次法] 떠나지 않음을 가르치기 위함인가. 단박 깨침은 저 인과 연기의 세계가 공함을 깨침이라 인과연기 밖이 아님을 가르침이리라.

하나인 보디의 법을 구하려다 도리어 두 집이 대유령에서 원수가 되었으나, 바위 위 발우를 들어올리지 못하는 곳에서 두 원수집이 얼음 녹듯 기왓조각 부서지듯 하였다.

발우를 들어올리지 못하는 것이 인과 연기(因果緣起)가 온통 진실의 법계[理實法界]인 소식이니, 육왕심(育王諶)선사는 이렇게 노래했다.

혜능이 던져 내렸는데 도명이 들지 못함이여
고갯머리에 구름 한가하고 물은 개울에게 바쁘네
물과 달이 어울려 하나되었지만 옳고 그름 어찌 다하리
구름 흩어지고 물이 흐르면 너도 옳고 나도 옳으리

能放得下 明榎不起 雲閑嶺頭 水忙澗底
水月和同 是非何已 雲散水流 你是我是

학담도 한 노래 붙이리라.

믿음을 나타내는 가사와 발우 본래 공적하니
비록 놓아 던져 내려도 들어 올리지 못하네
하늘 위 하늘 아래가 한 가사와 발우니
물과 달이 어울릴 때 중생에게 이미 부쳐졌네

表信衣鉢本空寂 雖放擲下提不起
天上天下一衣鉢 水月和時已付衆

10. 팔 년을 모시다〔執侍八年〕

회양선사가 혜능조사를 찾으니 육조께서 물었다.
"어디서 왔는가?"
'숭산에서 왔다'고 함에 '무슨 물건이 이렇게 왔는가' 다시 물으니, 회양이 어쩔 줄 모르다〔罔知所措〕 팔 년이 지나고서야 깨닫고 말했다.
"설사 한 물건이라 해도 맞지 않습니다."

청매선사가 노래했다.

조계의 한 길 물음에 중매꾼이 없으니
홀로 스스로 쓸쓸히 다만 이렇게 왔네
물 긷고 섶을 져서 일하기 여덟 해
불 속에서 세 발 거북 낚도록 하였네

曹溪一路問無媒　獨自悽悽只麽來
汲水負薪勞二四　從敎火裏釣黃能

평창

　회양선사(懷讓禪師)의 원 스승은 천태선사의 제자인 옥천 홍경선사(弘景禪師)이니, 회양은 북종의 신수선사 혜안선사에게서 배우다 동학인 탄연(坦然)의 권유로 혜능을 만났다.
　회양선사를 남악(南嶽) 회양선사라고 한 것은, 회양선사가 천태선사의 스승 남악혜사선사를 추모해 혜사선사께서 머물렀던 도량 남악산 반야사(般若寺)를 찾아가 그 도량을 복원하고 머물렀기 때문이다.
　반야사가 지금 중국 호남성 남악 형산(南嶽衡山) 복엄사(福嚴寺)이니, 그곳에 회양선사의 승탑인 최승륜탑(最勝輪塔)이 있다.

회양과 혜능의 문답은 선문염송 본칙〔119則〕에 다음 같이 나와 있다.

남악 회양선사가 처음 육조를 뵙자 육조가 물었다.
"어디서 왔는가?"
"숭산에서 왔습니다."
"무슨 물건이 이렇게 왔는가?"
"한 물건이라고 말해도 곧 맞지 않습니다."
육조가 말했다.
"닦아 증득하는가?"
"닦아 증득함은 없지 않으나 물들어 더러워짐은 얻지 못합니다."
육조가 말했다.
"이 물들어 더러워지지 않음이 모든 붇다께서 보살펴 생각해주심이니, 그대가 이미 이와 같고 나도 또한 이와 같다."[20]

팔 년 간 혜능조사를 모셨다는 기록은 어디에도 없으나, 혜능께 법을 구하러 온 회양의 뜻을 기려 나무하고 물 기르며 모신 것으로 청매선사는 노래하고 있다.

청매선사의 게송에서 '불 속에서 건지는 세 발 거북'은 번뇌가 공한 진여의 바탕에 공하되 공하지 않은 공덕의 모습을 그렇게 말함이리라. '닦아 증득함은 없지 않으나 물들어 더러워짐은 없다'고 함은 '헤아릴 수 없는 사제〔無量四諦〕'의 법을 보인 것이니, 번뇌가 공해 실로 끊을 것이 없지만 번뇌가 없지 않으므로 끊지 않을 것도 없음을 나타낸다.

운거원(雲居元)선사는 이렇게 노래했다.

옥은 진흙 가운데 있고 연은 물위에 솟았으니

---

20) 南嶽懷讓禪師 初參六祖 祖問甚處來 曰嵩山來 祖曰是什 麼物伊麼來 曰說似
一物 卽不中 祖曰還假修證不 曰修證卽不無 汚染卽不得 祖曰秪此不汚染 是
諸佛之所護念 汝旣如是 吾亦如是

물들어 더럽힐 수 없어서 방위와 견줌 끊었네
여러 분들이 이와 같이 만약 깨달을 수 있으면
동정호의 한밤에 가을바람 일어나리

玉在泥中蓮出水　汚染不能絶方比
大家如是若承當　洞庭一夜秋風起

　혜안국사를 숭산혜안국사라 말하고, 형주(荊州) 옥천사(玉泉寺)에
서 온 회양을 숭산에서 왔다고 한 것은 숭산 소림사와 관계있는 것으
로 말하려는 후대의 기록이리라.
　학담도 한 노래 붙이리라.

　숭산에서 왔지만 원래 오지 않았고
　산과 내를 밟고 넘었으나 티끌 붙지 않았네
　조복함과 조복하지 않음에 머물지 않으니
　쇠소는 잠들었는데 개울물 급하네

崇山而來元不來　踏過山川不着塵
不住調伏不調伏　鐵牛沈眠溪水急

11. 조계에서 하룻밤 자고 깨치다〔一宿曹溪〕

영가선사는 『비말라키르티수트라〔維摩經〕』에서 불심종(佛心宗)을
깨친 선사이다. 천궁혜위선사 문하의 좌계현랑선사의 권유로 혜능선
사를 만나 불심종을 인증받고 하룻밤 자고 오므로 달마선종의 법통의
입장에서 '하룻밤 자고 깨친 분〔一宿覺〕'이라 말한 것이니, 청매선사
는 다음 같이 노래했다.

법상을 세 번 두르고 우뚝 설 때에
팔만 가지 행 삼천 몸가짐 곧바로 베풀었네
한 맥의 큰 집 사람은 말 밖의 뜻인데
흘러 읊조림을 산 아래서는 아는 사람 없어라

繞床三匝卓然時　八萬三千直下施
一脉大家言外旨　浪吟山下沒人知

평창

영가선사는 원래 천태 정맥조사인 천궁혜위선사(天宮慧威禪師)의
제자이다. 유마경에서 깨친 뒤 동문인 좌계현랑선사(左溪玄朗禪師)의
권유로 조계 혜능선사를 만나 그 법을 인증받은 것이다. 조계에서 하
룻밤 자고 깨친 분〔一宿覺〕이라 한 것은 달마선종의 법통설을 전제한
이야기로서, 사실과는 맞지 않는다.
선문염송집 본칙〔122則〕은 다음 같이 영가와 혜능조사의 만남을 이
야기한다.

영가 현각선사가 조계에 이르러 쇠지팡이 떨치고 병을 들고 육조
를 세 바퀴 도니 육조가 말했다.
"사문은 삼천의 몸가짐과 팔만의 가는 행을 갖춰야 하는데, 대덕

은 어디서 왔기에 큰 아만을 내시오?"

현각선사가 말했다.

"나고 죽음의 일이 크고 덧없음이 빠릅니다."

육조가 말했다.

"어찌 남이 없음을 체달하지 않고 빠름 없음을 깨닫지 않소?"

현각선사가 말했다.

"체달함에 남이 없고 깨달음에 본래 빠름이 없습니다."

육조가 말했다.

"그렇소 그렇소."

이에 현각선사가 몸가짐을 갖추고 절하고는 잠깐 사이 하직하려
하니, 육조가 말했다.

"너무 빠르지 않소?"

현각선사가 말했다.

"본래 움직임이 아닌데, 어찌 빠름이 있겠습니까."

육조가 말했다.

"누가 빠르지 않음을 아오?"

"인자께서 스스로 분별을 내십니다."

"그대는 깊이 남 없는 뜻을 얻었소."

"남이 없는데 어찌 뜻이 있겠습니까?"

육조가 말했다.

"뜻이 없으면 누가 분별하오?"

"분별도 또한 뜻이 아닙니다."

육조가 찬탄해 말했다.

"옳은 말이오 옳은 말이오."[21]

---

21) 永嘉玄覺大師 到曹溪 振錫攜缾 遶祖三匝 祖云夫沙門者 具三千威儀八萬細
   行 大德自何方而來 生大我慢
   師曰生死事大 無常迅速 祖曰何不體取無生 了無速乎 師曰體則無生 了本無速
   祖曰如是如是 師方具威儀叅禮 須臾告辭 祖曰返大速乎 師曰本自非動 豈有速
   耶 祖曰誰知非動 曰仁者自生分別 祖曰汝甚 得無生之意 曰無生豈有意耶 祖
   曰無意誰當分別 曰分別亦非意 祖歎曰善哉善哉(有本大同小異)

연기법에서 남〔生〕에 남이 없다면〔無生〕 머물러야 할 남 없음〔無生〕도 없으니, 조계를 향해 가도 온 바가 없고 하룻밤 묵고 갔다 해도 머묾이 없다. 드러난 한 생각과 한 몸짓 가운데 온갖 공덕과 파라미타행이 다 갖춰 있지만, 파라미타의 만행도 다시 고요하여 취할 것이 없으니, 그 뜻을 청매선사는 '영가가 혜능 앞에 우뚝 설 때에 팔만행 삼천 몸가짐을 베풀었으나 그가 읊조리는 노래 아는 사람 없다' 한 것이리라.

지비자(知非子)는 가고 옴이 없되 머묾도 없는 영가의 밟아 행함을 이렇게 노래했다.

> 나고 죽는 한 일이 크나
> 깨닫고는 다시 머물지 않네
> 하룻밤 조계에 머물고
> 길게 노래하며 문 나서서 가네.

> 生死一事大   證了不復住
> 一宿留曹溪   長歌出門去

학담도 한 노래 붙이리라.

> 덧없음이 빠르지만 본래 남이 없으니
> 그 가운데 어찌 빠르고 더딤 있으리
> 하루 잠자는 밤 가운데 개울물은 바쁜데
> 조계의 봉우리에 흰구름은 한가하네

> 無常迅速本無生   其中何有急與遲
> 一宿夜中溪水忙   曹溪峯頂白雲閑

12. 혜충국사가 세 번 시자를 부르다〔國師三喚〕

혜충국사가 '시자야' 하고 부르니 시자가 '예' 대답하여, 이와 같이 세 번 부르고 답하였다.

이에 대해 청매선사는 노래했다.

자주 부르는 장로는 하늘기틀 흘렸고
세 번 답한 어린 스님 낚시에 걸렸네
흐르는 물 지는 꽃에 봄일이 가는데
자고새 울음은 들 배나무에 슬프도다

頻呼長老天機漏　三諾阿師上鉤來
流水落花春事去　鷓鴣啼在野棠哀

평창

혜충국사(慧忠國師)는 조계혜능선사의 제자로 되어 있지만 기록상 혜충선사가 조계혜능을 만난 적이 없었으며, 선사는 일생 중국불교의 개척자 도안법사(道安法師)와 남악혜사선사(南嶽慧思禪師)를 마음 속 스승으로 모시고 지냈다.

혜충과 시자의 부르고 대답함은 선문염송 본칙〔130則〕에 다음 같이 나와 있다.

혜충국사가 하루는 시자를 부르니, 시자가 대답했다.
이와 같이 세 번 부르고 시자가 세 번 대답하니, 국사가 말했다.
"내가 너를 저버린다고 말하려 하니, 도리어 네가 나를 저버리는 구나."22)

─────────────
22) 忠國師 一日喚侍者 侍者應喏 如是三喚 侍者三應 師曰 將謂吾辜負汝 却是汝

내가 저를 부르고 저가 나에게 대답함이여, 저와 나에게 같음도 없고 다름도 없기 때문에 부르고 대답함이며 부르되 부름 없어서 내가 저를 부를 수 있음인가.

부르고 대답함에 서로 합함과 등짐이 함께함을 아는 장로는 이미 하늘 기틀 흘렸다 하고, 시자는 다만 부르고 대답함에 따라가므로 낚시 바늘에 걸렸다고 말했는가.

혜충과 시자를 뒤에 노래한 선사들이 모두 '구멍 없는 쇠망치〔無孔鐵鎚〕'라고 하니, 부르고 답하되 부르고 답함 없어 아무런 공용 없음〔無功用〕을 그리 비유함인가.

저와 나에게 실로 봄이 없고 들음이 없기 때문에 보고 들을 수 있는 것이니, 저와 나에게 무슨 편의함이 있으리.

보령수(保寧秀)선사는 이렇게 노래했다.

국사가 세 번 부르고
시자가 세 번 답하니
두 개의 구멍 없는 쇠망치라
곁에서 보면 기가 막히리라
저와 나에 편의함이 없으니
옛과 지금에 누가 서로 믿을까
(쯧, 사람을 아주 무디게 하는구나)

國師三喚   侍者三應
兩箇無孔鐵鎚   傍觀也須氣悶
彼此無便宜   今古誰相信 (咄鈍置殺人)

보고 들음이여, 봄이 없고 들음 없으나 봄 없음도 없고 들음 없음도 없음인가.

辜負吾

대혜고(大慧杲)선사의 한 노래 들어보자.

　벙어리가 꿈에서 누구에게 말하는가
　일어나 서로 마주해 눈이 저려오네
　이미 사람 앞에 속마음 보였으니
　저들로 하여금 스스로 편의함 찾게 하였네

　瘂子得夢與誰說　起來相對眼麻彌
　已向人前輸肺腑　從敎他自覓便宜

학담도 한 노래 붙이리라.

　국사가 세 번 부르고 시자가 대답하니
　설하고 들음 없고 들음 없음도 없네
　서로 합하고 만나되 늘 등지지만
　물 흐르고 꽃이 짐 한 하늘 가운데네

　國師三喚侍者應　無說無聞無無聞
　相合相接常辜負　水流花落一天中

13. 여릉의 쌀값이 얼마인가〔廬陵米價〕

청원선사에게 어느 날 어떤 승려가 물었다.
"어떤 것이 불법의 큰 뜻입니까?"
선사가 말했다.
"여릉의 쌀값이 얼마인가."23)

清源因僧問 如何是佛法 師云 廬陵米作麽價

청매선사가 노래했다.

저자에 들어가 많이 얻어 몸을 도움이
온 집안이 힘들게 애쓰는 것만 같지 않네
청원노인 말을 부침에 반드시 눈을 대야 하니
페르시아사람 곧은 마음의 사람 보기 어렵네

入塵多得以資身　不若渾家力作辛
源老寓言須著眼　波斯難見直心人

평창

　청원행사선사가 조계혜능을 만나 문답한 기록은 있지만 모시고 지
낸 기록은 어디에도 나타나지 않으며, 육조대사의 임종 때 자리를 함
께했던 제자들의 이름 가운데도 회양과 행사의 이름은 없다.
　조계혜능의 육조(六祖)로서의 법통이 확정되고, 마조도일(馬祖道
一)·석두희천(石頭希遷) 때 조사선의 법통이 말해지면서 그 스승으
로서 남악회양 청원행사가 조계혜능의 제자로 또한 확정된 것이 아닌
가 한다.
　'불법의 큰 뜻〔佛法大意〕'을 물었는데 어찌 여릉의 쌀값으로 답했는

---

23) 〔148則〕 清源一日 因僧問如何是 佛法大意 師云廬陵米作麽價

가. 이 문답은 선문염송의 본칙〔148則〕에『청매집』과 같은 내용으로 기록되어 있다.

"뜰 앞에 부는 봄바람의 무게가 얼마인가." 저 바람도 내리치는 비와 함께 불면 봄꽃을 떨어뜨리고, 따뜻한 햇빛과 함께 부드럽게 불면 벌 나비를 띄워 날린다. 어떤 것의 물건도 귀한 것을 만나면 천해지고 천한 것을 만나면 귀해지며, 저자에 팔 것도 팔 거리가 많아지면 싸지고 팔 거리가 적어지면 비싸진다.

그러므로 청매선사는 '저자에서 많이 얻는 것이 힘들게 애쓰는 것만 못하다' 했으며, '물건 값 흥정하기 바빠 물건 따라 마음 움직이는 페르시아사람은 곧은 이의 마음 보기 어렵다' 했는가.

"여릉의 쌀값이 얼마인가."

날이 뜨거우면 쌀이 쪼개지고, 장마철이 길어지면 쌀이 좀먹게 된다. '옷의 터진 곳을 꿰매지 말라'는 행사선사의 말이 이 뜻인가.

천장초(天章楚)선사는 이렇게 노래했다.

여릉의 쌀은 얼마의 값인가
비싸거나 싸거나 팔 겨를이 없네
팔 겨를이 없으니 터진 틈 꿰매지 말라
겨울에 비로소 밭을 갊이여, 봄에는 또 자루 잡네

廬陵米作麼價　貴賤高低糶不暇
糶不暇勿縫罅　冬始耕兮春又杷

지금 있다가 없고 없다가 있으며 나고 사라지는 온갖 법이 남이 없고 사라짐 없으므로 이처럼 나고 사라지는 것이니, 나고 사라짐을 버리지 않되 나고 사라짐 없는 진여의 큰 뜻을 바로 알아야 한다.

죽암규(竹庵珪)선사의 노래를 들어보자.

여릉의 쌀값 그 뜻 아는 이 적은데
불법을 헤아림 예부터 지금에 이르렀네

수놓은 원앙새는 마음대로 보게 하지만
까닭 없이 금바늘 찾지는 말게 하오

盧陵米價少知音　佛法商量古到今
繡出鴛鴦任人看　無端須要覓金針

열재거사(悅齋居士)의 다음 한 노래가 친절하다.

여릉의 쌀값 지금 얼마인가
달이 둥글 때는 크고 그믐 때는 작네
다시 강가에 홀로 깬 사람이 있어
눈 뜨고 꿈을 꾸어 새벽 때가 되었네

盧陵米價今多少　月圓時大缺時小
更有江邊獨醒人　開眼做夢到天曉

학담도 한 노래 붙이리라.

여릉의 쌀값을 어떻게 헤아릴 건가
장마 진 날 오래 되니 좀먹은 쌀 많아라
때와 철의 인연 밖에 법이 없으니
산밭에 열매 익으면 이미 한가위로다

盧陵米價如何量　霖天日久蝕米多
時節因緣外無法　山田果熟已仲秋

14. 대중에게 반야경을 외우도록 청함〔請衆念經〕

하택대사가 말했다.
"대중이여, 고향소식이 왔는데 어버이가 모두 돌아가셨소. 나를 위해 마하반야바라밀을 외워주시오."

荷澤大士云 大衆 鄕信到 父母俱喪 爲我念摩訶般若波羅密

청매선사가 노래했다.

마하반야는 앞에 가신 분 모셔드리는 것
찾는 칼날 앞에 닥치니 숨겨 감출 수 없네
땅끝 기러기 한 소리 가을소식이 이른데
만 집이 달빛을 타고 다듬이질 바쁘네

摩訶般若薦先亡　　尋釰當頭不隱藏
塞鴈一聲秋信早　　萬家乘月擣衣忙

평창

선문염송의 본칙〔152則〕에는 다음 같이 기록되어 있다.

　　하택선사가 하루는 당에 들어 방망이를 치고 알려 말했다.
　　"노승의 고향소식이 왔는데 어버이가 모두 돌아가셨소. 대중이
　　마하반야바라밀 외워주길 청하오."
　　대중이 막 앉았는데 선사가 말했다.
　　"대중을 번거롭게 하였소."[24]

---

24) 荷澤一日 入堂白槌云 白大衆 老僧鄕信到 父母俱喪 請大衆念摩訶般若波羅
蜜 大衆始坐定 荷澤便卽打槌云 勞煩大衆

하택신회선사(荷澤神會禪師)는 당조에 육대전의설(六代傳衣說)을 세워서 혜능선사 달마남종의 돈오문(頓悟門)으로 선종의 법통을 세워낸 선사이다. 육조단경(六祖壇經) 가운데 오래된 '돈황본단경'은 사실상 하택신회를 선종 7조로 내세우고 있다.

그러나 마조도일 석두희천 이후 오종(五宗) 중심으로 조사선의 법통이 세워지면서 하택선사는 선종의 정통에서 밀려난 분이지만, 무념(無念)의 종지로 선을 대중화한 공로가 있는 분이다.

이 공안은 어버이의 천도를 위해 대중에게 반야경 독송과 마하반야바라밀 염송을 청했다가, 대중이 자리에 앉자 대중의 염송을 그치게 한 이야기이다. 경을 외우기 전에 반야의 빛이 이미 드러나 있으므로, 청매선사는 '찾는 칼날을 숨길 수 없다' 했으며, '가을소식 채 이르기 전 만 집에 달빛이 가득하다' 했는가.

대각련(大覺璉)선사는 이렇게 노래했다.

어버이가 이미 모두 돌아가셨단 말 멀리서 듣고
방망이로 종을 울려 무리들이 집에 가득 모였네
다시 대중을 번거롭게 했다고 말한 일이여,
방망이 겨우 들자 어색함을 보게 되었네

遙聞父母已俱亡　鳴稚衆徒集滿堂
更話勞煩成底事　初槌才擧見郎當

학담도 한 노래 붙이리라.

어버이를 모셔드리기 위해 대중을 청하여
마하반야를 지심으로 외우도록 하였네
대중이 겨우 앉자 번거롭게 했다 말함이여
경 가운데 말 없으니 말씀이 이미 두루했네

爲薦父母請大衆　摩訶般若至心念
大衆才坐說勞煩　經中無說言已遍

15. 부엌신이 해탈을 얻다〔竈神得脫〕

파조타화상이 신을 모신 집에 이르러 주장자로 조왕신을 때리고 말했다.
"신령함은 어디서 왔으며 거룩함은 어디로 가는가."
곧 때려 깨뜨렸다. 다음날 푸른 옷 신이 와 감사했다.

破竈墮和尙 到神祠 以杖打神竈曰 靈從可來 聖從何去 卽打破 次日
靑衣神來謝云云

청매선사가 노래했다.

잔에 남은 술과 찬 고기 산처럼 쌓여도
화와 복이 기틀 좇음은 세간을 따르네
한 소식에 꼭 맞은 누더기 스님 선의 방망이 뒤에
신 모시는 집 어지러이 흩어지고 새는 허공에서 돌아오네

殘盃冷炙積如山　禍福從機順世間
一中衲僧禪棒後　神祠浪藉鳥空還

평창

파조타선사는 북종 혜안선사(慧安禪師)의 제자이다. 선문염송 본칙
〔153則〕은 다음 같이 이야기한다.

부엌신 깨뜨린 화상〔破竈墮和尙〕이 숭악산에 살았는데 산 언덕
에 한 묘가 있어 매우 신령하였다.
묘 가운데 한 부엌신이 모셔져 있어 멀거나 가까운 곳에서 제사
지내는 것이 쉽지 않아서 중생의 목숨을 삶고 죽이는 것이 많았다.
선사가 하루는 시자를 이끌고 묘에 들어가 주장자로 가리키며 말

했다.

"그대는 본래 진흙과 기와로 합해 이루어졌는데 신령함은 어디서 왔으며 거룩함은 어디서 일어났는가?"

그리고는 몇 번 두드리고 말했다.

"깨졌다, 떨어졌다."

그 부엌신이 곧 깨졌다.

잠깐 뒤에 한 푸른 옷과 관을 쓴 이가 절을 하고 말했다.

"저는 본래 이 묘의 부엌신으로 오래 업보를 받았는데, 지금 화상께서 남이 없는 법〔無生法〕 설하심을 입고 드디어 해탈했습니다. 특별히 와 감사드립니다."

선사가 말했다.

"이는 그대에게 본래 있는 성품이요. 내가 억지로 한 말이 아니다."

부엌신이 다시 절하고 사라졌다.

뒤에 대중이 말했다.

"저희들은 오래 좌우에서 모셨는데, 아직 가르치심을 받지 못했는데, 부엌신은 무슨 법 설함을 듣고 해탈을 얻었습니까?"

선사가 말했다.

"나는 달리 도리가 없고 다만 저를 보고 이렇게 말했다.

'그대는 본래 진흙과 기와가 합해 이루어졌는데, 신령함은 어디서 오고 거룩함은 어디서 일어났는가.'

그대들은 어찌 절하지 않는가?"

대중이 드디어 절하자, 선사가 주장자로 머리를 때리며 말했다.

"깨뜨려졌다, 떨어졌다."

대중이 한 때에 크게 깨쳤다.[25]

---

25) 破竈墮和尙 居嵩嶽 山塢有一廟 甚靈廟中 唯安一竈 遠近祭祀不歇 烹殺物命 甚多 師一日領侍者入廟 以拄杖指云 汝本泥瓦合成 靈從何來 聖從何起 乃敲數下云 破也墮也 其竈便破 須臾有一靑衣峩冠 設拜曰 我本此廟竈神 久受業報 今蒙和尙 說無生法 遂得解脫 特來禮謝

위 공안은 우리에게 무엇을 말하는가. 연기법에서 만 가지 법은 스스로 있는 제1원인이 없는데 밖으로 어떤 신령함의 뿌리를 세워 그를 우러러 복을 빌거나 자기 안에 스스로 있는 신령함을 세워 그것으로 사라지지 않음을 세우는 헛된 집착을 한 방망이로 때려 부숨이다.

그 신령함의 자취 때려 깨뜨릴 때, 공하되 공하지 않은 진여의 공덕을 드러낼 수 있으므로, 청매선사는 '신 모시는 집은 흩어져 어지러우나 새는 허공에서 돌아온다'고 노래한 것이리라.

대각련(大覺璉)선사는 이렇게 노래했다.

흙무더기 아득하고 검은 연기 치솟는데
어찌 도깨비들의 소굴이 되었는가
주장자 끝을 세 번 두드림에 무너져 내리니
갑자기 높은 관 쓴 이가 나타났네
대중이 곧바로 무슨 재간이냐고 거듭 물으면
다만 그 사람일 뿐 그런 것이 없다 하니
한꺼번에 절하면서 눈을 크게 벌려 뜸이여
거듭 때림에 앞과 같이 해골의 뼈일 뿐이리
못나고 못났으니 이를 어찌하리
여러 고을사람들 낱낱이 머리끝에는 비녀를 꽂았도다

堆土漫漫 黑煙烊烊　胡爲翻作精靈窟
杖頭三叩便分崩　突然有箇峩冠出
大衆重沓 適來何術　只是渠家無底物
一齊伸拜眼俯張　再打從前髑髏骨

師云是汝本有之性 非吾強言(卷五第六張) 神再拜而沒 後衆曰 某等久侍左右 未蒙示誨 竈神聞說何法 便得解脫 師云我別無道理 只向伊道 泥瓦合成 靈從何來 聖從何起 你等何不禮拜 衆遂作禮 師以拄杖打頭云 破也墮也 大衆一時大悟

屈屈 作麼生 登萊沂密　箇箇頭邊揷笄

불안원(佛眼遠)선사는 이렇게 노래했다.

화와 복 위엄이 스스로 신령하지 않는데
남은 잔 찬 구이로 어떤 사람 모셔드리나
신령함이 한 번 간 뒤로 소식이 없는데
들 늙은이 오히려 제를 올리며 북소리 울리네

禍福威嚴不自靈　殘盃冷炙享何人
一從去後無消息　野老猶敲祭皷聲

학담도 한 노래 붙이리라.

신단의 영험은 어디에서 왔는가
우러러 모시는 부엌신의 모습도 아니고
사람도 아니고 사람 없음도 아니네
선사가 조왕을 깨뜨려 본래 자취 없는데
불 속에 연꽃이 피니 대자비의 어머니네

廟堂靈驗從何來　非竈非人非無人
打破竈王本無跡　火裏生蓮大悲母

16. 마조선사가 강서에서 달구경하다〔江西翫月〕

마조선사가 세 사람과 더불어 달 구경하다 말했다.
"바로 이런 때 어떠한가."
지장이 말했다.
"공양하기 아주 좋습니다."
회해가 말했다.
"닦아 행하기 아주 좋습니다."
보원이 소매를 떨치고 나갔다.
마조선사가 말했다.
"경(經)은 지장에 들고 선(禪)은 해회에 돌아가나, 보원이 사물 밖에 벗어났다."

청매선사가 노래했다.

힘들게 세 눈을 가지고 억지로 달리 짝지우니
애오라지 강서 마조의 피곤함이 뼈에 사무침 위로하네
기꺼이 한가위 보름날 달 밝은 밤에 취해 노래하고
술을 권해 모두 같이 어울려 놀게 하리

勞將三眼強差排　聊慰江西困徹骸
肯教中秋三五夜　醉歌歡酒衆同諧

평창

　지장은 서당지장(西堂地藏)이고 해회는 백장회해(百丈懷海)이며 보원은 남전보원(南泉普願)이니, 같은 이야기를 선문염송집 본칙〔157則〕은 이렇게 이야기한다.

마조가 달구경을 하다가 옆의 몇 사람에게 말했다.
"바로 이러한 때 어떠한가?"
지장이 말했다.
"공양하기에 아주 좋습니다."
회해가 말했다.
"닦아 행하기 좋습니다."
보원은 소매를 떨치며 갔다.
마조선사가 말했다.
"경(經)은 지장에 들어갔고, 선(禪)은 회해에 돌아갔는데, 오직
보원이 홀로 사물 밖에 뛰어났다."26)

붓다께서 수트라[經; sūtra]를 설하고 아비다르마[論; abhidharm
a]를 말하고 비나야[律; vinaya]를 말한 것은, 중생의 망령됨이 있
고 어리석음이 있으므로 수트라를 말하고 비나야와 디야나를 말한
것이다.
   지장과 회해가 달 밝은 밤 맞는 일로 공양할 것을 말하고 닦아 행함
이 있음을 말한 것은 끊을 것과 얻을 것이 없지 않음을 말한 것이다.
그러므로 경(經)은 서당이라 하고 선(禪)은 백장이라 했으나, 얻을
것 없음을 바로 보이므로, 보원이 홀로 사물 밖에 뛰어났다[獨超物外]
고 했는가.
   장산근(蔣山勤)선사는 이렇게 노래했다.

   밝고 밝은 빛이 텅 빈 하늘에 엉기었고
   가라앉고 가라앉아 흰 빛을 뱉어내네
   가을빛이 맑고 맑음에 같이하여
   기나긴 밤에 보배바다 같이 있네
   닦아 행함과 공양은 두렷한 기틀에 맞고

---

26) 馬祖翫月次 謂二三子曰 正當恁麼時如何 智藏曰 正好供養 懷海曰 正好修行
   普願佛袖而去 師曰經入藏 禪歸海 唯有普願 獨超物外

듣자 곧 가는 것은 방위 밖으로 벗어났네
망아지 새끼가 또렷이 가림이여
만고에 하늘땅을 정함이라
한 말로 죽이고 살림 온전히 하니
높이 눈을 대라 다시 말하네

皎皎凝虛碧　沉沉發皓彩
秋色共澄清　永夜臨寶海
修行供養逗圓機　聊聞便去超方外
馬駒兒端的別　萬古定乾坤
一言全殺活　復云高着眼

　중생은 중생 아니되 중생 아님도 아니다. 중생이 중생 아님도 아니
므로 그 근기와 나아감이 다른 것이니, 어찌 들어가는 문이 같을 것인
가. 선(禪)과 교(教)와 율(律)의 이름이 세워지고 사마타(śamatha)
와 비파사나(vipaśyanā)의 문이 세워지지만, 문을 따라 돌아가면 그
돌아가는 곳에는 문의 이름이 붙지 않는다.
　다만 근기 따라 더디고 빠름이 없지 않으니, 해인신(海印信)선사는
이렇게 노래했다.

　　세 짐승이 강을 건넘에 깊고 얕음 다르니
　　힘써 가리지 않아도 빼어나게 드러나네
　　어찌 큰 물결에 돛을 펼친 자가
　　물결 돌아보지 않고 바다 지나는 것과 같으리

　　三獸渡河深淺別　不勞精辨逈然分
　　爭如巨浸張帆者　不顧波濤過海門

　의사가 약을 쓰는 것은 병을 다스리기 위함이다. 병이 병 아닌 곳이
끝내 돌아가는 곳인데 쓰는 약에 집착하고 방편의 도구에 집착하면,

어찌 약과 병이 함께 사라진 해탈의 땅에 우뚝 서서 해탈의 소식 쓰는 자라 할 것인가.

　방편의 수레가 없으면 실상의 땅에 돌아가지 못하나, 방편을 집착하면 방편에 떨어져 고향집에 돌아가지 못한다. 방편을 쓰되 방편을 넘어섬이란 방편을 집착하는 것도 아니고 방편을 없애고 버리는 것도 아니니, '방편을 짓지 않고 크고 곧은 길을 가는 자〔不作方便行大直道〕'는 누구인가. 그 사람을 해인신선사는 '큰 물결에 돛을 걸고 물결 돌아보지 않고 바다 지나가는 자'라 노래했으리라.

　동림총(東林惣)선사는 다시 이렇게 노래했다.

　　　경은 지장에 들고 선은 회해에 돌아가는데
　　　오직 보원이 있어 홀로 사물을 뛰어났다네
　　　(쯧쯧!)
　　　다만 벽을 비추는 달만 있고
　　　다시 잎을 부는 바람은 없네

　　　經入藏禪歸海
　　　唯有普願　獨超物外
　　　(咄)
　　　秪有照壁月　更無吹葉風

학담도 한 노래 붙이리라.

　　　마조가 달을 즐기되 본래 함이 없으니
　　　이러한 때를 맞아 어떻게 행할 것인가
　　　함이 없이 하여 온전히 죽어 온전히 사니
　　　사물 밖에 보고 들음이여, 달 밝은 때로다

　　　馬祖翫月本無爲　當恁麼時如何行
　　　無爲而爲全死活　物外聞見月明時

17. 문종이 조개를 즐기다〔文宗嗜蛤〕

당나라 문종이 조개를 즐기는데, 하루는 황제의 찬거리 가운데 쪼개도 벌어지지 않는 것이 있었다.
황제가 향을 사루고 기도하자 드디어 어떤 보디사트바가 모습 갖춰 나타났다.
황제가 천하의 사원을 고치고 관음상을 세우도록 했다.

唐帝嗜蛤 一日御饌中 有劈不張者 帝燒香禱之 俄有菩薩具相現 帝勅
修天下寺院 立觀音像

청매선사가 노래했다.

옥젓가락 드리워도 쪼개 벌어지지 않으니
스스로 의혹을 내 거짓으로 향을 사뤘네
잡아서 강에 던지지 않은 것 슬퍼하나니
두루한 세계가 부질없이 도량이 되게 하네

玉筋方垂劈不張　自生疑惑謾燒香
堪嗟不把投江底　遍界空敎作道場

평창

이 이야기는 선문염송 본칙〔176則〕에 다음 같이 자세히 기록되어 있다.

종남산 유정선사(惟政禪師) 때 당문종황제가 조개를 즐겼는데, 하루는 황제의 찬거리 가운데 쪼개도 벌어지지 않는 것이 있었다. 황제가 이상히 여겨 향을 사르고 비니 열려서, 갑자기 보디사트바의 모습으로 변해 거룩한 모습이 갖춰졌다.

선사를 불러 물으니, 선사가 말했다.

"신이 듣건대, 성인은 이런 몸으로 건네줄 수 있는 이는 곧 이 몸을 나타내 설법한다고 했습니다."

황제가 말했다.

"보디사트바의 몸이 이미 나타났는데, 아직 설법을 듣지 못했습니다."

선사가 말했다.

"폐하는 이것이 항상하다 보십니까 항상하지 않다 보십니까? 믿습니까 믿지 못합니까?"

황제가 말했다.

"기이하고 드문 일이라 짐이 깊이 믿습니다."

선사가 말했다.

"폐하께서는 이미 설법을 들으셨습니다."

황제가 크게 기뻐하고 천하의 절에 분부하여 각기 관음상을 세우게 했다.27)

저 조개 아닌 조개를 황제가 '내가 먹을 조개'로 탐착하니, 그 마음을 건네주기 위해 '세간 소리 살펴 중생 건네주는 보디사트바〔觀世音菩薩〕'가 모습 드러냈다. 유정선사가 관음의 모습 나툼이라 말해주었으니, 황제의 모습 집착하는 마음이 사라지면 관음의 모습 나툼에도 다시 고요하여 얻을 것이 없다.

온갖 법의 모습에서 모습 떠나면 온갖 곳이 도량인데 망령됨을 일으켜 거룩함을 세우고 거룩함을 보므로 유정선사가 도량이 정해진 도량 아니라, 이곳이 도량이며 모습 아닌 모습 나타냄이 관세음의 말없는

27) 終南山惟政禪師 因唐文宗皇帝嗜蛤蜊 一日御饌中 有劈不張者 帝以爲異 卽焚香禱之乃開 俄變爲菩薩形 梵相具足 召師問言
師曰臣聞 應以此身 得度者 卽現此身 而爲說法 帝曰菩薩身已現 且未聞說法
師曰陛下 觀此爲常非常耶 爲信非信耶 帝曰希奇之事 朕深信焉 師曰陛下已聞
說法了也 帝大悅 勅天下寺 各立觀音像

설법임을 보인 것이리라. 그리고 청매선사는 본래 도량인 세계를 '억지로 부질없이 다시 도량 되게 함'이라 노래한 것이리라.

　그러나 중생이 없지 않고 중생의 고통이 없지 않으므로 보디사트바의 중생 위하는 마음 또한 없지 않은 것이다. 성인에 취할 모습이 없지만 성인의 중생 위하는 마음이 없지 않으므로 관세음(觀世音)의 중생이끌어주는 모습 나툼이 있는 것이고, 먼저 깨친 이들이 다시 중생이 본래 갖춘 해탈의 소식 보여준 것이리라.

　지비자(知非子)선사는 이렇게 노래했다.

　　몸을 드러내 설법하여 자비를 드리우니
　　기틀 보이는 한 마디는 종남산의 선사로다
　　대당의 황제가 마음 열려 깨치니
　　빠른 우레 개구리 깨우고 잠든 용 날게 하네

　　現身說法垂慈悲　呈機一句終南師
　　大唐天子豁然悟　疾雷破蟄眠龍飛

학담도 한 노래 붙이리라.

　　보디사트바는 몸이 없음에 여러 몸을 나누고
　　보디사트바의 설법은 설함 없이 설하네
　　황제의 믿음이 이미 깊음에 설법을 들은 것이니
　　법계의 은덕 여기에서 증험하였네

　　菩薩無身分多身　菩薩說法無說說
　　帝信已深聞說法　於此證驗法界恩

18. 백장이 강 그늘의 길 위에서 기러기를 보고〔江陰路上〕

백장회해선사가 마조를 따라 가다가 들오리가 날아가는 것을 보았다.

마조가 말했다.

"이 무엇인가?"

백장이 말했다.

"들오리입니다."

"어디로 갔는가?"

"날아갔습니다."

마조가 백장의 코끝을 비트니, 백장이 아픔을 참는 소리를 내니 마조가 말했다.

"어찌 날아갔겠는가."28)

청매선사가 노래했다.

나는 기러기에 말을 붙여 같이 한가하니
산은 스스로 푸르고 물은 스스로 흐르네
달빛 어린 갈대에 찾을 곳 없다 말하지 말라
지금껏 얼룩진 깃털이 푸른 강에 떠있네

托言飛鴨共悠悠　山自蒼蒼水自流
休道月蘆無處覓　至今斑羽碧江浮

평창

날아간 기러기를 날아갔다고 말하니, 마조선사가 백장선사의 코를

---

28) 〔177則〕 百丈懷海禪師 隨馬祖行次 見野鴨子飛過 祖云是什麼 師云野鴨子
祖云什麼處去也 師云飛過去也 祖遂扭師鼻頭 師作忍痛聲 祖云何曾飛過去

비틀어 '어찌 일찍이 날아갔는가' 깨우쳐 준 법문이니, 선문염송 본칙〔177則〕에도 같은 내용이 실려있다.

어떤 것의 좇아온 곳〔所從來〕을 보므로 지금 머묾〔現住〕을 보고 지금 머묾을 보므로 어디로 가서 이르는 곳〔去到處〕을 본다. 그러나 좇아온 바가 없으면 지금 머묾은 어느 곳이며, 지금 머묾에 머묾 없으면 날아가 이르는 곳은 어디인가. 가되 감이 없음을 알면 지금 이곳을 떠나지 않고 저곳임을 알 수 있는가. 그래서 청매선사는 '달빛 어린 갈대에 기러기 찾을 수 없다 말하지 말라' 하고, 지금 '기러기의 자취가 푸른 강에 있다' 말했는가.

'저 기러기가 날아갔다'고 말한 것이 실은 지금 이곳의 머묾을 실로 머묾으로 가두는 것이니, 설두현(雪竇顯)선사는 노래했다.

> 들오리가 얼마쯤인 줄 아는가
> 마조가 보고서 서로 말을 하였네
> 이야기가 산과 구름 바다와 달의 뜻 다했는데
> 앞과 같이 알지 못해 도로 날아갔다네
>
> 날아가려 하는데 붙잡아 둠이니 말해보라
>
> 野鴨子　知何許　馬祖見來相共語
> 話盡山雲海月情　依前不會還飛去
>
> 欲飛去 却把住 道道

감에 감이 없어야 잘 가는 것인데 '날아갔다'고 함이 실은 '이곳에 붙잡아 둠'임을 그렇듯 노래했으리라. 가고 오되 오고 감이 없고 머물되 머묾 없음이여. 다음 두 선사의 노래 들어보자.

상방익(上方益)선사는 노래했다.

> 흐르는 물은 서쪽 동쪽이 있으나
> 갈대꽃은 등지고 향함 없어라

모랫벌 새들 홀연히 날아오니
고기잡이는 밤노래에 놀란다

누가 밝은 달빛 찾을 곳 없다 하나
원래 오직 가을 강위에 있네

流水有西東　蘆花無背向
沙鳥忽飛來　漁人驚夜唱

誰道月明無處尋　元來只在秋江上

장산근(蔣山勤)선사가 노래했다.

들오리가 앞개울 지나가니
천 봉우리에 흐르는 찬 빛이네
서로 돌아보되 돌아감을 알지 못하니
곁에서 도와 쳐줌을 면치 못했네
코를 붙잡아 의심 깨서 놀라 두려움이 녹으니
산들바람 곧게 올라 푸른 하늘 꿰뚫네
구름과 산 바다와 달이 모두 다른 일이라
한 마디로 마루에 돌아가야 만국이 문안하리

野鴨過前溪　千峯凜寒色
相顧不知歸　未免資傍擊
扭破疑團葛怛銷　捎風直上透靑霄
雲山海月渾餘事　一語歸宗萬國朝

불인청(佛印淸)선사는 이렇게 노래했다.

스승과 제자가 한가히 풀 가운데 가는데
들오리 날며 우니 뜻이 홀연히 났네

콧구멍을 비틀어서 이루어진 일이니
신라에서 한낮에 삼경의 종을 치네

師資閑向草中行　野鴨飛鳴意忽生
鼻孔扭翻成底事　新羅日午打三更

학담도 한 노래 붙이리라.

가고 가되 아득하여 실로 가지 않으니
머리 돌림에 홀연히 들오리 소리를 듣네
흐르는 물은 쉼이 없이 두 언덕 의지해 있는데
언덕 끝에 푸른 버들 달빛과 어울리네

去去杳然實不去　廻頭忽聞野鴨聲
流水不息依兩岸　岸頭綠柳和月色

19. 마음도 아니고 붇다도 아님〔非心非佛〕

마조선사는 처음에는 '마음이 곧 붇다이다〔卽心卽佛〕'라고 가르치다가, 어느 때 '마음도 아니고 붇다도 아니고 물질도 아니다〔非心非佛非物〕'라고 가르쳤다.

청매선사가 노래했다.

복사꽃 오얏꽃 우거진 것이 한 빛깔 봄이지만
남쪽 집은 웃을 줄 아는데 북쪽 집은 찡그리네
양귀비는 쇠창 아래서 옥구슬 부수는데
옆에는 머리 돌려 이를 열어 웃는 이 있네

桃李芳非一色春　南家解笑北家嚬
楊妃玉碎金戈下　傍有回頭啓齒人

평창

'마음도 아니고 붇다도 아니다'라는 이 공안의 법문은 선문염송 본칙〔159則〕에 다음 같이 나와 있다.

마조에게 어떤 승려가 물었다.
"화상은 어째서 마음이 곧 붇다라 하십니까?"
이로 인해 마조선사가 말했다.
"어린 아이 울음을 그치려 하기 때문이다."
승려가 말했다.
"울음이 그칠 때 어떠합니까?"
선사가 말했다.
"마음이 아니고 붇다도 아니다."

승려가 말했다.

"이 두 가지 사람을 내놓고 어떤 이가 오면 어떻게 가리키십니까?"

선사가 말했다.

"그에게 물질도 아니라고 말하리라."

승려가 말했다.

"홀연히 그 가운데 사람〔其中人〕이 오는 때를 만나면 어떠합니까?"

선사가 말했다.

"또 그에게 큰 도를 체달해 알게 할 것이다."[29]

연기법에서 온갖 법은 그것이 그것인 그것이 아니라, 그것이 그것이 아니므로 그것이 그것인 것이다. 마음 밖에 경계가 없어 한 생각을 들면 한 생각이 온갖 법이므로 이 마음이 곧 붇다라 했으나, 마음은 마음이 아니므로 마음이 물들어 중생이 되고 마음이 깨달아 붇다인 것이다.

마음이 마음이 아니므로 마음이 경계를 안고 경계인 마음이 되고 경계가 경계가 아니므로 경계는 마음인 경계가 된다.

마음과 경계가 곧 그것이되 그것 아니므로, 청매선사는 '남쪽 집이 웃으니 북쪽 집이 찡그리고, 여기서 옥구슬 부수는 양귀비를 저기서 웃는 옆의 사람이 있다' 했는가.

그것은 마음과 경계에 그것을 일으키는 제1원인이 없고 첫 모습이 없어서 나고 사라지는 모습이 그대로 모습에 모습 없는 진여이기 때문에 그러하리라. 나고 사라짐이 진여라 불던 바람은 쉬지 않고 새롭게 부는 것인가.

옛 선사들의 노래를 들어보자.

---

29) 馬祖因僧問 和尙爲什麼 說卽心卽佛 師云爲止小兒啼 僧云啼止時如何 師云
非心非佛 僧云除此二種人來 如何指示 師云 向伊道 不是物
僧云忽遇其中人來時如何 師云且教伊 體會大道

취암종(翠嚴宗)선사는 이렇게 노래했다.

　　쇠소가 골짜기 가운데 하늘 갈아 깨뜨리니
　　복사꽃 조각조각 깊은 근원 나오네
　　진나라 사람이 한 번 가 소식 없는데
　　천고의 봉우리들 그 빛 더욱 새롭네

　　鐵牛耕破洞中天　桃花片片出深源
　　秦人一去無消息　千古峰巒色轉鮮

장영탁(長靈卓)선사가 노래했다.

　　바람이 날카로우니 잎이 자주 지고
　　산 높으니 해가 쉽게 가라앉네
　　앉음 가운데 사람을 보지 못하는데
　　창 밖에 흰 구름이 깊어라

　　風勁葉頻落　山高日易沈
　　坐中人不見　窓外白雲深

목암충(牧庵忠)선사는 이렇게 노래했다.

　　서시의 얼굴 모습 누가 짝할 수 있으리
　　붉은 연지 바르지 않아도 스스로 멋이 흐르네
　　홀연히 시끄러운 저자에서 문앞을 지나는데
　　옆에서 보는 이들 쉼 없이 보게 하네

　　西子顔容孰可儔　不塗紅粉自風流
　　忽從鬧市門前過　引得傍觀看未休

　　이월의 봄빛에 경치의 기운 들뜨니

집안 좋은 어린아이들 거리에서 노니네
은 술상에 둘러앉아 잔 기울여 즐기는데
서너 명 어린아이들은 털공을 치고 노네

二月春光景氣浮　少年公子御街遊
銀床坐宴傾盃樂　三个孩童打馬毬

학담도 한 노래 붙이리라.

때로 기쁘고 때로 슬프니 마음이 마음 아님이여
봄이 와 바람 따뜻하니 붉게 핀 꽃을 보노라
봄이 늦어 꽃이 지지만 가지는 그대로니
한가한 사람 나무 기대 졸음이 마침 깊어가네

或喜或悲心非心　春來風煖看花紅
春晩花落枝依然　閑人倚樹睡方濃

20. 마음이 바로 붇다이니〔卽心卽佛〕

마조대사가 '마음이 아니고 붇다도 아니고 물질도 아니다'고 가르친 다는 말을 듣고, 혜충국사가 마음 심(心) 자의 형상으로 답했다.

청매선사가 노래했다.

봄 강 천 리에 푸른 안개 흐르는데
물고기는 깊이 잠기고 오리는 곧 떠있네
서쪽 호수 한 번 따라 모두 아래로 지나는데
곁에서 천 개의 문을 보니 말 그치기 어렵네

春江千里碧烟流　魚卽深沉鴨卽浮
西子一從都下過　千門傍見話難休 30)

평창

　마음이 곧 붇다인 뜻을 마음 심(心) 자의 형상으로 보인 본 공안의 선문염송 본칙〔190則〕은 다음과 같다.

　　복우산 자재선사가 마조가 올리는 편지를 가지고 혜충국사의 처소로 갔는데, 국사가 물었다.
　　"마조대사는 무슨 말로 제자들에게 보이는가?"
　　자재가 말했다.
　　"마음이 곧 붇다라고 합니다."
　　국사가 말했다.
　　"이 무슨 말인가?"
　　잠자코 있다 또 물었다.

---

30) 西子 : 서호(西湖)를 의인화한 표현.

"이 밖에 다시 무슨 가르침이 있던가?"

자재가 말했다.

"마음도 아니고 붇다도 아니라고 하고, 때로 마음도 아니고 붇다도 아니고 물질도 아니라고 합니다."

국사가 말했다.

"오히려 비슷할 뿐이다."

자재선사가 물었다.

"마대사는 곧 이러하거니와 화상은 요즈음 어떠합니까?"

국사가 말하였다.

"세 점이 흐르는 물과 같고 굽기는 벼 베는 낫과 같다."31)

모습이 모습 아니므로 천삼라 지만상이 차별되나 차별된 모습에 얻을 것이 없으므로 저 경계는 마음인 경계이다. 그러므로 청매선사는 물고기 잠기고 오리 떠있는 온갖 법의 차별로 마음을 보인 것인가. 설두현(雪竇顯)선사는 경계가 경계 아닌 경계이므로 경계인 마음에도 얻을 것이 없음을 다음처럼 말한 것이리라.

설두현이 이 이야기를 듣고서 '오히려 비슷할 뿐이다'에 이르러 대신 말했다.

"그때에 곧 악 외치리라."

또 복우가 묻되 '화상은 요즈음 어떠십니까' 하니, '굽기는 벼 베는 낫과 같다'는 데 이르러 말했다.

"이 무슨 말인가. 한 번 밀쳤어야 좋았을 것이다. 보고도 취하지 않으면 천 년에 잊기 어렵다."32)

---

31) 伏牛山自在禪師 與馬祖馳書 去忠國師處 國師問大師 有何語句示徒 師曰卽心卽佛 國師曰是什麼語話 良久又問 此外更有何言教 師曰非心非佛 或云不是心不是佛不是物 國師云 猶較些子 師曰馬師卽怎麼 和尚此間如何 國師云三點如流水 曲似刈禾鎌

32) 雪竇顯擧此話 (至)猶較些子 師代 當時便喝 又擧伏牛 却問和尚 此間如何

마음[心]이라는 글자를 '세 점 물과 굽은 낫'으로 보이면 다만 마음이 마음이 아닌 것을 보임이라. 마음이 새롭게 마음됨을 보일 수 없으므로 '한 번 밀쳐야 된다'고 말한 것인가. 보되 볼 것이 없으면 보고 듣는 그 자리가 참된 마음이라 천 년에 잊기 어렵다 한 것이리라.

학담도 한 노래 붙이리라.

마음이라는 한 글자가 곧 글자가 아니니
세 점은 흐르는 물이요 굽은 것은 낫과 같네
만 가지 물 흐름이 돌아가는 저 바다에 물이 없으나
흰 갈매기는 거품 꽃 위에 뜨고 가라앉네

心之一字卽非字　三點流水曲如鎌
萬流歸海海無水　白鷗浮沈浪花上

(至)曲似刈禾鎌 師云是什麼語話也 好與一拶 見之不取 千載難忘

21. 한 입에 서강물을 마셔 다하라〔一口吸江〕

방거사가 마조선사에게 물었다.
"만법과 더불어 짝하지 않는 사람이 누구입니까?"
마조선사가 답했다.
"한 입에 서강물을 마셔 다하면 말해주겠다."

청매선사가 노래했다.

처음 각치의 소리 가락 이루면
오히려 그 소리 들을 수 있으나
다른 가락 빗겨 부니 울림이 짝하지 않네
뼈 없는 쇠소는 바다에 들어가고서
여의주를 끌 줄 아니 늙은 용은 근심하네

初成角徵猶堪聽   別調橫吹韻不儔
無骨鐵牛投入海   解牽如意老龍愁

평창

선문염송 본칙〔161則〕은 이 문답을 다음 같이 보인다.

마조에게 방거사가 물었다.
"만법과 더불어 짝하지 않는 자가 어떤 사람입니까?"
마조선사가 말했다.
"그대가 한 입에 서강물을 마셔 다하면 곧 그대에게 말해주겠다."
거사가 말 아래 알아들었다.33)

---

33) 馬祖因龐居士問不與萬法爲侶者 是什麼人 師云待汝一口吸盡西江水 卽向汝
道 居士言下領解

'눈으로 빛깔을 본다'고 말할 때 실로 보는 자〔見者〕가 공하고 보는 바〔所見〕에 실로 볼 것이 없기 때문에 볼 수 있고 들을 수 있는 것이다. 그렇다면 '아는 자가 있으므로 아는 바가 있고, 이것이 있으므로 저것이 있다'는 것은 이것 저것에 실로 짝함이 없기 때문에 서로 의지해 짝함을 이룬다 하리라.

그렇다면 앎에 앎이 없고 소리 들음에 실로 들음 없을 때 만법에 짝하지 않는 사람을 만나는 것인가.

투자청(投子靑)선사는 이렇게 노래했다.

어버이와 오래 헤어졌으니
모시게 되면 힘을 다하라
나무 사람이 한밤에 말하니
밖의 사람이 알지 못하게 하라

父母曠來別　得奉當竭力
木人牛夜言　莫使外人識

연기의 법에서는 만법에 짝하지 않음이 결코 서로 마주함을 버리지 않고, 나고 사라짐이 공한 진여(眞如)가 나고 사라지는 세간 인연을 없애지 않는 것이다. 이 뜻을 청매선사는 '뼈 없는 쇠소가 바다에 들어가 도리어 늙은 용의 여의주를 끌 줄 안다' 한 것이리라.

백운연(白雲演)선사는 다음 같이 노래했다.

한 입에 서강물을 마셨다 하니
낙양의 모란이 새로 꽃잎 돋네
흙 뒤지고 먼지 날려서 찾을 곳 없는데
고개 들자 자기집에 맞부딪게 되었네

一口吸盡西江水　洛陽牡丹新吐藥

簸土颺塵勿處尋　攛頭撞着自家底

인연의 있는 모습에 떨어지지 않을 때 참으로 이것 저것이 서로 의지
하는 소식 볼 수 있으며, 관계의 그물에 갇힘이 없이 밝은 달과 산호가
서로 비치는 소식 보는 것인가.
천동각(天童覺)선사는 노래했다.

　　서강물을 마신 뒤에 말해준다 함이여
　　마조스님은 묵은 풀에 떨어짐 긍정치 않네
　　삼천의 큰 세계바다가 같이 가을 이루는데
　　밝은 달과 산호가 차갑게 서로 비추네

　　吸盡西江向汝道　馬師不肯落荒草
　　三千刹海一成秋　明月珊瑚令相照

여기에 학담도 한 노래 붙이리라.

　　만법으로 더불어 짝하지 않는 자
　　어떤 사람이고 어느 곳에 있는가
　　눈으로 푸른 산을 봄에 나무 한 그루 없으나
　　구부리고 우러러 늘 하늘과 땅을 보네

　　不與萬法爲侶者　是何人耶住何處
　　眼見靑山無一樹　俯仰常見天與地

22. 햇님 붇다 달님 붇다〔日月面佛〕

마대사가 편안치 못하는데, 원주가 물었다.
"화상의 요즈음 존위가 어떠십니까?"
선사가 말했다.
"햇님 붇다 달님 붇다이다."34)

師不安 院主問 尊位若何 師曰日面佛月面佛

청매선사가 노래했다.

깊은 궁전에 자물쇠 드리우니 봄바람은 늦으나
가운데 옥의 사람 있어 옛과 같은 뜻이네
게을러 실과 바늘 놓고서 북쪽 집에 올라
우스개로 매화나무 가져다 금목걸이 때리네

深宮垂鑰春風晚　中有玉人依舊情
懶放線針登北閣　戲將梅子打金睍

평창

　이 문답은 선문염송 본칙〔169則〕에 같은 이야기가 실려있다.
　마조대사가 편안치 못한 것 같아 원주가 안부를 물으니, '잠시도 가
만히 머물지 않고 뜨고 가라앉는 해와 달이다'라고 답한 마조대사의
뜻은 무엇인가. 가고 오는 시절인연 속에 참으로 고요함이 있으므로,
청매선사는 '궁전 속 옥의 사람의 뜻은 옛과 같은 뜻이다'라고 했는가.
　우레 치는 소리 속에서 실로 들을 바 없음을 아는 자가 참으로 고요
함을 아는 자라 할 것이니, 장산천(蔣山泉)선사는 이렇게 노래했다.

---

34)〔169則〕馬大師不安 院主問和尙近日 尊位如何 師云日面佛月面佛

햇님 붇다 달님 붇다여,
왼쪽으로 돌고 오른쪽으로 구르며
당나라에서 북 치니 신라에서 화살 쏜다
흐르는 물은 앞개울 뒷개울이요
지는 꽃은 세 쪽 다섯 쪽으로 휘날리네
귀머거리가 갑자기 치는 우렛소리 듣지 못하니
공연히 구름 가운데를 향해 번갯빛 보네

日面月面　左旋右轉
大唐擊鼓　新羅發箭
流水前溪後溪　落花三片五片
聾人不聽忽雷聲　空向雲中看閃電

바쁘고 바쁨과 고요함이 둘이 아니며 고요함을 떠나지 않고 움직임
이 있음을 알아야 마조의 뜻과 하나됨일 것이니, 청매선사는 '게을리
하던 일손 놓고 매화나무로 금목걸이 때린다'고 했는가.
　상방익(上方益)선사는 이렇게 노래했다.

햇님 붇다 동쪽이고 달님은 서쪽인데
뉘라서 제멋대로 앞개울에 떨어졌다 말하리
산 복사꽃 져서 다하고 봄은 돌아가는데
오히려 소쩍새가 있어 가지 위에서 우네

日面東兮月面西　誰云任運落前溪
山桃落盡春歸去　猶有子規枝上啼

개암붕(介庵朋)선사는 노래했다.

햇님 붇다 달님 붇다여
우레 침이요 번득이는 번개로다

비가 그치고 구름 걷히니
긴 강이 비단처럼 흐르네

日面月面　雷公閃電
雨散雲收　長江練練

학담도 한 노래 붙이리라.

햇님 달님 왼쪽 오른쪽에 도는데
하늘의 달 갈대꽃은 한 모습 가을이네
누각에 기대 산을 보고 또 달을 보는데
앞개울 물소리와 뒷산의 새소리이네

日面月面左右轉　天月蘆花一樣秋
倚樓看山又看月　前溪水聲後山鳥

23. 현산의 무게가 세 근 두 냥입니다〔三斤二兩〕

마조에게 정경이 찾아오니 마조가 물었다.
"어디서 오는가?"
"현산에서 옵니다."
"현산의 무게가 얼마인가?"
"세 근 두 냥입니다."
마조가 말했다.
"무게가 아주 많구나."
"저울과 자가 손에 있습니다."
마조가 하하 크게 웃었다.

定慶來叅 祖問曰 從何處來 曰峴山來 祖曰山重多少 曰三斤二兩 祖
曰重大多 曰秤尺在手 祖呵呵大笑

청매선사가 노래했다.

세 근 두 냥은 다른 궁상의 가락인데
한 번 하하 웃음은 좋은 화살과 칼날이네
하늘 밖 몇 개의 봉우리는 사람 이르지 않는데
해마다 가을 빛깔 비단처럼 떠서 붉도다

三斤二兩別宮商　一笑呵呵好箭鋒
天外數峯人不到　年年秋色錦浮紅

평창

　선문염송 본칙〔166則〕 또한 이 이야기와 같은 내용을 이렇게 기록
하고 있다.

마조에게 정경이 찾아오니, 마조가 물었다.
"어디서 오는가?"
정경이 말했다.
"현산에서 옵니다."
마조가 말했다.
"현산의 무게가 얼마인가?"
정경이 말했다.
"세 근 두 냥입니다."
"무엇 때문에 그 무게가 되는가?"
정경이 말했다.
"저울과 자가 손에 있습니다."
마조가 하하 크게 웃었다.35)

이 세간에 두 근 세 근이라 말하는 무게가 실로 있는가. 무게를 달아 두 근 세 근을 말할 때 이미 무게는 두 근 세 근이 아니다. 봄바람이 불어도 두 근이 두 근 아니며, 파리 한 마리가 저울추에 앉아도 두 근이 두 근 아니다.

그러나 저울추와 자가 이미 내 손에 있고 근수를 부르는 사람이 있으면 두 근 세 근의 근수가 없는 것도 아니다. 현산의 무게가 세 근 두 냥이라고 말한 것은 인과연기(因果緣起)의 세계라 청매선사는 '다른 궁상의 가락이다'라고 말하며, 인과연기의 세계에 취할 모습이 없는 것이 법계의 진실한 이치〔理實法界〕인 것이라 '하늘 밖 몇 개의 봉우리는 사람 이르지 않는다'고 노래한 것인가.

현산이 세 근 두 냥이라고 말함이 현산의 무게가 공한 법계의 뜻을 밝힘이라 마조선사가 한 바탕 웃음으로 화답한 것이리라. 그리고 마조의 한 웃음은 인과 연기의 실로 없지 않음과 진실한 법계의 실로 있지 않음을 모두 깨뜨리는 칼과 화살이므로, 청매선사는 '좋은 화살과 창

---

35) 馬祖因定慶叅 問什麼處來 慶云峴山來 祖云峴山重多少 慶云三斤二兩 祖云 爲什麼 秪重許多 慶云秤尺在手 祖乃呵呵大笑

이다'라고 한 것인가.

지해일(智海逸)선사는 이렇게 노래했다.

　　저울과 자를 어떤 사람이 스스로 지녔는가
　　높고 낮고 가볍고 무거움을 선사만이 아네
　　현산을 한 번 드니 세 근 두 냥이라 함이여
　　강서의 늙고 묵은 송곳을 몹시도 웃게 하네

　　秤尺何人得自持　高低輕重祗師知
　　峴山一擧三斤二　笑殺江西老古錐

학담도 한 노래 붙이리라.

　　저울과 자 손에 있으니 세 근 두 냥인데
　　저울과 자 밟아 깨뜨리면 무게는 얼마인가
　　구름 흩어지고 물 흐르며 꽃은 가득 피었는데
　　현산에 숨어사는 이 낮잠은 깊어라

　　秤尺在手三斤二　踏破秤尺重多少
　　雲散水流花滿發　峴山隱者午睡深

24. 같이 앉아 서로 알지 못한다〔共坐不相識〕

어떤 승려가 광징에게 물었다.
"어떤 것이 본래 사람입니까?"
"같이 앉아서 서로 알지 못함이다."

僧問廣澄 如何是本來人 澄云云

청매선사가 노래했다.

하루에 만 리를 돌이켜 헛되이 달릴 수 있으나
암자 가운데 차갑게 앉으니 새는 꽃을 물고 있네
길게 낙양에 들어감을 사람들은 알지 못하는데
해질녘 가을 풀이 구리 낙타에 걸터앉았네

日回萬里徒能走　冷坐庵中鳥帶花
長入洛陽人不識　黃昏秋草跨銅駝

평창

위 문답을 선문염송 본칙〔170則〕은 이렇게 기록한다.

예주(澧州) 대동 광징선사(大同廣澄禪師)에게 어떤 승려가 물었다.
"어떤 것이 본래의 사람입니까?"
선사가 말했다.
"같이 앉아서 서로 알지 못함이다."
승려가 말했다.
"그렇다면 절하고 가겠습니다."
선사가 말했다.

"근심 어린 마음을 몰래 베껴서 누구에게 맡길 것인가."36)

지금 암자 가운데 꽃을 물고 있는 새를 보는 사람을 떠나 어찌 따로 본래 사람[本來人]이 있겠는가. 가되 감이 없고 보되 봄이 없음을 알면, 그가 본래 사람을 본 자인가. 그래서 청매선사는 '하루 만 리를 달릴 수 있어도 암자 안에 차갑게 앉아 새가 꽃을 물고 있음을 보고 있다' 말한 것이리라.

본래 사람이여, 지금 그 사람이 아니되 그 사람을 떠난 것도 아니니, 천만금의 재회를 상속한 자라도 본래 사람을 알지 못하면 겨우 잠방이 걸친 가난뱅이를 면치 못함인가.

보영용(保寧勇)선사는 이렇게 노래했다.

　　같이 앉고 함께 가되 세상에선 알지 못하니
　　몇 사람이나 얼굴 맞대 곧 그를 만나리
　　비록 가문을 잇는 사람이라 말한다 해도
　　반은 가난하여 빌어 기른 아이로다

　　共坐同行世莫知　幾人當面便逢伊
　　縱饒紹續家門者　半是貧寒乞養兒

공수화상(空叟和尙)이 당에 올라 이 이야기를 듣고 말했다.

"같이 앉아도 서로 알지 못하니 서로 앎이 도리어 친함이 아니다. 보아 사무쳐도 친함이 아니고, 아는 곳이 아니라 해도 옛과 같이 저울 눈을 잘못 봄이다."37)

앎에 앎이 없으니 서로 마주보아 안다 해도 친함이 아니고 알지 않는

---

36) 澧州大同廣澄禪師 因僧問如何是本來人 師云(卷五第二五張) 共坐不相識
　　僧云 伊麼則禮拜去也 師云 暗寫愁腸寄阿誰
37) 共坐不相識 相識却非親 見徹非親非識處 依前錯認定盤星

다 해도 잘못인 것이다.

　어떻게 해야 지금 일〔今日事〕에서 본래 사람〔本來人〕을 알 수 있는가. 서로 같이 앉아서 알지 못하되 알지 못함도 없어야 본래 사람을 알 수 있는 것인가.

　학담도 한 노래 붙이리라.

　　　대낮에 서로 만나나 서로 알지 못하는데
　　　한밤에 눈앞의 밝음 대낮 같아라
　　　산새 재잘대고 물은 졸졸 흐르는데
　　　흰 구름 가고 오나 하늘은 자취 없네

　　　白晝相逢不相識　夜伴眼前明卓午
　　　山鳥喃喃水潺潺　白雲往來天無跡

25. 성 남쪽의 풀빛이 어떠한가〔城南草色〕

국사가 '자줏빛 비늘가사로 황제 모시는 대사〔紫鱗供奉〕'에게 물었다.
"어디서 오시오?"
대사가 말했다.
"성 남쪽에서 옵니다."
"성 남쪽의 풀빛이 무슨 빛깔이오?"
"노란 빛깔입니다."

國師問紫鱗供奉 從何來 奉曰城南來 師曰城南草什麼色 曰黃色云

청매선사가 노래했다.

구름 다한 성 남쪽 풀빛은 노란데
물과 하늘 비어 푸르러 가을빛과 함께하네
동정호 달 실은 배 운몽호에 돌아가니
이 뱃사공의 뜻이 좋지 않음을 알겠도다

雲盡城南草色黃　水天虛碧共秋光
洞庭月舸歸雲夢　知是篙人意不良

평창

선문염송 본칙〔136則〕은 다음 같이 이 이야기를 기록한다.

혜충국사가 '황제를 받들어드리는 대사'에게 물었다.
"어디서 오시오?"
대사가 말했다.
"성 남쪽에서 옵니다."

국사가 말했다.
"성 남쪽 풀이 어떤 빛이오?"
"노란 색입니다."
국사가 어린이에게 물었다.
"성 남쪽 풀이 무슨 빛인가?"
어린이가 말했다.
"노란 색입니다."
국사가 말했다.
"이 아이도 발 앞에서 자색 가사를 받아 황제를 마주해 현묘한 법을 말할 수 있겠구나."38)

성 남쪽 노란 풀빛은 어디 있는가. 저 풀에 있는가 눈에 있는가, 마음에 있는가. 노란빛이 저 풀에 있다면 눈에 안질 있는 이에게 저 풀은 왜 노랗게 보이지 않는 것이며, 새봄에 왜 풀은 노란빛이 아니었던가.
감각〔眼識; 感覺〕으로 주어진 저 풀의 노란빛은 안에도 없고 밖에도 없지만 안과 밖을 떠나서도 없다. 노란빛을 다만 노란빛으로 아는 것은 황제의 고문 노릇하는 대사뿐 아니라 길 가는 아이도 아는 일이니, 노란빛이 노란빛 아닌 것을 알아야 국사의 뜻을 알 수 있다는 것인가.
대위철(大潙喆)은 이렇게 말한다.

"국사가 그렇게 묻고 황제의 대사와 어린이가 그렇게 답하니, 말해보라. 도리어 이로움과 해로움이 있는가. 만약 분별할 수 있으면 그대가 국사를 몸소 뵐 수 있지만, 만약 알지 못하면 성 남쪽의 풀은 앞과 같이 노란 빛깔일 것이다.39)

---

38) 忠國師 問紫璘供奉 甚處來 云城南來 師云城南草作何色 云作黃色
　　師乃問童子 城南草作何色 子云作黃色 師云祇這童子 亦可簾前賜紫 對御談玄
39) 國師伊麽問 供奉與童子伊麽答 且道 還有利害麽 若也辨得 許你親見國師 若
　　也未會 城南草依前作黃色

심문분(心聞賁)선사가 이렇게 노래했다.

　　장대끝 벼랑끝에서 손을 놓아 가고
　　낭주와 예주에서 길을 찾아 돌아가네
　　가는 티끌 벗어나 다해야 온전한 기틀 드러나니
　　여덟 모 절구 받침 허공 가운데 날아가네

　　竿頭崖頭撒手去　郞州澧州尋路歸
　　廉織脫盡全機路　八角麼盤空裏飛

학담도 한 노래 붙이리라.

　　성 남쪽에 바람 날려 티끌먼지 붙으니
　　길가 저 풀의 빛깔은 다시 어떠한가
　　바람 불면 풀이 눕고 바람 자면 일어나니
　　오는 해 성 밑에는 푸르름 더욱 새로우리

　　城南風飄着塵埃　路邊草色更如何
　　風來草偃風靜起　明年城下綠轉新

26. 떠풀신을 잡아 머리에 쓰다〔把茅盖頭〕

동서당이 고양이로 인해 다투니 남전이 고양이를 들고 말했다.
"한 마디 이르면 건질 것이요, 이르지 못하면 벨 것이다."
답하지 못하자 남전선사가 고양이를 베었는데, 나중 조주에게 물으니 풀신을 머리에 이고 나갔다.

청매선사가 노래했다.

개가 처음 으르렁거리자 나그네가 이름을 알고
고양이 새끼 겨우 달리면 닭이 나는 소리 듣네
문앞에 길이 있으나 향기로운 풀에 헤매니
들고 나옴에 어찌 이슬이 옷 적심을 알 것인가

狗子初狺知客到　狸兒才走聽雞飛
門前有路迷芳草　出入何知露濕衣

평창

선문염송 본칙〔207則〕은 이 이야기를 다음 같이 말한다.

남전이 하루는 동서당이 고양이 다투는 것으로 인해 드디어 고양이를 집어들고 말했다.
"대중이여, 이를 수 있으면 건질 것이요, 이르지 못하면 곧 벨 것이다."
대중이 대꾸가 없자 남전선사가 베어서 두 조각 내었다.
뒤에 다시 앞의 이야기를 들어 조주에게 물으니, 조주가 풀신을 벗어 머리 위에 이고 나갔다.
남전선사가 말했다.

"그대가 있었으면 고양이를 건져낼 수 있을 뻔했다."[40)

　남전선사가 고양이를 벤 것은 나의 옳다 함과 저의 그르다 함의 본래 뿌리를 한 칼에 잘라 옳고 그름의 두 갈래 길이 갈 곳 없음을 바로 보임인가. 그에 비해 조주가 짚신을 머리에 인 것은 나의 옳다 함과 저의 그르다 함에 실로 그렇다 할 두 길이 없음을 바로 드러내 두 집의 그렇다 함을 한꺼번에 살림인가. 남전의 죽임 속에 살림이 있고, 조주의 살림 속에 죽임이 있는 것인가.
　청매선사가 '문앞의 길이 있으나 향기로운 풀에 헤맴'이란, 나의 이렇다 함과 저의 이렇지 않다 함에 서로 통하는 길이 있으나 눈앞에 우거진 풀에 가리어 보지 못함을 그리 노래한 것이리라.
　조주의 이것과 저것을 크게 살림이여, 설두현(雪竇顯)선사는 이렇게 노래했다.

　　공안이 두렷해오자 조주에게 물으니
　　장안성 가운데서 마음껏 한가히 노니네
　　풀신을 머리에 임을 아는 사람 없으니
　　집의 산에 돌아와선 곧바로 쉬었네

　　公案圓來問趙州　長安城裏任閑遊
　　草鞋頭戴無人會　歸到家山便卽休

　남전선사의 죽여서 크게 살림이여, 불안원(佛眼遠)선사는 이렇게 노래했다.

　　다섯 빛깔 고양이를 힘을 다해 다투는데
　　칼을 빼어 드니 모두 다 눈뜬 봉사네

---

40) 南泉一日因東西堂 爭猫兒 師遂提起云 大衆 道得則救取 道不得卽斬却也 衆無對(法眞一代) (云 賊儣賊物便與一掌) 師斬爲兩段 復擧前話問趙州 州便脫草鞋 於頭上戴出 師云子若在 恰救得猫兒

몸을 두 곳으로 쪼개 거듭 서로 위하니
자비 바람 땅을 움직여 날 수 있게 되었네

五色狸奴盡力爭　及乎按劍盡生盲
分身兩處重相爲　直得悲風動地生

　죽여서 살림과 살려서 죽임이 끝내 평등함이여, 열재거사(悅齋居
士)의 한 노래 들어보자.

들어올림 분명하고 베는 곳 친절한데
지는 꽃 나는 솜털 길 가는 이 때리네
풀신을 머리에 이고 문을 나와 가나니
사월의 둥근 연잎 잎새마다 새롭다

提起分明斬處親　落花飛絮撲行人
草鞋頭上出門去　四月圓荷葉葉新

학담도 한 노래 붙이리라.

양당의 옳고 그름 어느 때나 쉴 건가
고양이를 베어 끊으니 산 고양이가 나오네
조주가 풀신 머리에 이고 나감이여
돌기둥과 등롱이 손뼉 치고 웃도다

兩堂是非何時休　斬斷猫兒活猫出
趙州草鞋頭戴出　露柱燈籠拍掌笑

27. 알음알이로 종지 삼는 무리〔知解宗徒〕

네 가지 법계〔四法界〕를 말하는 화엄좌주에게 염관선사가 털이를 세우고 물었다.
"이것은 몇 번째 법계에 속하는가?"
그 승려가 말이 없었다.

청매선사가 노래했다.

아들 많은 늙은 할멈 생각이 많으니
나귀 일이 바야흐로 가자 말 일이 따르네
만약 한나라 황제로 하여금 한 생각 돌이키게 하면
소양선사의 재앙을 기름이 이와 같지 않았으리

多男翁姑多思慮　驢事方行馬事隨
若教漢皇回一念　昭陽養禍不如斯

평창

선문염송 본칙〔201則〕은 이 문답을 다음 같이 보인다.

염관이 어떤 승려에게 물었다.
"무슨 경론을 익혔는가?"
승려가 말했다.
"화엄경을 강설했습니다."
선사가 말했다.
"경 가운데 몇 가지 법계가 있는가?"
승려가 말했다.
"간략히 네 가지를 말하고 널리 말하면 겹치고 겹쳐 다함없으니

다.”

선사가 털이를 세우고 말했다.

“이것은 몇 째 법계 가운데 거두어지는가?”

승려가 잠자코 있자 선사가 말했다.

“생각으로 알고 헤아려서 이해하는 것은 귀신 굴 속에서 살림하는 것이다. 햇빛 아래 외로운 등이 과연 비춤을 잃었다. 나가거라.”41)

붇다와 조사의 법은 중생의 망상이 있기 때문에 세워지는 것이니, 화엄의 네 법계〔華嚴四種法界〕또한 마찬가지다. 저 인연으로 난 법〔事〕이 실로 있다 하므로 인연으로 난 것이 공함을 보이기 위해 이법계(理法界)를 세우고, 인연법을 떠나 진리가 없음을 보이기 위해 사법계(事法界)를 세웠다. 인연으로 있음과 진리의 공함이 둘 아님을 보이기 위해 ‘진리와 사법이 걸림 없는 법계〔理事無礙法界〕’를 말하고, 진리와 사법이 걸림 없기 때문에 사법과 사법이 막힘 없음을 보이기 위해 사사무애법계(事事無礙法界)를 말한 것이다.

보고 듣는 사법이 공하고 진리의 왕마저 공하기 때문에 눈으로 앞산을 보며 귀로 새소리 들을 수 있으므로, 청매선사는 ‘나귀일이 가자 말일이 따른다’고 그리 노래한 것인가. ‘소양선사의 재앙을 기름’이란 운문선사가 ‘붇다를 한 몽둥이로 때려 개에게 준다’고 해서 불법문중에 큰 재앙의 일 보인 것을 말한 것이리라. 그것은 황제에 황제라는 생각이 있고 진리의 왕에 진리라는 생각이 있으면 온갖 재앙이 일어남을 그리 보인 것인가.

헤아릴 수 없는 법계의 숫자가 중생의 망념 때문에 세워진 것이니, 분별할 법계가 있다고 하거나 없다고 하는 것이 모두 진실에 맞지 않는 것이리라.

---

41) 鹽官問僧 蘊何經論 僧云講華嚴經 師云經中有幾種法界 僧云略說四種 廣說則重重無盡 師竪起拂子云 者个是第幾種法界中收 僧良久 師云思而知慮而解 是鬼窟裏活計 日下孤燈 果然失照 出去

그러므로 염관의 이 법문을 듣고 보복이 '그냥 받아들여 절했다면 화상의 몽둥이를 맞는다'고 하고 화산선사(禾山禪師)는 '화상께 번거로움 끼치지 않겠다' 한 것이니, 보복은 이렇게 들어 보였다〔擧云〕.

"만약 절했다면 화상의 몽둥이를 맞습니다."

화산(禾山)이 대신 말했다.

"제가 화상을 번거롭게 하지 않겠으니, 괴이하다 마십시오."

법안이 대신해서 '손뼉을 세 번 침'을 보였다.42)

학담도 한 노래 붙이리라.

알고 봄에 앎을 세우면 무명의 근본이나
생각에 생각할 바 없으면 진여에 드네
날이 다하도록 알되 본래 일어남 없으니
알음알이 두려워 피하면 곧 삿된 무리네

知見立知無明本　念無所念入眞如
終日知解本無起　恐避知解卽邪徒

---

42) 若禮拜 卽喫和尙棒 禾山代云 某甲不煩 和尙莫怪 法眼代拊掌三下

28. 백장이 울다가 웃다〔百丈哭笑〕

마조를 모시고 산을 가다가 백장이 크게 우니 벗이 물었다.
"어버이를 생각하시오?"
"아니오."
"고향을 생각하시오?"
"아니오."
"무슨 일이오?"
백장이 말했다.
"마조대사께 물으시오."
벗이 마조에게 물으니, 마조가 말했다.
"그에게 물으라."
벗이 가르침대로 하니, 백장이 '하하' 크게 웃었다.

與馬祖 山行而下 師大哭 友問曰憶父母耶 曰無
思古鄕耶 曰無
何以耶 師曰問取大師 友問祖 祖曰問渠 友如敎 師呵呵大笑

청매선사가 노래했다.

백천 악기로 기뻐함은 함께하기 어렵고
모래수 아수라의 싸움 같이하지 못한다
기쁨을 말하고 슬픔을 말함 뉘라서 알리요
한 소리 새로운 기러기 가을강을 지나네

百千伎樂歡難並　沙數修羅鬪不倅
言喜言悲誰解得　一聲新鴈過秋江

이 세 사람의 문답은 선문염송 본칙〔179則〕에 다음 같이 나온다.

백장이 마조를 모시고 산에서 노닐다 돌아가는데, 홀연히 우니 같이 모시던 이가 물었다.
"어버이를 생각하시오?"
"그렇지 않소."
"누구한테 욕을 먹었소?"
"그렇지 않소."
같이 모시던 이가 말했다.
"왜 우시오?"
백장이 말했다.
"마조화상께 물으시오."
같이 모시던 이가 마조께 가서 물으니, 마조가 말했다.
"너는 가서 그에게 물으라."
같이 모시던 이가 돌아와 요사 가운데서 보니, 백장이 '하하' 크게 웃었다.
같이 모시던 이가 말했다.
"아까는 매우 슬피 울더니 지금은 왜 웃소?"
백장이 말했다.
"아까는 눈물이 났는데 지금은 우습군요."
같이 모시는 이가 멍하였다.43)

이 세간 기쁨과 슬픔 웃음과 울음은 어디서 오는가. 안과 밖에 오는

---

43) 百丈侍馬祖遊山歸 忽然哭 同事問曰 憶父母耶 師云無事
  日被人罵耶 師云無事 日哭作什麼 師云問取和尙 同事徍問馬祖 祖云你去問
  取他
  同事迴至寮中 見師呵呵大笑 同事曰 適來爲甚哭 如今爲什麼笑
  師云適來哭而今笑 同事罔然

곳이 없지만 기쁜 일 슬픈 일을 만나 홀연히 웃음과 울음이 나오는 것인가. 그래서 보디사트바는 세간을 위해 때로 웃을 거리를 짓고, 세간중생과 함께 슬픈 눈물 흘리는 것인가.

  기쁨과 슬픔이 오는 곳이 없고 취할 것이 없기에, 청매선사는 '백천 악기의 기뻐함과 아수라의 싸움에 같이하지 못한다' 함이리라. 세간의 괴로움과 즐거움이 남이 없이 나기〔無生而生〕때문에 나되 남이 없는 것〔生而無生〕이니, 바쁘고 바쁜 고락의 쳇바퀴 속에 늘 고요함이 있는 것이리라.

  불안원(佛眼遠)선사는 이렇게 노래했다.

  한 번 돌이켜 생각하고 한 번 마음 다쳤는데
  알지 못하는 사이 돌이켜 웃음이 더욱 새롭네
  구름은 고갯마루에 있어 한가로움 거두지 않고
  물은 개울 밑에 흘러서 아주 바쁨을 내네

  一迴思想一傷神　不覺翻然笑轉新
  雲在嶺頭閑不撤　水流澗下大忙生

  세간의 슬픔과 기쁨이여, 슬프게 하고 기쁘게 하는 인연이 공하나 인연이 아니면 웃음과 울음이 나지 않는 것이니, 운문고(雲門杲)선사는 이렇게 노래했다.

  어떤 때 웃음이여 어떤 때 우나니
  슬픔과 기쁨 같이 얽혀 가만히 재촉하네
  이 도리를 어떻게 사람들에게 보일까
  끊어진 줄은 반드시 붉은 아교로 이어야 하네

  有時笑兮有時哭　悲喜交幷暗催促
  此理如何擧向人　斷絃須得鸞膠續

죽암규(竹庵珪)선사는 이렇게 노래했다.

세간의 이름과 이익 부질없는 영화와 욕됨
구름비가 휘날려서 손을 뒤집어엎는 듯해라
슬픈 노래 서로 이어 이루 말할 수 없는데
방망이 끝에 눈이 없어 어느새 노란 조가 익었네

世間名利閑榮辱　雲雨紛紛手翻覆
悲歌相繼不堪論　棒頭無眼黃粱熟

학담도 한 노래 붙이리라.

때로 기뻐하고 때로 슬퍼하며 울다 웃음이여
구름이 일어나고 사라지듯 쥘 수가 없어라
몇 마리 새 그림자 끌고 서쪽으로 날아가는데
바람은 꽃향기 머금고 스스로 가고 오네

或喜或悲哭而笑　如雲起滅沒可把
數鳥引影向西飛　風含花香自去來

29. 자리를 말다〔卷席〕

마조대사가 법좌에 올라 잠자코 있었다.
백장이 자리를 마니, 마조가 자리에서 내려와 방장에 돌아갔다.

馬祖昇座 師卷席 祖下座 歸方丈

청매선사가 노래했다.

긴 돛이 백 자가 되어 높은 바람 일으키니
다섯 자루 노를 양쪽 뱃전에 걸었네
솜씨 맞서는 이가 같이 저어도 천 리가 먼데
물가모래 어린이의 눈은 아득하고 아득하네

長帆百尺起高風　五把工橈掛兩傍
敵手共搖千里遠　沙頭稚子眼茫茫

평창

　위 이야기는 선문염송 본칙〔178則〕에 이렇게 나와 있다.

　　마조대사가 법좌에 올라 잠자코 있음〔良久〕을 인해, 백장이 나와
　자리를 말고 절하였다.
　　그러자 마조가 자리에서 내려와 방장에 돌아갔다.44)

　자리에 오름은 법을 설하기 위함이요, 백장이 자리를 걸어 마는 것
은 이 법에 설하고 들음이 공하고, 설하는 법의 자리에 오르고 내림이
없음을 보이기 위함인가. 중생의 망상이 있으면 망상을 위해 법 설함
이 다함이 없지만, 망상이 공한 곳에서 보면 법 설함은 실로 설할 법이

---

44) 百丈 因馬大師陞座良久 師出捲拜席 祖下座歸方丈

없음이리라.

그래서 청매선사는 '강에 노 저음이 멀고 멀어서 물가 어린이가 배를 바라보면 눈이 아득하고 아득하다' 한 것이리라.

자리를 말아서 법자리에 올라 입을 열기 전 법의 실상을 바로 보이므로, 대각련(大覺璉)선사는 '법의 공덕 자리에는 사사로운 은택이 없다' 한 것이니, 대각련 선사는 이렇게 노래했다.

　　그늘진 구름 빽빽이 펴 비를 내릴 때
　　용을 잡는 것은 반드시 굳은 쇠망치라야 한다
　　대천을 이미 접어 말아 사사로운 은택 없는데
　　가뭄 걱정하는 어리석은 농부 눈썹 못 펴네

　　密布陰雲降雨時　搹龍須是硬金槌
　　大千已卷無私澤　憂旱癡農未展眉

구름이 널리 비 내리듯 법의 은택이 온갖 곳에 두루하지만 중생의 미혹이 있으면 법을 설해주어야 함을, 가뭄에 농부가 근심걱정함으로 보인 것이리라.

입 열기 전과 입 연 뒤가 둘이 아닌 법의 자리에 설 때, 비로소 본래 갖춘 지혜의 해가 시방에 널리 비추는 소식을 볼 수 있는 것인가.

해인신(海印信)선사는 이렇게 노래했다.

　　당에 오르자 자리 걷음은 아주 짝할 이 없는데
　　밝은 해 높이 빛나 곳곳에 두루하네
　　갑작스런 우레가 우주를 놀라게 하는데
　　우물 가운데 것들 머리 들지 않음 매우 우습네

　　陞堂卷席迥難儔　杲日騰輝處處周
　　堪笑忽雷驚宇宙　井中之物不擡頭

법을 설함이란 중생의 망상의 범과 용을 죽임 없이 죽여 본래 통해 있는 해탈의 소식을 다시 열어 보임이니, 개암붕(介庵朋)선사는 이렇게 노래했다.

남산에서 범을 때려 죽이고
긴 다리에서 용을 베어버렸네
세상에서 세 가지 독을 없애니
장안에 소식이 통하였네

南山打殺虎　長橋斬却龍
世上除三害　長安信息通

학담도 한 노래 붙이리라.

법 자리에 오르자 자리 걷음은 무슨 일인가
있음의 자리 깨뜨려서 참된 공을 나투었네
모든 법이 공한 자리 오르고 내림 없으니
하늘 가운데 밝은 해는 대천을 비추네

陞座捲席是何事　打破有座現眞空
諸法空座無陞下　天中杲日照大千

30. 백장이 사흘 동안 귀가 먹었다〔耳聾三日〕

마조가 백장에게 물었다.
"그대는 이 뒤에 두 조각 가죽을 열 때 무엇으로 사람을 위할 것인가?"
백장이 털이를 가져다 일으켜 세우니, 마조가 말했다.
"이것 그대로 쓰는가, 이것을 떠나 쓰는가?"
백장 또한 털이를 본 곳에 거니, 마조가 곧 '악' 외침에 백장선사가 사흘 귀가 먹었다.

청매선사가 노래했다.

금강 같은 마조의 한 외침 못을 뽑음 급하니
환한 해 푸른 하늘에 번개 그림자 바쁘네
겨를도 없이 머리 돌림에 바깥 길이 막혔는데
기러기는 가을 빛 끌고 형양을 지나네

金剛一喝抽釘急　白日青天電影忙
無暇轉頭關外路　鴈拖秋色過衡陽

평창

마조의 한 악 외침에 백장이 사흘 간 귀 먹은 이 이야기는 선문염송 본칙〔181則〕에 다음 같이 나온다.

백장이 다시 마조를 찾아뵈니, 마조가 털이를 세워 일으켰다.
백장이 말했다.
"이것 그대로 씁니까, 이것을 떠나 씁니까?"
마조가 털이를 본 곳에 거니, 백장이 잠자코 있었다.

마조가 말했다.

"그대는 이 뒤에 두 조각 가죽을 열 때 무엇으로 사람을 위할 것인가?"

백장이 털이를 가져다 일으켜 세우니, 마조가 말했다.

"이것 그대로 쓰는가, 이것을 떠나 쓰는가?"

백장 또한 털이를 본 곳에 거니, 마조가 곧 '악' 외침에 백장선사가 사흘 귀가 먹었다.45)

(뒤에 황벽이 백장에 이르러 하루 만에 하직하고 마조께 인사드리러 가려 하니, 백장이 말했다.

"마조는 이미 가셨다."

황벽이 말했다.

"마조께서 무슨 말씀이 있었는지 모르겠습니다."

백장이 드디어 마조를 다시 뵐 때 인연을 들어서 말했다.

"나는 그 때 마조의 한 '악' 외침을 받고 곧바로 사흘 간 귀가 먹었다."

황벽이 듣고는 모르는 결에 혀를 빼니, 백장이 말했다.

"그대는 이 뒤 마조를 잊지 않겠는가?"

황벽이 말했다.

"그렇지 않습니다. 오늘 스님께서 들어보이심을 인해 마조의 큰 기틀〔大機〕 큰 씀〔大用〕을 본 것이요, 마조는 알지 못합니다. 만약 마조를 이으면 이 뒤에 나의 자손을 죽일 것입니다.")46)

반야는 지금 보고 들음 그대로라고 해도 안 되고 그대로가 아니라

---

45) 百丈再叅馬祖 祖竪起拂子 師云卽此用 離此用 祖掛拂子於舊處 師良久 祖云 你已後開兩片皮 將何爲人 師遂取拂子竪起 祖云卽此用 離此用 師亦掛拂子於 舊處 祖便喝 師直得三日耳聾

46) (後黃蘗 到百丈 一日辭欲礼拜馬祖去 丈云馬祖已遷化也 蘗云未審馬祖有何 言句 丈遂擧再叅因緣云 我當時被馬祖一喝 直得三日耳聲 黃蘗聞擧 不覺吐舌 丈云子已後 莫承嗣馬祖否 蘗云不然 今日因師擧 得見馬祖大機大用 且不識 馬祖 若嗣馬祖 已後喪我兒孫)

해도 안 되며, 그대로도 아니며 그대로 아님도 아님이 모두 아니며, 그대로이기도 하고 그대로 아님이기도 함도 아니다. 보고 들음에 봄이 없고 들음이 없으면 위 네 구절을 떠나되〔離四句〕, 봄이 없는 봄이 그대로 반야의 봄이 되고 들음이 된다.

마조의 '악' 외침이여, 보고 들음을 온전히 막아 봄이 없는 봄과 들음 없는 들음을 온전히 세움인가. 마조의 한 번 외침에 백장이 사흘 간 귀 먹으니, 한 법도 보고 들음이 없음에 바깥 길이 막혔는데 도리어 기러기가 태허공에 자재히 나는 소식이 열림이라, 청매선사는 그 뜻을 '바깥길이 모두 막혔는데 기러기가 가을 빛 끌고 형양을 지난다'고 했으리라.

백장이 귀 먹음이여, 보고 들음이 끊어져 봄이 없이 보고 들음 없이 듣는 반야의 소식이 드러남이리라.

대각련(大覺璉)선사는 이렇게 노래했다.

　　이런 가락 두드리고 저런 가락 울려도 닿는 곳마다 통하니
　　스승과 제자가 서로 엇바꾸어 종지의 바람 드러내네
　　위세 떨치는 한 '악' 외침이 서릿발 치듯 일어나니
　　아주 귀 밝은 옛 사람이라 해도 귀가 밝지 못하리

　　叩羽鳴商觸處通　師資交互現宗風
　　振威一喝霜颷起　任是昭文也不聰[47]

보영용(保寧勇)선사는 이렇게 노래했다.

　　나무 말이 잠부드비파 사람 밟아 죽이고
　　진흙 용이 큰 바닷물을 마셔서 말리네
　　벼락 소리 허공에 가득하여 높은 산을 무너뜨리니
　　평평한 땅 큰 물결 일어남을 보고 또 보네

---

47) 소문(昭文) : 옛날 귀가 밝아 소리 잘 듣던 사람.

木馬踢殺閻浮人　泥龍飮竭滄溟水
霹靂滿空山岳摧　看看平地波濤起

상방익(上方益)선사의 한 노래 들어보자.

　비 개이고 떠도는 구름 아직 돌아가지 않았는데
　맑은 하늘 홀연히 한 소리 우레 치네
　고개의 매화가 이미 봄소식 얻었음이여
　산 복사꽃 한 가지로 피는 것과 견줄 수 없네

　雨霽遊雲尙未歸　晴空忽地一聲雷
　嶺梅已得春消息　不比山桃一例開

학담도 한 노래 붙이리라.

　마조의 한 외침이 하늘 땅을 놀라게 하니
　큰 땅이 가라앉고 수메루산 넘어뜨리네
　집안풍속 없애고서 지혜목숨 이었는데
　푸른 산은 옛과 같아 물이 절로 흐르네

　馬祖一喝驚天地　大地平沈倒須彌
　喪失家風續慧命　靑山依舊水自流

31. 돌을 새겨 붇다의 상을 만들다〔鐫石作佛〕

남전에게 육긍대부가 물었다.

"제자의 집 가운데 한 조각 돌이 있는데, 어떤 때는 눕히고 어떤 때는 앉히어 붇다를 새기고자 하는데 되겠습니까?"

선사가 말했다.

"되오."

대부가 말했다.

"안 되겠지요."

"안 되오."

陸亘大夫問師曰 弟子家有一片石或立或臥鐫作佛得否
師曰得 大夫云不得否 師曰不得

청매선사가 노래했다.

해가 되자 황제를 업고서 행의 공정함을 세우니
저울과 자가 서로 기울여 손 가운데 있도다
홀로 태평가를 부르며 산 밖으로 가니
꾀꼬리 오르고 내림은 길의 서쪽 동쪽이네

年來負帝立行公　秤尺相傾在手中
獨唱大平山外去　鶬鶊上下路西東

평창

이 공안에 대해 선문염송 본칙〔212則〕은 다음 같이 뒷사람들의 말을 덧붙이고 있다.

운암(雲巖)이 말했다.

"앉으면 붇다요 앉지 않으면 붇다가 아니다."
동산(洞山)이 말했다.
"앉지 않으면 붇다요 앉으면 붇다가 아니다."[48]

　연기법에서 어떤 것을 이루는 조건으로서 이것과 저것은 이것이 이것 아니되 이것 아님도 아니고 저것이 저것 아니되 저것 아님도 아니다.
　지금 저 돌 위에 붇다의 거룩한 모습을 새길 때, 붇다의 모습은 붇다의 모습을 새기려는 주체의 마음이 없이도 새길 수 없고 돌이 없이도 새길 수 없다. 그리고 저 붇다의 거룩함을 새겨내려는 주체의 마음도 붇다의 지혜와 자비의 모습 그 객관적 징표가 없으면 나올 수 없으니 마음도 마음 아닌 마음이다.
　주체의 새기려는 마음 없이 그리고 저울과 자 돌을 깨는 망치가 없으면 불상을 지을 수 없으므로, 청매선사는 '저울과 자가 손 가운데 있다'고 노래한 것인가. 그리고 붇다의 모습은 앉는 불상이 맞는 것이 아니지만 맞지 않는 것도 아니고, 누운 불상이 맞는 것이 아니지만 맞지 않는 것도 아니므로 남전의 뜻이 행의 공정함[行共]을 세웠다 한 것이리라.
　그러나 이것이 이것 아닌 이것이고 저것이 저것 아닌 저것이라, 이것 저것이 어울려 새로운 어떤 것이 남이 없이 남[無生而生]이라면 주체의 하고자 함을 크게 살려준 남전 선사의 뜻을 귀하다 해서는 안 되는 것이다.
　천복일(薦福逸)선사는 노래했다.

　됩니까 물으면 된다고 하고
　안 됩니까 물으면 안 된다 하네

---

48) 南泉因陸亘大夫問 弟子家中有一片石 有時坐有時臥 欲鐫作佛得否 師云得
　　大夫云 莫不得否 師云不得
　　雲巖云 坐則佛 不坐則非佛 洞山云 不坐則佛 坐則非佛

속 흰 이가 어찌 일찍 희었으리
속 검은 이가 검은 것이 아니었네
저 왕노사의 뜻 귀하다고 하면
천하의 도적 가운데 도적이네
도적이여,
대부의 점괘를 일찍이 집어 들었네

問得也道得　不得還不得
侯白何曾白　侯黑未是黑
貴他王老師　天下賊中賊賊
大夫象簡曾拈得

　대부의 점괘를 이미 집어 들었다는 것은, 이래도 되고 저래도 되는
답을 이미 들어 보임을 말한 것인가.
　붇다의 지혜의 삶은 가고 오되 가고 옴이 없고 머물되 머묾이 없다.
붇다는 앉음 아니되 앉음을 떠나지 않으니, 한 선사는 앉으면 붇다라
하고 한 선사는 앉으면 붇다가 아니라고 한 것이리라.
　그리고 앉는 붇다이신 붇다의 상을 짓되 지음 없으면 그곳이 여래
지혜의 세계라, 청매선사는 '홀로 태평가 부르고 산을 내려옴에 꾀꼬
리가 길의 동쪽 서쪽에 지저귄다' 노래한 것이리라.
　학담도 한 노래 붙이리라.

이러함과 이렇지 않음 모두 얻지 못하고
됨과 되지 않음 모두 옳지 않음이 없네
깎는 칼 가는 도구 모두 손에 있으니
앉으면 앉는 불상 선 불상 또한 그러네

恁麼不恁麼不得　得與不得無不是
鑴刀磨具總在手　坐卽坐佛立佛然

32. 잘못 답해 들여우가 되다〔錯答野狐〕

백장의 회상아래 한 노인이 있었는데 날마다 와서 법을 들었다.
백장선사가 물었다.
"누구시오?"
노인이 말했다.
"저는 비파시붇다 때 일찍이 이 산에 살았는데 어떤 배우는 이가 물었습니다.
'크게 닦아 행하는 이가 도로 인과에 떨어집니까?'
제가 인과에 떨어지지 않는다〔不落因果〕고 말해 오백 생 들여우의 몸에 떨어졌습니다."
백장선사가 말했다.
"그대가 나에게 물으시오."
노인이 앞과 같이 물으니, 선사가 말했다.
"인과에 어둡지 않소〔不昧因果〕."
노인이 툭 트여 깨닫고 말했다.
"저를 죽은 스님의 다비의 본보기와 같이 보내주십시오."
절하고 갔다.

百丈會下 有老人 日來聽法 師問誰 人曰我於毗婆尸佛時 曾住此山
有學人問 大修行人還落因果耶無 吾曰不落因果 五百生作野狐身
　師曰你問我 人如前問 師曰不昧因果 人豁悟曰 送我亡僧例 禮謝而去

청매선사가 노래했다.

잘못 법 조항을 범하면 만 리에 유배되어
십 년을 모래로 막힌 곳 거친 언덕을 지키네
은혜를 받고 도리어 강남의 길에 내려가니

붉은 여뀌와 노란 꽃이 한 모습의 가을이네

誤犯條章萬里流　十年沙塞守荒丘
承恩却下江南路　紅蓼黃花一樣秋

　원인과 결과의 실로 있음과 실로 없음의 중도를 밝힌 위 이야기는
선문염송 본칙〔184則〕에는 다음과 같이 나와 있다.

　　백장이 날마다 당에 올라 설법하는데, 늘 한 노인이 법을 듣고 대
　중이 흩어짐을 따라 갔다. 하루는 가지 않으니, 백장이 물었다.
　"서있는 이가 어떤 사람이오?"
　　노인이 말했다.
　"제가 과거 카샤파분다 때에 일찍이 이 산에 머물렀는데, 어떤 배
　우는 이가 물었습니다.
　'크게 닦아 행하는 이가 인과에 떨어집니까.'
　　대꾸해 말했습니다.
　'인과에 떨어지지 않는다.'
　　그리고는 들여우 몸에 떨어졌습니다. 지금 화상께서 대신 한 마
　디 해주십시오."
　　선사가 말했다.
　"물어보오."
　　노인이 물었다.
　"크게 닦아 행하는 이가 인과에 떨어집니까?"
　　선사가 말했다.
　"인과에 어둡지 않소."
　　노인이 말 아래 크게 깨치고 하직하며 말했다.
　"제가 이미 들여우 몸을 벗었습니다. 산 위에 몸이 있으니, 죽은
　승려의 다비에 의지해 보내주길 빕니다."

선사가 유나에게 종을 쳐 대중에 알리게 하고, 재를 지낸 뒤 죽은 승려를 보내도록 대중 운력케 하니, 대중은 알지 못했다.

저녁 대중법회에 선사가 앞의 인연을 들어보였다.49)

(황벽이 백장에 물었다.

"옛 사람은 한 마디를 잘못 답하여 들여우 몸을 받았는데, 지금 사람이 더더욱 잘못하지 않을 때 어떠합니까?"

백장이 말했다.

"가까이 오라, 그대에게 말해주겠다."

황벽이 가까이 와 백장의 뺨을 한 대 때리니, 백장이 '하하' 크게 웃고 말했다.

"오랑캐의 수염이 붉다 하려 했더니 다시 수염 붉은 오랑캐가 있구나."

그 때 위산이 백장 회상에 있으며 전좌(典座)가 되었는데, 사마두타가 물었다.

"전좌는 어떠하오?"

위산이 문풍지를 세 번 흔드니, 사마가 말했다.

"아주 거칠도다."

위산이 말했다.

"불법은 이런 도리가 아니다.")50)

---

49) 百丈每日上堂 常有一老人 聽法 隨衆散去 一日不去 師乃問 立者何人 老人云 某甲於過去迦葉佛時 曾住此山 有學人問 大修行底人 還落因果也無 對云不落因果 墮在野狐身 今請和尚代一轉語

師云但問 老人便問大修行底人 還落因果也無 師云不昧因果 老人於言下大悟 告辭云某甲已免野狐身 住在山後 乞依亡僧燒送 師令維那 白槌告衆齋後 普請送亡僧 大衆不能 詳至晚衆 師擧前因緣

50) (黃蘗 問百丈 古人錯答 一轉語 墮在野狐身 今人轉轉不錯時如何 丈曰近前來向汝道 蘗近前 打師一掌 丈呵呵大笑云 將謂胡鬚赤 更有赤鬚胡

時溈山 在百丈會下作典座 司馬頭陁學問典座作麼生 溈乃撼門扇三下 司馬云 大麤生 溈云 佛法不是這箇道理)

크게 닦아 행하는 이가 돌아가는 곳은 인과가 끊어져 공한 곳이 아니라 인과에 인과가 공한 실상의 세계다. 그러므로 인과가 없는 공한 곳에 떨어지면 인과를 쓸 수 없지만 인과의 닫힌 실체성에 떨어지지 않으면 그가 바로 인과를 밝게 쓸 수 있는 것이다.

죄와 벌, 공과 상이 분명하되 인과의 자취가 붙지 않으므로 청매선사는 '붉은 여뀌와 노란 꽃이 한모습의 가을이다'라고 한 것이리라. 산 눈을 뜬 이에게는 '인과에 어둡지 않는다〔不昧因果〕' 해도 인과에 걸림이 아니요, '인과에 떨어지지 않는다〔不落因果〕' 해도 인과를 쓸어없앰이 아니다.

인과에 떨어지지 않음이 인과를 세움 없이 세움인 것이니, 해인신 (海印信)선사는 이렇게 노래했다.

어둡지 않고 떨어지지 않음이여
두 가지 모두 다 잘못됐으니
취하고 버림 잊지 못하고
알음알이 뜻으로 헤아려
말로 보임에 막히어서
줄 없이도 스스로 묶이네

툭 트인 큰 허공
어느 곳에서 더듬어 찾는가
봄이 오면 꽃이 피고
가을 되면 나뭇잎 지네
잘못되고 잘못됨이여, 뉘라서
보화가 요령 흔든 뜻을 알 것인가

不昧不落　二俱是錯
取捨未忘　識情卜度
執帶言詮　無繩自縛

廓爾大虛　何處摸
春至花開　秋來木落
錯錯　誰知普化搖鈴鐸

　　말에 떨어져 인과연기(因果緣起)의 진실에 돌아가지 못하는 이들의
어리석음을, 상방익(上方益)선사는 이렇게 노래로 경책한다.

　　떨어지지 않고 어둡지 않음을 또렷이 이야기 했으니
　　달은 찬 못을 비추고 바람은 묵은 회나무에서 난다
　　날랜 매는 하늘에 솟구쳤는데 미친 개는 흙덩이 쫓음이여
　　말은 허물이 적어야 하고 행실은 뉘우침이 적어야 한다

不落不昧　分明話會
月照寒潭　風生古檜
快鶻冲天　狂狗趁塊
言寡尤　行寡悔

학담도 한 노래 붙이리라.

　　인과에 떨어지지 않음과 어둡지 않음이여
　　한 법계 가운데 어찌 둘이 있으리
　　채소밭에 한 방울 물을 찾지 못하는데
　　밭에서 큰 무가 나오고 채소가 나오네

因果不落與不昧　一法界中何有二
菜田不覓一滴水　出大蘿蔔出蔬菜

33. 염관선사가 털이를 들어 화엄법계를 묻다〔鹽官擧拂〕

염관선사가 화엄좌주에게 물었다.
"화엄에는 몇 가지 법계가 있소?"
좌주가 말했다.
"간략히 하면 네 가지요, 넓게 하면 겹치고 겹쳐 다함없는 법계입니
다."
선사가 주장자를 집어 들고 말했다.
"이것은 몇 가지 법계에 거두어지오?"
좌주가 말이 없었다.

師問華嚴座主云 華嚴幾種法界 主曰略則四種 廣則重重無盡法界
師拈柱杖云 者介幾種法界收 主無語

청매선사가 노래했다.

겹치고 겹친 연기란 나의 있음 때문이니
바로 바람과 모래 잡아 두 눈동자 가리네
옥의 티끌 한 번 휘두르니 마음 눈이 그릇되고
그늘진 땅에서 길을 잃고 초강으로 흘러가네

重重緣起爲吾有　政把風沙礙兩眸
玉塵一揮心眼錯　陰陵失道楚江流

평창

　이 이야기는 이미 청매선사가 알음알이〔知解〕견해 깨뜨리는 뜻으
로 한 번 들어 보인 공안이다.
　위 문답은 선문염송 본칙〔201則〕에는 다음 같이 기록되어 있다.

염관이 어떤 승려에게 물었다.

"무슨 경론을 익혔는가?"

승려가 말했다.

"화엄경을 강설했습니다."

선사가 말했다.

"경 가운데 몇 가지 법계가 있는가?"

승려가 말했다.

"간략히 네 가지를 말하고 널리 말하면 겹치고 겹쳐 다함없습니다."

선사가 털이를 세우고 말했다.

"이것은 몇 째 법계 가운데 거두어지는가?"

승려가 잠자코 있자[良久] 선사가 말했다.

"생각으로 알고 헤아려서 이해하는 것은 귀신 굴 속에서 살림하는 것이다. 햇빛 아래 외로운 등이 과연 비춤을 잃었다. 나가거라."[51]

경에서 갖가지 법계를 세움은 중생의 망상 때문이고 나[吾]라는 있음[有] 때문이니, 나에 나 없음[於我無我]을 이미 깨달으면 다함없는 법계가 무엇 할 것인가.

붇다 당시에도 초월주의적 절대주의자들이 하나인 것[Tad Ekam]이 만유를 전변했다[轉變說] 하고, 실체적 원자론으로 존재를 설명하는 이들은 다원적 요소의 쌓여짐[積聚說]을 말하였다. 이 두 가지 치우친 견해를 넘어 붇다는 존재[我]가 연기함[緣起]을 가르치고 연기로 있는 세계의 실상을 화엄경은 법계(法界)로 가르쳤다.

붇다는 저 초월주의자들의 일원론적 세계관을 깨기 위해 '원인과 조건으로 결과가 있다' 가르치지만, 원인과 조건이 공하고 결과로서의

---

51) 鹽官問僧 蘊何經論 僧云講華嚴經 師云經中有幾種法界 僧云略說四種 廣說則重重無盡 師竪起拂子云 者个是第幾種法界中收 僧良久 師云思而知慮而解是鬼窟裏活計 日下孤燈 果然失照 出去

존재 또한 있음 아닌 있음을 말해 다원적 요소들의 쌓여짐을 말하는 이들의 견해도 뛰어넘는다.

　세간의 연기적 있음을 보이기 위해 화엄종사들은 그것을 사법계(事法界)로 가르치고, 연기로 있음이 실로 있음 아님을 말하기 위해 이법계(理法界)를 가르치며, 진리와 사법이 둘이 아님을 보이기 위해 이사무애법계(理事無礙法界)를 가르친다. 다시 진리와 사법이 걸림 없기 때문에 사법과 사법이 서로 머금고 서로 두루함을 보이기 위해 사사무애법계(事事無礙法界)를 가르쳤다.

　그러나 이는 모습과 모습 없음에 대한 중생의 집착을 깨기 위함이니 이 법의 이름을 다시 집착하면 청매선사의 게송처럼 마치 '옥의 티끌에 마음 눈이 그릇됨'과 같으리라.

　열재거사(悅齋居士)는 이렇게 노래했다.

　　홀연히 눈을 들어 허공을 보니
　　남북 동서가 모두 하나로 같네
　　손뼉 치고 하하 웃으며 돌아가니
　　한 때에 있음과 없음 가운데를 바로 지났네

　　忽然擡眼見虛空　南北東西摠一同
　　拍手呵呵歸去也　一時驀過有無中

학담도 한 노래 붙이리라.

　　중생의 망념이 있으므로 법계를 세웠으니
　　약과 병이 모두 다하면 어디에 넷이 있으리
　　있음과 없음을 뚫어 지나면 또한 가운데도 없으니
　　구름과 달 개울과 산에 같고 다름 없어라

　　衆生有妄立法界　藥病俱盡何有四
　　有無透過亦無中　雲月溪山無同異

34. 약산선사가 산에 머물다〔藥山住山〕

약산선사가 좌선하고 있는데 마조가 물었다.
"그대는 여기서 무엇 하는가?"
약산이 말했다.
"살갗과 살이 떨어져 다하니 오직 하나인 진실이 있습니다."
마조가 말했다.
"배를 만들어야 한다."
약산이 이로 말미암아 산에 머물렀다.

師坐禪次 馬祖問 子在此作什麼 山云皮膚脫落盡 唯一眞實在 祖云宜
作舟舡 山由是住山

청매선사가 노래했다.

향기로운 풀에 게을리 걷는 것도 논할 것 아니고
꽃 피는 봄 귀히 여기지 않으니 낮에도 문을 닫았네
만약 살갗과 살이 모두 떨어지게 된다면
솥을 깨뜨림이 어찌 깊은 구름에 앉음을 해하리

懶行芳草且非論　不貴花春晝掩門
若得皮膚俱脫落　破鐺何害坐深雲

평창

　청매선사가 요약한 법문과 본칙의 법문이 마조와 석두의 법어로 달
리 서술되고 있다. 선문염송 본칙〔325則〕은 말한다.

　　약산이 하루는 좌선하고 있는데 석두가 보고서 물었다.
　　"그대는 이 속에 있으며 무엇 하는가?"

"온갖 것을 하지 않습니다."

"그렇다면 한가히 앉은 것이다."

"한가히 앉음도 하는 것입니다."

석두가 말했다.

"그대가 하지 않는다 말했으니, 하지 않음은 무엇인가?"

약산이 말했다.

"천 성인도 또한 알지 못합니다."

석두가 게로써 찬탄했다.

"원래 같이 머물되 이름도 알지 못하고
마음 따라 서로 이끌어서 이렇게 간다.
예부터 어질어 높은 이도 오히려 알지 못하는데
따라가는 범부 무리들이 어찌 밝힐 것인가."52)

從來共住不知名　任運相將只麼行
自古上賢猶不識　造次凡流豈可明

　연기법에서 공(空)은 있음이 실로 있음 아님을 보이기 위해 공을 말한 것이라. 공에도 취할 공이 없으니 공으로 증득을 삼으면 그는 연기의 진리를 등지는 자이다. 아무것도 하지 않음은 온갖 함〔一切爲〕과 지음〔作〕에 함이 없고〔無爲〕 지음 없음〔無作〕을 보이기 위함이니, 아무것도 하지 않음에 머물면 그는 다만 공함에 떨어진〔墮但空〕 자이고 함이 없음에 머무는〔住無爲〕 자이다.

　향기로운 풀과 꽃 피우는 봄빛을 모두 취하지 않고 안에 취할 마음의 보배와 밖의 경계를 모두 취하지 않아야 밥솥을 깨뜨리고 낮에 문 닫고 앉아 깊은 구름에 앉을 수 있음인가. 살과 살갗이 떨어져 하나인 진실만이 남은 곳에서 배를 만들어라 가르치니, 진여(眞如)의 공한

---

52) 藥山一日坐次 石頭覩之問曰汝在這裏作麼 師曰一切不爲 頭曰恁麼則閑坐也
師曰若閑 坐則爲也 頭曰汝道不爲 且不爲个什麼 師曰千聖亦不識 頭以偈贊曰
從來共住不知名 任運相將只麼行 自古上賢猶不識 造次凡流豈可明

곳에도 머물지 말라 함을 그리 가르친 것인가.

원오근(圜悟勤)선사는 '쇠망치 그림자 움직임에 쇠나무에 꽃이 핀다'고 가르치니, 옛 거울마저 쇠망치로 쳐서 부서뜨릴 때 쇠나무에 꽃이 피는 소식 본다고 함이리라. 원오근선사의 한 노래 들어보자.

> 붇다와 조사의 묶음을 풀어 헤치고
> 줄과 먹 밖으로 벗어나 드넓다
> 한 가지도 또한 하지 않으니
> 가로 세로 자재할 수 있도다
> 옛 거울이 틀에 있어서 가고 옴을 밝게 가리나
> 쇠망치 그림자가 움직임에 쇠나무에 꽃이 핀다
> 뜻대로 서로 이끌되 더할 수 없으나
> 법의 구름 따르는 곳에 바람 우레 짓는다

> 擺撥佛祖縛　曠然繩墨外
> 一物亦不爲　縱橫得自在
> 古鑑臨臺　明辨去來
> 金鎚影動　鐵樹花開
> 任運相將不可陪　法雲隨處作風雷

학담도 한 노래 붙이리라.

> 온갖 것을 하지 않는데 어디에 머무르리
> 바람 구름 끊어진 곳에서 새 바람 일어나네
> 천 성인도 알지 못해 발자취가 없으나
> 흐르는 물은 앞과 같이 지는 꽃잎 보내네

> 不爲一切住何處　風雲斷處新風起
> 千聖不識沒蹤跡　流水依前送落花

35. 남전선사가 고양이 목을 베다〔南泉斬猫〕

　동서 양당의 책임자가 고양이를 다투니, 남전선사가 고양이를 잡고
말했다.
　"이르면 살릴 것이요, 이르지 못하면 죽일 것이다."
　양당이 말이 없자, 선사가 고양이를 베었다.
　조주가 듣고 짚신을 이고 나가니, 선사가 말했다.
　"그대가 있었으면 건졌을 것이다."

　兩堂頭爭猫 師把曰 道得卽活 道不得卽殺 兩堂無語 師斬之 趙州戴
鞋而出 師云汝若在救得云云

　청매선사가 노래했다.

　바른 법령 온전히 끓에 그 힘이 번개 같으니
　암고양이 허물없는데도 하늘의 재앙 만났도다
　비록 그러나 조주스님 맨 처음에 있었다면
　눈발 같은 칼날 높이 휘두른다 해도
　남전스님의 칼 든 손이 들리지 않았으리

　正令全提勢若雷　花奴無辜遇天災[53]
　雖然趙子當初在　雪刃高揮手不擡

평창

　이 이야기는 선문염송 본칙〔207則〕에 같은 내용이 실려 있다.
　남전이 고양이 벤 이야기는 청매선사가 앞에서 이미 들어 보인 '조주
가 짚신을 머리에 이고 나간 이야기'와 서로 짝을 이룬다. 남전은 싸움

---

53) 화노(花奴) : 화노는 무궁화를 뜻하나, 여기서는 암고양이를 나타내는 것
　으로 보아야 함.

과 시비의 뿌리인 저 고양이를 베어 시비의 근원이 있되 공함을 보인 것이라면, 조주는 저 짚신을 머리에 이어 시비가 공한 시비라 서로 돌이킬 수 있음을 보인 것인가.

그래서 청매선사는 조주의 살려서 깨뜨리는 법의 씀이 있었더라면 '남전이 칼날 높이 들어도 손이 들리지 않았을 것이라'고 노래한 것이리라. 남전이 산 자를 죽여서 참으로 산 자를 보이고, 조주가 죽은 자를 살려서 죽은 자를 보임이라, 두 작가가 모두 기와 깨뜨리고 거북 등을 뚫는 화라망치의 가풍 보임인가.

숭숭공(崇勝珙)선사는 노래했다.

　　벗어나 깨끗한 기틀의 칼인 왕노사인데
　　두 집이 어찌 꼭 고양이를 다투었나
　　과연 묻는 곳에 도무지 대꾸가 없으니
　　한 번 베었는데 어떻게 의심 쉬지 못하나
　　조주 늙은이 이미 높고 험한 일 보였는데
　　묵은 송곳은 옛처럼 화라망치를 치네
　　화라망치여,
　　기와를 깨뜨려 다하고 거북을 뚫어 다하네

　　脫灑機鋒玉老師　兩堂何必競猫兒
　　果然問處都無語　一斬如何未息疑
　　趙老旣呈崖險事　古錐依舊和羅槌
　　和羅槌　打盡瓦兮鑽盡龜 54)

그렇다면 남전선사의 죽임 없이 죽임과 조주의 살림 없이 살림이 모두 나되 남이 없는 법의 가락을 노래함이리니, 백운병(白雲昺)은

─────────────────
54) 화라추(和羅槌) : 화라는 발화라의 준 말이고, 발화라는 범어 프라바라나 아(pravārana)의 음사임. 프라바라나아는 안거 수행대중이 안거를 마친 날 행하는 자자(自恣)의 의식으로 대중 참회의 행사임. 화라의 망치는 자자일에 대중 운집하는 종 망치를 말함.

이렇게 보인다.

    왕노사는 구멍 없는 피리를 불고
    조주는 줄 없는 거문고를 잘 타네
    시끄럽게 울리는 가락 누가 듣는가
    돌기둥과 등롱의 웃음 더욱 깊어가네

    王老能吹無孔笛　趙州善撫沒絃琴
    誼轟曲調憑誰聽　露柱燈籠笑轉深

학담도 한 노래 붙이리라.

    조주가 짚신을 머리에 이고 나간 것
    고양이를 온전히 살려서 곧 죽임인데
    어찌 남전선사께선 고양이를 베었는가
    고양이 한 칼에 베어 고양이가 온전히 사니
    두 집의 대중이 남이 없는 가락을 듣네

    草鞋戴頭活卽死　如何南泉斬猫兒
    一斬猫兒猫全活　兩堂衆聽無生曲

36. 남전선사의 뜰의 꽃〔南泉庭花〕

육긍대부가 남전선사에게 말했다.
"조법사가 '하늘 땅이 나와 뿌리를 같이하고 만물이 나와 바탕을 같이한다'고 하니, 매우 기괴합니다."
남전선사가 뜰의 꽃을 가리키며 말했다.
"요새 사람은 이 꽃을 꿈과 같다고 봅니다."

陸大夫謂師曰 天地與我同根 萬物與我一體云云 也甚奇怪 師指庭花云 時人見此花 如夢相似

청매선사가 노래했다.

한 바탕 같은 뿌리 이미 그 기틀 발했는데
붉은 꽃 푸른 잎은 함께 따라 같이 있네
몇 가지는 봄 지난 뒤에도 향기 남기고
노랑 나방에게 빌려주어 하룻밤 자게 하네

一體同根已發機　紅花綠葉共依依
數枝春後殘香在　借與黃蛾一宿歸

비단 같은 푸른 잎 붉은 꽃 저녁 빛 받고 있는데
이 기틀 빗장 좋아해 아는 이 드무네
반드시 우둠발라 금빛 들어 보일 것이 없으니
만년의 소식이 다시 그대로 아득하네

綠羅紅錦帶斜暉　好箇機關識者稀
不必鉢羅金色擧　萬年消息再依俙

평창

위 이야기는 승조법사(僧肇法師)의 물불천론(物不遷論)을 읽은 육긍대부(陸亘大夫)가 승조법사의 뜻을 바로 알지 못해 남전선사께 물음에, 남전선사가 '천지와 내가 한 뿌리이다'라고 말한 조법사의 뜻을 답해 보인 것이다.

선문염송 본칙[209則]은 이렇게 말한다.

남전이 육긍대부와 이야기하고 있는데, 대부가 말했다.
"조법사가 말하기를 '하늘땅이 나와 뿌리를 같이하고 만물이 나와 바탕을 같이한다'고 했으니, 매우 기괴합니다."
남전선사가 뜰 앞의 꽃을 가리키며 대부를 부르며 말했다.
"요새 사람들이 이 한 줄기 꽃을 꿈과 같다고 봅니다."55)

연기법에서 나와 세계, 나와 너 사이에 '오직 하나[唯一]'인 존재의 바탕은 없다. 다만 나와 세계, 마음과 물질이 있되 있음 아닌 공한 바탕을 들어 하나라고 짐짓 말했을 뿐[假名一]이다. 하나인 바탕에 하나도 공하고 만법의 차별에 차별의 모습도 공한 줄 알아야 조법사의 아비다르마와 수트라의 가르침에 함께할 것이다.

저 보이는 바 세계는 실로 있음이 아니므로[非有故] 내가 저 세계를 알 때 세계는 앎인 세계로 주어지나, 저 세계는 실로 없음이 아니므로[非無故] 마음이 알 때 마음은 세계를 의지해 아는 마음으로 난다.

조법사의 '천지와 내가 뿌리를 같이한다'는 말은 도가적 도일원론(道一元論)이나 브라만의 전변적 일원론[轉變說]과 같지 않으니, 육긍대부의 치우침을 깨뜨리기 위해 남전선사는 '저 꽃을 꿈처럼 본다'고 말한 것이다. 실로 있다 하기에 꿈처럼 본다고 했으나 꽃이 실로 없음이 아니기에, 실로 보지 않되 보지 않음도 없는 것이다.

그래서 청매선사는 '몇 줄기 꽃가지가 봄 지난 뒤에도 향기를 남기어

---

55) 南泉因與陸亘大夫語話次 大夫云 肇法師道 天地與我同根 萬物與我一體 也甚奇怪 師指庭前花 召大夫云 時人見此一株花 如夢相似

노란 나비의 잠자리된다'고 함인가. 한 송이 꽃이 봄가을 때를 따라 피고 시들지만 만년의 소식이 그대로 아득한 것이니, 나고 사라짐이 그대로 진여의 소식임을 보임이리라.

그렇다면 저 눈의 앎〔眼識〕으로 주어지는 사물의 모습이 있되 있음이 아니라 마치 거울 가운데 비친 영상과 같으며, 하늘의 달이 실로 있음이 아니므로 도리어 천 강(千江)에 물이 있으면 천 강에 달이 비치는 것인가.

설두현(雪竇顯)선사와 승천종(承天宗)선사의 노래 들어보자.

"듣고 보고 느껴 앎이 낱낱이 따로 있음 아니고
산과 내도 있지 않아 거울 가운데서 봄이네
서리 어린 하늘 달이 져 밤이 깊어가는데
누구와 같이 맑은 못에 그림자 비춰 차가운가

聞見覺知非一一　山河不在鏡中觀
霜天月落夜將半　誰共澄潭照影寒

대부는 조법사의 뜻을 잘못 알아
벌여진 만상이 한 바탕으로 같다 했네
남전의 끝없는 뜻 돌이켜 생각하니
뜰 앞에 꽃이 피어 봄바람에 웃는다

大夫錯會肇師宗　却謂森羅一體同
飜憶南泉無限意　庭前花發笑春風

인연법 밖에 사물의 참모습 없으니 인연이 공한 줄 알면 인연을 떠나지 않고 실상을 보나, 인연의 모습에 집착함이 중생의 삶의 현실인가.

장산전(蔣山泉)선사는 노래했다.

뜰 앞 한 줄기 꽃 천 가지에 다시 만 송인데

드센 바람 한바탕 부니 땅에 가득 붉은 빛 지네
가엾다 노는 건달들 집에 돌아가지 않고
부질없이 난간 기대 해가 저물었네

庭前一株花　千枝復萬萼
高風一陣來　滿地紅英落
可憐遊子不歸家　空倚欄干到日斜

　인연으로 생겨나므로 생겨남에 생겨남 없음이 법의 진실인데 따로
머물 하나됨을 집착하면 이미 걸음 옮기기 전에 고향집을 잃는 것이
니, 운문고(雲門杲)선사는 이렇게 노래했다.

하늘땅 뿌리 같이함에 한 물음 펴니
걸음을 옮기지 전에 이미 집을 잃었네
그늘과 빛이 없는 곳에 꽃이 거듭 피었으니
옥은 본래 티 없는데 도리어 티가 있게 되었네

天地同根伸一問　未曾擡步已亡家
無陰陽處花重發　玉本無瑕却有瑕

학담도 한 노래 붙이리라.

눈으로 뜰의 꽃을 보되 봄에 봄이 없고
뜰 가운데 꽃이 붉으나 바람 휘날려 꽃이 지네
얻을 수 없는 곳에 들고 봄이 분명하니
겨울 찬바람 지난 뒤엔 꽃이 가득 피어나리

眼見庭花見無見　庭中花紅風飄落
沒可得處聞見明　寒風去後花滿發

37. 반산이 저자에 노닐다〔盤山游市〕

고기 사는 이가 소 잡는 이에게 말했다.
"깨끗한 것을 한 조각 베어주시오."
소 잡는 이가 말했다.
"이 양반아, 어느 곳이 깨끗하지 않은 것이오."
반산선사가 듣고 크게 깨쳤다.

買肉者謂屠者曰 精底割一片來 屠者曰 長史何處不精底 師聞大悟

청매선사가 노래했다.

천고에 신령한 봉우리의 한 별똥이
흘러 떨어져 생선가게에 있음 누가 알 건가
아침에 저자에 가서 값 얼마인가 다투고
또 붉은 옷 입고 옥으로 된 뜰을 걷는다

千古靈峯一星兒　誰知流落在鮑肆
朝行市裏爭多少　又着紅衣步玉墀

평창

　위 이야기를 선문염송 본칙〔248則〕은 다음 같이 말한다.

　반산 보적선사(盤山寶積禪師)가 지나다가 어떤 사람이 고기를
사는데, 소 잡는 이에게 다음 같이 말하는 것을 보았다.
"깨끗한 것으로 한 조각 베어주시오."
고기 파는 이가 칼을 내려놓고 손을 맞잡고 말했다.
"이 양반아, 어떤 것이 깨끗하지 않은 것이오?"
선사가 여기에서 깨쳤다.

(반산선사가 또 하루는 문을 나서서 상여 선 소리꾼이 요령을 흔들며 이렇게 외치는 것을 보았다.

"붉은 해는 반드시 서쪽으로 지거늘 혼령은 어느 곳으로 가시는가?"

그리고 상여 뒤의 효자가 울면서 다음 같이 말하는 것을 보았다. "아이고 아이고, 슬프고 슬프다."

반산이 몸과 마음이 뛰듯이 기뻐져 돌아가 마대사(馬大師)의 인가를 구했다.)56)

세간법에서 깨끗함과 더러움은 인연으로 난 깨끗함과 더러움이라 깨끗함에 실로 깨끗함이 없고 더러움에 실로 더러움이 없으니, 법의 공한 모습은 깨끗함도 아니고 더러움도 아니며 늘어남도 아니고 줄어듦도 아니다.

저 소 잡는 백정이 비록 죽임의 칼을 쥐고 소를 잡아 고기를 팔지만, 이미 법의 공성을 통달해 더럽혀질 수 없고 깨끗해질 수 없는 진여의 땅에 서있는 대장부인가.

그래서 청매선사는 그를 '신령한 봉우리의 한 별똥이 저자 가게에 흘러 떨어졌으나, 저자의 흙먼지 묻음이 없이 붉은 옷에 옥의 뜰을 걷는 장부'라 한 것이리라. 무명 업상(無明業相)의 흙탕물에 함께하지만 진여의 땅은 한 점 티끌 받지 않음을 저 소 잡는 이가 반산에게 보임인가.

백운병(白雲昺)선사는 이렇게 노래했다.

이 일은 원래 덮어 감출 수 없으니
낱낱 것들이 스스로 서로 맞는다

---

56) 盤山寶積禪師 因見人買肉 語屠者曰 精底 割一片來 屠者放下刀 叉手云 長史
那个不精底 師於此有省
(師又一日出門 見挽歌郎振鈴云 紅輪决定沉西去 未委魂靈徃那方 幕下孝子
哭云哀哀 師身心踊悅 歸求馬大師印可)

천 마디 만 마디 말 아는 이 없으니
나는 꾀꼬리 따라 낮은 담장 넘어가네

底事從來不覆藏　頭頭物物自相當
千言萬語無人會　又逐流鶯過短墻

그러나 여기 물드는 세간법이 있고 저기 물듦 없는 진여가 있다고
해도, 그는 바로 법을 둘로 나누는 자이고 시렁 뒤 놀리는 자와 무대
시렁 앞의 놀이를 따로 보는 자인 것이니, 열재거사(悅齋居士)는 노래
했다.

한 잎 처음 떨어져 날리자 벌써 가을 느끼고
담장 너머 뿔을 보자 소인 줄 알도다
소리 앞 말 아래서 소식을 통하여도
무대 시렁 앞에 작은 역할 광대로다

一葉初飛早覺秋　隔墻見角便知牛
聲前言下通消息　猶是棚前小部頭

학담도 한 노래 붙이리라.

만법이 본래 공해 진여의 땅인데
깨끗하고 깨끗하지 않은 것이 무슨 일인가
비록 그러나 쓸고 물 뿌려 귀한 손님 맞이해야
향 사르고 차 마시며 이야기가 쉬지 않으리

萬法本空眞如地　精與不精是何事
雖然掃灑迎珍客　燒香喫茶話不休

38. 귀종선사가 뱀을 베다〔歸宗斬蛇〕

귀종선사가 풀을 베는데, 어떤 나그네가 이르렀다.
선사가 뱀을 베자 나그네가 말했다.
"오래도록 귀종의 소리를 들어왔더니, 다만 이 거친 행의 사문을 보는구나."
선사가 말했다.
"내가 거친가, 그대가 거친가."

師剗草次 有客至 師斬蛇 客曰久嚮歸宗 只見箇麤行沙門 師曰我麤你
麤 云云

청매선사가 노래했다.

사문의 큰 계에서 첫째 조목 잃었으니
천하의 베옷들 그릇되게 헤아리는 것 많도다
귀종의 붉은 눈 한 빗장 만고에 흐르고
황금 털이 위엄 떨쳐 찬 놀에 울부짖네

沙門大戒失初條　天下布衣錯較多
赤眼一關流萬古　金毛威振吼寒霞

평창

이 문답을 선문염송 본칙〔255則〕은 다음 같이 말한다.

　귀종 지상선사가 하루는 풀을 베는데 한 뱀이 지나가니, 선사가
호미로 뱀을 끊었다.
　한 좌주(座主)가 보고 말했다.
"오래도록 귀종의 소리를 들어왔더니 와서 보니 다만 한 거친 행

의 사문을 보겠구나."

선사가 말했다.

"그대가 거친가 내가 거친가?"

(전등에서는 말했다.

"이 행이 거친 사문이로구나."

선사가 말했다.

"좌주여, 찻집에 가 차나 마시라.")57)

귀종이 풀을 베다 뱀을 죽이니, 여래가 가르치신 '산 목숨 죽이지
말라[不殺生戒]'는 계를 범했다. 그러나 저 귀종의 산 뱀 죽임에 실로
죽임이 있는가. 귀종의 내리치는 낫은 죽여서 살리는 큰 기틀이라 한
칼이 만상을 부수되 만상을 진여의 땅에서 크게 살리는 칼이다. 그래
서 청매선사는 '붉은 눈의 한 빗장이 만고에 흐르고 황금털의 위엄이
차가운 놀에 울부짖는다'했는가.

선사의 행이 거칠다 함이여. 이미 보는 자의 마음에 '저 칼이 다만
죽임의 칼이다'라고 하여 거칠다 함이니, 그 거침은 귀종의 행 자체가
거친가 귀종의 행을 보는 자의 마음이 거친 것인가. 사씨집 셋째 아들
[謝三郞] 현사선사(玄沙禪師)가 고기잡이 배 위에서 고기를 잡다 '한
번 뛰어 여래 땅에 들어간 소식[一超直入如來地]'을 귀종의 칼날에서
보아야 하리라.

해인신(海印信)선사는 이렇게 노래했다.

큰 씀이 가로세로 번개의 기틀 끌어가니
사가라의 눈도 오히려 엉키어 붙네
미혹한 무리들 꿈속에서 입술을 다투니
남을 따라 가고 또 따름을 도리어 기억하네

---

57) 歸宗智常禪師 一日刈草次 有一蛇過 師邃鉏斷之 有一座主見曰 久嚮歸宗到
來 只見个麤行沙門 師曰是你麤我麤
(傳燈云 是个麤行沙門 師云座主 歸茶堂內 喫茶去)

大用縱橫掣電機　爍迦羅眼尙膠黐
迷徒夢裏爭唇吻　却憶隨他去亦隨

다시 열재거사(悅齋居士)의 한 노래 들어보자.

뱀을 두 조각으로 나누어 칼빛이 번득이니
얼마나한 길 가는 사람 잘못 견주어 헤아렸나
소라같이 도는 강 가을빛이 좋은데
낚싯배 위 사씨집 셋째 아들 기억해야 하네

蛇分兩段釖光芒　多少行人錯較量
應憶螺江秋色好　釣魚船上謝三郎

학담도 한 노래 붙이리라.

죽이고 살림이 자재한 귀종의 칼이여
나와 남이 모두 거칠음 한 번 휘둘러 끊네
칼날이 빛나고 빛나는데 어찌 가까이하리
풀을 벨 때 독뱀 지나가면 앞과 같이 잘라 베리

殺活自在歸宗劍　我人俱麤一揮斷
劍光輝輝如何近　削草毒蛇如前斬

39. 세 개가 드러나 있다[三介現在]

어떤 승려가 귀종선사에게 물었다.
"어떤 것이 붇다의 법입니까?"
선사가 발을 들어 보이자, 그 승려가 소송을 일으켰다.

僧問師 如何是佛法 師擧脚示之 僧爭訟

청매선사가 노래했다.

눈에 닿는 것이 보디인데 가리키는 것은 누구인가
한 봄의 복사꽃 오얏꽃 어지러이 섞여 있네
애달프다, 좌주가 다투어 말함 일으키니
마치 하루살이가 쇠망치를 물리침 같네

觸目菩提指的誰　一春桃李亂參差
可憐座主興爭訟　也似蜉蝣拒鐵槌

평창

　이 이야기는 선문염송 본칙[258則]에 다음 같이 나온다.

　　귀종선사에게 어떤 좌주가 물었다.
　　"어떤 것이 눈에 닿는 그대로 보디[觸目菩提]입니까?"
　　선사가 한 발을 들고 말했다.
　　"알겠는가?"
　　"알지 못하겠습니다."
　　"세 개가 드러나 있으니 마음대로 골라 가지라."
　　좌주가 화가 나서 소송을 일으켜 판결을 받았다.[58]

---

58) 歸宗因座主問 如何是觸目菩提 師翹一足曰會麼 主曰不會 師曰三箇見在 一

눈에 닿는 것이 보디라 함은 한 모습 깨달음의 빛이 온 세계에 가득하다 함이 아니라, 보는 사물을 들어서 말하는 자의 눈에 망상의 티가 사라지면 사물의 모습이 모습 아닌 진실이 온전히 드러남을 그리 보인 것인가. 그래서 청매선사는 '가리키는 것이 무엇인가' 묻고서, 복사꽃 오얏꽃 차별법으로 보디를 보임이리라. 두 발로 서 있다가 한 발로 발돋움에 서 보이며 '세 개가 드러나 있다' 하니, '머물 곳이 있으면 눈에 닿는 것이 보디이다'라고 한 뜻에 이미 어긋나게 됨을 그리 보임인가.

해인신(海印信)선사는 이렇게 노래했다.

> 눈에 닿는 대로 보디라 함도 이미 모래 뿌림인데
> 그에게 세 개를 보여 다시 두루 막아 가렸다
> 납승이 서로 보고 하하 웃으니
> 봄새는 재잘대며 지는 꽃을 꾸짖네

> 觸目菩提已撒沙　示渠三箇更周遮
> 衲僧相見呵呵笑　春鳥喃喃罵落花

학담도 한 노래 붙이리라.

> 두 발에다 또 한 돋음발을 더하니
> 눈 닿는 대로 보디에 어찌 정함이 있으리
> 봄빛이 뜰에 가득해 백 가지 꽃 피었는데
> 많은 바람 떨쳐오되 엿볼 수 없네

> 兩脚又添一翹足　觸目菩提何有定
> 春光滿處百花爛　淸風拂來沒覷見

任選取　主怒興訟遭判

40. 한 번 서산에 들다〔一入西山〕

경전을 강설했던 양좌주가 마조선사 처소에 있으며 깨친 뒤, 한 번 서산에 들어가 아득히 소식이 없었다.

亮座主在馬祖處 發悟後 一入西山杳無消息

청매선사가 노래했다.

곧장 서산에 들어가 소식을 끊으니
한 사당의 푸른 나물을 구름 의지해 심었다
용이 네 바다에 돌아가 잠이 오히려 안온한데
학은 세 하늘에 가서 그림자 돌이키지 않네

直入西山絕消息　一廟青菜倚雲栽
龍歸四海眠猶隱　鶴去三天影不回

평창

양좌주가 마조의 '허공이 강설한다'는 한 구절에서 깨친 뒤, 서산에 들어가 다시 소식이 없었던 이 이야기는 선문염송 본칙〔291則〕에 다음 같이 기록되어 있다.

서산의 양좌주가 스물네 본의 경론을 강론했는데, 하루는 마조를 가서 뵈었다.
마조선사가 말했다.
"대덕이 많은 경론을 강설한다 들었는데, 그렇소?"
"아니라고는 못합니다."
"무엇으로 강설하오?"
"마음으로 강설합니다."

마조가 말했다.

"마음은 교묘한 놀이꾼과 같고, 뜻은 놀이에 어울리는 자와 같은데, 어찌 저 경론을 강설할 줄 알겠소."

좌주가 말했다.

"마음이 이미 강설할 수 없다면 허공이 강설할 수 있습니까?"

마조가 말했다.

"도리어 허공이 강설할 수 있소."

좌주가 소매를 떨치고 나갔다.

마조가 '좌주여' 부름에 좌주가 고개를 돌리니, 마조가 말했다.

"이 무엇인가!"

좌주가 여기서 크게 깨치고 곧 절하고 감사드리니, 마조가 말했다.

"이 무디고 멍한 사람이 절해서 무엇하리."

좌주가 온몸에 땀을 흘렸다.

절에 돌아와 대중에게 말했다.

"내 평생 공부가 나를 넘을 자 없다고 하려 했더니, 오늘 마조의 한 물음을 받고 평생 공부가 얼음 풀리듯 했다."

뒤에 강설을 그만두고 곧장 서산에 들어가 아득히 소식이 없었다.59)

절대관념론적인 성품[性]과 신아론적인 내적 자아[神我]로써 선(禪)을 말하고 도(道)를 말하며, 선류를 표방하고 선지식 행세하는 이들이 넘치는 한국불교에서 '허공이 강설한다'는 이 공안의 법로를

---

59) 西山亮座主 講得二十四本經論 一日去訪馬祖
祖問曰聞說大德 甚講得經論是否 主云不敢 祖云將什麼講 主云將心講
祖曰心如工伎兒 意如和伎者 爭解講他經論
主云心旣講不得 莫是虛空講得麼 祖云却是虛空講得 主拂袖而出 祖召座主
主迴首 祖云是什麼 主於是大悟 便伸禮謝
祖云者鈍根阿師 禮拜作什麼 主直得遍體汗流 歸寺謂衆曰 我一生功夫 將謂
無人過得 今日被馬祖一問 平生功夫冰釋而已 後乃罷講 直入西山 杳無消息

밝혀 보일 수 있는 자 그 얼마나 될 것인가.

여래께서는 아함경에서 인간과 우주와의 연기론적 관계를 육계설(六界說)로 보이셨으니, 여섯 법의 영역은 땅·물·불·바람·허공·앎의 여섯 영역이다. 육계설의 뜻이 곧 육계무아설(六界無我說)이고, 여섯 영역에 자기성품 없되 자기성품 없음 또한 공한 것을 『수능엄경(首楞嚴經: Śūraṃgama-sūtra)』은 '여섯 법의 영역이 곧 여래공덕의 곳간〔如來藏〕'이라고 가르친다.

이 가르침에 의하면 지수화풍 사대(四大)와 허공(虛空)이 앎을 떠나 없고 앎이 허공과 사대를 떠나 없으니 육계는 공하되 서로 의지해 자기법의 영역을 이룬다. 이 연기의 가르침을 따르면 여기 아는 마음이 있고 저기 아는 바 세계가 있어 세계를 보는 것이 아니며, 지수화풍을 떠나 허공이 없고 허공을 떠나 지수화풍이 없다.

마음을 들면 이미 저 세계와 허공이고 허공을 들면 이미 주체의 마음인 것이니, 마음인 마음을 붙잡고 마음이 강설한다고 함에 마조선사가 '허공이 강설한다' 한 것이니, 그 말을 듣고 저 허공을 향해 허공 가운데 신묘한 그 무엇을 다시 찾지 말아야 한다.

진정문(眞淨文)선사는 이렇게 말한다.

"지금 허공이 강설한다는 말을 듣고 많이들 허공 속에 말뚝을 박는데, 이는 마조스님의 신통광명이 끈끈이를 풀고 묶임 없애는 줄 아주 모르는 것이다."[60]

'허공이 강설한다'고 함은 여기 마음이 있어 마음으로 저 세계를 말하고 경을 강설한다는 좌주의 집착과 묶임을 풀기 위한 것이다. 그러므로 선지식의 한 마디에 인연이 공한 줄 알되 인연을 버리지 않는 이가 허공이 강설하는 뜻을 알아들어, 말에 말 없음을 체달할 수 있는 자이다. 청매선사는 그 뜻을 '용의 잠이 네 바다에서 안온하나, 학이 세 하늘 날아가 그림자 돌이키지 않는다'고 한 것이리라.

---

60) 而今聞却是虛空講得 多便向虛空裏釘橛 殊不知馬師神通光明 解黏去縛

법진일(法眞一)선사는 노래했다.

　　몇 해나 그릇 마음으로 강설한다고 말해왔는가
　　뉘라서 허공이 물 흐르듯 강설함을 믿을 것인가
　　갑자기 불러 머리 돌이키고서 바야흐로 깜빡 깨닫고
　　서산에 한 번 가 발자취를 끊었네

　　幾年錯謂將心講　誰信虛空講似流
　　驀喚回頭方瞥地　西山一去絶蹤由

학담도 한 노래 붙이리라.

　　마음이 마음 아님이여, 눈이 빛깔을 보고
　　경계가 경계 아님이여, 물 소리를 듣도다
　　허공이 강설함을 아는 사람 없는데
　　앞과 같이 좌주는 경 설해 쉬지 않네

　　心非心兮眼見色　境非境兮聽水聲
　　虛空講說無人會　依前座主講不休

41. 매실이 이미 익었다〔梅子已熟〕

마조대사가 늘 이렇게 말했다.
"마음이 곧 붇다이다."
대매산 법상선사가 뒤에 마조가 '마음도 아니고 붇다도 아니다'고
가르친다 함을 듣고 말했다.
"이 늙은이가 사람 미혹하게 함이 마칠 날이 없구나, 나는 그래도
마음이 곧 붇다이다."
마조가 듣고서 말했다.
"대중이여 매실이 익었다."

馬大師常曰 卽心卽佛 師後聞非心非佛曰 這老漢惑亂人 未有了日我
卽心卽佛 祖聞曰 大衆 梅子熟也

청매선사가 노래했다.

해가 쌓여 매실이 오래 묵어 쓸쓸한데
서리 지는 가을바람이 꼭지에 몰아쳐 노랗네
억지로 방거사에게 백 조각 부서짐을 입어서
방위 밖에 맑은 향 뿌리게 되었네

積年梅子久荒凉　霜落金風徹蔕黃
强被龐翁百雜碎　從敎方外播淸香

평창

위 이야기는 선문염송 본칙〔265則〕에는 다음 같이 기록되어 있다.

대매산(大梅山) 법상선사(法常禪師)가 마조대사에게 물었다.
"어떤 것이 붇다입니까?"

마조가 말했다.

"곧 마음이 붇다이다."

법상이 크게 깨닫고 곧 산에 들어가 암자를 세우고 여섯 해가 지났다. 마조가 하루는 홀연히 이 일을 생각하고 한 승려를 보내 묻게 했다.

"무슨 도리를 얻었기에 곧 암자를 세웠습니까?"

법상이 말했다.

"그 때 마대사께서 '마음이 붇다'라고 말함을 보고 곧 그 속에서 머무오."

승려가 말한다.

"마대사의 요즈음 불법은 다릅니다."

법상이 말했다.

"어떻게 다르오?"

승려가 말했다.

"요즈음은 또 마음도 아니고 붇다도 아니라고 하오."

법상이 말했다.

"이 늙은이가 사람을 미혹해 어지럽힘이 마칠 날이 없구나. 마음도 아니고 붇다도 아니라 함은 그대에게 맡기거니와, 나는 다만 마음이 곧 붇다라 함일 뿐이다."

그 승려가 돌아와 마조에게 들어 보이니, 마조가 말했다.

"대중이여, 매실이 익었다."61)

마음이 곧 붇다라 함은 마음일 때 세계가 오직 마음인 세계로 주어지

___

61) 大梅山法常禪師 問馬大師 如何是佛 祖云卽心是佛 師卽大悟 便入山卓菴 經
于六載
　祖一日忽然思之 乃敎一僧去問 當時見馬大師 得甚麼道理 便卓菴去 師云當
時 見馬大師道卽心是佛 便向這裏住 僧云馬大師近日佛法別 師云作麼生別 僧
云近日又道非心非佛
　師云這老漢惑亂人 未有了日 任汝非心非佛 我只管卽心卽佛 其僧迴擧似馬祖
祖云大衆 梅子熟也

므로 마음 밖에 구할 법이 없음을 나타낸다. 그러나 마음은 세계로 인한 마음이고 세계는 마음인 세계이므로 마음도 공하고 세계도 공하다.

'마음이 붙다이다'라고 한 조사의 뜻을 그릇 알아 유아론적인 마음을 취해 구하므로 마조선사는 연기론의 뜻을 다시 들어 '마음도 아니고 붙다도 아니다'라고 말한 것이니, 불법에는 두 길이 없다. 그래서 청매선사는 가을바람에 물들어가는 나뭇잎을 들어 '모습이 모습 아님을 볼 때 방위 밖의 맑은 향을 볼 수 있다' 했는가.

마음이 붙다임과 마음도 아니고 붙다도 아님이여. 두 길이 없으나 사람들은 까닭 없이 분별을 내니 그들 또한 방거사에게 백 조각으로 부숴짐을 입어야 하리.

개원기(開元琦)선사는 이 이야기를 들어 경책한다〔擧此話云〕.

암주는 다만 그 하나를 알고, 그 둘은 알지 못했고
이 승려는 그 둘을 알고, 하나는 알지 못했다.
산승이 이렇게 말한 것에 검고 흰 분별이 있는가.
만약 이 속에서 볼 수 있다면 눈에 있으면 봄이라 하고
귀에 있으면 들음이라 하며, 손에 있으면 잡음이라 하고
발에 있으면 다님이라 말하겠지만
만약 보지 못한다면 말해보라.
평생 걸어감에 눈은 어느 곳에 있는가.

庵主只知其一 不知其二
這僧只知其二 不知其一
山僧恁麼道 還有緇素也無
若向這裏見得去 可謂在眼曰見
在耳曰聞 在手執捉 在足運奔
若見未得 且道 平生行脚 眼在甚麼處

화산(禾山)선사에게 어떤 승려가 물었다.

"대매가 이렇게 말한 뜻이 어떠합니까?"
이로 인해 화산이 말했다.
"참된 사자 새끼다."

大梅恁麽道意 作麽生 師云眞獅子兒

학담도 한 노래 붙이리라.

　　보되 보지 않고 듣되 듣지 않으니
　　마음과 마음 아님 이 무슨 물건인가
　　따뜻한 바람 땅을 휩쓸어 매실이 익었으니
　　밥을 지어 붇다께 올리고 아래로 중생에게 베푸네

　　見而不見聞不聞　心與非心是何物
　　熏風帀地梅子熟　炊飯供佛下施衆

42. 석공이 사슴을 쫓다 마조를 만나다〔石鞏趂鹿〕

석공선사가 사냥꾼일 때 마조의 암자 앞에서 사슴을 쫓는데 마조가 말했다.
"그대는 한 발에 몇 마리를 쏘는가?"
"한 마리입니다."
마조가 말했다.
"나는 한 무리를 쏜다."
"저도 이 산목숨인데 어찌 한 무리를 쏩니까?"
마조가 말했다.
"그렇다면 그대는 왜 스스로를 쏘지 않는가?"
선사가 듣고 크게 깨쳤다.

師趂鹿於馬祖庵前 祖曰汝一發射幾介 曰一介 祖曰我射一羣 曰彼此生命 何射一羣 祖曰然則汝何不自射 師聞大悟

청매선사가 노래했다.

안개 어린 나무는 아득하여 자취 볼 수 없는데
남에서 와 북으로 감을 산골 늙은이에게 묻노라
스스로 손 쓸 수 있는 곳 없음을 아니
한 바탕 가을 바람 세계에 두루해 같네

烟樹希夷不見蹤　來南去北問山翁
自知無處能容手　一陣秋風遍界同

평창

선문염송 본칙〔277則〕은 이 이야기를 다음 같이 보인다.

석공혜장선사(石鞏慧藏禪師)가 사냥꾼이었을 때 사슴을 쫓다 마조대사(馬祖大師)의 암자 앞을 지나다 물었다.

　　"내 사슴을 보셨습니까?"

　　마조가 말했다.

　　"그대는 어떤 사람인가?"

　　"사냥꾼입니다."

　　마조가 말했다.

　　"그대는 활 쏠 줄 아는가?"

　　"활 쏠 줄 압니다."

　　"한 화살에 몇 마리를 쏘는가?"

　　"한 화살에 한 마리를 쏩니다."

　　마조가 말했다.

　　"그대는 활 쏠 줄 모른다."

　　석공이 말했다.

　　"화상께서는 한 화살에 몇 마리를 쏩니까?"

　　"나는 한 화살에 한 무리를 쏜다."

　　석공이 말했다.

　　"저와 내가 산 목숨인데, 어찌 한 무리를 쏘십니까?"

　　마조가 말했다.

　　"그대가 이미 이와 같다면 어찌 스스로를 쏘지 않는가?"

　　석공이 말했다.

　　"저로 하여금 스스로를 쏘게 한다면 곧바로 손 쓸 곳이 없습니다."

　　마조가 말했다.

　　"이 사람이 오랜 겁의 무명 번뇌가 오늘 단박 쉬었다."

　　석공이 이에 칼로 머리털을 깎고 암자에서 모셨다.62)

---

62) 石鞏慧藏禪師 爲獵人時趂鹿 從馬大師庵前過 問云還見我鹿麼 祖云你是什麼人 師云獵人 祖云你還解射麼

중생은 마치 사냥꾼이 짐승을 쫓아 목표물을 쏘아 잡듯, 얻고자 하는 것을 얻음으로 삶을 채워간다. 그러나 얻을 것에 실로 얻을 것을 두면 얻지 못할 것이 있어 삶은 만족과 성취를 이루지 못한다.

저 경계에 실로 얻을 것이 없음을 알 때 얻지 못함에 얻지 못함이 없게 되어 그의 삶은 상실과 박탈의 절망을 벗어날 것이다. 마조선사가 '스스로를 쏘라' 가르친 것은 밖으로 취할 것이 있는 삶은 안으로 구할 것이 있기 때문임을 가르친 것이다. 그렇다면 안으로 구하는 자를 놓아 버리면 비로소 봄이 없이 보고 들음 없이 들어, 얻고 잃음 이기고 짐의 물이랑을 넘어서는 것인가.

안의 보는 자에 본래 얻을 것이 없어 손 쓸 수 없음이 참으로 씀이 없이 잘 쓰는 것이므로, 청매선사는 '한바탕 가을바람 세계에 두루하다'고 노래한 것이리라.

법진일(法眞一)선사 또한 이렇게 노래했다.

사슴 쫓아 마대사 암자를 지나는데
곧장 스스로를 쏘라고 하여 미친 기틀 쉬었네
돌이켜 봄에 손 쓸 곳 아주 없으니
천 리를 바람 따르다 돌아감을 얻었네

趂鹿馬師庵畔過　直敎自射息狂機
迴觀下手都無處　千里追風還得歸

마조에게 깨친 뒤 석공선사가 늘 법상에서 활 당기고는 '악' 외치고 '화살을 보라'고 했는데, 삼평(三平)이 석공 앞에 앞가슴을 활짝 제치니 석공이 활을 버렸다.

師云我解射 祖云一箭射幾个 師云一箭射一个 祖云你不解射 師云和尙一箭射幾个 祖云我一箭射一群 師云彼此生命 何用射一群 祖云你旣如是 何不自射 師云若敎某甲自射 直是無下手處
祖云者漢曠 刜無明煩惱 今日頓歇 師於是以刀斷髮 在庵給侍

열재거사(悅齋居士)가 석공과 삼평의 이야기를 다음과 같이 노래했다.

　　　석공은 활을 당기고
　　　삼평은 가슴을 풀어헤쳤다
　　　맞았다 맞았다고 함이여
　　　범이 범을 삼켰도다

　　　石鞏張弓　三平撥胸
　　　中也中也　虎呑大蟲

　'범이 범을 삼킨다〔虎呑大蟲〕'고 함은 '바늘과 개자씨가 서로 맞음〔針介相投〕'을 다시 보인 것이니, 학담도 한 노래 붙이리라.

　　　한 화살로 사슴 무리 쏘는 것이 아직 좋은 솜씨 아니니
　　　한 번에 온갖 중생 쏘아야 비로소 좋은 솜씨이네
　　　비록 그러나 쏘아죽임이 온전히 살릴 때라야
　　　저와 내가 서로 어울려 기뻐 노니는 곳이네

　　　一箭射群未是善　一射含識始善術
　　　雖然射卽全活時　彼此相和歡遊處

43. 금우가 춤을 추다〔金牛作舞〕

금우선사가 마조의 회상에서 밥 짓는 소임〔飯頭〕을 맡았는데, 매일 아침 밥을 가지고 와 승당 앞에서 '보디사트바들아 밥 먹으라' 하고 '하하' 크게 웃었다.

師於馬祖下 作飯頭 每朝將飯桶來僧堂前 叫曰 菩薩子喫飯來 呵呵 大笑

청매선사가 노래했다.

대광주리 속에 밥 담으니 흰 은의 무더기인 듯
손뼉 치고 하하 웃으며 발우 폄을 재촉하네
죽과 밥에 납승들이 다투어 입을 댐이여
따르는 먹을거리 가운데 빼어나니
반드시 신 매실 기억할 것 없네

飯盛籮裏白銀堆　拍手呵呵展鉢催
粥飯衲僧爭下口　拔扈非必憶醋梅

평창

밥에 관한 금우선사의 이 공안은 선문염송 본칙〔281則〕에 같은 내용이 이렇게 기록되어 있다.

　　금우화상이 매일 공양 때가 되면 스스로 밥을 가지고 와 승당 앞에서 춤을 추며 '하하' 크게 웃으며 말했다.
　　"보디사트바들아, 밥 먹으로 오라!"[63]

_____

63) 金牛和尙每至齋時 自將飯 於僧堂前 作舞呵呵大笑云 菩薩子 喫飯來

중생은 먹어야 살고 숨 쉬어야 산다. 이는 중생이 중생 아님을 나타내고, 중생은 세계를 자기화함으로써만 비로소 중생이 중생됨을 말한다.

금우선사가 밥을 지어 '밥 먹으라' 외침이여. 법계의 이치가 스스로 드러남이라 청매선사는 금우화상의 밥 베풂을 들어 '자아와 세계가 둘 아닌 뜻〔依正不二〕'을 '죽과 밥에 납승들이 다투어 입을 댄다'고 노래한 것인가.

그리고 먹는 내가 공하므로 실로 먹음 없되 먹지 않음이 없으니, 이 죽과 밥을 먹는 것이 목마름에 신 매실을 기억해 잠깐 목마름 그침과는 다르므로 '반드시 신 매실 기억할 것 없다'고 말한 것이리라.

그렇다면 '보디사트바들아 밥 먹으라'고 금우의 외쳐 부르는 소리가 소리 아닌 소리인 줄 알 때 본 공안의 뜻을 바로 알 수 있음인가

설두현(雪竇顯)선사는 이렇게 노래했다.

> 흰 구름 그림자 속에서 하하 웃으며
> 두 손으로 가지고 와서 남에게 부쳐주네
> 만약 그가 황금털의 사자 새끼라면
> 삼천 리 밖에서도 외치는 거짓 소리 보리라
>
> 白雲影裏笑呵呵　兩手持來付與他
> 若是金毛師子子　三千里外見譊訛

봄〔能見〕과 보이는 바〔所見〕를 뛰어넘는 것은 보는 바를 버림이 없이 보고 들음의 소굴 떠나야 하는 것이니, 불안원(佛眼遠)선사는 노래했다.

> 긴 평상 위에 여우가 오줌 똥 싸고
> 세 성인의 집 앞에서 개가 봄을 짖네
> 금우의 소굴에서 뛰어 벗어난 사람이여
> 달이 밝아 밤길 가는 사람 비추어주네

長連床上狐屎尿　三聖堂前狗吠春
跳出金牛窠窟子　月明照見夜行人

　이 일이 평상 속에 이미 들어난 일이라면 금우의 웃고 춤을 추는
것도 눈에 티끌을 더함이지만 한바탕 웃음 밖에 다시 구할 소식 없으
니, 열재거사(悅齋居士)는 노래했다.

　　그가 밥을 들고 승당에 이를 때를 기다려
　　갈빗대 밑에 세 주먹 지르고 견주어 헤아리지 말라
　　널리 불러 춤출 때에 같이 손뼉을 치라
　　그렇지 않으면 낱알 하나도 받지 못한다

　　待伊昇飯到僧堂　肋下三拳莫較量
　　普請舞時齊拍手　不然顆粒莫承當

학담도 한 노래 붙이리라.

　　밥 가져와 받들어 공양함에 이치가 스스로 드러났으니
　　밥 먹으로 오라 함이여, 널리 다 공양하도다
　　춤추며 하하 크게 웃음 쉬지 않으니
　　밥 먹은 대중은 기와 힘이 자라네

　　將飯奉供理自彰　喫飯來兮普供養
　　作舞呵呵笑不休　喫飯大衆氣力長

44. 서당화상이 천당 지옥이 있다고 답하다〔西堂答有〕

어떤 세속 선비가 서당화상에게 '천당 지옥이 있는가' 물으니, '있다'고 말했다.
선비가 말했다.
"경산께서는 없다고 했습니다."
선사가 말했다.
"그대에게는 처자가 있소?"
"있습니다."
선사가 말했다.
"경산에게 처자가 있던가요?"
"없습니다."
"경산이 '없다'고 한 것은 그럴 수 있소."
선비가 절하고 갔다.

有一俗士問師曰 天堂地獄有不 師曰有 士曰徑山云無 師曰汝有妻子乎 士曰有 師曰徑山有妻子乎 士曰無 師曰徑山無天獄卽得 士禮謝而去

청매선사가 노래했다.

큰 바탕은 꼴이 없어 한 큰 허공인데
소리 없고 냄새 없되 있음이 없음 가운데네
봄바람 어느 곳이 꽃이 핌이 없을 것인가
서리가 가을산에 내리니 잎이 저절로 붉네

大朴無形一大空　無聲無臭有無中
春風何處無花發　霜洒秋山葉自紅

　　이 문답은 선문염송 본칙〔289則〕에 이렇게 기록되어 있다.

　　　서당지장화상에게 한 세속 선비가 물었다.
　　　"천당 지옥이 있습니까?"
　　　선사가 말했다.
　　　"있소."
　　　"불법승 삼보가 있습니까?"
　　　"있소."
　　　다시 여러 물음이 있었지만 다 '있다'고 답했다.
　　　그러자 말했다.
　　　"화상이 이렇게 말한 것이 틀리지 않습니까?"
　　　선사가 말했다.
　　　"그대는 일찍이 높은 스님을 뵈었소."
　　　"제가 일찍이 경산화상을 찾았습니다."
　　　"경산이 그대에게 어떻게 말했소?"
　　　"그 분은 온갖 것이 다 없다고 했습니다."
　　　"그대는 처가 있소?"
　　　"있습니다."
　　　"경산화상은 처가 있습디까?"
　　　"없습니다."
　　　선사가 말했다.
　　　"경산화상이 없다고 말한 것은 곧 그럴 수 있소."
　　　세속 선비가 절하고 갔다.[64]

---

64) 西堂智藏和尙 因有一俗 士問 有天堂地獄否 師曰有 曰有佛法僧寶否 師曰有
　　更有多問 盡答云有 曰和尙伊麽道 莫錯否 師曰汝曾見尊宿來耶 曰某甲 曾叅
　　徑山和尙來(有曰百丈) 師曰徑山 向汝作麽生道 曰他道一切摠無 師曰汝有妻
　　否(卷八第二二張) 曰有 師曰徑山和尙有妻否 曰無 師曰徑山和尙道無卽得 俗
　　士禮謝而去

세간법은 있음〔有〕과 없음〔無〕으로 주어진다. 인연으로 있는 법에
실로 있음을 두면 없음이 없음으로 굳어지므로 있음과 없음은 서로
대립한다. 세간법은 사라지므로 실로 있음이 아니나, 세간법은 생겨
나므로 실로 없음이 아니다. 세간법의 연기적 진실을 깨친 이는 있음
에서 있음을 떠나고 없음에서 없음을 떠나므로 '있다'고 말해도 있음이
아니고 '없다'고 말해도 없음이 아니다.

청매선사의 노래처럼 그가 있음과 없음을 벗어나 '소리와 냄새 속에
서 꼴 없는 큰 바탕을 사는 자'일 것이다. 꼴 없는 큰 바탕이여. 지금
서리 오면 잎 붉어지는 시절인연(時節因緣)이 곧 그것이리라.

그러니 눈 밝은 이〔作家〕가 시절인연을 말하면 곧 시절인연이 공함
을 보인 것이니, 자수(慈受)선사는 이렇게 들어 보인다.

"저 옛 사람이 자비 드리움을 보라. 곧바로 이와 같을 뿐이다.
모든 사람은 사람과 하늘의 길 위〔人天路上〕에 가서 밝은 빛의
씨앗〔光明種子〕을 열더라도 지나간 이야기를 말하지 않아야 하니,
크게 일을 건너지 못할 것이다."65)

학담도 한 노래 붙이리라.

만약 본래 있다면 어찌 있다고 말하리
있다고 말함이 곧 없음이니 비로소 있음을 말하네
가을바람 서리 친 하늘에 잎은 뿌리에 돌아가나
오는 해에 옛 가지에 잎 푸르름 새로우리

若是本有何說有 說有卽無始說有
秋風霜天葉歸根 明年古枝葉綠新

---

65) 看他古人垂慈 直得如是
諸人且去人天路上 開箇光明種子 不可說過頭話 大不濟事

45. 오설산 영묵선사가 머리 돌려 깨닫다〔五洩回頭〕

오설영묵선사가 석두의 처소에 이르러 말했다.
"한 말이 서로 계합하면 머물고 한 말이 서로 계합하지 않으면 가겠습니다."
석두선사가 불렀다.
"좌주여."
오설이 돌아보자 석두가 말했다.
"이 무엇인가?"
오설이 깨우침이 있었다.

師到石頭處云 一言相契卽住 否卽去 頭呼云 座主 師回首 頭云是什麼 師有省

청매선사가 노래했다.

부르자 머리 돌이킴 일이 매우 거치니
옛 사람은 이것이 길 가운데 있음이라 했네
저의 흘려 떨구는 말을 보고 슬픈 마음 간절했으니
마른 채소로도 굶주린 사내 건질 수 있네

呼喚回頭事甚麤　古人云是在中途
看他落草悲心切　能以枯蔬救餓夫

평창

위 이야기를 선문염송 본칙〔293則〕은 다음 같이 말한다.

오설산 영묵선사가 석두에 이르러 말했다.
"한 말이 서로 계합하면 머물고, 한 말이 서로 계합하지 않으면 가겠습니다."

석두가 웅크리고 앉아 있으니, 영묵이 소매를 떨치고 감에 석두
선사가 불렀다.

"상좌여!"

영묵이 머리를 돌리자 석두선사가 말했다.

"나서 늙도록 다만 이것이니, 머리 돌리고 뇌를 굴리는 것이 무엇
이리."

영묵이 말 아래 깨달았다.66)

주체의 이렇다함에 실로 이렇다함이 없고〔是無是〕경계의 맞음에
꼭 맞음이 없어야〔當無當〕맞지 않음이 없는데〔無不當〕, 한마디 말에
맞음을 구하면 맞지 않음이 있게 된다.

"이 무엇인가" 물을 때 한 법도 맞음이 없음을 알아 비로소 영묵선사
는 맞지 않음이 없게 된 것인가. 주고 받는 거친 모습 속에 자비마음
가득해 한 가닥 떨어뜨리는 풀로 산 눈을 뜨게 함으로 청매선사는 '마
른 채소로 주린 사내 건졌다' 한 것이리라.

이렇다 함에 꼭 이렇다 함이 있다 하여 구할 것 있고 취할 것 있으면
도리어 반쪽 해골도 보살피지 못할 것이니, 불안원(佛眼遠)선사는 이
렇게 노래했다.

　　길에 있든 집에 있든 어떻게 대꾸할까
　　앞 스님의 한 보기를 잡아 구하지 말라
　　힘차고 힘찬 우주의 왕자 같아도
　　반쪽 해골이 없음을 면하지 못하네

　　在途在舍若爲酬　莫把先師一例求
　　雄雄宇宙如王者　未免半邊無髑髏

---

66) 五洩山靈默禪師 到石頭云 一言相契卽住 一言不契卽行頭據坐 師拂袖出去
　　頭呼云上座
　　師回首頭云 從生至老只是者漢回頭轉腦作什麼 師於言下領旨

원오근(圜悟勤)선사가 이 이야기를 들고 말했다[擧此話云].

"만약 산승이라면 그 때 반드시 그를 부르지 않고, 저 판대기 짊어진 녀석이 한 생을 그릇되도록 했을 것이다.
다만 자비 때문에 말을 내려 여기에 이르렀다.
다만 여러 사람들은 앉고 섬이 의젓하니 나서 늙도록 다만 이것이다.
다시 무엇을 의심할 것인가."67)

학담도 한 노래 붙이리라.

길 위에도 있지 않고 집에도 있지 않으니
부름을 듣고 머리 돌리나 돌린 곳이 없어라
날이 다하도록 밟아 걷되 고향을 떠나지 않으니
주인과 손님이 부르고 들음 늘 끊이지 않네

不在路上不在家　聞呼廻頭無廻處
終日踏步不離鄉　主賓呼聞常不絶

---

67) 若是山僧 當時不須喚他 從他擔板 蹉却一生 只爲慈 悲落草 以至如此 只如諸
　　人坐立儼然 從生至老 只是這箇 更疑什麼

46. 부배화상에게는 군더더기 말이 없음〔浮盃無剩〕

능행노파가 부배화상에게 물었다.
"힘을 다해 말해도 얻을 수 없는 구절은 누구에게 부치십니까?"
선사는 말했다.
"부배에게는 군더더기 말이 없소."
노파가 말했다.
"이 죽은 선을 하는 선객아!"

凌行婆問師云 盡力道不得底句 分付阿誰 師云浮盃無剩語 婆曰這倚
死禪和云

청매선사가 노래했다.

부배가 그날에 꺼림이 뭉치고 뭉쳐
능노파를 기뻐하지 않고 혀를 놀려 말하네
말 많은 선객이 맨발로 다녀서
도리어 사나운 범의 머리에 뿔이 돋게 했네

浮盃當日忌團圞　不喜凌婆搖百舌
多口禪和赤脚行　却敎猛虎頭生角

평창

이 문답은 선문염송 본칙〔294則〕에 다음 같이 나와 있다.

부배화상에게 능행노파가 와서 절하고 물었다.
"힘을 다해 말해도 얻을 수 없는 구절을 누구에게 부치십니까?"
부배선사가 말했다.
"부배에게는 군더더기 말이 없소."

노파가 말했다.

"부배에 오기 전에 의심했던 것이 거리끼지 않는군요."

선사가 말했다.

"따로 빼어난 곳이 있으면 집어내도 좋소."

노파가 손을 모으고 울며 말했다.

"아이고, 그 가운데 다시 원수의 괴로움이 있구나."

선사가 말이 없자 노파가 말했다.

"말은 치우침과 바름을 알지 못하고 이치는 넘어짐과 삿됨을 모르니, 사람을 위하면 곧 재앙이 생길 것이오."

뒤에 어떤 승려가 남전에게 들어 보이니, 남전이 말했다.

"괴롭다. 부배가 이 노파에게 한 번 꺾였구나."

노파가 듣고 웃으며 말했다.

"왕노사가 오히려 적은 기틀의 빗장이 있구나."

그 때 유주에 증일선객이 있어서 노파에게 물었다.

"남전에게 무엇 때문에 적은 기틀의 빗장이 있소?"

노파가 울며 말했다.

"슬프고 슬프도다."

증일이 어쩔 줄 모르니 노파가 말했다.

"알겠소."

증일이 손을 모으고 서니 노파가 말했다.

"죽음에 놓인 선객이 삼과 같고 좁쌀 같도다."

뒤에 증일이 조주에게 들어 보이니, 조주가 말했다.

"내가 만약 이 노파를 보았더라면 물어보아서 입이 벙어리가 되게 했으리라."

증일이 말했다.

"화상이 어떻게 저에게 물을 줄 살피지 못하겠습니다."

조주가 곧 때리니, 증일이 말했다.

"무엇 때문에 저를 때리십니까?"

조주가 말했다.

"이 죽음에 놓인 선객을 때리지 않고 다시 어느 때를 기다릴 것인가?"

노파가 듣고 말했다.

"조주가 이 노파 손 가운데 방망이를 맞아야 한다."

조주가 듣고 울며 말했다.

"슬프고 슬프다."

노파가 듣고 탄식해 말했다.

"조주의 눈빛이 네 천하를 태워 깨뜨리는구나."

조주가 듣고 사람을 보내 물었다.

"어떤 것이 조주의 눈인가?"

노파가 주먹을 드니 조주가 듣고 이렇게 게송을 지어 보냈다.

"기틀을 맞아 얼굴 마주해 들고
얼굴 마주해 기틀 맞음 빠르네.
그대 능행 노파에게 알리나니
우는 소리가 어찌 얻고 잃음이리오."

當機覿面提　覿面當機疾
報你凌行婆　哭聲何得失

노파가 답해 말했다.

"우는 소리를 선사께서 이미 아셨음이여
이미 아셨음을 다시 누가 알리요.
그 때에 마가다의 법령이여
거의 눈앞의 기틀 잃을 뻔했네."

哭聲師已曉　已曉復誰知
當時摩竭令　幾喪目前機68)

---

68) 浮盃和尚 因凌行婆來 作禮問 盡力道不得底句 分付阿誰 師云浮盃無剩語 婆
云未到浮盃 不妨疑着 師云別有長處 不妨拈出 婆歛手哭云 蒼天 中閒更有冤
苦 師無語 婆云語不知偏正 理不知倒邪 爲人卽禍生

능행노파가 부배에게 힘다해 말해도 얻을 수 없는 한 구절을 물으니, 얻을 수 없는 한 구절이여. 말에 말없음인데 말없는 말을 누구에게 부치는가. 실로 말해 부침이 있다 해도 안 되고 없다 해도 안 됨이리라.

부배의 군더더기 없다는 말이 능노파의 뜻에 거리낌이 되므로 청매 선사는 '사나운 범의 머리에 뿔이 돋게 했다' 한 것이리라. 얼굴 마주해 한 법도 얻을 법이 없어야 다시 잃을 것이 없는데 부배에게 얻고 잃음이 있어 손바닥 안 마니구슬을 보지 못함인가.

운문고(雲門杲)선사는 이렇게 노래했다.

> 손바닥 안 마니구슬 일찍이 돌아보지 않았으니
> 뉘라서 여인의 바지를 보살펴 아낄 수 있으리
> 부배가 노파의 선을 알지 못하여
> 곧바로 지금까지 더러운 때 만났네

> 掌內摩尼曾不顧　誰能護惜孃生袴
> 浮盃不會老婆禪　直至如今遭點汚

> 번갯빛 돌불도 오히려 더딤이니
> 죽은 선에 의지하는 선객이 어찌 알리
> 얼굴과 머리 돌려 찾으려고 하니

後僧擧似南泉 泉云苦哉 浮盃被這 老婆摧折一上 婆聞笑云 王老師猶少機關
在 時有幽州澄一禪客 乃問婆 南泉爲甚少機關 婆哭云 可悲可痛 澄一罔措 婆
乃問會麽 澄一合掌而立 婆云倚死禪和 如麻似粟 後澄一擧似趙州 州云我若見
這臭婆 問敎口啞 澄一云 未審和尙作麽生 問他 州便打 澄一云 爲甚却打某甲
州云似這倚死禪和不打 更待何時 婆聞却云 趙州合喫婆手中棒 州聞哭云 可悲
可痛 婆聞乃嘆云 趙州眼光 爍破四天下 州聞令人去問云 如何是趙州眼
婆乃竪起拳 州聞乃作頌送云 當機覿面提 覿面當機疾 報你凌行婆 哭聲何得失
婆答云 哭聲師已曉 已曉復誰知 當時摩竭令 幾喪目前機

저녁 빛이 이미 푸른 나무 숲 서쪽 지났네

電光石火尙猶遲　倚死禪和那得知
轉面迴頭擬尋討　夕陽已過綠梢西

눈빛이 네 천하를 태워 깨뜨리니
노파의 주먹은 터진 곳 꿰맴이 없네
기틀 맞아 얼굴 본 일 어떠한가
사나운 범의 등에 뉘라서 탈 줄 알리

眼光爍破四天下　婆子拳頭沒縫罅
當機覿面事如何　猛虎脊梁誰解跨

학담도 한 노래 붙이리라.

한 소리 울음이 말 있고 없음을 깨뜨리니
바름과 치우침 합한 곳에 줄 없는 거문고 타네
조주와 능행이 서로 소리 아는 자 되니
눈 뜬 봉사가 볼 수 있고 귀머거리가 소리 듣네

一聲哭破言有無　正偏合處彈沒絃
趙州凌行作知音　生盲能見耳聾聽

47. 오구의 세 방망이〔烏臼三棒〕

오구화상이 어떤 승려가 정주화상(定州和尙)의 모임 속에서 오는 것을 인해 물었다.
"정주의 법이 어떻게 이 속과 같은가 말해보라."
승려가 말했다.
"다르지 않습니다."
선사가 말했다.
"다르지 않다면 다시 돌이켜 저 가운데 가라."
그리고는 때렸다.
승려가 말했다.
"방망이 끝에 눈이 있으니 함부로 때리지 마십시오."
선사가 말했다.
"오늘은 한 개 때린 것이다."
또 세 번 때렸다.
그 승려가 곧 나가니 선사가 말했다.
"답답한 방망이〔屈棒〕는 원래 맞는 사람에게 있다."
그 승려가 도로 말했다.
"방망이자루가 화상의 손 안에 있음을 어찌 합니까?"
선사가 말했다.
"그대가 바라면 산승이 그대에게 돌려주리라."
그 승려가 앞에 나와 선사의 손 가운데 방망이를 뺏어 선사를 세 번 때렸다. 선사가 말했다.
"답답한 방망이다, 답답한 방망이다."
승려가 말했다.
"맞는 사람에게 있습니다."
선사가 말했다.

"함부로 때리는 놈이로구나."

승려가 절하자 선사가 말했다.

"도리어 그렇게 가는구나."

승려가 크게 웃고 나가자, 선사가 말했다.

"없애 다했는가, 없애 다했는가."69)

청매선사가 노래했다.

처음 한 화살을 쏘아 세 겹 포위를 푸니

백 번 싸워 이긴 장군이 대장깃발 버렸네

곳곳의 상머리에 문지른 자국 남기니

오구의 엄한 법령 옛과 지금의 잣대네

初行一箭解三圍　百戰將軍抛却麾

處處床頭留一林　烏臼嚴令古今規

평창

　이 법과 저 법의 다름에 실로 다름이 없다면 법에는 같고 다름이
없다. 그러므로 오구선사는 '다르지 않다' 한 정주의 승려에게 '저 가운
데 다시 돌아가라' 하고 한 방망이를 쳤으리라.

　내가 저를 때릴 때 맞는 저로 인해 내가 저를 때릴 수 있으므로 저를
때릴 때 저가 도리어 나를 때림인가. 오구의 한 방망이가 한 화살로
적의 포위를 푸는 큰 힘이 있지만 아직 깨뜨림의 자취가 있으므로 청

---

69)〔297則〕烏臼和尙 因僧從定州和尙會裏來 問定州法道何似這裏僧云不別 師
云若不別 更轉彼中去 便打 僧云棒頭有眼 不得草草打人 師云今日打着一个也
又打三下
　僧便出去 師云屈棒 元來有人喫在 僧轉云 爭奈杓柄在和尙手裏 師云汝若要
山僧 迴與汝僧近前 奪師手中棒 打師三下 師云屈棒屈棒 僧云有人喫在 師云
草草打着个漢 僧便禮拜 師云却與麽去也 僧大笑而出 師云消得與麽 消得與麽

매선사는 '문지른 자국 남아 있다' 한 것인가.

   내가 저를 때릴 때 방망이가 내 손에 있으므로 내가 때리지 않음이 아니지만 저로 인해 때리므로 꼭 내가 때림이 아니다. 그렇다면 방망이의 답답함은 때리는 자에 있는가 맞는 자에 있는가. 때리되 때림 없이 서로 돌이키는 기틀 알아야 방망이의 답답함을 벗어나 참으로 살리는 몽둥이 내림이리라.

   설두현(雪竇顯)선사는 이렇게 노래했다.

       부르기는 쉽고 보내기는 어려우니
       서로 바꾸는 기틀의 칼 자세히 보라
       겁의 돌이 굳센 것은 오히려 깰 수 있으나
       큰 바다 깊은 곳은 곧 반드시 말려야 한다
       오구 늙은이여 오구 늙은이여 몇 가지인가
       저에게 자루를 준 것은 아주 까닭없네

       呼則易　遣則難　互換機鋒子細看
       劫石固來猶可壞　滄溟深處立須乾
       烏臼老　烏臼老　幾何般
       與他杓柄大無端

   학담도 한 노래 붙이리라.

       함과 하여지는 바가 서로 의지해
       서로 따라 드러나 이루는 일인데
       머무는 곳 같음과 다름 이 무슨 일인가
       방망이 손에 쥠과 방망이 맞음 서로 돌이키니
       나서면서 크게 웃음 오늘 이 때 듣는구나

       能所相依現成事　住處同異是何事
       執手喫棒相互廻　出而大笑今時聞

48. 유관선사가 좋은 산을 말하다〔惟寬好山〕

어떤 승려가 '어떤 것이 도(道)입니까' 물으니, 유관선사가 말했다.
"크게 좋은 산이다."
승려가 말했다.
"도를 물었는데 왜 산을 말합니까?"
선사가 말했다.
"그대는 산만 보니 어찌 도를 통달하겠는가."70)

僧問如何是道 師云大好山 僧曰問道何謂山 師云汝觀山何能達道

청매선사가 노래했다.

튼튼한 새 새끼가 분별없이 천 리를 따라가나
절름발이 토끼는 곧장 달려가 저를 빼앗네
도를 물음에 산이 참으로 좋다고 답하니
흰 구름 깊은 곳을 누가 엿볼 수 있으리

完雛無分追千里 跛兎而能徑奪伊
問道答山眞大好 白雲深處孰能窺

평창

　승려가 도를 묻는데 유관선사가 우리가 지금 보고 있는 산(山)으로
답하니 이 뜻은 무엇인가.
　산을 보되 산이 산인 줄만 보면 그는 다만 산을 보고 도를 보지 못한
사람이다. 그러나 산이 산이 아니되 산 아님도 아님을 보면 그가 산을
보되 도를 보는 자이다. 산에서 산을 떠나지 못하면 모습의 분별에

---

70)〔299則〕京兆興善寺惟寬禪師 因僧問 如何是道 師云大好山 僧云學人問道
何言好山 師云汝秖識山 何曾達道

갇혀 얻고 잃음과 빠르고 더딤을 벗어나지 못하므로, 청매선사는 '천리 앞서가는 새 새끼를 절름발이 토끼가 빼앗는다' 한 것이리라.

　저 경계에 모습도 없고 모습 없음도 없음을 알면 그가 잔나비 우는 산이 바이로차나(Vairocana)의 처소인 줄 아는 자이리라.

　장산전(蔣山泉)선사는 이렇게 노래했다.

　　외로이 솟은 묘한 봉우리 누가 오르도록 허락하나
　　붇다와 조사의 가없이 여기는 마음 여기서 일어나네
　　산에 노니는 이들 급히 머리를 돌이켜 보라
　　늙은 잔나비 우는 곳에 푸르름은 층층이네

　　妙峰孤頂許誰登　佛祖悲懷向此興
　　遊子急須迴首看　老猿啼處碧層層

학담도 한 노래 붙이리라.

　　산을 볼 때 보되 보지 않으면
　　산이 산 아니라 법계가 드넓도다
　　솔숲 맑은 바람 한 항아리 속이라
　　나날이 산을 봄이 좋은 때로다

　　若觀山時見不見　山非是山法界濶
　　松林淸風一壺中　日日看山好時節

49. 화림선사의 범의 시자〔花林侍者〕

화림선각선사에게 배휴가 찾아와 시자가 있는가 물으니 '있다'고 하였다. 그리고는 '큰 공한 놈' '작은 공한 놈' 두 마리 범을 불렀다.

裴相國問師 無侍者乎 師曰有

청매선사가 노래했다.

꽃수풀 골 아래 크고 작은 공한 것들
아침 저녁 모시고 들어 뜻이 슬프지 않네
참되고 깨끗한 세계 가운데 숨고 드러남 없으니
가을강 이랑을 일으킴은 서쪽 바람에 있네

花林洞下大小空 侍聽朝昏意不忡
眞淨界中無隱顯 秋江起浪在西風

평창

위 문답은 선문염송 본칙〔302則〕에 다음 같이 나와 있다.

> 화림선각선사(華林善覺禪師)에게 배휴(裴休)가 찾아왔다가 물었다.
> "선사께서는 시자가 있습니까?"
> 선사가 말했다.
> "한둘 되오."
> 배휴가 말했다.
> "어디 있습니까?"
> 선사가 말했다.
> "큰 공한 놈〔大空〕 작은 공한 놈〔小空〕아!"

그 때 두 범이 암자 뒤에서 나오니, 배휴가 보고서 놀라 두려워
했다.

선사가 두 범에게 말했다.

"손님이 있으니 가라."

두 범이 으르렁거리다 갔다.

배휴가 선사께 말했다.

"어떤 업을 지어서 이와 같음을 불러들였습니까?"

선사가 염주를 들어 일으키며 말했다.

"알겠소."

배휴가 말했다.

"모르겠습니다."

선사가 말했다.

"산승은 늘 관음(觀音)을 부릅니다."71)

저 장자(莊子)에서 말한 것처럼 푸줏간 장인이 칼을 잘 놀려 뼈를
다침이 없이 고기를 발라내도 경계를 잘 다루는 사람이 아니다. 저
경계를 실로 볼 바 없는 곳에서 경계 아닌 경계를 잘 써야 그가 경계를
잘 다루는 사람이다.

화림선사는 두 범이 공한 곳에서 두 범을 불러내 시자를 삼으니, 그
가 참으로 경계를 잘 쓰는 분이다. 천하를 천하에 감추고 저 무서운
범을 공한 범으로 죽여서 살리는 화림선사가 '드러냄과 숨김이 두렷이
통한 〔顯密圓通〕' 분이다.

그러므로 청매선사는 '참되고 깨끗한 세계에 숨고 드러남이 없다'고
한 것이리라. 그러나 그 신묘한 지혜라 한들 어찌 서쪽바람에 가을강
의 물이랑 이는 인연의 세계를 떠나리.

<hr />

71) 華林善覺禪師 因裴休訪之問曰 師還有侍者否 師云有一兩个
休云在什麼處 師乃喚大空小空 時二虎自庵後而出 休覩之驚怖 師語二虎曰
有客且去 二虎哮吼而去 休問曰 師作何行業 感得如斯 師擧起數珠云 會麼休
曰不會 師曰山僧常念觀音

저 경계의 이름을 부르되 부름 없이 부르고 경계의 소리를 듣되 들음 없이 듣는 곳에, 관세음의 자비의 보살핌을 받고 '세간 소리 살피는 보디사트바〔觀世音菩薩〕'를 세간에 출현시키는 길이 있다.

열재거사(悅齋居士)의 한 노래 들어보자.

머리맡에 바로 관음을 지나치고서
늘 관음을 부른다니 이 독이 심하네
두 가지 공한 시자 어디에서 보살피는가 물으니
돌머리 크고 작은 것 산그늘에 있도다

當頭差過正觀音　常念觀音這毒深
試問二空何所護　石頭大小在山陰

학담도 한 노래 붙이리라.

꽃수풀 산 사이의 두 범의 시자여
으르렁거림 돌이켜 들으면 크고 작음 공하네
공도 얻지 않을 때 듣지 않고 들으면
소리 살피는 큰 성인 늘 보살펴 생각해주리

華林山間二侍者　返觀哮吼大小空
空不得時不聞聞　觀音大聖常護念

50. 방거사의 네 구절〔龐翁四句〕

방거사가 네 구절로 이렇게 노래했다.

시방 사람 함께 같이 모여서
낱낱이 함이 없음을 배우네
이것이 붇다 뽑는 과거장이니
마음이 공하면 급제해 돌아가네72)

十方同共聚　箇箇學無爲
此是選佛場　心空及第歸

청매선사가 노래했다.

모기의 눈썹에 삼천계가 벌려 있으니
해 뜨면 밭 갈고 김매며 해지면 자네
달의 계수 그림자가 차가워 초저녁 꿈을 깨뜨리니
황금방에 이름 부름이여, 밤이 새서 새벽이네

蟭螟眼睫列三千　日出耕耘日入眠
月桂影寒初破夢　呼名金榜夜朝天

평창

　방거사(龐居士)는 중국불교에서 거사의 몸으로 대조사로 추앙되는
분이다. 거사는 입신양명을 위해 과거급제를 바라는 세속 선비들을
향해 마음이 공함〔心空〕을 체득해야 참으로 과거에 급제함을 가르치
고 있다. 시방이 함께 모임이란 지금 이곳의 모임이 시방에 두루 통함

---

72)〔312則〕龐居士頌云 十方同共聚 箇箇學無爲 此是選佛場 心空及第歸

을 말하니, 때와 곳에 관계없이 보디의 길에 나아가는 사방승가(四方僧伽)를 나타낸다.

마음이 공하면 마음인 경계가 공해 사법과 사법이 서로 두루하고 서로 머금는다. 그러므로 청매선사는 모기의 눈썹에 삼천계가 벌려지고 저 세계와 중생이 걸림 없게 되어 그것을 황금방〔金榜〕에 이름 부르는 급제의 소식이라 노래한 것이리라. 네 바다가 한 집이 되어 용과 뱀이 서로 어울리는 이 기쁨의 광경을 어떻다고 말할까.

심문분(心聞賁)선사의 한 노래 들어보자.

> 바람과 달 산과 내가 같이 한 집이니
> 누가 와서 말을 내려 용과 뱀을 정하랴
> 이태백이 일찍이 궁전에 오르지 않았는데
> 붓끝에서는 어젯밤 스스로 꽃이 피네

> 風月山川共一家　誰來語下定龍蛇
> 大白不曾登便殿　筆頭昨夜自生花

학담도 한 노래 붙이리라.

> 만상이 본래 공한데 누가 공을 증득하리
> 마음 경계 스스로 한결같아 또한 버리지 않음이여
> 나무장승 돌여인이 서로 같이 어울려
> 어젯밤 읊조려 노래함이 새벽에 이르렀네

> 萬像本空誰證空　心境自如亦不捨
> 木人石女相共和　昨夜吟唱到天曉

51. 방거사가 조리를 팔다 다리 밑에 떨어지다〔賣笊喫撲〕

방거사가 딸 영조와 다리 밑을 지나다 넘어짐에 영조 또한 아버지 옆에 누우니 거사가 말했다.
"무엇하느냐?"
"서로 붙들어 드립니다."
"보는 사람 없어 다행이구나."

士與女子靈照 行橋下喫顚 照亦父邊並臥 士曰作麼 照曰相扶 士云賴
有無人見

청매선사가 노래했다.

늙은 아비 떨어짐에 딸이 같이 넘어지니
예부터 거룩한 집안 어진 효도 온전하네
만약 그 때에 이런 사람 만났다면
한 가래로 두 머리의 선을 파묻었으리

老爺喫撲女同顚　自古聖家慈孝全
若也當時逢箇漢　一鍬埋却兩頭禪

평창

늙은 아버지가 넘어지니 딸이 붙들어 드린 이 이야기는 선문염송 본칙〔316則〕에 다음 같이 나와 있다.

방거사가 조리를 팔다 다리 밑으로 떨어졌는데, 딸 영조가 보고 서는 또한 아버지 곁에 가 땅에 넘어지니, 거사가 물었다.
"너는 무엇하느냐?"
딸이 말했다.

"아버지가 땅에 넘어진 것을 보고 제가 붙들고 있습니다."

거사가 말했다.

"보는 사람 없어서 다행이다."[73]

늙은 아비가 넘어지면 딸이 부축하는 것은 사람세상 기본도리이다. 연기법에서 만법은 서로 의지해 서로 따라 일어나지만 의지하는 조건이 본래 공한 것이니, 은혜의 인연을 집착해 취하고 버림이 법계의 은혜를 저버리는 것이다.

그러나 세간 인연을 떠나 큰 은혜의 세계에 나아갈 수 없으니, '보는 사람 없어 다행이다'라는 방거사의 말이 세간 도리 밖에 따로 법을 말하므로, 이를 청매선사는 '두 머리 선〔兩頭禪〕'이라 허물삼은 것인가.

법계의 다함없는 은혜여. 세간 은혜의 인연을 버리거나 집착하면 도리어 큰 은혜 저버림이리라.

황룡남(黃龍南)선사는 이렇게 노래했다.

아기를 가엾이 여기다 모르는 결에 하하 웃으니
도리어 길 가운데서 진흙 속에 뒹구네
황룡의 이 늙은이가 그 때 보았더라면
한 몽둥이로 이 원수집을 때려 죽였으리

憐兒不覺笑呵呵　却於中路泥沙
黃龍老漢當時見　一棒打殺這冤家

묘지확(妙智廓)선사가 노래했다.

방공이 땅에 넘어지자 딸이 근심 나누니
원수집이 아니면 머리를 모으지 않는다

---

73) 龐居士 因賣笊籬 下橋喫撲 女子靈照才見 亦去爺邊倒地 士云你作什麼 女云
見爺倒地 某甲相扶 士云賴是無人見

갑자기 곁의 사람 훔쳐서 엿봄을 입게 되니
온 집안이 모르는 결에 가만히 부끄러움 덮네

龐公倒地女分憂　不是寃家不聚頭
驀被傍人偸眼覰　渾家不覺暗包羞

학담도 한 노래 붙이리라.

원수집이 아니면 머리 모으지 않으니
부녀가 서로 붙들어주되 본래 친함 없어라
다리밑 흐르는 물은 스스로 바쁜데
지는 꽃은 뜻이 없이 흐름 따라 가도다

不是怨家不聚頭　父女相扶本無親
橋下流水自忙忙　落花無意隨流去

52. 황벽의 작은 삿갓〔黃蘗小笠〕

황벽이 떠나는데 남전이 말했다.
"큰 몸에 야자삿갓이로구나."
황벽이 말했다.
"삼천대천세계가 다 이 속에 있습니다."
남전이 말했다.
"왕노사야!"
황벽이 쓰고 갔다.

師臨行 南泉曰 大身椰子笠
師云三千世界盡在這裏 泉云王老師 師着行

청매선사가 노래했다.

찢어진 야자 모자가 삼천계를 덮으니
오는 자도 이러하고 가는 자도 그러하네
길에서 서로 만나 다 눈 마주치니
기러기는 가을소식 가지고 강위 하늘 지나네

破帽椰子盖三千　來者伊麼去者然
道路相逢皆以目　鴻將秋信過江天

평창

　위 황벽과 남전의 문답은 선문염송 본칙〔392則〕에 이렇게 나와 있다.

　　황벽이 하직하고 가는데 남전이 말했다.
　　"그리 큰 몸집에 야자 크기 삿갓을 썼구나."

황벽이 말했다.

"삼천의 큰 천 세계가 모두 그 속에 있습니다."

남전이 말했다.

"왕노사야!"

황벽이 삿갓을 쓰고 곧 가버렸다.[74]

머리에 쓴 야자크기 삿갓이 삼천대천세계에 두루한 소식이 무엇인가. 이 세간법이 법 자리에 머물러 세간법이 늘 머무는 소식인가. 그렇다면 큰 몸에 작은 삿갓이 무슨 거리낄 것이 있겠는가.

삿갓이 시방에 두루함이여. 길 가다 여기 이 사람이 저기 저 사람 알아보는 소식이니, 청매선사는 그 뜻을 '기러기가 가을 소식 지니고 강위 하늘 지나감'이라 노래한 것이리라.

세간 인연법 밖에 다시 이 법이 없으니 불안원(佛眼遠)선사는 이렇게 노래했다.

금강 기슭에서 서로 보고서
서로 끌어 술집 누각 오른다
의술을 알면 도로 병을 줄이고
분수를 아니 근심이 많지 않네

相見錦江頭　相携上酒樓
會醫還少病　知分不多愁

남전선사가 '왕노사여' 부르니, '황벽이 삿갓을 쓰고 갔다'고 함이여. 왕노사는 남전의 자기이름이니, 자기가 자기 이름 부를 줄 알고 들을 줄 앎은 나[我]에 스스로 그러한 나가 없음[無我]을 말한 것이다. 그러니 내가 내 이름 부를 줄 아는 곳에 삿갓이 삿갓을 버리지 않고 시방

---

74) 黃蘗辭去次 南泉云 如許大身材 戴椰子大笠子 師云三千大千世界 惣在裏許
　　泉云王老師 師戴笠子便行

에 두루한 뜻이 이미 드러난 것인가.

　남전선사가 왕노사를 부르니, 삿갓을 쓰고 떠나 가버린 황벽선사의 가풍이여. 나에 나 없고 너에 너 없되, 나는 나이고 너는 너임을 바로 보임이리라.

　한암승(寒巖升)선사는 이렇게 노래했다.

　　어릴 적부터 백자의 장대를 다룰 줄 알아서
　　온몸을 빙빙 돌려 매끄럽기 뱀장어 같네
　　허공에 매달렸다 작두칼 속에 뒤집어 내리니
　　곁에서 보는 이들 놀라 다 간담이 서늘해지네

　　自少能緣百尺竿　通身旋轉滑如鰻
　　懸空翻下攢刀裏　驚得傍觀盡膽寒

학담도 한 노래 붙이리라.

　　한 야자모자가 대천에 두루하나
　　낱낱이 본래 같고 낱낱이 차별되네
　　길 가는 이 비 오는 날은 비옷을 준비하나
　　날 개면 햇빛 속에서 푸른 산을 보도다

　　椰子一笠遍大千　個個本如頭頭差
　　行人雨天備雨衣　天晴日裏看靑山

53. 천황선사가 즐겁고 즐겁다고 말함〔天皇快快〕

천황선사가 늘 '즐겁고 즐겁다'고 하다가, 마침에 다다라서는 '괴롭고 괴롭다'고 하였다.
원주가 그 까닭을 물으니, '그 때도 이랬고 지금도 이렇다'고 하였다.
원주가 말이 없었다.

師常曰 快快 臨終曰 苦苦 院主問其故 師曰當時是今時是 主無語

청매선사가 노래했다.

학을 타고 하늘에 오른들 어찌 즐겁고 즐거우리
자물쇠 갈고리의 옥에 들어도 괴롭고 괴롭지 않네
가엽도다 공자님네 꽃 같은 마음 아끼라
데바닫타는 염라왕의 사나움 말하지 않네

駕鶴昇天何快快　鑣鉤入獄非苦苦
可憐公子惜花心　調達不饒閻老暴

평창

선문염송 본칙〔351則〕은 다음 같이 말한다.

천황선사가 '일생 즐겁고 즐겁다'고 외치다, 니르바나에 들려고 병을 앓으며 누워있다 외쳐 말했다.
"괴롭고 괴롭다. 원주야 술을 가져와 먹여다오. 고기를 가져와 먹여다오. 염라노자가 나를 잡아가려 한다."
원주가 말했다.
"화상께서는 일생 즐겁다 하시더니 지금은 어찌 괴롭다 하십니까?"

선사가 말했다

"말해보라. 그때도 이랬고 지금도 이렇다."

원주가 말이 없자 목침을 밀치고 돌아갔다.[75]

나고 사라짐이 공한 진여 가운데서, 즐거움이 남이 없이 나고 괴로움이 나서 사라진다. 그러므로 괴로움이 공한 곳에서 선사는 중생을 위해 괴로움을 짊어지고 '괴롭다 괴롭다' 말하고, 참된 삶의 즐거움을 보이기 위해 '즐겁다 즐겁다' 말한 것인가.

청매선사의 게송처럼 고락(苦樂)의 공성을 통달치 못하면 하늘의 즐거움이 어찌 즐거움이며 고락의 공성을 통달하면 지옥의 괴로움인들 어찌 괴로움이리. 그러나 세간의 무리들 그 뜻을 모르므로 꽃놀이에 빠져 지옥고통을 말하지 않는 것이다.

인연으로 나는 고락의 물결 가운데 괴로울 때 온전히 괴롭고 즐거울 때 온전히 즐겁지만 선사가 목침을 밀쳐 보임이여!

지옥 속에서 연꽃대에 앉는 소식 보임이니, 원조(圓照)선사는 이렇게 노래했다.

달고 단 것은 바닥까지 사무쳐 달고
쓰고 쓴 것은 뿌리를 이어 쓰도다
목침 머리 집어 일으킬 때에
신라의 밤에 북을 친다

甛甛徹底甛　苦苦連根苦
拈起枕頭時　新羅夜打鼓

보령수(保寧秀)선사가 말했다.

---

75) 天皇一生 常叫快活快活欲入滅 臥疾中叫云 苦苦 院主把酒來與我喫 將肉來
與我喫 闍老子來取我也 院主云 和尚一生叫快活 如今爲什麼叫苦 師云且道
當時是如今是 院主無語 師推出枕子 便告寂

"된다면 곧 되는 것이나 점검해 가져오면 이 사람이 생전에 멍청한 모습으로 지내다 죽은 뒤에는 거칠고 무디도다. 만약 콧구멍이 하늘을 찌르고자 하면 질그릇과 사발 대젓가락 남은 밥 쉰 국은 한쪽에 밀어두고, 뜨거운 화로가의 호떡을 바라면 곧 청하라.

알겠는가. 사람에 뿌리와 줄기 없으니 먹음으로 살게 된다."[76)

보령수선사의 이야기는 사람에 사람의 뿌리가 없으므로 숨 쉬고 먹어야 목숨이 유지됨을 말하여, 천황선사의 마지막 '괴롭고 괴롭다'고 함에도 붙들어 쥘 것이 없음을 보인 것인가.

나[我]에 나 없고[無我] 공하고[空] 덧없어[無常] 괴로움이 일어나고 즐거움이 일어나는 것이니, 괴로움과 즐거움이 번갈아 일어나는 것이 모두 괴로움이고 고락이 다할 때 참된 즐거움이 현전하는 것이리라.

학담도 한 노래 붙이리라.

하늘 위 즐거움 가운데 중생 괴로움 대신 받고
지옥의 괴로운 길 가운데 보배곳간을 여네
괴로움과 즐거움 다할 때 지극한 즐거움이 나타나니
늘 정토의 아미타바 붇다를 부르리라

天上樂中代衆苦　地獄途中開寶藏
苦樂盡時極樂現　常念淨土阿彌陀

---

76) 得卽得 點撿將來 這漢生前顢顢頂頂 死後莽莽鹵鹵 若要鼻孔撩天 瓦椀竹筋
殘羹餿飯 拈放一邊 熱爐餬餅 要請便請 還會麽 人無根株 以食爲命

54. 태전선사의 염주〔太顚數珠〕

한문공이 태전선사에게 물었다.
"대사의 나이가 몇이시오?"
선사가 염주를 들어보였다.
공이 수좌에게 물으니 수좌가 이를 세 번 내리 두드렸다.
공이 다시 선사에게 염주든 것을 물어서, 선사가 이를 세 번 내리 두드렸다.
공이 말했다.
"불법은 원래 둘이 아닙니다."
선사가 말했다.
"무엇이오?"
공이 말했다.
"수좌 또한 그렇습니다."
선사가 수좌를 불러 '그랬는가' 물으니 수좌가 '그랬습니다' 하니, 선사가 수좌를 세 번 때렸다.

韓文公問師年多少 師擧數珠 公問首座座扣齒三下 公又問師 擧數珠意 師扣齒三下 公云從來佛法不二 師云何也 公云首座亦然 師喚首座問是否 座云是 師卽打首座三下

청매선사가 노래했다.

얼마나 나이 들었냐 함에 염주를 드니
문공이 아직 반드시 나이 헤아린 것 아니네
한 가지로 이를 내리침에 이렇게 때리니
그가 한 머리 내도록 하는 것임을 뉘라 믿으리

多少行年擧數珠　文公未必擬春秋
一般扣齒伊麼打　誰信敎渠出一頭

　　한문공과 태전선사의 문답은 선문염송 본칙[354則]에 다음 같이 기
록 되어 있다.

　　　　태전선사에게 한문공이 물었다.
　　　　"화상의 춘추가 얼마이십니까?"
　　　　선사가 염주를 들어 일으키며 말했다.
　　　　"알겠소?"
　　　　문공이 말했다.
　　　　"모르겠습니다."
　　　　선사가 말했다.
　　　　"낮과 밤으로 일백 팔입니다."
　　　　다음 날 다시 문 앞에 와서 수좌(首座)를 보고 물었다.
　　　　"화상께서 낮과 밤으로 일백 팔이라고 한 뜻이 어떠합니까?"
　　　　수좌가 세 번 이를 내리치니, 공이 방장에 이르러 선사를 보고 물
　　　었다.
　　　　"낮과 밤으로 일백 팔이라고 한 뜻이 무엇입니까?"
　　　　선사가 이를 세 번 내리치니 공이 말했다.
　　　　"원래 붇다의 법이 다르지 않구려."
　　　　선사가 말했다.
　　　　"시랑께서 무슨 도리를 보았소?"
　　　　공이 말했다.
　　　　"아까 문 앞에서 수좌에게 물었더니, 또한 이렇게 대꾸하더이다."
　　　　선사가 수좌를 불러 이르자 말했다.
　　　　"아까 이렇게 시랑에게 대꾸했느냐?"
　　　　수좌가 말했다.

"그렇습니다."
선사가 때려서 쫓아냈다.77)

나이가 얼마인가 물으니 염주를 들어 보이고 그뜻을 다시 물으니, 이를 세 번 내리쳤다. 나이에 정해진 나이가 없음을 108염주를 돌려 보이니, 그것은 돌림이 나이 먹음과 같고 이를 내리침과 같다 함을 말함인가.

나이 먹고 세월이 흐름이여. 진여의 바다에서 나고 사라짐의 물결이 일어남과 같으니 나되 남이 없고 사라지되 사라짐이 없다면 목숨의 정해진 모습은 무엇이며 덧없음의 흐름은 무엇인가.

이것이라 하면 이미 이것이 아닌데 수좌가 선사의 이를 내리침과 같게 함에 태전선사가 수좌를 때려 쫓으니, 청매선사는 '그에게 한 생각 돌이켜 내게 하려고 한 방망이 쳤다' 한 것이리라.

열재거사(悅齋居士)는 이렇게 노래했다.

낮과 밤으로 일백 팔이라 함이여
크게 죽음 속에 살아남이 있네
이를 쳐서 드날림이 한 가지이나
수좌의 이 치는 것이 벗어났도다

晝夜一百八　大死裏有活
扣齒揚一般　首座底超脫

108염주를 돌리되 돌림 없음을 알아야 나고 죽음의 물이랑을 진여의 고요함속 활동으로 돌이킬 수 있으니, 해인신(海印信)선사는 노래

---

77) 大顚因韓文公問 和尙春秋多少 師提起數珠云 會麼公云不會 師云晝夜一百八 明日復來門首 見首座問 和尙言晝夜一百八 意旨如何(卷九第二六張) 首座扣齒三下 公至方丈 見師乃問 晝夜一百八意旨如何 師扣齒三下 公云元來佛法不別 師云侍郞見何道理 公云適來門首 問首座 亦與麼祇對 師喚首座至云適來與麼祇對侍郞是否 首座云是 師乃打趁出院

했다.

바다 물결의 힘은 산과 같고
보는 이들은 저자와 같다
본 바탕에서 물결 놀리는 사람
나오고 사라짐 놀음놀이와 같은데
가엾다 바다 물결 놀리는 이 아니면
많이들 물결 가운데 빠져 죽네

潮勢如山　觀者如市
本分弄潮人　出沒如遊戲
可憐不是弄潮者　往往須向潮中死

학담도 한 노래 붙이리라.

낮과 밤에 일백 팔 구슬이여
가고 오되 본래 옮김이 없네
죽이고 살림을 함께 막고 비춤이여
봄이 오면 백 가지 꽃 불타듯 하네

晝夜一百八　往還本無遷
殺活雙遮照　春來百花爛

55. 단하선사의 풀을 깎음〔丹霞剗草〕

석두선사가 하루는 대중운력으로 풀을 깎는데, 단하선사가 머리를 씻고 머리를 칼에 대니 석두가 웃으면서 깎아주고 계를 설하려 하자, 단하가 귀를 막고 달아났다.

뒤에 마조의 처소에 이르러 성상의 목〔聖頸〕에 걸터 앉았다.

石頭一日 普請剗草 師洗頭 就刀於頭 頭笑而削之說戒 師掩耳而走後
至馬祖處 騎聖頸云云

청매선사가 노래했다.

귀를 막고서 성인의 상 목을 탐이여,
석두선사에게 갔다가 돌아옴이니
돌머리 깊은 길에 푸른 이끼 어지러웠네
보살피는 모임 따라 긴 다리 편 것 아니니
넓은 물 높은 산에 가고 또 온 것이네

掩耳騎頸去却回　石頭深路亂蒼苔
不從保社舒長脚　濶水高山去又來

평창

단하천연선사(丹霞天然禪師)가 석두(石頭)에게서 깨치고 마조(馬祖)께 천연(天然)의 이름 받음을 보이는 이 이야기는 선문염송 본칙〔320則〕에 이렇게 나온다.

단하천연선사가 처음 마조를 뵙고 두 손으로 머리갓을 벗으니, 마조가 말했다.
"나는 너의 스승이 아니다. 남악 석두의 처소로 가라."

단하가 석두에 이르자 앞과 같이 머리갓을 벗으니, 석두가 말했다.

"물통을 지거라."

단하선사가 행자생활 하는데, 하루는 석두가 말했다.

"오늘 공양 뒤에 널리 운력을 청해 불전 앞의 풀을 깎으리라."

대중이 다투어 호미와 가래를 갖췄는데, 단하는 홀로 머리를 씻고 머리 깎는 칼을 들고 석두 앞에 꿇어앉으니, 석두가 말했다.

"무엇을 하려느냐?"

단하가 말했다.

"선사께 풀 깎길 청합니다."

석두가 웃으며 머리를 깎아주고 불러서 계(戒)를 주려 하니, 단하가 귀를 막고 가버렸다.

다시 강서 마조원에 돌아와 카운디냐존자의 거룩한 상의 목을 올라타니, 대중이 놀라 마조에게 알렸다.

마조가 몸소 와서 보고 말했다.

"우리 자식이 타고난 그대로〔天然〕이구나."

단하가 절하고 말했다.

"선사께서 이름 주심을 감사합니다."

마조가 물었다.

"어디서 오는가?"

단하가 말했다.

"석두에서 옵니다."

마조가 말했다.

"돌머리 길이 미끄러운데 그대는 넘어지지 않았는가?"

단하가 말했다.

"만약 넘어졌다면 오지 못했을 것입니다."[78]

---

78) 丹霞天然禪師 初見馬祖以兩手托幞頭 祖云吾非汝師 南岳石頭處去 師遂至石頭 如前托幞頭 石頭云 着槽去 師依童行次 一日頭謂衆曰 今日齊後普 請剗佛殿前草 衆競具鋤鍬 師獨洗頭捧剃刀 於石頭前胡跪 頭云作什麼 師云請師剗草 頭笑爲剃髮 呼與授戒 師掩耳而去

석두의 회상에서 무명의 털을 깎고 산 눈을 열어 남이 없는 계〔無生戒〕를 이미 받으니 스승이 계 설하기 전에 계를 갖추었다.

석두선사의 좋은 모임에 머물지 않고 돌머리 험한 길 되돌아와 마조에게 '천연(天然)하다' 인정받으니, 청매선사는 '편한 곳에 긴 다리 펴지 않고 넓은 물 높은 산에 가고 온 것'이라 노래한 것이리라. 마조가 단하를 험한 길 석두에게 보내어 비로소 산 눈〔活眼〕 열게 함으로 옛 조사는 '쥐를 알려면 고양이에게 밥을 먹이고 오라' 가르치는가.

열재거사(悅齋居士)는 이렇게 노래했다.

> 깎아지른 구렁에 푸른 이끼 끼어 막혀 열리지 않으니
> 길 가는 이들 석두에 이르지 못하고 돌아오네
> 한 가닥 지름길을 모두 말하지 말라
> 고양이 불러다 밥 먹이고 오라

> 斷壑蒼苔鎖不開　行人不到石頭迴
> 一條徑路都休說　呼取花奴喫飯來

학담도 한 노래 붙이리라.

> 석두가 운력 청한 날 무명풀을 깎으니
> 남이 없는 계를 갖춰 산 눈을 열었네
> 마조 옛 붇다가 타고난 그러함을 허락하니
> 강서와 남악의 길이 멀지 않도다

> 石頭普請削無明　無生戒具開活眼
> 馬祖古佛許天然　江西南嶽路不遠

却迴江西馬祖院 騎聖僧項 衆驚報馬祖祖親來見 乃云我子天然 師遂作禮云 謝師安名 祖問甚處來 師云石頭來 祖云石頭路滑 子莫曾蹉倒麽 師云若蹉倒則不來也

56. 위산이 화로에서 불을 헤침〔潙山撥火〕

백장선사가 '화로에 불이 있는가' 물으니, 위산이 '없다'고 하자 백장이 불씨를 찾아 말했다.
"이것이 불이 아닌가."

百丈使師撥火云云

청매선사가 노래했다.

홀으로 영을 행하지 않고 누군가에 물어서 하니
솔이 가는 가락 내는 것은 바람이 오기 때문
별똥 같은 작은 불에 다른 말이 없는데
죽 때 알리는 소리가 새벽 달을 따라 재촉하네

令不單行借問誰　松生微韻爲風來
一星小火無餘說　粥板聲從曉月催

평창

불씨를 가지고 문답한 백장과 위산의 이야기는 선문염송 본칙〔355則〕에는 다음과 같이 나와 있다.

위산영우선사(潙山靈祐禪師)가 하루는 백장(百丈)을 모시고 서 있었는데, 백장이 물었다.
"누군가?"
위산이 말했다.
"영우입니다."
백장이 말했다.
"너는 화로 가운데를 헤쳐보라. 불이 있는가?"

위산이 말했다.

"불이 없습니다."

백장이 몸소 일어나 깊이 헤쳐 작은 불을 얻고서 들어 보이고 말했다.

"이것이 불이 아닌가."

위산이 깨닫고 절해 감사하니, 백장이 말했다.

"이것은 잠깐 때의 갈림길일 뿐이다. 경에 말씀했다.

'불성의 뜻을 알려고 하는가. 때와 철의 인연을 살펴야 한다. 때와 철이 만약 이르면 그 이치가 스스로 드러나리라.'"[79]

불을 지필 때 불을 내는 원인과 조건 결과가 공한 줄 알 때, 법계에 두루한 성품의 불〔性火〕알 수 있음을 백장선사가 가르치고 있는가. 성품의 불은 원인에도 없고 조건에도 없지만 원인과 조건을 떠나서도 없으므로 백장선사는 '불씨를 찾으라' 한 것이니, 그 뜻을 청매선사는 '소나무의 가는 가락은 바람 불기 때문이다' 노래한 것이리라.

인연이 공한 진실을 알면 그가 시절인연 속에서 불성(佛性)을 알아 '참으로 공한 성품의 불〔眞空性火〕'을 쓰는 자라 할 것이니, 법진일(法眞一)선사는 노래했다.

백장이 별똥 같은 불 집어 오니
위산이 갑자기 보고 평생을 깨쳤네
내일 아침 또 함께 산에 놀러 가면
불을 찾아 도로 마른 나무 줄기를 불라

百丈拈來火一星　潙山驀見省平生
明朝又共遊山去　索火還吹枯木莖

---

79) 潙山靈祐禪師 一日侍立百丈 丈問誰 師曰靈祐 丈云汝撥爐中有火否 師撥云無火 丈躬起深撥得小火 舉以示之云 此不是火 師發悟禮謝 丈曰此乃暫時歧路耳 經云欲識佛性義 當觀時節因緣 時節若至 其理自彰

삽계익(霅溪益)선사 또한 다음 같이 노래했다.

찬 재를 헤쳐서 불이 곧 밝으니
새벽 되면 산 밖에서 오히려 환히 빛나리
안타깝다 법안당 앞의 나그네는
오히려 남쪽 향해 불의 신을 묻는구나

撥動寒灰火便明　曉來山外尙燊燊
堪嗟法眼堂前客　猶向南方問丙丁

학담도 한 노래 붙이리라.

화로 헤쳐 작은 별똥 불 집어 옴이여
성품의 불 본래 다함없음 증험해 보임이네
비록 그러나 백장의 분명한 뜻 무엇인가
밥을 지음에 섶을 더하고 또 바람 불어야하리

撥爐拈來一星火　驗示性火本無盡
雖然端的意如何　炊食添薪又吹風

57. 고령신찬선사가 스승을 깨우치다〔古靈誨師〕

신찬선사의 본래 스승이 경을 읽는데 벌이 밖으로 나가려고 종이창을 치니 선사가 말했다.
"빈 문으로 나가지 않고 창을 치니 어리석습니다."
스승이 경을 치웠다.

本師轉經時 紙蜂投窓 師云空門不肯出 投窓也多痴 本師置卷

청매선사가 노래했다.

바람이 오니 물바닥에 주름이 처음 피어나고
새가 날아가니 모래톱에 발자국 글자 생기네
좋게도 머리를 돌이켰으나 판이 이미 깨진 뒤이니
헛되이 썩은 가지 끌고 산을 내려 가네

風來水面皺初發　鳥去沙腮篆字生
好是回頭局破後　空携爛柯下山行

평창

경을 보되 법계의 경을 보지 못하고 종이만을 바라보는 어리석음 깨우치는 이 이야기는 선문염송 본칙〔403則〕에 이렇게 기록되어 있다.

　고령신찬선사(古靈神贊禪師)는 수업사(受業師)가 어느 날 창 밑에서 경을 보는데 벌이 창을 두드리며 나가려고 함을 보고서 말했다.
　"세계가 이처럼 넓게 열렸는데 나가려 하지 않고 옛 종이만을 뚫으니, 나귀의 해〔驢年〕라야 나갈 수 있습니다."

그 스승이 경을 치웠다.[80]

경의 문자반야는 법계의 실상을 열어내는 말 아닌 말인데 말에 떨어져 견해의 집을 지으므로, 청매선사는 그것을 '물위 바람의 자취, 모래 위 새의 발자국'이라 비유한 것이리라.

경을 통해 생각이 생각 아닌 반야에 돌아가면 그가 생각을 쓰고 모습을 쓰는 대장부라 할 것이니 경에 무슨 허물 돌릴 것인가.

지비자(知非子)선사는 이렇게 노래했다.

조사가 일찍이 말씀하시길
마음이 미혹하면 법화에 굴린다 했네
깨치지 못하면 소가죽을 뚫음이나
깨달음은 눈을 가려야 하네
이 창 두드리는 벌을 생각하니
길에 미혹해 돌아갈 줄 모름이네
문을 나서면 세계가 넓고
장안의 길은 평평히 열려 있네

祖師曾有言　心迷法華轉
不悟牛皮透　悟止要遮眼
念此投窓蜂　迷途不知返
出門世界寬　長安路平坦

위 게송에서 '조사의 말씀'이란 혜능선사가 법화경을 삼천 부 지송한 법달(法達)선사를 깨우친, 다음 게송을 말한다.

마음이 헤매임에 법화에 굴리우고

---

80) 古靈神贊禪師因受業師一日在窓下看經 蜂子投窓紙求出 師覩之曰 世界如許
廣闊 不肯出 鑽古紙 驢年得出去 其師置經

마음이 깨달음에 법화를 굴리도다
경 외운 지 오래나 참모습 못 밝히면
법화경의 뜻과는 원수집 되고 마네
생각이 없으면 경 외움이 곧 바르고
생각이 있으면 경 외움이 삿됨 되니
있음 없음 모두 다 헤아리지 않으면
흰소의 큰 수레 길이 끌어 몰아가리

心迷法華轉　心悟轉法華
誦經久不明　與義作讐家
無念念卽正　有念念成邪
有無俱不計　長御白牛車

　지비자의 노래에서 세계가 넓고 길이 툭 트여 평탄함은 본래 깨쳐
있음의 진여〔本覺眞如〕와 막힘 없고 걸림 없는 법계〔無障礙法界〕를
비유함이니, 문자에 가려 해탈의 법계에 돌아가지 못하는 중생을 경책
함이다. 경을 보되 오직 눈을 가리고 보되 봄이 없어야 법계의 경을
보리라.
　학담도 한 노래 붙이리라.

　　글 의지해 뜻을 푸는 것 남의 보배 셈이나
　　경 의지해 참에 돌아가면 일 마친 사람이리
　　문자의 성품 떠났는데 어찌 꼭 버릴 것이 있으리
　　흐르는 물은 달과 어울려 맑고도 환히 밝네

　　依文解義數他寶　依經歸眞了事漢
　　文字性離何必捨　流水和月湛而瑩

58. 개의 불성이 있는가 없는가 [狗性有無]

조주선사에게 '개에게 불성이 있습니까' 물으면 어떤 때 '있다'고 답했고, 어떤 때 '없다'고 답했다.

청매선사가 노래했다.

없다 말하고 있다 말해 헛되이 입을 여니
초나라 개 오나라 소가 눈속 달에 놀라네
한 잎 우물 오동이 가을 소식 일찍 전하는데
남쪽 언덕에 오히려 절로 풀은 푸르고 푸르네

言無言有虛開口　楚犬吳牛雪月驚
一葉井梧秋信早　南坡猶自草靑靑

평창

　조주선사가 개에게 불성이 있고 없음을 답한 위 이야기는 선문염송 본칙[417則]에 다음 같이 말하고 있다.

　　조주선사에게 어떤 승려가 물었다.
　　"개에게 불성이 있습니까?"
　　조주선사가 말했다.
　　"있다."
　　그 승려가 말했다.
　　"이미 있는데 무엇 때문에 저 가죽 포대에 들어갔습니까?"
　　선사가 말했다.
　　"저가 알고도 짐짓 범했기 때문이다."

　　또 어떤 승려가 물었다.

"개에게 불성이 있습니까?"
조주선사가 말했다.
"없다."
승려가 말했다.
"온갖 중생이 불성이 있는데 개는 무엇 때문에 없습니까?"
선사가 말했다.
"그에게 업식이 있기 때문이다."81)

불성은 존재가 공하고〔我空〕존재를 존재이게 하는 법이 공한〔法空〕
곳에 드러난 진여〔我法二空所顯眞如〕를 짐짓 이름한 것이니, 중생과
세계의 모습에 모습 없는 자기 진실이다. 그러므로 불성에는 있음〔有〕
과 없음〔無〕, 있기도 하고 없기도 함〔亦有亦無〕 있음도 아니고 없음도
아님〔非有非無〕의 네 구절이 붙지 않는다.
모든 분별을 떠나 진실에 서 있는 사람은 다시 네 구절을 써서 중생
을 진실의 땅에 세우니, 조주선사가 있음을 말하고 없음을 말해도 모
두 불성의 땅에서 불성에 이끄는 해탈의 언어〔解脫語〕이고, 방편의
말〔方便語〕이다. 청매선사의 게송처럼 저절로 푸르러오는 남쪽언덕
의 풀에 무슨 있고 없음의 분별이 붙을 것인가.
대홍은(大洪恩)선사는 이렇게 노래했다.

있다 있다 있다고 함이여, 길 위에
꽃이 있고 또 겸해 술이 있도다
한 길을 열 길로 나누어 걸으니
남쪽 별이 북두에 걸린 것 앉아서 보네

有有有路上　　有花兼有酒
一程分作十程行　坐看南星懸北斗

---

81) 趙州因僧問 狗子還有佛性也無 師云有 僧云既有爲什麽 却撞入者个皮袋 師
云爲他知而故犯 又有僧問 狗子還有佛性也無 師云無 僧云一切 衆生皆有佛
性 狗子爲什麽却無 師云爲伊有業識在

없다 없다 없다 함이여, 칼집에
칼도 없고 또 책도 없도다
세 번 낙양에 들었으나 아는 사람 없으니
몸을 뒤쳐 동정호를 날아 지나네

無無無匣中　　無釖又無書
三入洛陽人不識　翻身飛過洞庭湖

있다가 없고 없다가 다시 있다 함이여
백 년의 요괴가 헛되이 입을 엶이로다
한 구절이 바람 맞아 우레처럼 떨치니
우물 개구리 한밤에 같이 울부짖네

有復無 無復有　百年妖怪虛開口
一句當風震若雷　井蛙半夜同哮吼

없다가 다시 있고 있다가 다시 없다 함이여
무슨 일로 사람이 와 자호를 찾는가
천 리에 바람 같이함 말할 것이 없으니
한 줄기 주장자를 두 사람이 붙드네

無復有 有復無　何事人來訪子湖
千里同風無足道　一條杖子兩人扶

진정문(眞淨文)선사가 노래했다.

업식이 있기 때문이라 말하니
뜻이 깊지 않다 누가 말하는가
바다가 마르면 마침내 바닥 보지만
사람 죽어도 마음을 알지 못하네

言有業識在　誰云意不深
海枯終見底　人死不知心

　조주의 '없다'는 말귀여. 그 말귀는 중생의 망령됨을 망령됨으로 다스림이라 붉은 화로의 한 점 눈과 같아 분별이 붙지 않으니, 그 말귀를 뚫어 지나야 조주를 보고 삼세 분다를 보게 될 것이다.
　근세 용성선사(龍城禪師)는 다음 같이 노래했다.

　개에게 불성이 없다고 함은
　조주의 망령된 분별이로다
　동쪽 호수에 봄물은 푸른데
　흰 갈매기 마음껏 떴다 가라앉네

狗子無佛性　趙州妄分別
東湖春來綠　白鷗任浮沈

학담도 한 노래로 같이하리라.

　산 눈 한 구절은 불무더기 같은데
　업식이 아득하니 거북털이 날리네
　봄이 오니 옛과 같이 꽃이 불타듯 함이여
　문 앞의 개는 달을 향해 짖는구나

活眼一句如火聚　業識汒汒龜毛飛
春來依舊花爛熳　門前狗子吠向月

59. 뜰 앞의 잣나무〔庭前栢樹〕

조주에게 어떤 승려가 '어떤 것이 조사가 서쪽에서 온 뜻입니까'를 물으니 조주가 말했다.
"뜰 앞의 잣나무다."

청매선사가 노래했다.

서리 긴 달이 우뚝하여 어쩌지 못하는데
조주 사람 일이 많아 산과 내를 움직이네
저 잎 지는 나무 쓸쓸히 지는 대로 두는데
헛되이 가을바람의 힘이 다시 많도록 하네

霜月凌凌不奈何　趙人多事動山河
任他落木蕭蕭下　空使秋風力更多

평창

'조사가 서쪽에서 온 뜻'을 물었는데 '경계인 뜰 앞 잣나무'로 답한 이 공안은 선문염송 본칙〔421則〕에 이렇게 기록되어 있다.

조주에게 어떤 승려가 물었다.
"어떤 것이 조사가 서쪽에서 오신 뜻입니까?"
그로 인해 선사가 말했다.
"뜰 앞의 잣나무다."
승려가 말했다.
"화상은 경계를 가져다 사람에게 보이지 마십시오."
선사가 말했다.
"나는 경계를 가져다 사람에게 보이지 않았다."

승려가 말했다.
"어떤 것이 조사가 서쪽에서 오신 뜻입니까?"
선사가 말했다.
"뜰 앞의 잣나무다."[82]

아는 마음이 여기 나에 있고, 아는 바 경계는 저기 있는가. 왜 뜻[意]을 물었는데 조주는 경계[境]인 저 잣나무로 답했는가. 범부승 학담 또한 30대 초반, 디그나가(Dignāga; 陳那菩薩)의 관소연연론(觀所緣緣論)을 읽던 중 앎[能緣]과 아는 바[所緣]의 연기적 관계를 기술하는 말에 의정이 일어나 그 의정을 '이 무엇인고'의 화두에 거두어 무등산 규봉암 토굴에서 한 겨울 장좌불와(長坐不臥)의 정진으로 참구했다.

조사의 뜻을 묻는데 뜰 앞 잣나무라고 한 조주의 뜻은 무엇인가. 여기 마음을 말하면 이미 저 세계인 뜻을 그리 답한 것인가. 그래서 청매 선사는 '조주의 사람 일이 많아 산과 내를 움직인다'고 다시 말했는가. 마음이 마음 아니고 경계가 경계 아님을 알아야 뜻이 바로 경계라 한 조주의 말을 알아 조주의 면목에 함께하는 것이리라.

분양소(汾陽昭)선사의 한 노래 들어보자.

뜰 앞의 잣나무 땅 가운데서 나니
보습과 소 빌지 않고 고개 위에 갈도다
바로 서에서 오는 천 가지 길에
빽빽이 우거진 숲이 곧 눈동자로다

庭前栢樹地中生　不假犁牛嶺上耕
正是西來千種路　鬱密稠林是眼睛

82) 趙州因僧問 如何是祖師西來意 師云庭前栢樹子 僧云和尚莫將境示人 師云
我不將境示人 僧云如何是祖師西來意 師云庭前栢樹子

우거진 숲이 눈동자라 함은, 보는 바 경계가 보는 눈과 둘 아님을
그리 말한 것이리니, 부산원(浮山遠)선사 또한 이렇게 노래했다.

　　뜰 앞의 잣나무는 조주가 말했고
　　여릉의 쌀값은 행사가 펼쳤네
　　세 살 어린이도 다 생각할 수 있으나
　　여든 살 늙은이라도 알 수 있겠나
　　유월은 꽁꽁 얼고 가을은 또 더운데
　　기러기는 모래땅 끝에서 갈대 물고 돌아오네

　　庭前栢樹趙州道　廬陵米價吉陽敷
　　三歲童兒皆念得　八十翁翁會也無
　　六月嚴凝秋又熱　鴈迴沙塞口啣蘆

열재거사(悅齋居士)는 노래했다.

　　쇠소가 천고에 푸른 언덕에 누웠으니
　　큰 땅에 너를 어떻게 할 사람 없네
　　누가 한 실을 잡고 가볍게 흔들어 굴릴 건가
　　누런 밭 시골 아가씨 밤에 북을 던져 베 짜네

　　鐵牛千古臥淸坡　大地無人奈汝何
　　誰把一絲輕捩轉　黃田村女夜抛梭

동림총(東林惣)선사는 이렇게 노래했다.

　　푸르고 푸른 뜰의 잣나무 어느 해 심었는가
　　조사의 뜻 분명하여 조주에게 보였네
　　바다가 변해 뽕밭 됨은 겁을 다함이 있으나
　　신령한 싹 그림자 없어 가을에 마르지 않네

靑靑庭栢何年植　祖意分明示趙州
海變桑田有窮劫　靈苗無影不凋秋

　학담 또한 세속 나이 삼십대 초반 무등산(無等山) 산등성이 대낮같이 환한 규봉암(圭峯庵)의 달밤, 암자의 마루에 앉아 먼 월출의 산 그림자(月出山影)를 마주해 좌선 도중, 내리치는 번갯빛과 함께 다음 한 노래를 읊게 되었다.

　서석산 규봉의 아란야에서
　우뚝 단정히 앉아 한 겨울 지났네
　뿌리 없는 뜰 앞 잣나무 티끌세계 두루한데
　무등은 옛과 같이 월출을 마주하네

瑞石圭峰阿蘭若　兀然端坐過嚴冬
無根庭栢遍河沙　無等依舊對月出

60. 죽을 먹었으면 발우를 씻으라〔粥罷洗鉢〕

조주에게 어떤 승려가 가르쳐 주기를 구하자 선사가 말했다.
"밥을 먹었느냐?"
"먹었습니다."
선사가 말했다.
"발우를 씻으라."
그 승려가 크게 깨쳤다.

有僧求指示 師云喫了也未 僧云喫 師云洗鉢去 僧大悟

청매선사가 노래했다.

하늘이 사나운 무리를 내 오래도록 슬퍼했는데
길거리에서 서로 만나 손을 잠깐 끌었네
초나라 구슬로 까닭 없이 세 번 뒤꿈치 잘렸는데[83]
형산의 남쪽 언덕 풀은 우거져 있네

天生獷惡久悽悽　陌路相逢手暫携
楚璧不因三度刖　荊山南畔草萋萋

---

[83] 중국 전국시대 초나라의 변화(卞和)가 초의 벽옥〔楚璧〕을 구해 초나라 왕
에게 바쳤으나, 정제되지 않은 벽옥의 모습이 왕을 속인 것이 되어 여왕 무왕
에 의해 세 번 발뒤꿈치를 잘렸다. 그러나 벽옥은 변함이 없어서 초문왕이
그 옥을 다듬어 천하의 보배인 벽옥을 만들었다. 이 벽옥이 조(趙)나라 혜문
왕에 들어갔는데, 나중 벽옥을 탐내는 진나라 소양왕의 간계를 인상여가 간
파해서 벽옥을 가지고 조나라에 돌아와 벽옥을 지키고 나라를 지킨, 옛 고사
를 들어 보이고 있다.

위 문답은 선문염송 본칙〔429則〕에 이렇게 나와 있다.

조주에게 어떤 승려가 물었다.
"학인이 이제 총림에 들었으니, 선사께서 가리켜 보이시길 빕니다."
조주가 말했다.
"죽을 먹었는가?"
승려가 말했다.
"먹었습니다."
조주가 말했다.
"발우를 씻으라."
그 승려가 툭 트여 크게 깨쳤다.84)

불법의 큰 뜻이 밥 먹고 발우 씻는 이 일의 진실 밖에 다른 법이 없는데 이 밖에 다시 무슨 신묘한 법을 말하리. 밥 먹으며 혀로 밥맛을 느낄 수 있음이 바로 부사의법계(不思議法界)를 바로 보이는데 그 사이 그 무슨 깨달음이 있고 없는가를 찾는가.
천동각(天童覺)선사는 이렇게 노래했다.

죽 다 먹자 발우 씻으라고 하니
툭 트인 마음바탕 저절로 서로 맞았네
그런데도 배부름 찾는 총림의 나그네들
그 사이에 깨달음 있나 없나 또 말하네

粥罷令教洗鉢盂　豁然心地自相符
而今衆飽叢林客　且道其間有悟無

---

84) 趙州因僧問 學人乍入叢林 乞師指示 師云喫粥了也未 僧云喫粥了 師云洗鉢
盂去 僧豁然大悟

사람과 저 세계가 둘이되 둘 아닌 곳에서 사람끼리 손잡는 소식이 밥 먹고 발우 씻는 소식이므로, 청매선사는 '길거리에서 서로 만나 손을 끌었다'고 노래한 것이리라. 그리고 이것 저것이 어울리되 어울림이 공해 변함없는 뜻을, 청매선사는 '초나라 화씨가 정제되지 않은 벽옥으로 발뒤꿈치 잘렸으나 벽옥은 변함없이 옥돌을 다듬자 나라의 보배가 된 옛 일'을 들어, '형산의 남쪽 언덕 풀이 우거져 있다'고 노래했으리라.

열재거사(悅齋居士)의 한 노래 들어보자.

죽 다 먹자 그대 발우 씻으라고 하니
사람들에게 다시 초강의 농어를 기억케 하네
무창의 버들 빛은 지금도 저러하여
산 그늘 눈 내린 밤이 없는 것 같네

粥了教伊洗鉢盂　令人還憶楚江鱸
武昌柳色今如許　似得山陰雪夜無

학담도 한 노래 붙이리라.

지위 없는 참사람은 뼈와 살이 없으나
차를 먹고 밥 먹어야 목숨을 붙든다
죽을 다 먹고 나서 발우를 씻고
앉아 푸른 산을 보다 또 낮잠 잔다

無位眞人無骨肉　喫茶喫飯扶持命
喫粥了也洗鉢盂　坐看靑山又午睡

61. 있는가 있는가〔有麼有麼〕

조주가 한 암자주인을 찾아 말했다.
"있는가 있는가."
암자주인이 주먹을 세웠다.

師訪一庵主云 有麼有麼 主竪起拳頭

청매선사가 노래했다.

유비의 쇠투구 뒤집기 가을 번개 같은데
조조의 쇠창 끄는 것이 해질녘 구름이네
한 척의 배 모두 흔들리는데 바람 다시 급하니
달 밝은 어느 곳에 쑥대 문을 닫으리

劉玄鐵冑飜秋電　孟德金戈掣暮雲
一舸並搖風更急　月明何處掩篷門

평창

　위 공안은 선문염송 본칙〔436則〕에 이렇게 기록되어 있다.

　　조주가 한 암자 주인을 찾아 곧 말했다.
　　"있는가 있는가?"
　　암자 주인이 주먹을 세우니, 선사가 말했다.
　　"물이 얕으니 배 댈 곳이 아니다."
　　그러고는 곧 갔다.
　　또 한 암주를 찾아 또한 말했다.
　　"있는가 있는가?"
　　암주가 또한 주먹을 세우니, 선사가 말했다.

"놓을 수도 있고 빼앗을 수도 있으며, 죽일 수 있고 살릴 수 있다."

그러고는 절하고 갔다.85)

조주선사가 두 암주에게 똑같이 '있는가'를 물었고 두 암주가 같이 주먹을 들었는데, 조주선사는 왜 한 암주에게는 '물이 얕아 배 대기 어렵다' 하고 한 암주에게는 '죽일 수도 있고 살릴 수도 있다' 했는가.

앞의 암주의 주먹 듦이 있음[有]의 자취를 안고 있으며 뒤 암주의 주먹 듦이 모습[相]으로 모습 없음[無相]을 보였기 때문인가.

인연과 관계의 그물이 얽히고 섞임이 바로 두렷이 통한 경계[圓通境界]이므로, 청매선사는 '달 밝은 어느 곳에 쑥대문을 닫으리라' 노래한 것이리라. 섬부의 굳센 쇠소[陝府鐵牛]라 해도 눈으로 볼 수 있다면 곧 공한 것이고, 가주의 거룩한 불상[嘉州大像]이라도 거룩하다는 집착이 있으면 있음의 자취를 벗어나지 못하므로, 있음을 들어 공함 보인 뒤의 암주를 조주선사가 기려 말해준 것인가.

자수(慈受)선사는 이렇게 노래했다.

위 암자에서 주먹 세우니
조주의 왼 눈이 반 근이요
아래 암자에서 주먹 세우니
조주의 오른 눈이 여덟 냥이네
그대는 섬부의 쇠소를 보라
어찌 가주의 큰 불상과 같으리
만약 모두 거짓된 말이 없다고 하면
돌기둥과 등롱이 손을 모으리라

上庵竪起拳頭 趙州左眼半斤

---

85) 趙州訪一庵主 便云有麼有麼 庵主竪起拳頭 師云水淺不是泊船處 便去 又訪
一庵主 亦云有麼有麼 庵主亦竪起拳頭 師云能縱能奪 能殺能活 禮拜而去

下庵竪起拳頭　趙州右眼八兩
君看陝府鐵牛　何似嘉州大像
若謂惣沒譸訛　露柱燈籠合掌

개암붕(介庵朋)선사가 노래했다.

　조주노인 소리와 이름이 아홉 고을 덮었는데
　암주가 다시 풍류함을 뉘라서 알리
　뜨거운 벽돌이 바닥까지 꽁꽁 언 것 때리고
　붉은 눈으로 불타는 장작머리를 치네

　趙老聲名盖九州　誰知庵主更風流
　焦塼打着連底凍　赤眼撞却火柴頭

　조주의 눈에 비친 위 아래 암주의 주먹이 그것이되 꼭 그것이 아니므로, 자수선사는 조주의 왼 눈 오른 눈이 반 근과 여덟 냥이라 한 것인가.
　있음이 곧 공하되 공함도 공함이여. 뜨거운 것이 찬 것을 녹이기도 하고, 붉은 눈빛이 붉은 장작빛에 더하기도 하는가. 조주의 물음에 암주가 주먹을 세워, 있음이 곧 공한 줄 알아 쓰면 크고 작음 깊고 얕음이 거짓 속임수의 말이 됨을 알리라. 그러면 얕고 얕은 곳에서도 깊이 배 저어 갈 수 있으리라.
　이런 뜻을 청매선사는 '무기 다룸에 서툰 유비의 투구 뒤집음은 가을 번개 같은데, 무기 잘 다루는 조조가 창을 끄는 것은 해질녘 구름처럼 느릿느릿하다' 말한 것인가.
　육왕심(育王諶)선사는 이렇게 노래했다.

　어제 무엇을 말했는가
　조주의 개가 나귀 크기만 하다네
　이는 그대가 나를 속여 옴이니

유리 집 위에 푸른 이끼가 난다
사람 만나 웃고 또 입을 열지만
원래 화정봉은 천태에 있네

昨日道什麼　曹州狗子如驢大
是汝賺我來　琉璃殿上生靑苔
逢人得笑且開口　從來華頂在天台

지비자(知非子)선사는 이렇게 노래했다.

산과 내를 거쳐 다해도 만나는 사람 드물지만
용머리 쥐꼬리 그 수를 다할 수 없네
물 얕으나 배는 깊이 가고 또 오니
비바람 쓸쓸하여 머물러 있지 않네

歷盡山川人空遇　龍頭鼠尾無窮數
水淺船深歸去來　風雨蕭蕭留不住

학담도 한 노래 붙이리라.

있는가 있는가 찾으니 자취가 없고
없는가 없는가 하니 우뚝하게 섰도다
주먹 세워 사람 맞아 서로 말하니
바위는 절로 흐르고 바람은 흐르지 않네

有也有也覓無蹤　無也無也卓然立
竪起拳頭對接話　巖石自流風不流

62. 지팡이 짚고 물을 더듬다〔策杖探水〕

수유가 당에 오르자 조주선사가 주장자를 짚고 걸음을 따르니 수유가 말했다.
"무엇하시오"?
조주선사가 말했다.
"물을 찾소."
수유가 말했다.
"이 속에는 한 방울도 없습니다."
조주선사가 주장자를 벽에 기대고 내려갔다.

茱萸上堂 師策扶逐步 萸云作麼 師云探水 萸云這裏一滴也無 師以杖靠壁下去

청매선사가 노래했다.

검은 구슬의 용 푸른 바다에 그림자 잠겼는데
야윈 학의 붉은 목은 반쯤 잠기지 않았네
흙을 받들어 한 방울 물 메울 사람이 없는데
텅 빈 밝음 몇 천 길이나 흔들려 떨어지는가

驪龍滄海影沉沉　瘦鶴紅頸半不沉
捧土無人塡一滴　空明搖落幾千尋

평창

본 공안은 선문염송 본칙〔424則〕에 이렇게 나와 있다.

조주가 수유의 집 위에 이르러 지팡이를 가지고 쫓아 걸으니, 수유가 말했다.

"무엇하십니까?"
조주선사가 말했다.
"물을 찾소."
수유가 말했다.
"이 속에는 한 방울도 없습니다."
선사가 주장자를 벽에 기대놓고 내려갔다.86)

조주선사는 어찌 한 방울 물 없는 곳에서 물 찾는 모습을 보이는 것인가. 눈에 보이는 한 방울 물에서 물을 보지 않는 자가 물의 참으로 공함[眞空]에서 법계에 두루한 성품의 물[性水]을 볼 수 있음을 가르치려 함인가.

청매선사의 게송 또한 '천 길 텅 빈 밝음'으로 '성품이 공한 참된 물[性空眞水]'을 보여 이 공안에 답하고 있다 하리라.

대각련(大覺璉)선사 또한 이렇게 노래했다.

한 방울도 없으나 물이랑 이미 깊으니
넘치는 물결 옛에 흐르고 지금에 흐르네
조주의 주장자가 물에 빠지게 됨이여
곧장 큰 바다에 이르러도 찾을 길 없어라

一滴雖無浪已深　滔滔流古亦流今
趙州杖子遭漂溺　直到滄溟不可尋

성품의 물[性水]이 어디 있는가. 물에서 물을 보지 않아야 성품의 물을 보는 것이니, 운문고(雲門杲)선사는 노래했다.

깊고 얕음을 지팡이로 찾으니

---

86) 趙州到茱萸堂上 逐步策杖而行 萸云作麼 師云探水 萸云者裏一滴也無 探个什麼 師以拄杖靠壁 便下去

홀연히 평지에 큰 물결 일으킨다
강물 기울이고 산 넘어뜨려 하늘땅 놀라게 하니
바다에 이르러서야 바야흐로 바닥까지 마른 줄 안다

深淺聊將拄杖探　忽然平地起波瀾
傾湫倒嶽驚天地　到海方知徹底乾

죽암규(竹庵珪)선사 또한 이렇게 노래했다.

수유의 이 속에는 한 방울도 없는데
조주 늙은이 말 없이 달려 나가네
봄 가고 가을 온 지 삼백 년에
지팡이는 지금껏 벽에 기대어 있네

茱萸者裏無一滴　趙老無言便走出
春去秋來三百年　拄杖至今猶靠壁

학담도 한 노래 붙이리라.

바다에 이르러도 한방울 물도 보지 않는데
홀연히 산 위에서 물결 이랑 일어남을 보네
조주선사의 벽에 기댄 한 줄기 주장자여
하늘에 뛰어 올라 은혜의 비를 내리네

到海不見一滴水　忽見山上起波浪
趙州一條拄杖兮　勃挑上天下恩雨

63. 불을 끄라고 크게 외침〔大叫救火〕

조주선사가 난로 관리 소임이 되었는데, 하루는 크게 외쳤다.
"불을 끄라, 불을 끄라!"
그리고는 문을 닫고 우물에 들어갔다.
자물쇠를 주자 곧 문을 열었다.

師作爐頭 一日大叫曰 救火救火 卽閉門而入泉 將鑰匙與師 師開門

청매선사가 노래했다.

불을 들고 군사를 부르니 도적이 오지 않지만
말 많고 웃음 많다고 어려움 벗어날 건가
집안 풍속 마침내 못남을 이루지 않으니
자물쇠를 저에게 돌려주어 꾸짖어 열게 했네

擧火徵兵賊不來　多言多笑免難哉
家風不可終成醜　鑰匙還他殛使開

평창

위 이야기는 선문염송 본칙〔422則〕에 다음 같이 기록되어 있다.

조주가 남전선사에게 있을 때 난로 관리 소임〔爐頭〕이 되었는데,
하루는 대중이 모두 운력을 하는데 선사가 집 가운데 있으며 불을
피우고 외쳤다.
"불을 꺼라, 불을 꺼라."
대중이 달려와 집 앞에 이르자 선사가 곧 문을 닫았다.
대중이 말이 없자 남전선사가 자물쇠를 가지고 창 속을 따라 던
져 넣으니 선사가 곧 문을 열었다.[87]

조주선사가 불 없는 곳에서 갑자기 불을 지르고 '불을 끄라' 외치니, 본래 망령됨이 없는 곳에서 중생 스스로 번뇌의 불 일으켜 '삼계의 불난 집〔三界火宅〕' 이룸을 다시 보여주는 한바탕 놀음놀이 지음인가. 그러나 중생이 아프면 약을 쓰고 불이 나면 불을 끄는 것이 마음 큰 중생〔大心凡夫〕의 일이라 자물쇠 던져 문을 열고 불을 끈 것인가.

숭승공(崇勝珙)선사가 노래했다.

　　사람의 기틀과 지혜 시험함 산처럼 높은데
　　불을 외치며 문을 닫는 것 어찌 덤벙대리
　　아이를 아주 어여삐 여겨 못난 줄 모르는 이 아니면
　　자물쇠를 뉘라서 기꺼이 창 사이에 던질까

　　驗人機智峻如山　叫火關門豈等閑
　　不是憐兒不覺醜　鑰匙誰肯掉窓間

학담도 한 노래 붙이리라.

　　세간 위험과 어려움 본래 일어남 없는데
　　홀연히 바람 물결 일으켜 불을 끄라 외쳤네
　　어려움 있으면 건지는 것 보통의 일이니
　　자물쇠 던져주자 문을 열어 태평함에 돌아갔네

　　世間危難本無起　忽起風波叫救火
　　有難有救尋常事　抛鑰開門歸太平

---

87) 趙州在南泉 作爐頭 一日大衆普請 師在堂中燒火 迺叫云 救火救火 大衆走到堂前 師便閉却門 大衆無語 南泉遂將鑰匙 抛從窓裏入 師便開門

64. 붇다께 절하다 방망이를 맞다〔禮佛喫捧〕

문원이 예불하는데 조주가 때리니 문원이 말했다.
"어찌 좋은 일이 아니겠습니까?"
조주가 말했다.
"좋은 일도 없음만 같지 않다."

文遠禮佛 師打之 遠云豈不是好事耶 師云好事不如無

청매선사가 노래했다.

붇다께 절하는 사람이여, 붇다를 때리는 사람이네
밝음이 오고 어둠이 가니 누가 성기고 가까운가
달 밝은 누각 위에서 옥비파를 타는데
곁에서 피리를 붊이여, 가락이 다시 새롭네

禮佛人兮打佛人　明來暗去孰疏親
月明樓上彈瑤瑟　傍有吹簫曲更新

<u>평창</u>

　붇다께 절함이 어찌 좋은 일이 아니겠는가. 그러나 절함은 절 받음
을 인해 절함이니, 절함에 절함이 있으면 법계의 진실을 등지고 붇다
의 은혜를 저버림이라 청매선사는 절함이 도리어 때림이라 말한 것이
리라.
　그렇다면 조주의 한 몽둥이는 절함과 절하는 바를 깨뜨려 방위 없는
반야의 빛을 드러낸 것이니, 운문고(雲門杲)선사가 이렇게 노래했다.

　　문원의 닦아 행함 공한데 떨어지지 않아
　　때때로 붇다의 자마금빛 얼굴 우러러 절하네

조주의 몽둥이가 비록 그렇게 짧기는 하나
머리 뒤의 두렷한 빛이 또 한 겹이로다

文遠修行不落空　時時瞻禮紫金容
趙州拄杖雖然短　腦後圓光又一重

죽암규(竹庵珪)선사도 이렇게 노래했다.

평생 노스님을 모셔 받들었으나
온전히 아주 작은 기와 숨도 없네
붇다의 법 묘한 성품 타고난 기틀은
한 글자로 저를 가르치나 얻지 못하네

平生侍奉老師　全無些子氣息
佛法妙性天機　一字敎他不得

학담도 한 노래 붙이리라.

절함과 절 받는 것이 본래 공하나
거룩한 얼굴 우러러 보며 절함 게으르지 않네
사법이 그대로 진리라 두렷 통함 깨치면
머리 뒤의 두렷한 빛 시방 비추리

能禮所禮本來空　仰瞻聖顔禮不懈
卽事卽理悟圓通　腦後圓光照十方

65. 열두 때를 부림〔使十二時〕

조주에게 어떤 승려가 물었다.
"열두 때 가운데 어떻게 마음을 씁니까?"
이로 인해 조주가 말했다.
"그대는 열두 때에 부림을 받지만, 이 노승은 열두 때를 부린다. 그대는 어떤 때를 묻는가."88)

청매선사가 노래했다.

큰 호수 삼만 육천의 물이랑인데
그 어떤 물결 가운데 달이 기울지 않으리
백 년의 바위 아래 돌에 편히 앉으니
하늘 꽃은 어지러이 지나 들어도 소리 없네

太湖三萬六千頃　　那介波心月不傾
宴坐百年岩下石　　天花亂落聽無聲

평창

　때〔時〕는 물질〔物〕이 아니되 물질 아님도 아니고 마음〔心〕이 아니되 마음 아님도 아니니 때는 실로 있음도 아니고 실로 없음도 아니다. 실로 있음이 아니므로 취하지 않고 실로 없음이 아니므로 버리지 않음이 때를 씀이 없이 씀이다.
　때는 세계이되 마음이니 때가 공한 곳에서 때 아닌 때를 쓰는 자를 '세간 벗어난 장부〔出世丈夫〕'라 한다.
　청매선사는 때가 공해 때에 머물지 않음을 '백년의 바위 아래 돌에

---

88) 〔425則〕 趙州因僧問 十二時中如何用心 師云你被十二時使 老僧使得十二時 你問那箇時

편히 앉는다' 하고, 때를 쓰되 때에 갇히지 않음을 '하늘 꽃이 지나
들어도 소리 없다'고 노래한 것이리라.
　운문고(雲門杲)선사는 이렇게 노래했다.

　　열두 때를 부린다고 함이여
　　부르고는 도리어 가라고 하네
　　관청과 세력 의지해 사람을 속이나
　　아득하고 아득해 의거할 바탕 없네

　　使得十二時辰　呼來却教且去
　　倚官挾勢欺人　茫茫無本可據

　때를 부림이란 세간 인연 속에서 인연의 공성을 통달한 행위의 자유
임을, 운문고선사는 '부르고는 가라고 하네'라 노래했으리라.
　죽암규(竹庵珪)선사는 때의 어지럽고 시끄러운 속이 곧 고요한 뜻
임을 이렇게 노래하고 있다.

　　백 년 동안 삼만 육천의 날에
　　하루는 아침 저녁 열두 때이네
　　노승을 아주 부려도 전혀 관계 않나니
　　시끄러움 속을 알지 못한데 누가 있어 알리요

　　百年三萬六千日　一日朝昏十二時
　　使殺老僧渾不管　不知鬧裏有誰知

　장령탁(長靈卓)선사가 이 이야기를 듣고 말했다.

　"조주 늙은이가 굳세고 힘차게 하는 것은 그냥 두지만, 어떤 사람
이 열두 때를 부리지도 않고 부림을 받지도 않아서 온전히 바탕이
고 온전한 끝이며, 온전히 가고 온전히 옴은 전혀 알지 못한다.

그대들, 여러 사람들은 어떻게 가려내는가? 알겠는가?"[89]

스스로 술병 들고 술집에 술 사러 갔다가
도리어 장삼 입고 와 주인이 되는구나

自携瓶去沽村酒　却着衫來作主人

학담도 한 노래 붙이리라.

때의 가름에 머물지 않고 공에도 머물지 않으니
어지러이 꽃이 져 날려도 떨어지는 땅이 없네
세간법은 늘 흘러 옮겨도 옮기지 않으니
환한 낮에는 일하고 밤이 오면 쉬도다

不住時分不住空　紛紛落花墮無地
世法常流遷不遷　晝中作務夜來息

---

89) 趙州老漢倔强 從敎倔强 殊不知有箇人 不使十二時 亦不被十二時使 全本全
末 全去全來 汝等諸人作麼生辨 要知麼

66. 사람 만나 차를 권함〔逢人勸茶〕

조주선사는 만나는 승려에게 그가 이미 왔던 오지 않았던 지금 머물고 있던 모두에게 '차 마시고 가라〔喫茶去〕'고 했다.

청매선사가 노래했다.

용의 한 방울 물이 잠부드비파 불어나게 하면
뜬 나무다리 반드시 저자우물에서 구하는 것 아니네
비록 재물 베푼다 하지만 저와 내가 없으면
칼날 맞아 맨손임을 일찍이 한탄치 않네

竭羅一滴張閻浮　不必浮梁市井求
雖曰施財無彼此　臨鋒赤手恨未曾

평창

한 잔의 차를 마심이여. 안도 아니고 밖도 아니고 가운데도 아니지만 안과 밖과 가운데를 떠나지 않는다. 조주선사가 차를 권한 이 공안은 선문염송 본칙〔411則〕에 다음 같이 나와 있다.

조주선사가 어떤 승려에게 물었다.
"일찍이 여기에 왔었는가?"
그 승려가 말했다.
"왔었습니다."
선사가 말했다.
"차를 마시라."
또 어떤 승려에게 물었다.
"일찍이 여기에 왔었는가?"
승려가 말했다.

"오지 않았습니다."

선사가 말했다.

"차를 마셔라."

원주가 물었다.

"어째서 일찍이 왔어도 그에게 '차 마시라'고 하고, 일찍이 오지 않았어도 그에게 '차 마시라' 합니까?"

선사가 원주를 부름에 원주가 대답하니, 선사가 말했다.

"차를 마셔라."[90]

한 잔 차의 물은 적고, 사가라 용왕의 물은 크다. 용왕의 물도 처음 한 방울 물이 커져서 잠부드비파를 물에 잠기게 하면 세간 저자에서는 건널 다리도 구할 수 없을 것이다.

그러나 지금 적은 한 잔의 차를 줌이 없이 주고 마심 없이 마시면 그 공덕은 허공을 넘을 것이다.

그러므로 청매선사는 '저와 내가 두 모습 떠나면 맨손으로 칼날 앞에 선들 뉘우침과 한탄이 없다' 한 것이리라.

조주의 한 잔의 차여, 어두움과 졸음을 밝음과 맑음으로 바꾸되 그 공덕은 법계와 하나되는 것인가.

투자청(投子靑)선사의 한 노래 들어보자.

승려들 보자 일찍이 왔던가 묻고는
일찍이 왔다거나 오지 않았다거나 말하면
자리 앉혀 차 먹이고 잘가라 하니
푸른 안개 가만히 푸른 이끼 바꿔놓네

見僧便問曾到否　有言曾到不曾來
留坐喫茶珎重去　青煙暗換緣紋苔

---

90) 趙州問僧 曾到此閒否 僧云曾到 師云喫茶去 又問僧 曾到此閒否 僧云不曾到 師云喫茶去 院主問 爲什麼 曾到也 教伊喫茶去 不曾到也教伊喫茶去 師召院主 主應喏 師云喫茶去

취암열(翠巖悅)선사는 이렇게 노래했다.

조주가 말을 두면 차 마시고 가라 하니
눈 밝은 납승들이 다 되뇌이어 말한다
되뇌이어 말하지 않고 아직 서로 허락하지 못함이여
붇다의 법이란 북 칠 줄 앎이라 한
화산의 말을 웃어 넘겨서이네91)

趙州有語喫茶去　明眼衲僧皆賺擧
不賺擧　未相許　堪笑禾山解打鼓

---

91) 화산의 북 칠 줄 앎〔禾山解打鼓〕 : 선문염송 1181則 본칙.
　　길주 화산 징원무은선사(澄源無殷禪師)가 말을 내려 보였다. 익혀 배움〔習
學〕을 들음〔聞〕이라 말하고, 배움 끊음〔絶學〕을 이웃함〔鄰〕이라 하며, 이
둘 지나는 것이 참됨〔眞〕]이다.
　　어떤 승려가 물었다.
　　"어떤 것이 참됨입니까?"
　　"북 칠 줄 아는 것이다."
　　"어떤 것이 진제입니까?"
　　"북 칠 줄 아는 것이다."
　　물었다.
　　"곧 마음이 붇다인 것은 묻지 않거니와, 어떤 것이 마음도 아니고 붇다도
　　아님입니까?"
　　"북 칠 줄 아는 것이다."
　　물었다.
　　"위를 향하는 사람이 오면 어떻게 맞이하십니까?"
　　선사가 말했다.
　　"북 칠 줄 아는 것이다."

吉州禾山澄源無殷禪師 垂語云 習學謂之聞 絶學謂之鄰 過此二者 是爲眞僧 問
如何是眞 師云解打鼓 問如何是眞諦 師云解打鼓 問卽心卽佛 卽不問 如何是
非心非佛 師云解打鼓 問向上人來 如何接 師云解打鼓

학담도 한 노래 붙이리라.

일찍이 왔거나 새로 왔거나 다 차를 권하니
한 잔의 맑은 차가 흐릿함을 깨워주네
차맛은 비록 다르나 다 한 맛을 머금으니
마시고 가는 자는 모두 편안하고 즐거우리

曾到新到皆勸茶　一椀淸茶惺惛蒙
茶味雖差含一味　喫茶去者咸安樂

67. 장사 경잠선사가 앙산과 달구경하다〔長沙翫月〕

장사가 앙산과 더불어 달구경하는데 앙산이 말했다.
"사람 사람이 다 이것이 있는데 쓰지 못합니다."
선사가 앙산을 밟아 넘어뜨리니 앙산이 말했다.
"바로 마치 큰 범과 같습니다."

與仰山翫月次 山云人人盡有者介 却是用不得 師踏倒仰山 山云直似
介大虫

청매선사가 노래했다.

갑자기 바로 재주를 보이니 누가 이기고 진 것인가
꽃이 피는 눈 속의 달이 따뜻한 봄을 짓네
바람 흐름 겨우 다했는데 달이 지려 하니
스스로 먼 곳 닭이 있어 새벽을 알리누나

驀直呈才誰勝負　生花雪月作陽春
風流纔罷月欲落　自有遠雞來報晨

<del>평창</del>

선문염송 본칙〔489則〕은 이 공안을 다음 같이 기록하고 있다.

장사가 어느 날 저녁 앙산과 달구경하는데, 앙산이 말했다.
"사람 사람이 다 이 일이 있는데 다만 쓰지 못합니다."
경잠선사가 말했다.
"그럴싸하다. 그대가 써보라."
앙산이 말했다.
"선사께서는 어떻게 쓰십니까?"

선사가 앙산을 밟아 넘어뜨리니, 앙산이 일어나 오면서 말했다. "스님은 곧바로 큰 범과 같습니다."92)

이 공안에서 말하는 '이 일〔者介〕'은 지금 중생의 일상의 자기 진실이니 지금 저 달을 보는 활동 속에 온전히 드러나 있다. 다만 미혹한 중생은 나고 사라짐에 나고 사라짐 없는 실상을 등지고, 봄에 봄이 있고 함에 함이 있다면, 산 눈을 뜬 이는 하되 함이 없고 짓되 지음이 없는 것이다.

그러므로 넘어뜨리고 일어나되 그 가운데 이기고 짐이 없으니 청매 선사는 '누가 이기고 진 자인가'라고 말했으리라. 나고 사라짐이 진여인 나고 사라짐인 줄 알면, 달 지고 새벽닭 우는 것이 어찌 이 일 밖일 것인가.

운문고(雲門杲)선사는 중추(中秋)에 당에 올라 이 이야기를 들어 이렇게 말했다〔上堂擧此話云〕.

환하고 맑은 한 바퀴 달 찬 빛이 만리인데
영리한 이는 잎 지는 것에 가을을 알고
변변하지 못한 이는 바른 말이 귀에 거슬리네
쉬었는가 쉬지 못했는가 마쳤는가 마치지 못했는가
작은 샤카 앙산은 범을 빠뜨리는 기개 있으나
늙은 범은 도리어 어금니가 없도다
그 때 한 번 찬 것 어찌 허둥댐이리요
갑자기 땅에 넘어진 것 어쩌다 그런 것 아니네
무리 가운데 도리어 검고 흰 것 가리는 이가
두 늙은이 이렇게 보인 것을 얻은 이가 있는가

잠자코 있다〔良久〕 말했다.

---

92) 長沙一夕 與仰山翫月次 山云人人盡有這个事 秖是用不得 師云恰是 請汝用去 山云你作麼生用 師便踏倒仰山 山起來云 爾直下似个大虫

설사 있다 해도 몽둥이 휘둘러 달을 때린 것이다.

皎潔一輪寒光萬里
靈利者 葉落知秋 僞者 忠言逆耳
休不休 已不已
小釋迦有陷虎之機 老大虫却無牙齒
當時一蹋 豈造次 驀然倒地 非偶爾
衆中還有緇素 得二老出者麼

良久云 設有也是掉棒打月

　두 큰 작가(作家)가 서 있는 것을 넘어뜨리고 넘어졌다 일어섬을 보
여, 남에 남이 없고 사라짐에 사라짐 없음을 바로 보인 것인가.
　학담도 한 노래 붙이리라.

　　하늘 위 달의 모습 차고 시듦 없는데
　　온 달과 갈고리 나오고 들어 얼마의 봄가을인가
　　두 늙은이 이기고 짐을 모두 말하지 말라
　　밟아 넘어뜨리고 일어나오되 땅은 마음 없도다

　　天上月面無盈虧　滿釣出沒幾春秋
　　兩老勝負都莫說　踏倒起來地無心

68. 황학루에 글을 씀〔黃鶴樓題〕

장사선사에게 수재(秀才)가 불명경(佛名經)을 보다가 물었다.
"백천의 모든 붇다는 다만 그 이름이 있는데 어느 국토에 살면서 변화해 나십니까?"
선사가 말했다.
"황학루에 최호가 글을 쓴 뒤 수재(秀才)는 글을 썼던가."
수재가 말했다.
"없습니다."
선사가 말했다.
"일 없을 때 한편 쓰라."

長沙 因秀才 看佛名經 問曰百千諸佛 但有其名 居何國土化生耶 師
云黃鶴樓崔顥題後 秀才亦題不 才曰無 師云無事時題一篇

청매선사가 노래했다.

천고의 영웅은 헤아릴 수 없으니
시를 널리 쓴 이백과 두보도 다 헤매었네
가없는 바람과 달 누각 위에 가득하니
반드시 최호의 여덟 줄 짧은 시뿐만 아니라네

千古英雄不可量　　張王李杜盡亡羊
無邊風月滿樓上　　不必崔郎短八行

평창

모든 붇다께서는 오되 옴이 없고 가시되 가심이 없다. 나고 사라짐
이 없이 남을 보이시므로 붇다는 진여를 떠남이 없이 나고 사라지고
나고 사라지되 진여에 계시니, 이는 기특한 도리가 아니라 삶의 실상

을 온전히 쓰심이다.

그러므로 어찌 여래의 오고 가심을 세간법 밖에서 구할 것인가. 바람이 가면 바람이 오고, 앞선 이가 시를 지으면 뒤 따르는 이가 그 가락을 이어 노래함이 여래의 몸 나투는 모습이다.

그래서 청매선사는 두보와 이백을 이어 최호의 시가 빼어나지만 가없는 풍월이 누각에 가득하니, 반드시 최호의 시만 있지 않다고 한 것이리라. 인연으로 오고 가는 진실을 알면 가없는 바람과 달 누각에 가득하듯 진여의 공덕 다함없음을 알 것이니, 옛사람의 노래 들어보자.

정엄수(淨嚴邃)선사는 이렇게 노래했다.

　　　황학루의 시를 최호가 지으니
　　　옛과 지금에 읊조린 그 가락 같이할 이 없네
　　　가을하늘 달그림자 천 강에 도장 찍으니
　　　늦봄에 노란 꾀꼬리 이 곳에서 우네

　　　黃鶴樓詩崔顥題　古今吟韻詠難齊
　　　秋空月影千江印　春晚黃鸎是處啼

열재거사(悅齋居士)가 노래했다.

　　　최호가 글을 쓴 뒤 시의 무리 없었으니
　　　뒤에 오는 한 구절 그대는 아는가
　　　열두 난간에 두 귀가 돋아나서
　　　한 때에 황학루를 눌러 엎으리

　　　崔顥題後無詩流　後來一句君知不
　　　十二欄干生兩耳　一時壓倒黃鶴樓

황학루에 빼어난 시로 알려진 최호의 시는 다음과 같다.

옛 사람은 이미 노란 학 타고 갔는데
이곳에 부질없이 황학루만 남겼네
노란 학은 한 번 가 다시 오지 않는데
흰 구름은 천 년토록 괜스레 아득히 흐르네

昔人已乘黃鶴去　此地空餘黃鶴樓
黃鶴一去不復還　白雲千載空悠悠

비갠 냇물에 한양의 나무 또렷한데
향기로운 풀은 앵무새섬에 우거졌네
날 저무는데 내 고향은 그 어디런가
안개 물결 이는 강 위에서 시름겨워 하노라

晴川歷歷漢陽樹　芳草萋萋鸚鵡洲
日暮鄕關何處是　煙波江上使人愁

학담도 한 노래 붙이리라.

있음과 없음에 머물지 않아 머무는 곳 없으니
모든 붇다의 국토는 잡아줄 수 없어라
바람과 달 다함없어 봄은 누각에 가득한데
노란 꾀꼬리 우는 곳 백 가지 꽃이 활짝 피었네

不住有無無住處　諸佛國土沒可把
風月無盡春滿樓　黃鶯啼處百花爛

69. 감지가 죽을 쑤어〔甘贄設粥〕

행자가 죽을 쑤어 남전선사에게 경 외워주도록 청했다.
남전선사가 종을 치고 말했다.
"대중은 고양이와 흰 암소를 위해 경을 외워주십시오."
그가 절하고 가자 냄비를 깨뜨렸다.

行者設粥 請南泉念經 泉白搥云 大衆爲狸奴白牯念經 者拜去後 泉打
破鑑子

청매선사가 노래했다.

감지가 죽을 쑤어 대중에 바침 세간에 드문 일
경을 외우니 일에 많은 어긋남이 없어라
안개 낀 강 삼월에 꽃비 내리는데
한 노를 가로 흔들어 천리 길 돌아가네

設粥供僧世所稀　念經無乃事多違
烟江三月落花雨　一棹橫搖千里歸

평창

위 이야기를 선문염송 본칙〔505則〕은 이렇게 기록한다.

지주의 감지행자가 남전에 가서 죽을 쑤어 남전에게 경 외워주기
를 청했다. 남전이 종을 치고 말했다.
"대중은 고양이와 흰 암소를 위해 마하반야바라밀을 외우시오."
감지가 절하고 나가니, 남전이 부엌에 가서 냄비를 깨뜨렸다.[93]

93) 池州甘贄行者 入南泉設粥 仍請南泉念誦 泉乃白椎云 請大衆 爲狸奴白牯 念
摩訶般若波羅蜜 贄乃禮拜便出去 泉却到廚內 打破鍋子

대중을 위해 행자가 죽을 쑤어 공양하니 탐욕의 세간에서 그 공덕이 참으로 크다. 남전선사가 종을 쳐 축생을 위해 마하반야를 외우게 하니, 미물에 미치는 공덕이라도 모습에서 모습을 벗어나게 하는 반야의 눈이 아니면 안개 낀 세간 험한 강을 건너는 참된 공덕이 되지 못할 것이다.

　　그래서 청매선사는 경을 외움으로 많은 어긋남이 없어져 한 노를 저어 천리 고향 길 돌아간다고 한 것인가.

　　복을 짓되 복 짓는 모습 떠나야 잔나비 우는 곳 너머 신령한 자취를 볼 수 있음이라 남전은 함이 있는 복의 뿌리인 죽 쑨 냄비를 깨뜨려 그 뜻을 가르친 것인가.

　　옛 선사들의 노래 들어보자.

　　숭승공(崇勝珙)선사가 노래했다.

　　　　감지가 죽을 쑤어 여러 무리 입에 맞췄는데
　　　　마하반야는 남전선사가 가려 보였도다
　　　　새벽 빛이 겨우 나자 곧 산을 내려와
　　　　배를 어쩔 수 없어 배 안의 두레박 때렸네

　　　　甘贄設粥調衆口　摩訶般若南泉剖
　　　　曙色纔分便下山　無奈船何打戽斗

　　'배를 어쩔 수 없어 배 안의 두레박 때림'은 이 언덕에서 저 언덕으로 건네주는 공덕의 배가 배 아님을 보인 것인가.

　　백운병(白雲昺)선사가 노래했다.

　　　　치껴 뜬 눈에 가득 천 산에 풀과 나무 노랗고
　　　　한 개울 흐르는 물이 남은 빛을 보낸다
　　　　노승이 웃으면서 잔나비 우는 곳 가리키니
　　　　다시 신령한 자취가 위 쪽에 있도다

極目千山草木黃　一溪流水送殘陽
老僧笑指猨啼處　更有靈蹤在上方

　잔나비 우는 곳을 노승의 가리킴 따라 보니, 신령한 자취가 그 위에
있다고 함은 잔나비 울음을 듣는 그곳에 실로 들을 것 없음을 알면
소리 듣는 그곳이 '헤아릴 수 없는 공덕의 곳간〔無量功德藏〕'임을 말한
것이리라.
　학담도 한 노래 붙이리라.

　죽을 쑤고 경을 외우되 하는 바가 없으면
　곧바로 마하반야 바라밀이로다
　솥을 깨뜨려서 거듭 밝혀 보이니
　강성 오월달에 꽃은 어지러이 날리네

　設粥念經無所爲　卽是般若波羅蜜
　打破鐺子重闡明　江城五月花紛飛

70. 기림화상의 나무칼〔祇林木釰〕

기림화상이 일찍이 나무칼을 열두 해가 되도록 써왔는데 사람이 오면 말했다.
"마라가 왔다 마라가 왔다."
몇 번 휘두르고는 방장에 들어갔다.

師嘗用木釰十二年來 見人來曰 魔來也 魔來也 揮數下入方丈

청매선사가 노래했다.

사방의 끝땅 오랑캐가 우리집을 망하게 했는데
난간 기대 튕기는 가락 다하니 뒤뜰의 꽃이로다
맨손으로 썩은 연기 쓸어버림 생각하기 어려우니
나무칼 가져다가 날마다 창으로 쓰네

四塞蠻夷喪我家　凭欄彈盡後庭花
思難赤手腥烟掃　木釰將當駐日戈

평창

기림선사가 나무칼을 쓴 이 이야기는 선문염송 본칙〔509則〕에 이렇게 나와 있다.

　　호남(湖南)의 기림화상(祇林和尙)이 일찍이 한 나무칼을 지니고 스스로 말했다.
　　"나는 마라를 항복받는다. 날마다 만주쓰리〔文殊〕와 사만타바드라〔普賢〕가 다 마라 도깨비가 된다."
　　승려들이 와 절하기만 해도 말했다.
　　"마라가 왔다."

그리고는 나무칼로 어지러이 휘두르고는 곧 방장에 들어갔다.
이와 같이 하기를 열두 해 뒤에 칼을 치웠다.
그 때 어떤 승려가 물었다.
"열두 해 전에는 무엇 때문에 마라를 항복받고 계셨습니까?"
선사가 말했다.
"도적은 가난한 아이의 집을 치지 않는다."
승려가 말했다.
"열두 해 뒤에는 무엇 때문에 마라를 항복받지 않습니까?"
선사가 말했다.
"도적은 가난한 아이의 집을 치지 않는다."94)

중생의 망상이 없으면 분다의 보디〔佛菩提〕의 이름도 세워지지 않
고 문수 보현(文殊普賢)도 세워지지 않는다. 따로 구할 보디가 있으면
이는 끊을 망상이 있는 것이니 보디와 망상이 다 마라의 꿈인 것이다.
그래서 기림화상은 열두 해 나무칼을 휘둘러 마라의 꿈을 베어낸 것이
고, 이 뜻을 청매선사는 '나무칼을 가져다 마라군대 깨뜨리는 창으로
쓴다' 한 것이리라.
끊을 망상이 공한 줄 알면 나의 뒤뜰이 백 가지 꽃향기 넘치는 쉼터
이니, 무엇하러 가난한 집에 칼을 쓸 것인가. 그러나 열두 해 전에는
왜 칼을 휘둘러 마라 항복받음을 보였는가. 끊되 끊음 없어 집안 재산
뺏지 않음을 보인 것이리라.
그렇다면 본래 황제의 집 등지고 법을 따로 찾는 이가 어지러운 자일
것이니, 심문분(心聞賁)선사는 이렇게 노래했다.

손닿는 대로 휘둘러 옴에 낱낱이 가까우니
기림의 그늘 아래에 연기와 티끌 끊겼네

---

94) 湖南祇林和尙 嘗持一木劍 自謂降魔 每日文殊普賢 皆爲魔魅 才有僧參禮 乃
曰魔來也 以木劍亂揮數下 便入方丈 凡如是十二年後置劍 時有僧問 十二年前
爲什麽降魔 曰賊不打貧兒家 僧曰十二年後 爲什麽不降魔 曰賊不打貧兒家

태평한 가락을 어울리는 사람 없으니
황제의 집 등지는 이는 분명히 어지러운 사람이네

信手揮來──親　祇林劍下絶煙塵
大平曲調無人和　辜負皇家定亂人

학담도 한 노래 붙이리라.

붇다를 붇다라고 함에 마라가 어지러이 일어나니
마라와 붇다 깨뜨림에 연기와 티끌이 쉬네
겨우 나는 자취 있으면 집어와 휘두르나
본래 태평함에 어찌 칼과 창을 쓸 건가

將佛謂佛魔紛起　打破魔佛烟塵息
才有肇朕拈來揮　太平何用劍與戈

71. 지통이 집을 돌다〔智通巡堂〕

지통이 귀종선사의 회상에 있으면서 집을 돌다 외쳐 말했다.
"크게 깨쳤다, 크게 깨쳤다."
귀종이 불러 물었다.
"무엇인가?"
지통이 말했다.
"비구니는 원래 여인이 됩니다."

師在歸宗會下 行巡堂叫云 大悟大悟宗召師問 什麼 師曰師姑元是女
人做

청매선사는 노래했다.

지혜의 칼 찾는 집 가운데 꿈이 처음 무르익는데
한 소리 사람의 외치는 말이 우레처럼 빠르네
큰 바람 땅을 휩쓰니 근심 품어 오래인데
다시 나아가 만나자마자 손뼉을 침이로다

尋釖堂中夢熟初　一聲人語疾雷如
王風季地懷憂久　再造才逢手拍歟

평창

　깨달음은 원래 그러한 세간법의 진실을 깨침이니 실로 깨쳤다 해도
맞지 않고 깨치지 않았다 해도 맞지 않다. 스스로 깨달음을 얻었다고
말해 도인(道人)의 모습을 세워 대중위에 군림하려는 자, 그가 실은
여래 보디의 법을 등지는 자이다.
　보디를 구하고 구하나 법의 진실을 보지 못하면 그 근심 얼마나 깊으

리. 홀연히 부딪혀 한 법도 새로 얻을 것 없음을 알면 법의 기쁨이 넘치므로, 청매선사는 '서로 만나면 손뼉을 친다'고 했으리라. 이 법은 중생의 일상 가운데 온전히 드러나 있는데 얻었다하면 도적의 물건이니 그 물건 어디다 감추리.

정엄수(淨嚴邃)선사는 이렇게 노래했다.

> 깨달음에 도로 못 깨친 때와 같으니
> 어찌 꼭 다시 사람들에게 말해 알게 하리
> 도적 물건 아주 드러나 감출 곳이 없으니
> 곧 비구니는 여자라고 말했도다
>
> 悟了還同未悟時　何須更說與人知
> 賊贓敗露無藏處　便道師姑是女兒

학담도 한 노래 붙이리라.

> 망상에 모습 없음을 알면 짐짓 깨침이라 하는데
> 내가 깨쳤다 크게 외침 무슨 일 때문인가
> 어젯밤의 풍류를 어느 곳에서 잃었으리
> 오늘도 옛과 같이 떨기숲 가운데 밝도다
>
> 了妄無相假名悟　大叫我悟爲何事
> 昨夜風流何處失　今日依舊叢中明

72. 양수선사가 문을 두드리다〔良遂敲門〕

마곡이 풀을 베고 있는데 양수가 오는 것을 보고는 돌아보지 않고
방장에 들어갔다.
양수가 뒤따라 가 문을 두드리자 마곡이 말했다.
"누군가?"
양수가 이름을 말하고는 툭 트여 깨쳤다.

麻谷鋤草次 師來見谷 不顧入方丈 師隨後敲門 谷云阿誰 師才稱名
豁然大悟

청매선사가 노래했다.

눈 마주쳐 마음으로 알아 좋게 왔는데
오히려 호미 가지고 등한히 돌아가네
넓고 흐릿한 이랑 고요해 깊이가 천 길이나
농어를 낚아 얻는 것 나에게 있도다

目擊心知好箇來　猶將鋤子等閑回
鴻濛浪靜深千丈　釣得鱸魚在我哉

평창

마곡선사(麻谷禪師)를 찾아가 양수가 깨친 이야기는 선문염송 본칙
〔511則〕에 다음 같이 나와 있다.

수주 양수선사(壽州良遂禪師)가 처음 마곡을 찾아뵈니, 마곡이
오는 것을 보고 호미를 가지고 가서 풀을 베었다.
양수가 풀 베는 곳에 이르니, 마곡이 아주 돌아보지 않고 곧 방장
에 돌아가 문을 닫았다.

양수가 도로 와서 문을 두드리니, 마곡이 말했다.

"누군가?"

"양수입니다."

이름을 말하고는 홀연히 깨닫고 말했다.

"화상은 양수를 속이지 마십시오. 양수가 만약 와서 화상에게 절하지 않았다면 경론에 속아 한 생을 보냈을 것입니다."

그리고는 강설하는 곳에 돌아와 연설하여 이렇게 말했다.

"여러 사람이 아는 곳은 양수가 다 알지만, 양수가 아는 곳은 여러 사람이 알지 못한다."

(어떤 판본에서는 이렇게 되어 있다.

마곡이 세 번 양수를 부르니, 세 번 대답하자, 마곡이 말했다.

"이 무딘 사람아."

선사가 곧 깨우침이 있었다.)[95]

모습에 모습 없음을 체달하면 생각에 생각 없음을 아는데 양수는 오래 강설하며 보디를 구했으나 '부르고 대답함의 진실'을 알지 못했다. 마곡이 호미로 풀을 메다 말없이 방에 들어간 것은 스스로 칼자루 쥐고도 밖으로 찾는 치우침을 깨기 위함이리라.

한번 부르고 대답함에서 홀연히 깨침이여. 말에 말함 없어서 말하고 대답할 수 있음인가. 말에 말 없음을 청매선사는 '물이랑 고요해 깊이가 천 길'이라 했으며, 깨달음의 벼릿줄이 나에게 있으므로 '놓어 낚음이 나에게 있다' 한 것이리라.

그러나 말의 말없는 진실도 말로 말미암아 깨치는 것이니, 해인신(海印信)선사는 이렇게 노래했다.

---

95) 壽州良遂禪師 初叅麻谷谷見來 乃將鋤頭去鋤草 師到鋤草處 谷都不顧 便歸方丈 閉却門 師却來敲門 谷曰阿誰 師曰良遂 才稱名 忽爾契悟曰 和尙莫瞞良遂 良遂若不來禮拜和尙 泊被經論賺過一生 及歸講肆 開演有云 諸人知處 良遂揚知 良遂知處 諸人不知

(一本 谷三召 師三應 谷曰鈍根阿師 師即有省)

문 닫고 호미 지닌 이치가 가장 그윽한데
툭 트여 크게 깨침은 말을 원래 말미암음이네
앞에서부터 배우던 업 헛되이 힘쓴 것이니
비로소 황하가 빨리 바닥에 흐름 얻었네

閉戶携鋤理最幽　豁然大悟話元由
從前學業虛勞力　始得黃河輥底流

　깨친 경계에서는 앎은 앎 없는 앎이라 양수가 아는 곳은 그대들이
알지 못한다고 한 것인가. 나를 알았다함이여, 도리어 모름과 같으니
옛 선사의 한 노래 들어보자. 불안원(佛眼遠)선사가 노래했다.

　평생의 심장 쓸개 남에게 기울였는데
　이 문 가운데 이르러서는 몇 사람이 있는가
　떠난 뒤 도성의 옛날 나를 알던 이들이여
　따뜻한 연기 지는 해에 또 황혼이네

平生心膽向人傾　到此門中有幾人
別後都城舊知己　暖煙斜日又黃昏

학담도 한 노래 붙이리라.

　한 생을 강설해도 언설에 어두웠는데
　이름 부르고 대꾸함에 홀연히 계합했네
　풀을 베고 문을 닫음 나그네 속임이니
　발밑을 돌아봄에 바람은 스스로 흐르네

一生講說昧言說　呼名應酬忽然契
鋤草閉門也瞞客　照顧脚下風自流

73. 보화가 허공에 올라 입적하다〔普化登空〕

임제선사가 보화선사에게 관을 주자 보화선사는 관을 짊어지고 네 문에 노닐다 관에 들어가 허공에 올라서 온몸을 벗어나 갔다.

臨際作棺與之 師擔遊四門 入棺登空 全身脫去

청매선사가 노래했다.

바닥까지 사무친 지혜로운 이 굳셈은 눈 속 잣나무요
하늘에 통한 겹 갈래 성인의 배움은 떠도는 개구리밥풀
사람들에게 장삼을 달라 빌어 방울 흔들며 가니
네 번째 문 끝에서 저 달은 기울어 오경이네

徹底作家堅雪栢　通天散聖學浮萍
乞人直裰懸鈴去　第四門頭月五更

> 평창

보화선사(普化禪師)는 성사(聖師)이되 중국불교 조사선의 법통주의에서 정통법맥이 아니므로, 이런 분을 흩어져 있는 성인〔散聖〕이라 한다. 보화선사의 입적을 보인 이 공안은 선문염송 본칙〔516則〕에 다음 같이 나오고 있다.

보화가 어느 날 저잣거리 가운데에서 사람들에게 장삼을 달라 빌었는데, 사람들이 다 주었으나 보화선사는 다 받지 않았다.
임제선사가 원주에게 관(棺)을 하나 사도록 하고 보화가 돌아오자 임제가 말했다.
"내가 그대에게 주려고 장삼을 마련하였소."
보화가 곧 스스로 짊어지고 가 저잣거리를 돌다가 외쳤다.

"임제가 나에게 장삼을 마련해주었다. 나는 동문에 가서 떠나 가
리라."

사람들이 다투어 따라가서 보니, 보화선사가 말했다.

"나는 오늘은 안 되겠다. 내일 남문에 가서 떠나리라."

이와 같이 사흘을 하니 사람들이 믿지 않았다.

넷째 날이 되자 아무도 따라가 보는 이가 없었는데, 홀로 북문 밖
을 나와 스스로 관 안에 들어가 온몸을 벗어나 갔다.[96]

보화선사가 장삼을 달라 요구했다가 사람들이 장삼을 주면 받지 않
고, 임제가 관을 주며 장삼이라 하니 받은 것은 무엇일까. 지금 입을
장삼과 죽을 때 입고 갈 장삼이 그대로 이어짐이 아님을 보여 앞과
뒤가 끊어짐도 아니고 이어짐도 아님을 말한 것인가.

지금 이 몸이 끊어지고 다음 몸이 있는 것이 아니지만, 어떤 실체로
서 지금의 몸이 다음 몸에 이어짐이 아니므로, 가겠다고 말한 문에서
가지 않고 아무도 없는 북문에서 홀로 간 것인가. 가되 간 바 없으므로
청매선사는 '하늘의 달은 기울어 오경이네'라고 노래한 것이리라.

열재거사(悅齋居士) 또한 이렇게 노래했다.

동문이 좋지 않아서 지나쳐 남문에 갔으나
만약 남문에 머물면 죽은 넋을 범함이네
이 사람의 한 생이 바닥까지 미쳤더니
갈 때에는 오히려 스스로 금덩이를 놀리네

東門不吉過南門　若住南門犯死魂
這漢一生狂到底　臨行猶自弄金圈

---

96) 普化一日 放街市中 就人乞直裰 人皆與之(卷一三第二四張) 師俱不要 臨濟令
院主 買棺一具 師歸來 濟云我與汝 做得箇直裰了也 師便自擔去 繞街市叫云 臨
濟與我做直裰了也 我往東門遷化去 市人競隨之 師云我今日未 來日往南門
遷化去 如是三日 人已不信 至第四日 無人隨看 獨出北門外 自入棺內 全身脫去

열재의 노래에 갈 때 금덩이를 놀렸다 하니, 죽음으로써 나고 죽음 없는 진여의 공덕 보임을 말함이리라.

대각련(大覺璉)선사는 보화선사의 가풍을 다음 같이 노래했다.

밝은 머리로 오건 어두운 머리로 오건
여덟 면 허공에서 오건 다 때려 쳐서
한 구절 그렇지 않다 함도 모두 뚫어 벗어나니
대비원에 재 지내며 하늘북을 쳐 울리도다

明頭來與暗頭來　八面虛空盡打開
一句不然俱透出　大悲撾動五天雷

학담도 한 노래 붙이리라.

평소 밝음과 어둠 두 머리를 때려서
어둠 가운데 밝고 밝게 자재히 다녔도다
떠날 때는 네 문에 머물지 않고 지나치나
벗어나는 곳 성문의 누각에는 달이 절로 밝도다

平素明暗兩頭打　暗中明明自在行
臨行不住四門過　脫處門樓月自明

74. 청주의 베적삼[青州布衫]

조주에게 어떤 승려가 물었다.
"만법이 하나로 돌아가는데 하나는 어디로 돌아갑니까?"
선사가 말했다.
"내가 청주에 있으면서 한 벌 베장삼을 지었는데, 무게가 일곱 근이었다."97)

청매선사가 노래했다.

찬 소나무 돌 아래 차고 맑은 승려가
삼동에 얻어 입고 일찍이 한탄 않네
이로부터 백 년 구름과 물속이니
기름 뿌리고 불을 꺼 막음이라
아무리 해도 불을 이기지 못하리

寒松石下冷淡僧　得被三冬恨未曾
從此百年雲水裡　潑油救火數難勝

평창

연기법에서는 만법을 일으키는 제1원인도 없고 만법에 고유한 자기 뿌리도 없다. 붇다 당시 세계관으로 보면 만유를 전변해내는[轉變] '신적인 하나인 것[彼一者, Tad Ekam]'도 없고, 존재를 모아 이루어내는[積聚] 원자적 요소도 없다.

"만법이 하나로 돌아가는데 하나는 어디로 가는가[萬法歸一 一歸何處]."

이 공안은 조사공안 가운데 존재론적 물음을 나타내는 대표적인 공

---

97)〔408則〕趙州因僧問 萬法歸一 一歸何處 師云我在青州 作一領布衫 重七斤

안이다. 이 공안의 참구는 공안의 물음만으로 참구해서는 자칫 만법의 하나인 근원을 찾는 물음이 될 수 있으므로 '이 물음에 조주는 왜 일곱 근 장삼으로 답했는가'를 의정해야 한다.

 저 청주의 일곱 근 장삼이여. 오되 온 바 없지만 나고 사라짐을 떠나지 않으므로 청매선사는 '불을 이기지 못함이라' 노래한 것인가. 한 벌 장삼의 진실이 법계의 진실이니 옛 선사들의 노래 들어 보자.

 설두현(雪竇顯)선사는 이렇게 노래했다.

> 까다롭게 일찍이 늙고 무딘 송곳 밀쳤는데
> 일곱 근 장삼의 무게 몇 사람이나 아는가
> 지금에야 서쪽 호수 속에 던져버리니
> 아래에 실은 맑은 바람 누구에게 부치리

> 編辟曾挨老古錐　七斤衫重幾人知
> 如今抛擲西湖裏　下載淸風付與誰

 대홍은(大洪恩)선사가 노래했다.

> 조주의 베장삼이 일곱 근 여덟 근이라
> 소매 끝에 깃을 치고 겨드랑이 깃을 깎았네
> 천 손의 대비관음도 들어 올리지 못하는데
> 말 없는 어린이가 웃으며 기뻐하는구나

> 趙州布衫七斤八斤　袖頭打領腋下剜襟
> 千手大悲提不起　無言童子笑欣欣

 혼성자(混成子)가 노래했다.

> 하나는 어디로 가는가 스스로 묻고는
> 찬 소나무 돌아래 길게 발을 뻗는다

꿰맴 없는 장삼을 조주가 입으니
날쌘 매는 울타리가 참새 때리지 않네

一歸何處自問着　寒松石下長伸脚
無縫布衫趙州被　快鷂不打籬邊雀

　조주의 일곱 근 장삼이 꿰맴 없는 장삼인 줄 아는 자가 조주의 면목
을 알고 여래의 은혜 갚는 자이니, 날쌘 매라도 울타리 가의 참새를
때리면 스스로의 목숨만을 다칠 뿐이다.
　학담도 한 노래 붙이리라.

만법이 본래 공하니 하나는 무슨 물건인가
조주의 베장삼은 본래 꿰맴이 없네
한바탕 바람 부니 어떻게 저울질 하리
천 근 만 근 들어서 올리지 못하네

萬法本空一何物　趙州布衫本無縫
一陣風來如何秤　千斤萬斤提不起

75. 운암이 사자를 놀리다〔雲巖弄獅〕

약산선사가 운암에게 물었다.
"사자를 놀린다고 들었는데 몇 가지로 놀려대는가."
"여섯으로 놀려댑니다."
약산이 말했다.
"나는 하나로 놀린다."
위산이 운암에게 물었다.
"너는 늘 놀리느냐, 그만두는 때가 있느냐?"
운암이 말했다.
"그만두는 때가 있습니다."
위산이 말했다.
"그 때 사자가 어디 있는가?"
"그만두었습니다, 그만두었습니다."

　藥山問師 聞汝弄師子 幾介出 曰六出 山云一出 潙山問師云 汝常弄
耶 有置時耶 曰有置時 山云獅在甚處 師云置也置也

청매선사가 노래했다.

얽힌 머리로 집어 놀려 잠부드비파 두루하여
바다 건너고 산을 넘어 몇 번의 가을 지냈는가
때로 철위산 아래 돌에 걸터 앉으면
염라왕은 두려워 털이 서고 야차는 근심하리

蒙頭拈弄遍閻浮　越海踰山度幾秋
或踞鐵圍山下石　羅王毛竪夜叉愁

운암의 사자놀림을 묻는 이 공안은 선문염송 본칙〔521則〕에 다음
같이 기록되어 있다.

운암이 약산을 찾으니, 약산이 물었다.
"그대가 사자를 놀릴 줄 안다 들었는데, 그런가?"
운암이 말했다.
"그렇습니다."
약산이 말했다.
"몇 가지로 놀려대는가?"
운암이 말했다.
"여섯 가지로 놀려댑니다."
약산이 말했다.
"나도 또한 놀릴 줄 안다."
운암이 말했다.
"화상은 몇 가지로 놀려댑니까?"
약산이 말했다.
"한 가지로 놀려댄다."
운암이 말했다.
"하나가 곧 여섯이요 여섯이 곧 여섯입니다."
뒤에 위산에 이르니, 위산이 운암선사에게 물었다.
"그대가 약산에 있으면서 사자를 놀릴 줄 안다고 들었는데, 그런
가?"
운암이 말했다.
"그렇습니다."
위산이 말했다.
"다시 늘 어느 때나 놀리는가 그만두는 때가 있는가?"
운암이 말했다.
"놀리려면 곧 놀리고 그만두려면 곧 그만둡니다."

위산이 말했다.

"그만둘 때 사자는 어느 곳에 있는가?"

운암이 말했다.

"그만두었습니다, 그만두었습니다."98)

여섯으로 사자를 놀림이란 여섯 앎[六識]의 활동을 사자놀림으로
비유한 것이며 약산 선사가 하나로 놀림이란 여섯 앎이 진여인 뜻을
그리 말함이리라. 여섯 앎이 곧 공함을 진여라 이름한 것이니 그 뜻을
운암선사는 '여섯이 하나요, 하나가 여섯이다'라고 한 것이리라.

그만둘 때 사자는 어디 있는가. 놀릴 때 실로 있지 않으니 그만둘
때 없지 않지만 머무는 곳이 없으므로 '그만두었습니다'라고 한 것인
가. 청매선사는 여섯 앎이 공한 반야의 위력을 '철위산 자옥 속 염라왕
이 두려워하고 야차가 근심한다' 한 것이리라.

사자왕을 놀림이여 나의 일상 보고 듣는 앎의 활동이니 옛 선사의
한노래 들어보자.

지해일(智海逸)선사는 이렇게 노래했다.

찬타나 숲속에 금털사자 놀리니

약산과 운암의 재주가 가장 많도다

그만두었다 그만두었다 함을 그대 보도록 하라

하나로 놀리고 여섯으로 놀림 누가 어찌하리

기침하고 숨 쉬며 구부리기도 하고 펴기도 하니

날카로운 어금니와 발톱 발을 펼쳐낸다

사람이 외로이 앉아 앞의 일 생각게 하니

모르는 사이 하하하 한바탕 웃네

---

98) 雲巖衆藥山 山問聞汝解 弄師子是否 師云是 山云弄得幾出 師云六出 山云我
亦解弄 師云和尙弄得幾出 山云一出 師云一卽六 六卽一
後到潙山 山問師聞汝在藥山 解弄師子是否 師云是 潙云爲復常時弄 有置時
師云要弄卽弄 要置卽置 潙云置時 師子在什麼處 師云置也置也

한바탕 웃음이여!
저녁하늘 모래 위 기러기 놀라게 해 일으키니
바닷가에서 비스듬히 두세 줄로 날아가네

栴檀林裏弄金毛　藥嶠雲巖伎最多
置也置也從君看　一出六出孰奈何
或喘或息或低昻　鋸牙銳瓜足施張
令人孤坐思前事　不覺呵呵笑一場
笑一場
驚起暮天沙上鴈　海門斜去兩三行

학담도 한 노래 붙이리라.

땅에 웅크린 사자가 한 소리도 없는데
날이 밝자 하늘 우러러 크게 울부짖네
돌기둥이 소리 듣고 뜰의 꽃에 전하니
여섯으로 놀리되 얻음 없어 여섯이 곧 하나네

踞地獅子無一聲　天曉仰天大哮吼
露柱聞聲傳庭花　六出無得六卽一

76. 덕성이 배를 뒤집다〔德誠覆舟〕

덕성선사가 일찍이 화정의 뱃사공이 되어 여러 해였는데, 협산을
만나 이야기하고 헤어져 갔다.

師嘗作華亭船子有多年 逢夾山話別而去

청매선사가 노래했다.

열 해토록 안개 낀 강에 헛되이 낚시 내리니
흰 갈매기와 기약함이 아닌 것 뉘라서 알리
석두선사 법의 물결 난새 아교 같이 붙어서 이어짐이여
외로운 배 뒤집고 가니 따르지 못하네

十載煙江空下釣　誰知非是白鷗期
石頭一派鸞膠續　覆却孤舟去莫追

한 줄로 이어진 맑은 강 천리나 흐르는데
조각배 떠돌아다니며 오래도록 아득하네
까마귀 우는 노래 한 가락 사람 만나 부르는데
날 저물자 가을 구름에 들어 머리 돌리지 않네

一帶清江千里流　扁舟飄泊久悠悠
啼烏一曲逢人唱　暮入秋雲不轉頭

평창

　협산선회선사(夾山善會禪師)가 뱃사공 노릇하는 화정덕성선사(華
亭德誠禪師)의 삿대를 맞고 깨친, 이 이야기를 선문염송 본칙〔710則〕
은 다음 같이 말한다.

예주협산 선회선사가 처음 선자덕성화상을 뵈었는데, 선자가 오는 것을 보고 곧 물었다.

"대덕은 어느 절에 사시오?"

선회선사가 말했다.

"비슷하면 머물지 않음이요, 머물면 비슷하지 않습니다."

선자가 말했다.

"그대가 비슷하지 않다고 말하니, 비슷하지 않음은 무엇인가?"

선회선사가 말했다.

"눈앞의 법이 아닙니다."

선자가 말했다.

"어디서 배웠소?"

선회선사가 말했다.

"귀와 눈이 이르는 곳이 아닙니다."

선자가 말했다.

"한 구절 합하는 말이 만 겁에 나귀 매는 말뚝이로다."

또 물었다.

"천자나 실을 드리움은 뜻이 깊은 못에 있다. 세 마디 낚시 바늘 떠나 그대는 어찌 말하지 않는가?"

선회선사가 입을 열려 하자, 선자가 삿대로 때려 물 가운데 빠뜨렸다.

선회가 겨우 나오니 선자가 또 말했다.

"말하고 말하라."

선회가 다시 입을 열려 하자, 선자가 또 때리니, 홀연히 크게 깨치고 머리를 세 번 끄덕였다.

선자가 말했다.

"낚싯대 끝의 실은 그대가 놀리는 대로 따르지만 푸른 물결 범하지 않아야 뜻이 스스로 빼어난 것이다."

선회선사가 드디어 물었다.

"낚싯줄을 던지고 낚시를 던지니, 스님의 뜻은 어떠합니까?"
선자가 말했다.
"실이 푸른 물에 달려 뜨니, 반드시 있음과 없음의 뜻이다. 빨리 말하라, 빨리 말하라."
선회선사가 말했다.

"말이 그윽함을 띠니 길이 없고,
혀끝으로 말하나 말하지 않습니다.

語帶玄而無路　舌頭談而不談"

선자가 말했다.
"강 물결에 낚시 다하니 황금물고기를 비로소 만났다."
선회가 귀를 막으니, 선자가 말했다.
"그렇고 그렇다."99)

선지식은 선지식이 아니라 법안(法眼)을 갖춘 그 지혜가 선지식이고 중생을 위해 뱃사공을 나툰 그 방편과 자비가 선지식이다. 말폐의 시대, 문정(門庭)을 세워 도인을 표방하며 검증되지 않은 지견으로 사람과 재물 모으기에 바쁜 죽은 종사의 가풍과 덕성선사의 선풍은 십만 팔천 리다.

---

99) 澧州夾山善會禪師 初叅舡子和尙
　　舡子見來 便問 大德住在什寺 師云似卽不住 住卽不似
　　舡子云 汝道不似 不似箇什麼 師云不是目前法
　　舡子云 什處學得來 師云非耳目之所到
　　舡子云一句合頭語 萬劫繫驢橛 又問垂絲千尺 意在深潭 離鉤三寸 子何不道
　　師擬開口 舡子便以橈子 打落水中 師才出
　　舡子又云 道道師復擬開口 舡子又打 師忽然大悟 乃點頭三下
　　舡子云 竿頭絲線從君弄 不犯淸波意自殊 師遂問抛綸擲鈞 師意如何
　　舡子云 絲懸淥水浮 定有無之意 速道速道
　　師云 語帶玄而無路 舌頭談而不談
　　舡子云 釣盡江波 金鱗始遇 師乃掩耳 舡子云 如是如是

협산을 만나 '어느 곳에 머무는가' 물으니 '비슷하면 머물지 못함이고 머물면 비슷하지 않다〔似卽不住 住卽不似〕'고 한 것은 다름이 있으면 법 자리〔法位〕에 머물지 못한다는 뜻이니, '이 법이 법 자리에 머물러 세간의 모습이 늘 머문다〔是法住法位世間相常住〕'는 법화의 말씀을 다시 보인 것이라 할 것이다.

그러므로 협산은 '머묾이란 눈앞의 법이 아니다〔不是目前法〕' 하고, '귀와 눈이 이르는 곳이 아니다〔非耳目之所到〕'라고 한 것이리라.

그러나 선자화상은 다시 눈과 귀로 보고 들음에 볼 바 없고 들을 바 없기 때문에 보고 들음이라, 그와 같이 법 자리 세우는 것은 '만겁에 나귀 매는 말뚝이다〔萬劫繫驢橛〕'고 깨우치며 '낚시하되 푸른 물결 범하지 않는 뜻〔不犯淸波意〕'을 열어 보인 것이리라.

그러므로 청매선사는 선자화상의 뜻을 '맑은 강에 사람 만나 부르는 노랫소리 머리 돌려 듣지 않는다'고 다시 말한 것인가.

옛 조사들의 몇 수 노래로 다시 살피리라.

투자청(投子靑)선사가 노래했다.

배를 띄워 험한 물에 몰기 서른 해 봄
장대로 치는 곳 장대 끝이 죽은 사람 살리네
협령의 계수가 천고의 가락 나누는데
낭강의 산은 푸르러 만 겹으로 새롭네

泛舟駕嶮三十春　擊處竿頭活死人
夾嶺桂分千古韻　朗江山翠萬重新

대홍은(大洪恩)선사가 노래했다.

긴 강에 물이 빠르고 거품 꽃은 거친데
푸른 물결 범하지 않음 뜻이 스스로 빼어나네
끝없는 사내들이 같이 돛대 들지만
괜스레 손바닥 안의 구슬만 잃었도다

長江水急浪花麤　不犯淸波意自殊
無限兒郞齊擧棹　等閑失却掌中珠

학담도 한 노래 붙이리라.

만 리의 맑은 강물 흘러 쉬지 않는데
한 조각 외로운 배 떠서 아득하여라
선자선사 장대에 맞고서 눈 뜬 사람이여
낚싯대 놓고 물 거슬러 흐름 아득히 보네

萬里淸江流不息　一扁孤舟浮悠悠
被擊竿頭開眼人　擲釣茫見水逆流

77. 구지가 손가락을 세우다〔俱胝竪指〕

구지선사가 세상 마침에 닥쳐 말했다.
"내가 천룡의 한 손가락선을 얻어 일생을 써도 다하지 않았다."
말을 마치고 갔다.

師臨終曰 吾得天龍一指頭禪 一生用不盡 言訖而滅

청매선사가 노래했다.

곳에 있으며 연을 만나면 손가락을 세웠는데
푸른 하늘은 바다 같은데 칼빛이 차갑네
장안의 만 리에 집안 소식이 없는데
가을 꿈은 헛되이 돌아와 옥관에 이르렀네

在處逢緣竪指端　碧天如海釖光寒
長安萬里無家信　秋夢空回到玉關

평창

　구지선사는 천룡선사로부터 '한 손가락 선〔一指頭禪〕'을 받아 평생
누가 도를 물으면 한 손가락을 세웠다.
　구지가 손가락을 세움이여, 없음이 없음 아님을 보이고 손가락을 움
츠려 거둠이여, 있음이 있음 아님을 보임인가. 그래서 선사는 이 소식
이 평생 써도 다함없는 소식이라 하고, 겉모습만을 흉내 낸 어린이의
손가락을 잘라 천룡선을 전한 것인가.
　천룡선(天龍禪)이여, 있고 없음을 벗어난 반야의 칼빛이라야 그 법
의 문에 들어 설 수 있으므로 청매선사는 '바다 같은 푸른 하늘에 칼빛
이 차다' 노래한 것이리라.
　'집안 소식 끊어진 곳에 가을 꿈이 돌아온다' 하니 오고 감이 없는

곳에서 옴이 없이 오는 시절인연을 노래함인가.

 구지의 한 손가락 선을 만남이여, 넓은 바다에서 눈먼 거북이가 나
뭇조각 만남이니, 설두현(雪竇顯)선사는 이렇게 노래했다.

　　마주해 드날려 늙은 구지 깊이 사랑하니
　　우주가 공했는데 다시 누가 있는가
　　일찍이 어찌 푸른 바다에 뜬 나무 내려서
　　밤 물결에 서로 같이 눈 먼 거북 만날 건가

　　對揚深愛老俱胝　宇宙空來更有誰
　　曾何滄溟下浮木　夜濤相共接盲龜

 선사를 모시던 어린이가 구지선사를 흉내 내 누가 도를 물으면 구지
선사처럼 손가락을 세웠다. 이에 구지선사가 그 손가락을 잘라 깨닫게
하여 어린이에게 '천룡의 한 손가락선〔天龍一指頭禪〕' 전함이여.
 지비자(知非子)의 노래 들어보자.

　　구지가 들어 보임은 앞에 깨침과 뒤에 깨침이요
　　어린이의 손가락은 기틀 따라 칼이 떨어짐이네
　　어린이가 눈물 거두고 부름에 돌아봄이여
　　병아리와 닭이 안과 밖에서 서로 쫒음과 같네

　　俱胝擧示　先覺後覺
　　童子之指　隨機刀落
　　收淚呼回　如啐如啄

 시절인연 속 불성을 노래한 경산고(徑山杲)선사의 말 들어보자.

　　구지의 한 손가락 끝이여
　　밥 먹음에 배 불러야 쉼이로다

허리에 십만 관을 차니
학을 타고 양주에 오른다

俱胝一指頭　喫飯飽方休
腰纏十萬貫　騎鶴上楊州

'구지의 한 손가락 선'은 머물러야 할 있음〔有〕과 없음〔無〕을 한꺼번에 깨뜨리는 선이니, 있음과 없음을 한꺼번에 깨뜨릴 때 있음과 없음을 모두 살리는 행(行)이 현전함을 '학을 타고 양주에 오름'으로 노래했으리라.
　학담도 한 노래 붙이리라.

하늘에 달 밝으니 가을 강이 맑고
밤 깊어 바람 빠르니 묵은 들은 쓸쓸하네
구지의 한 손가락에 소식이 없는데
죽이고 살리는 가풍 이로 좇아 세워지네

天空月明秋江淸　夜深風急荒野簫
俱胝一指沒消息　殺活家風從此立

78. 관계선사가 채소밭 소임〔園頭〕을 맡아했다〔灌溪園頭〕

선사가 말산에 있으며 물었다
"어떤 것이 말산인가?"
"정수리를 드러내지 않습니다."
"어떤 것이 말산의 주인인가?"
"남녀의 모습이 아닙니다."
"어찌 변해 가지 않는가?"
"귀신이 아닌데 변함은 무엇이오?"
선사가 삼년 채소밭 소임을 맡았다.

師在末山下問 如何是末山 山曰不露頂 師云末山主 山云非男女相 師
云何不變去 山云不是鬼神 變介什麼 師作園頭三年

청매선사가 노래했다.

드러나지 않는 봉우리 앞에 군더더기 말이 많고
코끼리왕의 문 밖에서 또 머뭇거려 일어나네
가락 높아 좋지 않은데 삼대에서 춤을 추고
도리어 호미자루 쥐고서 채전밭에 내려가네

不露峯前多剩語　象王門外且趑起
曲高不善三臺舞　却把鋤頭下菜畬

평창

　　모습이 모습 아님을 깨친 지혜의 사람을 보디사트바 마하사트바라
한다면, 마하사트바(mahāsattva) 큰 장부에 어찌 남녀의 모습이 있
겠는가. 관계지한선사(灌溪志閑禪師)와 말산비구니〔末山尼〕의 이 문
답은 선문염송 본칙〔553則〕에 이렇게 나와 있다.

말산의 비구니 요연(了然)에게 관계 지한화상이 물었다.
"어떤 것이 말산인가?"
이로 인해 말산이 말했다.
"정수리를 드러내지 않습니다."
지한화상이 말했다.
"어떤 것이 말산의 주인인가?"
요연비구니가 말했다.
"남자도 아니고 여자도 아닌 모습입니다."
지한이 '악' 외치고 말했다.
"어떻게 변해가지 않는가?"
요연이 말했다.
"신(神)도 아니고 귀(鬼)도 아니니, 변함이란 무엇이오?"
지한이 이에 승복하여 채마밭 소임을 세 해를 하였다.[100]

안개구름 뚫고 푸른 하늘에 우뚝한 말산이 '정수리 드러내지 않는다' 함에 이미 모든 답이 다 들어있다. 그런데 '말산의 주인'을 묻고 '변하지 않음'을 묻는 것이 이미 군더더기를 이루고 코끼리왕 앞에 머뭇거림을 일으킴이다. 그러므로 청매선사는 그를 꼬집어 '군더더기 말 많은 선사가 호미자루 쥐고 채마밭에 내려갔다' 노래한 것이리라.

저 산이 정수리 드러내지 않음이여. '천하를 천하에 감춤'이고 '삼계 안에서 삼계를 벗어남'이니, 천동각(天童覺)선사는 이렇게 노래했다.

남자와 여자의 모습이 아니니
있고 없음의 헤아림 벗어났다
만 가지 기틀 앞을 꿰뚫었고

---

100) 末山尼了然 因灌溪閑和尙問 如何是末山 然云不露頂 閑云如何是末山主 然云非男女相
    閑乃喝云 何不變去 然云 不是神不是鬼 變个什麼 閑於是伏膺 作園頭三載

삼계의 위에 뛰어났도다
다하면 통하고 간단하면 맞으니
솔이 달을 머금음이여 밤에는 차갑고
개울이 비를 띠니 봄물이 불어난다

非男女之相　出有無之量
透萬機之前　超三界之上
窮而通　簡而當
松含月兮夜寒　溪帶雨而春漲

학담도 한 노래 붙이리라.

마음도 아니고 붇다도 아니고 물질도 아니니
서로 보아 사람 없는데 여인 모습 분명하네
정수리를 드러내지 않음이여, 마디풀도 없는데
귀 기울여 들음에 개울 흘러 바위 아래서 울도다

不是心佛不是物　相見無人女相明
不露頂兮無寸草　側耳溪流巖下鳴

79. 작은 샤카무니인 앙산을 만났네[仰山小釋迦]

허공을 날아온 승려가 선사를 뵙자 물었다.
"어느 곳에서 왔소?"
"새벽에 서천을 떠났습니다."
"어찌 더디게 왔소?"
"산에 노닐며 물 구경했습니다."
"신통은 얻겠지만 불법은 노승에게 물어야 될 것이오."
그 승려가 절하며 말했다.
"만주쓰리께 절하러 왔는데 도리어 작은 샤카를 뵙습니다."
허공을 타고 갔다.

飛空僧謁 師云甚處來 僧曰晨離西天 天曰何遲耶 曰遊山翫水 曰神通
卽得 佛法須問老僧始得 僧拜曰吾爲禮文殊來 却見小釋迦 騰空而去

청매선사가 노래했다.

새벽에 서천 떠났는데 어찌 더디었는가 말함이여
저와 내가 몸을 통했는데 막힘이 좁쌀에서 나왔네
이란의 가락 튕겨 다해 얼굴을 위로하여 풀었는데
그 가운데 아주 작은 것 오히려 틀렸도다

晨離西天說何遲　彼此通身塞出粟
彈盡離蘭慰解顔　其中些子猶差忒

평창

　신통과 불법을 가르는 이 공안은 선문염송 본칙[569則]에 이렇게
말한다.

앙산이 어느 날 기이한 스님이 허공을 타고 와 절을 하고 앞에 서는 것을 보고 물었다.

"요즈음 어디에서 떠났소?"

말했다.

"이른 새벽 서천을 떠났습니다."

선사가 말했다.

"어떻게 그리 크게 더디었소?"

말했다.

"산에서 놀고 물을 구경했습니다."

선사가 말했다.

"신통묘용은 사리에게 없지 않으나, 붇다의 법은 노승에게 돌려 주어야 될 것이오."

그 스님이 말했다.

"특별히 동쪽 땅에 와 만주쓰리께 절하려 했는데, 도리어 작은 샤카무니를 만났도다."

비로소 서천의 경을 쓴 패다라잎을 선사에게 주고는, 절을 하고 구름을 타고 허공을 날아갔다.101)

서천에서 구름을 타고 동토에 오니 그 신통이 빼어나고 아름다운 일이다. 산놀이에 마음 뺏겨 오는 길이 더디고, 의지할 것 없고 걸림 없는 법계 가운데 의지함을 두므로 앙산 선사는 '불법은 나에게 물으라' 했으며 청매선사는 '좁쌀을 집착하여 막힘을 이루었다'고 하였는가.

붇다께서 가르친 연기의 진실은 인연으로 법이 나지만 원인과 조건이 공한 줄 알아야, 법에 법이 없는 존재의 실상을 깨닫고 법에 법이

---

101) 仰山一日忽見異僧乘虛而至 作禮而立於前 師問近離甚處 曰早辰離西天 師云何大遲生 曰游山翫水

師云神通妙用 不無闍梨 佛法須還老僧 始得 僧曰特來東土禮文殊 却遇少釋迦 遂出西天貝多葉與師 作禮乘雲騰空而去

없지만 법 없음도 없고, 쓰되 씀이 없는 해탈의 씀(解脫用)을 일으키므로 '신통은 얻겠지만 붇다의 법은 노승에게 돌려주어야 한다' 한 것이리라.

숭승공(崇勝珙) 선사는 노래했다.

오백 아라한 가운데 몇 째 분인가
발꿈치가 일찍이 티끌에 닿지 않았네
앙산의 빗장과 구멍 하늘처럼 멀어서
물을 보고 산에서 놀다 괴롭고 쓰림 겪었네

五百人中第幾人　脚跟曾未點埃塵
仰山關竅如天遠　翫水遊山渉苦辛

학담도 한 노래 붙이리라.

저와 내가 비록 떨어졌으나 한 생각이 통했는데
산에서 놀고 물을 보다 아주 더디고 더디어졌네
의지함 없고 몸 없으면 참으로 묘하게 씀인데
구름 타고 허공에 올라 멀고 가까움이 생겼네

彼此雖隔一念通　游山翫水太遲遲
無依無身眞妙用　乘雲騰空遠近生

80. 원주 앙산선사가 거울을 깨뜨리다〔袁州破鏡〕

위산선사가 거울을 보내니, 앙산이 받고 대중에 보여 말했다.
"이것이 앙산의 것인가, 위산의 것인가."
대중이 말이 없자, 선사가 깨뜨렸다.

潙山送鏡 師接示衆云 是潙山底仰山底 衆無語 師破之

청매선사가 노래했다.

바로 환한 거울로 하여금 뜻을 옮기지 않게 하나
그것을 써서 작가의 규범 삼지 않네
아홉 번 다른 가락 이루나 아는 사람 없으니
구름비 내리는 봉화대에서 눈으로 배웅하는 때이네

政令當陽志不移　無之爲用作家規
九成別調無人會　雲雨烽臺眼送時

평창

　이 공안의 법문은 선문염송 본칙〔573則〕에 이렇게 보인다.

　앙산(仰山)이 동평에 머물 때 위산(潙山)이 편지와 거울 한 면을
부쳐 이르렀는데, 앙산선사가 받아서 들어 올리며 대중에게 보여
말했다.
　"위산의 거울인가, 앙산의 거울인가?
　만약 위산의 것이라 말하면 또 앙산의 손 속에 있고, 만약 앙산의
것이라 말하면 또 위산이 부쳐온 것이다.
　말할 수 있으면 머물러 두지만, 말하지 못하면 쳐서 깨뜨리겠다."
　대중이 말이 없자 드디어 쳐서 버렸다.102)

위산의 이 거울에 얻을 것이 없으므로 위산의 손을 떠나 앙산에 온 것이니 이 거울이 위산의 것인가 앙산의 것인가. 앙산이 거울을 깨뜨림이여. 거울이 거울 아님을 보임인가.

그러나 거울이 거울 아니되 거울 아님도 아니라. 위산에게 있으면 위산의 거울이고 앙산에게 있으면 앙산의 거울이나 그에도 얻을 것이 없으므로 청매선사는 '아홉 번 다른 가락 아는 이 없다' 했으리라.

구름비 내리는 언덕에서 정든 이 서로 헤어짐이여. 가는 이에게는 떠남이나 보내는 이에게는 배웅함인가.

옛 선사들의 노래 들어보자.

해인신(海印信)선사는 이렇게 노래했다.

옛 거울 보내옴에 가리는 것 어려우니
무리에게 보여 영을 행해 멍청함 나타냈네
그 때 만약 지혜로운 나그네 있었다면
지금껏 남아있어 그림자 비추어 차가우리

古鑑封來辨者難　示徒行令現顢頇
當時若有仙陁客　留得如今炤影寒

불타손(佛陁遜)선사는 노래했다.

보배거울 높이 듦에 가리는 이 드무니
쳐서 깨뜨린다고 말함 그 때에 있었네
의양의 길은 멀고 상강은 드넓으니
뭍에서는 걷고 배를 탐, 사람들이 알지 못하네

---

102) 仰山住東平時 潙山付書幷鏡一面至 師接得 捧起示衆云 且道 是潙山鏡 仰山鏡 若道是潙山底 又在仰山手裏 若道是仰山底 又是潙山寄來 道得則留取 道不得則撲破 衆無語 遂撲下

寶鏡高提辨者稀　謂言撲破在當時
冝陽路遠湘江闊　步陸乘船人不知

보영용(保寧勇)선사가 노래했다.

위산의 옛 거울을 앙산이 드니
해는 동쪽에서 솟고 달은 서쪽 비치네
쳐서 깨뜨림에 누가 거두었는지 알지 못함이여
가을 바람 쓸쓸한데 풀은 우거졌네

潙山古鏡仰山提　日上東方月照西
撲落不知誰拾得　秋風索索草萋萋

학담도 한 노래 붙이리라.

위산이 보낸 편지와 거울을 앙산이 받고서
들어 올린 뒤 깨뜨리니 사람의 정 없도다
한 줄기 주장자를 두 사람이 붙듦이여
몽둥이 끝이 하늘에 꽂혀 큰 빛을 놓는구나

潙山送鏡仰山接　捧起撲破沒人情
一條拄杖兩人扶　杖頭挿天放大光

81. 지근선사가 복사꽃을 보고 도를 깨치다〔志勤桃花〕

영운지근선사가 위산(潙山)에서 복사꽃을 보고 도를 깨쳤다.

청매선사가 노래했다.

울타리 아래 마른 가지에 한 송이 꽃 피니
꽃을 즐기는 공자가 머리 처음 돌리네
봄바람 부는 곳곳 천 나무에 꽃 붉은데
어느 것이 옛날 유비의 손이 스스로 심은 것인가

籬下枯枝一朶開　賞花公子首初回
春風處處紅千樹　那箇劉郎手自栽

일찍이 요임금의 뜰에서는 사람을 이롭게 하는 어짊 지었고
도연명은 흙 속에서 타고난 참됨 길렀네
수벌이 한 번 빨아먹으면 꽃의 정기 다하니
슬퍼 탄식하는 빈 꽃만 눈에 가득 봄날이네

曾作堯階利物仁　陶公土楷養天眞
雄蜂一呫精英盡　悄悵空花滿眼春

평창

　영운선사(靈雲禪師)가 복사꽃 보고 깨친 이 공안은 선문염송 본칙
〔590則〕에 다음 같이 나온다.

　　복주 영운지근선사가 위산에 있으면서 복사꽃을 보고 도를 깨치
고 게를 지었으니, 다음과 같다.

서른 해토록 칼을 찾던 나그네에게
몇 번이나 돌이켜 잎은 지고 가지가 돋았나
스스로 한 번 복사꽃을 본 뒤로부터
곧장 오늘에 이르도록 다시 의심하지 않네

三十年來尋劍客　幾迴落葉幾抽枝
自從一見桃花後　直至如今更不疑

위산에게 들어 보이니, 위산이 말했다.
"경계의 연(緣)을 따라 깨치면 길이 물러나 잃음이 없다. 잘 스스
로 보살펴 지니라."
　(어떤 승려가 현사에게 들어 보이니, 현사가 말했다.
"맞기는 매우 맞으나 감히 그 사람이 아직 사무치지 못했다고 확
신한다."
　대중이 이 말을 의심하니, 현사가 지장에게 물었다.
"내가 이렇게 말했으니, 그대는 어떻게 아는가?"
　지장이 말했다.
"계침이 아니면 천하사람을 아주 내달리게 했을 것입니다.")103)

수산념(首山念)선사가 노래했다.

분명히 세상 거치기 서른 해 봄인데
복사꽃 보고 깨침으로 빛깔 더욱 새롭다

---

103) 福州靈雲志勤禪師在潙山 因見桃花悟道 有偈曰
　三十年來尋劍客 幾迴落葉幾抽枝
　自從一見桃花後 直至如今更不疑
　擧似潙山 山云從緣悟達 永無退失 善自護持
　(有僧擧似玄沙 沙云諦當甚諦當 敢保老兄猶未徹衆疑此語 玄沙問地藏 我與
麼道 汝作麼生會 地藏云 不是桂琛卽走殺天下人)

사람 사람이 다 영운의 뜻을 얻었다 해도
영운이 어떤 사람인 줄 알지 못하네

分明歷世三十春　因悟桃花色轉新
人人盡得靈雲意　不識靈雲是何人

현사가 말한 곳을 아는 이 적으니
조용조용 서로 만남을 다시 의심치 말라
지금과 옛에 친절한 뜻 서로 전하니
어린이가 많이들 흰 머리 아이 되었네

玄沙道處小人知　密密相逢更莫疑
今古相傳親的旨　少年多是白頭兒

　봄이 오면 언덕 위 가지에 새롭게 꽃이 피는데 복사꽃 보고 도를
깨쳤다 함이 도리어 중생의 본래 깨쳐 있음을 등지는 것이 되므로,
현사는 사무치지 못했다고 말한 것인가.
　황룡남(黃龍南)선사는 이렇게 노래했다.

이월 삼월에 경치가 풀려 녹았더니
멀고 가깝게 복사꽃이 나무 마다 붉었네
종장이 깨쳤으되 아직 사무치지 못했다 함이여
오늘토록 옛과 같이 꽃은 봄바람에 웃는구나

二月三月景和融　遠近桃花樹樹紅
宗匠悟來猶未徹　至今依舊笑春風

장산전(蔣山泉)선사 또한 이렇게 노래했다.

복사꽃 피는 곳에 홀연히 눈썹을 펴니
아직 사무치지 못했다는 현사가 아주 기이하도다

몇 번이나 미친 바람 불어 지나간 뒤
앞과 같이 천만 가지에 불타듯 하네

桃花開處忽伸眉　未徹玄沙也大奇
幾度狂風吹擺後　依前似火萬千枝

학담도 한 노래 붙이리라.

한 번 복사꽃 보고 다시 의심 없음이여
눈앞에 꽃이 없되 앞과 같이 꽃이 환히 웃네
어리석음과 깨침 다시 사무치지 못함 말하지 말라
봄이 오면 복사꽃이 가지마다 붉으리라

一見桃花更無疑　眼前無花依前笑
莫道迷悟更未徹　春來桃花枝枝紅

82. 향엄선사가 대 치는 소리에 깨치다〔香嚴擊竹〕

향엄선사가 기와돌이 대를 치는 소리〔擊竹聲〕를 듣고 홀연히 깨달았다.

청매선사가 노래했다.

용트림하는 마른 나무가 오히려 기쁨을 내고
해골이 빛을 내니 앎이 더욱 그윽해지네
돌무더기 떨어지는 한 소리 허공에 가루처럼 부서지는데
달빛 어린 물결 천리에 외로운 배 떠나보내네

龍吟枯木猶生喜　髑髏生光識轉幽
磊落一聲空粉碎　月波千里放孤舟

평창

향엄선사가 돌이 대를 치는 소리를 듣고 깨친 이이야기는 선문염송
본칙〔597則〕에 다음 같이 나와 있다.

등주 향엄 지한선사(香嚴智閑禪師)가 기왓조각을 날려 대를 치
는 소리로 인해 홀연히 깨닫고, 이렇게 노래함이 있었다.

한 번 치자 아는 바를 잊으니
다시 닦아 다스림을 빌지 않는다.
움직여 씀에 옛 길을 드날리니
쓸쓸한 자리에 떨어지지 않는다.

一擊忘所知　更不假修治
動容揚古路　不墮悄然機

가는 곳곳에 발자취가 없어
소리와 빛깔 밖의 몸가짐인데
여러 곳의 도를 통달한 이들이
모두 높고 높은 기틀이라 말하네.

處處無蹤跡　聲色外威儀
諸方達道者　咸言上上機

위산이 듣고서 '이 사람이 사무쳤다'고 말했다.104)

향엄선사가 돌이 대치는 소리에 깨쳤다는 말을 듣고 대치는 소리에
신묘한 도리가 있다고 찾으면 이는 이 공안의 법로와는 십만 팔천 리
다.

향엄이 홀연히 깨칠 때 저 대가 대 아니되 대 아님도 아님으로 대로
인해 나는 저 소리가 소리 아님을 깨친 것이다. 그러므로 저 소리 들을
때 자아와 세계의 밑뿌리가 둘러 빠지지만, 듣되 들음 없는 반야의
빛이 현전하는 것이다.

듣는 앎과 듣는바 소리에 두 모습이 있다면, 어찌 뜻 있는 자〔有情〕
가 뜻 없는〔無情〕 대소리를 들을 것인가. 그래서 청매선사는 '마른나
무가 기쁨을 내고 해골의 앎이 그윽해진다' 노래한 것이리라.

그렇다면 돌무더기 소리가 공하되 물결이 천리에 배 떠나보내는 소
식을 알아야 향엄의 깨달음에 함께하리라.

저 경계가 공하되 공하지 않은 뜻을 취암종(翠巖宗)선사는 이렇게
노래했다.

죽과 밥으로 인연 따라서 병든 몸 기르니

---

104) 鄧州香嚴智閑禪師 因颺瓦礫擊竹作聲 忽然省悟 乃有頌云
　　一擊忘所知 更不假修治 動容揚古路 不墮悄然機
　　處處無蹤跡 聲色外威儀 諸方達道者 咸言上上機
　　潙山聞得曰 此子徹也

그를 빗장 지어 막을 미혹과 깨침이 본래 없네
까닭 없이 암자 앞의 대를 때렸으니
곧장 지금에 이르도록 길 가운데 있도다

粥飯隨緣養病軀　本無迷悟可關渠
無端擊着庵前竹　直至如今在半途

학담도 한 노래 붙이리라.

기왓조각이 날려 대를 치는 한 소리여
듣는 자와 듣는바 소리가 공한 곳에
귀가 그 소리를 듣되 듣지 않네
하늘의 흰 구름 흩어져 다해 자취 없는데
먼 곳의 절 종소리 은은하게 울리네

颺瓦擊竹一聲兮　能所空處聞不聞
白雲散盡沒蹤跡　遠寺鐘聲隱隱鳴

83. 임제가 예순 방망이를 맞다〔遭六十棒〕

임제선사가 황벽에게 '불법의 바르고 큰 뜻'을 물었다가 방망이를 맞고 대우선사(大愚禪師)를 찾아가 대우에게서 깨쳤다.

청매선사가 노래했다.

사람이 낚싯대 끎을 인해 용문을 움직이니
번개 날리고 우레 떨침에 바다와 산이 어둡네
몹쓸 짐승 돌아가는 곳 따를수록 험하니
다시 바람과 비 만나 산구름에 돌아오네

因人携釣動龍門　飛電奔雷海岳昏
惡獸所歸緣且險　更逢風雨返山雲

평창

임제(臨濟)가 황벽(黃蘗)에게서 방망이를 맞고 대우(大愚)를 찾아가 깨치고서 황벽을 스승으로 모신 이 이야기를 선문염송 본칙〔607則, 614則〕은 다음과 같이 말한다.

진주 임제 의현선사(臨濟義玄禪師)가 황벽의 회상에 있는데, 제일좌가 황벽에게 묻도록 해서 황벽에게 물었다.
"어떤 것이 불법의 바르고 큰 뜻입니까?"
그로 인해 황벽이 곧 때리고 이와 같이 세 번 쳤다.
하직하니, 황벽이 대우(大愚)를 가서 보도록 하였다.
대우가 물었다.
"어디서 오는가?"
임제선사가 말했다.
"황벽에서 옵니다."

대우가 말했다.

"황벽에게 무슨 말이 있던가?"

임제가 말했다.

"제가 세 번 '불법의 바르고 큰 뜻〔佛法的的大意〕'을 물었다가 세 번 방망이를 맞았는데, 허물이 있는지 없는지 모르겠습니다."

대우가 말했다.

"황벽이 이렇게 걱정하는 마음으로 너를 위해 애썼는데, 다시 와서 허물 있는지 없는지를 묻는가."

임제가 말 아래 크게 깨치고〔言下大悟〕 이렇게 말했다.

"원래 황벽의 불법이 여러 가지가 없구나."

대우가 멱살을 잡고 말했다.

"이 상에 오줌 누는 귀신이 아까는 허물 있는지 없는지 말하더니, 지금에는 도리어 불법에 여러 가지가 없다고 말하는구나. 네가 무슨 도리를 보았느냐. 빨리 말해라, 빨리 말해라."

임제선사가 대우의 갈비를 세 번 내지르니, 대우가 풀어 놓으면서 말했다.

"너의 스승은 황벽이다. 나와는 관계없다."

(이 때 진존숙이 수좌였다.)105)

임제가 대중에게 이렇게 보여 말했다.

"내가 선사 황벽화상 처소에서 세 번 불법의 바르고 큰 뜻을 물었다가 세 번 예순 방망이를 맞았는데, 마치 쑥풀 가지로 두드리는 것 같았다. 지금에 다시 한 방망이 맞는 것 생각하는데, 누가 나를

---

105) 〔607則〕 鎭州臨濟義玄禪師 在黃檗會 因第一座勉令問黃檗 如何是 佛法的的大意 檗便打如是三度 乃辭檗令見大愚

愚問什麽處來 師云黃檗來 愚云黃檗有何言句 師云某甲三問佛法的的大意 三度喫棒 不知有過無過 愚云黃檗 恁麽老婆爲你得徹困 更來問有過無過

師於言下大悟云 元來黃檗佛法 無多子 愚掬住云 者尿床鬼子 適來道有過無過 如今却道佛法無多子 你見个你麽道理 速道速道

師便向大愚肋下 築三拳 愚托開云 汝師黃檗 非干我事(時陳尊宿爲首座)

위해 손을 쓸 것인가?"

그 때 어떤 승려가 대중에서 나와 말했다.

"제가 손을 쓰겠습니다."

선사가 방망이를 집어 그에게 주니, 그 승려가 받으려 함에 선사가 곧 때렸다.106)

선지식이 중생을 깨우쳐줌은 때로 닭이 알을 품듯, 봄바람이 싹을 키우듯 따뜻이 보살펴 이끌기도 하고 때로 황벽이 임제에게 보이듯 방망이로 치고 멱살을 잡아 집착의 뿌리를 빼기도 한다.

그러나 자비의 방망이는 끝내 중생을 꽃 피고 새 우는 고향집에 이끌기 위함이니 청매선사는 매운 칼날 밑의 봄바람을 보이기 위해 '번개 날리고 우레 떨치되 산구름에 돌아온다'고 노래했으리라.

저 작가(作家)의 매운 방망이여. 불법이 이미 나의 보고 들음 속에 드러나 있는데 뜻을 일으켜 구하므로 스스로의 발밑을 비추게 함인가.

옛 선사들의 몇 수 노래 들어보자.

천동각(天童覺)선사가 노래했다.

아홉 번 품은 병아리요 천 리 가는 말이니
참된 바람은 부는 피리를 넘었고
신령한 기틀이 가운데 지도리를 냈네
얼굴 쪼개고 올 때 번개 날림 급하고
미혹의 구름 깨지는 곳 태양이 홀로 비친다
범의 수염 뽑는 것을 보았는가
이것이 씩씩한 큰 장부로다

九包之雛　千里之駒
眞風度簫　靈機發樞

---

106) 〔614則〕 臨濟示衆云 我於先師處 三度問佛法的的大義 三度喫六十棒 如蒿
枝子拂相似 如今更思一頓喫 誰爲吾下手 時有僧出衆云 某甲下手 師拈棒與僧
僧擬接 師便打

劈面來時飛電急　迷雲破處大陽孤
捋虎鬚見也無　箇是雄雄大丈夫

숭승공(崇勝珙)선사가 노래했다.

　　편의함을 얻고서 편의함을 잃음이여
　　지혜가 뒤바뀌어 어리석음 이루네
　　불법의 큰 뜻 말해주지 않고서
　　세 번 예순 대의 아픈 매로다
　　황벽의 걱정해줌이 아주 심했으니
　　대우는 나의 스승됨과는 관계없네
　　요즈음 몸 편안히 하는 법 배워 얻으니
　　허물 없는가 물음에 모두 알지 못하네

　　得便宜失便宜　智慧飜成愚癡
　　佛法大意不語　三回六十蒿枝
　　黃蘗老婆徹困　大愚非干我師
　　近來學得安身法　問着無過惚不知

상방익(上方益)선사가 노래했다.

　　푸른 등덩쿨 예순 대가 쑥대풀 같았으니
　　범의 눈이 벼랑에 섬을 누가 엿볼 건가
　　화살 쏨이 참되지 못해 비어 깃털이 없는데
　　도리어 어금니와 발톱 만났으니 다른 누구 원망하리
　　임제 늙은이가 놓아 지나쳤음이여!
　　만약 황금털 사자새끼였더라면
　　법상을 집어들어 쓰러뜨림 받았으리

　　蒼藤六十似蒿枝　虎眼臨崖孰敢窺

箭發不眞空沒羽　返遭牙爪怨他誰
林際老且放過
若是金毛師子兒　管取繩床被披倒

　어떤 승려가 임제선사가 주는 방망이를 받으려 함에 도리어 임제가
때렸지만 참으로 황금털 사자새끼였다면 임제의 법상을 뒤집어엎을
것이니, 임제의 방망이를 어찌 건네받아 임제를 다시 때릴 것인가.
낱낱 중생의 손에 이미 나날이 쓰고 쓰는 방망이가 분명한 것이다.
　학담도 한 노래 붙이리라.

　　매운 방망이 떨어진 곳에 산 눈을 열고
　　불법에 여러 가지 것 없음을 비로소 알았네
　　은산 쇠벽을 바닥까지 사무쳐 깨뜨리고서
　　푸른 하늘 붉은 해를 아득히 바라보네

　　苦棒落處開活眼　始知佛法無多子
　　銀山鐵壁徹底破　靑天紅日悠悠看

84. 산 채로 파묻다〔活埋〕

황벽이 임제의 밀어 넘어뜨림을 입고서 유나를 불렀다.
"유나여, 나를 구해 붙들어 일으키라."
유나가 말했다.
"화상은 왜 저 미친 녀석의 무례함을 받아주십니까?"
임제가 괭이질하며 말했다.
"여러 곳에서는 불로 태워 장사하지만, 나는 산 채로 묻소."

黃蘗被師推倒 蘗喚維那維那救我那扶起云 和尙爲什麼 被這風漢無
禮云云 師钁地云 諸方皆火 葬我活埋

청매선사가 노래했다.

여섯 말은 다룰 수 있지만 뜻은 누르지 못하고
소반의 기름은 받들 수 있지만 뜻은 지니기 어렵네
안타깝다, 한 나라의 조정이 팽성에 모였지만[107]
내달아나는 욕망 함부로 내니 아주 위태롭구나

六馬可調情不制　盤油可奉志難持
堪嗟漢祖彭城會　逸慾橫生見大危

조개와 도요새가 서로 붙들어 함께 먹으려고 피곤한데
어부가 한가히 잡아 팔 내저으며 가네
붉은 깃발 동쪽 서쪽 언덕에 같이 떨치니
올리고 움츠려 내림은 원래로 지혜로운 이가 아네

---

107) 팽성(彭城) : 전한(前漢)의 제후군을 연합한 유방(劉邦)의 군대와 초나라
　　항우(項羽)가 싸워 유방의 제후 연합군이 크게 패한 곳으로, 지금 강소성(江
　　蘇城) 서주시(西周市) 부근. 이 싸움을 팽성대전(彭城大戰)이라 한다.

蚌鷸相持共喫疲　漁人閑把去迤邐
紅旗並拂東西岸　攙掇由來作者知

　임제가 스승 황벽을 넘어뜨린 이 이야기는 선문염송 본칙[608則]에 이렇게 가록되어 있다.

　　임제가 운력에 나가 호미로 풀을 메는데, 황벽이 오는 것을 보고서 괭이를 짚고 서니, 그로 인해 황벽이 말했다.
　"이 사람이 피곤한가?"
　임제가 말했다.
　"괭이도 들지 않았는데 피곤함은 무엇이겠소."
　황벽이 곧 때리니, 임제가 때리는 방망이를 붙잡고 한 번에 넘어뜨렸다.
　황벽이 유나를 불렀다.
　"유나야, 나를 붙들어 일으키라."
　유나가 앞에 가까이 가 붙들며 말했다.
　"화상께서 어찌 이 미친 녀석의 무례함을 받아주십니까?"
　황벽이 일어나서 유나를 때리니, 임제가 괭이질하며 말했다.
　"다른 여러 곳에서는 불로 태워 장사하지만, 나의 이 속에서는 한때에 산 채로 파묻소."108)

　아버지가 아들을 낳고 스승이 제자를 가르치는데, 제자가 스승을 넘어뜨리니 이는 제자 없는 스승이 없고 아들 없는 아버지가 없음을 보

---

108) 臨濟因赴普請鋤地次 見黃蘗來 拄钁而立 蘗云這漢困耶 師云钁也未擧 困个什麼 蘗便打師接住棒 一送送倒
　　蘗喚維那 維那扶起我 維那近前扶云 和尙爭容得者風顚漢無禮 蘗才起 便打維那 師钁地云 諸方火葬 我這裏一時活埋

인 것인가.

이것과 저것, 주체와 객체를 한꺼번에 땅에 파묻어야 주객을 한꺼번에 살리는 길이므로 청매선사는 '조개와 도요새를 어부가 한꺼번에 잡아 팔 저으며 간다'고 말한 것이리라. 그리고 마음의 경계에 대한 집착 또한 경계가 경계 아님을 알지 않으면 다할 수 없으므로 선사는 '소반의 기름은 담을 수 있으나 경계 따라 흩날리는 뜻은 지니기 어렵다' 했으리라.

진정문(眞淨文)선사 또한 다음 같이 노래했다.

깃발을 뺏고 북을 쳐서 정신을 바짝 붙이니
아버지와 아들이 비록 가까우나 법은 가깝지 않네
온 세상 네 바다의 참선하는 이들에게 알려 말하니
한가히 나무 그루터기 지켜 토끼 기다리는 사람 되지 말라

奪旗掣鼓着精神　父子雖親法不親
爲報四方禪者道　等閑莫作守株人

학담도 한 노래 붙이리라.

넘어뜨림과 붙들어 일으킴이 나를 말미암으니
땅에서 넘어진 자 땅을 인해 일어나네
산 자를 산 채로 묻어서 비로소 산 자를 알고
죽은 자를 다시 살려서 비로소 죽은 자를 보네

送倒扶起皆由我　因地而倒因地起
活者生埋始知活　死者復活始見死

85. '악' 외치다〔喝〕

임제가 평소 어떤 승려가 문에 드는 것〔入門〕을 보기만 하면 곧 '악'
외쳤다.109)

청매선사가 노래했다.

활달히 떨어지는 찬 소리에 환한 해가 어두워졌는데
바늘과 칼 끝 위에서 하늘 땅을 놀리네
꽃을 집어 보이자 웃음이여, 집이 처음 없어졌는데
다시 허공을 잡아 두 조각을 내는구나

磊落寒聲白日昏　針鋒頭上弄乾坤
拈花微笑家初喪　更把虛空作兩分

풀이 짙어져 온 하늘 아래 잎은 쓸쓸하고
네 바다에 티끌 날아 검은 담비 가득하네
또 아이들이 여덟 자로 휘두름을 기뻐하니
한나라 사백 집은 아침에 같이 밥을 먹네

草昧天下葉蕭蕭　四海飛塵滿黑貂
且喜兒童揮尺八　漢家四百食同朝

평창

조사선의 높은 가풍을 덕산(德山)의 방망이〔棒〕와 임제(臨濟)의 '악
〔喝〕' 외침으로 말하듯, 두 선사는 번개와 우레가 치듯 중생의 망집을
한 칼에 끊어 반야의 땅에 세운다. 그 가운데서도 임제는 법을 물으러

---

109)〔633則〕臨濟凡見僧入門 便喝

배우는 이가 문에 들어서기만[入門] 하면 곧 '악' 외쳤다.

임제의 '악 외침'이여. 하늘 땅을 한 칼에 깨뜨려 하늘 땅을 살리므로 청매선사는 '환한 해가 어두워졌는데 칼끝에서 하늘 땅을 놀린다'고 한 것이리라.

이는 '영산회상에서 세존이 꽃을 들어보이자 카샤파가 웃음지은 뜻'과 둘이 없으나, 임제의 가풍[臨濟家風]이 죽여서 살림이라면 카샤파가 웃음 지음[拈花微笑]은 살림 속에 죽임을 보인 것이리라.

옛 선사들의 노래 다시 들어보자.

대홍은(大洪恩)선사는 이렇게 노래했다.

　문에 들어서 오면 곧 악 외치니
　이는 크게 근심스럽고 슬픈 일이다
　그런데도 끝없는 막힌 선객들이
　다시 거듭 여러 가지 꾸려서 논하네

　入門來便喝　已是大忉怛
　無限杜禪和　更復論該括 (咄)

경산고(徑山杲; 大慧)선사가 노래했다.

　문에 들자 곧 악 외침이여
　온전히 잡을 코뚜레가 없으니
　어린 자손들을 이끌어서
　죽과 밥의 기운 놀림이네

　入門便喝　全無巴鼻
　引得兒孫　弄粥飯氣

개암붕(介庵朋)선사의 다음 노래가 친절하다.

한 번 '악' 외쳐 산이 무너지고 바닷물 말랐는데
온전한 기틀 활짝 벗어나 잴 자와 틀 본이 없다
진흙소 안개와 구름 밖으로 벗어났는데
곧바로 아름다운 소리가 길거리에 가득해졌네

一喝山崩海水枯   全機脫略沒規模
泥牛迸出煙霄外   直得嘉聲滿道途

학담도 한 노래 붙이리라.

임제의 외침 아래 하늘 땅이 무너졌는데
돌말은 구름 안개 밖으로 솟구쳐 오르네
사람 죽이는 칼이여, 사람 살림 겸하니
네 바다가 이로 좇아 가풍을 세우도다

臨濟喝下天地崩   石馬逈出雲霧外
殺人刀兮兼活人   四海從此立家風

86. 털이를 태우라[燒拂]

황벽선사가 임제에게 선사(先師)의 선판과 털이를 주자, 임제선사가 사미에게 말했다.
"불을 가져오라."
황벽이 말했다.
"가져가기만 해라. 뒤에 천하사람의 혀끝을 주저앉히리라."
임제가 곧 쉬었다.

黃蘗與師先師禪板及拂子 師召沙彌將火來 蘗云但將去 已後坐却天
下人舌頭去在 師便休

청매선사가 노래했다.

조사의 업을 서로 전함은 옛날의 가풍인데
선판 가져오라 해 불의 신에게 태우게 하네
그대 헤어짐에 머리털 자름 비록 아름답다고 하나
여러 곳의 이야기 같지 않음이 있음을 알겠네

祖業相傳是古風　擬將分付丙丁童
辭君斷髮雖云美　知有諸方話不同

평창

황벽선사가 임제에게 백장선사의 선판(禪板)과 털이[拂子]를 전해
주자 '불로 태우라' 한 이 이야기는 선문염송 본칙[611則]에 이렇게
나와 있다.

임제가 황벽을 하직하니, 황벽이 물었다.
"어디로 가는가?"

임제선사가 말했다.

"하남이 아니면 하북입니다."

황벽이 곧 때리니, 임제가 방망이를 잡아 멈추고 한 방을 먹임에, 황벽이 '하하' 크게 웃었다. 그리고는 시자를 불러 '선사(先師)의 선판과 털이를 가져오라'고 하였다.

임제가 시자를 불러 말했다.

"불을 가져오라."

황벽이 말했다.

"그대는 가져가기만 하라. 이 뒤에 천하 사람의 혀끝을 눌러 앉히리라."110)

선문(禪門)에서 법등(法燈)을 전함이란 지혜의 눈을 검증해서 그 지혜의 등불을 스승과 제자가 서로 전해감이다. 그런데 연기법의 실상은 여래가 세간에 오시든 오시지 않든 법계에 늘 머무는 것이니, 법등을 전한다 해도 옳지 않고 전하지 않는다 해도 옳지 않다.

이 법은 원래 '스승 없는 지혜〔無師智〕'이고 '스스로 그러한 지혜〔自然智〕'이므로, 임제는 가사와 발우 선판과 털이 등 물질적 징표로 전법하려는 황벽을 향해 털이를 불태우려 하고, 황벽은 물질적 징표 없앨 것 없음을 보이려 '가져가라' 한 것이리라.

세간에서는 서로 뜻 맞는 사람이 헤어질 때 머리털 잘라 이별의 안타까움을 나타내기도 한다. 그러나 청매선사는 내 말 내 뜻을 내 뜻대로 고이 지녀 세상에 전해주는 것이 보내는 이의 깊은 속마음이므로 '여러 곳의 말이 같지 않다' 한 것인가.

'이 깊고 깊은 마음으로 티끌세상 받드는 것이 붇다의 은혜 갚는다'고 한 능엄경(楞嚴經)의 말씀이 청매선사가 보이고자 한 그 뜻일 것이니, 옛 선사들의 말 들어보자.

---

110) 臨濟辭黃蘗 蘗問什麼處去 師云不是河南 便是河北 蘗便打 師約住棒 遂與一掌 蘗呵呵大笑 喚侍者 將先師禪板拂子來 師召侍者 將火來 蘗云汝但將去已後坐却天下人舌頭去在

해인신(海印信)선사는 이렇게 노래했다.

스승 제자 헤어지는 모습 뜻이 멀지 않으니
선판을 가져오라 하니 불로 태우라 명하네
조사와 붇다 이미 신령함도 오히려 소중히 않는데
다른 것으로 전별하여 누가 받들어 다닐 것인가

師資叙別意非遙　禪板將來命火燒
祖佛已靈猶不重　贐行餘長孰擎挑

위산에게 앙산이 말했다.
"능엄회상에서 아난다가 붇다를 찬탄해 이렇게 말함과 같습니다.
'이 깊은 마음으로 티끌세계 받들면 이것을 붇다의 은혜 갚음이
라 한다.'
그러니 어찌 은혜 갚는 일이 아니겠습니까?"
위산이 말한다.
"그렇고 그렇다. 보는 것이 스승과 같으면 스승의 덕을 반으로 줄
이고 보는 것이 스승을 지나야 바야흐로 전해줌을 감당한다."111)

학담도 한 노래 붙이리라.

이 일은 원래부터 본디 갖추어져 있는데
선판과 털이로 무슨 법을 전하는가
불을 가져오라 명해 스승 은혜 갚음이여
붇다의 법 잇고 넓혀 만방에 퍼뜨렸네

此事元來本具足　禪板拂子傳何法
命將火來報師恩　紹隆佛法播萬邦

---

111) 仰云 如楞嚴會上 阿難讚佛云 將此深心奉塵刹 是則名爲報佛恩 豈不是報恩
之事 潙云 如是如是 見與師齊 減師半德 見過於師 方堪傳授

87. 쌀을 팔아오다〔糶米〕

원주가 고을에서 쌀을 팔아오니, 임제선사가 주장자로 한 획을 긋고 말했다.

"이것을 팔아왔는가?"112)

원주가 '악' 외치니, 선사가 때렸다.

전좌가 이르자, 선사가 앞과 같이 물었다.

전좌가 절하자, 선사가 또 때렸다.

院主自州中糶米來 師以柱杖畫一畫云糶得者介麼 主喝 師打之 典座至 師如前問 座拜 師又打之

청매선사가 노래했다.

한 가지에 마디 없어도 기틀 빗장 지으니
잠자는 용 화나게 해 바다와 산을 움직이네
유월의 한낮에 서리와 눈 내리니
한 때 사람들의 일 한바탕 영화로운 꿈이로다

一枝無節作機關　觸忤眠龍動海山
六月半天霜雪下　一時人事夢邯鄲

평창

위 공안을 선문염송 본칙〔615則〕은 다음 같이 말한다.

임제가 원주에게 물었다.
"어디서 오는가?"

---

112) 팔아옴〔糶來〕: 돈을 주고 쌀을 사오는 것을, 돈을 기준으로 '쌀을 팔아온다'고 말하고, 농부가 쌀을 내다 팔아 돈을 마련하는 것을 '돈을 산다'고 말함.

원주가 말했다.

"고을에서 노란 좁쌀을 팔아옵니다."

임제선사가 주장자로 한 획을 긋고 말했다.

"이것을 다 팔아왔는가?"

원주가 '악' 외치니, 선사가 곧 때렸다.

다음에 전좌가 오니, 앞의 이야기를 들어 보였다.

전좌가 말했다.

"원주가 화상의 뜻을 알지 못했습니다."

선사가 말했다.

"그대는 또 어떠한가?"

전좌가 곧 절하니, 선사가 또 때렸다.113)

　임제가 원주에게 주장자로 한 획을 그어 보이고, '이것을 샀는가' 물으니 이는 얼마 무게의 쌀인가. 가볍기는 새털보다 가볍고, 무겁기는 저 산보다 무거우리라.

　주장자로 한 획을 그음이여. 모습에 모습 없되 모습 없음도 없어 구름을 일으키고 바람 몰아치는 묘한 씀이 있음이라. 청매선사는 마디 없이도 기틀 빗장 지어 '잠자는 용을 건드려 바다와 산을 움직인다'고 했는가. 눈앞의 일이 꿈같은 줄 알므로 유월 한낮에 서리와 눈 내림을 보도다.

　옛 선사들의 노래 들어보자.

　천동각(天童覺)선사가 노래했다.

　　임제의 온전한 기틀 격조가 높으니

　　방망이 끝에 눈이 있어 가을 털끝도 가린다

　　여우 토끼 쓸어 없애 가풍이 드높으니

---

113) 臨濟問院主 甚處來 主云州中糶黃米來 師云糶得盡麼 主云糶得盡 師以拄杖
　　劃一劃云 還糶得者个麼 主便喝 師便打次典座至 師遂擧前話 座云院主 不會
　　和尙意 師云你又作麼生 座便禮拜 師又打

고기와 용 변화함이 번갯불에 탐과 같네
사람 살리는 칼과 사람 죽이는 칼이여
하늘 의지해 눈을 비춰 날카롭게 털을 불어 끊네
한 가지로 영을 행하는 재미가 아주 다르니
온통 아픈 곳을 이 뉘라서 만날 것인가

林際全機格調高　棒頭有眼辨秋毫
掃除狐兎家風峻　變化魚龍雷火燒
活人劍　殺人刀　倚天照雪利吹毛
一等令行滋味別　十分痛處是誰遭

운문고(雲門杲)선사는 이렇게 노래했다.

한 무더기 붉은 불꽃 개인 하늘에 뻗쳤으니
금과 놋쇠 쇠와 구리를 묻지 말라
그 속에 들어가면 다 물이 되게 하나니
모기 날벌레 그 가운데 머묾 어찌 용납하리

一堆紅焰亘晴空　不問金鍮鐵錫銅
入裏盡教成水去　那容蚊蚋泊其中

학담도 한 노래 붙이리라.

한 톨의 노란 좁쌀이 온 쌀을 모두 거두니
함이 있는 ‘악’ 외침과 절이 어찌 여기에 미치리
들고 나고 가고 옴에 본래 일이 없으나
봄날씨 따뜻한데 흰 눈이 어지러이 날으네

一粒黃米納全米　有爲喝拜焉及此
出入往來本無事　春煖白雪紛紛飛

88. 양당의 수좌가 같이 '악' 외치다〔齊下一喝〕

두 당〔兩堂〕의 수좌가 하루는 서로 '악' 외치니, 어떤 승려가 임제선사에게 물었다.
"도리어 주인과 손님이 있습니까?"
선사가 말했다.
"또렷하다."

兩堂首座 一日相喝 有僧問師 還有賓主也無 師云歷然

청매선사가 노래했다.

하늘 바람 불어 이니 패현 서쪽 유방의 깃발이요
초나라 군사 구름처럼 일어나 땅을 말아 따라오네
먼저 함곡관에 들어감에 비록 이 사람이 주인이나114)
홍문의 잔치에서 술잔은 사람의 속임 드러냈네115)

天風吹起沛西旗　楚甲雲興卷土隨
先入函關雖是主　鴻門玉斗見人欺

---

114) 함곡관(函谷關) : 중국 전국시대 진(秦)에서 산동(山東) 6국으로 통하던 관문. 험하기로 유명하여 천하제일 험관이라 한다. 항우가 40만 대군으로 함곡관에 진격하였으나 유방이 먼저 들어와 있었다. 이로 인해 항우가 유방을 죽이려는 홍문의 잔치가 열림.

115) 홍문옥두(鴻門玉斗) : 지금 중국 섬서성(陝西省) 임동현(臨潼縣)의 홍문에서 유방과 항우가 베푼 잔치를 '홍문의 모임〔鴻門之會〕'이라 한다. 그 때 항우가 범증(范增)의 권유로 유방을 죽이려 하는데, 유방이 범증에게 옥술잔을 선물하자 범증이 그 술잔을 깨뜨린 일을 말함. 유방은 번쾌의 보호로 목숨을 살림.

이 공안은 선문염송 본칙〔616則〕에 이렇게 나와 있다.

임제의 회상에서 두 방〔兩堂〕의 수좌가 어느 날 서로 보고 같이 '악' 외침을 내렸다.
어떤 승려가 이 일을 들어 임제에게 물었다.
"도리어 주인과 손님이 있는지 알지 못하겠습니다."
선사가 말했다.
"손님과 주인이 또렷하다."116)

연기법에서는 '있다〔有〕'고 말함이 곧 '없다〔無〕'고 함이다. 주인과 손님이 실로 있음이 아니므로 때와 곳 따라 주인과 손님이 세워지고, 실로 없음이 아니므로 주인과 손님이 서로 교환되는 것이리라.
그러므로 청매선사는 이쪽이 이쪽으로 세워지므로 저쪽이 저쪽 되는 모습을 유방과 항우의 싸움으로 보이고, 주인 손님이 세워지지만 거짓 있는 주인 손님임을 홍문의 잔치에서 보인 속임수로 보인 것이리라.
이것과 저것 주인과 손님이 적대적 모순관계로 싸우는 역사의 투쟁은 어느 때나 그치는가. 그렇다면 이쪽 저쪽이 실로 있다 해도 안 되고 다만 거짓이라 해도 안 되는 것인가.
이쪽이 이쪽이되 이쪽 아니고 이쪽 아니되 이쪽 아님도 아닌 줄 알면, 주인과 손님이 서로 소통되고 서로 걸림 없게 되어 한밤에 환한 해 솟구침을 보게 될 것이니, 옛 선사들의 노래 들어보자.
해인신(海印信)선사가 노래했다.

한 '악' 외침에 물이 거슬러 흐르도록 하니
또렷한 손님과 주인 가볍게 대꾸하지 못한다

---

116) 臨濟會下 兩堂首座 一日相見 齊下一喝有僧擧問師 未審還有賓主也無 師云 賓主歷然

그 사람이 만약 소식을 통하려 하면
한밤의 동트는 곳에 해가 솟아나오리

一喝須敎水逆流　歷然賓主未輕酬
當人若要通消息　半夜扶桑出日頭

숭승공(崇勝珙)선사가 노래했다.

손님과 주인이 또렷한 것은
천 성인이 전하지 못하는데
하룻밤 자고 깨침과
소림의 아홉 해 벽을 봄
이 모두가 때와 철의 인연이네
만약 어머니를 건져 하늘에 나게 하려면
마하목갈라야나 아니면 못하리라

賓主歷然　千聖不傳
一宿九年　時節因緣
若要救母生天　無非大目揵連

학담도 한 노래 붙이리라.

악 외침 한 번 내리니 환한 해 어두워졌는데
해 뜨는 곳에 옛과 같이 환한 해 떠오르네
손님 주인 서로 마주하나 가깝고 멂이 없으니
손을 잡고 큰 길거리에 같이 걸어가도다

喝聲一下白日暗　扶桑依舊日頭明
賓主相待沒親疏　把手共行大路街

89. 지위 없는 참사람〔無位眞人〕

임제선사가 당에 올라 말했다.
"그대들 여러 사람들이여, 지위 없는 참사람이 늘 얼굴 문을 따라 들고 난다."
스스로 말했다.
"마른 똥막대기다."

師上堂云 汝等諸人 無位眞人 常從面門出入云云 自云乾屎橛

청매선사가 노래했다.

금소리와 옥의 떨림 담장 모퉁이 지나가고
풀이 눕고 바람 지나니 아주 어리석음 같아라
돌불 번갯빛으로도 따라 미치지 못하나
어떤 때 깊이 취해 사람의 붙들어줌 청하네

金聲玉振過墻隅　草偃風行太似愚
石火電光追莫及　有時沉醉請人扶

평창

이 공안은 선문염송 본칙〔617則〕에 다음 같이 기술되어 있다.

임제선사가 대중에게 보여 말했다.
"한 지위 없는 참사람이 늘 그대들 모든 사람들의 얼굴 문에 들고 난다. 아직 근거를 증명하지 못한 자는 보고 보라."
그 때 어떤 승려가 나와 물었다.
"어떤 것이 지위 없는 참사람입니까?"
선사가 선상에서 내려와 멱살을 쥐고 말했다.

"일러라, 일러라."

그 승려가 망설여 헤아리자 선사가 놓아주며 말했다.

"지위 없는 참사람이 무엇인가. 마른 똥막대기다."[117]

지위 없는 참사람이 무엇인가. 절대관념론적으로 풀이되고 있는 한 마음〔一心〕과 신아론적으로 이해되고 있는 내면의 주인공(主人公)을 넘어서야 지위 없는 참사람을 알 수 있을 것이다.

그러므로 이 공안의 참구는 '임제는 왜 지위 없는 참사람이 마른 똥 막대기라고 했는가'라는 물음으로 이끌어 가야 한다. 그렇지 않으면, 이 몸 끌고 다니는 주인공을 세워 주인공을 찾는 미친 꿈을 쉬지 못할 것이다.

일어나고 사라지는 법 가운데서 실로 알 것이 없으나 인연이 갖춰지 면 알지 못하는 것이 없으므로, 청매선사는 '아주 어리석음 같으나 번 갯빛이 따르지 못하는 작용이 있다'고 한 것인가. 그리고 지위 없는 참사람이 머무는 곳 없으나 사람의 인연이 갖춰지면, 사람 아닌 사람 으로 참사람이 서게 되는 것을 '어떤 때 깊이 취해 사람의 붙들어줌을 청함'이라 한 것이리라.

참사람 앞에 마주해 볼 것이 없으나 보지 않을 것이 없음을 노래한 옛 선사들의 몇 수 노래 들어보자.

해인신(海印信)선사가 노래했다.

봄빛깔 녹고 녹아 눈길이 겨우 열리니
한가히 낚시 드리워 바위 모서리 나오네
황금 잉어 만나지 못해 헛되이 힘만 쓰고
낚싯줄 거두어서 집으로 돌아가네

春色融融雪乍開　等開垂釣出巖隈

---

117) 臨濟示衆云 有一無位眞人 常從汝等諸人面門出入 未證據者 看看 時有僧出 問 如何是無位眞人 師下禪床擒住云 道道僧擬議 師托開云 無位眞人 是什麽 乾屎橛

金鱗不遇虛勞力　收取絲綸歸去來

법진일(法眞一)선사가 노래했다.

　　우뚝하고 우뚝한 지위 없는 참사람의
　　들고 나옴 어찌 일찍이 얼굴문에 있었는가
　　그림 꽃병 깨뜨려서 찾을 수 없는 곳에서
　　저는 본래 스스로 하늘 땅을 받아들이네

　　堂堂無位一眞人　出入何曾在面門
　　打破畫瓶無覓處　渠儂本自納乾坤

　　그럼 꽃병 깨뜨려야 하늘 땅을 받아들임이란, 안에 있다고 생각하는
신묘한 것의 있음을 철저히 깨뜨려야 비로소 여기 있음을 떠나지 않고
하늘 땅을 받아들일 수 있음을 말한 것이리라.
　　학담도 한 노래 붙이리라.

　　안과 밖에 머물지 않고 가운데도 있지 않으나
　　안과 밖을 떠나지 않고 잠깐도 버리지 않네
　　얼굴문에 들고 나오나 본래 움직이지 않는데
　　나무에 기대 깊이 잠드니 달이 동에서 솟네

　　不住內外不在中　不離內外暫不捨
　　面門出入本不動　倚樹沈眠月出東

90. 임제를 자리에서 끌어내리고 스스로 앉다〔拽下自坐〕

마곡이 임제선사에게 천 눈 가운데 바른 눈을 물었다.
임제가 말했다.
"빨리 말하라, 빨리 말하라."
마곡이 선사를 자리 아래로 끌어내리고 도리어 스스로 앉았다.
임제선사가 몸을 돌이키며 말했다.
"살피지 못하는구나."
마곡이 말하려 하자, 임제가 마곡을 자리 아래 끌어내고 다시 스스
로 앉으니, 마곡이 나가버렸다.

麻谷問師正眼 師云汝速道速道 谷拽師下座 却自坐 師回身云 不審谷
擬議 師拽谷下座 復自坐 谷出去

청매선사가 노래했다.

백 자 되는 황금성에 포화가 서로 닿는데
쇠말 타고 튀어나옴에 칼과 창이 울도다
좌우에 보는 사람 몇 사람 있지 않는데
천 봉우리 드러나지 않고 찬 구름만 얽혔네

百尺金城炮火觸　鐵騎突出刀槍鳴
左右觀人無數在　千峯不露冷雲縈

평창

　마곡(麻谷)이 임제선사(臨濟禪師)에게 '대자비 보디사트바의 천 손
천 눈〔千眼千手〕' 가운데 어떤 눈이 바른 눈인가'를 묻고, 임제와 마곡
이 서로 끌어내리고 스스로 앉은 이 공안을 선문염송 본칙〔622則〕은
이렇게 말한다.

임제가 법좌에 오르니 마곡이 물었다.

"큰 자비 보디사트바의 천 손과 천 눈〔大悲千手眼〕에서 어떤 것이 바른 눈입니까?"

선사가 말했다.

"큰 자비 보디사트바의 눈에서 어떤 것이 바른 눈이겠는가. 빨리 말해라 빨리 말해라."

마곡이 선사를 자리에서 끌어내리고 도리어 자기가 앉으니, 선사가 몸을 돌리며 말했다.

"살피지 못했구나."

마곡이 말하려 하자, 선사가 마곡을 자리에서 끌어내리고 자리에 다시 앉으니 마곡이 곧 나가버렸다.118)

'세간 소리 살피는 대자비 보디사트바〔觀世音菩薩〕'의 천 손 천 눈〔千手千眼〕은 무엇인가. 모습〔相〕에 모습 없되 모습 없음에 모습 없음도 없고, 봄〔見〕에 봄이 없되 봄 없음에 봄 없음도 없음을 천의 손〔千手〕 천의 눈〔千眼〕으로 표현한 것이다. 그러므로 해탈의 자재한 묘용〔解脫妙用〕이 다시 고요하여〔解脫寂滅〕 법신(法身)을 떠나지 않음을 알아야 하니, 천 눈 가운데 어느 눈이 바른 눈이겠는가.

지금 마곡과 임제의 법을 씀도 천 눈 천 손의 한 씀이니, 두 작가의 법도 서로 돌이키고 서로 주인과 손님을 바꾼다. 그러므로 이 모습을 청매선사는 '서로 맞서는 두 장수의 싸움에 돌아보는 사람 없음'으로 나타냈으리라. 두 장수의 나타내 보이는 것이 '드러난 곳에서 바로 숨고 숨은 곳에서 바로 드러남'을, 선사는 다시 '천 봉우리 드러나지 않지만 찬 구름만 얽혔다'고 말한 것인가.

옛 선사들의 노래 들어보자.

해인신(海印信)선사가 노래했다.

---

118) 臨濟陞座 麻谷問大悲千手眼 那个是正眼 師云大悲千手眼 那个是正眼 速道
  速道 谷拽師下座 却自坐 師迴身云 不審谷擬議 師却拽谷下座 復坐 谷便出去

큰 자비 관세음보디사트바의
바른 눈을 물어옴이 분명하니
서로 바뀌는 기틀 자세히 보라
곧 알았다 해도 또한 멍청한 것이니
마치 메기가 낚싯대에 걸려 오른 것 같네

大悲正眼問來端　互換之機字細看
便會得亦顢頇也　猶似鮎魚上竹竿

운문고(雲門杲)선사는 이렇게 노래했다.

분명한 이 한 수에 어두워서
끌어오고 잡아가서 서로 베풀어 보이네
왕유의 솜씨를 내놓고는 다시 어떤 사람이
그려낼 수 있는지 알지 못하리

昧却當陽个一着　牽來拽去互施呈
不知除却王維手　更有何人畫得成

학담도 한 노래 붙이리라.

천 손 천 눈에서 어떤 것이 바른가
보되 눈이 없어 보지 않고 보네
큰 자비의 보디사트바 찾을 곳이 없는데
세간 소리 살펴서 곳곳에서 나오네

千手眼中那個正　見而無眼不見見
大悲菩薩無處尋　觀世音聲處處出

91. 경도 보지 않고 좌선도 하지 않으니〔看經坐禪〕

왕상시가 임제선사를 찾아와 여러 승려들이 승당 안에 앉아있는 것
을 보고 말했다.
"경을 봅니까, 좌선합니까?"
임제가 말했다.
"아니오."
왕상시가 말했다.
"무엇 하오?"
"붇다를 이루고 조사를 짓소."
왕상시가 말했다.
"금가루가 비록 귀하나 눈에 떨어지면 가림을 이룹니다."
선사가 말했다.
"그대가 속된 사람이라 말하려 했소."

王常侍來謁 見諸僧坐僧堂內曰 看經耶 坐禪耶 師曰否 侍曰作什麽
師曰成佛作祖 侍曰金屑雖貴 落眼卽成翳 師云將謂你俗漢

청매선사가 노래했다.

금강 같은 보배칼의 기운이 하늘을 치니
천하 사람들이 홀로 우뚝하다 말하네
관의 사람에게 가볍게 한 번 밀침을 입음이여
늦은 나이에 수풀 아래 많은 말이 있었도다

金剛寶釰氣衝天　天下人言獨卓然
却被官人輕一挨　暮年林下有多言

　　임제와 왕상시의 위 문답은 선문염송 본칙[623則]에 다음 같이 나와 있다.

　　임제에게 왕상시가 찾아와 선사가 같이 승당 안에 들어가 보는데, 왕상시가 물었다.

"이 한 집의 스님네가 경을 봅니까?"

선사가 말했다.

"경을 보지 않소."

왕상시가 말했다.

"좌선합니까?"

선사가 말했다.

"좌선하지 않소."

왕상시가 말했다.

"이미 좌선하지 않고 경도 보지 않으면 무엇 합니까?"

선사가 말했다.

"모두 저들이 붇다가 되고 조사가 되도록 하오."

왕상시가 말했다.

"금가루가 비록 귀하나 눈에 떨어지면 가림을 이룹니다."

선사가 말했다.

"그대를 속된 사람이라 말하려 했소."119)

　　어떤 지음 있고 함이 있는 행을 쌓아서 보디를 이룬다고 하면, 그것은 깨달음의 길이 아니다. 그러므로 '경을 보아서 붇다를 이룬다'고 해서도 안 되고, '좌선해서 붇다를 이룬다'고 해서도 안 된다. 참으로

---

119) 臨濟因王常侍來訪 師同入僧堂內看 侍云者一堂僧 還看經否 師云不看經 侍云還坐禪否 師云不坐禪
　　侍云旣不坐禪 又不看經 作个什麼 師云揚敎伊成佛作祖去 侍云金屑雖貴 落眼成翳 師云將謂你俗漢

경을 보는 자는 망상의 티끌을 깨서 대천에 두루한 경을 끄집어내야
하고, 좌선하는 이는 모든 법이 공한 실상을 앉을 자리로 삼아야〔諸法
空爲座〕, 좌선하는 그 자리가 해탈의 땅이 된다.

임제선사가 경을 보지 않고 좌선도 하지 않지만 붇다를 이룬다고
말한 것이 도리어 지음 있는 행이 되므로 왕상시가 '눈에 금가루가 떨
어지면 가림을 이룬다'고 말한 것이다. 청매선사는 다시 그것을 들어
'관의 사람에게 가볍게 밀침을 입어서 수풀 아래 말이 많았다'고 했으
리라.

운문고(雲門杲)선사 또한 왕상시의 안목을 이렇게 기려 말한다.

세간과 세간 벗어난 드문 일 드러냄은
반드시 헤아림 벗어난 사람을 의지하네
왕의 옷을 깁고 국을 만드는 솜씨로
여래의 바른 법바퀴를 튕겨 굴렸네

世出世間稀有事　顯發須憑過量人
只將補袞調羹手　撥轉如來正法輪

학담도 한 노래 붙이리라.

경을 보고 좌선함은 무슨 일을 위함인가
붇다와 조사 이룬다 함도 잠꼬대 말이로다
한 가림 눈에 있으면 헛꽃 어지러이 떨어지니
가림 다하고 꽃 사라지면 법은 스스로 그러하리

看經坐禪爲何事　成佛作祖是夢言
一翳在眼花亂墮　翳盡花滅法自然

92. 마침에 다다라 법을 전하다[臨滅付法]

임제선사가 삼성에게 말했다.
"내가 간 뒤에 어떤 사람이 정법안장을 물으면, 그대는 어떻게 말하겠는가?"
삼성이 곧 '악' 외치니, 선사가 말했다.
"눈 먼 나귀에게서 없어져 버렸다."

謂三聖曰 吾去後 人有問正法眼藏 你作麼生道 聖便喝 師云瞎驢邊滅却

청매선사가 노래했다.

집문서를 공손히 손 드리워 받을 때
받들어 지님 깊이 감사해 외침소리 높아라
니르바나의 문 밖에는 바람 서리 매섭고
지는 잎은 쓸쓸하여 이별 가락 슬프게 하네

家券叮嚀垂手際　奉持深謝喝聲高
涅槃門外風霜苦　落葉蕭蕭愴別調

평창

위 공안을 선문염송 본칙[635則]은 다음 같이 말한다.

임제가 세상을 떠나갈 때 삼성이 원주였다.
선사가 당에 올라 말했다.
"내가 세상에서 떠난 뒤에 나의 정법안장을 없애지 말라."
삼성이 말했다.
"어찌 감히 화상의 정법안장을 없애겠습니까?"

선사가 말했다.
"홀연히 어떤 사람이 물으면 그대는 어떻게 말하겠는가?"
삼성이 곧 '악' 외치니 선사가 말했다.
"나의 정법안장이 이 눈 먼 나귀에게서 없어질 줄 누가 알 건가."120)

무엇이 '바른 법의 눈 그 진리의 곳간[正法眼藏]'인가. 저 세간법을 보되 봄이 없고 보지 않되 보지 않음도 없는 반야의 눈을 말함인가. 그렇다면 실로 받을 바른 법의 눈이 있다고 하면 이미 바른 법을 등짐이다. 그러므로 삼성의 '악' 외침에 임제는 '눈 먼 나귀가 바른 눈을 없앴다'고 한 것이니, 바른 눈이 없어져야 비로소 참된 눈이 열림을 그리 말한 것이리라.

청매선사는 바른 눈이 지금 바람 불고 잎 지는 곳 떠나지 않으므로 '지는 잎 쓸쓸하여 이별가락 슬프게 한다'고 한 것인가. 현묘함이 다해야 참된 법이 드러나고 바른 눈이 사라져야 비로소 반야의 눈인 것이니, 반야를 반야라 하면 이미 반야가 아니기 때문이리라.

옛 선사들의 몇 노래 들어보자.

장산전(蔣山泉)선사가 노래했다.

정법안장을 누가 전해 받을 것인가
악 외침 내리니 푸른 바다가 바닥까지 말랐다
이로부터 눈먼 나귀 찾을 곳 없으니
무쇠산의 돌아오는 길이 캄캄하여 아득하다

正法眼藏誰傳得　喝下滄溟徹底乾
從此瞎驢無覓處　鐵山歸路黑漫漫

---

120) 臨濟遷化時 三聖爲院主 師上堂云 吾去世後 不得滅却吾 正法眼藏 聖云爭
敢滅却和尙正法眼藏 師云忽有人問 你作麽生道 聖便喝 師云誰知吾正法眼藏
向者瞎驢邊滅却

숭승공(崇勝珙)선사가 노래했다.

　　정법안장이 사라졌는가 사라지지 않았는가
　　마침에 다다라 대중에게 알리는 시절이로다
　　삼성이 나서서 악 한번 외치니
　　이로부터 나귀새끼 눈멀음 가여웁도다
　　나귀새끼 눈멀음을 몇 사람이나 아는가
　　눈 내리는 밤 잔나비가 울다 더욱 흐느끼도다
　　벙어리가 꿈꿀 때를 돌이켜 생각하니
　　두 팔을 벌리어 누구에게 말을 하는가

　　正法眼藏滅不滅　　臨終告衆底時節
　　三聖進前喝一聲　　可憐從此驢兒瞎
　　驢兒瞎却幾人別　　雪夜猿啼轉嗚咽
　　翻思瘂人得夢時　　展開雙手向誰說

　　천동각(天童覺)선사는 황매산 홍인선사(弘忍禪師)가 노행자에게
가사 전한 일을 들어, 다음 같이 노래했다.

　　믿음의 옷 한밤에 노행자에게 부치니
　　황매산 칠백 승려 대중들 아주 술렁거렸고
　　임제의 한 가지 바른 법의 눈을
　　눈 먼 나귀가 없애고서 사람들의 미움을 받았네
　　마음 마음이 서로 도장 찍고
　　조사와 조사가 등을 전함이여
　　바다와 산을 평탄케 하고 큰 물고기 붕새로 변화시키네
　　다만 이 이름과 말을 견주어 헤아리기 어려우나
　　큰 줄기 수단으로 뒤집어 뛰어오르게 함을 알도다

　　信衣半夜付盧能　　攪擾黃梅七百僧

林際一枝正法眼　瞎驢減却得人憎
心心相印祖祖傳燈　夷平海岳變化鯤鵬
只个名言難比擬　大都手段解翻騰

운문고(雲門杲)선사가 노래했다.

눈먼 나귀 한번 뜀에 뭇 대중이 놀라니
바른 법을 누구에게 전해줄 수 있으리
세 요점 세 현묘함 모두 없어져 다하니
우뚝하게 손을 털고 겹친 성을 나선다

瞎驢一跳衆皆驚　正法那堪付與人
三要三玄俱喪盡　堂堂擺手出重城

　홍인선사가 노행자에게 가사와 발우를 전해주되 실로 전해줌이 없
는 줄 아는 자가 정법안장 사라짐 속에 참으로 전함이 있는 것을 아는
자인가.
　학담도 한 노래 붙이리라.

정법안장은 없어지는가 없어지지 않는가
삼성의 한 외침이 수메루산 넘어뜨리네
바른 눈을 멀게 하고서 바른 법을 받으니
봄이 옴에 복사꽃 동산에 꽃이 가득 피도다

正法眼藏減不滅　三聖一喝倒頁彌
瞎却正眼受正法　春來桃園花滿發

93. 허공에 말뚝 박음〔虛空釘橛〕

수유가 당에 올라 말했다.
"그대들 여러 사람들은 허공에다 말뚝을 박지 말라."
그 때 영허상좌가 말했다.
"허공이 말뚝입니다."
선사가 곧 때렸다.
영허가 말했다.
"그릇 저를 때리지 마십시오."
수유선사가 방장에 들어갔다.

茱萸上堂曰 汝等諸人 莫向虛空釘橛 時靈虛上座曰 虛空是橛 師便打
盧曰莫錯打某甲 師入方丈

청매선사가 노래했다.

허공이 솟구쳐서 무릎을 펼 수 있고
큰 바다가 술잔 같아 목을 적실 수 있네
누가 다시 허공에다 다른 말뚝 칠 것인가
저를 머물러 두어 원수되게 하는구나

虛空爲崛聊伸膝　大海如盂可濕喉
誰更向空釘別橛　敎伊有住作元仇

평창

　위 공안을 선문염송 본칙〔503則〕은 이렇게 말한다.

　　악주 수유화상이 대중에게 보여 말했다.
　　"그대들 여러 사람은 허공 속에다 말뚝을 박지 말라."

그 때 영허상좌가 대중에서 나와 말했다.
"허공이 말뚝입니다."
선사가 곧 때리니 영허가 말했다.
"화상은 저를 그릇되게 때리지 마십시오."
(전등록에서는 이렇게 나온다.
금륜가관화상이 물었다.
"어떤 것이 도입니까?"
수유선사가 말했다.
"허공에 말뚝을 박지 말라."
가관이 말했다.
"허공이 말뚝입니다."
수유가 때리니 가관이 붙잡고 말했다.
"저를 때리지 마십시오. 이 뒤에도 사람들을 잘못 때릴 것입니다."
수유가 그만두었다.)121)

허공이 허공 아니므로 말뚝의 없지 않음이 표시되고, 말뚝이 말뚝 아니므로 허공의 없지 않음이 표시된다. 허공에 말뚝을 박는다고 하면, 허공의 있지 않음과 말뚝의 없지 않음을 모두 깨뜨리므로 허물이 된다.

그러므로 청매선사는 허공 속에 무릎 펴는 것으로 허공과 무릎이 서로 교환됨을 보이고, 다시 '허공에 말뚝 박는다 하면, 허공의 빈 모습과 말뚝의 있는 모습을 함께 머물러 두어 허공과 말뚝이 원수 되게 한다'고 말한 것이리라.

이 비유를 통해 중생의 망상과 중생이라는 모습이 본래 공한 줄 알면

---

121) 鄂州茱萸和尙示衆云 汝等諸人 莫向虛空裏釘橛 時有靈虛上座 出衆云 虛空
是橛 師便打 虛云和尙 莫錯打某甲 師便歸方丈
(傳燈云 金輪可觀和尙 問如何是道 師云莫向虛空裏釘橛 觀云虛空是橛 萸乃
打之 觀捉住云 莫打某甲已後 錯打人在 萸便休)

어찌 망상을 끊고 니르바나의 공성을 얻는다 할 것인가.
옛 선사들의 노래 들어보자. 법진일(法眞一)선사가 노래했다.

　　　허공이 말뚝임을 몇 사람이나 알까
　　　홀로 영허가 있어 가장 잘 깨달았네
　　　수유를 밀어 넘어뜨림 비록 세력을 의지함이나
　　　용머리가 뱀꼬리 됨을 다시 어찌 감당하리

　　　虛空是橛幾人諳　　獨有靈虛最善叅
　　　潦倒茱萸雖倚勢　　龍頭蛇尾更何堪

곤산원(崑山元)선사가 노래했다.

　　　빈 허공과 저 말뚝이여
　　　내가 지금 밝혀주리
　　　그윽이 미묘함 논하려 하면
　　　눈 가운데 티를 넣는 것이다

　　　虛空與橛　　吾今爲決
　　　擬論玄微　　眼中添屑

학담도 한 노래 붙이리라.

　　　닦아서 도를 얻는다면 허공에 말뚝 박음이나
　　　닦음 아니고 얻음 아니니 말뚝이 허공이네
　　　비록 그러나 말뚝과 허공에 본래 얻을 것 없으니
　　　진흙소가 허공 밟아도 발자취가 없네

　　　修而得道釘橛空　　非修非證橛是空
　　　雖然橛空本無得　　泥牛踏空沒蹤跡

94. 석상이 쌀을 채로 치다〔石霜篩米〕

　석상선사가 위산에 있으면서 쌀 관리 소임〔米頭〕을 맡았는데, 위산이 말했다.
"시주의 물건을 흩지 마라."
"흩지 않습니다."
위산이 한 알을 주어 말했다.
"백천의 쌀이 이 한 알을 좇아 왔다."
석상이 말했다.
"한 알은 어느 곳에서 났습니까?"
위산이 '하하' 크게 웃고 방장으로 돌아갔다.

　師在潙山作米頭 山云莫撒施物 師云無 山拾一粒曰 百千米 從這一粒生 師云一粒從何處生 山呵呵大笑 歸方丈

　청매선사가 노래했다.

백년 삼만 육천의 날 아침마다
쌀알이 모두 다 한 알 좇아 고루어지네
마른 오동나무 위에 맑은 소리 갖추어졌으니
밝은 달 아래 외로운 배 다섯 호수에 돌아오네

百年三萬六千朝　粒粒皆從一粒調
自枯桐上淸音具　明月孤舟返五湖

평창
　위 공안은 선문염송 본칙〔555則〕에 다음 같이 나온다.

　　석상이 위산(潙山)의 회상에 있으면서 쌀 관리 소임〔米頭〕을 맡아 하루는 쌀 곳간 안에서 쌀을 체로 치는데, 위산이 말했다.
"시주의 물건을 버려 흩지 마라."
석상이 말했다.
"감히 버려 흩지 않습니다."
위산이 땅위에서 한 알을 주어 말했다.
"그대는 흩어버리지 않는다고 했는데, 이것은 어디서 왔는가?"
석상이 대꾸하지 않았다.
위산이 또 말했다.
"이 한 알을 속이지 마라. 백천 알이 이 한 알을 따라 났다."
이에 석상이 말했다.
"백천 알은 이 한 알에서 났는데 이 한 알은 어느 곳에서 났는지
모르겠습니다."
위산이 하하 웃으며 방장에 돌아갔다.
저녁이 되어 당에 올라 말했다.
"대중이여, 쌀 속에 벌레가 있다."[122]

총림대중의 쌀을 관리하지만 날마다 셀 수 없는 쌀을 체로 치고 물로
씻어야 하는데, 한 알도 버리지 않고 어떻게 그 쌀을 보살필 수 있는
가. 쌀 한 알이 백천 쌀알 거두는 소식 알아야 하므로, 청매선사는
'쌀알이 한 알 좇아 고루어진다'고 노래한 것인가.
한 알이 공하되 공함도 공해 온갖 쌀 머금은 줄 알아야 하니, 청매선
사는 '오동이 맑은 소리 갖추어 외로운 배 다섯 호수에 되돌아 온다'고
한 것이리라.
백천 알의 쌀이 한 알에서 났지만, 한 알은 어디서 왔는가. 오되 온

---

122) 石霜在潙山法會 爲米頭 一日在米寮內篩米 潙山云 施主物 莫抛撒 師曰不
敢抛撒 潙山於地上 拾得一粒云 汝道不抛撒 這个什麼處得來 師無對
潙山又云 莫欺這一粒子 百千粒從這一粒生 師曰百千粒 從這一粒生 未審遮
一粒 從什麼處生 潙山呵呵笑歸方丈
至晚上堂云 大衆米裏有虫

바 없고 있되 있지 않음을 위산선사가 '쌀 속에 벌레가 쌀을 좀먹는
것'으로 보임인가.
　설봉선사가 망주봉에서 대중과 서로 보는 소식을 알아야 하리라.
　지비자(知非子)는 노래했다.

　　　놓아 감에 가로 세로 자유롭고 집어옴에 깨뜨려 부순다
　　　쌀 소임이 고르고 가리니 체를 거쳐 방아에서 나왔네
　　　백천 만의 쌀알이여 한 알 안에서 생겨나니
　　　한 알이 나옴을 물음에 끊어져 넘어져서 대꾸 못하네
　　　멀리서 서로 보는 설봉의 세계가 또한 이와 같이 크니
　　　북을 울리고 모여와 보라, 아는가 모르는가

　　　放去縱橫　拈來破碎　米頭揀辨　經篩出碓
　　　百千萬粒　生一粒內　問一粒生　絕倒不對
　　　雪峰世界　亦如斯大　鳴鼓集觀　會也不會

　위산선사가 한 알의 쌀이 온 곳을 '쌀 속에 벌레가 있다'고 가르쳤는
데, 낭야각(瑯琊覺)선사는 위산의 뜻을 뒤집어 '위산의 한 알의 쌀이
납자의 어금니를 튕겨 깨뜨렸다(潙山一粒米 彈破衲僧牙)'고 했으니,
두 선사의 뜻이 같은가 다른가.
　학담도 한 노래 붙이리라.

　　　한 알의 쌀 어디에서 났는가
　　　쌀 속에 벌레 있으니 백천 알이 나오네
　　　백두와 한라에는 천 겹의 산이지만
　　　넓게 툭 트여 한 티끌도 없도다

　　　一粒米也從何生　米裏有虫百千生
　　　白頭漢羅千重山　浩浩蕩蕩無一塵

95. 목주의 꿀떡〔糖餅兩片〕

목주선사가 유식론(唯識論)을 강설하는 좌주에게 떡을 집어 물었다.

"이것이 무엇이오?"

좌주가 말했다.

"떡입니다."

선사가 사미를 불러 물었다.

"무엇인가?"

"단 떡입니다."

선사가 말했다.

"너도 또한 유식론을 강설하겠다."

師遇唯識論講主 拈餅曰 是什麼主曰餅 師喚沙彌曰 什麼 曰糖餅 師
曰汝亦講論

청매선사가 노래했다.

교묘하게 논의하여 도리어 못남 이루었는데
도로 사미를 불러 말이 다시 많도다
허공을 잡아 두 덩이로 나누려 함이여
바람 따르는 가을매는 신라를 지나네

巧因論議還成拙　却喚沙彌話更多
擬把虛空分兩段　追風秋鶻過新羅

평창

위 공안을 선문염송 본칙〔653則〕은 다음 같이 보인다.

목주가 승정(僧正)에게 물었다.

"유식론을 강설할 수 있소?"

승정이 말했다.

"잘하는 것은 아니지만 어릴 때 일찍이 문자를 읽었습니다."

선사가 꿀떡을 들고 두 조각으로 쪼개고 말했다.

"그대는 어떠한가?"

승정이 대꾸가 없자, 선사가 말했다.

"꿀떡이라 해야 옳은가 꿀떡이라 하지 않아야 옳은가?"

승정이 말했다.

"꿀떡이라 하지 않을 수 없습니다."

선사가 사미를 보고 말했다.

"이리 오너라, 너는 무엇이라고 하겠는가?"

사미가 말했다.

"꿀떡입니다."

선사가 말했다.

"너도 유식론을 강설할 수 있겠다."[123]

만 가지 법이 오직 앎[萬法唯識]인 뜻을 보인 것이 유식론인데, 저 좌주는 어찌 꿀떡을 꿀떡이라 말하는가. 경계를 들면 이미 마음이고 마음을 들면 이미 경계인데 여기 마음을 말하고 저기 경계를 말하면 허공을 두 조각 냄과 같으므로, 청매선사는 '허공을 잡아 두 덩이로 나눔이라 한다'고 한 것이리라.

선사가 꿀떡을 두 조각 낸 것은 떡이 떡 아님을 보인 것이니, 저 경계가 경계 아니되 경계 아님도 아니라면 경계는 마음인 경계이나 마음 또한 공한 것인가.

---

123) 睦州問僧正云 講得唯識論麼 正云不敢 小年曾讀文字來 師拈起糖餅 擘作兩
     片云 你作麼生 正無語 師云喚作糖餅是 不喚作糖餅是 正云不可不喚作糖餅
     師却喚沙彌來來 你喚作什麼 彌云糖餅 師云你也講得唯識論

운문고(雲門杲)가 당에 올라〔上堂〕 이 이야기를 들고 말했다〔擧此話云〕.

"승정과 사미가 참으로 유식론을 강설할 수 있으나, 다만 꿀떡이 온 곳을 알지 못했다. 목주 늙은이는 비록 한 곳의 선지식이나 만약 '삼계가 오직 마음이요 만법이 오직 앎〔三界唯心萬法唯識〕'이라면 마침내 그 뜻을 알지 못했다."124)

승정과 사미는 경계가 경계인 모습에 치우치고 목주는 경계를 오직 마음에 거두어 보므로, 운문고 선사는 양쪽 모두 유식론(唯識論)의 참뜻을 알지 못했다 했는가.
학담도 한 노래 붙이리라.

꿀떡을 둘로 나누니 떡이 떡 아니고
떡 아닌 떡은 오직 이 마음이로다
마음과 경계 모두 막음이여, 떡맛이 다니
설하되 설함 없이 유식론을 강설하네

糖餠兩分餠非餠　非餠之餠唯是心
心境雙遮餠味糖　說而無說講唯識

---

124) 僧正與沙彌 眞實講得唯識論 只是不知糖餠來處 睦州老人 雖是一方善知識 若是三界唯心 萬法唯識 畢竟理會不得

96. 상주물을 훔치다〔偸常住菓〕

목주가 어떤 승려를 보고 말했다.
"그대는 어찌 상주물인 과자를 훔치는가?"
승려가 말했다.
"훔친 적이 없습니다."
선사가 말했다.
훔친 물건이 드러나 있다."

睦州見僧曰 汝何偸常住菓 僧曰無 師曰贓物已現在

청매선사가 노래했다.

금한 동산에 서리 내려 귤이 바야흐로 노란데
때와 철 인연의 이치가 스스로 드러나네
어찌 바깥 사람이 와서 손꼽는 것을 허락하리
대숲 깊은 곳에 황금빛 향기 자욱하네

禁園霜落橘方黃　時節因緣理自彰
何許外人來揷手　竹林深處鬱金香

평창

　목주와 승려의 문답을, 선문염송 본칙〔650則〕은 이렇게 말한다.

　　목주가 어떤 승려가 와서 뵙는 것을 보고 곧 '악' 외치고 말했다.
　　"상좌가 어찌 상주물인 과자를 훔치는가?"
　　승려가 말했다.
　　"제가 이제 왔는데 무엇 때문에 상주물인 과자를 훔쳤다고 합니까?"

선사가 말했다.
"훔친 물건이 드러나 있다."125)

무엇이 훔침인가. 얻을 바 없는 곳에서 얻을 바 법의 모습을 보면, 그것이 이미 훔침인 것이다. 스스로 온전히 드러나 있는데 밖에서 구하는 마음으로 그 사물을 보면, 구하는 마음이 도적 물건이 되는 것이다. 이 뜻을 청매선사는 '어찌 바깥 사람이 와서 손 꼽는 것을 허락할 건가'라 한 것이리라.

마음에서 마음 떠나 곧장 뛰어들어 사물 자체가 되면 그는 보는 바 사물에서 다함없는 공덕을 쓰게 되리니, 송원(松源)선사는 말한다.

보배산의 보배를 기울여 다하고
온몸이 거친 풀에 들어가네
만약 봉황의 새끼라면
저 쪽에서 찾지 않으리

傾盡寶山寶　全身入荒草
若是鳳凰兒　不向那邊討

모습에서 모습을 떠나는 것이 '도에 들어가는 문〔入道門〕'을 얻음이고, 사물에서 구하고 취함을 떠나야 스스로 삶의 주인이 될 수 있음이니, 옛 사람의 한 노래 들어보자.

무위자(無爲子)는 노래했다.

들어가는 곳을 얻었으면
등져 저버리지 말아라
시끄럽게 선상을 뒤흔든다고 해도

---

125) 睦州見僧來衆 便喝云 上座如何偸常住菓子 僧云某甲方來 因甚道偸常住菓子 師云贓物現在

맑은 바람 우주에 가득함을 모르리

得箇入頭　不敢辜負
直饒轟到禪床　未解淸風寰宇

학담도 한 노래 붙이리라.

마음 밖에 법이 없으니 누가 바깥 사람이고
손바닥 속 만법인데 무엇이 도적 물건인가
비록 그러나 안을 집착하면 도적 물건 분별하니
안과 밖을 놓아버리면 낱낱이 참되리라

心外無法誰外人　掌裏萬法何賊物
雖然著內分賊物　放下內外頭頭眞

97. 둥근 모습에 한 점 찍어 보내니〔圓相一點〕

 마조선사가 둥근 모습을 그려 도흠선사에게 보내니, 도흠이 둥근
모습 가운데 한 점을 찍어 도로 보냈다.
 뒤에 혜충국사가 듣고는 말했다.
 "도흠선사가 마조의 홀림을 받았다."

 馬祖畫一圓相 送道欽 欽於圓相中點一點還送 後國師聞云 欽師被馬
祖惑

 청매선사가 노래했다.

 구름 다하니 가을 하늘이 한 거울의 둥금인데
 찬 까마귀 홀로 가며 어쩌다 자취 이뤘네
 남양 늙은이 혜충이 소식을 통해주니
 천 리에 바람 같이해 말을 저버리지 않네

 雲盡秋空一鏡圓　寒鴉隻去偶成痕
 南陽老子通消息　千里同風不負言

평창

 위 공안을 선문염송 본칙〔662則〕은 다음 같이 말한다.

　항주 경산 도흠선사(道欽禪師)에게 마조가 사람으로 하여금 편
지를 보냈는데, 글 가운데 한 둥근 모습을 그렸다.
　선사가 뜯어보고는 둥근 모습 가운데 한 줄을 찍어 다시 돌려보
냈다.
　혜충국사가 듣고는 말했다.
　"도흠선사가 마조의 홀림을 받았다."126)

'둥근 모습'이란, 크게 둥근 거울의 지혜〔大圓鏡智〕 본래 깨침〔本覺〕을 둥근 모습으로 그려 보인 것인가. 본래 깨침에는 깨침의 모습도 없으니 둥근 모습이 이미 흠을 이루는데, 도흠선사는 다시 점을 찍으니 이를 '도흠선사가 마조의 홀림을 받았다' 한 것인가.

그 뜻을 청매선사는 다시 '가을 하늘에 찬 까마귀가 자취 이루었다'고 한 것이리라. 그러나 도흠선사가 둥근 모습의 본래 깨끗함에 깨끗함이 없음을 한 점으로 찍어 보냄이라면, 푸른 하늘에 어찌 까마귀 발자취가 남는다고 할 것인가.

옛 선사들의 노래 들어보자.

운문고(雲門杲)선사는 당에 올라 이 이야기를 들어 다음 같이 말했다.

"마조대사는 한겨울이 몹시 추움이요, 국일선사는 첫 여름이 차츰 뜨거움이다. 비록 그렇게 추위 뜨거움이 같지 않으나 저와 여기에 시절을 잃지 않았다.

충국사는 무엇 때문에 도흠대사가 마조선사의 홀림을 받았다고 도리어 말했는가. 자세히 아는가."[127]

바람 없이 연꽃잎이 움직이면,
반드시 물고기가 가는 것이다.

無風荷葉動　決定有魚行

운문고선사의 위 이야기는 붇다의 법이란 연기의 진실〔緣起實相〕 밖에 다시 붙이고 뗄 것이 없음을 보임이리라.

---

126) 杭州徑山道欽禪師 因馬祖令人送書到 書中作一圓相 師發緘見 遂於圓相中作一畫(一本一點) 却封迴 忠國師聞 乃云欽師 猶被馬師惑

127) 馬師仲冬嚴寒 國一孟夏漸熱 雖然寒熱不同 彼此不失時節 忠國師爲什麼 却道欽師猶被馬師惑 還委悉麼 無風荷葉動 決定有魚行

육왕심(育王諶)선사는 이렇게 노래했다.

　　찬 두꺼비달이 긴 밤에 푸른 허공에 나니
　　물과 물 산과 산이 오직 한 빛이로다
　　바람 같이하는 천리에 누가 알 건가
　　도흠선사가 마조의 홀림 받았다 하네
　　○○ 홀렸는가 홀리지 않았는가
　　투시타 하늘 궁에서 마이트레야께 물으라

　　寒蟾永夜生碧虛　　水水山山唯一色
　　同風千里有誰知　　欽師猶被馬師惑
　　○○惑不惑　　　　兜率天宮問彌勒

학담도 한 노래 붙이리라.

　　만상이 본래 공하여 본래 스스로 그러한데
　　어찌 둥근 모습에 한 점을 더했는가
　　시절인연 속에 이치가 스스로 드러나니
　　한 달이 허공에 있어 널리 은혜 끼치네

　　萬像本空本自然　　如何圓相添一點
　　時節因緣理自彰　　一月當空普恩澤

98. 몸소 용못에 이르렀도다〔親到龍潭〕

덕산선감선사가 용담숭신선사께 와서 말했다.
"용담(龍潭)에 왔는데 용도 보이지 않고 못도 보이지 않습니다."
"그대가 용담에 이르렀다."

청매선사가 노래했다.

한 이파리 작은 배가 풍주를 향하니
천 리의 바람은 휘날려 곧장 가을 되었네
푸른 낚시 백자에 향기로운 미끼 드리우고
낚시바늘로 긴 용을 취하니 작은 미꾸라지 보이네

扁舟一葉向澧州　千里風飄直到秋
綠絲百尺華香餌　鉤取長龍視小鰍

평창

이 공안을 선문염송 본칙〔664則〕은 다음 같이 말한다.

낭주 덕산선감선사(德山宣鑒禪師)가 처음 용담에 이르러 물었
다.
"오래 용담(龍潭)을 들어왔는데 와서 보니 못도 보이지 않고 용
또한 나타나지 않는군요?"
용담이 말했다.
"그대가 바로 용담에 이르렀다."
선사가 절하고 물러갔다.[128]

---

[128] 朗州德山宣鑒禪師初到龍潭 問久嚮龍潭 及乎到來 潭又不見 龍又不顯 潭云
子親到龍潭 師作禮而退

용담선사의 높은 이름을 듣고 얻을 바 있는 큰 것을 구하려 하면 오히려 용담을 보지 못하고, 용담에 이를 때 볼 바 용과 못을 보지 않을 때 비로소 용담에 이르른 것이다. 그래서 청매선사는 '낚싯바늘로 긴 용을 취하면 도리어 작은 미꾸라지 보인다' 한 것인가.

눈앞의 꽃이 사라져 용(龍)과 못〔潭〕을 보지 않을 때 비로소 용담에 이르른 것이니, 심문분(心聞賁)선사는 노래했다.

피동이가 입과 같고 칼이 어금니 같으니
온 세상 다한 지도리 기틀도 뻐기지 않네
용담에 바로 이르러도 용이 보이지 않으니
이번 참에 눈앞의 꽃을 잃게 되었네

血盆似口劍如牙　竭世樞機未足誇
親到龍潭龍不見　這回失却眼前花

학담도 한 노래 붙이리라.

용과 못을 보지 않으니 용담에 이르름이고
눈앞에 스승을 보지 않으니 스승을 뵙는 것이네
눈 속에 가림이 없어 허공 꽃을 없애니
비로소 깊은 못에 하늘의 달그림자 보네

不見龍潭到龍潭　眼前無師親見師
眼裏無翳滅空花　始見深潭天月影

99. 소초를 불태우다〔遂爇疏鈔〕

덕산이 밤에 용담선사를 뵙고 나가려 하는데, 밖이 어두워 종이등에 불을 붙여주고서 선사가 종이등의 불을 불어 껐다.
그 때 덕산이 홀연히 깨치고 그동안 보던 소초를 불태웠다.

청매선사가 노래했다.

외짝손 단칼로는 싸워도 이기지 못하고
밤 깊은 문 밖에는 다시 등이 없어라
종이등 불어 끄니 돌아갈 길이 없는데
매서운 불 하늘에 뻗쳐 그 속에 얼음 맺히네

隻手單刀戰不勝　夜深門外更無燈
吹噓紙燭無歸路　烈焰亘天裏結氷

<u>평창</u>

용담선사가 밤에 길 밝히는 종이등〔紙燭〕을 내주면서 등불을 불어 끌 때 덕산이 깨친 이 공안은 선문염송 본칙〔665則〕에는 다음 같이 기록되어 있다.

덕산이 용담에 있으면서 밤 깊어 방에 드니 용담이 말했다.
"그냥 내려가라."
선사가 인사를 드리고 발을 들어 나오다가 밖이 어두운 것을 보고 돌아서 말했다.
"화상이여, 밖이 어둡습니다."
용담이 종이 등에 불을 붙여주고 선사가 받으려 하자 불어 꺼버렸다.

선사가 모르는 사이 소리를 내어 말했다.

"내가 이 뒤로는 천하 노화상의 혀끝을 의심치 않으리라."

(다음 날이 되어 용담이 당에 올라 말했다.

"이 가운데 어떤 사람은 어금니가 칼나무 같고 입이 피동이 같아 한 방망이 때려도 고개 돌리지 않으니, 다른 때 외로운 봉우리 위에서 나의 도를 세우리라."

드디어 선사가 소초를 가져와 법당 앞에서 한 횃불을 들어 올리고 말했다.

"모든 그윽한 말재간을 다하고 온 세상 핵심이 되는 기틀을 다해도, 한 물방울을 큰 골짜기에 던지는 것과 같다."

그리고는 소초를 태우고 절하고 물러났다.

선사는 일찍이 금강경을 강설했다.)129)

빛이 오면 어둠이 가고 등불이 꺼지면 어둠이 오니, 빛과 어둠은 서로 마주하고 서로 엇바뀐다. 그러므로 빛은 빛이 아니고 어둠은 어둠이 아니니, 빛과 어둠에 모두 머물지 않을 때 참으로 어둠을 이기는 반야의 등(般若燈)을 켠 것이리라.

그 뜻을 청매선사는 '종이등 꺼진 곳 매서운 불 하늘에 뻗쳐 그 가운데 얼음 맺힌다'고 한 것이리라. 밝음과 어둠에 머물지 않을 때 머리 뒤의 신묘한 빛이 시방에 뻗침을 알 수 있는가.

정엄수(淨嚴邃)선사는 이렇게 노래했다.

밝음과 어둠이 서로 모습 짓는 일이 까마득하니

뉘라서 머리 뒤에 신묘한 빛 뻗침을 알리요

---

129) 德山在龍潭 入室夜深 潭曰子且下去 師珎重 揭簾而出 見外面黑 却回曰 和尙外面黑 潭點紙燭度與 師纔接 潭便吹滅 師不覺失聲曰 我自今已後 更不疑天下老和尙舌頭

(至明日 潭升堂云 个中有个漢 牙如釖樹 口似血盆 一棒打 不回頭 他時向狐峯頂上 立吾道在 師遂取疏鈔 於法堂前 將一炬火提起云 窮諸玄辯 若一毫置於大虛 竭世樞機 似一滴投於巨壑 將疏鈔便燒 於是禮辭 師曾講金剛經)

천 가지 다른 길을 모두 다 잘라 끊으니
남북동서에서 본래 고향에 이르렀도다

明暗相形事渺茫　誰知腦後迸神光
都來劃斷千差路　南北東西達本鄉

　밝음과 어두움에 모두 머물지 않아 반야의 등불을 밝힌 자여. 이미
모습에도 머물지 않고 모습 없음에도 머물지 않는데, 어찌 경의 문자
를 불태워 없애 반야를 말할 것인가.
　다만 덕산선사가 경의 소초를 불태움은 문자에 집착하는 자를 일깨
우기 위한 방편의 일인 것이니, 학담도 한 노래 붙이리라.

　종이등을 불어 끌 때 반야가 밝았으니
　밝음 속에 맡겨서 고향에 돌아가네
　눈으로 경을 보지 않고도 늘 경 읽음이여
　입으로 강설하지 않되 늘 법을 설하네

吹滅紙燭般若明　投明須到還故鄉
眼不看經常讀經　口不講說常說法

100. 물을 건너다 그림자를 보고 깨치다〔過水覩影〕

동산양개선사가 운암선사에게 물었다.
"백 년 뒤 누가 스님의 모습 그릴 수 있습니까, 물으면 어떻게 말하시렵니까?"
운암이 잠자코 있다〔良久〕 말했다.
"다만 이것이다."
동산이 뒤에 물을 지나다 물에 비친 그림자를 보고 운암의 뜻을 깨쳤다.

청매선사가 노래했다.

시내 따르고 산을 따라 날마다 천리길인데
십 년의 원수가 강 가운데를 때려 치네
이를 좇아 그의 얼굴을 안 뒤에는
다른 때 곳곳에서 만나려 하지 않네

沿澗隨山日千里 十年仇子打江中
從玆認得渠容後 不欲他時處處逢

평창

이 공안은 선문염송 본칙〔680則〕에 다음 같이 기록되어 있다.

균주 동산양개선사(洞山良价禪師)가 운암에게 물었다.
"화상께서는 백 년 뒤에 홀연히 어떤 사람이 '스님의 모습을 그릴 수 있겠습니까' 물으면, 어떻게 대꾸하시겠습니까?"
운암이 잠자코 있다〔良久〕 말했다.
"다만 이것이다."

동산이 가만히 생각하니 운암이 말했다.
"이 일을 알아채려면 아주 자세히 살펴야 한다."
동산이 오히려 의심하다 뒤에 물을 지나다 그림자를 보고 앞의 뜻을 크게 깨쳤다. 그래서 한 게로 말했다.

"다른 것을 따라 찾지 말아야 하니
멀고 멀어 나와는 떨어졌네
내가 지금 홀로 스스로 가니
곳곳에서 그를 만난다
그가 지금 바로 나이지만
내가 지금 그가 아니니
이와 같이 알 수 있어야
바야흐로 한결같음에 계합하리."130)

切忌從佗覓　迢迢與我疎
我今獨自往　處處得逢渠
渠今正是我　我今不是渠
應須恁麽會　方得契如如

지금 나의 이 모습은 어디서 왔는가. 부모의 인연을 떠난 것이 아니지만 부모의 인연도 아니고, 저 세계가 아니지만 세계를 떠난 것도 아니며, 마음이 아니지만 마음 아님도 아니다.
　지금 나의 모습에 모습 없으므로 내가 저 거울을 볼 때 거울의 모습은 밖의 내 모습이 아니지만 그 모습 떠난 것도 아니고, 거울의 밝은 바탕이 아니지만 그 바탕 떠난 것도 아니다. 모습에 모습 없는 그것을 어찌 멀리 구하리. 지금 이것이 이것 아님을 알면 늘 그것을 떠나지

---

130) 筠州洞山良价禪師問雲巖 和尚百年後 忽有人問 還邈得師眞否 如何祗對 巖 良久云只這是 師佇思 巖云承當這个事 大須審細 師猶涉疑 後因過水覩影 大悟前旨 因有一偈曰
　切忌從佗覓 迢迢與我疎 我今獨自往 處處得逢渠
　渠今正是我 我今不是渠 應須恁麽會 方得契如如

않음인가.

백 년 뒤 내 모습을 어떻게 그릴까. 안과 밖에 취할 것이 없고 안과 밖을 떠나지 않는다. 지금 안과 밖에 취할 것이 없는 데서 홀연히 얼굴 그림자 비치나 이 얼굴이 다시 다른 때 그 얼굴이 아니다.

지금 물에 비친 이 모습이 모습 아닌 줄 알면 모습이 모습 아닌 그가 지금 나이지만, 내가 나이면 지금 나는 그가 아니다. 지금 드러난 이 모습과 모습에 모습 없는 그는, 그것을 그것이라 하면 이 모습과 그는 서로 원수됨이니, 청매선사는 '다른 때 곳곳에서 그를 만나려 하지 않는다'고 한 것인가.

지금 이 몸이 어버이가 낳아준 그 몸이 아니되 실로 바꿔 옮김이 없는 줄 알아야 풀잎피리를 두 가지로 놀리지 않게 되는가.

옛 조사들의 노래 들어보자.

법진일(法眞一)선사가 노래했다.

움직이고 고요함에 원래 언제나 함께하지만
머리 돌리면 갑자기 그를 만나게 된다
이렇게 함에 오히려 있다고 곧장 말해서
한결같음이라 부른다 한들 도리어 틈이 졌다

動靜從來每與俱　迴頭驀地始逢渠
直饒伊麼猶堪在　喚作如如又卻迂

열재거사(悅齊居士)는 이렇게 노래했다.

이것이 무슨 캄캄한 먹통인가
어머니가 낳아준 콧구멍과 같지 않네
만약 바뀜 없이 크게 바뀜의 여섯 괘가 아니라면
풀잎피리를 두 가지로 놀림이리라

者箇什麼漆桶　不似孃生鼻孔

若非大易六爻　便是胡笳二弄

　지금 인연으로 있는 이 모습이 인연이기 때문에 공하고〔緣起卽空〕
공하기 때문에 어떤 모습의 현전이 있는 것〔空卽緣起〕이니, 진여의
공함과 지금 이것의 있음, 앞의 나와 뒤의 나에 같고 다름의 모습을
보지 않아야 운암의 뜻을 알고 연기의 진실을 알 수 있는 것인가.
　학담도 한 노래 붙이리라.

　　　오늘의 일 가운데 얼굴과 눈이 없는데
　　　다른 때 곳곳에서 그의 모습 또렷하네
　　　바람 흐름 없는 곳에서 바람이 흐르니
　　　길가의 향기로운 풀 향내 더욱 새롭네

　　　今日事中無面目　他時處處渠像明
　　　不風流處也風流　路邊芳草香轉新

101. 협산선사가 깨치고 머리 세 번 끄덕이니〔點頭三下〕

협산이 뱃사공 하는 화정덕성선사를 찾아 문답하다 덕성선사가 삿대로 쳐서 물에 빠뜨리고, 다시 삿대로 치자 협산이 깨닫고 머리를 세 번 끄덕였다.

청매선사가 노래했다.

화정의 강 위에 저녁 노을 비치어 기우는데
손님과 주인 서로 보고 큰 기틀 드러내네
서른 해 전 헛되이 낚시를 내렸는데
한 때에 나누어 맡기니 흰 갈매기 날으네

華亭江上照斜暉　賓主相呈現大機
三十年前空下釣　一時分付白鷗飛

이 이야기는 이미 화정선사(華亭禪師)가 배를 뒤엎고 삿대로 때려 협산(夾山)을 깨우친 공안을 통해 자세히 밝혔다. 그러나 앞은 화정선사의 자비방편을 중심으로 법을 보였다면, 지금 이 이야기는 협산이 뱃사공이 된 화정선사의 삿대를 맞고 깨침을 들어 법을 말하고 있다.
그러므로 청매선사는 '서른 해토록 낚시 내리다 비로소 산 사람 만나 그 소식 흰 갈매기에 부쳤다'고 노래한 것이리라.
무용전(無用全)선사는 협산이 화정선자선사(華亭船子禪師) 만남을 다음 같이 노래했다.

까닭 없이 대중을 흩고 화정을 뵙고서
오래 해의 귀신 눈동자 잃어버렸네

입을 친 두 삿대에 바닥까지 벗어났으나
앞과 같이 길 거쳐 감을 면치 못했네

無端散衆見華亭　打失多年鬼眼睛
劈口兩橈連底脫　依前未免涉途程

　협산선사는 선자선사의 삿대를 맞고 물에 빠져, 선자선사의 가르침
으로 깨친 뒤 이렇게 말했다.

　"눈앞에 법이 없고 뜻이 눈앞에 있다.
　눈앞의 법이 아니고 귀와 눈이 이르는 곳이 아니다."

　目前無法　意在目前　不是目前法　非耳目之所到

　이는 눈앞의 경계에 실로 취할 법이 없어 오직 마음인 법이나, 마음
또한 허깨비 같음을 보인 것인가.
　운문고(雲門杲)선사는 이렇게 노래했다.

　어리석은 사람 얼굴 앞에서 꿈 이야기 말고
　무쇠 덩이 위에서 꿰맨 자국 찾으라
　밝고 밝게 말하는 것이 도리어 벙어리 짓인데
　밖을 향해 부질없이 다투기만 하도다

　癡人面前休說夢　生鐵團上須尋縫
　明明說與却佯聾　只管外邊閑打鬨

　'무쇠덩이 위에서 꿰맨 자국 찾으라'고 함은 눈앞의 법에 법이 없음
을 알라는 뜻일 것이니, 무진거사(無盡居士)는 다음 같이 노래했다.

　갈대잎 쓸쓸한 강 언덕 가을에
　긴 하늘 외로운 달이 서쪽으로 흐르네

세 치 갈고리 떠난 일 말할 사람 없으니
웃으며 난간에 기대 스스로 머리 끄덕인다

蘆葦蕭蕭江岸秋　長天獨月向西流
離鉤三寸無人道　笑倚欄橈自點頭

학담도 한 노래 붙이리라.

화정의 배 위에서 한 번 삿대로 침을 받고
오랜 해의 귀신눈을 잃어버렸네
푸른 물결 건드리지 않고 물결 이랑 따르니
세 치 갈고리 떠나 풍류를 말하네

花亭船上被一擊　多年鬼眼打失了
不犯淸波隨波浪　離鉤三寸說風流

102. 연평의 칼날〔延平釼〕

소산이 투자선사에 이르자, 투자가 물었다.
"어디서 왔는가?"
"연평입니다."
"연평의 칼날을 가져왔는가?"
소산이 손으로 땅을 가리키자, 투자가 곧 쉬었다.

洞山因踈山 從延平來 師問云 釼將來 踈以手指地 師便休

청매선사가 노래했다.

가을 물 긴 하늘은 빛깔이 한 모습이고
연평의 칼은 그 기운 세 빛을 쏘네
가엾도다 재주 많은 장화의 솜씨 펼침이여[131]
칼 끝 벗어나 높이 휘둘러 한바탕 놀리네

秋水長天色一樣　延平釼氣射三光
可憐解展張華手　脫穎高揮弄一場

<u>평창</u>

위 이야기는 선문염송 본칙〔731則〕에 다음 같이 나온다.

투자선사가 소산이 이르자 물었다.
"요즈음 어디서 떠났는가?"
소산이 말했다.
"연평입니다."

---

131) 장화(張華) : 중국 서진(西秦)의 정치가이자 문학자(232~300). 서진의
　　의례와 헌장을 모두 지었다. 저서에 박물지 10권이 있다.

선사가 말했다.

"칼을 가져왔는가?"

소산이 손으로 땅을 가리키니 선사가 곧 쉬었는데, 소산이 나가버렸다.

선사가 저녁이 되어 시자를 시켜 차 마시자고 소산을 청했다.

시자가 말했다.

"벌써 갔습니다."

선사가 말했다.

"서른 해 말 타기 재주를 놀리다가 오늘 나귀에게 채였다."[132]

연평의 칼을 물으니, 이 칼은 땅이 아니되 땅 아님도 아니고 물이 아니되 물 아님도 아닌 지혜의 칼인가.

그러므로 '연평의 칼 가져왔는가'를 묻는 투자에게 땅을 가리켜 보였으며, 청매선사는 '가을 물 긴 하늘은 그 빛이 하나인데, 연평의 칼이 해와 달·별 이 세 빛을 쏜다'고 한 것인가.

연평의 칼은 눈에 보이는 법에 얼음이 없으므로 잃음이 없는 칼이므로, 얻었다 하면 이미 잃음이 있는 것이니, 얻고 잃음이 없는 칼솜씨를 청매선사는 '장화의 솜씨 펼쳐 한바탕 놀림'으로 보았으리라.

자성근(資聖勤)선사는 이렇게 집어 말한다〔拈〕.

"이 두 사람이 얻고 잃음이 있는가 판단해보도록 하라."

잠자코 있다〔良久〕 말했다.

"편의를 얻음이 곧 편의를 잃음이다."

此二人還有得失也無 試請斷看

良久云 得便宜是落便宜

---

132) 投子因疎山到問 近離甚處 山云延平 師云還將得釰來麼 山以手指地 師便休
山便出去 師至晚 令侍者請山喫茶 侍者云 早來已去 師云三十年弄馬騎 今日
被驢子撲

자성근의 집어 말함은 맞음[當]에 맞음이 있으면 맞지 않음[不當]이
있음을 보여준 것인가.
　맞음에 맞음이 없어야 맞지 않음이 없을 것[無不當]이니, 학담도 한
노래 붙이리라.

　　　연평의 칼은 어느 곳에 있는가
　　　손으로 땅을 가리키니 선사가 곧 쉬었네
　　　연평의 칼 빛이 대천을 비추니
　　　해가 지고 달이 떠서 끝이 없어라

　　　延平釰也何處在　以手指地師便休
　　　延平釰光照大千　日沒月出也無極

103. 영준이 대숲에서 깨닫다〔令遵竹林〕

청평산 영준선사가 취미에게 '조사가 서에서 온 뜻'을 물으니, 취미가 말했다.
"사람 없을 때 말하겠다."
대숲에 이끌고 가 말했다.
"이 한 줄기는 이렇게 길고 저 한 줄기는 이렇게 짧다."
영준선사가 크게 깨달았다.

師問翠微 西來意 微曰待無人時道 引入竹林曰 者一竿伊麽長 那一竿伊麽短 師大悟

청매선사가 노래했다.

청평산 아래 대나무 천 줄기가
잎잎 마다 가을소리 비를 띠어 차갑구나
두 개의 봉황이 깃들여 쉬는 곳인데
밤에 오순도순 모임을 아는 사람 없어라

清平山下竹千竿　葉葉秋聲帶雨寒
兩箇鳳凰棲息處　無人知得夜團圞

평창

이 공안은 선문염송 본칙〔745則〕에 이렇게 나온다.

악주 청평산 영준선사가 취미에게 물었다.
"어떤 것이 조사가 서에 온 바른 뜻입니까?"
취미가 말했다.
"사람 없을 때를 기다려 그대에게 말하겠다."

영준선사가 잠자코 있다 말했다.
"사람이 없으니 말씀해주시길 바랍니다."
취미가 선상에서 내려와 영준을 끌고 대숲에 들어갔다.
영준선사가 또 말했다.
"사람이 없으니 말씀해주시길 바랍니다."
취미가 대를 가리키며 말했다.
"이 한 줄기는 이렇게 길고 저 한 줄기는 이렇게 짧다."
영준이 그 말을 듣고 툭 트여 깨달았다.[133]

　연기로 있는 세간법의 진실 밖에 보디가 없는데, 세간법을 버리고 그 어느 곳에 보디의 처소가 있을 것인가. 인연으로 나기 때문에 있음이 공하고 있음이 곧 공하므로 공함도 공한 것이다.
　이렇게 알면 '이 세간법이 법 자리에 머물러 세간법이 늘 머물러 사라지지 않음'이니 큰 대 작은 대가 곧 공덕의 숲이 되고, 사바세계 흙먼지 자갈땅이 저 서방정토의 공덕의 땅이 되리라.
　그러므로 청매선사는 '청평산 천 줄기 대나무가 봉황이 깃들어 쉬는 곳인데 사람들이 알지 못한다' 했으리라. 그렇다면 '호랑이 머리와 호랑이 꼬리를 한 때에 거두고〔虎頭虎尾一時收〕', 남산의 자라코 독뱀〔南山鼈鼻〕을 손 대지 않고 산 채로 잡을 수 있는 사람이 취미선사의 뜻을 알아 실상의 땅에 들어가는가.
　옛 선사들의 노래 들어보자.
　장산전(蔣山泉)선사가 노래했다.

　타고난 기틀 흘려 다해 불러도 돌이키지 않더니
　대숲을 밟고도 오히려 의심하고 미워하네

---

133) 鄂州淸平山令遵禪師問 翠微 如何是西來的的意 微云待 無人時 向汝道 師良久曰無人也 請師說
　微下禪床 引師入竹林 師又云無人也請師說 微指竹云 者一竿 得恁應長 那一竿 得恁應短 師聞其言 豁然省悟

382 푸른 매화로 깨달음을 도장 찍다

홀연히 길고 짧은 대나무 줄기 아래서
남산의 자리코뱀이 솟구쳐 나오네

洩盡天機喚不迴　竹林踏着尚疑猜
忽於長短根株下　迸出南山鼈鼻來

정엄수(淨嚴邃)선사는 이렇게 노래했다.

아버지와 아들이 서로 볼 때 뜻이 이미 드러났는데
높고 낮음으로 어찌 꼭 뜨겁고 차가움을 펼 것인가
정성스레 집안 뜰 일을 가리켜 주려고
거친 들판 다 다니며 길고 짧음 이야기하네

父子相逢意已彰　尊卑何必敍炎凉
丁寧指點家園事　行盡荒郊話短長

어두움에서 서로 만나고 밝음에서 서로 보나
원래부터 산골 사람의 얼굴 알지 못하네
짧고 긺 말해 다하니 집안 고향 다다름이여
봄풀은 흩어지고 꽃은 조각조각 날리네

暗相逢而明相見　從來未識山人面
短長說盡到家鄉　春草離離花片片

백운병(白雲昺)선사가 노래했다.

쩨쩨하게 무슨 일을 힘들여 남에게 구하는가
대숲 가운데 이끌어서 한 바퀴 둘러보네
길고 짧음은 바람과 비의 힘 때문이 아니니
우뚝한 머리뿔이 곧 구름을 잡으리

區區何事苦求人　引向林中看一巡
長短不因風雨力　卓然頭角便拏雲

　긴 대 짧은 대를 길고 짧게 하는 밖의 조건〔緣〕이 공한 줄 알면 저 대가 대 아니되 대 아님도 아닌 뜻을 알 수 있으므로, 길고 짧음이 바람과 비의 힘 때문이 아니라 한 것이리라.
　학담도 한 노래 붙이리라.

　대숲의 길고 짧음이 다른 물건 아니니
　오래도록 서로 가까우나 얼굴 마주함이 없네
　홀연히 가지와 잎이 때 따라 시듦이 아님 보면
　고향집에 이미 이른 자재한 사람이리

　竹林長短非他物　久來相親無對面
　忽見枝葉非時稱　已到家鄉自在人

104. 베실오라기를 집어 일으키니〔拈起布毛〕

 불법을 구해 떠나려 하는 시자 회통에게 조과도림선사(鳥窠道林禪師)가 몸 위의 베실오라기를 집어 부니, 회통이 깨달았다.

 會通遊方 鳥窠拈布毛示之

 청매선사가 노래했다.

 어젯밤 봄바람이 낙양에 가득한데
 노니는 사람 깊은 뜻은 다른 고을에 있네
 길 떠남에 손을 잡고 부르는 노래 세 겹인데
 봄꽃이 곳곳에 향기로움 비로소 믿네

 昨夜春風滿洛陽　遊人深志在他鄉
 臨行把手歌三疊　始信春花處處香

평창

 이 공안은 선문염송 본칙〔747則〕에 다음 같이 나와 있다.

　항주 조과도림선사가 시자 회통이 어느 날 하직하려 하므로 물었다.
 "너는 지금 어디로 가는가?"
 대꾸했다.
 "회통은 법을 위해 출가했는데, 화상께서 자비의 가르침을 내려주지 않으니 지금 여러 곳에 가서 불법을 배울 것입니다."
 선사가 말했다.
 "불법이라면 나의 여기에도 조금쯤 있다."
 말했다.

"어떤 것이 화상의 이 사이 불법입니까?"

선사가 몸 위에서 베 실오라기를 집어서 부니, 회통이 그윽한 뜻
을 깨달았다.134)

불법을 어찌 멀리서 구하리. 현묘한 뜻을 따로 찾는 그 마음을 돌이
키면, 눈이 닿는 곳이 진리의 땅 아님이 없으리라. 그러므로 청매선사
는 '노니는 사람의 다른 고을 찾는 뜻이 사라지면, 지금 이곳에 봄꽃이
곳곳에 향기로움 안다'고 한 것이리라. 입으로 불어 날려가는 실오라
기여. 모습에 모습 없고〔於相無相〕남에 남이 없는〔於生無生〕법계의
진실이 어찌 이 밖에 있으리.

대각련(大覺璉)선사는 이렇게 노래했다.

베 실오라기 집어 일으켜서 맑은 기틀에 보이니
시자는 이로 말미암아 단박 의심 쉬었네
걸음 들어 어디로 가는 줄 알지 못하나
수메루산 꼭대기에 소식 알려주는 쇠망치로다

布毛拈起示淸機　侍者由茲頓息疑
擧步不知何處去　須彌山頂白金鎚

불안원(佛眼遠)선사가 노래했다.

불법을 구하러 남방으로 간다 하니
늙으신 큰 종사께서 들어 밝혀주셨네
산꽃이 땅에 가득 비록 흩어져 있지만
한바탕 바람이 불어오니 한바탕의 향기로다

---

134) 抗州鳥窠道林禪師 因侍者會通 一日欲辭去 師乃問 汝今何往 對曰會通爲法
出家 和尙不垂慈誨 今往諸方 學佛法去
師曰若是佛法 吾此間亦有小許 曰如何是和尙此間佛法 師於身上 拈起布毛吹
之 會通遂領悟玄旨

欲求佛法往南方　老大宗師爲擧揚
山花滿地雖狼藉　一陣風來一陣香

그러나 한 실오라기를 불어 일으킴으로 인해 한 실오라기가 시방에
두루함을 보았다 해도 그 견해에 앉아있으면 참으로 법의 눈을 뜬 것
이 아니니, 불타손(佛陁遜)선사는 이렇게 다시 경책한다.

한 베실오라기 끝에서 티끌세계를 보았지만
뛰어 벗어나 평소의 뜻을 여의지 못했네
곧장 바이로차나붇다의 정수리를 높이 걸어야
바야흐로 자재히 노닐어 변화의 성을 벗어나리[135]

一布毛頭見剎塵　末能超越離常情
直須高步毗盧頂　方得逍遙出化城

학담도 한 노래 붙이리라.

불법을 구하려고 어디로 가는가
베 실오라기 집어 올림에 구하는 마음 쉬었네
가고 가는 길 가운데가 고향 떠나지 않으니
봄이 와 꽃이 핌이여, 겁 밖의 노래로다

爲求佛法去何方　拈起布毛求心息
去去途中不離鄉　春來花發劫外歌

---

135) 변화의 성〔化城〕: 법화경 화성유품(化城喩品)의 비유. 보배성에 인도하
　　는 안내자가 길 가는 이의 뒤로 물러서는 마음을 막기 위해 길 가운데 변화로
　　된 보배성〔中途寶城〕을 보여 앞으로 나가도록 함을 비유로 들어, 성문(聲聞;
　　śrāvaka)·연각(緣覺; pratyekabuddha)의 법이 참된 니르바나가 아니고
　　여래께서 니르바나에 이끌기 위해 보인 방편의 법임을 가르쳐 보임.

105. 삼성이 사람을 위함〔爲人不爲人〕

삼성혜연선사가 당에 올라 말했다.
"나는 사람을 만나면 나가니, 나가면 사람을 위하지 않는 것이다."
흥화선사가 말했다.
"나는 사람을 만나면 곧 나가지 않으니, 나가면 사람을 위한다."

三聖上堂云 我出卽不爲人 興化云我不出卽爲人

청매선사가 노래했다.

금한 궁전문 깊이 잠겨 사람 보이지 않는데
빛이 밝은 궁전 문 밖에는 옷과 관이 가득하네
두 집의 살림살이 모두 두렷이 없애니
길 가는 사람 가서 돌아오지 않음을 슬퍼하네

禁掖深沉人不見　光華門外滿衣冠
兩家生計俱圓泯　怊悵行人去不還

평창

　위 공안을 선문염송 본칙〔751則〕은 다음 같이 말한다.

　　진주 삼성원(鎭州 三聖院) 혜연선사(慧然禪師)가 당에 올라 말
했다.
　"나는 사람을 만나면 곧 나간다. 나가면 사람을 위하지 않는 것이
다."
　흥화(興化)가 듣고 말했다.
　"나는 사람을 만나면 곧 나가지 않는다. 나가면 곧 사람을 위하는
것이다."136)

연기의 진실에서 보면 가되 실로 감이 없고 가지 않되 실로 가지 않음이 없으니, 사람을 만나 '나간다'고 해도 사람을 위하는 것이 아니며, '나가지 않는다' 해도 사람을 위하는 것이 아니다.

그러나 오고 감의 진실을 바로 알면, 나가도 사람을 위함이 되고 나가지 않아도 사람을 위함이 되는 것이다. 그러므로 청매선사는 '사람 끊어진 궁전 안과, 옷과 관이 가득한 궁전 문밖을 모두 없애야 오고 감이 없이 잘 오고 가는 뜻이 드러난다'고 한 것이리라.

오고 가되 오고 감에 걸리지 않는 뜻을 어찌 보일 것인가.

옛 선사들의 노래 들어보자.

보영용(保寧勇)선사가 노래했다.

　　나귀 타고 삿갓 쓰고 남쪽에 마중 가고
　　말을 타고 채찍 휘둘러 북쪽으로 향해 간다
　　두 무리 큰 상인 함께 새벽에 길 가니
　　해가 높아도 오히려 삼경 종 치는 소리 듣네

　　騎驢戴笠迎南去　躍馬搖鞭向北行
　　兩个大商俱突曉　日高猶聽打三更

그렇다면 '간다'고 할 때 '실로 가지 않음'을 알아야 진여 공덕의 땅에 설 수 있는 것인가.

경산고(徑山杲)선사는 이렇게 노래했다.

　　아지랑이로 어찌 일찍이 목마름 그치며
　　그림의 떡이 어느 때에 배고품을 채우리
　　그대에게 가시밭 심어 가꾸지 말라 권하니

---

136) 鎭州三聖院慧然禪師上堂云 我逢人卽出 出卽不爲人 興化聞云 我逢人卽不 出 出卽便爲人

뒷대 후손들의 옷을 잡아 끌리라

陽焰何曾能止渴　畫餠幾時充得飢
勸君不用栽荊棘　後代兒孫惹着衣

　이것 아닌 이것과 저것 아닌 저것이 서로 의지해 있되 실로 합함이
없는 연기의 진실을 알 때 여기 홀로 있되 뭇 사람과 함께함이 될 것이
니, 죽암규(竹庵珪)선사는 이렇게 노래했다.

　　사람이 가난하면 많이 지혜가 짧고
　　말이 야위면 털이 긴 것을 보네
　　홀로 쌍봉사에서 잠을 잠이여
　　같이 한 줄기 향을 사르네

　　人貧多智短　馬瘦見毛長
　　獨宿雙峯寺　同焚一炷香

학담도 한 노래 붙이리라.

　　사람을 만나 나가거나 나가지 않음
　　두 가지 함이 사람 위하는 일이 아니네
　　비록 그러나 함이 없이 나가거나 나가지 않으면
　　산 위와 산 아래서 한 달을 같이 보리

　　逢人或出或不出　兩者不是爲人事
　　雖然無爲出不出　山上山下見一月

106. 세 곳에서 서로 보다〔三處相見〕

설봉이 말했다.
'오석령과 망주정과 승당 앞에서 서로 보았다.'
뒤에 보복이 아호에게 물음에, 아호가 방장에 돌아가니 보복은 승
당에 들었다.

雪峯云 烏石嶺 望州亭 僧堂前 相見了也 後保福問鵝湖 湖歸方丈 福
入僧堂

청매선사가 노래했다.

구름 덮인 검은 돌 고개가 드러나 우뚝하고
고을 바라보는 정자에 달이 가득해 숨겨 감춤 없네
방장의 문 앞에 마주해도 서로 알지 못하나
어두움 가운데서 글자 쓰니 빛깔이 드러나네

雲開烏石露堂堂　月滿州亭不隱藏
方丈門前不相識　暗中書字彩方彰

평창

이 이야기는 선문염송 본칙〔784則〕에 다음 같이 나온다.

설봉이 고을에 들어갔다 돌아와 대중에 보여 말했다.
"망주정(望州亭)에서 여러 사람과 서로 보고, 오석령(烏石嶺)에
서 여러 사람과 서로 보았으며, 지금 승당(僧堂) 앞에서 또한 여
러 사람들과 서로 보았다."
뒤에 보복이 아호에게 물었다.
"승당 앞에서 서로 본 것은 두어 두고, 어떤 것이 망주정 오석령

에서 서로 보는 것인가?"

아호가 걸음을 빨리해 방장에 돌아가니, 보복이 곧 승당에 들어
갔다."137)

이 공안은 무엇을 일깨우는 것이며, 서로 본다는 것은 무엇인가. 귀
가 소리를 듣고 눈이 빛깔을 본다고 하는 것이 실은 듣되 들음 없음을
말한 것이고, 보되 봄이 없음을 말한 것이다.

여기 보는 자가 있고 저기 보는 바가 실로 있다면, 어찌 저 사물을
볼 수 있겠으며, 지금 앞산을 보다 어찌 다음 뜰 안 장미꽃을 볼 수
있겠는가.

그러므로 청매선사는 '방장의 문앞에서 보지만 서로 알지 못하나,
어두움 가운데 글씨 쓰면 빛깔 드러난다'고 노래한 것이리라. 설봉이
'세 곳에서 대중과 서로 본다〔三處相見〕'는 뜻이 운문이 '햇빛 속에서
산을 본다〔日裏看山〕'는 뜻과 어찌 다를 것인가.

옛 선사들의 노래 들어보자.

분양소(汾陽昭)선사가 노래했다.

고을 바라보는 정자와 검은 돌 고개 승당 앞에서
서로 보고 서로 알아 몇 만 천이던가
오직 아호선사와 보복선사가 있어서
이 때에 서로 보아 밀쳐 옮겨감을 알았네

望州烏石與堂前　相見相知幾萬千
唯有鵝湖并保福　此時相見解推遷

원오근(圜悟勤)선사는 이렇게 노래했다.

---

137) 雪峯入州迴示衆云 望州亭 與諸人相見了也 烏石嶺 與諸人相見了也 卽今僧
堂前 亦與諸人相見了也 後保福問鵝湖 僧堂前相見 則且置 作麼生 是望州亭
烏石嶺相見 鵝湖驟步歸方丈 保福便入僧堂

연뿌리 실이 고래를 끌고
바늘 끝에 개자씨 던져 맞는다
고을 바라보는 정자 검은 돌 고개가
아직 말하기 전에 이미 먼저 대꾸하네
당나라에서 북침에 신라에서 춤추어
얼굴 보아 서로 드러내나 서로 보지 못한다

藕絲引鯨鰲　針鋒輥芥投
望州烏石嶺　未唱已先酬
大唐擊鼓新羅舞　覿面相呈不相覰

　여기 이곳과 저기 저곳이 다르되 다르지 않음을 '연뿌리 실이 고래
끈다'고 한 것인가. 운문고(雲門杲)선사가 노래했다.

고을 바라보는 정자 검은 돌 고개와 승당은
업의 앎이 아득하고 아득하면 맞지 못한다
납승의 주장자를 집어 올리니
다섯 호수 네 바다가 끓는 물처럼 솟구친다

望州烏石與僧堂　業識茫茫不可當
提起衲僧柱杖子　五湖四海沸如湯

학담도 한 노래 붙이리라.

천 리나 멀리 떨어져도 서로 떠나지 않고
눈앞에서 얼굴을 보나 서로 알지 못하네
검은 돌 고개 위의 밝은 달이여
승당 앞 잣나무 달그림자가 길도다

千里遠隔不相離　目前覿面不相識
烏石嶺上一月兮　堂前柏樹月影長

107. 홍화가 보배를 알다〔興化借寶〕

동광제(同光帝)가 홍화존장선사(興化存獎禪師)에게 '짐에게 큰 보배가 있다' 하고, 머리의 갓끈을 보이자 홍화선사가 말했다
"군왕의 보배는 값할 수 없습니다."

청매선사가 노래했다.

중원에서 값할 길 없는 보배 거두어 얻으니
한가로이 집어내도 값 헤아림 많지 않네
줄 없는 거문고로 봄노래 가락 튕겨내니
크게 기쁜 황제 얼굴 기림에 더할 나위 없어라

收得中原無價寶　等閑拈出較無多
沒絃彈出陽春曲　大悅龍顔贊莫加

평창

황제와 홍화선사의 문답은 선문염송 본칙〔756則〕에 다음 같이 나와 있다.

위부 홍화 존장선사에게 동광제(同光帝)가 물었다.
"짐이 중원 땅을 거두어 한 보배를 얻었는데, 아직 어떤 사람도 값을 치지 못합니다."
선사가 말했다. "폐하의 보배를 잠깐 보여주십시오."
황제가 두 손으로 머리에 쓰는 갓끈을 들어 보였다.
선사가 말했다. "군왕의 보배를 누가 값을 할 수 있으리오."
황제가 크게 기뻐했다.138)

---

138) 魏府興化存獎禪師 因同光帝問 朕收中原 獲一寶而未有人酬價 師云略借陛

세간의 빼어난 보배에 비싼 값을 매겨도 비싼 값에는 더 비싼 값이 있으니, 값할 길 없는 보배라야 참으로 높은 값의 보배이다. 황제의 갓끈에 '값할 길 없음'으로 답하니, 홍화가 황제를 기쁘게 해 낮은 땅의 가난한 민중을 돌아보게 하였다.

'줄 없는 거문고의 가락〔沒絃曲〕'이 아니면 어찌 만인에 기쁨을 줄 수 있으며, '밑 없는 발우의 밥〔無底鉢飯〕'이 아니면 배고픈 만 백성의 배를 어찌 불릴 수 있으리. 그래서 청매선사는 '줄 없는 거문고 가락으로 봄노래 퉁김'을 말한 것이리라.

해인신(海印信)선사는 이렇게 노래했다.

특별한 보배를 저 눈 푸른 스님에게 돌리니
눈앞에서 곱고 거침 가리지 않음이 없네
군왕의 값에 한 마디의 높은 값을 부르니
크게 기쁜 황제 얼굴 기뻐함에 넉넉함이 있도다

別寶還佗碧眼胡　目前無不辨精麤
高酬一句君王價　大悅龍顔喜有餘

학담도 한 노래 붙이리라.

한 개 머리에 쓴 갓이 천하를 머금으니
중원을 거둔다 한들 기이함이 없어라
노승이 잠깐 보고 값할 길 없음 메겨주니
값할 길 없는 보배 가운데 베풂 헤아릴 수 없어라

一個幞頭含天下　收中原也本無奇
老僧略借酬無價　無價寶中施無量

下寶看 帝以兩手 引幞頭脚示之 師云君王之寶 誰敢酬價 帝大悅

108. 오산에서 눈에 막혀〔鰲山滯雪〕

　　설봉이 암두와 같이 가다가 오산에서 눈이 막혀 지내는데, 설봉은 좌선하고 암두는 날마다 잠만 잤다. 비록 좌선하지만 설봉이 마음이 불안하므로 암두가 이렇게 경책했다.

　　"스스로의 가슴 속에서 흘러나온 것이 하늘을 덮고 땅을 덮을 것이다."

　　이 말을 듣고 설봉이 크게 깨치고 말했다.

　　"오늘 도를 이루었다."

　　나중 덕산을 이었다.

　　雪峯與巖頭 行到鰲山鎭阻雪 商確最後 頭云從自己胸中流出 盖天盖地去在云云 峯大悟曰 今日成道嗣德山

　　청매선사가 노래했다.

맷돌 한가운데 중심대가 없으면
돋아내고 덜어감에 꼭 맞음이 없도다
맨 끝으로 칼날 닿으면 돌려 피하기 어려우니
가슴의 바다에 치는 물결 푸른 하늘에 솟구치네

磨子中心無竪子　挑來撥去不當然
末梢觸刀難回避　胸海波瀾湧碧天

평창

　　설봉선사가 암두에게 경책을 받고 크게 깨친 이 이야기는 선문염송 본칙〔781則〕에 다음 같이 자세히 기술되어 있다.

　　설봉이 암두와 같이 예주 오산진에 갔는데, 눈이 막혔다.

암두는 날마다 잠만 자고 설봉선사는 한결같이 좌선했다.

하루는 암두를 불러 말했다.

"사형이여, 사형이여. 일어나시오."

암두가 말했다.

"무슨 일이오?"

설봉이 말했다.

"금생에 그냥 지내지 마시오. 문수(文邃)라는 사람과 같이 행각하며 가는 곳마다 저가 폐 끼침을 입었는데, 오늘 사형과 이곳에 이르렀는데 또 잠만 자시는구려."

암두가 '악' 외치며 말했다.

"잠이나 자시오. 날마다 선상 위에 앉아있으니, 마치 일곱 마을 속 토지신 같소. 다른 때 뒷날에 사람의 집 남녀들을 홀리겠소."

설봉선사가 스스로 가슴을 때리며 말했다.

"저는 이 속에서 아직 편안하지 않으니, 감히 스스로 속이지 않습니다."

암두가 말했다.

"나는 그대가 뒤에 외로운 봉우리에서 초암을 맺고 큰 가르침을 펼쳐 드날리리라고 말하려 했는데, 아직도 이런 말을 하는구려."

설봉이 말했다.

"저는 실로 아직 편안치 못합니다."

암두가 말했다.

"그대가 실로 이와 같다면 그대가 본 곳을 들어 낱낱이 통해보시오. 옳은 곳은 나와 그대가 증명하고, 옳지 않은 곳은 그대와 같이 깎아버릴 것이오."

설봉이 말했다.

"제가 처음 염관선사(鹽官禪師)께 이르니, 염관이 당에 올라 물질이 공한 뜻〔色空義〕 들어 보임을 보고 들어가는 곳을 얻었습니다."

암두가 말했다.

"이 뒤로 삼십 년 뒤 들어 보이는 것을 삼가시오."
설봉이 또 동산의 게로써 말했다.

"삼가 남을 따라서 찾지 말지니
멀고 멀어서 나와는 가깝지 않다
내가 지금 홀로 스스로 가니
곳곳에서 저를 만나도다
저가 지금 내가 아니지만
나는 지금 바로 저것이로다
이와 같이 반드시 알아야 하니
바야흐로 한결같음에 계합하리라."139)

切忌從他覓　迢迢與我踈
我今獨自往　處處得逢渠
渠今不是我　我今正是渠
應須恁麼會　方得契如如

그로 인해 암두가 말했다.
"만약 이와 같다면 스스로를 건짐도 다하지 못할 것이오."
설봉이 또 말했다.

---

139) 雪峯與巖頭 同至澧州鼇山鎭 阻雪 頭每日只是打睡 師一向坐禪
一日喚云 師兄師兄 且起來 頭云作麼生 師云今生不着便 共文邃个漢 行脚到
處 被他帶累 今日與師兄到此 又只管打睡
頭喝云 瞳眠去 每日床上坐 恰似七村裏土地 他時後日 魔魅人家男女去在 師
自點胸云 某甲這裏未穩在 不敢自謾 頭云我將 謂你他後 向孤峯頂上 盤結草
庵 播揚大教 猶作這个語話
師云某 甲實未穩在 頭云你若實如此 據你見處 一一通來 是處我與你證明 不
是處與你剗却
師云某甲初到鹽官 見鹽官上堂擧色空義 得个入處
頭云此去三十年 切忌擧着 又因洞山偈云
切忌從他覓 迢迢與我踈 我今獨自往 處處得逢渠
渠今不是我 我今正是渠 應須恁麼會 方得契如如

"뒤에 덕산선사(德山禪師)께 물었습니다.
'위로부터의 종승 가운데 일을 학인이 알 분수가 있습니까.'
덕산이 한 방망이를 치며 말했습니다."
"무엇을 말하는가?"
"내가 그 때 툭 트여 통밑이 빠진 것과 같았습니다."
암두가 악 외치며 말했다.
"그대는 다음 말을 듣지 못했소? '문을 따라 들어오는 것은 내집 보배가 아니다'라고 함을."
설봉이 말했다.
"그런 뒤에 어찌해야 옳습니까?"
암두가 말했다.
"물을 줄 아는구려, 물을 줄 아는구려."
"그런 뒤에 만약 큰 가르침을 펼쳐 드날리고자 하면, 낱낱이 자기 가슴에서 흘러나온 것을 가지고 와야 나와 더불어 하늘을 덮고 땅을 덮을 것이오."
설봉이 말 아래 크게 깨치고[言下大悟], 곧 절하고 일어나 소리를 이어 말했다.
"오늘에 비로소 오산에서 도를 이루었도다."[140]

오산의 눈 막힌 곳에서 암두는 누워 잠만 자고 설봉은 비록 겉모습으로 좌선하지만, 암두는 잠듦이 없고 설봉은 아직 좌선하다 얻은 지견과 선정의 경계[禪定境]에 갇혀 하늘을 덮고 땅을 덮는 소식을 가슴에서 드러내지 못했다.
그러므로 청매선사는 '나되 남이 없는 진여의 중심축을 굳게 잡지

---

140) 頭云若恁麼 自救也未徹在 師又云 後問德山 從上宗乘中事 學人還有分也無 德山打一棒云 道什麼 我當時豁然如桶底脱相似
頭喝云 你不聞道 從門入者 不是家珍 師云他後如何即是 頭云解問解問 他後 若欲播場大教 一一從自己胸襟流出將來 與我盖天盖地去 師於言下大悟 便作 禮起 連聲云 今日始是鼇山成道也

못하면 지견의 칼날을 피하지 못해 가슴속 바다물결 하늘에 솟구친다'고 노래한 것인가. 설봉이 이미 법의 문에 들어섰으나 지견의 병에 막혀 법계의 소식 참으로 쓰지 못함을 그리 말한 것이리라.

현사선사(玄沙禪師)가 화상을 입어 몸에서 고름이 뚝뚝 떨어지고, 사람들이 꽃을 사 낙양다리 오르는 이것 밖에 어찌 따로 취할 내면의 신묘한 도리가 있겠는가.

옛 선사들의 노래 들어보자.

지해청(智海淸)선사가 노래했다.

　　맑은 하늘에 우박 내림은 도리어 의존노인이지만
　　뭍의 땅에서 배를 모는 것 전활공에서 보도다
　　티끌 세상에서 봉래산과 바다가 떨어졌다고 말들하나
　　신선들은 반나절 돛의 바람도 쓰지 않도다

　　晴天降雹還存老　陸地行舟見豁公
　　塵世謾言蓬海隔　不消仙客半帆風

불안원(佛眼遠)선사가 노래했다.

　　오산에서 도 이룸이 넉넉히 사람에게 전해졌으나
　　앞에서 말이 두렷하지 않음은 아니로다
　　겨우 현사선사가 있어 처음과 끝을 알고
　　온몸 붉게 문드러져 고깃배 위에 있도다

　　鼇山成道足人傳　莫是從前話不圓
　　賴有玄沙知始末　徧身紅爛在漁船

심문분(心聞賁)선사가 노래했다.

　　흰 머리 가난한 사람은 버선을 신지 않고

검은 코 페르시아 사람은 허리띠를 매네
우스워라, 멋이 흐르는 나이 어린이가
꽃을 사서 다투어 낙양다리 오름이여

白頭貧漢不着襪　黑鼻波斯懶繫腰
却笑風流年少子　買花爭上洛陽橋

학담도 한 노래 붙이리라.

모든 법은 본래 공해 본래 니르바나이니
깨달음은 어느 곳이고 무엇이 니르바나인가
깨달음의 모습도 녹여 다해 늘 한결같으면
가슴 가운데 집안일을 솟구쳐내리

諸法本空本寂滅　悟是何處何是滅
消盡覺相常如如　胸中湧出家裏事

109. 운거가 바지를 보내다〔雲居送袴〕

선사가 암주에게 한 바지를 보냈는데, 암주가 말했다.
"스스로 어머니가 낳아준 것이 있습니다."
선사가 말했다.
"아직 나기 전 때에는 어떠한가?"
암주가 말이 없었다.
암주가 뒤에 죽자 다섯 빛깔 사리가 나왔다.
선사가 말했다.
"비록 여덟 섬 너 말이라도 어찌 그 때 한 마디 있음과 같을 것인가."

師與庵主一袴 主云自有娘生底 師云未生時如何 主無語 主後死有五
色舍利 師云雖八斛四斗 爭如當時有一句

청매선사가 노래했다.

가난한 집에 바지를 보내는 것은 묵은 빚을 생각함인데
말없는 암주는 한가하고 그윽함만 지키었네
밝은 구슬 다섯 빛깔 내와 산에 빛나지만
그 때 한 구절 대답한 것과 어찌 같으리

袴送貧家思舊債　無言庵主守閑幽
明珠五色河山耀　爭似當時一句酬

평창

　이 공안은 선문염송 본칙〔864則〕에 다음 같이 나온다.

　　운거의 회상 가운데 한 승려가 산 아래 암자를 세우고 몇 해가

402 푸른 매화로 깨달음을 도장 찍다

지났다.

선사가 하루는 어떤 승려에게 바지 한 벌을 가지고 암자에 가서 그에게 주게 하였는데, 암주가 말했다.

"저는 스스로 어머니가 낳아준 바지가 있습니다."

심부름했던 승려가 돌아와 운거선사께 들어 보이니, 선사가 말했다.

"그대는 어찌 그에게 어머니가 나주기 전에 무엇을 입었는가, 묻지 않았는가?"

그 승려가 다시 가서 물으니, 암주가 말이 없었다.

뒤에 암주가 돌아간 뒤에 다섯 빛깔 사리가 나왔는데, 선사가 말했다.

"비록 여덟 섬 너 말이 나와도 그 때에 한 마디를 말해 빛이 앞뒤를 끊은 것만 같으리오."[141]

지금 걸친 이 몸이 어머니가 낳아준 그 몸으로 그 바지 걸침이라면, 어머니가 낳아주기 전에는 무슨 옷을 입었던가. 지금 이 몸과 이 옷이 실로 있지 않은 줄 알아야, 어머니 낳아주기 전 헐벗음을 벗어나리라.

그러므로 청매선사는 암주가 '다만 한가하고 그윽함을 지켰다'고 말한 것인가. 지금 걸친 몸에 한 핏방울도 없는 줄 알아야, 그가 묵은 빚 없는 자재의 사람인 것인가.

개원기(開元琦)선사가 이렇게 이 이야기를 들어 말했다〔擧此話云〕.

"말해보라, 암주가 알았는가 몰랐는가. 만약 알았다 하는가. 그러면 또 맨 뒤의 한 구절을 이르지 못했고, 만약 몰랐다 하는가. 또

---

141) 雲居會裏有一僧在山下卓庵 經于數載 師一日 令僧持袴一腰 徃庵中與他 庵主云 某甲自有孃生袴在
僧迴擧似師 師云你何不問伊祇如 孃未生時 着箇什麼
其僧再去問 庵主無語 後來庵主遷化 却有五色舍利 師云縱有八斛四斗 爭如當時 道得一句 光絶前後

다섯 빛깔 사리가 있어 대중과 다름이 있었다.

여러 사람은 알겠는가?

암주가 그 때는 한쪽 손바닥이 소리를 울리지 못함이었고, 운거는 가난한 아이가 묵은 빚을 생각함이었다.

이 스승과 승려가 오고 오고 가고 가며 짚세기만 밟아 헤어지게 한 것이 적지 않다."

법상을 쳤다.[142]

지금 이 몸에 어버이가 준 한 방울 피라도 있다고 하면, 그는 옛 빚을 갚지 못한 자라 할 것이다. 지금 이 몸의 뼈와 살이 어머니가 낳아준 뼈와 살이 아니고, 어머니가 낳아줌에 실로 남이 없음을 알아야 그 옛날 묵은 빚을 갚을 수 있음인가.

학담도 한 노래 붙이리라.

어머니가 낳아주기 전 무슨 옷 입었는가
이 몸이 이미 어버이가 나준 몸 아니네
가난한 집 사람 바지를 받아 잘 보살펴서
한겨울 추위에 몸을 따뜻이 해야 하리

孃生已前着何衣　此身不是父母生
貧家取袴善護持　嚴冬寒時須溫身

---

142) 且道 庵主會不會 若會去 又不能道得未後一句 若不會 又有五色舍利 與衆
有殊 諸人要知麽
庵主當時 獨掌不浪鳴 雲居也是貧兒 思舊債 這箇師僧 來來去去 踏破草 鞋也
不少 擊繩床

110. 조산의 죽은 고양이〔曹山死猫〕

어떤 승려가 조산선사에게 물었다.
"세간에 어떤 물건이 가장 귀합니까?"
선사가 말했다.
"죽은 고양이다."
승려가 말했다.
"무엇 때문에 귀합니까?"
"값을 매길 사람이 없어서다."

청매선사가 노래했다.

온몸이 썩어 문드러져 거친 들에 버렸는데
이웃 동네 지나는 이들 모두들 침을 뱉네
날카로운 발톱 눈 밝음 누가 너와 같았으리
지금은 곧장 반 푼의 값도 되지 않네

通身腐爛抛荒原　四里三隣共唾涎
爪利眼明誰似你　如今不直半文錢

평창

　값할 것이 있으면 높고 낮음이 정해지니 참으로 귀한 것이 아니라
'죽은 고양이다'라고 답했는가.
　선문염송 본칙〔879則〕은 이 이야기를 이렇게 기록한다.

　　조산에게 어떤 승려가 물었다.
　　"세간의 어떤 것이 가장 귀합니까?"
　　그로 인해 선사가 말했다.

"죽은 고양이새끼가 가장 귀하다."
승려가 말했다.
"어째서 죽은 고양이가 가장 귀합니까?"
선사가 말했다.
"값을 매길 사람이 없어서다."143)

　살아서 날카로운 발톱 매서운 눈빛은 지금 어디로 갔는가. 죽은 고
양이 썩은 시체를 돌아보는 이 없으니, 이것이 참으로 값할 길 없는
보배인가. 죽은 고양이가 간 곳 없음을 아는 것이 참으로 값할 길 없는
보배의 처소이므로, 그를 가장 귀함이라 한 것인가.
　청매선사는 죽은 시체에서 산 고양이를 보니, 그것이 참으로 귀함의
소식이 되리라.
　단하순(丹霞淳)선사는 세간 보배가 아닌 것이 참된 보배됨을 이렇
게 노래했다.

　　비린 냄새나고 썩어 문드러져 가까이 못하니
　　가볍게 닿아 움직이면 피가 흘러 몸을 더럽히네
　　무슨 일로 아득히 값을 메길 사람 없는가
　　저가 세간의 진기함이 아니기 때문이네

　　腥臊烘爛不堪親　觸動輕輕血汚身
　　何事杳無人着價　爲伊非是世間珍

　천동각(天童覺)선사가 집어 말했다.

　"조산의 물건은 저자에 들지 못하니, 자세히 보면 바로 한 푼도
나가지 않는다. 조산은 천한 것을 만나면 귀한 것이나, 나의 이 속

---

143) 曹山因僧問 世間什麼物最貴 師云死猫兒最貴 僧云爲 什麼死猫兒最貴 師云
　　無人著價

은 귀한 것을 만나면 천한 것이니, 말해보라. 도로 서로 어긋나는 곳이 있는가?"144)

학담도 한 노래 붙이리라.

> 귀함 만나면 천해지고 천함 만나면 귀해지는데
> 저자 가운데 재화를 누가 값을 정하리
> 저울 머리 깨뜨림에 헤아릴 수 없으나
> 높고 낮음 비추는 하늘의 한 달이로다

> 遇貴卽賤遇賤貴　市中財貨誰定價
> 打破秤頭沒可量　照高照下天一月

---

144) 曹山物貨 不入行市 子細看來 直是一錢不直 曹山遇賤則貴 我者裏 遇貴則賤 且道 還有相違處麽

111. 암두의 손 올리고 움츠림〔巖頭擡搦〕

암두전활선사가 덕산에 이르러 물었다.
"범부입니까, 성인입니까?"
덕산이 '악' 외치니, 암두선사가 한 손을 들고 한 손을 움츠렸다.

청매선사가 노래했다.

항복하는 궁궐 황제의 편지는 봉하지 않으니
문 가운데 나서면 밖에서는 보고 들음이 같네
뒷사람이 앞사람의 일을 말할 줄 아나
노란 참새가 화살 낀 사람을 어찌 알리

降闕金書不在封　出門中外見聞同
後人解道前人事　黃雀那知挾鏃公

평창

이 공안은 선문염송 본칙〔826則〕에 다음 같이 말하고 있다.

악주의 암두전활선사가 덕산에 이르러 문에 걸쳐 서서 곧 물었
다.
"범부입니까, 성인입니까?"
덕산이 곧 '악' 외치니, 암두선사가 곧 절했다.
동산이 듣고는 이를 들어 말했다.
"만약 전활공이 아니었다면 알아듣기 아주 어려웠을 것이다."
암두가 말했다.
"동산 늙은이가 좋고 나쁨도 알지 못하고, 이름과 말을 잘못 내렸
다. 나는 그 때 한 손은 들고 한 손을 움츠렸다."145)

암두선사가 '한 손을 들고 한 손을 움츠렸다'고 하니, 한 손을 들고 한 손을 움츠림은 놓아줌[放行]이 잡아 정함[把定]이고, 들어 일으킴[擧起]이 쉬어 그침[止息]인 뜻을 그리 보인 것인가.

청매선사는 숨겨 감춤과 펼쳐 드러냄이 둘이 아닌 뜻을 '봉하지 않은 황제의 편지를 밖에서 말하는 이들은 모두 같이 안다'고 하고, '앞사람과 뒷사람이 말을 전하나 실로 알 바가 없다'고 한 것이리라.

범부와 성인이 차별됨이 나고 사라짐의 물결 가운데라, 범부 성인이 공한 줄 알아야 암두가 손 올리고 내리는 뜻을 알 수 있는가.

그렇다면 손 올리고 움켜쥐어도 실로 일으키고 내림 없음을 알 때 범부도 공하고 성인도 공하며 취할 공도 없는 줄 알아 진여의 보배 곳간에 돌아갈 것이니, 대각련(大覺璉)선사는 이렇게 노래했다.

> 무덤을 헤치려면 무덤 팔 위세를 온전히 해야 하니
> 도깨비 귀신들이 겨우 알자 곧 기틀을 거두었네
> 사람 죽으면 누가 손쓸 것인가를 알지 못하니
> 손 올리고 움켜쥠이 어찌 일찍이 보배 얻어 돌아가리

> 發塚須全發塚威　精靈才覺便收機
> 不知得喪當誰手　攙搦何嘗得寶歸

보영용(保寧勇)선사가 노래했다.

> 평평한 땅 달리는 토끼에게 푸른 매를 놓으니
> 한 번 움켜 바로 두 눈동자를 씹는다
> 독한 손은 빼앗아와 팔기도 하는데
> 무게가 분명치 않음을 어찌할 건가

---

145) 鄂州巖頭全豁禪師 到德山 纔跨門便問 是凡是聖 山便喝 師禮拜 洞山聞擧 乃云 若不是豁公 大難承當 師云洞山老漢 不識好惡 錯下名言 我當時 一手攙 一手搦

平川走兎放蒼鷹　一搦便嗒雙眼睛
毒手奪來人買去　奈何斤兩未分明

들어 올리고 움켜쥠에 무슨 정할 때와 근수가 있으랴. 둘을 모두 막을 때 흰 물결 하늘에 넘치는 소식 보는가.
지비자(知非子)선사가 다음 같이 노래했다.

덕산이 한 번 악 외치니 암두가 절하고 손을 쥐어 붙잡았네
영을 행함이 다하지 않으니 저와 내가 닫힌 기틀이네
말을 들은 동산의 늙은이가 이름과 말 잘못 내렸음이여
용이 잠기고 구슬 숨으나 흰 물결은 하늘에 넘친다

德山一喝　嵒拜拳攣　令行不盡　彼此機關
洞山老人　錯下名言　龍潛珠隱　白浪滔天

손 들고 움츠림이여. 범부 성인이 공한 곳에, 범부는 범부이고 성인은 성인임을 그리 보인 것인가.
학담도 한 노래 붙이리라.

범부 성현 다할 때 범부 성현 분명하니
문에 걸터 설 때 누가 안과 밖을 말하리
악 외침 한 소리에 시방이 캄캄하나
밤에 가는 이들 이미 길 가운데 있도다

凡聖盡時凡聖分　跨門誰謂內與外
喝聲一下十方暗　夜行人也已途中

112. 신 앞의 술 소반〔神前酒臺盤〕

화엄휴정대사가 현자화상에게 물어보았다.
"어떤 것이 조사가 서에서 온 뜻인가?"
현자선사가 말했다.
"신 앞에 술 소반입니다."

休靜大士試師云 如何是祖師西來意. 師云神前酒臺盤

청매선사가 노래했다.

재를 지낸 새우와 조개로 남은 잔에 술취해
밤에는 신당에서 자고 새벽 되면 돌아간다
화엄선사가 다 살펴보았음을 알아서 알리니
도가 천 리에 전해 다시 시기함이 없네

充齋蝦蜆醉殘盃　夜宿神祠到曉回
解報華嚴勘破了　道傳千里更無猜

평창

이 공안은 선문염송 본칙〔922則〕에 다음 같이 나와 있다.

경조현자화상(京兆蜆子和尙)이 동산선사(洞山禪師)를 뵌 뒤에 머물러 삶〔居止〕에 정함이 없이 계율의 몸가짐을 따르지 않고, 날마다 강가에서 새우와 조개를 잡아 아침 끼니를 때우고 백마묘의 종이돈 무더기 가운데 잤다.

그 때 화엄휴정선사(華嚴休靜禪師)가 듣고 참과 거짓을 밝히려고 먼저 종이돈 가운데 들어가 있었는데, 현자선사가 밤이 깊어 돌아왔다.

정선사가 붙들어 세우고 물었다.

"어떤 것이 조사가 서에서 온 뜻인가?"

현자가 말했다.

"신 앞에 술 소반이요."

정선사가 기이하게 여기고 뉘우쳐 물러갔다.[146]

동산선사(洞山禪師)에게서 법의 눈을 뜬 뒤 현자선사(蜆子禪師)는 삶에 정해진 모습이 없었다. 낮에는 강가에서 조개와 새우를 잡아먹고 밤에는 신당의 종잇돈 속에서 자니, 그는 속인인가 제사 지내는 신관인가.

'신 앞에 바치는 술 소반'으로 '조사가 서에서 온 뜻'을 답하니, 그는 붇다의 지혜목숨을 이은 조사의 모습인가 술 취한 거리 한량의 모습인가. 그리고 신 앞의 술 소반이라 한 현자의 뜻은 무엇인가. 술 소반이 사람이 마시면 술잔이요 신에 바치면 제기이므로, 선사는 그것을 들어 조사의 뜻을 답한 것인가.

청매선사가 '화엄휴정선사가 현자선사의 가풍을 알아 그 도의 깊이를 알아 세상에 알렸다'고 노래했으니, 눈 뜬 작가가 산 눈 뜬 이 알아본 것을 기려줌이리라. 옛 선사가 신 앞의 술 소반을 '주먹 같이 큰 무쇠구슬도 깨뜨려 부서짐'으로 비유했으니, 무쇠구슬이 깨지고 수메루산이 무너지는 줄 알아야 신 앞의 술 소반이라 한 현자의 뜻을 알기 때문인가.

조왕신의 머리를 주장자로 때려 깨뜨린 파조타선사(破竈墮禪師))를 다시 이곳에 모셔 와야 할 것이다.

원오근(圜悟勤)선사는 이렇게 노래했다.

신 앞의 술 소반이여

---

146) 京兆蜆子和尚 叅洞山後 居止無定 不循律儀 每日沿岸 探摝蝦蜆 以充朝夜 卽宿白馬廟 紙錢叢中 時有華嚴靜禪師聞之 欲決眞假 先潛入紙錢中 師深夜歸 靜把住問云 如何是祖師西來意 師云神前酒臺盤 靜奇之 懺謝而退

무쇠 구슬이 주먹 같이 크도다
한 번 쳐서 곧 깨뜨려 부수니
곧장 반 푼 값이 되지 않네

神前酒臺盤　鐵彈大如拳
一擊便擊碎　不直半分錢

학담도 한 노래 붙이리라.

신 앞에는 제기요 취하면 술 돌리는 잔이니
낮에는 강가에 노닐고 밤에는 묘에서 자네
머물러 삶에 정함 없어 자재히 가니
조사의 뜻 우뚝함을 정선사가 알렸네

神前祭器醉酒酌　晝遊江岸夜宿廟
居止無定行自在　祖意堂堂静師報

113. 곽산선사가 깨쳤다고 외쳤다〔霍山叫悟〕

곽산경통선사가 앙산의 네 등나무 줄기를 맞고, 스스로 '네 등나무 줄기 맞은 천하의 대선불이다'라고 일컬었다.

師喫仰山四藤條 自稱四藤條下天下大禪佛

청매선사가 노래했다.

승당에 차갑게 앉아 크게 깨쳤다 외치니
황금바람의 소식에 푸른 오동이 슬프네
구름 모인 봉우리 아래 종소리가 이르니
천 리에 외로운 돛배의 그림자 따를 수 없네

冷坐僧堂叫大悟　金風消息碧悟悲
集雲峯下鐘聲早　千里孤帆影不追

평창

경통이 앙산의 회상에서 '스스로 깨쳤다'고 하고, 다시 앙산의 등나무 줄기로 맞고서야 비로소 '천하의 대선불이다'라고 외친 이 공안은 선문염송 본칙〔923則〕에 다음 같이 나온다.

진주 곽산경통선사(晉州 霍山景通禪師)가 앙산(仰山)의 회상에 있었는데, 하루는 승당 안에서 앉아 있다 홀연히 깨우침이 있어 큰 소리로 '깨쳤다'고 외쳤다.
앙산이 듣고 시자로 하여금 곽산을 불러 방장에 오도록 하고, 앙산이 물었다.
"그대가 깨쳤다고 말하니, 무엇을 깨쳤는가?"
경통이 한 발을 들고 말했다.

"서천 스물여덟 조사도 이와 같고, 당나라 땅 여섯 조사도 또한 이와 같고, 화상도 또한 이와 같으며, 저도 또한 이와 같습니다."

앙산이 등나무 줄기로 네 번 때리니, 곽산이 절하고 나갔다.

이로부터 스스로 '집운봉 아래 네 번 등줄기로 맞은 천하의 대선불이다'라고 일컬었다.

뒤에 곽산에 이르러 스스로 말했다.

"집운봉 아래 네 번 등줄기로 맞은 천하의 대선불이 뵙습니다."

앙산이 말했다.

"유나야 종을 쳐라."

경통선사가 곧 가버렸다.147)

땅위에 외발로 서서 서천 인도와 동토 중국 지금 천하 선지식이 모두 이와 같다고 말하니, 인연의 땅에 있어도 인연에 머묾 없이 홀로 서있음을 말한 것인가. 그러나 이와 같이 깨쳤다는 모습이 있고 '이와 같다'는 지견이 있으면, 그는 깨달음의 견해에 갇힌 사람이라 앙산이 등줄기를 쳐 깨달음 안과 밖을 무너뜨린 것인가.

깨달았다는 소견을 버릴 때 청매선사의 노래처럼 '구름 모인 봉우리 아래 이른 종소리와 외로운 돛배의 아득한 그림자가 깨달음의 모습'이 될 것이다.

'깨달음이 있다는 생각'이 곧 '무명이 있다는 생각'이 다하지 않음이니, 네 번 등줄기 맞고서야 비로소 깨달음과 무명을 모두 녹여 다한 것인가.

불타손(佛陁遜)선사가 노래했다.

---

147) 晉州霍山景通禪師 在仰山會下 一日在僧堂內坐 忽然有省 乃高聲叫云 悟也
　　仰山聞 遂令侍者 喚師至方丈 山問汝道悟也 悟箇什麼
　　師翹一足曰 西天二十八相亦如是 唐土六祖亦如是 和尙亦如是 某甲亦如是
　　山便打四藤條 師便禮拜而出 從此自稱集雲峰下四藤條天下大禪佛 後到霍山
　　自云集雲峰下四藤條 天下大禪佛 衆 山云維那 打鍾着 師便去

집운봉 밑 네 번 맞은 등나무 줄기에
비롯 없는 무명이 곧바로 녹음이여
소매 떨치고 곧 천하를 돌아다니며
발우와 주장을 마음껏 뒤흔드네

集雲峰下四藤條　　無始無明當下消
拂袖便行天下去　　鉢盂拄杖任橫挑

　지금 중생 자신의 모습 그 진실 밖에 깨달음이 없으니, 깨달았다는
견해를 녹여버릴 때 길이 굶주리지 않는 공덕의 땅에 서는 것인가.
보영용(保寧勇)선사는 이렇게 노래했다.

천축과 지나의 조사 모두 도장 찍어 정하니
다시 섞여 어긋날 털끝이 없도다
눈은 가로요 코는 곧은 대로
깨쳤다고 외쳐 천하를 시끄럽게 하더니
남은 국 한 번 먹고 길이 주리지 않는다

竺國支那咸印定　　更無毫髮可參差
眼橫鼻直喧天下　　一頓殘羹永不飢

학담도 한 노래 붙이리라.

크게 깨쳤다 한 번 외침 앙산이 들음이여
등줄기로 맞고서 깨달았다는 견해 벗어났네
집안 속과 문밖을 한 때에 깨뜨렸으니
유나가 종을 침에 경통은 문밖으로 나서네

一叫大悟仰山聞　　被打藤條脫覺見
家裏門外一時破　　維那打鐘出門外

114. 낙포가 절하지 않다〔洛浦不拜〕

　낙포산 원안선사가 협산선사를 찾아가 마주보고 절하지 않자, 협산선사가 나가라고 말했다.
　원안이 '악' 외치자, 협산이 말했다.
　"비록 천하사람의 혀끝을 끊을 수 있으나 혀 없는 사람이 말할 수 있겠는가?"
　원안이 승복했다.

　청매선사가 노래했다.

　몸가짐을 베풀지 않고 한가운데 서니
　닭이 봉의 둥지에 깃들되 빛깔 같지 않네
　몽둥이 끝이 한가한 말을 받아들이지 않으니
　찬 달이 낙포의 동쪽에 처음 돋네

　不設威儀立正中　鷄棲鳳崛色非同
　棒頭不納閑言語　寒月初生洛浦東

평창

　낙포(洛浦)와 협산(夾山)의 문답을 보인 이 공안은 선문염송 본칙〔946則〕에 이렇게 나와 있다.

　　풍주 낙포산 원안선사(元安禪師)가 협산을 찾아가 절하지 않고 마주보고 서니, 협산이 물었다.
　　"닭이 봉의 둥지에 깃드나 같은 무리가 아니다. 나가거라."
　　원안선사가 말했다.
　　"멀리서 가풍을 따라왔으니 선사께서 맞아주시길 빕니다."

협산이 말했다.

"눈앞에 사리가 없고, 이 사이에 노승이 없다."

원안이 곧 '악' 외치니, 협산이 말했다.

"그치고 그치라. 또 가볍게 굴지 마라. 구름과 달은 같으나 개울과 산은 각기 다르다. 천하 사람의 혀끝을 끊는 것은 없지 않으나, 어찌 혀 없는 사람이 말할 수 있게 하리오."

원안이 말이 없자, 협산이 때렸다.

원안이 이로부터 승복하였다.148)

스승께 절하지 않고 마주서 '악' 외침으로 스승도 없고 제자도 없는 경계를 보였으나, 협산의 매운 방망이 맞고 비로소 원안선사가 정수리의 눈〔頂門眼〕을 열었으므로 청매선사는 '찬 달이 낙포의 동쪽에 처음 돋는다'고 했는가.

협산선사가 '구름과 달은 같으나 개울과 산이 각기 다르다'고 한 것은 차별된 만상의 모습이 같음에 머물면 산 눈〔活眼〕 잃음을 나타낸 것이리라.

투자청(投子靑)선사는 이렇게 노래했다.

짝이 없는 돌사람이 밤에 산에 드니

눈 덮인 붉은 꼭대기에 푸른 옷이 차갑다

'악' 외쳐 세 봉우리 꼭대기에 겁의 처음을 열고

금란가사 받들어 내어 해를 마주해 보네

無伴石人夜入山　雪籠紅頂緣衣寒

喝開劫肇三峯頂　捧出金襴對日看

---

148) 澧州洛浦山元安禪師 叅夾山 不禮拜 當面而立 山云雞捿鳳巢 非其同類 出去 師云自遠趨風 乞師一接 山云目前無闍梨 此間無老僧 師便喝 山云住住 且莫草草忽忽 雲月是同 溪山各異 截斷天下人舌頭 卽不無 爭教無舌人解語 師無語 山便打 從此伏膺

눈이 없이 두 봉새를 수놓으니
텅 비어 푸른 하늘을 꿰뚫는다

無目繡雙鳳　冲虛透碧霄

'악' 외쳐 겁의 처음을 여는 것이 법을 열어내되 남에 남이 없음을
나타냄이라면, 금란을 받들어 해를 마주해 봄이란 남이 없되 남 없음
도 없이 주인과 손님이 분명한 뜻을 나타냄인가.
　학담도 한 노래 붙이리라.

　　구름과 달 개울과 산이 같고 다름 없으니
　　말 가운데 말이 없고 말 없이 말하네
　　돌사람은 발이 없이 산꼭대기 오르는데
　　밤 깊은 산 경치는 환한 대낮과 같네

　雲月溪山無同異　說中無說無說說
　石人無脚登山頂　夜深山景如白晝

115. 현사스님이 발가락을 다쳐서〔玄沙蹩指〕

현사선사가 설봉에 있으면서 여러 곳에 다니러 고개를 넘다가 발을 다치고서, 돌아와 설봉에 머물며 나가지 않았다.

師在雪峯 遊方踰嶺云云 回住雪峯不出

청매선사가 노래했다.

천 자 검은 실이 옛 못에 떨어졌는데
노란 자라 그림자 없고 물은 쪽빛 같네
한 번 고개 위에서 저를 만난 뒤에
여러 곳에 가 뒤섞임에 취해 빠지지 않았네

千尺烏絲落古潭　黃鰲無影水如藍
一從嶺上逢渠後　不去諸方醉雜酖

평창

현사선사(玄沙禪師)는 고기잡이 뱃사공 사씨의 셋째 아들〔謝三郎〕로 출가해 널리 선지식을 참방해 도를 물었다. 설봉에 있으면서 다시 제방을 유력하려고 고개를 넘다 발을 다치고서 그 뒤 설봉산을 벗어나지 않았다. 능엄경에서 크게 깨치고 설봉의 법을 이었다.

선문염송 본칙〔978則〕은 다음 같이 말한다.

> 복주 현사사비 종일선사가 설봉에 있을 때, 고개를 나가 여러 곳에 노닐려 하다 고개 위에 이르러서, 발가락 끝을 부딪쳤다. 이로 인해 도로 설봉에 돌아와서 고개를 벗어나지 않았다.[149]

---

149) 福州玄沙師備宗一禪師 在雪峯時 欲出嶺遊方 至嶺上 因趯着脚指頭 各回雪峯 便不出嶺

불법은 지금 중생의 현전일념(現前一念) 밖에 있지 않다. 경을 보고 선지식에게 도를 묻는 것도 끝내 현전일념의 진실에 돌아가기 위함이니, 현사선사는 발을 다친 뒤 밖으로 구함을 쉬고 고개 위 지는 해를 보고 방위 없는 반야의 빛을 깨달았다.

　중생의 삶 속에 이미 드러나 있는 반야광명이 바로 이곳에 있는데, 어디 밖을 향해 구하는 마음으로 물어서 찾을 것인가. 고개 위에서 깨친 것이 오직 이 법임을 청매선사는 '천 자 깊은 못에 그림자 없는 노란 자라'라고 말한 것이리라.

　법진일(法眞一)선사는 아직도 법을 구해 나그네 길 멈추지 않는 이들을 다음 같이 경책한다.

> 낚싯배 위의 사씨 집 셋째 아들이
> 수메루산 차 넘기고 옛 고향에 돌아갔네
> 우스워라, 길 가운데 아직 돌아오지 않는 나그네
> 나그네길 외로이 타향으로 향하도다
>
> 釣魚船上謝三郎　趯倒須彌返古鄕
> 應笑途中未歸客　伶俜旅泊向他鄕

학담도 한 노래 붙이리라.

> 사씨 집 배 위의 멀리 노니는 나그네
> 한 번 발가락 부딪힌 뒤 고향에 돌아갔네
> 홀연히 고개 위 지는 해 붉은 것을 보고서
> 신묘한 빛 정수리 뒤 밝은 것을 알았네
>
> 謝家船上遠遊客　一蹙脚頭返家鄕
> 忽見嶺上落日紅　始知神光頂後明

116. 주장자가 용이 되다〔杖化爲龍〕

운문선사(雲門禪師)가 말했다.
"주장자가 용이 되어 하늘 땅을 삼켰다."
단하순이 말했다.
"운문이 이렇게 말한 것이 다만 스스로를 이롭게 할 수 있고 아주 남을 이롭게 함이 없다."

雲門云 柱杖化爲龍 呑却乾坤云云丹霞只能自利 無利他云云

청매선사가 노래했다.

소양의 주장자가 용으로 변했으나
천하에는 우임금의 공 잊기 어렵네
누가 내 옛 나라 땅에 돌아가고자 않으리
두견새 우는 곳에 들안개가 감싸고 있네

韶陽杖子化爲龍　天下難忘大禹功
誰欲不歸吾故國　杜鵑啼處野煙籠

평창

위 운문의 공안을 선문염송 본칙〔1006則〕은 다음 같이 말한다.

　　소주 운문산 문언선사(韶州 雲門山 文偃禪師)가 주장자를 들고 대중에게 보여 말했다.
　　"주장자가 용이 되어 하늘땅을 삼켰다. 산과 내 큰 땅을 어디서 얻을 것인가."[150]

---

150) 韶州雲門山文偃禪師 拈拄杖示衆云 拄杖子 化爲龍呑却乾坤了也 山河大地 甚處得來

주장자가 있되 공하니 주장자가 산하대지와 그 바탕을 같이하고, 주장자가 공하되 있으니 주장자가 산하대지를 삼킨 것인가. 그러나 저 산하대지가 다시 삼천계에 두루하고 온갖 중생을 삼켰으니 용과 산하대지가 서로 어울림을 말하지 않으므로, 단하선사는 '오직 스스로를 이익케 하고 남을 이익케 함이 없다' 했는가.

단하순(丹霞淳)선사는 당에 올라〔上堂〕이렇게 말했다〔云〕.

"아직 조짐이 나뉘지 않았으니, 손님과 주인이 어찌 설 것인가. 연등분다 뒤에는 방편 일어남을 겸해 지니었다.

이런 까닭에 운문화상이 '주장자가 용으로 변해 하늘 땅을 삼켰으니, 산과 내 큰 땅을 어디서 얻겠는가'라고 말한 것을 살펴보자.

운문의 이렇게 말함이 아름답기는 아름답고 좋기는 좋으나, 자세히 보면 다만 스스로를 이롭게 할 수 있고 아주 남을 이롭게 함이 없다.

단하는 곧 그렇지 않다.

'주장자가 용이 되니 남산에 구름 일으키고 북산에 비를 내리어, 곧장 신령한 싹이 빼어나게 우거지고 상서로운 풀이 더욱 빛나게 된다. 대천세계가 다 나의 집인데 어찌 꼭 서구야니주와 남섬부주일 것인가. 모든 사람이 만약 이 속에서 자세히 알면 공을 헛되이 베풀지 않았다 하겠지만, 만약 그렇지 않으면 공훈(功勳)에 떨어짐을 면치 못할 것이다.'

말해보라. 공훈에 떨어지지 않는 한 구절은 또 어떻게 말하는가."

잠자코 있다〔良久〕말했다.

"알겠는가."151)

---

151) 朕兆未分 賓主何立 燃燈已後 兼帶權興 所以雲門和尙道 拄杖子化爲龍
(至)甚處得來 雲門恁麼道 美卽美矣 善卽善矣 子細看來 只能自利 殊無利他
丹霞卽不然 拄杖子化爲龍 南山起雲 北山下雨 直得靈苗繁秀 瑞草增輝 大千
沙界盡吾家 何必西瞿與南贍 諸人若向這裏 委悉得去 可謂功不浪施 其或未然

손을 놓으니 저쪽 천 성인의 밖이요
길을 돌리니 불 속의 연꽃이 될 수 있네

撒手那邊千聖外　迴程堪作火中蓮

　청매선사 또한 주장자가 용이 되어 산하대지를 삼켰다 하나, 그것이 지금 씨 뿌리고 밭 매는 인연 밖이 아님을 '천하에 우임금의 공 잊기 어렵다'고 한 것이리라.
　또한 서로 거두고 삼켰다 하나 삼킨 곳에 관계의 그물과 인연의 그림자가 없는 것이니, 옛 선사들의 노래 들어보자.
　설두현(雪竇顯)선사는 이렇게 노래했다.

주장자가 하늘과 땅을 삼켰는데
복사꽃 물결 바쁘다 부질없이 말하네
꼬리 태우는 것은 구름 안개 움켜쥐는 데 있지 않는데[152]
뺨을 쪼이는 것이 어찌 꼭 담을 없애고 얼을 없앰이리
집어 들었음이여, 들어도 듣지 않음이라
곧장 물 뿌린 듯 깨끗하고 깨끗이 휘늘어졌으니
다시 어지럽고 어지럽게 날리게 하지 말라
일흔두 방망이는 또 가볍게 용서해주나
백오십 방망이는 그대를 놓아주기 어렵다

　선사가 갑자기 주장자를 들어 자리에서 내려오니 대중이 한 때에 달아나 흩어졌다.

拄杖子吞乾坤　徒說桃花浪奔

不免落功勳去也　且道 不落功勳一句　又作麽生道 良久云 還會麽
撒手那邊千聖外 迴程堪作火中蓮

152) 꼬리를 태움〔燒尾者〕: 중국 우문(禹門)에 세 단계 물결〔三級浪〕이 있는데 물고기가 복사꽃 필 무렵 이 물결 거슬러 오르면 용이 되어 번개와 우레를 일으키고 꼬리를 태워 하늘에 오른다고 함.

燒尾者不在拏雲霧　曝腮者何必喪膽亡魂
拈了也　聞不聞
直須灑灑落落　休更紛紛紜紜
七十二棒且輕恕　一百五十難放君

師驀拈柱杖下座　大衆一時走散

　물고기가 꼬리 태움이 하늘의 구름과 안개를 잡으려다 그러는 것이
아니고 용이 되면서 일어나는 일이니, 물고기가 자신의 꼬리를 태워
물고기가 물고기를 벗어날 때 용이 되는 것이다. 오르지 못하고 떨어
지면 물고기가 어부에게 잡혀 햇빛에 말려서 저자에 팔리게 된다. 그
것은 담과 얼을 없애서가 아니라 스스로가 스스로를 벗어나지 못하고
밖으로 구해 스스로 휘날려 어지럽기 때문에 그런 것이리라.
　삽계익(雪溪益)선사 또한 노래했다.

　산이 겹치고 겹치며 물은 출렁이며 흐르니
　노는 이들 하늘 끝에서 일찍 돌아가야 하네
　우문에서 복사꽃 물결 꿰뚫려고 하여
　바람 우레 기다리기 얼마이던가
　고향집 돌아가면 아무 일이 없으니
　안개 낀 마을에 두견새 우는 대로 두라

　山疊疊水瀰瀰　遊子天涯合早歸
　禹門欲透桃花浪　待得風雷是幾時
　歸到家鄕無个事　煙村一任杜鵑啼

　운문선사가 '주장자가 용이 되어 하늘땅을 삼켰다'고 하고, 여러 선
사들이 갖가지로 그 뜻을 보이고 노래한 것은 '존재가 과정과 활동으
로 주어지며, 존재가 그 존재이되 스스로 존재를 벗어나 서로 두루하
고 머금는 세계의 실상을 밝힘'일 뿐 신묘한 변화의 세계를 보인 것이

아니다.

주장자에서 주장자만을 보는 중생의 미망이 사라지면 주장자가 용이 되는 것은 무엇이며, 산하대지 삼키는 것은 무엇이리.

장로색(長蘆賾) 선사는 당에 올라 이 이야기를 들어서[擧此話] 주장자를 집어 세우고 다음 같이 말했다.

"주장자는 다만 나무자루라 일찍이 용으로 변하지 않았고 또한 일찍이 하늘땅을 삼키지 않았으니, 산하대지가 또렷이 그대로 있다. 어떤 때 나그네가 오면 살펴보아야 하고 어떤 때 도적이 오면 때려야 한다."

그리고는 향대를 한 번 내리치고 주장자에 기대 말했다.

"만약 모두 아무 일이 없거든 다시 선상을 살펴보라. 알겠는가. 만 가지를 베풀어 보이는 것이 평소와 같지 못함이니, 또 사람을 놀래주지 않아야 또 오래 가는 것이다."153)

학담도 한 노래 붙이리라

한 줄기 주장자가 용으로 변해
하늘땅 삼키고 뱉어 나머지 없음이여
안개 낀 마을 버들 푸르고 봄꽃 향기로운데
그 경치 보되 봄이 없으면 고향에 이르리라

一條拄杖化爲龍　呑吐乾坤無有餘
煙村柳綠春花香　見而不見到家鄉

---

153) 上堂擧此話 拈起拄杖云 拄杖只是木頭 不曾變化爲龍 亦不曾呑却乾坤 山河大地 宛然猶在 有時客來須看 有時賊來須打 乃擊香臺一下靠却拄杖云 若惣無事 却來祗候禪床還會麽 萬般施設不如常 又不驚人 又久長

117. 바탕이 황금바람에 드러났다〔體露金風〕

운문선사가 대중에 보여 말했다.
"나무가 마르고 잎이 질 때 어떠한가?"
스스로 말했다.
"바탕이 황금바람에 드러났다."

師示衆云 樹凋葉落時如何 自云體露金風

청매선사가 노래했다.

찬 서리 그림자에 바람 드세 기러기떼 돌아오고
천 산에 나뭇잎 지는 것 같은 때에 있어라
경계의 빛깔로 사람의 뜻 논하는 것 삼갈지니
공안이 온전히 드러나 쫓아 따를 수 없네

霜影風威鴈帶回　千山木落在同時
愼將境色論人意　公案全彰趂不追

평창

　인연으로 법이 나므로 법이 공하고 법이 공하므로 비로소 법이 날
수 있으니, 인연이 공하되 공함도 공한 줄 알 때 만법의 바탕이 드러남
을 이렇게 보인 것인가.
　위 공안에 대해 천동각(天童覺)선사는 다음과 같이 들어 말한다.

　　설봉의 아들이며 덕산의 손자로다
　　엉클어진 칡넝쿨 끌어올리니 뿌리 다하기 어려우나
　　뭇 흐름을 끊으니 밑바닥을 보도다
　　서로 맞는 함과 뚜껑이 하늘 땅과 같고

긴 것은 길고 짧은 것은 짧아 마디가 없으며
서로 이어지고 빽빽하여 꿰맨 자국이 없다
물결 따르고 이랑 쫓아 이렇게 가니,
배에 오르자 바로 집 앞 문에 이르렀도다

雪峯之子 德山之孫 葛藤牽轉難窮根 截斷衆流見源底
相應函盖同乾坤 長長短短無節奏 綿綿密密忒鶻侖
隨波逐浪恁麼去 上船便到家前門

　경계가 마음인 경계라 경계를 들어 깨달음의 길을 보인 것이라 청매
선사는 '경계의 빛깔로 사람의 뜻 논함 삼갈지니, 공안이 이미 드러나
생각으로 따를 수 없다'고 한 것이리라. 그리고 있음〔有〕을 덜고 덜어
도 바닥에 이르지 못하나 있음이 곧 있음 아닌 줄 알 때 바닥에 이름을
'뭇 흐름 끊으니 밑바닥을 본다'고 노래했으리라.
　인연으로 난 곳에 바탕이 바로 드러날 때 뭇 흐름을 끊되〔截斷衆流〕
물결 따르고 이랑 쫓을 수 있으니〔隨波逐浪〕, 바탕〔體〕과 씀〔用〕에
두 모습 없음을 함과 뚜껑이 하늘 땅 처럼 서로 맞음〔函盖乾坤〕이라
하는가.
　옛 선사들의 몇 수 노래 들어보자.
　삽계익(雪溪益)선사가 노래했다.

바탕이 드러나 우뚝함에 잎이 이미 말랐는데
한바탕 가는 비에 더욱 쓸쓸해지네
오는 해에 다시 새 가지가 있어서
어지러이 부는 봄바람 쉼이 없으리

體露堂堂葉已凋　一畨踈雨轉蕭蕭
來年更有新條在　惱亂春風卒未休

심문분(心聞賁)선사의 노래 들어보자.

잎이 지고 나무 말라 바람이 바탕 드러내니
납승은 어느 곳서 소양을 보려는가
긴 정자 달빛 아래 사람은 천리나 멀지만
늦은 밤 다듬이 소리에 기러기는 두 줄로 나네

葉落樹凋風露體　衲僧何處見韶陽
長亭月色人千里　後夜砧聲鴈兩行

또 노래했다.

나무 마르고 잎이 져 황금바람에 드러남이여
애쓰는 마음 아니면 사람들은 알지 못하네
운문의 문 빗장을 밟고 있으니
눈앞에 어찌 사리가 있겠는가

樹凋葉落金風露　不是苦心人不知
踏着雲門關捩子　目前安得有闍梨

학담도 한 노래 붙이리라.

가을바람에 잎이 져 바탕이 우뚝 드러나니
잎 지고 봄빛 돋음 이치가 스스로 그러하네
봄이 와 가는 비 내리면 푸르름 더욱 새로우니
소양의 뜻이 시절의 인연 속에 있도다

秋風葉落體露堂　葉落春色理自然
春來細雨綠轉新　韶陽意在時節緣

118. 법신을 꿰뚫는 구절〔透法身句〕

운문에게 어떤 승려가 물었다.
"어떤 것이 법신을 꿰뚫는 구절입니까?"
이로 인해 선사가 말했다.
"북두 속에 몸을 감춘다."154)

청매선사가 노래했다.

남산의 돌범은 차가운 놀을 내뱉고
북쪽 바다 진흙소 푸른 물결 솟구치네
맨 뒤에 헤어지는 가락 누가 잘 따를까
설산 깊은 곳에 누워있는 두타로다

南山石虎吐寒霞　北海泥牛湧碧波
最後別調誰善應　雪山深處臥頭陀

평창

　선문염송 본칙〔1016則〕에 나오는 운문선사의 공안이다.
　온갖 것의 모습에 모습 없지만〔於相無相〕 모습 없음에 모습 없음도
없음〔無相而無無相〕을 짐짓 법신(法身)이라 이름한 것이라, 법신을
사물로 만들거나 초월적 실재로 만들어서는 안 되는 것이니, 이것이
운문이 보이는 공안의 법로이다.
　'북두 속에 몸을 감춘다'고 하니, 이 무슨 뜻인가. 저 북두와 이 몸이
모두 있되 있음 아니고 있지 않되 있지 않음도 아님을 알아야 북두에
몸 감추는 조사의 뜻을 알 수 있는가.
　청매선사의 게송에서 놀 뱉고 물결 일으키는 남산의 돌범〔石虎〕과

---

154)〔1016則〕雲門因僧問 如何是透法身句 師云北斗裏藏身

북쪽 바다 진흙소〔泥牛〕가 그 무슨 신묘한 도리일 건가. 아침에 창문 열면 저 멀리 푸른 산 빛이 눈에 가득한 소식일 것이리라. 누워 있는 설산 두타의 소리 들음은, 저 바깥 경계의 소리를 듣되 듣지 않고, 듣지 않되 듣지 않음도 없음을 그리 나타낸 것이리라.

옛 선사들의 몇 수 노래 들어보자.

광교지(廣教志)선사가 노래했다.

북두에 몸 숨긴다는 구절
칼날 맞아 쥐는 이 드물다
기틀에 맞아도 오히려 알지 못하니
그윽한 길은 크게 앎이 없다

잔나비 울음은 푸른 산 밖이요
범의 휘파람은 산개울을 지난다
새벽 종이 아직 아침 알리지 않았는데
닭은 오경이 되자 울도다

北斗藏身句　當鋒措者稀
投機猶未諦　玄路大無知
猿啼靑嶂外　虎嘯透山溪
晨鍾未報曉　雞向五更啼

투자청(投子靑)선사가 노래했다.

남악의 봉우리 높고 북악은 낮은데
길 가는 사람 눈물 흘리며 둘 사이 머뭇거린다
불별이 어젯밤에 소별자리에 옮겨서
서구야니 비추지만 아는 사람 없어라

南岳峯高北岳低　行人泣淚兩遲疑
火星昨夜移牛斗　照見西瞿人不知

불감근(佛鑑勤) 선사가 노래했다.

어찌 북두를 떠나서 바탕 별이 있으리요
몸 숨김을 알면 본바탕 몸을 보는 것이네
물 밑의 은두꺼비달이 하늘 위의 달이요
눈 가운데 동자가 얼굴 앞의 사람이로다

豈離北斗有元辰　會得藏身見本身
水底銀蟾天上月　眼中瞳子面前人

학담도 한 노래 붙이리라.

법신을 꿰뚫는 구절은 어떤 것인가
산에 가득 붉은 꽃 향내음이 넘쳐나네
소림 조사의 뜻을 어디서 따로 구하리
남악산과 천태산은 만 겹의 산이로다

透出法身句是何　滿山紅花香芬馥
少林祖意何別求　南嶽天台萬重山

119. 꽃이 난간을 두름〔花藥欄〕

운문선사(雲門禪師)에게 어떤 승려가 물었다.
"어떤 것이 청정한 법신입니까?"
선사가 말했다.
"꽃이 난간을 둘렀다."
승려가 말했다.
"곧 이렇게 갈 때 어떠합니까?"
선사가 말했다.
"금털 사자다."155)

청매선사가 노래했다.

산 빛깔과 시냇물 소리 얼굴에 하나되었는데
금털사자는 푸른 구름에 들어가네
옥 같은 꽃에 해는 길어 호걸이 많은데
취해 붉은 난간 넘어뜨리니 벌써 밤이 되었네

山色溪聲面目渾　金毛師子入靑雲
玉華長日多豪傑　醉倒紅欄到夜分

평창

　청정법신을 답한 운문의 이 법어는 선문염송 1017칙에 나온다.
　저 청정한 법신이 눈에 보이는 사법의 진실임을 난간 두른 꽃으로
대답했지만 사법의 모습에는 모습 없되 모습 없음도 없는 것이다. 그
러므로 사법의 모습은 그것에 그것이 없고 그것 없음도 없어 오직 살

---

155) 〔1017則〕雲門因僧問 如何是淸淨法身 師云花藥欄 僧云便恁麼去時如何
　師云金毛師子(雪竇着語云大無端)

아 움직이는 행(行)으로 주어짐을 금털 사자〔金毛師子〕라고 다시 말한 것인가.

금털 사자란 뒤돌아봄 없이 앞으로 내달리는 짐승의 왕이다. 그러므로 가고 옴을 취하지 않고 머묾도 취하지 않는〔無去無來亦無住〕 행을 금털사자로 말했으나, 그 머묾 없는 행이 그대로 고요한 법신이 되므로 청매선사는 '금털 사자가 푸른 구름에 들어간다' 노래했으리라.

이 같이 법신을 알고 금털 사자를 알면 '죽은 불 찬 재가 환히 빛나는 소식'을 아는 것인가.

설두현(雪竇顯)선사의 노래 들어보자.

　　꽃으로 난간 두름에 얼굴 멍청히 마라
　　저울눈은 저울대에 있고 바탕에 있지 않네
　　곧 이렇게 간다는 말 크게 까닭 없으니
　　금털 사자를 여러분 모두들 보라

　　花藥欄莫顢頂　　星在稱兮不在盤
　　便與麼大無端　　金毛師子大家看

불감근(佛鑑勤)선사는 이렇게 노래했다.

　　꽃으로 두른 난간 가운데
　　백 가지 꽃 향기로운데
　　금털사자 발톱과 이가 길도다
　　선객이 만약 운문의 뜻을 알면
　　죽은 불 찬 재가 밤낮으로 빛나리

　　花藥欄中百種香　　金毛師子瓜牙長
　　禪人若會雲門意　　死火寒灰晝夜光

청정한 법신이여, 지금 눈앞에 꽃 피고 잎 지는 것 밖에 어찌 따로 찾으리.

저 나고 사라지는 인연의 바다〔生滅因緣海〕가 다함없는 진여법계의 바다〔眞如法界海〕인 것이니, 삽계익(霅溪益)선사의 한 노래 들어보자.

> 금골짜기 봄빛이 길게 눈에 가득하니
> 붉은 꽃가지 향내음이 자욱하도다
> 어제 서쪽 바람 한바탕 차가웠더니
> 땅에 두루 남은 향내 떨어짐은 얼마던가
> 왕손은 취해 넘어져 돌아갈 줄 모르고
> 아직도 꽃난간 가에서 금술잔을 찾는다

> 金谷春光長滿眼　紅藥花梢香爛熳
> 昨日西風一陣寒　遍地殘芳落何限
> 王孫醉倒不知歸　猶向欄邊索金盞

학담도 한 노래 붙이리라.

> 꽃난간 가운데 향이 이미 퍼져서
> 개울물이 향과 어울려 난간 앞을 지나네
> 청정한 법신은 찾을 곳이 없는데
> 향에 취한 사람 옛 집에 가서 잠자도다

> 花藥欄中香已播　溪水和香欄前去
> 清淨法身無處覓　醉香人歸舊家宿

120. 허물이 수메루산이니〔須彌山〕

운문에게 어떤 승려가 물었다.
"학인이 한 생각도 일으키지 않으면 도로 허물이 있습니까?"
선사가 말했다.
"수메루산이다."156)

청매선사가 노래했다.

마니구슬이 바다를 침에 넓어 가운데가 없으니
팔만 요자나 넓고 넓은 곳에 보배왕이 되었네
얼굴 붉은 것은 다만 말이 곧지 않기 때문이니
꽉 막힌 선객은 스스로 재앙을 부르네

摩尼幢海廣無央　八萬由旬作寶王
面赤只緣言不直　杜禪和子自招殃

<u>평창</u>

　선문염송 본칙〔1018則〕에 나오는 공안이다.
　'한 생각도 일으키지 않는다'는 견해가 있으면 이것은 한 생각 일으
킴이니, 허물이 있는가 없는가. 운문선사가 세간에 높고 높은 수메루
산이라 답하니, 이 허물이 있음을 말한 것인가.
　저 수메루산을 수메루산보다 천 배 만 배 큰 사람이 와서 발로 차면
수메루산은 어디에 있는가.
　청매선사가 '말이 곧지 않아 스스로 재앙 불렀다'고 함이 '허물이 수
메루산이라' 한 이 말을 다시 받아 보임이리라. 그러나 높고 굳센 수메
루산과 저 마니보배왕 또한 지금 어디에서 찾을 것이며, 온갖 법이

---

156)〔1018則〕雲門因僧問 學人不起一念 還有過也無 師云須彌山

나되 남이 없다면 허물이 수메루산과 같다 한들 그 온 곳이 어디인가.
　승천종(承天宗) 선사가 노래했다.

　　병사를 숨겨 분명히 이긴 늙은 운문이
　　나라와 집 편안히 하여 홀로 무리 뛰어났네
　　수메루산이 하늘가에 있음을 멀리서 가리키니
　　얼마나 많은 납자들이 구름 쫓아 달렸는가

　　埋兵決勝老雲門　安靜那家獨出倫
　　遙指須彌在天際　幾多衲子逐雲奔

무진거사(無盡居士)는 이렇게 노래했다.

　　한 생각이 가라앉고 가라앉아 있고 없음 지나니
　　허공에 뻗쳐 큰 수메루산 집어내네
　　곧바로 달 옥토끼 해 까마귀 빠르다 해도
　　하늘 궁전 돌아 노닐다 반 바퀴에 떨어지네

　　一念沉沉過有無　亘空拈出大彌盧
　　直饒玉免金烏急　宮殿巡遊落半途

학담도 한 노래 붙이리라.

　　한 생각도 일으키지 않으면 허물이 수메루산이나
　　생각이 일어나되 일어남 없으니 허물은 어디 있는가
　　하늘끝 크고 높은 수메루산 쳐서 밀어냄이여
　　빨리 내달리는 진흙소에는 발자취 없네

　　不起一念過須彌　念起無起過何在
　　天際須彌打抽出　奔走泥牛沒蹤跡

121. 운문선사의 호떡〔雲門餬餅〕

운문에게 어떤 승려가 물었다.
"어떤 것이 붇다를 넘고 조사를 넘는 말입니까?"
선사가 말했다.
"호떡이다."157)

청매선사가 노래했다.

비옥한 들 가을 깊으니 다섯 곡식 헤집어
재에 쓸 먹을거리 가운데 어찌 꼭 저걸 구했나
소양이 세 집의 업을 없애지 않고
총림에 맡겨 부쳐 배고픔을 면케 했네

沃野秋深五穀披　充齋何必强求伊
韶陽不敗三家業　分付叢林免得飢

평창

　운문선사의 이 공안은 선문염송 본칙〔1022則〕의 법어이다.
　연기하는 세계의 실상을 깨친 곳에 관조반야(觀照般若)의 이름을 세
우고 관조반야에서 해탈의 행을 일으켜, 실상을 열어보이는 언어적
실천을 내면, 이것을 문자반야(文字般若)라 한다.
　이와 같이 문자반야가 실상을 떠나지 않는데 어떤 말이 붇다를 넘고
조사를 넘는 말인가. 말이 말의 성품 떠난 곳에서 저 모습에 모습 없는
실상을 열어 보이면, 이것이 붇다를 넘고 조사를 넘는 한 마디인가.
　한 덩이 단 호떡이여. 이 호떡의 진실 떠나 법계가 없고 여래의 지혜
와 팔만사천 장경도 없으니, 청매선사 또한 농부가 짓는 곡식에서 먹

---

157) 〔1022則〕 雲門因僧問 如何是 超佛越祖之談 師云餬餅

을거리 지어 재 지내고, 총림대중이 먹어서 배고픔 없애는 한 덩이 호떡 밖에 구할 법 없음을 바로 들어 보인 것인가.

목암충(牧庵忠)선사 또한 이렇게 노래했다.

호떡을 집어 와 입맛 따라 먹으니
그 가운데 맛을 가리기란 어렵다
거기에 짜고 신 맛 다시 더하려 말라
곁에서 웃으며 보는 이 못난 얼굴 되리라

胡餠拈來取性飡　个中滋味別應難
莫敎更去添鹽醋　取笑傍觀有媿顔

운문의 호떡이여! 물고기 가면 모래 움직이는 인연의 소식 밖에 그 무슨 붇다를 넘는 말이 있을 것인가.

투자청(投子靑)선사는 이렇게 노래했다.

붇다를 넘고 조사를 넘는 말 작가에게 물으니
피곤하면 건계의 차를 마셔야 한다
중양절의 날이 가까우니 황금국화가 피고
깊은 물에 고기가 가니 모래를 가만히 움직인다

祖佛超談問作家　困來宜喫建溪茶
重陽日近開金菊　深水魚行暗動沙

자명원(慈明圓)선사가 노래했다.

붇다를 넘고 조사를 넘음 어떻게 펼칠까
재 지낼 때 가득한 호떡을 실컷 먹는다
호남에서 발우 펴고 신라에서 씹으며
아라비아와 페르시아에서 나룻배 찾네

超佛越祖若何宣　充齋餬餅恋情餐
湖南展鉢新羅巇　大食波斯索度船

백운연(白雲演) 선사가 당에 올라 이 이야기를 듣고 말했다.

백운은 곧 그렇지 않다.
홀연히 어떤 사람이 '어떤 것이 붇다를 넘고 조사를 넘는 말인가'
고 물으면, 그에게 이렇게 말하리라.
"나귀오줌이 말똥과 같다."
또 이렇게 말하리라.
"짚신을 헤어지게 했다."
또 말하리라.
"신령한 거북이가 꼬리를 끈다."
말해보라. 같은가 다른가. 가려내보라.158)

백운의 이 말은 '비록 무쇠를 부어 구멍 없는 망치를 만든다 해도
그 무쇠에 좀 쓰는 것을 보아야 한다'는 말인가.
학담도 한 노래 붙이리라.

호떡이 맛이 없으나 헤아릴 수 없는 맛 머금으니
한 번 먹으면 배고픈 중생 모두 배불리네
붇다를 넘고 조사를 넘어 티끌 세계 싸안으니
물고기 가고 새는 날며 은택을 받네

餬餅無味含無量　一食咸飽飢餓衆
超佛越祖包塵刹　魚行鳥飛受恩澤

---

158) 白雲郎不然 忽有人問 如何是超佛越祖之談 只向伊道 驢尿似馬糞 又云 破
草鞋 又云 靈龜曳尾 且道 是同是別 試辨看

122. 운문의 한 가락〔雲門一曲〕

운문에게 어떤 승려가 물었다.
"어떤 것이 운문의 한 가락입니까?"
선사가 말했다.
"섣달 스무닷새다."
승려가 말한다.
"부르는 것은 어떠합니까?"
선사가 말한다.
"천천히 하라."[159]

僧問如何是雲門一曲 師云二十五 僧云唱者如何 師云且緩緩

청매선사가 노래했다.

한 가락 빗겨 부니 소리 울림 아주 좋고
푸른 매가 머리 돌리니 매눈이 구름을 가네
절름발이 나귀가 힘을 다해 느릿느릿 부르니
궁상각치 가락을 내나 무리를 짓지 않네

一曲橫吹韻極勳　蒼鷹回首眼磨雲
跛驢宣力緩緩唱　調出宮商不作羣

평창

　운문의 이 법어는 선문염송 본칙 1035칙에 나온다.
　운문의 한 가락이여. '섣달 스무닷새이다'고 하니, 때와 철의 인연
가운데 때가 공함을 그리 답한 것인가. 운문의 가락도 궁상각치 가락

---

159) 〔1035則〕雲門因僧問 如何是雲門一曲 師云臘月二十五 僧云唱者如何 師
云且緩緩

을 울리나, 남이 없는 가락〔無生曲〕이므로 '천천히 부르라' 했는가. 그리고 그 뜻을 청매선사는 그 소리를 들음으로 들어 함께 떼거리를 이루지 않음으로 '절름발이 나귀가 천천히 부르나 무리를 짓지 않는다'고 노래한 것이리라.

옛 선사들의 몇 노래 들어보자.

정엄수(淨嚴邃)선사는 이렇게 노래했다.

　　한 가락 소양의 옛 노래 맑으니
　　여러 해의 나무와 돌이 변해 밝은 모습 되었네
　　광릉의 장군에 그 노래 전한 사람 어디 있는가
　　두견새가 밝은 달 보고 울도록 남겨 두었네

　　一曲韶陽古調清　多年木石化爲精
　　廣陵傳去人何在　留得杜鵑啼月明

법진일(法眞一)선사는 이렇게 노래했다.

　　소양의 한 가락 그 노래 어찌 높은가
　　부를 때 맑은 바람 몇 번이나 떨쳤나
　　돌 위에 거문고 빗겨 전함 다하지 않으니
　　서리 달이 뜰에 지는 것 앉아서 보네

　　韶陽一曲調何高　解唱清風拂幾遭
　　石上橫琴傳不盡　坐看霜月落庭皋

장로색(長蘆賾)선사의 노래 들어보자.

　　섣달 스무닷새라 말하니
　　궁상각치우 가락이로다
　　덕산의 노래를 크게 부르고

관문 남쪽 북을 쳐 울리도다
간다르바 왕이 묘한 소리 울리니
수메루산은 높이 솟고 카샤파 두타 춤추네

臘月二十五　宮商角徵羽
唱起德山歌　打動關南鼓
乾闥婆王奏妙音　須彌岌峇頭陀舞

학담도 한 노래 붙이리라.

운문의 한 가락 궁상의 음계 분명하나
본래 남이 없으니 또 천천히 부르라
봄 깊은 달 밝은 밤 산새가 우는데
누워서 산달을 보며 고요히 그 소리 듣네

雲門一曲宮商明　本是無生且緩緩
春深月夜山鳥啼　臥看山月寂然聽

123. 빛을 꿰뚫어 벗어나지 못함〔光不透脫〕

운문대사(雲門大師)가 말을 내려 보였다.

"빛을 꿰뚫어 벗어나지 못함에는 두 가지 병이 있다.

온갖 곳에서 밝지 못해서 얼굴 앞에 어떤 것이 있음이 하나요, 온갖 법을 벗어나 공해도 은은하게 어떤 것이 있는 듯함이 또 빛을 벗어나지 못함이다.

또 법신에도 두 가지 병이 있다.

법신에 이르렀어도 법의 집착을 잊지 못하고 자기 견해가 남아 있어 법신가에 떨어지는 것이 하나요, 곧 꿰뚫었다고 해도 놓아 지내면 옳지 않으니 '자세히 점검해오면 무슨 기와 숨이 있으리오' 하는 것도 또한 병이다."160)

청매선사가 노래했다.

해가 설봉에 오르니 빛이 도리어 엷어지고
달이 바람 부는 나무에 의지하니 그림자 온전치 않네
마음으로 분명히 있다고 말할 줄 알지만
먼 절의 종소리가 나그네 배에 이르네

日上雪峯光却薄　月依風樹影難全
以心解道分明在　遠寺鍾聲到客船

_____

160) 〔1025則〕雲門大師垂語云
　光不透脫 有二般病 一切處不明 面前有物是一 透得一切法空 隱隱地 似有箇物相似 亦是光不透脫
　又法身 亦有兩般病 得到法身 爲法執不忘 已見猶存 墮在法身邊是一 直饒透得 放過卽不可 子細檢點將來 有什麼氣息 亦是病

운문(雲門)의 이 법어는 선문염송 본칙 1025칙에 나온다.

인연으로 난 온갖 법에 모습 없되 모습 없음도 공함을 법신(法身)이라 이름하고, 법신이 어둡지 않음을 반야(般若)라 하고, 반야가 막히지 않음을 해탈(解脫)이라 한 것이다.

그러므로 지금 인연 업상으로 드러나는 해탈의 씀(解脫用)에 얻을 것이 없어 고요함이 다시 법신(解脫寂滅法身)인데, 법신의 고요함을 취하고 반야의 밝음을 취하면 그것도 법신의 가에 떨어짐이고 법신의 빛을 꿰뚫지 못함이리라.

그래서 청매선사는 있음이 곧 있음 아니라 '먼 절 종소리가 배에 이른다'고 법신을 말해 보인 것이리라. 법신과 반야의 빛뿐 아니라, 저 가고 오는 인연의 모습으로 법신을 삼아도 산 눈(活眼)을 막으며, 해탈의 씀(解脫用)이 방위를 벗어나도 해탈의 씀에 씀이 있으면 산 눈동자 막는 것이리라.

천동각(天童覺)선사는 이렇게 노래했다.

펼쳐져 있는 만상이 솟구쳐 오름 그대로 두고
꿰뚫어 벗어남에 방위 없어도 눈동자를 막는다
문 안뜰을 쓰는데 누가 힘이 있는가
숨은 사람 가슴 따라 스스로 뜻을 이룬다

들판 나루에 배가 누워 가을 푸른 빛에 젖었고
돛대가 갈대꽃에 드니 흰 눈을 비춰 밝도다
비단 고기 꿴 늙은 어부 저자에 갈 생각 품어
휘날리는 한 잎 배가 물결 타고 가도다

森羅萬像許崢嶸　透脫無方礙眼睛
掃彼門庭誰有力　隱人胸次自成情

船橫野渡涵秋碧　棹入蘆花照雪明
串錦老漁懷就市　飄飄一葉浪頭行

위 게송에서 '휘날리는 한 잎 배가 물결 타고 간다'는 것은 법신의 고요함도 다시 고요하여〔寂之又寂之〕해탈의 작용이 없지 않음을 그리 노래한 것이리라.

학담도 한 노래 붙이리라.

색신 그대로도 아니고 색신을 떠나지도 않는데
법신의 가에 떨어짐을 어찌 용납하리
사씨 집 배는 바람 날리듯 흔들려 가고 있는데
배에 가득 달은 밝고 바람은 스스로 맑네

不卽色身不離色　法身邊墮如何容
謝家船也飄飄行　滿船月明風自淸

124. 마른 똥막대기〔乾屎橛〕

운문선사(雲門禪師)에게 어떤 승려가 물었다.
"어떤 것이 붇다입니까?"
선사가 말했다.
"마른 똥막대기다."161)

청매선사가 노래했다.

여러 겁에 부지런히 닦아도 지어 이룸은 어려워
백 년의 수풀 아래 시고 찬 밥을 먹었네
울타리 가 난초의 노래 가락 애를 끊으나
다시 줄 없는 거문고 잡아 달 아래 타도다

多刼勤修做就難　百年林下喫酸寒
籬蘭曲趣堪腸斷　更把無絃月下彈

평창

　이 공안은 선문염송 본칙 1078칙의 법문이다.
　붇다에 붇다의 모습이 사라져야 붇다의 참모습을 알고, 반야의 빛을 보지 않아야 반야의 빛을 쓰는 자가 되는가. 붇다를 물음에 '마른 똥막대기다'라고 하니, 이는 관념의 집 속 붇다의 모습을 깨뜨려 울타리 안과 울타리 밖을 한 때에 허물어뜨림인가.
　중생을 끊고 붇다를 이룸이 아니므로 그 뜻을 청매선사는 '닦아 지어 이룸이 아니고 백 년의 수풀 밑에서 가난한 모습으로 찬 밥을 그대로 먹고 있다'고 노래한 것이리라. 운문의 말 일으켜 그렇다 함도 이미 허물인데, 마른 똥막대기에 뜻을 붙이면 그 또한 운문을 등지리라.

---

161)〔1078則〕雲門因僧問 如何是佛 師云 乾屎橛

옛 선사들의 노래 들어보자.
운문고(雲門杲)선사는 이렇게 노래했다.

　　운문의 마른 똥막대기여
　　온전히 법신 보신 화신을 뛰어넘네
　　일 없이 산을 나와 노닐며
　　백전의 돈을 지팡이 끝에 걸었네

　　雲門乾尿橛　全超法報化
　　無事出山遊　百錢杖頭掛

송원(松源)선사가 노래했다.

　　운문 작은 종의 아이가
　　사자의 큰 울부짖음 짓는구나
　　콧구멍은 반쪽을 얻었으나
　　입을 잃은 줄을 모르네

　　雲門小廝兒　作大師子吼
　　鼻孔得半邊　不知失却口

학담도 한 노래 붙이리라.

　　봉황의 둥지를 깨뜨리니
　　날개를 빌지 않고 하늘을 날고
　　불법의 소굴을 꿰뚫어 벗어남이여
　　앉아서 진흙소 달림을 보네

　　打破鳳凰窠　不借翼飛天
　　透過佛法窟　坐看泥牛走

125. 보라고 하며 '이'라고 했다 〔顧鑑咦〕

운문이 어느 날 어떤 승려를 돌아보고 말했다.
"보라."
그 승려가 대꾸하려고 하자 곧 말했다.
"이."
덕산밀선사가 '돌아볼 고' 자를 깎아버리고, 이를 도리어 추고송(抽顧頌; 돌아보게 하는 노래)이라 하였다.162)

청매선사가 노래했다.

범은 곁눈질하고 용은 바로 보나 사물은 가지 않고
여우와 이리가 만나자 같이 원수가 되네
수행자의 덤풀숲 도량이 참된 얼굴 보증하지 않는데
두렷 밝은 한 글자를 빼냄 감사드리네

虎眄龍瞠物不逃　狐狸逢著共仇讎
叢林不保天眞面　多謝圓明一字抽

평창

선문염송(禪門拈頌) 본칙(本則) 1081칙의 법문이다.
운문선사가 '보라'고 하고서 돌아보니 '이'라고 한 뜻은 무엇인가. 보되 봄이 없는데 서로 봄을 두는 것이 서로 다침이 되는 것을 그리 보인 것인가. 그 뜻을 청매선사는 '뱀과 용이 곁눈질하고 바로 보지만 사물은 가지 않고, 서로 보는 것이 있으면 여우와 이리가 원수가 된다'고 한 것이리라.

---

162) 〔1081則〕 雲門一日 顧視僧曰鑑 僧擬對之 卽曰咦 德山密禪師刪却顧字 謂之抽顧頌

이 뜻을 모르면 저 총림도량에 있는 것이 여래의 참된 제자라는 보증이 되지 않으므로, 청매선사는 '참된 얼굴 보증하지 않는다'고 했으리라.

다시 청매선사는 '이'라는 한 글자가 모든 막힘과 닫힘을 깨뜨려 두렷 통함을 열어내는 한 글자라 했으며, 경산고(徑山杲; 大慧)선사는 보고 들음에 보고 듣는 공용이 없음을 밝혀 보이므로 '이'라고 함을 '구멍 없는 쇠망치'라고 말한 것인가. 경산고선사는 이렇게 말했다.

운문의 '보라'고 하고 '이'라고 함이여
아는 사람이 아주 적도다
쯧!
구멍 없는 무쇠 망치로다

雲門鑑咦　少有人知
咄　無孔鐵鎚

그렇다면 운문의 '이'라는 한 마디는 보고 들음에서 실로 보고 들음과 보지 않고 듣지 않음을 모두 깨뜨리는 한 마디일 것이니, 덕산밀(德山密)선사는 이렇게 노래했다.

서로 보지만 눈썹을 올리지 않으니
그대는 동으로 나 또한 서쪽으로 가네
붉은 놀은 푸른 바다를 꿰뚫고
흰 해는 수메루산을 도네

相見不揚眉　君東我亦西
紅霞穿碧海　白日繞須彌

법진일(法眞一)선사 또한 이렇게 노래했다.

운문의 보라는 노래 대중이 다 아나
들어보여도 속이지 않는데 또한 돌이킴이 드물다
소양의 분명한 뜻을 알고자 하는가
신라의 새매는 하늘을 치고 날아가네

雲門抽顧衆皆知　擧得不賺亦還稀
要會韶陽端的意　新羅鷂子搏天飛

학담도 한 노래 붙이리라.

용과 범을 또렷이 보면 바람과 구름 없는데
눈앞 푸른 산에는 천 층의 구름이네
운문의 보라는 글자는 봄과 보는 바 깨뜨리나
머리 숙이고 얼굴 드니 낱낱 사물 밝도다

瞪見龍虎無風雲　目前靑山千層雲
雲門鑑字破能所　低頭仰面頭頭明

126. 대원선사가 나팔 부는 것을 듣고 깨치다〔大原聞鼓角〕

대원부상좌가 열반경을 강설하는데, 눈에 막힌 한 나그네 선객이 강설을 듣다 웃음을 흘렸다.

그의 가르침을 따라 초저녁부터 오경에 이르도록 고요히 사유하다 나팔 부는 것을 듣고 크게 깨쳤다.

師講涅槃經 被阻雪 客失笑 從初夜至五更 聞鼓角聲大悟

청매선사가 노래했다.

한 번 선객에게 차갑게 비웃음을 받음이여
백 년 사람의 일만 풀처럼 우거졌네
유양의 나그네가 새벽 나팔에 처음 꿈을 깨니
눈 걷힌 봉우리 끝 달이 마침 지려고 하네

一被禪人冷笑兮　百年人事草萋萋
維陽曉角初醒夢　霽雪峯頭月欲低

평창

이 이야기는 선문염송 본칙〔1130則〕에 다음 같이 자세히 나와 있다.

대원부 상좌(大原孚 上座)가 양주 효선사에서 열반경을 강설하는데 어떤 선객이 눈에 막혀 강설을 들었다. 법신의 묘한 이치를 널리 말함에 이르러 선객이 웃자 부상좌가 말했다.

"나는 글을 의지해 뜻을 풀었는데, 마침 웃는 것을 보니 가르침 보여주기를 바라오."

선객이 말했다.

"실로 좌주는 법신을 알지 못하오."

부상좌가 말했다.

"어디가 옳지 않은 것이오?"

선객이 말했다.

"좌주가 다시 한 편 말해주시오."

부상좌가 말했다.

"법신의 이치는 마치 큰 허공과 같아 세로로 삼제에 사무치고 가로로 시방에 뻗쳐 연을 따라 부름에 나아가 두루하지 않음이 없다."

선객이 말했다.

"좌주의 말이 옳지 않다고는 말하지 않소. 다만 법신이라는 헤아림 가의 일을 얻었다고 하니, 실로는 법신을 아직 알지 못하고 있소."

부상좌가 말했다.

"선덕은 나를 위해 말해주시오."

선객이 말했다.

"잠시 강설을 그치고 방 가운데서 고요히 사유해 좋고 나쁜 모든 인연을 한 때에 놓아버리시오."

부상좌가 가르침대로 해서 초저녁부터 오경에 이르자, 나팔 부는 소리를 듣고 홀연히 깨달았다.[163]

경에서 법신의 이치를 가르치므로 글을 의지해 뜻을 푸니〔依文解

---

[163] 大原孚上座 在楊州孝先寺 講涅槃經 有禪者阻雪 聽講 至廣談法身妙理 禪者失笑

孚曰某甲依文解義 適蒙見笑 且望見教

禪者曰 實笑座主不識法身 孚曰何處不是 禪者曰 請座主 更說一徧 孚曰法身之理 猶若大虛 竪窮三際 橫亘十方 隨緣赴感靡不周徧

禪者曰 不道座主說不是 只說得法身量邊事 實未識法身在

孚曰請禪德 當爲我說 禪者曰 暫輟講 於室中靜慮 善惡諸緣 一時放却 孚依教 從初夜至五更 聞鼓角聲 忽然契悟

義], 이는 지견을 세워 법신 니르바나를 사물이 되게 하는 것이다. 그가 바로 삼세의 붇다와 원수가 되는 자이므로, 청매선사는 경의 말씀에서 뜻과 이치 잊지 못함을 '사람의 일만 풀처럼 우거짐이라'고 말한 것이리라.

법신의 이치여. 그 이치를 잊어야 눈 검힌 산봉우리 기우는 달이 법신의 뜻 나타내므로, 청매선사는 '새벽 나팔에 꿈 깨니 산봉우리 끝에 달이 마침 기운다'고 한 것이리라.

부선사의 깨달음이여. 세간의 소리에서 남이 없는 가락 듣는 것인데, 법을 따로 찾는 나그네는 그 소리에서 다만 애간장 끊는 세간의 소리만을 듣도다.

법진일(法眞一)선사는 이렇게 가르친다.

> 한 가락 선우풍의 노래 길게 끄니
> 부공이 듣고 깨친 곳이 곧 궁상의 가락이네
> 지금껏 밤마다 버들에 매인 나그네는
> 누각 끝에서 애끓는 소리만을 부질없이 듣네
>
> 一曲單于風引長　孚公聞處是宮商
> 至今夜夜維楊客　空聽樓頭聲斷腸

학담도 한 노래 붙이리라.

> 법신의 묘한 이치 헤아릴 수 없으니
> 빛깔이 빛깔 아님을 알면 법신을 보네
> 새벽 하늘 나팔소리 듣지 않고 들으니
> 귀로 소리 들을 때 남이 없는 가락을 듣네
>
> 法身妙理沒可量　知色非色見法身
> 曉天鼓角不聞聞　耳聞聲時聞無生

127. 보수가 당을 열다〔保壽開堂〕

보수선사(保壽禪師)가 당을 여는 날 삼성이 한 승려를 밀어내니, 보수선사가 곧 삼성을 때렸다.

삼성이 말했다.

"이렇게 사람을 위하면 이 승려의 눈만 멀게 할 뿐만 아니라, 진주(鎭州)의 한 성 사람들의 눈을 멀게 할 것이다."

보수선사가 자리에서 내려왔다.

(법안이 말했다. "어떤 곳이 사람의 눈을 멀게 한 곳인가.")164)

師開堂 三聖推出一僧 師打三聖聖云伊麽爲人 非但瞎却者僧眼 瞎却鎭州一城人眼去在 師下座

청매선사가 노래했다.

환한 해가 우레처럼 달리니 번개 그림자 따르고
허공 찢고 땅을 찢어 여우 의심 끊었네
진주성에는 가지런히 죄를 베풀 수 없고
오랑캐 늙은이가 기틀 맞아 뼈와 살갗 가리네

白日雷馳電影隨　劈空裂地絶狐疑
鎭城不可齊施罪　胡老臨機擇骨皮

평창

선문염송 본칙 1164칙의 법문이다.

말에 말 없되 말 없음도 없음을 알면 법좌에 오르기 전 말이 이미 듣는 이에 두루했으므로, 삼성이 들음으로 들음 삼는 승려를 밀어냄인

---

164) 〔1164則〕 保壽開堂 三聖 推出一僧 師便打 三聖曰 怎麽爲人 非但瞎却者僧眼 瞎却鎭州一城人眼去在 師下座 (法眼云什麽處 是瞎却人眼處)

가. 그렇다면 다시 보수가 삼성을 때림은 무엇을 말함인가. 설사 옳은 생각이라도 그렇다고 하는 생각 일으키면 곧 허물이라 그렇다 함에 그렇다 할 것 없음을 다시 보임인가. 두 작가의 밀침과 때림이 모두 거침없는 수단으로 사람을 위함이라. 청매선사는 '허공 찢고 땅을 찢어 여우 의심 끊었다'고 했으리라.

때리고 밀침이 지견의 눈을 멀게 해 반야의 눈을 뜨게 함이고, 은혜를 알아 은혜 갚도록 함이나, 약이 남아있으면 병 또한 다하지 않음이리라. 곧 장군의 칼이 천하를 태평케 했지만 장군이 장군으로 남아있으면 천하의 어지러움이 아직 있는 것이니, 장군이 태평 보는 것 허락지 않는다 했으리라.

황룡남(黃龍南)선사가 이렇게 노래했다.

보배꽃 법왕자리에 처음 오를 때에
삼성이 한 승려를 밀어내 뭇 의심 끊었네
방망이 끝 분명하여 늙고 젊음 없는데
천하의 눈먼 사람들 몇이나 알리

寶花王座始登時　三聖推僧決衆疑
棒頭分明無老少　天下盲人幾箇知

진정문(眞淨文)선사가 노래했다.

돌불의 빛 가운데 번개그림자 나뉘고
성난 우레 떨침 따라 하늘땅 움직이네
귀먹고 눈먼 사람 셀 수 없으니
누가 은혜 알아서 은혜 갚은 이런가

石火光中電影分　怒雷隨振動乾坤
耳聾眼瞎人無數　誰是知恩解報恩

말을 찾아 날아와서 방망이 아래 편안한데
눈먼 사람 도리어 진주성을 채우네
태평은 본래 장군이 이루었지만
장군이 태평 보는 것을 허락지 않네

探騎飛來棒下寧　瞎人翻滿鎭州城
大平本是將軍致　不許將軍見大平

열재거사(悅齋居士)는 이렇게 노래했다.

한 번 밀어내고 한 번 때림이여
거짓 귀머거리 짓이요 거짓 벙어리니
귀신을 끌어 양이라 하고
사슴을 가리켜 말이라 하네
진주성을 모두 눈멀게 하니
삼경에 하늘이 크게 밝네

一推一打佯聾詐啞　牽鬼做羊指鹿爲馬
瞎盡鎭州城　三更天大明

학담도 한 노래 붙이리라.

법좌에 아직 오르기 전 말이 두루했으니
한 번 밀치고 한 번 때림 돌불과 같네
진주성 사람의 눈을 멀게 했으니
비로소 어두운 밤에 환한 햇빛을 보리

未登法座說已周　一推一打如石火
瞎却鎭州城人眼　始見暗夜白日光

128. 계침이 씨앗 뿌려 밥을 먹다〔桂琛種飯喫〕

나한계침선사가 수산주에게 물었다.
"남방의 불법이 어떠한가?"
"헤아림이 넓고 넓습니다."
선사가 말했다.
"어찌 나의 이속에 밭에 씨 뿌려 먹는 것과 같겠는가."

師問修山主 南方佛法如何 修云商量浩浩 師云爭如我這裏種田喫

청매선사가 노래했다.

기수 물가에서 발 씻으며165) 소부와 허유를 보는데166)
역참의 말등에서 이름 이룸은 반드시 패공 유방이네
한가하고 바쁨 잡아 얻고 잃음을 논하지 말라
밥 먹고서 다시 썩어 문드러짐과 어찌 같으리

淇涯濯足看巢許　馹背成名必沛公
莫把閑忙論得失　爭如博食更腐紅

평창

선문염송 본칙 1207칙의 법문이다.
남방의 불법에 헤아림이 넓고 넓다 하니, 불법을 어찌 따져 헤아림
으로 붙잡을 것인가. 밭 갈아 씨 뿌리는 것 밖에 불법이 없다. 저 인연

---

165) 발 씻음〔濯足〕: 굴원(屈原)의 어부사(漁父詞)에 다음 같은 구절이 있다.
"창랑의 물이 맑음이여 내 갓 끈을 씻고, 창랑의 물이 흐림이여 내 발을 씻는
다〔滄浪之水淸兮 可以濯吾纓 滄浪之水濁兮 可以濯吾足〕."
166) 소부(巢父)와 허유(許由): 요임금이 임금자리를 맡아달라고 허유를 찾아
가니 그를 거절한 허유가 더러운 말을 들었다고 영천에 귀를 씻었다. 소를
몰고 가던 소부가 그 물이 더러워졌다고 소에게 그 물 먹일 수 없다고 소를
다른 곳으로 끌고 갔다.

법에 구할 것을 두면 얻음이 있으나 얻음이 있으면 얻지 못함이 있으니, 유방이 비록 천하를 얻어도 어찌 소부 허유와 같으리.

씨 뿌려 밥 먹고 다시 먹은 것이 썩어 흙으로 돌아가나, 그 가운데 나고 사라짐 얻고 잃음이 없다. 인연의 진실 통달해 하되 함이 없으면 하지 않음도 없으나, 설사 종지와 설법 겸했어도 그 가운데 함이 있으면 어찌 툭 트여 막힘없음을 알 것인가.

천동각(天童覺)선사의 노래 들어보자.

> 종지와 설법 여러 가지가 다 억지로 함이니
> 귀와 입에 흘러 전해져 곧 갈래가 흩어졌다
> 밭에 씨앗 뿌려 밥 먹는 것 집안의 보통일이나
> 같이 밥 먹음이 아니라면 사람들이 알지 못한다
>
> 같이 먹고 살아봐야 구할 것 없음을 밝게 아나니
> 장자방은 끝내 제후로 봉함을 귀하게 여기지 않았네
> 기틀 잊고 돌아감이 물고기와 새와도 같음이여
> 푸른 물결에 발을 씻으니 안개 낀 물의 가을이로다

> 宗說般般盡强爲　流傳耳口便支離
> 種田博飯家常事　不是飽參人不知
> 參飽明知無所求　子房終不貴封侯
> 忘機歸去同魚鳥　濯足滄浪煙水秋

학담도 한 노래 붙이리라.

> 설사 헤아림이 있어도 헤아릴 바 없으니
> 삼계의 여러 가지가 잡을 것이 없어라
> 구하는 바 없는 곳이 값할 것 없는 보배이니
> 하늘 땅 바람과 달이 나의 집 일이로다

> 設有商量無所量　三界多般投可把
> 無所求處無價寶　天地風月吾家事

129. 그물 벗어난 한 잉어〔透綱一鯉〕

심과 명의 두 상좌〔深明二上座〕가 지나다가 고기 잡는 사람의 그물에서 잉어가 뚫어 벗어나는 것을 보았다.

심상좌가 말했다.

"빼어나오. 명형은 보았소? 이것이 납자의 모습과 비슷하오?"

명상좌가 말했다.

"비록 그러함이 이 같으나, 애초에 그물에 쳐들어가지 않음의 좋은 것과 어찌 같으리오?"

심상좌가 말했다.

"그렇지 않소."

명상좌가 한밤이 되자, 깨우침이 있었다.

深明二上座 行見漁人透網鯉 深曰俊哉 明兄見麼 似介衲子相似 明曰 爭似當初不羅時好 深曰不然 明至半夜有省

청매선사가 노래했다.

성난 물결의 봄강은 백 자 물무더기인데
종풍의 높은 격식 그 힘이 높고 빼어나네
처음 안 들어가 좋음만 같지 않다고 말하지 말라
몇 번이나 가게에 올라 뺨이 붉게 햇빛 쬐었나

怒蹙春江百尺堆　宗風格例勢嵬崔
莫言不似初時好　幾介登廛曝赤腮

두 선객이 어부의 그물 뚫고 가는 물고기를 보고 나눈 이 대화는 선문염송 본칙 1234칙의 이야기다.

고기잡이의 그물을 피해가는 것으로 어찌 자재함을 말하리. 물고기가 물에서 헤엄치면 언젠가는 잡혀 햇빛에 말려져 시장가게에서 팔리리라. 관계의 그물은 삶을 이미 묶고 있으니, 그 그물이 그물 아님을 알아 그물 안에 살되 그물 벗어나야 참으로 자재함이 되리라.

그래서 옛 선사는 '그물 벗어난 금잉어는 오히려 물에 걸려있지만 머리 돌린 돌말은 이미 새장을 벗어났다〔透網金鱗猶滯水 廻頭石馬出紗籠〕'고 말한 것이리라.

삼계 중생세간 안에 삼계 벗어날 길이 있는데 삼계의 감옥 안 중생의 신세를, 청매선사는 '물 무더기 속 물고기가 몇 번이나 가게에 올라 붉게 햇빛 쪼였나'라고 말한 것이리라.

물고기가 물고기 아닌 줄 알면 그가 이미 용문을 벗어나 꼬리 태우고 하늘을 나는 용이 되는 것인데, 중생이 중생의 모습 놓지 못하고 삼계에 갇힌 것이, 마치 물고기가 이마에 점 찍고 물결 속에 그대로 있는 것과 같다.

운문고(雲門杲)선사는 노래했다.

빼어나다 한 번 뛰어 겹친 못을 벗어남이여
우레가 뒤따라도 가서 돌아오지 않네
용문에서 꼬리 태운 이를 도리어 웃는 이여
앞과 같이 이마에 점 찍고 물결 속에 있네

俊哉一躍透重淵　霹靂追之去不還
却笑龍門燒尾者　依前點額在波瀾

육왕심(育王諶)선사도 노래했다.

붉은 꼬리 붉은 뺨 살아서 펄펄 뛰니
고기잡이 협산선자의 젓갈 독 속에 기꺼이 들 건가
펄펄 뛰어 찢는 한 소리에 그물의 얽힘을 떠남이여

긴 강물은 만 리에 푸르러서 깊고 깊도다

頰尾紅顋活鱍鱍　肯向夾山虀瓮淹
鱍剌一聲離網罟　長淮萬里碧潭潭

학담도 한 노래 붙이리라.

삼계의 괴로운 그물이 본래 공해 고요하니
이미 삼계에 있되 그 그물 벗어났네
빼어나다 장부의 걸음 자재함이여
날이 다하도록 저자에 들되 티끌 붙지 않도다

三界苦網本空寂　已在三界出羅網
俊哉丈夫行自在　終日入市不著塵

130. 동산의 삼 서근〔洞山麻三斤〕

동산에게 어떤 승려가 물었다.
"어떤 것이 붇다입니까?"
이로 인해 선사가 말했다.
"삼 서 근이다."167)

청매선사가 노래했다.

세 근 삼이 무겁고 큰 산이 가벼우니
푸른 파리가 작은 눈금 범하는 것 허락지 않네
쇠말이 강을 건너되 발굽이 젖지 않으니
얕고 깊음에 사람의 뜻 받아줄 곳이 없도다

三斤麻重太山輕　不許蒼蠅犯小星
鐵馬渡江蹄不濕　淺深無處納人情

평창

　선가(禪家)에서 '마삼근(麻三斤)'으로 널리 알려진 이 공안은 선문
염송 본칙 1230칙의 법문이다.
　'어떤 것이 붇다인가' 물으니, '삼 서 근'이라 함이여. 이 있음인가, 이
없음인가. 있다 할 수도 없고 없다 할 수도 없다. 모습에 모습 없되
모습 없음도 없음이여. 세 근이 공한 곳에서 천 근 만 근을 헤아려
말하는 것이니, 이 뜻을 청매선사는 '세 근 삼이 무겁고 큰 산이 가볍
다'고 한 것이리라.
　삼 서 근이라 한 조사의 뜻이여. 청매선사는 '쇠말이 강을 건너되
발굽 젖지 않음'이라 했으니, 무게가 공하되 무게 없음도 아니고 몸이

---

167) 〔1230則〕洞山因僧問 如何是佛 師云麻三斤

없되 몸 없음도 아님을 말한 것인가.
　옛 선사들의 노래 들어보자.
　지문조(智門祚)선사는 이렇게 노래했다.

　　삼 서 근은 저울 쓸 것이 없으니
　　저울 끝에 어찌 파리를 앉게 할 건가
　　한 생각이 겨우 나자 힘줄과 뼈 드러나는데
　　부질없이 다시 저울 눈점 찾으려고 애쓰네

　　麻皮三斤不用枰　枰頭那肯坐於蠅
　　一念纔生筋骨露　徒勞更覓定盤星

　낭야각(瑯琊覺)선사가 노래했다.

　　동산의 삼 서 근이여
　　참놋쇠와 금을 바꾸지 않네
　　돈으로 다섯 빛깔을 사서
　　벽 위에다 하늘 신을 그리네

　　洞山麻三斤　眞鍮不博金
　　將錢買五彩　壁上畫天神

　학담도 한 노래 붙이리라.

　　동산선사의 삼 세 근이여
　　맑은 바람 떨쳐 옴에 무게는 얼마인가
　　해저물녘 고깃배는 본 집으로 가는데
　　갈대꽃 나루 어구에 하늘의 달은 밝네

　　洞山禪師麻三斤　淸風拂來重幾何
　　黃昏魚舟去本家　蘆花津口天月明

131. 금모래 여울가에 마가총각의 부인〔金沙灘頭馬郎婦〕

풍혈선사(風穴禪師)에게 어떤 승려가 물었다.
"어떤 것이 붇다입니까?"
이로 인해 선사가 말했다.
"금모래 여울가에 마가집 총각 부인이다."[168]

청매선사가 노래했다.

진의 누각 붉은 분으로 아름답고 고움을 다했는데
마씨집 아들은 아홉 마디 선인의 뼈에 아주 놀라네
금모래 여울가에서 그 여인과 가약 맺음을 웃나니
옥의 침상 찬 베개에 눈물은 샘처럼 솟네

秦樓紅粉盡嬋妍　馬子偏驚九節仙
堪笑金沙灘畔約　玉床寒枕淚如泉

平昌

　풍혈선사의 이 공안은 선문염송 본칙 1251칙의 이야기다.
　중국의 옛 설화〔古事〕에 관음보살이 섬서성 어느 마을 금모래 여울가에 아름다운 여인으로 태어났다. 금강경과 법화경으로 여러 사람을 시험하여 마가집 총각으로 낭군을 삼아 혼인 첫날 황금뼈만 남기고 홀연히 사라졌으니, 이 이야기를 들어 풍혈선사가 붇다의 뜻을 '마가집 총각의 부인이다'라고 답한 것이다.
　이 아름다운 여인은 어디서 왔다 어디로 갔는가. 오되 옴이 없고 옴이 없되 옴 없음도 없음이니, 이 오고 감의 모습으로 붇다의 진실을 보인 것인가. 청매선사는 '마가집 총각이 여인과 가약 맺고 슬픈 눈물 끝없이 흘리는 것'으로 이 세간 오고 감의 뜻을 다시 보인 것이리라.

---

168) 〔1251則〕風穴因僧問 如何是佛 師云金沙灘頭馬郎婦

저 여인이 홀연히 감을 그림다리에서 오고 가는 것으로 볼 수 있으면, 옴이 없고 감이 없는 붇다의 모습을 보고 남을 향해 북두별을 볼 수 있는 것이다. 부산원(浮山遠)선사는 이렇게 노래했다.

서로 만나 다 산에 돌아간다 말하나
숲 아래 어찌 일찍이 한 사람이나 보았던가
머리 돌려 남을 향해 북두별을 보나니
황금닭이 일찍 오경의 봄을 알리네

相逢盡道歸山去　林下何曾見一人
回首面南觀北斗　金鷄早報五更春

무진거사(無盡居士)가 노래했다.

어느 해에 마가집 총각에게 시집갔는가
봉황 베개 푸른 옥의 침상에 같이 잤네
그림다리에 헤어지는 괴로움을 돌아봄이여
지는 꽃 흐르는 물에 눈물은 천 줄기네

何年嫁事馬家郎　鳳枕同眠碧玉牀
回首畫橋離別苦　落花流水淚千行

학담도 한 노래 붙이리라.

금모래 여울가 마가집 총각의 부인이여
홀연히 왔다 홀연히 감 물결 따름과 같네
봄이 오면 꽃 피고 가을에 잎이 지나
구름 흩어짐이여, 푸른 하늘은 비어 넓고 넓어라

金砂灘頭馬郎婦　忽來忽去如隨波
春來開花秋葉落　雲散青天虛闊闊

132. 그대가 혜초다〔汝是慧超〕

법안선사(法眼禪師)에게 어떤 승려가 물었다.
"혜초가 화상께 묻습니다. 어떤 것이 붇다입니까?"
이로 인해 법안선사가 말했다.
"그대가 혜초다."[169]

청매선사가 노래했다.

한 줄기 나물국이 얼굴 앞에 있는데
저어 마셔보니 앉아서 신선되네
흰 깃이 한 번 지나감 가을매의 겨드랑이인데
안개 물결 강 위에서 또 배에 오른다

一莖草湯在面前　摘取喑來坐得仙
白羽一過秋鷗腋　煙波江上又登船

<u>평창</u>

이 공안은 선문염송 본칙 1290칙의 법문이다.
붇다를 물음에 '그대가 혜초다'라고 답하니, 이는 무엇을 말하는가.
지금 너를 혜초라고 부를 때 혜초라고 특정지워진 대상은 어떤 원인과
조건에 의해 규정되어진 대상이다. 내가 너를 부를 수 있음이 너가
너 아닌 너임을 나타내고, 너를 부를 수 있는 나는 나 아닌 나인 것이
다.
청매선사는 '온갖 법에 나 없음〔一切法無我〕'의 뜻을 '나물국을 저어
마시니 앉아서 신선됨과 같다'고 한 것인가. 말이 여위면 털이 길어지
고, 하늘에 구름 걷히면 저 하늘이 멀어지는 것이다. 나에 나 없고
중생이 중생 아니므로 중생이 깨우치면 그를 보디사트바(bodhi-satt

---

169) 〔1290則〕 法眼因僧問 慧超諮和尚 如何是佛 師云汝是慧超

va; 覺有情)라 하고 중생의 마음이 크면 그를 마하사트바(mahā-satt
va; 大心衆生)라 한다.

설두현(雪竇顯)선사는 이렇게 노래했다.

> 강나라 봄바람이 불어 일어나지 않으니
> 자고새 울음은 깊은 꽃 속에 있다
> 세 굽이 이랑 높아 고기가 용이 되는데
> 어리석은 사람 오히려 밤 못물을 긷네

> 江國春風吹不起　鷓鴣啼在深花裏
> 三級浪高魚化龍　癡人猶戽夜塘水

천복일(薦福逸)선사가 노래했다.

> 나무사람은 천 리를 가는데
> 빠른 말은 발굽을 옮기지 않네
> 지는 해는 남쪽 땅을 의지해서
> 바람을 인해 북쪽을 향해 울부짖네

> 木人行千里　駿馬不移蹄
> 落日依南土　因風望北嘶

학담도 한 노래 붙이리라.

> 나는 곧 나 없고 나 없음도 없으니
> 그대가 곧 혜초라 함 그 뜻이 분명하네
> 어젯밤 가는 비가 섬돌을 적셨는데
> 날이 밝자 앞산의 푸르름은 더욱 새롭네

> 我卽無我無無我　汝是慧超意端的
> 昨夜細雨浸石階　天明前山綠轉新

133. 등자나무 책상을 알면〔識得橙子〕

법안이 등자나무 책상을 가리키며 말했다.
"등자나무 책상을 알면 두루하고도 남음이 있다."
운문이 말했다.
"등자나무 책상을 알면 하늘땅이 아득히 다르다."170)

法眼指橙子云 識得周匝有餘 雲門云 識得天地懸殊

청매선사가 노래했다.

푸른 잎이 바람에 날려 뒤집히니 만 잎이 노랗고
등자 두 머리에 책을 펼쳐 오래 헤아리도다
바둑판 가에 어찌 가난한 거지가 있으리
곧장 어느 때를 기다려 한 번 맛봄 허락할까

碧葉風飜萬介黃　兩頭舒卷久商量
碁邊豈有貧窮子　直待那時許一嘗

평창

　법안선사의 이 공안은 선문염송 본칙 1295칙의 이야기다.
　저 등자나무 책상을 책상이라고 내가 알 때, 저 책상이 실로 있는
책상이라 해도 내가 알 수 없고 저 책상이 책상 아니라 해도 알 수
없다. 또 보는 나와 보는 바가 같다고 해도 봄〔見〕이 일어날 수 없고
보는 나와 보는 바가 다르다 해도 봄〔見〕이 날 수 없다.
　볼 수 있다고 함이 서로 두루함과 서로 아득히 다름을 같이 거두고
있으니, 청매선사는 '등자 두 머리에 한 책을 펼침과 한 상에 두 사람

---

170)〔1295則〕法眼指橙子云 識得橙子 周匝有餘 雲門云 識得橙子 天
地懸殊

이 마주함'으로 이 뜻을 보인 것인가. 인연법에 같고 다름[一異], 끊어
짐과 이어짐[斷常]이 없음을 알아야 조사의 뜻을 알 수 있을 것이다.
  숭승공(崇勝珙) 선사는 이렇게 노래했다.

  숭수는 두루하고 남음이 있다 하고
  소양은 하늘땅이 아득히 다르다 하니
  늙은 할멈 이미 뱀발을 그렸고
  묵은 송곳 다시 종지구슬 놀림이네
  구슬을 보는데 어찌 꼭 비단장막이며
  사람을 밟는 것 어찌 망아지에만 있으리
  판이 가고 판이 와 해와 달을 보내니
  머리에 이르는 흰 털은 누가 준 것인가

  崇壽周匝有餘   韶陽天地懸殊
  老婆旣畫蛇足   古錐更弄椀珠
  見珠何必羅帳   踏人豈在馬駒
  局去局來消歲月   到頭白髮是誰輸

학담도 한 노래 붙이리라.

  등자책상 밖에 법계가 없으나
  함이 없는 법계에서 하늘 땅이 다르네
  서쪽 산에 지는 놀을 나무 기대 보는데
  동쪽 하늘 달이 뜨고 기러기 날아가네

  橙子之外無法界   無爲法界天地殊
  西山落霞倚樹看   東天月出雁飛過

134. 소리와 빛깔 두 글자〔聲色二字〕

법안선사에게 어떤 승려가 물었다.
"소리와 빛깔 두 글자를 어떻게 뚫어 벗어납니까?"
선사가 말했다.
"대중이여, 이 승려의 묻는 곳을 알면 소리와 빛깔 뚫는 것이 어렵지 않다."171)

청매선사가 노래했다.

사람들은 많이 소리와 빛깔 속에서 흐릿하여
말로는 옛 성인의 발자취 통하기 어렵네
좋은 지위 높음을 말해도 사람들이 믿지 않으나
소군은 기리는 돌 없어도 좋은 공덕 노래하네

人多聲色裏朦朧　言語難通古聖蹤
縱好位高人不信　蘇君無石頌良功

<u>평창</u>

이 공안은 선문염송 본칙 1297칙의 법문이다.

지금 소리를 듣고 빛깔을 볼 때 보고 듣는 소리와 빛깔은 어디 있는가. 안에 있는가 밖에 있는가. 안에 있지 않되 밖에 있는 것도 아니고, 안이 아니되 안 아님도 아니다. 보고 듣는 자 또한 여기 있다고 해도 안 되고 여기 없다고 해도 안 된다.

그러므로 법안선사는 '저 승려가 묻는 곳을 알면 소리와 빛깔 뚫는 것이 어렵지 않다'고 했는가.

---

171) 〔1297則〕法眼因僧問 聲色二字 如何透得 師云大衆 若會這僧問處 透聲色
也不難

사람이 저 빛깔과 소리를 듣고 빛깔과 소리라고 말하면, 이는 아는 자〔能知〕와 아는바 빛깔〔所知〕, 빛깔과 소리라는 언어〔名言〕가 모두 있되 있음 아님을 나타낸다. 내가 내가 아니고 저 빛깔이 빛깔 아니므로, 빛깔인 앎〔眼識〕을 일으키고 빛깔이라는 말을 쓰기 때문이다. 그러나 중생은 빛깔과 소리라는 말을 들으면, 저기 밖에 아는바 빛깔과 소리의 경계가 있다고 집착하므로 경계에 가리어 앎 아닌 앎을 잃게 된다.

그러므로 청매선사는 말에 떨어지지 않고 남이 기려줌에 떨어짐이 없이, 진실을 노래하는 소군(蘇君)으로 빛깔과 소리에 빠지지 않는 대장부를 노래한 것이리라.

그렇다면 빛깔과 소리를 빛깔과 소리라 해도 빛깔과 소리 꿰뚫지 못하고, 빛깔과 소리 아니라 해도 빛깔과 소리 꿰뚫지 못할 것이니, 옛 선사들의 노래 들어보자.

무위자(無爲子)가 노래했다.

> 소리와 빛깔 두 글자를 어떻게 벗어나리
> 낱낱이 들어옴에 금과 옥이 울린다
> 눈 푸른 인도사람 웃으며 머리 끄덕이니
> 지나의 제자는 눈썹 공연히 찡그린다

> 聲色兩字如何透　一一擧來金玉扣
> 碧眼胡人笑點頭　支那弟子眉空皺

자수(慈受)선사는 이렇게 노래했다.

> 소리와 빛깔 도리어 두 글자인데
> 납승이 눈 가운데 모래 뚫지 못했네
> 황학루 앞에서 옥피리를 부니
> 강이 흐르는 성 오월에 매화가 지네

聲色却來兩个字　衲僧不透眼中沙
黃鶴樓前吹玉笛　江城五月落梅花

법진일(法眞一)선사는 이렇게 노래했다.

소리와 빛깔은 본래 두 글자인데
작가가 일찍이 같이 말의 실마리 가렸네
만약 사람이 그 승려의 물음을 알면
곧장 빛깔 소리 꿰뚫음 어렵지 않네

聲色本來唯兩字　作家曾共辨言端
若人識得其僧問　直透色聲應不難

저가 말함을 듣고 내가 대답할 수 있는 것이 이미 말과 들음이 있되
공함을 보인 것이니, 학담도 한 노래 붙이리라.

사람이 소리와 빛깔을 말하면 이미 뚫어 벗어났으니
햇빛 속에서 산을 봄이여, 좋은 때와 철이로다
연화대 앞에 맑은 바람 지나가는데
흰 구름은 홀연히 푸른 산 가운데 일어나네

人語聲色已透出　日裏看山好時節
蓮花臺前淸風過　白雲忽起碧山中

135. 이 주장자는 어긋나 등지지 않는다〔柱杖不背〕

소수선사가 계침〔地藏桂琛禪師〕을 찾아 뵙고 말했다.

"제가 세 번 고개에 들어가 쓰라린 어려움을 다 겪었으며, 일찍이 화상과 어긋나 등졌습니다."

계침이 주장자를 세우고 말했다.

"이것은 등지지 않는다."

소수선사가 깨우침이 있었다.

衆桂琛曰 某甲三度入嶺 喫盡艱辛 曾與和尙違背 琛卓柱松云 這介也 不背 主有省

청매선사가 노래했다.

거스르는 바람 누르기 어려워 파강에서 노질 하는데
지는 달에 슬픔 많은 무협의 잔나비로다
주장자 한 번 휘둘러 겨우 눈을 붙여 보게 되니
만년의 흐르는 물은 근원을 떠나지 않네

逆風難制巴江棹　落月多哀巫峽猿
杖子一揮才著眼　萬年流水不離源

평창

『청매집』에는 '수산주(修山主)'로 되어 있으나, 선문염송 본칙〔1305則〕은 '용제산주 소수선사(龍濟山主 紹修禪師)'로 되어 있다. 본칙은 이렇게 기록한다.

무주 용제산주 소수선사(撫州 龍濟山主 紹修禪師)가 세 번 고개 에 들어가 지장을 뵙고 말했다.

"이 사람이 특별히 화상 때문에 정주에서 이렇게 왔습니다. 쓰라린 어려움을 다 겪고 많은 산과 고개를 거쳐 왔으니, 무슨 향할 곳이 있습니까?"

지장이 말했다.

"많은 산과 고개를 거쳤으니 나쁘지 않다."

소수가 알아듣지 못하고 밤이 되어 침상 앞에서 모시고 있다 물었다.

"제가 백겁 천생에 일찍이 화상으로 어긋나 등졌는데, 여기 와 또 화상의 편안치 못함을 만났습니다."

지장이 몸을 일으켜 주장자를 가지고 얼굴 앞에 세우고 말했다.

"다만 이것은 어긋나 등지지 않는다."

소수가 여기에서 깨달았다.172)

만법은 스스로 나지 않고 늘 다른 것을 의지해 나므로 온갖 것은 다른 것과 서로 의지하되 서로 등진다. 그러나 온갖 것은 서로 의지하므로 자기성품이 없는 것이라, 법과 법의 마주함은 진여바다를 떠나지 않는다.

청매선사는 그 뜻을 '만년의 흐르는 물은 근원을 떠나지 않는다'고 노래한 것이리라.

지장계침선사(地藏桂琛禪師)의 우뚝 세운 주장자여. 만 가지 것과 서로 마주하되 모습에 모습 없으니, 이미 마주하는 것에 두루하고 마주하는 것을 거두어 자취 없되 지금 눈앞에 우뚝하다.

대각련(大覺璉)선사의 한 노래 들어보자.

---

172) 撫州龍濟山主紹修禪師 第三度入嶺 叅地藏 乃云此者 特爲和尙 從汀州與麽來 喫盡艱辛 涉歷許多山嶺 有甚向處

藏云涉歷許多山嶺 也不惡 師不薦 至夜開 床前侍次云 某甲百劫千生 曾與和尙違背 此來又値和 尙不安

藏起身 將桂杖 卓向面前云 只這个也不背 師從此省悟

옛 사람이 풀을 헤쳐 가는 것은 높은 가풍 보려는 것
세 번이나 멀리 멀리 고개 가운데 들었네
주장자를 세울 때에 온전히 등지지 않으니
밤 깊자 남두별이 하늘 동쪽에 걸렸네

古人撥草要瞻風　三度迢迢入嶺中
拄杖卓來全不背　夜深南斗掛天東

학담도 한 노래 붙이리라.

주인과 나그네 서로 만나 늘 어긋나 등지지만
푸른 하늘에는 옛과 같이 밝은 달이 비추네
한 줄기 주장자가 얼굴 앞에 우뚝함이여
흐르는 물은 달을 머금고 끝내 바다에 이르네

主客相逢常違背　蒼空依舊明月照
一條拄杖卓面前　流水含月終到海

136. 고요하고 고요하여 의지함이 없을 때〔寂寂無依時〕

남대(南臺守安禪師)에게 어떤 승려가 물었다.
"고요하고 고요하여 의지함이 없을 때 어떠합니까?"
선사가 말했다.
"귀신이다."

南臺因僧問 寂寂無依時如何 師云譽

청매선사가 노래했다.

흰 구름이 멀리서 찬 까마귀 그림자 끌고
잎이 지고 산이 비니 사람 돌아오지 않네
곧장 저 사람을 만나는 것 또 기뻐하니
삼대에서 한 번 잡아 눈물 마냥 흐르네

白雲遠引寒鴉影　葉脫山空人不歸
且喜騫然逢箇漢　三臺一把漏依俙

평창

위 문답은 선문염송 본칙〔1315則〕에 이렇게 보이고 있다.

남대 수안화상에게 어떤 승려가 물었다.
"고요하고 고요하여 의지함이 없을 때 어떠합니까?"
선사가 말했다.
"고요하고 고요한 것이여, 귀신이로다."
그리고는 노래했다.

"남대에 고요히 앉아 한 향로 향기로운데
날이 다하도록 고요하여 만 가지 생각 잊었네

마음을 쉬어 망상을 없앰이 아니라
모든 생각함에 실로 헤아릴 일이 없어서네."

南臺靜坐一爐香　終日凝然萬慮忘
不是息心除妄想　都緣無事可思量173)

생각 없음은 보고 들음이 끊어진 고요한 곳에 머묾인가. 수안선사는
그것도 또한 귀신놀음이라 말한다. 생각 없음[無念]은 다만 고요하여
의지함 없음이 아니라, 생각함[緣] 가운데 실로 생각할 바[實所緣]가
없음을 알아 생각에 생각 없음이다. 그러므로 생각 없음에 생각 없음
도 없음이니, 비록 눈앞에 '노승과 사리가 없다' 하나 서로 마주해 묻고
답함이 있고, 망상을 끊어 없애는 것이 아니며 마음을 억지로 쉬어
그치지 않는 것이다.
　그 뜻을 수안선사는 모든 생각함[緣]에 실로 헤아릴 일이 없음[無所
緣]이 고요함이라 말하고, 청매선사는 고요함의 뜻을 사물이 서로 의
지함과 사람과 사람이 서로 만남으로 보인 것이리라.
　학담도 한 노래 붙이리라.

산집 고요한 밤 잠잠히 말 없음이여
고요하고 고요하여 붙잡을 것이 없어라
솔바람 옛과 같이 뜰 가운데 지나는데
창밖에는 한 소리 산새의 울음 들리네

山堂靜夜默無言　寂寂寥寥沒可把
松風依舊庭中過　窓外一聲山鳥啼

---

173) 南臺守安和尙 因僧問 寂寂無依時如何 師云寂寂底聻 乃有頌曰
　　南臺靜坐一爐香 終日凝然萬慮忘 不是息心除妄想 都緣無事可思量

137. 신부가 나귀 타고 아빠가 끄니〔新婦騎驢阿家牽〕

수산에게 어떤 승려가 물었다.
"어떤 것이 붇다입니까?"
선사가 말했다.
"신부가 나귀 타고 아빠가 끈다."

首山因僧問佛 師云新婦騎驢阿家牽

청매선사가 노래했다.

엷게 화장하고 모자 벗어 아비가 따라가니
길 위에 가는 사람 누구나 엿보지 않으리
서당에 한 번 들어 자물쇠 드리우니
사방의 이웃 예쁘고 못남 다시 보지 않도다

淡粧帽脱一阿隨　路上行人孰不窺
一入書堂垂鑰鑰　四隣無復見妍嫦

평창

수산성념선사(首山省念禪師)와 어떤 승려의 문답이니, 붇다를 물었
는데 왜 '신부가 나귀 타고 아빠가 끈다'고 했는가.
선문염송 본칙〔1320則〕은 다음 같이 기록되어 있다.

여주 보응 성념선사에게 어떤 승려가 물었다.
"어떤 것이 붇다입니까?"
이로 인해 선사가 말했다.
"신부가 나귀 타고 아빠가 끈다."
(성념선사는 일찍이 수산에 머물렀다.)174)

딸이 나이 드신 아버지를 모시는 것이 세간의 상례인데, 시집 가는 날은 딸이 나귀 타고 아버지가 딸을 이끌어 시댁에 가니, 아버지가 딸을 낳아주었지만 딸이 아버지를 아버지되게 한 뜻을 그리 보인 것인가.

그러나 아버지와 딸이 자리를 맞바꿈 속에 아버지가 아버지 아니고 딸이 딸 아닌 뜻이 있으므로, 청매선사는 서당에 들어 자물쇠 잠그니, '이웃들이 다시 엿보지 않는다'고 한 것인가. 이것이 이것 아니되 이것이 이것이고 저것이 저것 아니되, 저것이 저것인 뜻이 붙다가 보인 연기의 뜻임을 수산이 보여준 것이리라.

아버지가 아버지 아니되 아버지는 아버지이고 아들은 아들이라, 수레장인의 솜씨 아들에게 주지 않지만, 사람에 사람 없고 소에 소가 없어 푸줏간 장인이 칼로 소뼈를 바르는 것이다. 저 소가 실로 소라고 하면 아무리 솜씨 좋은 푸줏간 장인이라도 어찌 소뼈 사이 자유롭게 칼 놀릴 것인가.

옛 선사들의 노래 들어보자.

신정인(神鼎諲)선사가 노래했다.

신부가 나귀타고 아빠가 끎이여
누가 뒤이고 다시 누가 앞인가
장씨 셋 이씨 넷이 손 모으고 요임금의 해 기뻐하네
위로부터의 모든 성인 모두 다 그러하니
앉고 일어남에 끝내 모든 두 가지가 없어도
물음 있으면 반드시 그에게 말해야 하니
신부가 나귀 타고 아빠가 끈다

新婦騎驢阿家牽　誰後復誰先
張三與李四　拱手賀堯年

---

174) 汝州寶應省念禪師因僧問 如何是佛 師云新婦騎驢阿家牽 (曾住首山)

從上諸聖摠皆然　坐起終諸沒兩般
有問又須向伊道　新婦騎驢阿家牽

도오진(道吾眞)선사가 노래했다.

손은 코뚜레 잡고 발로 꼬리 밟으니
얼굴 우러러 하늘 보고 흐르는 물소리 듣네
날 밝으니 길가에 배웅해 보내고
밤 고요하니 띠 집 속으로 돌아간다

手提巴鼻脚踏尾　仰面看天聽流水
天明送出路傍邊　夜靜還歸茅屋裏

천동각(天童覺)선사는 이렇게 노래했다.

신부가 나귀 타고 아빠가 끄니
몸덩이 멋이 흘러 스스로 그러함 얻었네
우습구나, 흉내내는 이웃집 아가씨 사람들 향하면
못난 꼴만 더할 뿐 어여쁨을 이루지 못하네

新婦騎驢阿家牽　體段風流得自然
堪笑効顰隣舍女　向人添醜不成姸

납승의 혀끝이 참으로 자유로워
함께 뒤섞임 속에 송곳과 낚시 없도다
수레장인 나무 찍는 솜씨 아들에게 주지 않고
푸줏간 장인 칼 놀리니 온전한 소 없어라

衲僧舌頭眞个自由　渾崙裏許沒錐鉤
輪扁斲工不授子　　庖丁游刃無全牛

목암충(牧庵忠)선사가 노래했다.

버드나무 강가에서 흰 갈대꽃 구경하니
가는 바람 부는 곳에 새벽 안개 날리네
고기잡이 늙은이 앉아 가을정자의 달 낚으며
능소화 개울에 옛 정 이야기함을 돌이켜 기억하네

柳惲江頭賞白蘋　小風吹處曉煙輕
漁翁坐釣秋亭月　飜憶茗溪說舊情

학담도 한 노래 붙이리라.

아버지와 딸 누가 앞 뒤인가 말하지 말라
신부가 나귀타고 아빠가 나귀 끄네
발 닿는 대로 가는 길은 툭 트여 평탄한데
길가의 풀은 향기롭고 개울물은 빨리 흐르네

莫謂父女誰先後　新婦騎驢阿家牽
信脚行中路平坦　路邊芳草溪水急

138. 푸른 비단 부채 시원한 바람 넉넉하니〔靑絹扇子足風凉〕

분양선사(汾陽禪師)에게 어떤 승려가 '붇다'를 물으니, 선사가 말했다.

"푸른 비단 부채 시원한 바람이 넉넉하다."

汾陽因僧問佛 師云靑絹扇子是風凉

청매선사가 노래했다.

사람 가득한 낙양에는 부채 들지 않는 사람 없고
뭇 나방들 날개 치며 꽃가에서 꿀을 따네
뜨거움 그치면 시원한 바람 있는 것 뉘라서 알리
그러나 서에 온 조사 뜻 그렇지 않음을 어찌하리

滿洛無人不秉扇　群蛾鼓翼茱花邊
雖知止熱淸颷在　爭奈西來意不然

평창

선문염송 본칙〔1335則〕은 이 공안을 이렇게 보인다.

분주에게 어떤 승려가 물었다.
"어떤 것이 조사가 서에서 온 뜻입니까?"
선사가 말했다.
"푸른 비단 부채 시원한 바람 넉넉하다."[175]

더운 날 푸른 비단 부채 부치면 시원한 바람이 일어나니, 바람은 어디에도 없고 바람은 어디나 있다. 이것을 능엄경은 '참으로 공한〔眞

---

175) 汾州因僧問 如何是祖師西來意 師云靑絹扇子足風凉

空〕 성품의 바람〔性風〕이 시방에 두루하다'고 말한 것인가. 뜨거움이 있어 시원한 바람을 느끼지만 시원함을 느낄 때 뜨거움과 시원함이 공한 뜻을 사람들은 알지 못하니, 뜨거움과 시원함이 공한 줄 알면 한여름 뜨거움 속에서 얼음을 볼 수 있고, 한겨울의 얼음 속에서 뜨거운 불을 볼 수 있을 것이다.

그래서 청매선사는 '서쪽에서 오신 조사의 뜻 그렇지 않음을 어찌하리'라고 말한 것이리라. 잔나비 소리 듣고 슬픈 느낌이 날 때 들음과 느낌이 공한 줄 알아야 하니, 옛 선사들의 노래 들어보자.

장산전(蔣山泉)선사가 노래했다.

　　푸른 비단 부채 시원한 바람 넉넉하니
　　황벽의 온전한 기틀 잘 드러냈도다
　　달 밝은 파협 골짜기 잔나비 우는 밤
　　어느 곳 사람들이 듣고서 애끓지 않으리

　　青絹扇子足風凉　　斷際全機善擧揚
　　月明巴峽猿啼夜　　何處人聞不斷膓

해인신(海印信)선사는 이렇게 노래했다.

　　조사의 뜻 종사가 먼저 흘려 말하니
　　둥글고 둥근 푸른 부채 시원한 바람 넉넉하네
　　선객이 알지 못하고 거듭 서로 물으며
　　홀로 저절로 쓸쓸하여 낙양을 지나네

　　祖意宗師先漏泄　　團團青扇足風凉
　　禪人未曉重相問　　獨自悽悽過洛陽

육왕심(育王諶)선사가 노래했다.

푸른 비단 부채에 서늘한 바람 넉넉하니
뉘라서 뜨거운 여름날 긴 것을 겁내랴
놓아가고 거두어옴 다만 이것이니
늙으신 분양을 저버리지 않도록 하라

青絹扇子足風凉　誰怕炎炎夏日長
放去收來只這是　莫教辜負老汾陽

학담도 한 노래 붙이리라.

푸른 비단 부채속 끝없는 바람이여
여름날 뜨거움 가운데 늘 사라지지 않네
봄이 와 복사꽃 언덕 끝에 피어나니
조각조각 붉은 꽃 물을 따라 가도다

青絹扇裏無限風　夏日炎中常不滅
春來桃花岸頭發　片片紅花隨流去

139. 앞도 셋 셋 뒤도 셋 셋[前三三後三三]

문수(文殊)가 무착(無着)에게 물었다.
"남방의 대중은 얼마나 되오?"
"삼백이나 오백입니다."
무착이 물었다.
"이곳의 대중은 얼마입니까?"
"앞도 셋 셋 뒤도 셋 셋이오."

청매선사가 노래했다.

길상산 아래 길은 구불구불 양의 창자 같은데
소 끄는 이를 만나니 흰 머리의 사내로다
말이 셋 셋에 이르러도 오히려 알지 못하고
저 나그네 뜻이 좋지 않음을 괴이타 하네

吉祥山下路羊腸　逢著牽牛白首郞
語到三三猶不識　怪他祗客意不良

평창

　문수보살의 화현인 북방 스님과 남방에서 온 무착선사의 이 문답은
선문염송 본칙[1436則]에 다음 같이 나온다.

　　만주쓰리보디사트바가 무착에게 물었다.
　　"요즈음 어디서 떠났소?"
　　"남방입니다."
　　"남방의 불법은 어떻게 머물러 지니오?"
　　"말법비구가 조금 계율을 받듭니다."

"얼마만한 대중이오?"

"삼백이나 오백입니다."

무착이 물었다.

"여기서는 어떻게 머물러 지닙니까?"

"범부와 성인이 같이 머물고, 용과 뱀이 어울려 섞여 있소."

"얼마만한 대중입니까?"

"앞도 셋 셋 뒤도 셋 셋이오."[176]

우리 앞에 벌려진 삼라만상과 온갖 중생의 숫자〔數〕는 무엇인가. 수(數)는 물질도 아니고 마음도 아니지만, 물질과 마음 떠나지 않고 세워지는데 물질의 모습이 모습 아니라면 수에 정해진 수가 어디 있을 것인가.

구불구불 휘어진 길에서 소 끄는 이 한 번 만났지만, 한 번 만남에 실로 만남이 없다면 기억하지 못하는 셀 수 없는 만남은 그 수가 얼마일 건가. 그 뜻을 '앞도 셋 셋 뒤도 셋 셋'으로 말했는데 알아듣지 못하므로, 청매선사는 알아듣지 못한 이를 노래로 탄식한 것이리라.

옛 선사들의 노래 들어보자.

대각련(大覺璉)선사는 이렇게 노래했다.

앞도 셋 셋 뒤도 셋 셋이라 함이여
또 균제에게 어떻게 아느냐고 묻도다
한 번 손뼉 치고 머리 돌리니 이 얼마이던가
바위 서쪽 종과 북 소리가 산 남쪽을 지나네

前三三與後三三　　且問均齊作麼諳
一拍迴頭是多小　　巖西鍾皷過山南

---

176) 文殊問無着 近離甚處着云南方 殊云南方佛法 如何住持 着云末法比丘小奉
戒律 殊云多小衆 着云或三百 或五百 着問此間如何住持 殊云凡聖同居 龍蛇
混雜 着云多小衆 殊云前三三後三三 (具見後話)

육왕심(育王諶)선사가 노래했다.

　　셋 셋을 어찌 꼭 앞 뒤로 나누리오
　　낱낱이 그 자리에서 자세히 헤아려 보라
　　곧 놓고 곧 거두되 주인과 짝 온전히 하니
　　이르는 곳마다 청량산임을 어찌 거리끼리

　　三三何必分前後　一一當頭細度量
　　卽放卽收全主伴　何妨到處是淸凉

심문분(心聞賁)선사는 이렇게 노래했다.

　　일곱 꽃 여덟 조각 한 덩이 이루지 않으니
　　앞 뒤 셋 셋을 어떻게 살필 것인가
　　어젯밤 달가에서 졸음결에 엿보며
　　침향정 북쪽에서 난간에 기대었네

　　七花八裂不成團　前後三三作麽觀
　　昨夜月邊偸眠覰　沉香亭北倚欄干

학담도 한 노래 붙이리라.

　　한 찻잔 깨뜨리면 온전함 이루지 못하니
　　한 수와 여럿을 찾을 곳이 없어라
　　몇 마리나 되는 산새가 가로 세로 나는가
　　가을하늘에 서늘한 바람 스스로 오고가네

　　打破一琓不成全　一數與多無處尋
　　幾多山鳥縱橫飛　秋天凉風自往來

140. 균제로 하여금 내보내게 하니〔均提送出〕

무착이 문수를 시봉하는 균제에게 물었다.
"앞도 셋 셋 뒤도 셋 셋이라고 했는데, 이는 얼마이오?"
균제가 '대덕이시여' 하고 불러서 돌아보니, 균제 어린이가 물었다.
"이 얼마요?"

청매선사가 노래했다.

개암나무 헤치고 서로 보내며 저의 시기함을 보고
안개 낀 길 멀고 멀어서 슬퍼하며 돌아오네
셋 셋이라 함 기억하여 더욱 마음 아픈데
어느 곳에서 다시 만나 남은 회포 보이리

披榛相送見伊猜　煙路迢迢愾慨回
因憶三三尤可痛　更逢何處暢遺懷

평창

　만주쓰리보디사트바〔文殊菩薩〕의 화현인 노승을 시봉하는 균제에게 '앞도 셋 셋 뒤도 셋 셋'의 뜻을 물은 이 공안은 선문염송 본칙〔1437則〕에 이렇게 나와 있다.

　　만주쓰리가 유리잔을 들어 무착에게 물었다.
　　"남방에 이런 것이 있소?"
　　무착이 말했다.
　　"없습니다."
　　"이미 없는데 무엇으로 차를 마시오?"
　　무착이 대꾸가 없다가 날이 늦어 쉬어가고자 하니, 만주쓰리가 말했다.

"그대는 집착하는 마음이 있으니 여기서 잘 수 없소."

"저는 집착하는 마음이 없습니다."

"그대는 언제 계를 받았소?"

"스무 해입니다."

"집착 없는 마음을 아주 좋아하는구려."

그러고는 균제로 하여금 내보내게 하니, 무착이 말했다.

"아까 화상이 '앞도 셋 셋 뒤도 셋 셋'이라 하고 말하니, 이는 얼마이오?"

균제 어린이가 불러 말했다.

"대덕이시여!"

무착이 머리 돌리니, 어린이가 말했다.

"이 얼마요?"

또 보니 변화로 된 절에 편액이 없었다.

어린이에게 물었다.

"이 절의 이름이 무엇이오?"

어린이가 손으로 금강신(金剛神) 뒤를 가리키며 말했다.

"보시오, 보시오."

무착이 돌아보니 변화로 된 절〔化寺〕이 사라졌다.177)

유리잔의 없음을 없다 하니 '실로 없다면 무엇으로 차를 마시는가' 물어서, 있음이 있음 아님을 보이고 있음과 없음이 서로 통하는 길을 보이고 있다. 없음에 머물 곳 없음을 보므로 무착을 쫓아냈는데 다시 돌아와 '앞도 셋 셋 뒤도 셋 셋〔前三三後三三〕'을 다시 물음이여.

177) 文殊提起玻璃盞子 問無着 南方還有者箇麽 着云無殊云旣無 將什麽喫茶 着無對日晚求宿 殊云你有執心 不得此宿 着云某甲無執心 殊云汝受戒 多小時 着云二十夏 殊云大好無執心

乃令均提 童子送出 着云適來和尙道 前三三後三三 是多小 童子召云 大德 着迴首 童子云 是多小 着又見化寺無額

遂問童子 此寺名什麽 童子以手指金剛背後云 看看 着迴首 化寺乃隱

지금 만남에 만남을 보아 헤어지는 뜻이 서글프며 다시 만날 기약이 서로 아득하니, 청매선사는 '어느 곳에서 서로 만나 남은 회포 보일 건가'라 노래했는가. 지금 들고 있는 찻잔을 깨면 어느 곳에서 찻잔의 자취 찾을 것이며, 없다고 하면 이 앞에는 있었는데 없다는 견해 어떻게 일으킬 것인가.

대각련(大覺璉)선사는 이렇게 노래했다.

> 유리잔을 들고서 있는가 물었는데
> 없다고 하니 무엇으로 찻잔을 삼았으리
> 그 때에 진노인이 이 일을 만났다면
> 한 번 쳐서 가루처럼 부수어 쉬게 했으리

> 提起玻璃問有不　言無何物作茶甌
> 當時陳老如逢此　一撲令教粉碎休

균제의 깨우침을 듣고 나서, 무착이 깨치고 뒤에 다시 문수노인과의 만남을 『청매집』과 선문염송은 이렇게 기록한다.

> 무착스님이 뒤에 산 아래 있으면서 밥 짓는 소임이 되어 죽을 끓였는데, 앞에 보았던 노인이 홀연히 솥 가에 나타났다.
> 무착스님이 죽을 짓는 주걱으로 노인을 치고 말했다.
> "문수는 스스로 문수요, 무착은 스스로 무착이다."
> 그러자 노인이 게를 지었다.

> "쓴 외는 뿌리까지 쓰고
> 단 참외는 꼭지까지 달다.
> 세 큰 칼파 닦아 행하다가
> 도리어 노승의 싫어함을 받았도다."

> 苦葫連根苦　恬瓜徹蔕恬
> 修行三大劫　却被老僧嫌

말을 마치자 나타나지 않았다. 그러므로 끝 구절이 여기에 미쳤
다.178)

학담도 한 노래 붙이리라.

있는가 있는가 함에 쥘 것이 없고
없는가 없는가 함에 또한 머물지 않네
차 마심에 때로 그릇을 쓰고 때로 유리잔을 쓰니
뜻 맞은 이 서로 만남에 차 마심이 오래 가네

有也有也沒可把　無也無也亦不住
喫茶或碗或玻璃　情人相逢喫茶久

---

178) 師後在山下 作飯頭 作粥時 前所見老公 忽在釜邊 師以攪粥棍打公云 文殊
　　自文殊 無着自無着 公作偈云
　　苦葫連根苦 甛瓜徹蔕甛 修行三大劫 却被老僧嫌
　　言訖不現故 末句及之

141. 한 겨울에 마른 나무 같으니〔三冬枯木〕

한 암주를 한 할멈이 스무 해를 시봉하다. 어느 날 여자를 시켜 암주를 안게 하고 '어떠한가' 묻게 했다.
'한겨울 마른 나무가 찬 바위에 의지했다'고 하니, 그 할멈이 암자를 태웠다.

청매선사가 노래했다.

오월에 정신을 모아야 매미를 만날 수 있고
육년에 외로이 앉아야 까치가 편히 깃드네
장생이 나비로 변화함은 때가 많이 옛날이나
촉나라 길 사람 마음은 칼날이 가지런하지 않네

五月凝神蟬可接　六年孤坐鵲安棲
莊生物化時多尙　蜀道人心釰不齊

평창

'할멈이 암자 태움〔婆子燒庵〕'으로 알려진 이 공안은 선문염송 본칙〔1463則〕에 다음 같이 나와 있다.

옛날에 한 할멈이 있어서 한 암주를 공양하여 스무 해를 지냈는데, 늘 여인으로 하여금 밥을 보내 모셔 대드렸다.
하루는 여인더러 끌어안고서 이렇게 묻게 했다.
"바로 이런 때 어떠하십니까?"
암주가 말했다.
"마른 나무가 찬 바위에 의지하니, 한 겨울에 따뜻한 기운이 없다."

여인이 돌아가 할멈에게 들어 보이니, 할멈이 말했다.
"내가 스무 해를 다만 저 속된 놈을 모셨구나."
드디어 일어나 암자를 태워버렸다.179)

내가 저 경계를 알 때 닿는 자와 닿는 바와 앎이 어우러져〔三事和合〕
닿음〔觸〕이 일어나니, 닿음은 닿되 실로 닿는 바가 없다. 저 암주가
여인의 몸을 닿는 곳에서 다만 '따뜻한 기운이 없다' 하므로, 암자를
태워버린 것인가.

닿음이 앎〔識〕과 함께해야 닿음이 닿음으로 일어나므로, 청매선사
는 '정신을 모아야 매미를 만나고 외로이 앉아 생각 없음에 까치가 둥
지 튼다'고 한 것이리라. 그리고 사람 마음이 만 갈래로 달라지니, 경
계에 닿음 또한 달라지므로 '촉나라 길 사람마음은 칼날이 가지런하지
못했다'고 함인가.

그러나 암주가 닿음에 닿는 느낌이 없음을 말해 암주의 뜻이 더딘
것 밖에 크게 그릇됨이 없는데 할멈의 불태움도 죄를 크게 단죄함이
아닌가.

개암붕(介庵朋)선사의 한 노래 들어보자.

삼천 조항의 법규를 살펴 다해도
다시 끊어 정할 뜻과 죄가 없도다
그른 법 밖에 더딤을 업신여기는 것 내놓고
관리를 보내 점검할 것이 아니다

撿盡三千條貫　更無情罪可斷
除非法外凌遲　不用差官定驗

밀암걸(密庵傑)선사가 이 공안에 붙여 다음 같이 말함을 듣지 못했

179) 昔有婆子 供養一庵主 經二十年 常令女子 送飯給侍 一日令女子抱定云 正
伊麼如何庵主云 枯木倚寒巖 三冬無暖氣
女子歸擧似婆 婆云我二十年 只供養得箇俗漢 遂發起燒却庵

는가.

　　한 줌의 버들가지 거둘 수 없어서
　　바람 나부끼는 대로 옥 난간에 걸어두었네

　　一把柳條收不得　和風搭在玉欄干

　밀암걸선사의 이 한 마디는 무엇을 보여주는가. 보여지는 바 모든
법에 얻을 것이 없으므로 온갖 법은 활동으로 주어지나, 움직이는 활
동에도 자취 없음을 말한 것이리라. 그렇다면 닿음에 닿음 그대로 얻
을 것이 없는데 한겨울의 찬 기운은 무엇이며, 그 죄를 꾸짖어 할멈이
암자를 불태움은 무엇인가.
　학담도 한 노래 붙이리라.

　　스무 해토록 마음이 마른 나무와 같으니
　　한 겨울에도 따뜻함 없이 찬 재와 같아라
　　마른 나무에 꽃이 피어야 참으로 산 사람이니
　　은혜를 알고 은혜를 갚아 티끌세계 받들리라

　　二十年來心枯木　三冬無暖如寒灰
　　枯木發花眞活人　知恩報恩奉塵刹

142. 방씨 할멈이 빗을 꽂고〔拈梳揷髻〕

방씨 할멈이 재를 베풀어서 유나가 회향하려니, 할멈이 빗을 집어 머리채 뒤에 꽂고 '회향하였다'고 말하였다.
그리고는 곧 나갔다.

厖婆設齋 維那云回向 婆拈梳子揷雲云 回向了也 便出去

청매선사가 노래했다.

맑은 마음으로 누각 위에 맑은 재를 지내는데
죽은 사람 의지해 유나는 재앙 없길 청했네
옥빗을 머리채에 꽂음은 새로운 달의 가락인데
문 나서자 하늘 밖에 새들 같이 돌아가네

淸心樓上辦淸齋　倚死維那請免災
揷髻玉梳新月曲　出門天外鳥俱回

평창

죽은 이를 위해 재를 지냄은 과거의 낡은 업을 없애고 새로운 삶의 길이 열리도록 축원함이다. 성인께 가신 이의 복을 비는데 재를 청한 방씨 할멈이 빗을 집어 머리채에 꽂은, 이 공안은 선문염송 본칙 본칙〔1462則〕에 이렇게 나와 있다.

　　방씨 할멈이 녹문사에 들어가 재를 올림에, 유나가 성인께 통하는 축원을 청해 재를 회향하려는데 방씨 할멈이 빗을 집어 머리채 뒤에 꽂고 말했다.
　　"회향하였소."
　　그리고는 곧 나가버렸다.[180]

'빗을 머리채에 꽂고 회향하였다'고 함은 가신 이의 업이 옛 그대로 이어짐이 아니나, 아주 끊어짐이 아니므로 재와 축원으로 인해 새로운 업의 바람이 일어남을 그리 표현한 것인가.

그래서 청매선사는 '빗을 꽂음은 새로운 달의 가락이다'라고 노래했으며, '낡은 업의 문을 나서자 하늘 밖에 헤매는 새들이 같이 길을 돌이킨다'고 한 것이리라.

축원은 반드시 법계 진리의 땅에서 자재히 걸어가도록 해야 하고, 낡은 업의 틀 안에서 인연의 있는 모습을 가지고 복을 빌지 말아야 하니, 자수(慈受)선사가 노래했다.

　방씨 할멈이 머리채 가에 빗을 옮겨 꽂으니
　한 덩이 멋스런 흐름 온 세상에 다시 없도다
　만 가지 일은 다만 공정한 길로 판단해야 하니
　유나는 붓끝으로 글을 쓰려고 말라

　龐婆移轉髻邊梳　一段風流擧世無
　萬事但將公道斷　維那不用筆頭書

복을 비는 범부와 복을 주는 성인이 모두 병든 눈[病眼]의 헛된 꽃[空華]과 같은 줄 알아야, 스스로 머리에 비녀 꽂고 재를 회향한 방씨 할멈의 한바탕 놀음을 알 수 있는가.

정엄수(淨嚴遂)선사는 이렇게 노래했다.

　바탕이 드러나 환하게 티가 끊겼는데
　티끌 가운데 법계가 끝이 없도다
　가없는 세계 바다가 털끝 위이니

---

180) 龐婆入鹿門寺作齋 維那請疏意回向 龐婆拈梳子 揷向髻後云 回向了也 便出
　去

범부 성인 모두 병든 눈의 꽃과 같도다

體露分明絶點瑕　塵中法界量無涯
無邊刹海毫端上　凡聖都如病眼花

학담도 한 노래 붙이리라.

재를 받들어 축원 청함은 무슨 일 위함인가
괴로움 다하고 재앙 없애 길상이 가득케 함이네
방씨 할멈 빗을 꽂아 흘러 구름을 돌이키니
괴로움과 즐거움 다한 곳에 불 속의 연꽃이네

奉齋請疏爲何事　苦盡消災吉祥滿
龐婆揷梳回流轉　苦樂盡處火裏蓮

143. 포대화상이 사람을 기다리며〔布袋和尙〕

포대가 늘 길 끝에 서 있으니, 어떤 승려가 물었다.
"화상은 이 속에 있으며 무엇하시오?"
포대화상이 말했다.
"사람을 기다린다."
그 승려가 말했다.
"왔습니다."
포대가 품 안에서 한 귤을 건네주니 그 승려가 받으려 하자, 손을 오므리며 말했다.
"그대는 그 사람이 아니다."181)

청매선사가 노래했다.

목을 움츠리고 배 불뚝으로 아주 밝음 감추어
그 모습 바탕 보통과 달라 빛을 내지 않도다
밝은 달 맑은 바람 서로 겉과 속이 되는데
예로부터 과일 익으면 반드시 향내 날리리

縮項方腹甚昻藏　物體殊常欠放光
明月淸風相表裏　從來菓熟必飄香

평창

　포대화상의 이 공안은 선문염송 본칙 1448칙의 법문이다.
　포대화상이 귤을 주려다 감추고 '그대가 그 사람이 아니다'라고 한 것은 무엇을 말하는가. 주는 자 받는 자 주는 물건에 실로 그것이 없으

---

181) 〔1448則〕 布袋常在街頭立 有僧問 和尙在這裏 作什麽 師云等箇人來
　　僧云來也 師遂於懷內 取一橘子度與 僧擬接 師乃縮手云 汝不是箇人

므로, 주되 줌이 없고 받되 받음 없음을 보인 것인가. 기다리던 그 사람을 그 사람이라 하면 이미 그 사람이 아닌 것을 보여줌인가.

청매선사가 '밝음 감추어 티끌과 같이한다'고 하니, 발이 세속에 머물되 세속티끌에 머묾 없는 참사람의 모습을 그렇게 말한 것이리라. '왔습니다' 말하고 '내가 받아야 할 그 사람이다'라고 할 때, 이미 그 사람이 아닌 것인가. 그러나 지금 그것을 없애지 않고 잘 감추는 자가 잘 드러낼 수 있으므로, 청매선사는 '과일 익으면 향내 난다'고 말한 것이리라.

잘 감추고 잘 드러낼 수 있으며 그것이되 그것 아닌 자가 곧 잘 받을 수 있는 그대가 되니, '그대가 아니다'고 한 포대화상의 뜻을 살펴야 하리라.

숭승공(崇勝珙)선사는 이렇게 노래했다.

> 사람 기다리다 귤을 주는 것 참으로 가벼운 일 아니니
> 접니다, 하고 주먹 편 일 아직 밝히지 못함 걱정해서네
> 귤을 오므려 바랑에 감춤을 만약 알지 못하면
> 그대가 아니니 또 가로 세로 어지럽게 하지 말라

> 等人呈橘固非輕　某甲伸拳恐未明
> 縮橘藏囊如不會　非君且莫亂縱橫

학담도 한 노래 붙이리라.

> 안과 밖에 얻음 없되 안과 밖이 밝으니
> 빛을 죽여 티끌과 같이해 몸은 만 거리에 있네
> 한 개의 귤이 천하를 감추었으니
> 세속에 들어 세속 벗어나면 이미 맡겨줌이네

> 內外無得內外明　和光同塵身萬街
> 一個橘子藏天下　入俗脫俗已付與

144. 천태풍간에게 한산이 묻다〔寒山問豐干〕

천태 풍간선사에게 한산이 물었다.

"옛 거울을 닦지 않았을 때 어떻게 비춥니까?"

이로 인해 풍간이 말했다.

"얼음항아리 같은 가을달에 모습과 그림자 없는데, 잔나비는 물의 달을 건진다."

한산이 말했다.

"이는 오히려 비추지 않은 것입니다. 다시 말씀해주시길 바랍니다."

"만 가지 덕을 가져오지 않았는데 나에게 무엇을 말하라 하는가."[182]

청매선사가 노래했다.

한 번 잠부드비파에 가 태에 들지 않으니
꿈 가운데 이 세상의 몸 천태에 붙였네
여구사람 참성인이 온 것을 알지 못하여
그 어느 쪽에 다시 비웃음을 아주 더하는가

一往閻浮不入胎　夢中身世寄天台
閭丘不識來眞聖　走殺那邊更加哈

평창

풍간선사와 한산의 이 문답은 선문염송 본칙 1442칙의 이야기이다.
지금 중생 본마음의 사물 비추는 모습은 어떠한가. 여기 마음이 있

---

182) 〔1442則〕 天台豐干 因寒山問 古鏡不磨時 如何照燭
干云氷壺無影像 猿猴探水月 山云此猶是不照燭 更請師道 干云萬德不將來
教我道什麼

어 저 경계를 비춤이 아닌데 중생이 여기 마음을 찾는 것이 도리어 마음의 진실을 등짐이리라.

저 하늘의 달이 있되 있지 않으므로 달은 천 강에 그림자를 나투는 것이니, 물에는 붙잡아 쥘 달그림자가 없다. 그런데도 잔나비는 물의 달을 건지니, 마음과 경계에 얻을 것을 찾는 중생의 모습이 그것이다. 풍간선사는 옴이 없이 이 사바에 와 천태산에 선사의 모습 나투었으니, 그가 수조 때 천태선사(天台禪師)가 다시 오심인가.

오되 옴이 없고 비추되 비춤 없음이 하늘의 달이 천 강에 도장 찍음과 같으니, 풍간의 한산·습득과 어울리는 한바탕 놀음을 어찌 붙잡을 것인가. 하늘의 달이 천 강에 비침이여. 옥에 티가 있고 검은 용의 구슬에 금이 있는 줄 알아야 천 강에 달 비침을 아는 자인가.

심문분(心聞賁)선사가 집어 말했다〔拈云〕.

형산의 옥도 반드시 가는 티를 머금고
검은 용의 구슬도 또한 가는 금이 있다
눈 갖춘 자는 가려 보라

荊岫之玉　必含纖瑕
驪龍之珠　亦有微纇
具眼者　試請辨看

학담도 한 노래 붙이리라.

하늘에 달 있으니 천 강에 그림자 도장 찍음이여
옥토끼 뜨고 가라앉아 차고 이지러짐 같네
오되 옴이 없는 사람 가운데 스승이여
바른 눈을 활짝 열어 구하는 마음 쉬게 하네

天上有月印千江　玉兔浮沈如盈虧
來而不來人中師　豁開正眼息求心

145. 습득이 땅을 쓸다〔拾得掃地〕

습득이 땅을 쓰니 주지가 물었다.
"그대 성은 무엇인가?"
습득이 빗자루 들고 서있으니, 한산이 '아이고 아이고' 하였다.

청매선사가 노래했다.

늘 세 마디 푸른 쑥대 빗자루를 지니고서
삼천 세계의 티끌을 쓸어 다하네
한밤에 세속사람 얻고 잃음을 알고
찬 바위 가는 틈에 홀연히 몸 숨기네

常持三寸靑蒿箒　拂盡三千世界塵
一夜俗人知得失　寒岩微隙忽藏身

평창

　습득과 주지, 습득과 한산의 문답은 선문염송 본칙〔1446則〕에는 다음 같이 나온다.

　　천태의 습득이 어느 날 땅을 쓰는데, 절 주지가 물었다.
　　"그대는 풍간화상이 주어왔으므로 이름을 습득이라 했다. 그대는 마침내 성이 무엇인가?"
　　습득이 빗자루를 놓아버리고 손을 모으고 서니, 주지가 다시 물었다.
　　"그대는 마침내 성이 무엇인가?"
　　습득이 빗자루를 집어 들고 가니, 한산이 멀리서 보고 곧 울며 '아이고 아이고' 하였다.

습득이 말했다.
"왜 그러는가?"
한산이 말했다.
"동쪽 집 사람이 죽으니 서쪽 집이 돕는 것이다."
두 사람이 울다 웃고는 갔다.183)

'그대는 땅에서 주워왔다' 하고 성을 물음에 비를 버리고 서있으니, 이는 무엇을 보임인가. 법이 실로 있음이 아니라 취할 것이 없으므로, 비를 버린 것인가.

그렇다면 법이 실로 없음이 아니라 버릴 것이 없으므로 다시 집어들고 간 것이리라. 그리고 한산이 '아이고 아이고' 울면서 '동쪽 집 사람이 죽으니 서쪽 집이 돕는다'고 하니, 동쪽 집의 일을 서쪽 집이 돕는 것이 도리어 동쪽 집 서쪽 집의 일이 공함을 보인 것인가.

청매선사가 '쑥대풀 빗자루로 대천세계 티끌 쓸어 다한다'고 노래했으니, 이는 '삼천대천세계 티끌 쓸어 티끌이 본래 공함을 알면 얻고 잃음이 없음'을 말해, 세간에 몸 나타냄이 삼계 밖에 몸 숨김임을 나타낸 것이리라.

용이 하늘에 물을 품어 올리면 그것은 다시 바람과 물결이 용의 굴 때림이라, 움직이고 움직임이 진여바다 떠나지 않음을 알아야 습득과 한산의 뜻에 함께하는 것이리라.

대각련(大覺璉)선사는 노래했다.

주어왔는데 성이 누구에게서 나오랴
손 모으고 설 때 오히려 다시 찾도다
빗자루 집어 들자 소리 아는 이 만나서
아이고 아이고 우는 것 아는 이 없네

---

183) 天台拾得 一日掃地次寺主問 你因豐干拾得故 名拾得你畢竟姓个什麼 拾得
放下掃箒 叉手而立 寺主再問 你畢竟姓个什麼 拾得拈起 掃箒而去 寒山遙見
便哭云 蒼天蒼天 拾得云 作麼生 山云東家人死 西家助哀 二人哭笑而去

동쪽 집 죽음을 서쪽에서 슬픔을 도와주니
곁에서 보면 눈 치켜뜸 어리석은 매와 같네
홀연히 물방울이 푸른 바다를 꿰뚫으면
바람과 물결이 용의 굴 때리게 함을 알도다
쯧쯧!

拾得來姓誰出　叉手立時猶更覓
掃條拈起遇同音　蒼天哭了無人識
東家亡助哀感　傍觀瞪目如癡鶻
忽然滴泪透滄溟　解使風濤打龍窟
咄

학담도 한 노래 붙이리라.

빗자루 놓아버리고 들어올리되 티끌 움직임 없이
대천의 큰 세계 티끌을 쓸어 다하네
이곳에서 앞과 같이 쓰는 것 그만두지 않으니
도량이 청정하여 더러운 티끌이 없네

拈起放下塵無動　掃盡大千世界塵
此處依前掃不休　道場清淨無瑕滅

146. 덕산이 부채를 흔드니〔德山搖扇〕

고정간(高亭澗)이 강을 사이에 두고 덕산에게 절하니, 덕산이 부채를 들어 한 번 흔들었다.
고정간이 홀연히 깨닫고 다른 길로 옆으로 갔다.

高亭澗隔江拜德山 山搖扇一揮 澗忽悟 橫趨別路

청매선사가 노래했다.

천 자의 실 드리운 채 홀로 문 닫고 머물렀으니
서른 해가 되도록 오히려 아직 던지지 않네
봉새 꼬리 한 번 흔들어 눈을 활짝 여니
삼천리를 달려가며 머리 돌리지 않네

垂絲千尺獨淹留　三十年來尙未投
鳳尾一揮開豁眼　走三千里不回頭

<u>평창</u>

고정간이 강 건너 덕산(德山)을 알아보고 덕산에게 절함이, 법계의 공한 한 모습에도 공한 모습이 없고 절하는 정간과 절 받는 덕산에게 두 모습 없음을 나타낸 것인가.
이 뜻을 열어 보이기 위해 덕산선사가 부채를 들어 한 번 흔드니, 고정간이 바로 깨달았다.
청매선사가 '천 자의 실을 바다에 드리워 문 닫고 있다' 하니, 이는 경계를 향하되 경계에 볼 바 없고 취할 바 없음을 나타낸 것이리라.
봉새 꼬리 흔들어 산 눈을 연 봉새여. 스스로 뜻이 두루 원만하니 누구를 뒤따를 것인가. 삼천리를 달려가되 머리 돌리지 않음인 것이다.

고정간이 덕산을 바라보고 절하다 깨침이여. 분다를 물으니 '평지에서 높은 언덕 바라봄'이라 한 그 소식과 같으며, 설봉선사가 '검은 돌고개에서 총림 대중을 바라보았다'는 그 소식인가.

옛 선사〔淨嚴遂〕의 한 노래 들어보자.

평지에서 높은 언덕 바라보니
첫 여름에 보리이삭이 배부르다
농가에서 설날을 기뻐하니
나무하는 아이들 모두들 노래부른다

平地望高坡　初夏麥含梭
農家欣有歲　樵牧盡謳歌

학담이 한 노래 더하리라.

강 건너 멀리 덕산을 보고 절하고서
부채 한 번 흔들어줌에 홀연히 머리 돌이켰네
버들 늘어진 호수 언덕에 봄빛 이르니
봄물은 구름 싣고 바람은 절로 흐르네

隔江遠見拜德山　一揮搖扇忽廻頭
楊柳湖岸春光至　春水帶雲風自流

147. 한산에 달 밝으니〔寒山月白〕

한산(寒山)이 이렇게 노래했다.

"몸 편안히 하는 곳을 얻으려면
한산을 길이 보전하라.
가는 바람 깊은 솔숲에 붊이여
가까이 들으니 소리 더욱 좋아라.
아래에 머리 희끗한 사람 있어
중얼중얼 황노의 책을 읽노라.
열 해토록 그곳에 돌아가지 못해
올 때의 길을 다 잊어버렸네."

欲得安身處　寒山可長保
微風吹幽松　近聽聲逾好
下有斑白人　喃喃讀黃老
十年歸不得　忘却來時道[184]

청매선사가 노래했다.

뒤바뀐 사람의 뜻은 있다가 없음 같아
사람 만나면 또 너와 나의 거침 말하네
언덕을 도는 들늙은이 일찍이 말이 많지만
천고의 찬 바위에 밝은 달이 외롭도다

　顚倒人情若有無　逢人且說你吾矗
　巡坊野老曾饒舌　千古寒岩白月孤

---

184)〔1444則〕寒山頌 欲得安身處 寒山可長保 微風吹幽松 近聽聲逾好 下有斑
　白人 喃喃讀黃老 十年歸不得 忘却來時道

천고의 찬 바위가 달빛 밝은 산에 있고, 산에 사람 있어 산 경치를 노래하니 툭 트여 막힘 없는 법계의 소식이다. 뒤바뀐 사람들은 달 뜨면 달이 있다 하고 달 지면 달이 없다 하나, 보름이면 옛과 같이 밝은 달이 저 찬 바위 위에 외롭도다.

들늙은이 비록 말이 많고 산과 물은 말이 없되, 산과 물이 들늙은이 말에 말머리가 된다. 한산(寒山)이 따로 있는 한산이 아니라 한산에 머무는 노승의 보되 봄이 없이 봄이 한산이니, 한산을 어찌 멀리 찾으랴.

옛 선사[投子靑]의 한 노래 들어보자.

＞ 길 막히고 벼랑 가파라 산 늙은이에게 물어보니
＞ 바위 서쪽 고개가 동에 가깝다 따로 가리키네
＞ 앞으로 나아가려니 안개 짙고 산 기운 두터운데
＞ 머리 돌리자 정수리에 큰 해가 붉음을 보네

路窮崖仞問山翁　別指巖西嶺近東
擬進霧垂嵐色重　迴頭頂見大陽紅

학담도 한 노래 붙이리라.

＞ 산이 험하고 길이 다해 나아갈 수 없다 했는데
＞ 머리 돌리니 한 길이 통해 막힘 없어라
＞ 그 가운데 산 사람 한가하고 한가해
＞ 낮잠 자다 홀연히 붉게 타는 해를 보네

山險路窮謂不進　迴頭一路通無障
其中山人也閑閑　午睡忽見太陽紅

2부

사람과 경계 따라 노래하다

가을달이 창에 가득하여 비었으니

〔無題 : 제목 없이 노래함〕

가을 달이 창에 가득하여 비었으니
위쪽은 빛이 밤이 아니로다
이 달과 이 마음 사이여
분별하는 사람이 없도다

秋月滿窓虛　上方光不夜
是月是心間　無人分別也(一)

귀뚜라미 소리에 가을은 이미 반쯤인데
창은 하얗고 달은 둥글어져 가네
소리와 빛깔 또렷이 밝은 곳에
없는 듯한 한 주인이로구나

蛩音秋已半　窓白月將圓
聲色分明處　頹然一主人(二)

평창

　창에 밝은 달 비침으로 마음인 달과 경계인 마음이 둘 아님을 노래한
것이리라.
　옛 선사들의 말 들어보자.
　보림본(寶林本)이 당에 올라 말했다〔上堂云〕.

　　빛이 경계를 비춤 아니요
　　경계 또한 있음 아니네
　　빛과 경계 모두 없어지니
　　모두가 한 줄기 주장자로다

光非照境　境亦非存
光境俱亡　都來是一條拄杖子

열재거사(悅齋居士)가 노래했다.

마음이 아니고 붇다도 아니며 물건도 아님이여
두꺼비가 뛰어서 지렁이굴로 들어간다
까닭 없이 달 밑에서 나무그루 지키는 사람이여
눈동자에 검은 연기 나옴을 엿보게 된다

不是心不是佛不是物　蝦蟆跳蚯蚓堀
無端月下守株人　　　觀得眼睛黑煙出

학담도 한 노래 더하리라.

한 달이 허공에 있어 달이 창에 가득하니
경계가 비고 마음 공하되 보고 들음 또렷하네
이 달과 이 마음 서로 가기 얼마런가
마음 경계 함께 고요한데 한 줄기 꽃이로다

一月當空月滿窓　境虛心空見聞歷
是月是心相去何　心境俱寂一枝花

몸은 수고로우나 마음은 수고롭지 않네

〔叙意 : 뜻을 폄 1〕

가늘어 고운 것은 날마다 가늘어지고
거친 것은 더욱 더 거칠어진다
예순의 몸으로 나무하고 물 길으니
몸은 수고로우나 마음은 수고롭지 않네

精底每每精　　麤底轉轉麤
六十躬柴水　　體劬心不劬(一)

평창

　　몸을 낮춰 세간 인연 따라 물 긷고 나무 하나 몸의 수고로움에 빠지
지 않으니 인연 따르되 세간 인연 벗어남을 노래한 것이다.
　　일에 일이 없고〔無事〕 지음에 지음 없으므로〔無作〕 '몸이 비록 수고
로우나 마음이 수고롭지 않다' 한 것이니, 청매선사의 이 말을 몸과
마음〔色心〕의 이원론으로 받아들여서는 안 된다.
　　원오근(圜悟勤)선사가 노래했다.

　　　　밥을 만나면 밥을 먹고 차를 만나면 차를 먹음
　　　　천 겹 백 번이나 네 바다가 한 집이로다
　　　　끈끈이를 풀어버리고 묶임을 없애버리며
　　　　말에 말이 없고 지음에 지음 없으니
　　　　툭 트여 본 바탕이 허공과 같음이여
　　　　바람이 범을 따르니 구름은 용을 좇는다

　　　遇飯喫飯　　遇茶喫茶
　　　千重百匝　　四海一家
　　　解却黏去却縛　　言無言作無作

廓然本體等虛空　風從虎兮雲從龍

학담도 한 노래 더하리라.

　　물 긷고 장작 날라 몸은 연을 따르되
　　마음이 괴로움과 즐거움 벗어나 늘 편안하네
　　때로 움직이고 때로 고요하며 앉고 또 걸으니
　　앞산에 구름 일어나고 뒷산에는 우짖는 새로다

　　運水搬柴躬隨緣　心出苦樂常安然
　　或動或靜坐又行　前山雲起後山鳥

돌 위에서 책 읽으며 앉았으니
〔叙意 : 뜻을 폄 2〕

한산의 백 편의 시와
황벽의 서른 장의 책이네
돌 위에서 책 읽으며 앉았으니
다만 이것 밖에는 나머지 없네

寒山百首詩　黃檗卅章書
石床常轉坐　只這外無餘(二)

평창

　　앞에 개울 물 흐르는 바위 위에서 한산의 시와 황벽선사의 어록을
읽으니, 지금 드러나 있는 한 생각〔現前一念〕 밖에 따로 취할 법이 없
다.
　　이는 누구의 살림살이인가. 참으로 바쁘고 바쁜 세간사 붉은 티끌
가운데, 전쟁의 봉화는 끊이지 않는데 세간을 위해 부지런히 일하되
세간의 일에 걸리지 않는 한가한 도인의 소식이다.
　　혼성자(混成子)선사는 이렇게 노래했다.

　　　푸른 솔의 지조요 황금의 굳셈이라
　　　네 철에 변하지 않고 백 번 두드려도 옮기지 않는다
　　　각기 성품에 스스로 머무르되 뿌리 같이하는 이치 온전하다
　　　뜻이 지극한 도여, 부드러운 바람이 앞에 있음이네

　　　青松之操　黃金之堅
　　　四時不變　百鍊匪遷
　　　各性自住　同根理全
　　　志至之道　淳風在前

때[時]가 흐르되 흐름이 없고[不流] 사물[物]이 옮기되 옮기지 않음[不遷]을 알며, 온갖 것이 자기성품을 깨뜨리지 않고 한 성품에 같이 함을 아는 이가 참으로 한가한 도인이다.

학담도 한 노래 더하리라.

때와 철이 비록 변하나 늘 고요하니
어느 때 책을 읽고 어느 때 잠을 자네
돌 위에서 좌선하다 가끔 걸어 다니니
봄날 백 가지 꽃향기는 방위 밖이네

時節雖變恒寂然　有時讀書有時眠
石床坐禪或步行　春日百花香方外

어찌 꼭 천 권 경 돌려 읽을 건가

〔置卷 : 경전을 치움〕

배움은 본래 도를 닦기 위함이고
도는 본래 온전한 삶을 위함이며
온전한 삶은 편안하고 즐거운 나라이니
어찌 꼭 천 권의 경 돌려 읽을 건가

學本爲修道 　道本爲全生
全生安樂國 　何必轉千經

평창

　　수트라(sūtra)와 조사어록은 법계의 경〔法界經〕을 문자로 옮겨 놓
은 것이다. 그러므로 문자를 통해 법계의 진실에 돌아가야 경 읽는
자이지, '문자의 경을 의지해 뜻을 푸는 것〔依經解義〕'은 관념의 경을
읽는 자일 뿐 참으로 경 읽는 자가 아니다.
　　반야경에서 말하는 반야의 종지는 무엇인가. 저 세계의 실상에 머무
는 바탕 없음〔無住本〕을 보는 자가 반야의 바탕을 아는 자이고 반야의
경을 읽는 자이다.
　　도(道)를 향해 돌아가는 편안하고 즐거운 나라〔安樂國〕는 어디인
가. 경을 읽어 돌아가고자 하는 해탈의 땅이니, 그곳이 법계 경전의
처소이고 니르바나의 세계이다.
　　심문분(心聞賁)선사는 이렇게 노래했다.

　　반야는 무엇으로 바탕 삼는가 함에 하하 웃으니
　　맞닥뜨려 범을 빠뜨리는 기틀 밀어 넘겼네
　　새는 향기를 띠고 꽃 속에서 나오고
　　용은 비를 머금고 골 가운데 돌아가네

以何爲體呵呵笑　推倒當頭陷虎機
鳥帶香從花裏出　龍含雨自洞中歸

꽃에 벌나비 날고 골에 비바람 치는 인연의 실상 밖에 참된 경이 없으니, 모습에도 취할 모습〔相〕이 없고 모습 없음〔無相〕에도 머물 공(空)이 없다.

학담도 한 노래 더하리라.

　배우는 것 날로 더하고 도는 날로 던다 하나
　보디의 길은 배움 없되 배우지 않음도 없네
　손으로 책을 쥐지 않고 늘 경을 읽으니
　뜰 앞의 한 송이 꽃을 보지 않고 보도다

爲學日益爲道損　菩提無學無不學
手不執卷常轉經　不見而見庭前花

봄이 가지 않았는데 또 가을이니

〔秋色 : 가을 빛깔〕

나고 사라짐이 참모습이 아니지만
참모습이 곧 나고 사라짐이네
봄이 가지 않았는데 또 가을이니
푸른 잎이 붉은 빛으로 물드네

生滅非實相　實相是生滅
非春去又秋　靑葉染紅色

평창

　세간법이 나되 남이 없고 사라지되 사라짐 없음을 진여(眞如)라 하
고 실상(實相)이라 하니, 남을 남이라 하면 진여와 실상이 아니나 실
상을 떠나 나고 사라짐이 없다.
　진여에 실로 나고 사라짐이 없되 남이 없이 나고 사라짐 없이 사라지
므로, 청매선사는 '봄이 가지 않았는데 가을빛이 이미 왔다'고 노래한
것이리라.
　조주선사(趙州禪師)는 이렇게 노래했다.

　　조주의 남쪽 돌다리 북쪽의
　　관음원 속에 마이트레야가 있네
　　조사가 외짝신을 남겨두었는데
　　곧장 오늘에 이르도록 찾지 못하네

　　趙州南石橋北　觀音院裏有彌勒
　　祖師遺下一隻履　直至如今覓不得

　단하순(丹霞淳)선사는 노래했다.

향내 나는 풀 싱싱한데 어찌 가을이라 변하리
소 먹이는 아이와 흰 암소가 마음껏 노닌다
다름 가운데 길이 있는 것 사람들이 알지 못하니
도리어 소를 타고 소를 알지 못한다 말하네

芳草漫漫豈變秋　牧童白牯恣優遊
異中有路人難見　却謂騎牛不識牛

학담도 한 노래 더하리라.

나고 사라지는 사법이 본래 남이 없으니
나고 사라짐이 법계장을 떠나지 않네
노란 꾀꼬리 말을 알아 곁의 사람에 전하고
나귀 일이 가지 않았는데 말 일이 왔네

生滅事法本無生　生滅不離法界藏
黃鶯解語傳傍人　驢事未去馬事來

물고기 마다 각기 한 큰 바다 있네

〔示求法人 : 법을 구하는 사람에게 보임〕

한 바다에는 뭇 고기가 노닐지만
물고기 마다 각기 한 큰 바다 있네
바다에는 분별하는 마음이 없으니
모든 붇다의 법도 이와 같아라

一海衆魚游　各有一大海
海無分別心　諸佛法如是

평창

　　하나에 하나라는 분별이 없으면 하나가 곧 온갖 것의 하나이니, 저
허공 속에 삼라만상이 있되 허공과 삼라만상이 서로 둘이 없는 것과
같다. 여기 마음이 있고 저기 마음이 취할 바 법이 있다는 생각을 놓아
버리면 비 지나는 밤 뜨락 가을 풍경이 곧 마음의 소식이다.
　　설두현(雪竇顯)선사가 노래했다.

　　삼계에 법이 없으니
　　어느 곳에서 마음 구할까
　　흰 구름으로 일산을 삼고
　　흐르는 샘으로 거문고 삼네

　　한 가락 두 가락을 아는 이 없으니
　　밤 뜨락 비가 지나니 가을 물이 깊도다

三界無法　何處求心
白雲爲盖　流泉作琴

一曲兩曲無人會　雨過夜堂秋水深

투자청(投子靑)선사의 한 노래 들어보자.

　겹친 봉우리 층층의 벼랑이 찬 허공에 꽂혔으니
　탑을 가둔 깊은 구름 그 위세 다할 수 없네
　천 년의 솔소리가 불어와 운치 있는데
　만 년의 시냇물은 가되 자취 없어라

　　重峯層仞插寒空　塔鏁深雲勢莫窮
　　千古松聲來有韻　萬年溪水去無蹤

학담도 한 노래 더하리라.

　마음과 법이 모두 없어졌으나 눈이 빛깔 보고
　눈에 가득 푸른 산에는 한 나무도 없네
　시방이 비고 툭 트여 본래 태평한데
　돌기둥과 등롱이 서로 같이 손을 모으네

　　心法兩亡眼見色　滿目靑山無一樹
　　十方虛闊本太平　露柱燈籠相合掌

하늘 땅이 툭 트여 열림 가운데 있네
〔雨霽 : 비 개임〕

한 달 가량 매운 비가 이어지니
헤매어 어두운 학이 울에 갇혔네
하루 저녁 그늘진 구름 흩어지니
하늘 땅이 툭 트여 열림 가운데 있네

三旬連苦雨　迷悶鶴囚籠
一夕陰雲散　乾坤廓落中

평창

　한 달 이은 저 먹구름과 모진 비가 이어져 어둡게 헤매는 학은 울에
갇혀 날지 못하나, 저 검은 먹구름과 비가 난 바 없고 온 바가 없으니,
그치되 그침 없다.
　원래 툭 트인 하늘 땅이나 저 먹구름으로 인해 보지 못한 것이니,
막힘 속에서 통함을 보아야 한다. 그리고 하늘 땅을 가린 저 먹구름도
본래 공하므로 흩어져 사라지되 사라짐이 없는 줄 알아야 한다.
　기나긴 겁 미망의 중생이라 한들 어찌 미망의 구름이 늘 머무를 것이
며, 새로 깨쳤다 한들 그 깨침이 어찌 미망을 끊고 얻음이겠는가.
　옛 선사〔松源〕는 노래했다.

　　큰 길이 장안으로 통했다 하니
　　말이 또렷하고 또한 이야기도 또렷하다
　　섣달 다하고 눈도 다 녹았으나
　　봄이 와도 옛과 같이 춥도다

　　大道透長安　言端亦語端
　　臘盡雪消去　春來依舊寒

겨울의 추위가 가고 봄의 따뜻함이 와도 때〔時〕와 사물〔物〕이 옮겨
가지 않으므로 봄의 따뜻함 속에 겨울의 추위가 있을 수 있음을, 송원
선사는 '봄이 와도 옛과 같이 춥다고 노래한 것인가.
　학담도 한 노래 더하리라.

　　　앞산이 험하고 높아 길이 없다 말했는데
　　　홀연히 산 뒤 외로운 학 울음 듣노라
　　　문을 열자 큰 길이 장안에 통했는데
　　　장사꾼 무리 이미 큰 길 위에 있도다

　　　前山險巍謂無路　忽聞山後孤鶴鳴
　　　開門大道透長安　隊商已在大路上

돌 반석 위에 누웠는데

〔石床 : 돌 반석에 누움〕

향기로운 불단에 불상이 공허히 서있는데
차 달이는 부엌에는 따르는 사람 없네
홀로 돌 반석 위에 누웠는데
달빛 어린 숲에 울어대는 두견새네

香龕像虛立　茶竈沒人隨
獨臥石床上　月林啼子規

　마음에 마음 없고 물질에 물질 없으며, 중생이 공하고 붇다도 공하지만 그 공함에도 머물 모습이 없어, 하늘에 달이 밝고 숲에 새가 울며 중생은 성인의 상 앞에 향을 살라 절한다.
　묘지확(妙智廓)선사는 다음 같이 노래했다.

　　마음도 아니고 붇다도 아니고 물건도 아니니
　　모두 원앙을 가져다 수를 놓은 것이네
　　기틀 맞아 얼굴 보아도 오히려 머뭇거리니
　　금강의 뇌 뒤에 무쇠를 더한다

　　不是心佛不是物　盡把鴛鴦剛綉出
　　當機覿面尙躊躕　金剛腦後添生鐵

　온갖 것은 그것 아닌 그것이라 그것 그대로 자기 자리에 머물되 자기 성품이 없으므로 이것저것이 서로 어울리니, 달빛 어린 숲 한밤에 우는 자고새의 저 울음소리를 듣는 것인가.
　단하순(丹霞淳)선사는 이렇게 노래했다.

문 머리 집 꼬리의 일 천 가지로 차별되니
알아 다했다 해도 오히려 집에 이르지 못함이네
밝은 달 비치는 집 앞의 그림자 없는 나무가
얼어붙은 눈 내린 밤에 홀연히 꽃을 피우네

門頭戶尾事千差　了盡猶來末到家
明月堂前無影木　嚴凝雪夜忽開花

학담도 한 노래 더하리라.

마음 없이 지는 꽃은 물을 따라 가는데
자고새는 시름 깊어 암자 앞에 우는구나
돌반석에 노승을 아는 사람 없는데
불전에 단월들은 향과 등불 받드네

無心落花隨水去　鷓鴣愁深庵前啼
石床老僧無人會　佛殿檀越捧香火

서글프다 세간의 사람들이여

[求他作 : 다른 짓는 것 구함을 서글퍼함]

서글프다 세간의 사람들이여
자기 몸의 귀한 것을 알지 못하고
다른 부유한 사람을 부러워하네
붇다의 법 구함을 이 같이 하라

可惜世間人　不知自身貴
羡他豪富人　求佛法如是

평창

　중생의 현전하는 한 생각이 진여의 공덕 바다이고 헤아릴 수 없는
공덕의 곳간인데, 중생은 자기집 보배곳간을 잃어버리고 기나긴 겁
나고 죽음의 길에서 거지 노릇하는 것인가.
　마조(馬祖)선사는 대주(大珠)에게 다음 같이 깨우친다.

　대주혜해선사가 마조선사에게 물었다.
　"어떤 것이 혜해(慧海)의 자기집 보배곳간입니까?"
　마조가 말했다.
　"지금 나에게 묻는 것이 곧 너의 보배곳간이다. 온갖 것이 갖추어
져 다시 모자람이 없고 쓰는 것이 자재한데, 어찌 밖을 향해 구하
는가?"
　대주가 말 아래 본 마음[本心]이 느껴 앎[知覺]에 말미암지 않은
줄 스스로 알아 기뻐 뛰면서 절하고 갔다.185)

---

185)　[270則] 大珠慧海禪師 初叅馬祖 祖問曰從何處來 曰越州大雲寺來
　　祖曰來此擬須何事 曰來求佛法 祖曰自家寶藏不顧 抛家散走作什麽 我這裏一
　　物也無 求什麼佛法 師遂禮拜問曰 阿那个是慧海自家寶藏 祖曰卽今問我者 是
　　汝寶藏 一切具足 更無欠少 使用自在 何假向外求覓

묘지확(妙智廓)선사가 노래했다.

사자가 노닐어 가는 데는 짝할 벗이 없고
코끼리왕 밟아감에 여우 자취 끊어진다
봄노래가 피리 가락에 섞이어 들어오나
바람이 다른 가락 가운데 분 것은 아니다

師子游行無伴侶　象王蹴踏絶狐蹤
陽春轉入胡笳曲　不是風吹別調中

저 봄노래 피리가락이 다만 바람과 숨소리가 불어낸 것이 아님을
알면 궁상각치 다른 가락 가운데 남이 없는 가락〔無生曲〕을 듣는 것
인가.
　학담도 한 노래 더하리라.

한 생각 밖에 다른 법이 없으니
만 가지 모습 가운데 몸이 홀로 드러났네
머리 돌려 남을 향해 북두를 바라보니
옛 그대로 산 달은 대천세계 비추네

一念之外無別法　萬像之中身獨露
廻首面南看北斗　依然山月照大千

師於言下 自識本心 不由知覺 踊躍禮謝

서산대사 높은 이름 바다와 산을 움직이니

〔敬次西山大師韻讚西山六首 : 서산대사의 운을 공경히 따라 서산대사를 찬탄
하는 여섯 수 노래〕

휘늘어져 높고 밝은 성품이
연을 따라 한 번 태에 떨어졌네
높은 이름이 바다와 산을 움직이니
어느 곳에 여래가 계시는가

落落高明性　隨緣一墮胎
聲名動海岳　何處有如來(一)

여섯 자 몸이 맡긴 것 같이
티끌에 같이해 거룩한 태를 길렀네
그대가 소리와 빛깔 밖이라 알면
여래를 만나뵐 수 없으리라

六尺身如寄　同塵養聖胎
知君聲色外　不得見如來(二)

우둠발라꽃이 한 번 피면
정수리를 따라 태에 드네
한 지팡이로 봄바람 속에
잠부드비파 가고 또 오네

優曇花一發　從頂落懷胎
一錫春風裏　閻浮去又來(三)

붇다의 씨앗 연을 따라 일어나니

청구 땅에 잠깐 태에 의탁했네
말과 말이 타고난 성품에서 나오고
성품에 하나되니 곧 여래이시네

佛種從緣起　青丘暫托胎
言言出天性　稱性是如來(四)

세계가 바로 공한 외짝 눈이니
하늘 땅을 받아들여도 반의 태속이네
우스워라, 저 뜬 세상 사람들
헛되이 갔다가 또 헛되이 오네

世界空隻眼　乾坤納半胎
笑他浮世子　空去又空來(五)

보디나무에 봄바람이 이르니
높은 가지에 잎이 돋아났네
삼한에 큰 덕의 덮음을 일컬으니
어찌 꼭 여래를 말할 것인가

覺樹春風至　高梢葉已胎
三韓稱德廕　何必說如來(六)

평창

　서산조사께서 이 청구(青丘)의 땅에 오심은 자비의 보디사트바가
화현의 몸을 나투어 오신 것이다. 조사께서는 곧 때가 다섯 가지 흐린
악한 때[五濁惡世]186)가 되어, 붇다의 지혜의 목숨과 불법의 명맥이

---

186) 오탁악세(五濁惡世) : 시대역사가 흐리고[劫濁], 사상과 중생의 견해가
　흐리며[見濁], 중생의 마음이 흐리고[煩惱濁], 중생의 삶이 흐리며[衆生

위태롭고 민중이 도탄에 빠짐으로 불법을 보살피고 민중을 건지려고 이 땅에 오신 것이다. 그것은 곧 큰 자비 보디사트바가 이 땅에 몸 없는 몸을 드리우심이니, 하늘의 달이 인연의 강에 달 그림자 나툼이다.

청매선사는 바로 서산조사의 제자이니, 제자의 스승 공경하는 뜻이 참으로 지극하다. 서산(西山)의 오심이 맑고 비어〔淸虛〕 오시되 오심 없으니, 청매선사가 서산을 실로 만났다 해도 서산의 참모습이 아니고 뵙지 않았다 해도 서산의 본 모습이 아니다.

또한 오늘 이 땅에 사는 우리들이 서산 청허조사의 이름을 들었다 해도 서산의 참이름을 들음이 아니고, 듣지 못했다 해도 서산의 이름 없는 이름을 들음이 아니다.

옛날 조주(趙州)에게 어떤 승려가 물었다.
"듣자오니 화상께서는 남전(南泉)을 몸소 뵈었다고 하는데, 그렇습니까?"
조주가 말했다.
"진주에 큰 무가 난다."187)

진주에서 나는 큰 무여. 청매선사가 서산조사를 만났다거나 만나지 않았다거나 모든 시비의 입을 막으니, 옛 선사들의 노래 들어보자.
해인신(海印信)선사는 노래했다.

도잠은 팽택에서 버들만을 심었고
반악은 하양에서 꽃만을 심었네
그러나 어찌 몇 봉우리 푸른 산들이
고기잡이의 집에 속해 있는 것
해 저물녘 강 위에서 바라봄만 같으리

濁〕, 병 등이 넘쳐나 중생의 목숨이 흐린〔命濁〕 악한 세상.
187) 趙州因僧問 承聞和尙親見南泉是否 師云鎭州出大蘿蔔頭

陶潛彭澤唯栽柳　潘嶽河陽秪種花
何似晚來江上望　數峯蒼翠屬漁家

운문고(雲門杲)선사가 노래했다.

　남전의 왕노사를 찾아뵈었다 함이여
　진주의 무가 다시 사사로움 없네
　그 무 집어와 시비하는 입을 막음이여
　아름답고 높은 겨울가락과 봄노래는
　하찮은 초나라의 노래 아니네

　叅見南泉王老師　鎭州蘿蔔更無私
　拈來塞斷是非口　雪曲陽春非楚詞

학담도 한 노래 더하리라.

　서산의 밝은 달이 본래 맑고 비었으니
　오되 옴이 없어 늘 깊고 고요하여라
　여섯 수 기리는 노래를 큰 스승께 바침이여
　오늘날에도 청구의 땅에 무가 나도다

　西山明月本淸虛　來而不來常湛然
　六首讚歌奉大師　今日靑丘出蘿蔔

말 없음만 지키면 부질없이 힘씀이네

〔贈義天禪子 : 의천 선자에게 줌〕

경의 문자만 보아서는 실다운 깨침 아니고
말 없음만 지키면 부질없이 힘씀이네
가을하늘은 맑기가 바다 같으니
반드시 달 바퀴가 홀로 밝으리

看經非實悟　守默也徒勞
秋天淡如海　須是月輪孤

평창

  경의 문자반야(文字般若)는 법계의 실상〔實相般若〕을 깨친 지혜〔觀照般若〕가 언어로 표현된 것인데, 문자를 문자로 붙들고 문자를 의지해 뜻을 푼다고 어찌 실상에 돌아가리. 그러나 문자가 문자가 아니고 실상을 깨친 지혜인 문자인데, 문자의 가르침을 버리고 다만 말 없이 앉아있음만으로 어찌 지혜를 발현할 것인가.
  옛 선사들의 가르침 들어보자.

    투자에게 어떤 승려가 물었다.
    "대장교 가운데 기특한 일이 있습니까?"
    투자선사가 말했다.
    "크게 갈무리된 가르침을 연설해낸다."[188]

  심문분(心聞賁)선사가 노래했다.

    한 대장교를 연설해냄이여,
    머리부터 꼬리까지 읽는다

---

188) 投子因僧問 大藏教中還有奇特事也無 師曰演出大藏教

본래 말로 보임을 겪지 않으니
어찌 일찍이 묵은 종이 뚫으랴
글과 글 글자 글자의 뜻이요
글자 글자 글과 글의 이치이니
세 구절이 온전히 '내가 들었다' 함을 끊음이여
아난다가 어찌 '이와 같이'로 나타냄을 쓸 것인가

演出一大藏　從頭讀至尾
本不涉言詮　何曾鑽故紙
文文字字義　字字文文理
三句全超絶我聞　阿難何用標如是

학담도 한 노래 더하리라.

참 경은 글자가 아니되 글자 아님도 아니니
경 가운데 말이 없고 앉음에도 고요함이 없네
경을 읽어 크게 갈무리 된 가르침 연설하니
글자 글자 서로 머금어 법계에 두루하네

眞經非字非非字　經中無言坐無寂
讀經演出大藏教　字字相含遍法界

깨달음은 깨달음도 아니고 깨달음 아님도 아니니

〔十二覺詩 : 열두 깨달음의 시〕

깨달음은 깨달음이 아니고 깨달음 아님도 아니니
깨달음에는 깨달음을 깨달음이라 할 깨달음이 없네
깨달음을 깨달음이라 하나 깨달음을 깨달음이라 하지 않으니
어찌 홀로 참된 깨달음이라고 이름할 것인가

覺非覺非覺　　覺無覺覺覺
覺覺非覺覺　　豈獨名眞覺

평창

　　중생의 번뇌와 괴로움을 못 깨침〔不覺〕이라 하나, 번뇌가 본래 공하
니 이를 본래 깨침〔本覺〕이라 한다. 중생의 번뇌가 본래 공하므로 깨
치되 실로 깨쳐 얻음이 없으니, 새로 깨침〔始覺〕 또한 깨치되 실로
깨쳐 얻음이 아니다. 이 게송은 중생의 못 깨침〔不覺〕과 본래 깨침〔本
覺〕 새로 깨침〔始覺〕이 모두 자기성품 없음〔無自性〕을 노래한 것이다.
　　영운선사가 복사꽃 보고 도 깨침을 노래한, 옛 선사들의 게송 들어
보자.
　　운문고(雲門杲)선사가 노래했다.

　　　복사꽃을 보고 도를 깨쳤다고 모두 말하나
　　　이런 말이 있는지 알지 못하네
　　　아득한 우주에 사람 셀 수 없는데
　　　어느 남아가 크나큰 장부인가

　　　惣道見桃花悟道　　此語不知還是無
　　　茫茫宇宙人無數　　那个男兒是丈夫

백운병(白雲昺)선사가 노래했다.

　　이월 복사꽃이 불타듯 필 때
　　영운이 한 번 보고 의심 없었네
　　현사가 깨치지 못했다고 한 말 누가 알 건가
　　콧구멍은 원래로 아래로 드리웠다

　　二月桃花爛熳時　靈雲一見更無疑
　　玄沙未徹誰相委　鼻孔從來向下垂

학담도 한 노래 더하리라.

　　번뇌가 본래 공하고 깨달음에 얻음 없으니
　　본래 깨침과 새로 깨침에 자기성품 없네
　　봄이 옴에 언덕 끝 복사꽃이 붉음이여
　　위없는 보디 이룬 여래는 아득한 겁에
　　중생을 건네줌이 헤아릴 수 없네

　　煩惱本空覺無得　本覺始覺無自性
　　春來岸頭桃花紅　如來廣劫度無量

바람 부는 잣나무요 늦은 가을 구름이니
〔庭栢 : 뜰의 잣나무〕

오래 살도록 부르는 노래 한 가락이여
바람 부는 잣나무요 늦은 가을 구름이네
울림이 하늘 밖으로 솟구치니
길게 읊조려 임금을 축원하네

長生歌一曲　風栢老秋雲
韻出靑霄外　長吟祝聖君

평창

　　저 뜰 앞 잣나무가 다만 경계가 아니니, 잣나무가 땅과 비와 바람을
의지하나 의지함 없음을 알면 조주의 산 면목을 보고 '서에서 온 조사
의 뜻'을 보리라.
　　옛 선사들의 노래 들어보자.
　　안탕전(鴈蕩泉)선사가 노래했다.

　　　조주의 뜰앞 잣나무가
　　　뿌리 없이 곳곳에서 나네
　　　진흙소 울부짖는 곳에
　　　한밤에 해가 밝았네

　　　趙州庭前栢　無根處處生
　　　泥牛哮吼處　半夜日頭明

　　천복일(薦福逸)선사가 노래했다.

　　　깊은 뜰 도사린 뿌리 푸른 빛 그윽한데

늙은 선사 일찍이 선류들께 가리켜 보였네
해마다 서리 이기는 절개 바꾸지 않으니
아래 실은 맑은 바람 어느 날에 쉬리요

深院盤根翠色幽　老師曾指示禪流
年年不改凌霜節　下載淸風何日休

학담도 한 노래 더하리라.

뜰 앞 잣나무 본래 뿌리가 없음이여
눈으로 나무 끝 보니 푸른 하늘에 꽂혔네
바람 부니 가지 사이 산 새는 우는데
고개 위 붉은 해는 서쪽 하늘에 지노라

庭前柏樹本無根　眼見樹頭揷靑天
風來枝間山鳥鳴　嶺上紅日落西天

천 산에 잎 지는 나무가 많아라

〔送別 : 떠나 보내며〕

한 길에서 돌아올 사람은 먼데
천 산에는 잎 지는 나무가 많아라
서로 생각하니 어느 곳이 괴로운가
저녁 남은 빛이 우는 까마귀 지나가네

一路歸人遠　千山落木多
相思何處苦　殘照過啼鴉

평창

　　제자를 떠나보내며 아픈 마음 노래하고 있다. 그러나 스승과 제자가
서로 소리 아는 이〔知音〕로서 진리바다에 본래 떠남 없음을 알면 어찌
다만 슬픈 눈물만을 흘리리.
　　곤산원(崑山元)선사가 노래했다.

　　　　홀로 있는 나무는 숲을 이루지 않는데
　　　　구름 덮인 봉우리 한 가닥 길 깊도다
　　　　소리를 같이하면 천 리에서도 응하나니
　　　　입을 열면 소리 아는 이로다

　　　　獨樹不成林　雲峰一徑深
　　　　同聲千里應　開口便知音

　　광령조(廣靈祖)선사는 이렇게 노래했다.

　　　　땅에는 사사로운 구절 없고
　　　　하늘은 덮고 기르는 공을 드리운다

펼쳐진 것들 만상에 녹아 어울리고
높고 낮음이 다 통해 같도다

地有無私句　天垂覆育功
森羅融萬像　高下盡通同

학담도 한 노래 더하리라.

소리 아는 나그네 떠나보냄이여
비록 떠나되 뜻은 멀지 않아라
천 봉우리 만 골짝 겹쳤으나
기러기 줄지어 긴 하늘 지나네

送別知音客　雖別意不遠
千峯萬壑疊　雁行過長天

황금바람 계수의 향을 때리네

〔秋日登道峯 : 가을날 도봉산에 오르며〕

옥 같은 이슬 이제 드리우는 곳에
황금바람 계수의 향을 때리네
어떤 스님이 처음 선정에서 나와
나를 끌고 높은 산등성이 오르네

玉露方垂處　金風打桂香
有僧初出定　携我上高岡

평창

　도봉산 산숲에서 좌선하던 스님과 더불어 가을 도봉산에 오르는데,
옥 같은 이슬과 바람 속 계수의 향이 오르는 산길에 가득하니, 이것이
어찌 다만 경계이리. 한 점 티끌 없는 좌선승의 마음이로다.
　옛 선사〔雲門杲〕는 장애 속이 해탈의 길임을 이렇게 노래했다.

　　산이 가파르고 험해도 평탄하게 트였고
　　평평하게 넓은 곳이 매우 험하고 가파르네
　　갑자기 절름발이 나귀가 발을 찰 수 있어
　　바람 따라 하늘 망아지를 앞질러 가네

　　崎崎嶇嶇平坦坦　平坦坦處甚崎嶇
　　驀地跛驢能蹴踏　抹過追風天馬駒

　도봉산 산등성이에서 내려 보는 산천경계와 펼쳐지는 마을 풍경이
이미 내가 본 경계라면, 그 풍경이 어찌 마음 밖 실로 있는 경계일
건가.
　눈으로 볼 수 있음이 저 경계가 있되 있음 아님을 나타내는 것이니,

옛 선사[圓明密]는 노래했다.

　　산을 쌓고 멧부리 쌓아 와도
　　낱낱이 다 티끌 먼지로다
　　다시 현묘함을 논하려 하면
　　얼음 녹고 기와 풀림이 빠르리라

　　堆山積嶽來　一一盡塵埃
　　更擬論玄妙　氷消瓦解摧

"낮은 산이 솟구쳐 어떻게 저 높은 멧부리 가에 그쳤을 것인가[山何嶽邊止]." 낮은 산 높은 멧부리가 진여바다 법왕의 몸이니, 학담도 한 노래 더하리라.

　　가을날 도의 벗들 도봉산에 오르니
　　옥이슬 계수 향이 참된 소식이로다
　　햇빛 속에 처음 올라 내려오며 달을 보니
　　산 위와 산 아래가 하나의 맑은 바람이네

　　秋日道友登道峯　玉露桂香眞消息
　　日裏初登下望月　山上山下一淸風

남은 재앙이 아홉 하늘에 사무치리

〔詆逆 : 꾸짖고 거스름〕

뱀을 기르면 도리어 혀를 날름거려 꾸짖고
범을 풀어주면 도리어 침을 흘린다
뭇 눈은 끝내 가리기 어려우니
남은 재앙이 아홉 하늘에 사무치리

養蛇還詆舌　解虎返垂涎
衆目終難掩　餘殃達九天

평창

　　중생의 마음 속 사악한 뜻은 겉모습으로 알 수 없으니 겉만 보는
보통 사람의 눈은 안에 감추어진 어두운 그림자를 알지 못한다. 어찌
사악한 뜻만 그럴 것인가.
　　지금 드러난 세간의 모습이 있되 공하므로 드러난 것이 숨은 것이
다. 그러므로 보되 봄이 있는 눈으로는 있음에서 있는 것만 보고 없음
에서 없는 것만 보니 모습에서 모습 떠난 사물의 진실 알 수 없다.
　　황룡심(黃龍心)선사의 한 노래 들어보자.

　　　하나도 아니고 둘도 이루지 않으니
　　　지는 꽃 고운 풀더미 속에 우는 꾀꼬리네
　　　한가한 뜰에 비 그치자 밤이 처음 고요하고
　　　조각달은 바다 위로부터 돋아 오르네

　　　一不是二不成　落花芳草裏啼鶯
　　　閑庭雨歇夜初靜　片月還從海上生

　　황룡심선사는 없음이 있음이 되고 있음이 없음이 되는 만물의 변하

는 모습을 통해, 있음이 있음 아니고 없음이 없음 아니며 하나도 아니고 다름도 아닌 실상을 '고요한 밤바다 위에서 조각달 돌아오름'으로 보이고 있는 것이리라.

세계와 중생이 하나도 아니고 다름도 아니므로, 중생은 업을 일으키고 세계는 업(業)인 세계가 된다. 청매선사의 노래에서 뱀은 악업을 짓는 중생의 거짓된 마음을 비유한 것이고, 아홉 하늘에 사무치는 재앙은 그 악업의 과보를 말함이리라.

곧 이 게송은 사람의 탈을 쓰고 전쟁을 일으켜 지옥업을 짓는 저 중생악업의 재앙이, 다시 중생세간에 뭇 삶들이 같이 받는 업[共業]의 갚음으로 돌아옴을 걱정하고 아파하는 노래이다.

학담도 한 노래 더하리라.

인연으로 난 업의 모습 본래 비어 고요하나
인과는 사라지지 않고 도로 갚음 있네
오역죄인 홀연히 우레소리 들음이여
뜬 구름 흩어져 다하니 푸른 하늘 드러나네

因緣業相本空寂　因果不滅還有報
五逆罪人忽聞雷　浮雲散盡露靑天

노란 꽃이 나그네 마음 속 가을이네
〔途中 : 길 가운데에서〕

길 가운데 밝은 달빛 환한 밤
노란 꽃이 나그네 마음 속 가을이네
서녘 바람 또한 일이 많으니
잎을 불어 개울머리에 떨어뜨리네

明月途中夜　黃花客裏秋
西風亦多事　吹葉落溪頭

<u>평창</u>

　청매선사가 달 밝은 밤길을 가다 바람에 진 잎이 개울에 흘러가는
것을 보고 읊조린 시이다. 막힘 없고 걸림 없는 법계〔無障礙法界〕를
어찌 멀리 찾을 것인가.
　달이 나그네 가는 길 밝히고, 서녘 바람이 잎을 개울머리 떨어뜨림
이 막힘 없고 걸림 없는 법계의 모습이다.
　숭승공(崇勝珙)선사는 이렇게 노래했다.

　　홀로 대웅봉에 앉음이여
　　줄 없는 거문고 어찌 쉽게 타리
　　손 가운데 주장자 빗겨 쥐니
　　난간 밖에는 봉우리가 둘러 있네
　　뭇 봉우리 둘러 있음이여
　　원래 큰 길은 장안에 통했도다

　　獨坐大雄山　無絃豈易彈
　　手中橫柳　檻外遠峯巒
　　遠峯巒　從來大道通長安

숭숭공선사의 이 게송은 홀로 대웅봉에 앉아〔獨坐大雄峯〕만상을 한 손에 쥐고 있는 백장선사의 가풍을 노래한 것이다.

대웅봉에 홀로 앉아 백장선사(百丈禪師)가 바라보는 난간 밖의 산봉우리와, 청매선사가 달 밝은 밤 홀로 걸으며 듣는 개울의 물소리가 어찌 마음 밖 어지러운 티끌 경계이리.

학담도 한 노래 더하리라.

　　천 봉우리 만 봉우리 속에
　　툭 트여 한 길이 통했네
　　지팡이 지고 곧 들어가니
　　발 아래 바람 절로 맑네

　　千峯萬峯裏　廓然一路通
　　擔櫛卽入去　脚下風自淸

허리에 석 자 칼을 차고

〔法興陣 : 법흥의 싸움터에서〕

스스로 방패와 창 움직인 뒤에
고향에는 소식 전하지 않네
허리에 석 자 칼을 빗겨 차고
머리 돌리니 저무는 구름가이네

自動干戈後　鄕關信不傳
腰橫三尺釖　回首暮雲邊(一)

강물은 깃발 그림자 머금어 움직이고
산은 칼 빛을 띠어 드높아라
도리어 일찍이 깃들어 쉬었음을 생각하니
천 봉우리에 조각달 외롭게 떴네

江含旗影動　山帶釖光高
却憶曾捿息　千峯片月孤(二)

평창

　청매선사가 외적을 맞서 싸우는 싸움터에서 읊은 시로 보인다. 출가 사문의 몸으로 전쟁터에서 죽임의 업을 짊어지고 저 산천경계 바라보는 뜻이 얼마나 가슴 아플 것인가. 사람끼리 죽이고 피흘리는 소식을 어찌 고향에 전하리.
　사람끼리의 다툼을 넘어 하늘에는 저무는 구름이 떠있고 천 봉우리에 조각달이 외롭도다.
　그러니 인간세상 아수라와 아귀의 싸움을 쉬고, 다시 머리 돌려 가림 없는 눈으로 저 청산을 보면 기나긴 겁 맑은 공덕의 바람이 늘 불어오리라.

옛 선사[保寧勇]는 이렇게 노래했다.

한 무더기 사나운 불길 하늘 꿰뚫어 붉은데
삼세의 여래께서 이 가운데 계시네
큰 법의 바퀴 굴리어 지금 이미 다하니
눈썹 털 위에 맑은 바람 일으키네

一堆猛焰貫天紅　三世如來在此中
轉大法輪今已了　眉毛之上起淸風

학담도 한 노래 더하리라.

사람세상 싸움은 어느 때나 쉴 건가
아비 업이 타올라 위로 하늘을 치도다
비록 그러나 업의 불은 본래 일어남이 없으니
머리 돌리면 조각달이 천 봉우리 비치네

人世爭鬪何時休　阿鼻業燧上衝天
雖然業火本無起　廻頭片月照千峯

천 산에는 지는 잎 자주 날리네

〔雲興舘 : 운흥관에서〕

여관에서 잠이 처음 깨었는데
천 산에는 지는 잎 자주 날리네
옛 동산에 오늘 밤은 비가 내리니
아직 돌아오지 않는 사람에게 말해주리라

旅舘睡初罷　千山落葉頻
古園今夜雨　應話未歸人

평창

　　길을 가고 가다 지친 나그네 여관에서 쉬며, 잠 깨어 들으니 천 산에
는 지는 잎 옛 동산에 비가 내리네. 가고 오되 가고 옴이 없고 머물되
머묾 없음을 이리 노래한 것인가.
　　옛 선사〔佛眼遠〕의 한 노래 들어보자.

　　　　취해 자고 깬 채 누워 집에 가지 않으니
　　　　한 몸이 흘러 떨어져 하늘가에 있네
　　　　붇다와 조사의 지위에도 머물지 않으니
　　　　밤이 오면 옛과 같이 갈대 꽃 속에 자네

　　　　醉眠醒臥不歸家　一身流落在天涯
　　　　祖佛位中留不住　夜來依舊宿蘆花

　　고향성까지 가기 얼마인가. 지금 발 딛는 곳이 고향인 줄 모르는 나
그네의 그리는 마음의 거리가 그 거리인가.
　　해인신(海印信)선사가 노래했다.

성에 가기 칠 리이고, 삼 리 육 리가 아니니
영리한 납승이 세어도 충분치 못하네
소 치는 아이의 피리소리와 시골노래가
소리 소리 먼 나라 가락임을 어찌 알 것인가

去城七里非三六　靈利衲僧數不足
豈知牧笛與巴歌　聲聲盡是胡家曲

　지금 보고 듣는 곳에서 어떻게 고향노래 들을 것인가. 세간 붉은
티끌에도 머물지 않고 붇다와 조사의 니르바나에도 머물지 않아야
하는가.
　학담도 한 노래 더하리라.

　먼 길 나그네 사람 한밤에 자는데
　가을하늘 지는 잎에 나그네 시름 깊어지네
　길 위에 있지도 않고 집에도 머물지 않으니
　밝은 달 갈대꽃이 한 모습 가을이네

遠路客人一夜宿　秋天落葉客愁深
不在路上不住家　明月蘆花一樣秋

하늘 땅은 너그럽고 좁음이 없네

〔宿西樓 : 서쪽 누각에서 자다〕

누각이 맑은 강위에 있는데
아래를 굽어보니 두 눈이 푸르구나
홀로 말없이 달 밝음 속에 누웠으니
하늘 땅은 너그럽고 좁음이 없네

樓在淸江上　下瞰雙眼碧
頹然臥月明　天地無寬窄

평창

　몸이 여기 이곳에 있되 법계의 바다는 넓고 넓으며 중생의 시름과
걱정이 시끄러우나, 진여의 마음에는 한 티끌 물듦과 매임이 없다.
　어떤 승려가 '만 가지 경계가 쳐들어올 때 어떠합니까〔萬境來侵時如
何〕' 물으니, 보수선사(保壽禪師)가 '저를 상관하지 마라' 하고 또 '움
직이지 마라, 움직이면 네 허리를 쳐서 꺾으리라'고 하였다.
　보수선사의 이 법어에 붙인 목암충(牧庵忠)의 한 노래 들어보자.

　　만 가지 경계가 침범해 올 때 관계치 마라
　　스스로 그렇게 하면 불속에서 연꽃이 피리라
　　털 끝 만큼도 움직이게 하지 말도록 하라
　　움직이면 어지러운 일 삼과 같음을 보리라

　　萬境來侵莫管他　自然火裏出蓮花
　　莫敎動着纖毫子　便見紛紜事似麻

　청매선사가 누각에 누워 달빛을 보고 강을 봄이여! 남전선사에게
조주선사가 '있음〔有〕을 아는 사람은 어떤 곳을 향해 갑니까' 물음에,

남전선사가 이렇게 말했다.

"어젯밤 삼경에 달이 창에 이르렀다〔昨夜三更月到窓〕."

남전의 이 말은 달의 있음이 있음 아니기 때문에 달빛이 만상 비침을 보여주는 것인가.

청매선사가 '강 위 누각에서 아래를 굽어보니, 두 눈이 푸르다'고 함과 '어젯밤 삼경에 달이 창에 이르렀다'고 한 남전의 뜻에 어찌 둘이 있으리.

학담도 한 노래 더하리라.

　　외로운 몸이 서쪽 누각에 자니
　　누각 아래 맑은 강이 흐르네
　　몸은 여기나 마음은 여기가 아니니
　　달 아래 하늘 땅이 통했도다

　　孤身西樓宿　樓下淸江流
　　身此心非此　月下天地通

나는 새는 가을 구름 지나네

〔聞人摘果墜殞 : 사람이 과일 따다 떨어져 죽음을 듣고〕

칼날의 꿀을 억지로 핥음이여
도리어 앞 성인의 말을 잊었구나
백 자 높이 나무에서 삶을 버렸는데
나는 새는 가을 구름 지나네

刀蜜强須舐　却忘先聖言
捐生百尺樹　飛鳥過秋雲

평창

　과일 따려다 떨어져 죽은 사람 슬퍼하며, 그 일을 들어 한 톨 쌀을
탐착하다 지혜의 목숨〔慧命〕과 법의 재물〔法財〕 버리는 중생의 어리
석음을 경책한다.
　대혜고(大慧杲)선사는 이렇게 노래했다.

　　날카로운 칼에 묻은 꿀은 핥지 말고
　　벌레 독친 집의 물은 맛보지 말라
　　핥지 않고 맛보지 않고 모두 범치 않아야
　　단정히 비단옷 입고 스스로 고향에 돌아가리

　　利刃有蜜不須舐　蠱毒之家水莫嘗
　　不舐不嘗俱不犯　端然衣錦自還鄉

　투자청(投子青)선사의 한 노래 들어보자.

　　한 집에 일이 있어 백 집이 바쁘니
　　봄기운 따뜻이 돌아오자 풀이 절로 자라네

동쪽 고개 달빛이 서쪽 개울물에 나뉘니
국화는 시들었지만 오히려 중양절 기다린다

一家有事百家忙　春暖才迴草自長
東嶺月分西澗水　菊殘猶自俟重陽

투자청선사의 노래는 걸림 없는 법계의 땅에서 하나가 온갖 것에
두루하고 사물이 사라지되 실로 사라지지 않음을 노래한 것이리라.
학담도 한 노래 더하리라.

　　이것 저것 집착하지 않고 또한 버리지 않으면
　　핥지 않고 맛 보지 않으며 스스로 고향 돌아가네
　　붉은 티끌 속에 달려도 티끌에 물들지 않으니
　　나는 새 하늘을 지나가도 발자취 없네

不着此彼亦不捨　不舐不嘗自還鄕
紅塵奔走不染塵　飛鳥過天沒蹤跡

홀로 서서 다만 밝게 또렷또렷하나니
〔登金剛山佛頂臺 : 금강산 불정대에 올라〕

바위가 달 두꺼비 궁에 가까이 있음 괴이한데
시냇가에서 곤새가 바다에서 우는 것 생각하네
바람과 구름을 소매 속에 감추고서
홀로 서서 다만 밝게 또렷또렷 하도다

石近蟾宮怪　溪思鵾海鳴
風雲藏袖裏　獨立但惺惺

평창

　저 세계가 세계 아닌 세계인 줄 알아야 바람과 구름을 소매 속에
감추고 지극히 가는 것〔極微〕이 지극히 큰 것〔極大〕과 통한 줄 알아야
북쪽 바다 물고기가 붕새가 되어 구만 리 장천을 날아 남쪽 바다로
가는 것을 알 수 있으리라.
　다시 저 보이고 들리는 세계가 마음인 세계이나 마음도 마음 아닌
마음인 줄 사무쳐야 우주 속에 홀로 서서 고요한 앎이 또렷하게 된다.
　이 때 고요함이 고요함이 아니고 비춤이 비춤 아닌 줄 알아〔非寂非
照〕, 고요함과 비춤을 함께 막아야〔雙遮寂照〕 고요함과 비춤이 때를
같이하게〔寂照同時〕 되는가.
　옛 선사〔天衣懷〕가 말했다.

　　"여러 선덕들이여, 도가 먼 것인가?
　　어느 문으로 나아가려 헤아리는가?
　　호수빛은 만 이랑 물결 위에 흐르고
　　어지러운 산은 천 봉우리 찬 빛을 벌렸네.
　　바닷가에 다다른 자는 뱃사공에게 묻지 말라.
　　높은 산을 바라는 자는 덕운비구보다 밑이 아니니

온갖 곳이 화엄회상 보디를 찾는 처소이고
온갖 곳이 넓고 밝은 빛의 도량이로다.
찬타나 누각이 두루하지 않은 곳이 없으니,
화엄회상 법이 설해진 일곱 곳 아홉 모임
오늘 여러 사람들 모두와 같이 한때에 들어간다."189)

　　화엄회상 선재어린이가 만주쓰리의 이끌어줌 따라 찾는 보디의 처소가 그 어느 먼 곳이 아니라 지금 중생 망념의 처소가 그곳이다. 그렇다면 마이트레야의 한 번 손가락 튕김〔彌勒一彈〕을 따라 들어간 장엄한 누각의 경계가 어찌 다른 곳이리.
　　지금 중생이 보고 듣는 저 빛깔과 소리의 모습에 모습 없는 경계이리라.
　　학담도 한 노래 더하리라.

　　마음 경계 모두 막아 고요하되 비추면
　　바람과 구름 소매에 감춰 다만 또렷하리라
　　마이트레야 누각이 한 때에 열리니
　　드러나 있는 곳곳이 넓은 빛의 도량이로다

　　心境雙遮寂而照　　風雲藏袖但惺惺
　　彌勒樓閣一時開　　現前處處普光場

---

189) 諸禪德 道遠乎哉 擬何門而趣向 湖光流萬頃波瀾 亂山列千峯寒色 臨海岸者 莫問船師 望高山者 德雲不下 一切處覺城東畔 一切處普光明道場 栴檀樓閣無處不周 七處九會 今日共諸人一時叅畢

산 빛은 이미 깊은 가을 되었네
〔宿高樓 : 높은 누각에서 잠자다〕

몸이 있는데 손과 발이 없어서
허공을 내달리다 작은 누각 들어갔네
풍경소리에 낮잠을 놀라 깨니
산 빛은 이미 깊은 가을 되었네

有物無手足　驅空入小樓
風鈴驚午夢　山色已深秋

평창

　온갖 법이 인연으로 있는 법인 줄 알면 꿈만 꿈인 것이 아니라 깨어
있을 때 보고 듣는 소리와 빛깔의 경계도 꿈인 것이니, 잠과 깸에도
두 가지 모습이 없다. 청매선사가 가을날 풍경소리에 잠이 깸에 이미
산에는 가을빛이 깊었다 노래하니, 옛 선사〔海印信〕또한 이렇게 노래
했다.

　　범의 굴 숲은 깊어 사람이 이르지 않으니
　　이르는 자는 반드시 사냥꾼이리라
　　늙은 범에 놀라 잠깨 눈을 들어보고는
　　갑자기 뛰어나와 온몸을 건졌도다

　　虎穴林深人不到　到者還須是獵人
　　老虎睡驚方擧目　瞥然跳出獲全身

　저 세간의 있는 모습을 보고 듣고 분명히 알 수 있고 느낄 수 있음〔見
聞覺知〕이 실은 저 세계가 있되 꿈같이 있음을 아는 것인가.
　옛 선사〔竹庵珪〕의 한 노래 다시 들어보자.

저울추를 밟으니 굳세기 무쇠 같다 함이여
벙어리가 꿈을 꾸고 누구에게 말하는가
눈을 뜨면 옛과 같이 목침머리 가이니
눈 밝은 납승은 혀를 놀리지 말라

踏著秤鎚硬似鐵　啞子得夢向誰說
眼開依舊枕頭邊　明眼衲僧莫饒舌

　저울추를 밟아 무쇠처럼 단단함을 느끼는 것이 저 저울추가 있되
있음 아님을 아는 것이니, 학담도 한 노래 더하리라.

눈앞이 실로 있음 아니요
꿈 가운데가 실로 없음 아니네
가을 바람에 홀연히 꿈을 깨니
강성에 잎이 지는 가을이네

眼前實非有　夢中實非無
秋風忽覺夢　江城葉落秋

마치 손으로 허공을 움켜쥐는 것과 같으리
〔看到知呹知篇 : 아는 것을 아는 것이라 함을 보아 이르다〕

만약 앎으로써 앎을 앎이라 하면
마치 손으로 허공을 움켜쥐는 것과 같으리
앎이 다만 스스로 앎이게 되면
앎에서 다시 앎을 앎이라 함이 없으리

若以知知知　如以手掬空
知但自知已　無知更知知

평창

능엄경에서 '알고 봄에 앎을 세우면 곧 무명의 근본이고, 알고 봄에
앎이 없으면 이것이 곧 니르바나다〔楞嚴經云 知見立知 即無明本 知見
無見 斯即涅槃〕'라고 하니, 이는 곧 앎이 앎 없음〔知即無知〕이라 앎에
앎 있음과 앎 없음을 모두 떠나야 됨을 가르침이다.

앎 없음은 앎에 앎 없음〔於知無知〕이라 앎 없음에 앎 없음도 없는
것〔無知而無無知〕이다.

그런데 다만 앎 없는 것이 니르바나라는 집착을 일으키면 다시 그
집착 깨는 것이니, 숭승공(崇勝珙)선사는 이렇게 노래했다.

알고 봄에 앎을 세움이여,
머리 위에 머리를 둠이고
곧 무명의 근본이라 함이여,
그물 펼치고 낚시 드리움이다
알고 봄에 봄이 없음이여,
금을 버리고 놋쇠를 줍는 것이며
이것이 곧 니르바나다 함이여,
기둥에 묶인 잔나비로다

知見立知兮　頭上安頭
卽無明本兮　張網垂鉤
知見無見兮　棄金拾鑰
斯卽涅槃兮　繫柱獼猴

　그렇다면 앎을 앎이라 해도 바른 길이 아니며, 앎을 앎 아니라 해도 바른 길이 아니니. 앎에서 있음과 없음을 떠나면 그것을 앎〔知〕이 다만 스스로 앎〔自知〕이 되는 것이라 함인가.
　학담도 한 노래 더하리라.

　앎에서 있음과 없음 떠나면
　앎 없되 앎 없음도 없네
　앎이 곧 다만 앎일 뿐이면
　성품의 하늘 외로운 달이 밝으리

　於知離有無　無知無無知
　知卽但知已　性天孤月明

생각으로써 생각을 생각이라 하면
〔無題 : 제목 없이 노래함〕

만약 생각으로써 생각을 생각이라 하면
생각인 생각은 참된 생각이 아니네
참됨을 가져다 망령된 생각 다스리려면
한 생각도 없음만 같지 않도다

如以念念念　念念非眞念
將眞治妄念　未苦無一念(一)

새로 깨침은 본래 깨침에 합함이라 함이여
그렇다면 곧 깨침은 두 가지 깨침이 되네
깨침은 깨침이 아니고 깨침 아님도 아니니
마치 허공에 덜어짐과 더함이 없는 것 같네

始覺合本覺　然則覺二覺
覺非覺非覺　如空無損益(二)

평창

　지금 아는 자〔能知〕와 아는바 경계〔所知境〕에서 일어난 생각〔識〕은
사람〔根〕이 아니되 사람 아님도 아니고, 경계〔境〕의 모습 아니되 모습
아님도 아니니, 아는 자와 아는 바 경계가 일으킨 그 생각은 생각 아니
되 생각 아님도 아닌 것이다.
　이 때 생각 아닌 생각은 머묾 없는 행으로 주어지고 그 행은 주체이
자 객체이니, 이를 '어떤 것이 조주인가'를 물음에, 네 문〔四門〕으로
답한 조주선사의 공안을 들어 살펴보자.

　　　조주에게 어떤 승려가 물었다.
　　　"어떤 것이 조주입니까?"

"동문 남문 서문 북문이다."
승려가 말했다.
"이것을 묻는 것이 아닙니다."
조주가 말했다.
"그대가 조주를 물었는가, 엑!"190)

천복일(薦福逸)선사가 노래했다.

마주 선 네 문이 열리니
그 때의 사람들 같이 가고 오네
늙은 스님 걸음 옮기는 곳엔
날마다 푸른 이끼 자라네

相對四門開　時人共往來
老僧移步處　日日長蒼苔

세계이자 자아인 생각의, 생각에 생각 없는 진실을 진실대로 알아
쓰는 것을 깨달음〔覺〕이라 짐짓 이름한 것이니, 깨달음 또한 깨달음이
라 할 자기성품이 없는 것이다.
　학담도 한 노래 더하리라.

생각에 생각 없음이 본래 깨침이요
생각하되 앎이 있음은 못 깨침이네
생각 돌이켜 생각 떠나면 새로 깨침이니
세 깨침에 자기성품 없음을 알면
바이로차나 붇다를 보게 되리라

於念無念卽本覺　念而有知卽不覺
廻念離念卽始覺　了覺無性見毘盧

190) 〔410則〕趙州因僧問 如何是趙州 師云東門南門西門北門 僧云不問者个 師
　云你問趙州甕

이름과 실제 섞여 같게 하니 참으로 알기 어렵네
〔無題 : 제목 없이 노래함〕

이름과 실제 섞여 같게 하니 참으로 알기 어렵고
형산의 돌이 사람에게 재앙을 받게 하네
초왕이 거듭 의심을 내리지 않았더라면
세간사람들은 성과 바꿀 옥구슬을 헛되이 버렸으리

混同名實固難知　荊石令人受殃禍
不是楚王重下疑　世間空棄連城顆

평창

　천하의 보배인 형산(荊山) 벽옥의 겉모습이 보통 돌과 같아 그 옥을
구해 초(楚)나라 문왕(文王)에게 바친 변화(卞和)는 왕을 속인 것으
로 의심받아 발뒤꿈치를 잘렸다. 이는 내용과 겉이 같지 않아 당한
재앙인데, 뒤에 다시 조(趙)나라의 명신 인상여(藺相如)는 이 벽옥으
로 진나라 열여섯 고을과 벽옥을 바꾸자고 한 진나라 왕의 속임수와
협박을 이기고 벽옥을 가지고 돌아왔다.
　청매선사의 게송은 초왕의 의심이 도리어 천하의 보배를 만들어내
나라의 이익 지킨 것을 노래하여, 붇다의 말씀에서도 그 진실에 돌아
가야 수트라의 가르침이 값할 길 없는 보배가 됨을 가르친다.
　옛 선사들의 문답을 살펴보자.

　위산이 앙산에게 물었다.
　"열반경 40권이 얼마가 붇다의 말씀이고 얼마가 마라의 말인가?"
　앙산이 답했다.
　"모두 마라의 말입니다."
　"이 뒤에 아무도 그대를 어쩌지 못하리라."
　"저의 한때의 일이지만, 밟아가는 것은 어느 곳에 두어야 합니

까?"

위산이 말했다.

"다만 그대의 눈 바른 것만 귀하게 여기고, 그대의 밟아가는 것을 말하지 않는다."[191]

말만을 따르면 팔만장경도 마라의 말이 되지만 말에서 말을 떠나면 말이 곧 진리의 실상이 되므로, 해인신(海印信)선사는 '앙산이 아직 길 가운데 있다'고 말하며 다음 같이 노래했다.

지극한 진리는 이름 없어 사물 밖에 벗어났는데
어찌 문자를 가져다 어지럽게 일컬을 것인가
앙산의 눈 바른 것도 얻기 어렵지만
살펴보니 길 가운데 있음을 알아야 한다

至理無名超物外　豈將文字亂稱呼
仰山眼正應難得　撿點須知在半途

학담도 한 노래 더하리라.

진리는 이름 없고 이름 없음도 없으니
문자의 성품 떠나면 문자가 곧 해탈이네
문자의 경 가운데 문자를 떠남이여
눈으로 푸른 산을 보니 산이 곧 법계이네

眞理無名無無名　文字性離卽解脫
文字經中離文字　眼見靑山卽法界

---

191) 潙山問仰山云 涅槃經四十卷 多少佛說 多少魔說 仰山答云 惣是魔說 師云
已後 無人奈子何 仰山曰 某甲一期之事 行履在什麼處 師云 只貴子眼正 不說
子行履

가만히 부는 바람 옥 여인의 잠을 불어서 깨우네

〔通宗頌 : 종지를 통한 노래〕

옆으로 집고 거꾸로 써서 번개처럼 떨치나
다섯 거스름의 죄인이 들으니 뜻이 편치 않도다
겨우 한 소리가 강 위의 젓대에 있으니
가만히 부는 바람 옥 여인의 잠을 불어서 깨우네

横拈倒用奔如電　五逆聞來意不便
賴有一聲江上笛　暗風吹起玉人眠

평창

　우레 치고 번개 치듯 죽이고 살림 자재히 쓰는 것은 눈 뜬 사람이 중생 크게 살리는 깨달음의 가풍이다. 저 우레 치고 번개 침을 대장부가 들으면 진여의 작용이 되는 것이라. 청매선사는 강위의 젓대 소리가 옥 여인〔玉人〕의 잠 불어서 깨운다 했는가.
　그러나 저 우레 치는 소리를 오역죄인이 들으면〔五逆聞雷〕 그 마음이 편치 않아 그 소리를 두려워할 것이다. 오역죄인이 우레 듣는다 함이여, 죄업의 인과가 없지 않되 실로 있지 않음을 보임인가.
　옛 선사들의 이야기 들어보자.

　　오조 법연선사에게 어떤 승려가 물었다.
　　"어떤 것이 임제 밑의 일입니까?"
　　선사가 말했다.
　　"오역죄를 지은 이가 우레 소리 듣는다."192)

　　죽암규(竹庵珪)선사는 이렇게 노래했다.

---

192) 五祖因僧問 如何是臨際下事 師云五逆聞雷

본래 오역죄인은 우레 소리 들음을 겁내니
큰 범이 물이 휘돎을 보는 것과는 같지 않네
외로운 봉우리 위에서 같이 다니고자 하나
열십자 네 거리에 도로 같이 앉았네

從來五逆怕聞雷　不似大蟲看水磨
孤峯頂上要同行　十字街頭還共坐

학담도 한 노래 더하리라.

오역죄인이 우레 들으면 마음이 곧 놀라나
산을 보고 우레 들음이 인과를 벗어남이네
강위의 한 피리소리 바람과 어울려 오니
언덕 위 가는 버들 저절로 흔들거리네

五逆聞雷心卽怕　看山聞雷出因果
江上一笛和風來　岸頭細柳自搖搖

붇다와 조사의 거짓말은 말이 속임을 떠니

〔提綱頌 : 강령을 드는 노래〕

붇다와 조사의 거짓말은 말이 속임을 떠니
도리어 먹을 묻혀 찬 매를 그리는 것과 같다
사람이 이름과 진실 가지고 헛되이 서로 다투니
인연이 아니라 조화가 열림인 줄 알지 못해서네

佛祖謿訛語帶詒　還如浸墨畵寒梅
人將名實空相諍　不識非因造化開

평창

　　말은 실상을 본뜸이라 말에서 말을 떠나 진실에 돌아가지 못하면
말이 모두 거짓을 이룬다. 붇다와 조사는 중생의 울음을 그치기 위해
노란 잎을 황금이라 하나, 중생에게 짐짓 보인 방편은 중생의 미침
〔狂〕과 뒤바뀜〔顚〕을 그치어 해탈에 이끄는 방편이다. 그러므로 말을
통해 말을 떠나면 해탈의 땅에 들어가고 말에 말 없음을 알면 말 밖에
따로 진실이 없다.
　　붇다의 말씀에 말이 없을 뿐 아니라 거룩한 모습에도 얻을 것 없으
니, 운문고(雲門杲)선사는 이렇게 노래했다.

　　　　아흔일곱 가지 붇다의 묘한 모습은
　　　　고륵같은 화가의 붓끝으로 그리기 어렵네
　　　　조주의 안목은 깨끗하고 밝으니
　　　　심장과 간 오장을 꿰뚫어 보네

　　　　九十七種妙相　顧埗筆端難狀
　　　　趙州眼目精明　覰見心肝五臟

경전의 말씀뿐 아니라 임제의 악 외침〔喝〕과 덕산의 방망이〔棒〕까지라도 방편인 줄 알면, 방편의 인연 속에서 해탈의 길 갈 수 있는 것이니, 낭야각(琅琊覺) 선사는 이렇게 노래했다.

땅이 어니 풀이 마르고
물이 차니 얼음이 언다
참선하는 이들에게 묻노니
이 어느 시절인가
임제는 신라로 달아났는데
덕산은 이마에 시름 깊어 즐겁지 않네

地凍草枯　水寒氷結
且問禪人　是何時節
林際走過新羅　德山愁眉不悅

학담도 한 노래 더하리라.

말로 편 소식이 곧 법계이니
경 의지해 티끌 깨면 망념이 곧 붇다로다
머리 돌리니 개울물은 앞과 같이 흘러 울고
옛 때의 솔과 잣은 늘 그대로 푸르도다

言詮消息卽法界　依經破塵妄卽佛
廻頭溪水依前鳴　舊時松栢依然靑

겨우 시비하는 소리 벗어났으니

〔示黙首座馳求 : 묵언하는 수좌가 내달려 구함에 보임〕

달려 쫓아 사나움을 내 쇠채찍 들어 휘두르며
멀리 붙들어 뛰어올라 가는 것 더욱 아득하네
때가 되어 장랑의 솜씨 자세히 살피니
곁에 사람 시비하는 소리 벗어나게 되었네

馳逐生獰擧鐵揮　扶遙越漠去逾微
臨時諦審張郎手　免彼傍人說是非

평창

　말을 막고 깨달음을 내달려 구하는 선객이 차츰 구하는 마음이 쉽게
됨을 노래하고 있다. 말을 막아야 도를 얻는다고 생각하는 것은 세간
법을 피해 세간법에 등 돌림이고 세간법 밖에 보디를 구함이니, 저
세간의 모습에 모습 없음을 깨닫는 것만 같지 못하다.
　세간법의 있되 공한 진실이 보디의 길인 것이니, 보이고 들리는 세
간법 떠나 어찌 다시 구할 법이 있으리.
　옛 선사〔丹霞淳〕는 이렇게 노래했다.

　　빈 집이 고요하고 고요하나 밤 깊어 추워지니
　　가야금 들고와서 달 아래 튕긴다
　　소리 아는 이 아닌데 헛되이 귀 기울여 들으니
　　쓸쓸한 바람 흐르는 물이 어찌 서로 관계하리

　　虛堂寂寂夜深寒　携得搖琴月下彈
　　不是知音徒側耳　悲風流水豈相干

　헛되게 법을 구하는 이는 저 가야금 소리 궁상의 가락 밖에 따로

다른 가락 찾고 중생의 망상을 떠나 도를 찾는 자이고, 소리 아는 자란 지금 울리는 가야금 소리에서 남이 없는 가락〔無生曲〕을 듣는 자이리라.

　세간소리에 빠져 시비 속에 사는 이나, 세간소리 끊고 밖으로 도를 구하는 자가 모두 소리 아는 자가 아니다. 세간소리의 남〔生〕에서 남 없음〔無生〕을 깨닫는 자라야 시비에서 시비를 벗어날 수 있으므로, 청매선사는 '곁에 사람 시비하는 소리 벗어나게 되었다'고 한 것이리라.

　학담도 한 노래 더하리라.

　　　말함 없이 입을 막고 밖을 향해 내달려 구하니
　　　남이 없는 노래 가락 어찌 들을 수 있으리
　　　말함이 곧 잠잠함이여, 종지와 설법 모두 통해
　　　세속을 끊지 않고 깨달음 언덕 오르리

　　默言杜口馳外求　無生歌曲何聞聽
　　說是默兮宗說通　不斷世俗登覺岸

하늘기운 매화가에 이르니 또 다른 봄이로다

[賽勝天禪子求頌 : 승천선자가 게송 구함에 답함]

일이 있어 두루 베풀어도 펼칠 일이 없으니
본래의 사람이라 예부터 서로 말했네
섣달 뒤에도 오히려 추위 있다 말하지 말라
하늘기운 매화가에 이르니 또 다른 봄이로다

有事周旋無事伸　古來相曰本來人
休言臘後猶寒在　天到梅邊別是春

평창

　펼치고 베푸는 일에 실로 베푸는 일 없으면, 그가 본래의 사람[本來人]을 본 사람이다. 지금 오늘의 일[今日事]의 있음에 떨어져도 본래 사람 보지 못하고, 지금의 일을 끊고 옛 때 본래 사람[本來人]을 찾거나 눈앞에 드러난 일[現前事]을 내놓고 또 다른 하늘을 찾아도 보지 못한다.

　하늘 기운 매화에 이름이 곧 또 다른 봄인데, 나고 사라짐 속에 진여의 소식 보지 못하고, 진여의 바다[眞如海] 공덕의 곳간[功德藏]에 늘고 줆이 있다 말해서는 안 된다.

　옛 때 영운선사가 봄빛에 복사꽃 피는 것 보고 도를 깨달았다고 하지만, 깨달음에 복사꽃이 없는 것이니 깨침에 얻음이 있고 잃음이 있다고 해서는 안 된다.

　옛 선사[眞淨文]는 노래했다.

　　옛날에 영운선사 복사꽃에 깨달았을 때
　　향기로운 꽃송이 붉은 꽃받침 가지마다 달렸네
　　지금도 이르는 곳마다 도로 피어나는데
　　길 위에서 서로 만나도 누구에게 말할 것인가

昔日靈雲見悟時　香苞紅萼一枝枝
如今到處還開也　陌上相逢說向誰

깨달음의 길은 본래 있는 삶의 진실을 진실 그대로 알아 쓰는 길이라
닦아서 얻는다고 해서도 안 되니, 옛 선사〔覺範〕는 이렇게 말했다.

구절에 막히고 말 따름이 눈 멀고 귀 먹음이니
참선해서 도를 배움 스스로 공이 없도다
깨치고 보면 털 끝 만큼의 힘을 쓰지 않으니
불속의 지네가 큰 범을 삼켰도다

滯句承言是瞽聾　叅禪學道自無功
悟來不費纖毫力　火裏蜘蟟吞大蟲

학담도 한 노래 더하리라.

눈 가운데 가림 있으면 헛꽃이 어지러우나
가림 없어지고 허깨비 사라지면 나고 죽음 벗어나네
한 번 복사꽃 보고 눈을 떴다고 말하지만
강성에 오월이면 복사꽃은 가득 피리라

眼中有翳空花亂　翳除幻滅出生死
一見桃花云開眼　江城五月花滿發

생각함을 쉬어 고요하도록 함이 아니니

〔閑坐 : 한가히 앉음〕

땔나무 옮기고 물을 길음도 게으른 뜻에 부친 것이니
하물며 다시 한가함 가운데 거룩한 진리 이루랴
생각함을 쉬어 고요하도록 함이 아니니
본래 지어서 이루어 갈 수 있는 일이 없도다

般柴運水付慵情　況復閑中聖諦成
不是息緣令閒寂　本來無事可經營

평창

　물 긷고 나무 하되 지음에 지음 없으면 한가하고 게으른 곳에 참으로
부지런함이 있고, 함이 없되 하지 않음도 없다. 그러므로 청매선사는
'부지런히 물 긷고 나무해도 게으른 뜻에 부친 것이다'라고 한 것이리
라.
　인연의 진리를 살피면 불꽃 일 듯 생각 일어나는 곳이 곧 고요함이
니, 어찌 생각함을 눌러 쉬어 고요하게 할 것인가.
　인연법 어우러지는 곳이 진여의 처소인 줄 알아야 하니, 옛 선사〔海
印信〕의 한 노래 들어보자.

　　자고새 우는 곳에 백 가지 꽃 향기로움이여
　　손뼉 치고 하하 한바탕 웃음 웃는다
　　지난 해 노닐던 곳 생각해보니
　　구름 끝 먼 길에 사람 보내며 석양에 섰네

　　鷓鴣啼處百花香　撫掌呵呵笑一場
　　因憶昔年遊歷所　送人雲塢立斜陽

승천회(承天懷)선사는 이렇게 노래했다.

여울져 흐르는 한 개울물 소리 스스로 마루에 돌아가니
그 소리 듣는 이는 만겁의 귀먹음을 없앨 수 있네
좋구나 이 들음이 말귀 내림 따라 들어가니
소리 소리 서로 이끌어 두렷 통함에 이르도다

一溪偃水自朝宗　聽者能祛萬劫聾
好是聞從言下入　聲聲相引到圓通

승천회의 위 노래는 스승에게 가르쳐주길 바라는 제자 경청에게 '저
흐르는 개울물 소리에 들어가라〔從遮裏入〕' 가르쳐 깨우친 현사선사
를 노래한 것이다.
게송에서 개울물 소리가 스스로 마루에 돌아감이란 개울물 소리 소
리 나는 곳이 바로 진여의 처소라 들음 없이 소리 들음이 두렷 통한
경계〔圓通境界〕에 들어가는 것임을 보여준다 하리라.
학담도 한 노래 더하리라.

마음 밖에 법 없으나 마음 또한 공하니
날이 다하도록 생각하되 생각한 바 없어라
세간의 날마다 쓰는 일을 돌이켜 생각하니
두렷 통한 경계 가운데 듣지 않고 들음이네

心外無法心亦空　終日緣中無所緣
飜憶世間日用事　圓通境中不聞聞

아직 말 있기 전에 아주 크게 있으니

〔示報允禪子問話 : 보윤선자가 화두 물음에 보여줌〕

아직 말 있기 전에 아주 크게 있으니
힘을 다한 침 뱉는 솜씨도 어리석음이 되리
곧장 허공의 뼈를 두들겨낸다고 해도
반드시 곁의 사람의 시비 말함을 입으리

未有言前渾大有　力窮唾手可爲痴
直饒敲出虛空骨　必被傍人話是非

평창

　산 말귀 한 구절은 말 있기 전에 크게 있는 한 구절이니, 있음으로도
얻을 수 없고 없음으로도 얻을 수 없다.
　말귀를 잡아 끌어 말귀가 공한 줄 깨달아 생각 없음에 돌아갈 때
말 아닌 말귀가 드러나리니 산 말귀가 드러남이여, 보되 봄이 없고
봄이 없되 보지 않음이 없다.
　해인신(海印信)선사는 이렇게 노래했다.

　　봄이 미치지 않는 곳에 강과 산이 눈에 가득하고
　　가는 털도 보지 않는데 꽃은 붉고 버들은 푸르네
　　그대 보지 못하는가
　　흰 구름 나오고 들어가되 본래 마음 없고
　　강과 바다 넘쳐 흐르되 어찌 넘치고 줄어듦 있으리

　　見不及處　江山滿目
　　不覩纖毫　花紅柳綠
　　君不見
　　白雲出沒本無心　江海滔滔豈盈縮

산 말귀 잡아끄는 법은 남에게 받는 법이 아니라 스스로 발밑을 밟아가는 길이니, 운문고(雲門杲)선사는 이렇게 가르친다.

홀연히 문 나서면 먼저 길을 보고
겨우 발을 씻자 곧장 배에 오른다
신선의 비결은 참으로 아까운 것이라
아버지와 아들이 비록 친해도 전하지 않네

忽爾出門先見路　纔方洗脚便登船
神仙秘訣眞堪惜　父子雖親不敢傳

학담도 한 노래 더하리라.

옛 조사의 공안을 집착해 참구하는 자여
그루터기 지켜 토끼 기다림이라 크게 어리석네
만약 언구를 깨달아 생각 없음에 돌아가면
개울물 흐르는 소리 옛과 지금에 드러나리

執着公案參句者　守株待兔大愚痴
若了言句歸無念　偃溪水聲古今現

힘을 다해 소리 높여 불러도 대답 없는데

〔贈大圭禪僧 : 대규선승에게 주다〕

한 성품에 같이하므로 법에 취함이 없고
다른 모습 끊었으므로 법에 버림이 없네
힘을 다해 소리 높여 불러도 대답 없는데
곁에 스스로 솔과 바람의 어울림 있네

同一性故法無取　絶異相故法無舍
盡力高聲喚不應　傍邊自有松風和

평창

　법이 실로 있음이 아니므로〔法非有故〕취할 것 없음을 밝히고, 법이
실로 없음이 아니므로〔法非無故〕버릴 것 없음을 드러낸다.
　실로 보고 들을 것 없되 빛깔과 소리 없애지 않으니, 옛 선사의 말
들어보자.
　천동각(天童覺)이 대중에게 보여 말했다〔示衆云〕.

　　"있어도 있지 않으니 뜻의 티끌 활짝 다하되 홀로 신령하고,
　　없되 없지 않으니 묘하게 응함이 차별되나 미혹하지 않는다.
　　그러므로 어떤 승려가 향엄(香嚴)에게 '어떤 것이 도입니까' 묻
자, 향엄은 '마른 나무에 용이 읊조린다〔枯木裏龍吟〕'고 하고, '어
떤 것이 도 가운데 사람입니까' 묻자, '해골 속에 눈동자다〔髑髏裏
眼睛〕'고 하였다.
　　그리고 어떤 승려가 풍혈에게 '어떤 것이 도입니까' 묻자, 풍혈은
'오봉루 앞이다〔五鳳樓前〕'고 하였고,
　　'어떤 것이 도 가운데 사람입니까' 묻자, 풍혈(風穴)은 '황성의 사
신에게 물으라〔問取隍城使〕'고 하였다.
　　여러 사람은 어떻게 밟아가야 비롯함과 마침을 꿰뚫어 사무치고,

겉과 속을 같이 통해 갈 것인가.
　알겠는가?"193)

　꽃벌이 꿀을 빚으니 봄날에 다리가 얼고
　달토끼가 서리를 뿜으니 밤기운이 맑도다

　　花蜂釀蜜春脾凍　月兎噴霜夜氣淸

학담도 한 노래 더하리라.

　산골 사람의 옆 가에 솔과 바람 어울리니
　있고 없음 벗어나 온전한 기틀 드러내네
　새소리에 머리 돌리나 아무것도 보지 못하는데
　소나무숲 가지 사이에 달그림자 흔들리네

　　山人傍邊松風和　超脫有無顯全機
　　鳥聲廻頭都不見　松林枝間月影搖

---

193) 有而不有 情塵豁盡而獨靈 無而不無 妙應差殊而不忒 所以僧問香嚴 如何是
　道 (至)髑髏裏眼睛
　　又僧問風穴 如何是道 穴云五鳳樓前 如何是道中人 穴云問取隍城使
　　諸人如何履踐 得始終貫徹 表裏通同去 還會麽
　　花蜂釀蜜春脾凍 月兎噴霜夜氣淸

참선하는 이들에게 말귀를 의심하도록 권하니

〔枯禪僧 : 메마른 선에 빠진 선승에게 보임〕

그대 참선하는 이들에게 말귀를 의심하도록 권하니
매미가 허물 벗고 마른 등나무 의지함과 같이 말라
비록 그렇게 벗어나 그윽하고 한가히 솟아나도
다만 빈 산에 티끌 씻은 납승이 되리라

勸爾叅禪疑着句　莫同蟬蛻倚枯藤
縱然脫得幽閑崛　只作空山洒衲僧

　참선은 먼저 세계관적 물음〔疑情〕 안에 선정과 지혜를 함께 거두어
바른 지혜의 눈을 여는 것이 그 핵심이 되어야 한다.
　그러므로 옛 조사들은 '큰 의심 아래 반드시 큰 깨침이 있다〔大疑之
下必有大悟〕'고 가르치고, 청매선사 또한 말귀 의심해 바른 지혜의 눈
을 열도록 당부한다. 생각을 억지로 쉬어 공함에 머물거나, 신아론(神
我論)적 자아를 그릇 세워 주인공(主人公)을 찾으며 그것으로 깨달음
삼는 것은 붇다가 가르친 보디의 길이 아니다.
　대홍은(大洪恩)선사는 노래했다.

　　앉게 되면 반드시 다시 스스로 살피라
　　니르바나의 성 속이 아직 편안함이 아니네
　　털을 쓰고 뿔난 무리 거듭 서로 볼 것이니
　　온갖 어려움 겪어 다하기 얼마나 많을 건가

　　得坐應須更自看　涅槃城裏未爲安
　　披毛戴角重相見　歷盡艱難幾許般

위 선사의 게송은, 참선은 세계의 실상을 깨닫는 길일 뿐 생각 쉬어 선정의 고요함에 머무는 것이 아님을 말하고 있다. 세계의 실상 그대로의 선(禪; dhyāna)은 선정과 지혜의 하나됨이니, 선정은 마음과 세계가 있되 공함을 의지해 닦는 사마타(śamatha)행을 말하고, 지혜는 마음과 세계가 공하되 있음을 의지해 닦는 비파사나(vipaśyanā)행을 말한다.

그러므로 참선은 '사마타와 비파사나를 함께 거두고〔止觀俱行〕' '선정과 지혜가 하나됨〔定慧一體〕'을 통해 해탈의 행〔解脫行〕이 발현됨으로 그 실천의 마루를 삼아야 한다.

그러나 해탈의 행 또한 고요하여 다시 법신이 되는 것이니, 학담 또한 한 노래 더하리라.

> 법이 공함을 체달하면 선정이라 거짓 이름하고
> 법이 연기함을 알면 지혜라 거짓 이름하네
> 법의 있음과 없음에 모두 머물지 않으면
> 선정과 지혜가 하나되는 것이니
> 보고 들음 끊어진 곳에 소리와 빛깔 넓고 넓도다

> 體達法空假名定　了法緣起假名慧
> 不住有無定慧等　見聞絶處聲色浩

한나라 사람이 수레 그릇되게 맞힘을 배우지 말라

〔示叅禪僧 : 참선하는 승려에게 보임〕

횃불 의지해 구덩이에 떨어짐을 면하려고 해
발을 엮고 앉아 벽을 보는 것에 헛되이 힘쓰네
반드시 관우가 안량을 빼앗듯이 하여서
한나라 사람이 그릇되게 수레 맞힘 배우지 말라

不欲憑炬免落塹　跏趺面壁費居諸
須如關羽顔良奪　莫學韓人誤中車

평창

　참선의 길은 구덩이를 피해 평탄한 길을 찾고 망상을 끊고 고요함을
찾는 길이 아니다. 마음에서 마음 떠나고 좋고 나쁜 경계에 얻을 것이
없음을 알아 곳곳이 해탈의 국토가 됨이 참선의 길이다.

　망상을 끊는 것도 망상에 일어난 뿌리가 없음을 알아야 비로소 망상
을 끊는 것이고, 망상을 쉬고 쉬어 간다고 해도 망상의 뿌리를 빼지
못하는 것이다.

　그것을 청매선사는 '관우〔關羽〕가 원소(袁紹)의 부하 장수 안량(顔
良)을 단칼에 벰과 같이하고, 한나라 사람이 수레를 그릇 맞히는 것과
같이 말라'고 한 것이리라.

　법진일(法眞一)선사는 이렇게 노래했다.

　　모든 모습이 모습 아님을 누가 알 수 있나
　　본다고 함과 보지 못함 반드시 살피라
　　두 곳의 등지는 문을 꿰뚫어 사무치면
　　이 때 바야흐로 고오타마 볼 수 있으리

　　諸相非相孰能譜　見與不見要須叅

兩處負門如透徹　此時方得覩瞿曇

투자청(投子靑)선사는 노래했다.

아홉 해 소실에서 스스로 헛되이 머물렀으니
어찌 바로 머리 맞대 한 구절 전하는 것과 같으리
앞니에 털 났다고 함도 오히려 일이 될 수 있으니
돌사람이 사씨집 배를 밟아 깨뜨렸네

九年小室自虛淹　爭似當頭一句傳
版齒生毛猶可事　石人踏破謝家船

'사씨집 배〔謝家船〕'는 고기잡이로 배를 타다 출가했던 현사선사의
옛 배를 말하니, 돌사람〔石人〕이 사씨집 배를 밟아 깨뜨림이여. 찰나
에도 머물지 않는 해탈(解脫)의 활동이 다시 고요하여 법신(法身)이
됨을 말한 것인가.
　학담도 한 노래 더하리라.

참선은 반드시 망념의 진실을 깨쳐야 하니
망념 끊고 참됨 얻는 것 도리어 망령됨이네
머리 돌려 홀연히 앞 개울물 소리 들으니
여울져 흐르는 물소리 방위 밖으로 벗어났네

參禪須了妄眞實　斷妄取眞却是妄
廻頭忽聞前溪聲　偃溪水聲超方外

덕산선사 소초를 태움이 진실한 뜻이네

〔示昆海禪子看經 : 곤해선자의 경을 봄에 보임〕

지혜의 바다에 바람 높으니 앎의 이랑이 나고
참으로 공함의 달이 지니 망념의 구름이 비꼈네
그림의 떡으로는 주린 배를 채울 수 없음이여
덕산선사 소초를 태움이 진실한 뜻이네

智海風高識浪生　眞空月落妄雲橫
畫餅不可堪充腹　燒却疏抄是實情

평창

　경의 가르침을 통해 모습에서 모습 떠나지 못하고 글 의지해 뜻을
풀어서 관념의 집을 떠나지 못하므로, 청매선사는 그림의 떡이 주린
배 채우지 못한다고 한 것이다. 그러나 생각에서 생각 떠나면〔於念離
念〕언어가 곧 실상이니, 소초(疏抄)를 불태울 것도 없다.

　덕산선사(德山禪師)가 용담숭신선사(龍潭崇信禪師)를 찾아가 늦도
록 대화하다 길 밝히는 종이등을 주고서 불어 끌 때 깨닫고 나서, 금강
경소초를 불태운 것은 말을 따라 이치와 뜻 길 찾는 이들을 깨우치기
위함이다.

　경을 읽으며 저 먹으로 쓴 글자 글자가 온 곳이 없음을 알면 글자가
곧 법계이니, 어찌 경을 태우고 소초를 태워 따로 법계의 경을 볼 것
인가.

　문자의 경을 통해 망념의 티끌을 깨뜨리면 온 우주에 가득한 경을
볼 것이니, 화엄경은 그 뜻을 '한 작은 티끌을 깨 대천세계의 경을 꺼
낸다〔破一微塵出大千經卷〕'고 말한다.

　정엄수(淨嚴邃)선사는 노래했다.

　　뜻의 하늘 가르침 바다 비록 사무쳐 통했으나

한 가림이 겨우 나자 헛꽃이 허공에 가득하네
보배칼 곧장 휘둘러 범부 성인 끊으니
백 가지 시내 만 물결이 다 마루에 모인다

義天敎海縱窮通　一瞖才生花滿空
寶釼直揮凡聖斷　百川萬派盡朝宗

학담도 한 노래 더하리라.

경을 의지해 뜻을 풀어 붇다의 원수 되었으나
경을 의지해 법에 들면 스스로 해탈하리
말과 말 없음에 머물지 않고 언교 세우면
법의 보시 갖춰서 중생을 건네주리라

依經解義作佛怨　依經入法自解脫
不住說默立言敎　法施具足度含識

온갖 법의 성품이 공한 줄 알면
〔看金剛經 : 금강경을 보고〕

온갖 법이 법 아님을 깨달아 알면
마침내 자기성품이 있는 바 없네
온갖 법의 성품이 공한 줄 알면
곧 자기성품의 청정한 마음이로다

了知一切法非法　畢竟自性無所有
知一切法性空者　卽是自性淸淨心

<u>평창</u>

　온갖 법은 연기하므로 공하고 공하기 때문에 연기한다. 있음〔有〕이
인연으로 있으므로 있되 공하니〔有而空〕, 있음에도 머물지 않고 공함
에도 머물지 않아야 경의 뜻을 바로 아는 자이다.
　화엄경(華嚴經)은 이렇게 가르친다.

온갖 모든 법의 자기성품이
있는 바 없음을 깨달아 알라
이와 같이 법의 성품을 알면
곧 바이로차나를 볼 것이네

了知一切法　自性無所有
如是解法性　卽見盧舍那

온갖 법은 나지 않고
온갖 법은 사라지지 않네
만약 이와 같이 알면
모든 붇다 늘 앞에 나타나리

一切法不生　一切法不滅
若能如是解　諸佛常現前

　온갖 법에 자기성품이 없으므로 만법은 새롭게 연기하는 것이고 모
습이 공하므로 온갖 모습이 모습 되는 것이니, 단하순(丹霞淳)선사는
이렇게 노래했다.

　　묘하게 두렷해 모습 없는 겁 앞의 사람이
　　무리 따라 방편으로 백억의 몸을 나누네
　　달 밝은 밤 누각에서 새벽을 알리자마자
　　날 밝은 여섯 나라가 다 봄인 줄 안다

　　妙圓無相劫前人　隨類權分百億身
　　月夜御樓纔報曉　平明六國盡知春

학담도 한 노래 더하리라.

　　모습 있음의 길 가지 말고
　　모습 없는 곳에도 앉지 말라
　　있음과 없음 둘을 모두 떠나면
　　툭 트여 막힘과 걸림 없으리

　　莫行有相路　莫坐無相處
　　有無二俱離　廓然無障礙

말없이 찬 바위에 앉으니 세월은 길고

〔書懷 : 회포를 씀〕

말없이 찬 바위에 앉으니 세월은 길고
마음에 툭 트임이 나니 눈이 서늘해지네
몸은 무딘 말 기르는 사내와 같아
많은 때 쓸쓸하여 아홉 방위 기다리네

默坐寒巖歲月長　心生踈濶眼生凉
形如爹養駑父　寂寞多時待九方

평창

　게으르고 게으르며 무디고 무디되, 속마음은 툭 트여 눈은 서늘한
빛을 내니 지혜는 부지런하고 부지런하다.
　옛 선사〔竹庵珪〕는 이렇게 노래했다.

　　번개 불빛 가운데서 거칠게 대충하지 말고
　　칼날 바퀴 봉우리 위에서 서둘지 마라
　　너그럽게 온몸을 놓아 들어가면
　　마침내 서로 맞닥쳐도 한 털도 범치 않네

　　電火光中休草草　釰輪鋒上莫忉忉
　　等閑却放全身入　終不當頭犯一毫

　위 게송은 고요함과 밝음 게으름과 부지런함이 하나된 참사람이 경
계를 '마주해 서로 맞부딪혀도 한 털도 범하지 않음'으로 노래한 것이
다.
　다시 단하순(丹霞淳)선사의 한 노래 들어보자.

빛깔이 스스로 빛깔임이여, 소리는 스스로 소리인데
새 꾀꼬리 우는 곳에 버들안개 가벼워라
문문마다 길이 있어 나라 도읍에 통했는데
세 섬이 비스듬히 기운 곳 바다의 달이 밝도다

色自色兮聲自聲　新鸎啼處柳煙輕
門門有路通京國　三島斜橫海月明

학담도 한 노래 더하리라.

눈앞에 뿌리 없는 풀이요
뜰 가운데 마른 나무의 꽃이네
물에 들어도 물결 범하지 않고
경계 마주해 생각하되 생각 없네

眼前無根草　庭中枯木花
入水不犯波　對境念無念

두견새 울음 푸른 안개에서 나는 것 누워서 듣네
〔春曉 : 봄날 새벽〕

봄잠에 취해 가시 사립문에 새벽된 줄 알지 못했는데
두견새 울음 푸른 안개에서 나는 것 누워서 듣네
황소산에는 한 물건도 없음을 깨달아 알았지만
사람들로 하여금 눈앞의 기틀 그 얼마나 없애게 했던가

春眠不覺曉荊扉　臥聽鵑啼出翠微
勘破牛山無一物　令人幾喪目前機

평창

　　청매선사의 이 노래가 어찌 경계만을 말하는 노래일 것인가. 연기법
에서 마음은 마음 아니고 경계는 경계가 아니라 마음을 말해도 경계를
떠나지 않고 경계를 말해도 경계가 경계 아닌 경계라 마음을 떠나지
않는다.
　　경계는 있되 있음 아닌 있음이라 경계를 말하면 이미 마음인 경계이
니, 경계를 집착하는 자에게는 눈앞의 경계 없앤다고 말하나 경계가
경계 아니라면 어찌 저 눈앞의 경계를 실로 없애게 할 것인가. 그 뜻을
청매선사는 '황소산에 한 물건도 없음을 깨달았는데 눈앞의 기틀 얼마
나 없애게 했는가' 묻고 있는 것이다.
　　옛 선사〔夾山〕의 이야기 들어보자.

　　협산선사에게 어떤 승려가 물었다.
　　"어떤 것이 협산의 경계〔夾山境〕입니까?"
　　선사가 말했다.

　　"잔나비는 새끼 안고 푸른 봉우리 뒤에 돌아가고,
　　새는 꽃을 물고 푸른 바위 앞에 내리네."

猿抱子歸靑嶂後　鳥含花落碧巖前

뒤에 법안이 말했다.
"나는 이십 년이 되도록 경계의 이야기라고 알아왔다."194)

이 문답에 대해 열재거사(悅齋居士)는 이렇게 노래했다.

　　경계라는 알음알이 아득히 스무 해인데
　　지금은 경계가 가되 다만 옛 그대로 그러하도다
　　잔나비는 새끼 안고 푸른 산속에 돌아가는데
　　새는 꽃을 머금고 푸른 바위 앞에 내리네

　　境會悠悠二十年　而今境去只依然
　　猿抱子歸靑嶂裏　鳥含花落碧巖前

학담도 한 노래 더하리라.

　　마음은 경계인 마음이고 경계는 마음인 경계이니
　　협산의 경계로 답함이 어찌 경계를 말함이리
　　잔나비는 새끼 안고 푸른 산속에 돌아가는데
　　새는 꽃을 머금고 푸른 바위 앞에 내리네

　　心是境心境心境　夾山境答焉境話
　　猿抱子歸靑嶂裏　鳥含花落碧巖前

---

194) 夾山因僧問 如何是夾山境 師云 猿抱子歸靑嶂後 鳥含花落碧巖前
　　後來法眼云 我二十年來 將作境話會

띠집은 쓸쓸하여 흰 옥 티끌 뿌렸는데
〔咏雪 : 눈을 읊음〕

돌 절의 높은 스님 옥티끌을 떨치는데
대숲의 큰 선비가 부드러운 봄날 맞네
밤 깊어 황금집에는 실소리 대소리 엉켰는데
누가 찬 모래가 쇠사람을 안는다고 생각하랴

石寺高僧拂玉塵　竹林豪士當和春
夜深金屋凝絲竹　誰念寒沙擁鐵人(一)

띠집은 쓸쓸하여 흰 옥 티끌을 뿌렸는데
대밭의 새는 몇 가지의 봄을 처음 잃었네
짖어대는 개들의 울음 높은 베갯맡에 이르니
남쪽 마을 밤에 사람이 이르름을 알 수 있네

茅屋蕭蕭洒玉塵　竹禽初失數枝春
狺狺犬吠來高枕　知有南村夜到人(二)

평창
　　따뜻한 봄날 꽃샘추위로 흰 눈이 갑자기 내려 봄의 새 나뭇가지가
꺾인 것을 백옥의 경계로 노래하여, 사물과 사물이 서로 머금고 중생
과 저 물질세계가 둘이 없는 실상을 노래했다.
　　'동서남북으로 가되 한 마디 풀 없는 곳〔無寸草處〕으로 가라'고 하니,
'문 나서면 곧 풀이다'라고 한 옛 사람들의 문답에 붙인 운문고(雲門
杲)선사의 한 노래 들어보자.

　　　　만 리에 한 마디의 풀도 없다 하니
　　　　다만 이렇게만 가라고 청하네

문 나서면 곧 이 풀이라고 하니
각기 스스로 같이 의거할 것이 있네

같이 의거할 것이 있는데 어찌 걸려 묶이랴

맑은 바람 달 아래 그루를 지켜 토끼 기다리는 사람이여
토끼는 차츰 멀어지는데 봄풀은 푸르러 오네

萬里無寸草　但請恁麼去
出門便是草　各自有公據

有公據何拘束

淸風月下守株人　涼兎漸遙春草綠

　법과 법이 서로 머금고 서로 거둠은 법에 머물러야 할 자기모습이
없어 그런 것인데, 법이 법 아닌 실상을 깨치지 않고 옛 사람 깨친
인연을 집착하면 마치 나무 그루터기 지켜 토끼를 기다림과 같으리라.
　학담도 한 노래 더하리라.

　법은 자기성품 없어 법 자리에 머무니
　세간법에는 항상함과 덧없음이 있지 않네
　만리에 풀 없는데 문 나서자 풀 우거짐이여
　밤 깊자 개는 하늘의 달 보고 짓노라

法無自性住法位　世法無有常無常
萬里無草出門草　夜深犬吠向天月

한 번 방위 밖의 눈을 열고서는

〔李上舍十月登天王峯題贈 : 이상사와 시월에 지리산 천왕봉에 올라 지어줌〕

떠 노닐다가 막힌 등성 같이하지 못했는데
눈을 밟고 곧장 하늘임금의 봉우리에 올랐네
애닲도다 한 번 방위 밖의 눈을 열고서야
도리어 바탕 갖춰 티끌의 울에 들어감이여

浮遊非與杜陵同　步雪直凌天帝峯
可惜一開方外眼　還將具體入塵籠

평창

　높이 천왕봉에 올라 멀리 툭 트인 경계를 바라보며, 방위 밖의 눈을
열어 방위 밖에 설 때라야 비로소 세간 티끌의 울〔塵籠〕에 다시 들어
오는 방편의 지혜가 갖춰짐을 노래했다.
　옛 선사〔心聞賁〕가 노래했다.

　　산과 내 큰 땅은 깊음 가운데 얕음이요
　　큰 땅 산과 내는 얕음 가운데 깊음이네
　　하늘 끝까지 가서야 세상 일을 아니
　　고기잡이 배는 옛과 같이 물결 가운데 있네

　　山河大地深中淺　大地山河淺處深
　　行盡天涯諳世事　釣船依舊在波心

　방위 밖에서 설 수 있어야 방위에 막힘 없이 세간에 다시 돌아올
수 있고 하늘 끝에 이르러서야 세상일 아는 것이니, 세간 벗어남과
세간에 돌아옴이 어찌 두 길이리. 낚시질과 송곳질을 쉴 때 해 뜨고
달 지는 시절인연을 아는 것인가.

옛 선사〔石門易〕의 한 노래 들어보자.

　　바로 날이 열닷새가 되니
　　낚시와 송곳을 한때에 쉬도다
　　다시 헤아려 어떤가 물음이여
　　머리 돌리니 해가 또 뜨리라

　　正當十五日　　鉤錐一時息
　　更擬問如何　　回頭日又出

학담도 한 노래 더하리라.

　　하늘왕의 봉우리에 올라서
　　천 봉우리 만 골짝 거둠이여
　　방위 밖으로 벗어난 사람이라야
　　넓은 문의 천 손 천 눈이 되리

　　登天王峯頂　　攝千峯萬壑
　　超出方外人　　普門千手眼

산 사람에게 한 편의 글 아끼지 말아주소서

〔季秋與鄭柳二公話別 : 늦가을에 정공과 유공 두 사람과 말 나누다 헤어지며〕

바다 위 높은 봉우리는 하늘에 설욕하는 듯한데
한 상에서 셋이 웃음은 바로 옛날 호계의 인연이로다
다른 날 푸른 구름의 길에서 보자고 말해주나니
산 사람에게 한 편의 글 아끼지 말아주소서

海上高峯欲雪天　一床三笑是前緣
爲言他日靑雲路　莫與山人惜一篇

평창

　바닷가 높은 봉우리에서 두 높은 선비와 한 상에서 셋이 같이 앉아
차 마시고 도의 이야기 나누다 헤어지면서, 그 옛날 여산(廬山) 혜원
법사(慧遠法師)가 도연명 육수정과 헤어질 때 호계(虎溪) 넘은 일을
떠올리며 서로 다시 만날 것을 기약하는 시다.
　떠나되 떠남 없고 서로 마주 보는 곳이 막혀 걸림 없는 곳임을 알지
못하면 세상살이 가운데 서로 헤어져 다시 못 만나는 것은 그 얼마나
가슴 아픈 일인가.
　옛 선사〔薦福逸〕의 노래 들어보자.

　　진노사는 분명히 오대에 이르렀고
　　수산주는 참으로 민 땅에 들어왔네
　　유나와 원주의 방이 서로 마주함이니
　　말하면 사람들이 두 눈을 뜨게 한다

　　進老分明到五臺　脩師眞箇入閩來
　　維那院主房相對　說着令人雙眼開

위 게송처럼 오대와 민 땅이 비록 멀지만 실로 멀지 않아 유나의 방과 원주의 방이 서로 마주해 서로 옆방의 소리 듣고 눈을 뜨는 것과 같다. 그러나 마음이 멀면 서로 가기 얼마인가.

모든 법에 실로 합함이 없는 줄 알면 흩어지고 헤어짐에 실로 헤어짐이 없는 것이니, 서로 소리 아는 자끼리 헤어져 떠남이 어디 있을 것인가. 비록 몸이 천 리 만 리 떨어져 있으나 뜻이 통하면 바로 눈앞이니, 그 뜻을 설봉선사는 '저 멀리 검은 돌고개〔烏石嶺〕에서 총림대중과 서로 본다'고 말한 것인가.

학담도 한 노래 더하리라.

서로 만나고 또 헤어짐이여
툭 트여 의지함이 없도다
그대는 남으로 나는 서로 가지만
큰 방위에는 바퀴 자국 없네

相逢又別離　廓落亡依持
君南我向西　大方無軌轍

숭산의 봉우리에서 한 번 앉아 아홉 번의 봄이었네
〔一葦渡江 : 달마조사 갈대 타고 강을 건넘〕

봉의 궁궐에서는 같이 새벽길 가기 어려워
갈대 띄워 머리 돌리니 마치 성이 난 듯하네
보고 들음에 참되고 기이함 있다고 다만 말해주고
양왕의 성이 영씨임을 알지 못했네

鳳闕難同趣曉行　浮蘆回首怒如生
見聞只道眞奇在　不識梁王却乃嬴(一)

바다에 떠서 석 달 서리날씨 매우 긴박했는데
숭산의 봉우리에서 한 번 앉아 아홉 번의 봄이었네
혜가에게 골수 얻었다 비로소 말해 오히려 웃겼는데
다시 천 가을에 종이 위의 달마라는 사람이 있구려

浮海三霜多喫緊　崇阿一坐九回春
始言得髓猶堪笑　更有千秋紙上人(二)

평창

　첫 게송은 양 무제가 '절 짓고 탑 쌓은 공덕이 얼마인가' 물음에 달마
대사가 공덕 없음〔少無功德〕을 말하고, 마주 앉은 무제가 '짐 앞에 있
는 자가 누구인가'를 물음에 알지 못한다〔不識〕고 하고서 갈댓잎 타고
양자강을 건너 숭산에 돌아감을 노래하였다.
　두 번째 시는 달마대사가 숭산 소림에서 9년 면벽하다 눈 속에서
믿음을 보인 혜가에게 법 전함을 노래한 게송이다.
　청매선사는 달마가 무제를 버리고 갔으나 무제에게도 다른 얼굴 있
음을 알아야 한다고 말하고, 뒤의 시에서는 천 년 뒤 달마는 달마의

참모습이 아니라 사람들이 종이 위에 그린 관념의 얼굴임을 꼬집고
있다.
단하순(丹霞淳)선사는, 혜가에게 비록 '골수 얻었다'고 말해주었지
만 이 법에 전해주고 받음이 없음을, 다음 같이 노래했다.

입술에 한 구절의 기이함도 걸지 않았으니
소림에서 차갑게 앉음이 가장 자비하도다
이 도가 전해줌이 아닌 줄 반드시 알아야 하니
눈 속에 선 신광도 이미 억지로 함이었다

不掛唇皮一句奇　小林冷坐最慈悲
須知此道非傳授　立雪神光已强爲

학담도 한 노래 더하리라.

양왕에게 모른다고 말한 뒤 갈대 꺾어 강 건너니
장강의 물 흐름은 숭악을 마루로 하네
구 년 동안 벽을 봄에 어찌 전해줌이 있으리
소림의 바람 흐름이 조사의 뜻 드러내네

不識言後折蘆渡　長江水流宗崇嶽
九年面壁何有傳　少林風流顯祖意

근원에 돌아감은 반드시 많은 때 기다리지 않네

〔次冠山丈老韻 : 관산장로의 운을 따라서〕

강물에는 어린이와 늙은이 차별 없음 보아왔는데
어리석게 어찌 머리 맞대 다시 앎이 있으리
밟아 넘어지고 일어나서 큰 웃음을 열었으니
근원에 돌아감은 반드시 많은 때 기다리지 않네

看來河水無童耄　庸詎當頭更有知
踏倒起來開大笑　還源不必待多時(一)

관산 천리에는 옥같은 책이 아름다운데
구멍 없는 피리 부니 가락 끊어진 노래로다
한 번 불어 아홉 곡을 이루니 누가 알 수 있으리
서리 쌓인 섬돌 아래 시드는 노란 국화런가

冠山千里玉書佳　無孔吹邊絶韻歌
一奏九成誰會得　重霜階下老黃花(二)

평창

　이 법은 나고 사라지는 세간법의 나되 남이 없고 사라지되 사라짐
없는 진실이라, 법을 깨침에는 남녀노소 승속의 차별이 없다. 그리고
마음에 마음 없고 삼세가 공한 곳에서 어찌 오래 닦음과 억지로 긴
시간 번뇌 끊어 얻음이 있겠는가.
　관산천리 쌓인 책의 문자가 가르치는 뜻은 지금 섬돌 아래 시드는
국화의 나되 남이 없는 진실이니, 남이 없되 남 없음도 없는 이 가락을
누가 알아들을 수 있겠는가.
　옛 선사들의 노래 들어보자.
　해인신(海印信)선사가 노래했다.

큰 지혜는 어리석음과 같아 사람이 헤아리지 못하니
거두어오고 놓아가되 또한 걸림이 아니로다
머리 돌려 옆에서 보는 이에게 물어보나니
그대 남은 삶을 버려야 살아나는 것인가

大智如愚人莫測　收來放去亦非拘
迴頭借問傍觀者　棄汝殘生活也無

천동각(天童覺)선사가 노래했다.

세간에 들어가 인연을 따르지 않음이 아니나
겁의 항아리 빈 곳에 집안의 전함이 있네
흰 갈대에 바람 가늘게 불어 가을강 저무는데
옛 언덕에 배가 돌아오자 한 가닥 안개로다

不入世間未循緣　劫壺空處有家傳
白蘋風細秋江暮　古岸船歸一帶煙

학담도 한 노래 더하리라.

세간에 들어감이여 세간을 벗어남이니
인연에도 머물지 않고 공에도 머물지 않네
부드러운 풀은 기운 길 가운데 성글게 우거지고
산골의 샘은 졸졸졸 푸른 빛 띠고 흘러가네

入世間兮出世間　不住因緣不住空
嫩草疏疏斜徑中　山泉泌泌帶碧流

열 해 동안 내달리느라 산에 오지 못했네

〔次朴知評韻 : 박지평의 운을 따라서〕

금대는 옛날 내가 살던 광려사인데
대 아래 바위와 봉우리는 모두 옛 얼굴이네
남악에는 신이 있어 나에게 웃음짓지만
열 해 동안 내달리느라 산에 오지 못했네

(金臺昔我匡廬寺　臺下巖巒捴舊顔
南岳有神應笑我　十年奔走未歸山)

공공의 일 돕는 길 가운데 해와 달이 바빠서
바람 먼지 좇아 달리다 고운 얼굴 써버렸네
늙은 산승 앎과 느낌 없음을 누가 알 건가
사람 사는 곳 길게 누워 밖의 산을 꿈꾸었네

公器途中忙日月　風埃馳逐費韶顔
誰知老大無知覺　長臥人間夢外山

평창

옛 도량 금대에 돌아가서 그간 오랜 세월 세간일에 함께하다 도량에
안주하지 못했음을 뉘우치는 게송이다. 그러나 도량은 곧은 마음이
도량이고 세간법의 적멸한 실상이 도량인데, 그 어느 때 도량을 떠났
을 것인가.
옛 조사〔悅齋居士〕의 한 노래 들어보자.

만약 장안의 어떤 구역이든 향하려면
지방 어느 곳에서든 배를 띄울 수 있네
가엾다, 뜬 개구리밥풀 같이 집 없는 이는

몸은 장안에 있지만 마음은 다섯 호수에 있네

若向長安有一區　盡浮百粤泛三吳
可憐萍梗無家者　身在長安心五湖

학담도 한 노래 더하리라.

세간일 가운데 해와 달을 써버려서
금대에 돌아오지 못하고 길이 헤매어 다녔네
비록 그러나 푸른 산은 나를 떠나지 않고
저자에 들되 붉은 티끌 먼지 밟지 않았네

世間事中費日月　未歸金臺長遊歷
雖然靑山不離我　入塵不踏紅塵埃

금선대 위에는 만년의 학이 있어서

〔送僧歸香山 : 묘향산에 돌아가는 승려를 보내며〕

이 늙은 산승의 아픈 마음 떠나 헤어짐에 있는데
그대는 나에게 깊은 슬픔 없다고 알고 있네
금선대 위에는 만년의 오래된 학이 있어서
다른 생에도 다시 따르고 싶다고 울어 알리네

老大偏傷在別離　知君無我一重悲
金仙臺上萬年鶴　報道他生更欲隨(一)

동쪽 누각 있는 곳 고요하니 그 일 어떠한가
가로 세로 달라져 다시 처음됨을 어쩔 수 없네
바깥 인연이 나를 어지럽힌다고 곧장 말해도
오직 마음인 거울 위에는 가깝고 멂이 끊어졌네

東樓處靜事何如　無奈縱橫異復初
直饒外緣惱亂我　唯心鏡上絶親疎(二)

평창

　서로 소리 아는 이〔知音者〕되어 마음의 정 나누던 제자를 묘향산으
로 떠나보내며 안타까운 뜻을 노래하고 있다.
　내가 제자 떠나 보내는 정에 마음 아픈데 금선대 위의 만년의 학은
나를 떠나지 않겠다 슬피우니, 만나고 헤어짐의 시름과 괴로움은 어느
때나 다하리.
　그러나 두렷 밝은 거울의 지혜〔大圓鏡智〕에 어찌 만나고 헤어짐이
있으며, 멀고 가까운 뜻의 자취가 있겠는가.
　옛 선사〔投子靑〕는 짝하되 짝함 없고 가고 오되 가고 옴이 없는 지혜
의 경계를 다음 같이 노래했다.

친한 말로 말하는 곳에 몇 사람이나 아는가
지금과 옛에 짝이 없고 나란히 할 무리 없네
옥의 말은 흰 눈에 다니다 한밤에 돌아오고
산양이 뿔을 거니 달은 서쪽으로 잠기네

親言言處幾人知　今古無儔類莫齊
玉馬雪行歸半夜　羚羊掛角月沉西

학담도 한 노래 더하리라.

소리 아는 이 헤어짐에 시름 더욱 깊은데
만 년의 학은 서로 따르고 싶다 말하네
그대는 묘향으로 가고 나는 이곳에 있어서
천 산이 겹치고 겹치나 하늘은 한 항아리네

知音別離愁尤深　萬年鶴報欲相隨
君向妙香我住此　千山重疊天一壺

봉래산에 달이 뜨니 천 봉우리 고요한데

〔寄玄上人 : 현 상인에게 부침〕

한 번 하늘 끝에서 헤어지고 두 번 꽃이 졌는데
두 남쪽의 소식에 안개와 놀이 막혔네
봉래산에 달이 뜨니 천 봉우리 고요한데
학과 짝하며 사는 삶 물어서 무엇하리

一別天涯再落花　兩南消息隔烟霞
蓬萊月出千峯靜　伴鶴生涯問若何

평창

　　제자와 헤어진 뒤 남에서 전해지는 전쟁 소식 들으니, 오고 갈 길마
저 막혔다. 그러나 하늘의 달은 밝고 천 봉우리 고요하니, 새 봄에
따뜻한 바람 불면 새 가지에 꽃은 피고 푸른 잎 돋아나리.
　　장산전(蔣山泉)선사의 노래 들어보자.

　　　　밝은 해는 서쪽에 지고
　　　　흐르는 물은 동으로 흐르는데
　　　　천 병사는 쉽게 얻으나
　　　　한 장수는 구하기 어렵네
　　　　금강의 고개 위 푸른 솔 늙었는데
　　　　끝없는 길 가는 이 길머리 잃었네

　　　　白日西沒　逝水東流
　　　　千兵易得　一將難求
　　　　金剛嶺上靑松老　無限行人失路頭

　　천 병사보다 한 장수 구하기 어려워, 끝없는 사람 길머리 잃음이란

세상에 바른 지도자 찾기 어렵고 민중이 갈 길 몰라 헤맴을 말한 것이
리라.

천 겹 만 겹의 난관 속에도 살 길은 없지 않으나 천 봉 만 봉에 한
줄기 찬 빛을 알지 못하면 천 봉 만 봉이 모두 만 리 구름길이 되는
것인가.

옛 선사〔蔣山泉〕는 다시 이렇게 노래했다.

　　천 봉우리의 찬 빛이요
　　빗방울 지니 바위 앞 꽃이로다
　　곧바로 안다 해도 눈 속에 모래 더함이니
　　싸늘하게 서리 치는 날 팔구월에
　　바닷가에 바람 드세니 기러기 비껴 가네

　　千峯寒色　　雨滴巖花
　　直下會得　　眼裏添沙
　　獵獵霜天八九月　　海門風急鴈行斜

학담도 한 노래 더하리라.

　　서로 떠난 뒤 몇 번의 봄가을이었나
　　만 리 멀리 떨어져 구름 안개 깊도다
　　두 사람이 서로 가기 천 겹의 산이나
　　하늘의 달 외로이 밝고 만 산은 고요하네

　　別離以後幾春秋　　萬里遠隔煙雲深
　　兩人相去千重山　　天月孤明萬山靜

바람이 복사골을 치니 복사꽃 지려 하네
〔春日 : 봄날에〕

벗이 강마을에서 밥을 빌고 가니
주방일하는 어린이는 솔차를 달이네
문 나서서 봄이 다 되었음에 놀람이여
바람이 복사골을 치니 복사꽃 지려 하네

友也江村乞食去　知廚童子煮松茶
出門驚見春歸盡　風打桃源欲落花

평창

　사람의 일에 마음 쓰다 어느덧 봄날이 감을 몰랐다가, 문 나서서 복
사꽃 지는 것을 보고 봄날이 다 되었음을 알았다. 바람 불어 꽃이 피고
바람 불어 꽃이 짐이여. 도리어 진여바다의 일이다.
　정인악(淨因岳)선사가 노래했다.

　　첫 봄이 아직 추우니 첫째 달 봄이요
　　한 봄이 차츰 따뜻하니 둘째 달 봄이로다
　　만약 부질없는 일에 마음머리 걸지 않으면
　　곧바로 사람세상 좋은 때와 철이로다
　　좋은 때와 철이여,
　　강남과 두 강물 사이가
　　봄은 춥고 또 가을은 뜨겁도다

　　孟春猶寒第一月　仲春漸暄第二月
　　若無閑事掛心頭　便是人間好時節
　　好時節
　　江南幷兩浙　春寒又秋熱

강물의 봄은 춥고 가을이 뜨거움은 때가 흐르되 때가 공해 옮겨가지
않음[時不遷]을 알 때 그 뜻을 알 수 있으리라.
　개암붕(介庵朋)선사의 한 노래 들어보자.

　　서풍은 내게 불어와 추운데
　　밝은 달은 누구를 위해 밝은가
　　무슨 일로 이 세간의 사람들은
　　구름과 땅처럼 스스로 서로 막혔는가

　　西風吹我寒　明月爲誰白
　　底事世間人　雲泥自相隔

학담도 한 노래 더하리라.

　　봄이 온 줄도 몰랐는데 봄의 신이 가득하니
　　강마을에 나비들은 일이 분주하도다
　　밥을 비는 스님 마을에 노닐고 차향 그윽한데
　　복사골에 지는 꽃은 물을 따라 가도다

　　不覺春來東君滿　江村胡蝶事忙忙
　　乞僧遊村茶香幽　桃源落花隨流去

흰 구름 붉은 나무는 누구 집이런가

〔出山 : 산을 나서며〕

산에 연이 없어 절뚝이며 나서려는데
잦아지는 등 홀로 마주하니 생각 더욱 많아라
내일이면 억지로 산에 올라 길을 내려가니
흰 구름 붉은 나무는 누구 집이런가

山緣無乃欲蹉跎　獨對殘燈思轉多
明日强登山下路　白雲紅樹是誰家

평창

　사람이 산에 머묾도 연을 따라 머무는 것인데, 살던 산을 떠나 다른
곳으로 옮겨가는 감회를 노래했다. 눈이 빛깔을 보아도 눈과 빛깔이
실로 만남이 아니고, 사람이 산에 머물러도 머묾이 없으니 흰 구름
붉은 나무가 누구 집의 것이리.
　옛 선사의 한 노래 들어보자.

　　건봉화상이 말하되 '하나를 들고 둘을 들지 마라. 한 수를 놓아
지나치면 두 번째에 떨어진다'고 하니, 운문이 말했다.
　　"어제 어떤 사람이 천태에서 왔다가 다시 경산으로 갔습니다
."195)

　이에 회당심(晦堂心)선사는 노래했다.

　　건봉은 하나를 들고 둘을 들지 못했고
　　운문은 손을 들어 뜻과 기운 더했다

---

195) 〔917則〕越州乾峯和尙示衆云 擧一不得擧二 放過一着 落在第二 雲門出衆
　　云 昨日有人從天台來 却往徑山去也 師云典座來日不得普請 便下座

꽃 피고 꽃 지는 것 바람 부는데 맡기지만
저절로 풍기는 향 있어 하늘 땅에 가득하네

乾峯擧一不擧二　雲門擡手添意氣
花開花落任風吹　自有馨香滿天地

학담도 한 노래 더하리라.

때로 산에 들었다가 또 산을 나서고
연이 있으면 머물렀다 연 다하면 가네
따뜻한 바람에 꽃 피었다 세찬 바람에 지지만
꽃향기는 뜰에 가득하고 새 가지가 돋는다

有時入山又出山　有緣乃住緣盡去
薰風花開風急落　花香滿庭新條生

열 해를 서쪽 봉우리에서 사립문 닫으니
〔送僧 : 승려를 보내며〕

열 해를 서쪽 봉우리에서 사립문 닫으니
선정의 마음이 홀연히 헤어져 옮김에 있네
내일 아침 문밖에서 다시 슬퍼하지만
잎이 져 다한 빈 산에 사람 또한 돌아오네

十載西峯獨掩扉　禪心忽在別離移
明朝門外更怊悵　葉盡空山人亦歸

평창

　선정을 닦는 산중도인의 마음도 곁에서 모시던 승려가 떠난다니 그
마음 서글프다. 그러나 감〔去〕에 감이 없다〔無去〕면 가면 또 오는 것
〔去而來〕이니, 어찌 슬픈 마음에 머무를 것인가.
　옛 선사의 한 노래 들어보자.
　보영용(保寧勇)선사가 노래했다.

　　봄이 가고 가을이 와 옛 때와 지금이니
　　서로 만나 해와 때 깊다고 말함을 쉬라
　　배고프면 먹고 목마르면 마셔 다른 일 없음이여
　　머리 가득 소리 다 들으니 서리와 눈이 내림이네

　　春去秋來古與今　相逢休論歲時深
　　饑飡渴飮無他事　盡聽滿頭霜雪侵

　　때가 가고 때가 오며 사람이 서로 만남에 실로 그렇다 함이 없으니,
그렇게 함에 그렇다 함이 없으면 시들고 늙어감 속에 늙지 않는 신선
의 자태를 보는가.

심문분(心聞賁)선사는 이렇게 노래했다.

　　눈을 띠고 서리 머금은 곳 반쯤 울타리에 기댔는데
　　비스듬한 그림자 속 선인 자태 드러났네
　　앞마을 지난 밤에 봄이 벌써 왔는데
　　대집의 늙은 스님 오히려 알지 못하네

　　　帶雪含霜半倚籬　橫斜影裏露仙姿
　　　前村昨夜春來了　竹屋老僧猶未知

학담도 한 노래 더하리라.

　　선의 마음에는 헤어짐 없고 때는 옮기지 않으나
　　봄은 가고 가을 오며 겨울에 눈보라 치네
　　때가 오고 때가 가도 옮기지 않음 깨치면
　　찬 눈보라 가운데서 꽃향기를 맡으리

　　　禪心無別時不遷　春去秋來冬雪侵
　　　時來時去了不遷　雪寒風中聞花香

흰 눈에 막힌 산 옛 나라 그리는 뜻이니
〔聞笛 : 피리소리를 들으며〕

읊조리듯 원망하듯 하소연하듯 하는 노래
흰 눈에 막힌 산 옛 나라 그리는 뜻이로다
소동파가 남긴 게의 뜻을 깊이 깨달아
사람에게 보여줌에 반드시 두세 소리가 아니네

如吟如怨又如訴　白雪關山故國情
勘破東坡遺偈意　呈人不必兩三聲

평창

　홀로 누군가 부는 피리소리 들으니 그 가락 흰 눈 막혀 아득한 옛 고향 생각하는 뜻이 깊고 깊도다. 소동파의 적벽부에도 가되 감이 없음을 노래한 구절이 있으니, 피리 부는 이는 그 뜻 잘 알아 그 뜻으로 세간 사람들에게 다시 보여주는가.
　옛 선사들의 노래 들어보자.
　천동각(天童覺)선사는 이렇게 노래했다.

　　새가 하늘에 날고
　　물고기는 물에 있는데
　　강과 호수는 서로 잊었고
　　구름과 하늘은 뜻을 얻었네
　　한 가닥 마음을 망설이면
　　얼굴 마주해도 천 리나 어긋나니
　　은혜를 알아 은혜 갚는 이
　　사람 세상에 몇이나 되리

　　鳥之行空　魚之在水

江湖相忘　雲天得志
擬心一絲　對面千里
知恩報恩　人間幾幾

높낮이와 길고 짧음이 있는 세간의 소리가락에서 줄 없는 거문고의
남이 없는 가락 듣는 참사람의 살림살이 어떠한가.
　열재거사(悅齋居士)는 이렇게 노래했다.

　세 사람이 함께 시를 지으니
　바람과 솔이 번갈아 빛을 내네
　꿈 가운데서 나무를 옮겨 심으니
　허공 속에서 꽃을 따 돌아가네

　三子共聯詩　風松互發輝
　夢中移樹去　空裏摘花歸

학담도 한 노래 더하리라.

　마음에 본래 마음 없고 사람 또한 공한데
　홀연히 마음 일으키니 한이 만 갈래네
　참사람은 소리 듣고 남이 없음 깨치나
　중생은 마음 많아 슬픈 노래 헤아릴 수 없네

　心本無心人亦空　忽然起心恨萬端
　眞人聞聲悟無生　衆生心多歌無量

가는 새에 꽃잎 날아 저무는 빛깔 많은데

〔晩春 : 늦은 봄〕

가는 새에 꽃잎 날아 저무는 빛깔 많은데
한 해의 봄일은 스스로 우거지는 꽃이네
대 위에서 노닐다가 홀연히 머리 돌리니
지는 해 한쪽에 가랑비가 지나가네

去鳥飛花暮色多　一年春事自繁華
逍遙臺上忽回首　落照半邊疎雨過

평창

　때가 가고 때가 오며 꽃이 피고 꽃잎 지지만, 새봄에 봄바람 불면
새 가지가 돋고 뜰에 스스로 꽃이 우거진다. 가고 옴에 실로 가고 옴의
자취 없는 줄 알면 세월이 흐르고 흐르되 옮겨감이 없으니, 지는 해에
가랑비 지나감을 봄이여. 진여(眞如)의 소식이다.
　옛 선사〔竹庵珪〕는 이렇게 노래했다.

　　문 앞의 길을 밟지 않으니
　　봄이 돌아와 또 한 해로다
　　지는 꽃의 붉은 빛이 땅에 가득한데
　　향기로운 풀의 푸르름 하늘 이었네

　　不踏門前路　春歸又一年
　　落花紅滿地　芳草碧連天

　꽃이 져 땅에 가득해도 향기로운 풀이 저 하늘의 푸르름에 이어져 한
빛깔이라 함은, 만물이 나고 사라지되 나고 사라짐 없는 진여의 공덕
장을 비유함인가. 그렇다면 일고 지는 세간 물결 이랑 속에서 어떻게

진여의 공덕을 받아 쓸 것인가.
　정엄수(淨嚴邃)선사는 이렇게 노래했다.

　　수메루산 바다 벗어나 하늘 밖에 비꼈는데
　　남북동서에서 그 가를 보지 못하네
　　한 폭의 흰 비단에 그리지 못하여
　　마침내 천하를 가져다 사람에게 전해주네

　　彌盧出海橫天外　南北東西不見邊
　　一幅素練描不得　竟將天下與人傳

학담도 한 노래 더하리라.

　　봄잠을 깨어서 홀연히 머리 돌리니
　　눈앞의 지는 꽃 붉은 빛이 뜰에 가득하네
　　봄날은 이미 저물고 새는 서쪽으로 나는데
　　암자 가운데 늙은 스님 마냥 한가롭네

　　春眠覺曉忽廻頭　眼前落花紅滿庭
　　春日已晚鳥飛西　庵中老僧也閑閑

두견새 소리 가에 성긴 경쇠소리 나네
〔客中春夜 : 나그네 길 가운데서 맞는 봄밤〕

뜬 세상의 번화한 꿈 속에서 놀라 깨
일어나 오니 산 달이 창에 와 밝네
봄마음에서 잠깐 깨어나 스스로 쓸쓸한데
두견새 소리 가에 성긴 경쇠소리 나네

浮世繁華夢裡驚　起來山月到窓明
春心暫覺自瀟洒　杜宇聲邊踈磬生

<u>평창</u>

　꿈속의 바쁘고 화려한 광경에서 깨어나 앞을 보니 산 달은 창에 밝고
두견새 소리에 경쇠소리 섞여 울리네.
　꿈을 깨고 나니 꿈속의 내가 없음인가, 꿈밖의 내가 있음인가. 조금
전 화려한 꿈속 풍치는 어디로 갔으며, 지금 쓸쓸한 이 광경은 어디서
왔는가.
　장산근(蔣山勤)선사의 한 노래 들어보자.

　　둘을 깨뜨려 하나를 짓고
　　셋을 나누어 여섯을 이룬다
　　염주알을 꿰니 수가 넉넉치 않고
　　남쪽별에서 손닿는 대로 북두별을 잡는다
　　몸을 돌려 툭 트여 열림에 닿으니
　　방의 창문은 바로 마루에 있네
　　달 옥토끼 해 쇠까마귀여
　　촛불을 돌려 켬과 같고
　　전하고 전하지 못함 얼음과 얻지 못함이여
　　언덕 위의 봄나뭇가지 푸르름인 것 어찌 알 건가

破二作一 分三成六
着串數珠數不足 南辰信手攀北斗
回身觸豁開 戶牖正當軒
玉兔金烏如轉燭 傳不傳得不得
那知陌上春條緣

위 게송은 그것에 그것 없음을 알 때 그것 아닌 그것이 이것 아닌
이것과 서로 통함을 노래하고, 해와 달이 서로 바뀌어 도는 것이 잎이
지고 새 가지 돋음과 같음을 노래한 것인가.
학담도 한 노래 더하리라.

　　빛과 소리 스스로 공하되 빛깔 소리 맑으니
　　산 달에 창 밝음이 내마음의 빛이네
　　두견새 소리 가에서 성긴 경쇠소리 들음이여
　　관세음의 설법하심을 듣지 않고 듣노라

　　色聲自空色聲明　山月窓明我心光
　　杜宇聲邊聞踈磬　觀音說法不聞聞

낚시를 거두어서 돌 끝에 걸었나니
〔漁翁 : 고기잡이 늙은이〕

바람과 바다가 큰 물결 일으킴을 깊이 알아
낚싯줄을 거두어서 돌 끝에 걸었네
날이 다하도록 팔 베고 한가히 잠들어서
나는 해오라기가 시든 얼굴 떨침을 알지 못했네

深知風海起波瀾　收却餘絲綸掛石端
盡日曲肱閑睡熟　不知飛鷺拂衰顔

평창

　큰 물결 침에 낚싯줄을 거두니, 실로 마주함이 없는 곳에서 마주함
을 두는 뜻인가. 해오라기가 얼굴 스치되 깊이 잠들었으니, 아는 자와
아는 바가 어울려 닿음〔觸〕을 이루되 닿음에 실로 닿음이 없음이로다.
　옛 선사〔海印信〕는 이렇게 노래했다.

　　한 법도 보지 않는다 해도 큰 허물이니
　　푸른 물 넘쳐 흘러 푸른 개울에 쏟는다
　　꽃이 피는 구름 고개에는 한 가지의 꾀꼬리요
　　나뭇잎 지는 강하늘에는 몇 소리의 기러기로다

　　不見一法大過患　淥水滔滔瀉碧澗
　　花開雲嶺一枝鶯　木落江天數聲鴈

　눈앞에 펼쳐진 온갖 법에 한 법도 볼 것이 없기 때문에 온갖 차별법
이 불꽃 일 듯 일어나는 것이니, 천동각(天童覺)선사는 이렇게 노래
했다.

꽁꽁 얼어 잠든 눈 쌓인 집에 한 해가 바삐 저무는데
으슥한 사립문이 밤새도록 열리지 않네
싸늘히 마른 나무 동산의 숲에 변하는 꼴 살피니
봄바람이 입춘날 부는 통 속 재를 불어 일으키네

凍眠雪屋歲摧頹　窈窕蘿門夜不開
寒槁園林看變態　春風吹起律筒灰

학담도 한 노래 더하리라.

모든 법이 남이 없되 불꽃 일듯 일어나니
큰 바다 만 물결과 바람 정함이 없도다
만 가지 모습 펼쳐져도 도로 고요하나니
고깃배는 옛과 같이 갈대밭에 자도다

諸法無生熾然生　大海萬波風無定
萬象參羅還寂然　魚舟依舊宿蘆花

꽃 지는 동쪽 벌판 물새가 나네

〔春日見故人因憶曾遊處 : 봄날 옛 사람을 보고 일찍이 놀던 곳을 기억하여〕

일찍 금강산과 태백산에 오를 때
길이 서울을 거치므로 그의 사립을 두드렸네
절이 푸른 강위에 있음을 멀리서 아니
꽃 지는 동쪽 벌판 물새가 나네

曾上金剛太白時　路由京國扣渠扉
遙知寺在淸江上　花落東原水鳥飛

평창

　멀리 금강산과 태백산을 오르며 오래 알던 벗의 집이 서울이므로,
지나던 길에 그의 집 사립문을 두드렸다. 그러나 사람의 만남이 눈을
들어 홀연히 푸른 산을 봄과 같으니, 어찌 그곳이 내가 머물 곳이랴.
멀리 바라보니 푸른 강 위에 절이 있고 하늘 가에는 물새가 난다.
　옛 선사〔東林惣〕의 한 노래 들어보자.

　　남쪽 산에 비 내리는데 북쪽 산에는 구름이고
　　하늘 위는 가을인데 땅 밑은 봄이로다
　　눈썹털 치켜올려서 분명함을 가리면
　　달 속에서 기린을 보는 것보다 좋으리

　　南山下雨北山雲　天上中秋地下春
　　眨上眉毛辨端的　好於月裏看騏驎

　달 속에서 기린을 보는 것이 그 무슨 기특한 도리일 것인가. 설봉선
사가 망루정과 오석령에서 총림대중을 바라본 소식이리라.
　해인신(海印信)선사는 이렇게 노래했다.

동쪽과 서쪽 남쪽과 북쪽 조주의 문을
가고 오는 길 가는 사람 어찌 따질 수 있으리
돌여인은 소를 타고 뒷골로 돌아가고
나무아이 피리 불며 앞 마을을 지난다

東西南北趙州門　往復行人孰可論
石女跨牛歸後洞　木童吹笛過前村

학담도 한 노래 더하리라.

옛날 산에 오름에 그와 같이 했지만
본래 합하지 않았는데 헤어져 어디로 갔는가
봄의 신이 한 번 가니 백 가지 꽃 불타듯 한데
오늘 서로 만남이여 꽃 향기 가운데네

昔日登山與渠同　從來不合離去何
東君一行百花爛　今日相逢花香中

남쪽 들판 비 개인 산의 빛깔 깊은데

〔聞鸎 : 꾀꼬리 소리를 듣고〕

사월 남쪽 들판 비 개인 산의 빛깔 깊은데
물가 버들의 푸르름은 낮게 늘어져 그윽하네
꾀꼬리 옥 같은 부리가 말재간 흘림을 싫어하여
봄의 신 지어내는 마음을 도리어 놀리네

四月南郊霽色深　水邊楊柳綠沉沉
嫌渠玉觜流言巧　却弄東君造化心

평창

　여기 봄날 피어나는 꽃이 있고, 꽃을 피우는 봄의 신〔東君〕이 저기
있는가. 피는 꽃 밖에 봄의 신이 없으니 봄의 신이여. 꽃이 꽃 아니되
꽃 아님도 아님을 보아야 하는 것이다. 그러므로 청매선사는 그 뜻을
꾀꼬리의 무리가 봄의 신의 지어내는 마음을 놀린다고 한 것이리라.
　대수선사(大隨禪師)에게 어떤 승려가 '천산 만산에서 어떤 것이 대
수산입니까' 물으니, '천산 만산이다'고 답한 대수선사의 법어에 붙인
장산전(蔣山泉)선사의 다음 노래 들어보자.

　　손닿는 대로 집어와 의심치 않으니
　　구름 가운데 만 길 산이 높고 높도다
　　가고 오는 납자들은 얼마인 줄 아는가
　　눈을 든들 어찌 일찍이 대수산을 알 건가

　　信手拈來不用疑　雲中萬仞峭巍巍
　　往來衲子知多少　舉目何曾識大隨

　남명천(南明泉)선사는 이렇게 노래했다.

서릿바람 땅을 스쳐 마른 풀을 쓰는데
뉘라서 봄의 신 그 소식이 이미 돌아옴을 느꼈는가
오직 고갯마루 매화가 먼저 흘려 보여서
한 가지 홀로 눈 가운데를 향해 피었네

霜風刮地掃枯荄　誰覺東君令已廻
唯有嶺梅先漏洩　一枝獨向雪中開

학담도 한 노래 더하리라.

봄꽃과 봄의 신을 모두 놓아버리고
법의 집착 머물지 않고 다 꿰뚫어 벗어나니
버들 늘어진 곳에서 법의 향내를 맡고
산새 지저귀는 때 남이 없음 노래하리

春花東君都放下　不住法執盡透脫
楊柳垂處聞法香　山鳥唪時歌無生

해는 부상에서 뜨려는데 새벽 종을 치도다
〔金剛山 : 금강산에서〕

푸른 바다 서쪽가 만 길의 봉우리
금강으로 이름 삼으니 옥의 얼굴이로다
높은 곳 올라 하룻밤 봄꿈을 놀라 깸이여
해는 부상에서 뜨려는데 새벽 종을 치도다

青海西邊萬仞峯　金剛爲號玉爲容
上方一夜驚春夢　日欲生桑打曉鍾

평창

"산은 어찌 높은 멧부리 가에 그치는가〔山何嶽邊止〕."
산이 산 아니되 산 아님도 아니고, 높은 멧부리가 멧부리 아니되 멧
부리 아님도 아니기 때문인가. 낮은 산 높은 멧부리가 모두 법 가운데
왕〔法中王〕이로다.
비록 그러나 저 금강을 만산의 왕이라 하니, 그 얼굴 옥과 같고 부상
의 떠오르는 해를 아침마다 맞이해서 그러함인가.
원오근(圜悟勤)선사의 한 노래 들어보자.

바늘눈의 물고기가 대천계를 삼키고
모기 멸구 벌레가 수메루산 뱉어내네
큰 허공이 모두 싸서 흘려 남김 없는데
만 가지 무리가 온전히 손가락 사이 돌아간다

鍼眼魚呑大千界　蠓蠛虫吐妙高山
大虛包括無遺漏　萬彙全歸指掌間

일어나 다시 사라지고 가고 다시 옴이여

돌다리를 밟아 끊으니 온몸이 검은데
화정봉이 천태산인 줄 어찌 알리요

起復滅 去還來

石橋踏斷通身黑　那知華頂是天台

　화정봉은 천태산 가운데 가장 높은 봉우리로, 천태선사가 그곳에서
나가의 대선정으로 마라를 항복받은 곳이다. 원오선사가 '화정봉이 천
태산인 줄 어찌 알리요'라고 말하니, 차별된 만법이 같음 가운데 다름
아닌 다름인 것을 들어 그리 말함이리라.
　학담도 한 노래 더하리라.

　금강은 묘하게 빼어나 만 길의 봉우리인데
　본 자리를 떠나지 않고 만방을 감싸네
　앉아서 만 봉우리와 만 가지를 끊었는데
　물은 흐르고 구름 일며 해는 부상에 뜨네

金剛妙勝萬丈峯　不離本位包萬邦

坐斷萬峯與萬類　水流雲起日扶桑

고개 위 잔나비 우는 곳 찬 구름은 깊어라

〔悲秋 : 가을을 슬퍼함〕

바람이 서리 내린 꽃 흔들어 새벽숲 물들이는데
고개 위 잔나비 우는 곳 찬 구름은 깊어라
비단수 같은 가을 빛 좋다고 말하지 말라
산에 막힌 병든 나그네 마음에 맞지 않도다

風動霜華染曉林　嶺猿啼處冷雲深
休言綿繡秋光好　不稱關山病客心

평창

　저 경계가 어찌 다만 마음 밖 경계이리. 경계를 보면 이미 마음의
경계로다. 비단수 같은 가을 빛 비록 아름다우나, 시름 깊은 병든 나그
네의 마음에는 시름 겨운 가을빛이네.
　그렇다면 저 경계가 경계 아님을 깨달아야 시름 겨운 나그네의 마음
속 시름 또한 허깨비의 꿈이 되는가.
　보영용(保寧勇)선사가 노래했다.

　　가을 밤 서리 내린 하늘에 달이 바로 밝은데
　　별들의 모습 우러러 보니 이제 삼경이로다
　　한 줄기 큰 길이 손바닥 같이 평탄하니
　　돌아감이 어찌 새벽까지 걸음에 거리끼리

　　秋夜霜天月正明　仰觀星像約三更
　　一條大路平如掌　歸去何妨徹曉行

　자항박(慈航朴)선사는 이렇게 노래했다.

금향로에 향 다하고 물시계 소리 시드니
사뿐사뿐 가벼운 바람 굽이굽이 차가웁네
봄 빛깔에 사람 시달려 잠 못 이루는데
달이 꽃 그림자 옮겨다 난간 위에 올리네

金爐香盡漏聲殘　翦翦輕風陣陣寒
春色惱人眠不得　月移花影上欄干

학담도 한 노래 더하리라.

하늘의 한 달에 비록 마음 없으나
사람 마음에 시름 있으니 뜻은 만 갈래네
세간소리 듣는 보디사트바의 큰 자비여
흐름 따라 넓은 문에서 묘한 응함 나투시네

天中一月雖無心　人心有愁情萬端
觀音菩薩大慈悲　隨流普門現妙應

서리 내린 나뭇잎 쓸쓸히 물가에 지는데

〔寄雙彦侍者 : 쌍언시자에게 부침〕

서리 내린 나뭇잎 쓸쓸히 물가에 지는데
서쪽 누각 홀로 기댄 이 다른 고향 사람이네
그대들 많이 빗자루 들어 아침저녁을 이어 쓸이여
향과 불의 인연 가운데 다시 새롭게 함이네

霜葉蕭疎落澗濱　西樓獨倚異鄉人
多君奉帚連朝夕　香火緣中所更新

평창

　　이미 이곳이 본래의 고향인데 부질없이 먼 고향 그리워하고, 지금
이 때가 본래 이루어진 니르바나의 때인데 날마다 공덕의 업을 지어
니르바나 얻으려 하니 이것이 도리어 어리석음인가.
　　그러나 이 법은 닦아 얻음이 아니지만 본래 이루어진 것을 관념적으
로 지켜서도 안 되니, 성현 앞에 늘 향불을 올려 공양하되 지음 없이
그 공양을 지으면 그 때가 좋은 소식의 때이리라.
　　옛 선사〔丹霞淳〕의 한 노래 들어보자.

　　　　고국이 맑고 태평한 지 여러 해가 되었는데
　　　　흰 머리 되도록 오히려 그리워해 마음을 내네
　　　　소 치는 아이 도리어 공덕의 업 잊을 줄 알아서
　　　　게을리 소를 놓고 채찍도 잡지 않네

　　　　故國淸平久有年　白頭猶自戀生緣
　　　　牧童却解忘功業　懶放牛兒不把鞭

　　망상의 진실이 곧 남이 없음을 깨달아 중생이 중생이라는 모습〔衆生

相]을 놓아버리면, 중생 중생이 이미 여래의 위없는 깨달음을 짊어진 것이다.

　중생의 모습을 모습으로 붙들고 도를 찾는 이들이 중생의 모습을 끊고 거룩한 도 닦음을 잊지 못해 중생됨의 굴레를 벗지 못하는데, 소치는 아이는 도리어 나〔我〕와 소〔牛〕를 잊어 채찍도 잡지 않는구나.

　학담도 한 노래 더하리라.

　　　향을 살라 붇다께 올려 향과 불이 새로우니
　　　서리 내린 잎 오는 해에 새 가지가 돋으리
　　　누각에 기댄 나그네 고향달을 바라봄이여
　　　이곳에는 잎 지는데 저기서는 꽃이 피리

　　　燒香奉佛香火新　霜葉明年新條生
　　　倚樓客人望鄕月　此處葉落彼花開

푸른 산의 끝없는 붉은 꽃 다하지 않았네
〔鄕思 : 고향을 생각함〕

머리 희도록 살아온 삶 더욱 쑥대 같은데
하늘 남쪽 가을생각 가는 기러기에 부치네
서녘 바람 비를 불어 밤새 지나갔지만
푸른 산의 끝없는 붉은 꽃 다하지 않았네

白首生涯轉若蓬　天南秋思寄歸鴻
西風吹雨過前夜　不盡靑山無限紅

평창

　이곳이 이곳 아닌 이곳이고 저곳이 저곳 아닌 저곳인 줄 알면, 이곳
에 앉아 저곳을 떠나지 않으니 어찌 따로 고향 소식 찾으리.
　장산천(蔣山泉)선사는 이렇게 노래했다.

　　동은 동이고 서는 서라 스스로 높고 스스로 낮으니
　　구름은 큰 빛에서 나고 달은 찬 개울을 비추네
　　봄빛은 이미 바람과 비 따라 흩어졌는데
　　늙은 꾀꼬리 아직도 잎 사이의 지저귐을 그리네

　　東東西西自高自低　雲生大華月照寒溪
　　春色已隨風雨散　　老鸎猶戀葉間啼

　위 게송은 흩어진 봄빛 그 속에 가되 가지 않는 겁 밖의 봄소식이
있는데, 가는 봄을 안타까워해 쓸쓸한 노래 그치지 않는 어리석음을
경책함이리라.
　단하순(丹霞淳)선사의 한 노래 들어보자.

한 조각 비어 밝음이 본래 묘하게 두렷하니
그 가운데는 바름도 아니고 또한 치우침도 아니다
보배봉우리 상서로운 풀 뿌리도 없고 꼭지도 없어
봄의 공력 기다리지 않고 빛깔이 스스로 산뜻하네

一片虛明本妙圓　箇中非正亦非偏
寶峰瑞草無根蔕　不待春功色自鮮

학담도 한 노래 더하리라.

붉은 얼굴 흰 머리 서로 가기 어떠한가
붉음은 붉음이고 흰 빛 희어 본래 스스로 그러하네
때가 옮겨가지 않아 지금 때가 참됨이니
눈 속 매화에 그윽한 향이 돋아나네

紅顔白首相去何　紅紅白白本自然
時不遷移今時眞　雪裏梅花暗香生

호남과 영남의 강과 산 꿈 밖의 가을이네
〔有懷 : 품은 생각이 있어서 노래함〕

팔월 서리 내린 숲 붉은 빛이 눈에 가득한데
오경 늦은 밤 찬 베개에 문득 머리에 흰 털이 나네
지금 홀로 서쪽 누각 위에 누웠는데
호남과 영남의 강과 산 꿈 밖의 가을이네

八月霜林紅滿眼　五更寒枕白生頭
從今獨臥西樓上　湖嶺江山夢外秋

평창

　지금 눈에 드러난 서리 내린 붉은 숲 강과 산이 그것 아닌 그것인
줄 알면, 강과 산이 그대로 진여인 강과 산이 되므로 청매선사는 '영남
과 호남의 강과 산이 꿈밖의 가을'이라 했는가.
　이는 아마도 외적의 난으로 초토화된 영남과 호남의 땅에서 꿈 밖의
봄과 가을에 다시 발을 대고 새 희망의 봄을 기다리는 마음을 노래한
것이리라. 그것이 바로 해인신선사가 말한 눈 속 매화송이 싹이 트는
소식인가.
　해인신(海印信)선사의 다음 노래 들어보자.

　　사람들이 뜰 앞의 잣나무를 묻는데
　　나는 고개 남쪽 나그네로다
　　돌이켜 생각하니 섣달의 하늘
　　눈 속에 매화송이 싹이 트리

　　人問庭前栢　予是嶺南客
　　翻思臘月天　雪裏梅花坼

이 인연의 땅에서 가되 가지 않는 꿈 밖의 소식을 보면, 눈 속의 매화 향을 맡은 것인데 어찌 찬 베개에 누워 가버린 봄소식을 그리워 눈물만 지을 것인가.

절망과 좌절의 땅, 그 밑에는 새로운 생명의 싹이 움터오고 있는 것이다.

학담도 한 노래 더하리라.

호남과 영남의 강과 산 먼 하늘 가을인데
서쪽 누각 자는 꿈에 서리 내린 잎이 붉어라
길 위에 나그네는 그 어디 머무는 곳 없으나
누각 위 홀로 누워 개울물 소리 듣노라

湖嶺江山遠天秋　西樓臥夢霜葉紅
路上客人無住處　獨臥樓上聞溪聲

만민이 고기처럼 죽는 참상 어찌 다하리

〔壬辰夏 : 임진년 여름에〕

서울까지 세 큰 고을이 같이 적의 칼에 떨어지니196)
만민이 고기처럼 죽는 참상 어찌 다하리
임금 가마 한 번 스스로 모래고개 넘었으니
열 해 좌선하던 창에서 가슴만 칠 뿐이네

三洛同時陷賊鋒　萬民魚肉慘何窮
鸞輿一自踰沙嶺　十載禪窓但叩胸

평창

　저 외적의 침략으로 삼도가 도탄에 빠졌는데, 왕의 가마가 백성을
버리고 저 압록강가로 피난 가는 모습에 가슴치며 통탄하는 노래이다.
　자비의 보디사트바는 이처럼 중생이 아파하면 함께 아파해 그 속에
들어가 중생을 건네주고 중생의 고통을 없애주며 휴식과 안락을 안겨
주는 분이다. 이 오탁의 물든 역사〔五濁惡世〕속에 그런 분이 누구인
가. 때로 창과 칼을 들어 지옥업을 짓는 중생을 엄하게 꾸짖지만, 자비
의 손길로 중생을 거두어주는 청매선사가 바로 자비 보디사트바의 화
현이시다.
　청매대사는 선사(禪師)로서 종안(宗眼)과 혜안(慧眼)을 갖춘 본분
의 작가〔本分作家〕이지만, 중생을 위해서라면 지옥불에 들어가서 연
꽃을 피우는 크나큰 원력〔大願力〕의 보디사트바인 것이다.
　남쪽별과 북두가 자리를 옮길 수 있으므로 보디사트바가 지옥에 들
어가면 지옥이 연꽃밭이 되게 하는 것이니, 옛 선사〔保寧勇〕의 한 노
래 들어보자.

---

196) 삼락〔三洛〕 : 락(洛)은 물이 있는 고을이니, 낙동강·금강·한강이 있는
　큰 고을을 뜻하는 듯함.

남쪽별과 북두가 홀연히 자리를 옮기니
네 바다와 아홉 고을이 물 끓듯 하였네
파사익왕의 코가 하늘을 버티었고
누지여래는 발로 땅을 밟고 있도다

南星北斗忽移位　四海九洲如鼎沸
波斯匿王鼻拄天　樓至如來脚踏地

학담도 한 노래 더하리라.

다섯 가지 흐린 세상 가운데서 도병겁이 이르니
태평세상이 홀연히 아비지옥으로 변했네
청매노사 자비의 원이 중생 고통 대신함이여
관세음이 세간에 나와 칼산이 꺾임이로다

五濁世中刀兵至　太平忽變阿鼻獄
禪老悲願代衆苦　觀音出世刀山摧

한 조각 오랑캐의 군대 깃발 조령에 나니

〔洛中 : 물 가운데서〕

봄 깊은 모란 뜰에 노랫가락 가는데
해는 길어 궁전 옥대 춤추는 소맷자락 길도다
한 조각 오랑캐의 군대 깃발 조령에 나니
목메어 우는 소리 하늘 끝에 사무치네

春深花院歌謠細　日永瑤臺舞袖長
一片夷麾生鳥嶺　哭聲嗚咽達窮蒼

평창

　조령에서 조선군이 왜군에 패배해 백성들이 목 놓아 울고 있는데 궁전에 모여 있는 왕과 지배자들은 술상과 노래 춤 잔치가 그치지 않는다.
　백성의 피로 산천이 물들고 민중의 목 놓아 우는 소리가 하늘을 뒤흔드는데, 이 얼마나 통탄할 일인가. 인간세상 가운데 칼지옥 불지옥이 있다는 옛 성인의 말씀이 어찌 헛된 말이리.
　그러나 큰 지혜의 사람은 중생 가운데 때로 붇다의 손을 내밀고 나귀의 발을 내보여 중생을 건지며, 보디사트바의 자비는 칼산지옥 화탕지옥의 고통 가운데 나는 것인가.
　원오근(圜悟勤) 선사는 이렇게 노래했다.

　　배움 없음을 손가락 튕길 사이 뛰어넘고
　　두렷 통함에 귀뿌리가 깨끗하네
　　들음과 듣지 않음 뚫어 벗어났으니
　　묘하고 묘하도다, 관세음의 행이여

　　無學彈指超　圓通耳根淨

透出聞不聞　妙哉觀音行

방망이 끝에서 금강왕을 가리켜 내니
험악한 길 가운데서 나루가 되네

棒頭指出金剛王　嶮惡道中爲津梁

관세음의 자비행이여. 들음과 듣지 않음, 모습과 모습 없음을 뛰어넘어 온갖 모습의 소용돌이에서 모습을 벗어나 모습 아닌 모습을 나타내 저 중생을 해탈의 저 언덕에 건네줌이다.
　청매선사(靑梅禪師), 그를 어찌 다른 누구라 하리. 이 악세(惡世)에 청구(靑丘)의 땅에 나타나신 관세음의 모습이라 할 것이다.
　학담도 한 노래 더하리라.

죽이고 빼앗는 원수 도적이 갑자기 쳐들어오니
민초들의 울음소리 아홉 하늘에 사무쳤네
허깨비 같은 삼매로 세간 건져주는 자비의 행이여
허깨비 같은 중생 건네주되 건네줌 없어라

劫殺怨賊掩襲來　民草哭聲達九天
如幻三昧救世行　如幻衆生度無度

이백 년 영화가 버들꽃이 물에 흘러감 같네

〔春夢 : 봄꿈을 말함〕

산막걸리에 실컷 취해 근심을 풀었는데
바람이 봄꿈을 몰아 왕의 고을 이르렀네
장안의 이백 년 지난 앞의 일들이여
다만 버들꽃이 물에 떠서 흘러가네

恣醉山醪爲解愁　風驅春夢到王州
長安二百年前事　只有楊花泛水流

평창

　성리학(性理學)과 숭명사대(崇明事大) 밖에 몰랐던 조선사대부 지
배세력들이 이백 년 권력을 누리다 왜군의 침입 앞에 뿔뿔이 도망치
고, 민초들이 나라땅을 지키며 적과 싸우는 모습을 보고 그 감회를
노래한 것이다.

　조선 지배세력들이 출가승려들을 팔천(八賤)으로 내몰고 억불(抑
佛)의 사상적 탄압을 가했지만, 그 신분적 억압 속에서도 청매선사와
당대 출가사문들은 창칼을 들고 일어나 역사의 공업(共業)을 앞장서
짊어지고 구세의 대비행을 보여주었으니, 관세음(觀世音)의 천 손 천
눈을 어찌 멀리 구할 것인가.

　그리고 청매선사는 이백 년 조선왕조의 지난 날이 버들꽃이 물에
떠서 흘러감과 같다고 비탄의 노래 부르니, 왕업의 덧없음 속에서도
민중의 삶은 흐르는 물처럼 장구함을 보여주는 것이리라.

　인간세상 권세와 지배의 헛된 꿈이여. 수메루산도 끝내 무너지는데,
세간의 권세와 영화가 어찌 영원할 것인가.

　열재거사(悅齋居士)는 이렇게 노래했다.

　　한겨울에 만 가지 복으로 건강하시고

추운 때 길 가운데서 잘 지내시네
한 번 차서 큰 바다를 둘러 엎으며
한 주먹에 수메루산 쳐서 넘어뜨린다

仲冬尊候萬福　時寒途中善爲
一踢踢飜大海　一拳拳倒須彌

위 게송은 끝내 무너질 큰 바다와 수메루산의 모습이 모습 아닌 줄
알 때 참된 행복의 길이 있음을 말한 것인가. 세간 영화의 덧없음 속에
서 참으로 덧없지 않는 지혜의 목숨을 알아야 할 것이다.
　학담도 한 노래 더하리라.

왕성의 영화가 봄날 꿈과 같으니
버들꽃은 물에 떠서 흐름 따라 가도다
그 가운데 만약 남이 없는 뜻을 깨치면
불 속의 연꽃 그 열매는 무너지지 않으리

王城榮華如春夢　楊花泛水隨流去
個中若了無生意　火裏蓮華實不壞

저 소나무 맑은 마음 가을산 조각달이 같이하네
〔病松 : 병든 소나무〕

바위에 웅크려 구름 붙들고 있는 늙고 푸른 봉우리
가지는 시들어 못남을 안고 병에 맡겼네
맑은 마음 애쓴 절개 아는 사람 없는데
도리어 가을의 산 조각달과 같이하네

踞石扶雲老碧峯　支羸抱拙任龍鐘
淸心苦節無人識　却與秋山片月同

평창

　바위가의 늙고 병든 소나무가 어찌 산 속의 시들어가는 소나무일
건가. 나라가 누란의 위기에 빠졌을 때 누가 몸 바쳐 싸웠는가. 전쟁
당시 허명만을 좇는 세간 권세가들은 진실로 전화 속에서 내세울 공이
없으면서도 자리다툼하고 높은 이름을 차지하기 위해 패거리지어 싸
우고 있었다.
　그에 비해 사회의 밑바닥에서 힘들게 살았던 민초들과 수도승들 지
방 의병들은 몸을 던져 싸운 뒤 전쟁 끝에 병들어 누워있었으니, 병든
소나무는 그를 말하리라.
　그러나 그 맑은 마음과 곧은 절개는 가을산 조각달이 함께하니 천추
에 그 아름다움은 시들지 않으리라. 깊고 깊은 마음으로 세간 받드는
이들이여. 거친 세상 물결에서도 그 흐름을 따르되 그 물결에 빠짐이
없으니, 그가 바로 잘 가는 자이다.
　옛 선사의 한 노래 들어보자.
　진정문(眞淨文)선사는 이렇게 노래했다.

　　높은 데로 옮기고 낮음에 나아가 비록 권세 부리지만
　　해탈문이 열려있는데 참으로 가엾도다

공왕의 참으로 묘한 비결 얻지 못하면
소리와 빛깔을 움직여 따라 얽매여 끌리리라

移高就下縱威權　解脫門開信可憐
不得空王眞妙訣　動隨聲色被拘牽

진정문선사의 게송처럼 공왕(空王)의 비결을 얻지 못하면, 있음과
없음·가짐과 못 가짐·빼앗음과 빼앗김, 이와 같은 인간사회의 갈등
과 모순을 해소할 길이 열리지 못할 것이다.
　학담도 한 노래 더하리라.

세간은 험하고 어려워 물결 이랑 높은데
물결 따르고 이랑 좇기 몇 년이던가
빛을 돌이켜 비추어서 흐름을 끊으면
슬퍼함에 떨어지지 않고 물결 이랑에 고요하리

世間險難波浪高　隨波逐浪幾多年
廻光返照截斷流　不墮怊然波浪寂

꽃 한 가지 높이 흔들어 앞의 일 감사드리네
〔訪崔故人 : 옛 사람을 찾아서〕

선정의 마음에 꽃이 져서 흩날리는 끈과 같음이여
산 남쪽에 뿔피리 불고 북 치는 사람 있어서네
약속이 있었지만 오지 않고 봄은 또 저무는데
꽃 한 가지 높이 흔들어 앞의 도와줌을 감사하네

禪心花落出紛綸　爲有山南扣角人
有約不來春又晚　一枝高拂謝前薰

평창

　옛날 은혜를 끼쳐주어 늘 그리는 사람이 산 남쪽에 있지만, 만날 약
속 지키지 못해 사람은 오지 않고 또 봄은 저문다. 선정에 있다 홀연히
머리 돌려 앞뜰을 보니, 뜰에 지는 꽃 흩날리는 끈과 같음은 산 남쪽
피리 불고 북 두드리는 이의 뜻이 전달되어 그런 것인가.
　멀리서 꽃가지 흔들어 고마운 뜻 전하니, 산 남쪽과 산 북쪽에 어찌
떨어진 틈이 있으리.
　단하순(丹霞淳)선사가 노래했다.

　　푸른 바다에 바람 없으면 물결 이랑 평탄하니
　　안개 걷힌 물 빛깔이 비어 달을 머금었다
　　찬 빛을 하나로 띠었으니 바라봄이 어찌 다하며
　　그 가운데 용이 뼈를 물림 누가 가릴 건가

　滄海無風波浪平　煙收水色虛含月
　寒光一帶望何窮　誰辨个中龍退骨

　위에서 용이 뼈를 물린다 하니, 물과 달의 찬 빛깔 속에 다함없는

풍류가 있음을 그리 노래한 것인가.

　선정의 마음이란 시끄러움을 피해 돌아가는 고요한 마음이 아니라 세계의 있음이 실로 있음 아님을 통달한 마음이 선정의 마음이니, 선정의 마음일 때 세계의 없되 없음 아닌 연기의 모습을 살필 수 있게 된다.

　그러므로 선정〔定; dhyāna〕일 때 지혜〔慧; prajñā〕이고 사마타(śamatha)일 때 비파사나(vipaśyanā)이니, 학담도 한 노래 더하리라.

　　　나고 사라짐이 본래 고요함을 깨달으면
　　　고요함에 머물지 않고 나고 사라짐을 살피네
　　　펄펄 날려 꽃이 짐 날리는 끈과 같으니
　　　세간의 연을 잊지 않고 중생은혜 갚도다

　　　若了生滅本寂然　不住寂滅觀生滅
　　　紛紛花落如紗綸　不忘世緣報衆恩

바다 놀이 처음 걷히자 저녁 빛이 붉은데

〔登眞歇臺 : 진헐대에 올라〕

(김부식에게 '뜬 구름 흐르는 물 같은 나그네가 절에 이르자, 산 달이 차츰 희어지고 울어대는 푸른 잔나비'라는 구절이 있으므로 여기에 미치어 노래를 짓는다.)

(金富軾 有浮雲流水客到寺 及山月漸白啼靑猿之句 故及之)

바다 놀이 처음 걷히자 저녁 빛이 붉은데
지나가는 나그네 지팡이가에 새의 길도 공하네
펼친 자취 아득하니 어느 곳에서 물으리
한 가지 바위의 계수 봄바람을 띠고 있네

海霞初卷夕陽紅　過客筇邊鳥道空
陳迹杳茫何處問　一枝巖桂帶春風

평창

지팡이 짚고 가는 나그네 눈에 바다의 놀이 그치자 지는 해가 붉다. 이것이 어찌 다만 있다가 없어지고 생겼다가 사라지는 빛일 것인가. 있음 속이 곧 있지 않음을 알면 바위의 계수 가지에 새 봄바람이 다시 불어 새 가지 돋아남을 보리라.
단하순(丹霞淳)선사는 이렇게 노래했다.

묘봉의 높은 꼭대기가 두루 비옥하나니
하늘이 낸 신령한 싹 땅에 닿지 않았네
푸른 잎이 바람 없이도 늘 스스로 흔들리니
맑은 향이 어찌 봄빛의 아리따움 쫓으리

妙峯高頂徧肥膩　天産靈苗不觸地

翠葉無風常自搖　淸香那逐春光媚

　시절인연 떠나지 않되 시절인연 따라서 사라지지 않는 맑은 꽃향기
는 어찌해야 늘 맡을 수 있는가.
　학담도 한 노래 더하리라.

　　지나는 나그네 온 곳 없고 이르는 곳 없으니
　　어젯밤과 오늘 하늘의 달은 한 모습으로 밝네
　　눈앞 천 이랑의 구름에 뿌리가 없음이여
　　개울 흐르는 물소리 앞과 같이 듣노라

　　過客無從無所到　昨今天月一樣明
　　眼前千頃雲無根　偃溪水聲依前聽

덕을 베풂은 반드시 갚음 받으려 함 아니고

〔施食烏鳶喜 : 까마귀와 솔개에 먹이를 베푼 기쁨〕

덕을 베풂은 반드시 갚음 받으려 함 아니고
까마귀에 밥 주는 것 오는 인연 맺음이 아니네
내가 이제 첫 계 지님을 알고 다시 가엾이 여기며
다 먹고서는 도로 지붕 끝에서 자고 있네

施德應須不報邊　飯烏非是結來緣
更憐解我持初戒　食訖還從屋角眠

평창

　줌이 있고 받음이 있으며 주는 물건에 모습의 집착이 붙으면 참된
보시가 아니다. 주고 받음이 없고 모습에 모습 떠나면 한 톨의 보시가
시방세계를 머금으리라.

　모습에 모습 없음을 깨친 반야가 보시를 참된 보시가 되게 하니, 덕
을 베풀고 그 갚음을 구하며 좋은 인연을 지어 오는 생 나고 죽음의
인연을 반복하면 이는 해탈의 길이 아니다. 그러므로 반야경은 '프라
즈냐파라미타가 다섯 가지 파라미타를 이끈다' 했으며, 영가선사는
'반야로 인해 그 보시가 비좁아 막힘이 없다' 했으리라.

　지금 내가 저 까마귀에게 밥을 주지만 까마귀가 이제야 공덕 짓는
나에게 자기를 죽이지 않고 '산 목숨 죽이지 않는 계〔不殺生戒〕' 지닌
나를 가엾이 여긴다고 말하니, 은혜 받는 이가 도리어 은혜 주는 자이
다. 그렇다면 은혜 줌은 어디 있고 받음은 어디 있는가.

　단하순(丹霞淳)선사는 이렇게 노래했다.

　　달이 솔그림자 높고 낮은 나무를 먹어 비추고
　　해가 못 가운데 위와 아래 하늘을 비춤이여
　　환히 빛나 뜨거운 하늘이 한낮이 아니요

둥글고 둥근 가을밤은 둥근 줄을 모르네

月篩松影高低樹　日照池心上下天
赫赫炎空非卓午　團團秋夜不知圓

학담도 한 노래 더하리라.

해와 달이 허공에 있어 만 가지 것 비추나
비추는 자도 마음 없고 받는 자도 그러하네
보디사트바가 모습 없고 또한 생각 없으면
큰 보시의 문이 열려 비좁아 막힘 없으리

日月當空照萬物　照者無心受者然
菩薩無相亦無念　大施門開無壅塞

한 개울 흐르는 물 소리가 높은 베개에 오는데

〔溪聲好向月中聞 : 개울물소리를 달빛 가운데 듣기를 좋아하며〕

신선의 물시계 물 처음 떨어져 이경이 되려는데
등을 걸고 외로이 누워 꿈 이루기 어려워라
한 개울 흐르는 물 소리가 높은 베개에 오는데
하물며 다시 서쪽 창에 흰 달이 기울음이겠는가

仙漏初沉欲二更　懸燈孤臥夢難成
一溪流水來高枕　況復西窓白月傾

평창

　사물이 일어나고 사라지므로 때〔時〕가 분별되고 철〔節〕의 앞뒤가
생겨난다. 사물이 나되 남이 없으니〔生而無生〕때와 철이 어디에 있으
며, 사물이 남이 없이 나니〔無生而生〕때와 철이 어디에 없으리.
　한밤 누워 쉬는 보디사트바의 마음에 세간 중생 생각하는 아픔이
있으니, 어찌 깊은 잠이 함께하리.
　흐르는 물소리가 베개에 이르고 창에 흰 달 비추는 이곳이 법계의
땅이니, 보디사트바의 세상 걱정하는 시름 밖에 어찌 참마음이 있겠
는가.
　단하순(丹霞淳)선사가 노래했다.

　　뭇 꽃이 피기 전에 매화가 먼저 터지고
　　만 가지 나무가 말라 떨어짐에 잣나무는 더욱 기이하네
　　구름 맑아도 체에 스미는 달그림자 드러내지 않는데
　　안개 가벼운들 어찌 바람 끄는 가지를 드러내랴

　　羣花未發梅先坼　萬木凋零栢轉奇
　　雲淡不彰篩月影　煙輕那露引風枝

하늘에 달이 있어도 맑은 구름에 가려 드러나지 않고, 가지에 바람이 나부껴도 가벼운 안개가 가지를 가려 가지가 드러나지 않는다. 그러나 그 가운데 매화가 피어 향내를 풍기고 여러 나무가 말라 잎이 진 곳에 잣나무는 더욱 기이하니, 만물의 드러남이 숨음이고 낱낱 사물이 법계에 몸을 감추고 법계인 몸을 드러냄인가.

학담도 한 노래 더하리라.

햇빛 속에서 산을 보니 눈에 가득 푸르름인데
서쪽 창 달 밝음에 개울물소리를 듣노라
때가 옮겨가지 않으나 때때로가 좋음이여
빛깔과 소리 두렷 통해 관음이 나오시네

日裏看山滿目靑　西窓月明聞溪聲
時不遷移時時好　色聲圓通觀音出

손을 맞잡고 붇다와 하늘께 기도하여
〔禮懺 : 붇다께 절하고 참회함〕

내가 홀연히 눈물에 잠겼으니
세간의 생각 떠나지 못했기 때문이리
비록 그렇게 우뚝하게 앉았으나
원숭이 날뛰는 마음 막기 어렵네
손을 맞잡고 붇다와 하늘께 기도하여
신통으로 탐욕의 물듦 없애주길 바람이여
때를 따라 옛 업이 가벼워지니
이것이 더해 보살펴주는 영험이리

我忽淚潛然　爲未離世念
雖然坐兀兀　猿心且難掩
叉手禱佛天　神通除慾染
隨時舊業輕　是乃加護驗

평창

붇다께 절하고 참회하면 왜 업이 가벼워지는가. 중생의 업의 장애가
본래 공하기 때문이고, 지금 중생의 망상의 땅을 떠나 보디가 없기
때문이니 중생의 망념을 떠나 붇다 구함을 쉬어야 한다.
그러므로 수트라의 가르침은 물이 높은 언덕에서 나온다고 한 것이
니 중생 망상의 언덕에 지혜가 있다는 뜻이리라.
옛 선사〔慈明〕의 말 들어보자.

자명에게 어떤 승려가 물었다.
"어떤 것이 붇다입니까?"
선사가 말했다.

"물이 높은 언덕에서 나옴이다."
그리고는 이렇게 노래를 지었다.

"물이 높은 언덕에서 나옴 매우 기이한데
참선하는 사람은 알지 못해 눈이 저리네.
만약 진흙 물의 구절을 밝히지 못하면
등롱과 돌기둥이 하하하 웃으리라."

水出高原也大奇　禪人不會眼麻彌
若也未明泥水句　燈籠露柱笑哈哈197)

　물이 높은 언덕에서 나온다고 한 것은 법화경(法華經)의 말씀이니,
숭승공(崇勝珙)선사 또한 다음 같이 노래했다.

물이 높은 언덕에서 나오니
빛깔이 맑고 또 차갑도다
다들 붇다를 보았다고 하나
누가 그 까닭을 가릴 것인가
귀를 씻는 것도 쉽지 않으나
소 마시게 하는 것은 다시 어렵다

水出高原　色淸且寒
皆云見佛　誰辨來端
洗耳非易　飮牛更難

개울물이 어찌 머물 수가 있으리
끝내 큰 바다에 이르러 큰 물결 이룬다

溪澗豈能留得住　終歸大海作波瀾

---

197) 慈明因僧問 如何是佛 師云水出高原 乃作頌 水出高原也大奇 禪人不會眼麻
彌 若也未明泥水句 燈籠露柱笑哈哈

숭승공선사의 노래처럼 메마른 높은 언덕에서 물이 나와 큰 바다에 이르러 큰 물결 이룬다.

물이 본래 맑으나 물의 맑고 흐림이 바깥 조건과 마시는 사람의 뜻에 따라 달라지므로, 숭승공은 소부와 허유가 더러워진 귀를 물로 씻고 물이 더러워졌다고 소를 끌고 위로 올라감으로 보였는가.

그러나 만 개울의 물이 흘러 모아든 저 바다에 한 방울 물도 없는 줄 알아야 참으로 공한 성품의 물[眞空性水]을 볼 수 있는 것이니, 학담도 한 노래 더하리라.

망상을 끊지 않고 참됨을 얻지 않으니
원숭이 마음 쉬지 않고 자비의 배를 띄우네
나와 붇다 공한 곳에 부르고 응함이 통함이여
붇다의 보살펴 생각해줌 의지하여서
뭇 중생을 건네줌 헤아릴 수 없네

不斷妄想眞不得　未歇猿心泛慈航
我佛空處感應通　依佛護念度無量

하루살이도 스스로 오래 사는 즐거움이라 말하네
〔行過洛陽 : 낙양을 지나며〕

옥으로 된 대궐집 금 누각 위에
밤낮으로 젓대가락 노래 소리이고
술과 고기 상 위에 가득 쌓여서
옷과 관 차린 이들 마루를 채웠네

스스로 하늘 위의 즐거움이라 말하나
여기의 빛나는 일에 지나지 않으니
옛과 지금 많은 사람들이지만
신선의 역사에는 이름과 성이 없어라

玉堂金閣上　日夜笙歌聲
酒肉堆床案　衣冠滿軒楹

自言天上樂　不過此華榮
古今如許人　仙史無姓名(一)

중생의 여섯 갈래 길 허망하게 일어나
태어나면 많이 애착하도다
생각 없는 하늘과 아비지카지옥은
목숨의 숫자 다할 끝이 없도다

길게 살아 오래도록 보려는 자들은
어찌 저 땅에 나지 않으려 하리
사마귀 모기 하루 저녁 살고서도
스스로 오래 사는 즐거움이라 말하네

六趣虛妄起　有生多愛着

無想及阿鼻　壽量無窮極

長生久視者　盍欲生彼域
蠐螟一夕生　自謂長生樂(二)

　궁전 안에서 쾌락의 노래 부르고 주지육림에 배를 채우며 하늘 위의
즐거움이라 하나, 참된 즐거움이 아니고 여기 이곳 탐욕으로 살아가
는 세상 잠깐의 즐거움이니, 그 즐거움이 어찌 신선 역사에 기록될
것인가.

　중생은 지금 탐욕으로 취한 경계를 붙들고 그 즐거움을 오래도록
누리려 하나, 기나긴 겁에서 보면 잠깐의 헛된 꿈으로 물거품과 같고
번갯불과 같다. 하루살이도 하루를 살면서도 스스로 오랜 목숨이라
말하나 잠깐의 목숨임을 어찌하리. 그렇다면 어찌 해야 긴 목숨 참된
즐거움을 누리리. 중생은 한 톨의 쌀 탐착하다 만겁의 식량 잃어버리
니, 옛 선사들의 노래 들어보자.

　정엄수(淨嚴邃)선사가 노래했다.

　　조짐이 아직 나지 않을 때 누가 주인인가
　　고요하고 고요한 온 바탕 일찍이 이지러지지 않네
　　큰 허공 본래 스스로 자물쇠 빗장 없는데
　　한 생각 어긋나면 만 칼과 어긋나네

　　朕兆未生誰是主　寥寥全體不曾虧
　　大虛本自無關鑰　一念參差萬劫違

　자수(慈受)선사는 이렇게 노래했다.

　　곳곳마다 푸른 버들은 말을 맬 수 있고
　　집집마다 문 앞은 장안으로 통한다

한 줄기 큰 길 평탄하기 손바닥 같은데
스스로 그 때 사람들이 발 두기 어렵다 하네

處處緣楊堪繫馬　家家門口透長安
一條大路平如掌　自是時人措足難

세간법의 나고 사라짐에 실로 남이 없고 사라짐이 없는 줄 알면 지금
이곳 한 생각 드러나는 곳〔現前一念處〕이 '헤아릴 수 없는 목숨〔無量
壽〕'의 땅인데, 나고 사라지는 세간법의 물결에 흘러 구르므로 긴 목숨
의 땅을 스스로 등지는 것인가.
　학담도 한 노래 더하리라.

　　본래 구할 것이 없는데 사람들이 많이들 탐욕하여
　　기나긴 겁 오래 생에 어찌 그리 헤맸는가
　　본래 바이로차나 붇다이고 곳곳이 고향이니
　　취하고 버림 놓아버리면 그 목숨 헤아릴 수 없네

　　本無所求人多貪　廣劫多生何多迷
　　本是毘盧處處鄉　放下取捨壽無量

홀연히 크게 웃으며 한산의 시를 한 번 읽노라
〔松臺獨坐 : 소나무대 위에 홀로 앉아〕

날이 다하도록 사람 볼 수 없는데
소나무대에 홀로 발을 맺고 앉았네
게을러서 세간의 일을 그만두고
맑고 맑아 같이할 좋은 무리도 없어라
처마에 나는 새는 하룻밤 빌려 쉬고
우물에 잎 지니 가을의 오동을 맞이함이네
인연 떠나 무엇이 바른 도인가
잠에서 일어나 고양이를 부르네

盡日無人見　松臺獨跏趺
踈慵罷世事　淡薄無良徒
簷飛借宿羽　井落迎秋梧
離緣何正道　睡起喚花奴（一）

홀연히 무릎 치고 크게 웃으며
한산의 시를 한 번 읽노라
책 가운데 한 말이 있으니
그대가 경전을 보는 것보다 낫도다
시를 읊조림은 내가 좋아하는 것이니
편지들은 꽂는 시렁에 거두었네
시가 어찌 거룩한 경서보다 나을까마는
한산은 속된 사람이 아니라네

忽放傳膝笑　一閱寒山卷
卷中有一言　勝汝看經卷
吟詩吾所好　簡篇收揷架

詩豈勝聖書　寒山不俗士(二)

　세간 인연 떠나 무엇이 바른 도인가. 잎 지고 꽃 피는 인연의 모습이
곧 모습 아닌 줄을 알면 저 인연의 모습 밖에(道) 도 없음을 알리라.
　경전의 말씀에서 말의 집착 떠나지 못하면 말에 갇혀 묘하게 밝은
한 구절을 보지 못하니, 경전이 참으로 전하고자 하는 그 뜻을 여러
조사들이 간명한 산 말귀로 다시 밝힌다.
　그러니 한산의 시가 어찌 경전 밖의 다른 뜻이리. 그가 깨친 사람이
라면 여래의 뜻을 자기 가슴 속에서 새롭게 솟구쳐 냄이리라.
　옛 선사〔丹霞淳〕의 한 노래 들어보자.

　　마흔아홉 해 법 설함이 드러내 펼침 이루니
　　오천여축 경이 다 말로 보임이로다
　　묘하게 밝은 한 구절이 위음왕 붙다 밖이라
　　뿔 부러진 진흙소가 눈 속에서 잠자도다

　　四十九年成露布　　五千餘軸盡言詮
　　妙明一句威音外　　折角泥牛雪裏眠

학담도 한 노래 더하리라.

　　가르침 안의 참으로 전함이 가르침 밖의 전함이니
　　경에 설함 없음을 깨치면 글자 글자가 참됨이네
　　진흙소가 잠을 자되 곳곳에 달리니
　　노란 꾀꼬리 실상을 말하며 꽃가지에 오르네

　　教內眞傳教外傳　　若了無說字字眞
　　泥牛沈眠處處走　　黃鸝談實上花枝

솔바람은 거문고 비파 소리인데
〔山居 : 산에 머묾〕

산 사이에는 빼어난 것이 많아서
사람 사이 즐거움과 같다 여기네
솔바람은 거문고 비파소리요
단풍 숲은 비단의 빛깔이네
홀로 앉아 넉넉히 보고 들어서
얻고 잃음을 알려고 하지 않네
사람이 와서 고요히 쓸쓸함을 위로하면
나는 그의 속 작음을 웃어주노라

山間勝塈多　准擬人間樂
松風瑟瑟聲　楓林綺羅色
獨坐足見聞　不要知得失
人來慰寂寥　我笑渠齷齪(一)

붉은 티끌이 아주 가까운 사이이니
천 리가 먼 곳이 아니로다
성품은 꾸밈없어 홀로 있기 좋아하고
말은 더듬어서 짝을 구하지 않네
가지의 새가 낯설은 대 위에 내려오고
고양이는 저녁 밥을 재촉하네
붉은 문 관리집과 가난한 띠집이여
나고 죽음에 같이 가고 돌아오네

紅塵咫尺間　千里未是遠
性野好獨居　語訥不求伴
枝鳥下生臺　花奴催夕飯

朱門與茅舍　生死同往返(二)

　　세속의 티끌에 사는 사람들이 산에 사는 이를 쓸쓸하고 외로우리라
위로하지만, 밝은 달 맑은 개울물 소리가 벗이 되고 앞산 뒷봉우리가
말동무되니 그 언제 외로울 틈이 있으리.
　　또 살펴보면 세상사 나고 죽음의 괴로움이 높은 벼슬아치 많이 가진
이라고 어찌 피해갈 것인가. 산 속 띠집에서 가진 것 없이 살아도 남이
없는 뜻〔無生意〕을 깨달으면, 그가 넉넉하고 자유로운 사람이다. 그는
늘 푸른 산 만주쓰리〔文殊〕와 대화하며 붉은 티끌 속 사만타바드라〔普
賢〕와 손을 잡고 중생을 위해 일하리라.
　　명초(明招)선사는 이렇게 노래했다.

　　　툭 트여 두루한 모래수 세계가 거룩한 상가라마니
　　　눈에 가득 만주쓰리와 만나 이야기하네
　　　한 마디 말 아래 붇다의 눈 뜰 줄 알지 못하고
　　　머리 돌려 다만 푸른 산 바위만을 보도다

　　　廓周沙界聖伽藍　　滿目文殊接話談
　　　言下不知開佛眼　　迴頭只見翠山巖

학담도 한 노래 더하리라.

　　　산이 고요함이 아니고 저자가 시끄러움 아니니
　　　움직임과 고요함이 한결같아야 참으로 산사람이네
　　　날이 다하도록 소리 듣되 소리 없음을 깨달으면
　　　달빛 아래서 남이 없는 가락을 퉁겨내리라

　　　山非是靜市非鬧　　動靜一如眞山人
　　　終日聞聲了無聲　　月下彈出無生曲

사물의 이치는 하늘이 낸 것인데
〔憐烏 : 까마귀를 가엾이 여김〕

주린 까마귀 나를 보고 우는데
그 소리가 아주 거칠고 못되었네
내가 너에게 성냄 없는데
너는 나에게 왜 이러는가
사물의 이치는 하늘이 낸 것인데
어찌 꼭 검고 흰 것을 가려야 하나
오직 나는 지치고 또 가난하여
너에게 먹을 것 주지 못함 안타까워하네

飢烏向我啼　音聲太魖惡
我於爾無嗔　爾於我何若
物理天所生　何須辨黑白
唯我困且窮　恨未與汝食

<u>평창</u>

　세간에 갖가지 살아있는 무리가 있는데 마음이 맞으면 베풀고, 마음에 들지 않는다고 베풀지 않으면 참된 보시가 아니다. 저 까마귀는 내가 그를 미워하지 않는데 도리어 나를 향해 거칠게 짖어 우는구나. 검은 새모습이 내 뜻에도 맞지 않으나 검고 흰 빛에 어찌 차별의 마음을 둘 것인가.
　나에 나라는 생각과 남에게 남이라는 생각 떠나면 생각 생각이 다나 파라미타(dāna-pāramitā)의 행〔布施行〕이 되고, 업의 차별을 알되 그 차별에 차별상을 두지 않으면 차별 속에서 늘 평등하리라.
　보영용(保寧勇)선사는 이렇게 노래했다.

어젯밤 삼경에 손가락 굽혀보니
세간에 두세 사람이라 말하지 말라
몇 소리 긴 피리가락이 저문 정자 떠나니
그대는 소상으로 나는 진으로 가네

昨夜三更屈指輪　世間休說兩三人
數聲長笛離亭晚　君向瀟湘我向秦

　위 게송은 이 세간의 차별이 업을 따르는 차별 아닌 차별임을 노래한
것이리라. 세간의 이 모습과 저 모습의 같지 않음이 함이 없는 법〔無爲
法〕으로써 차별된 것이니, 그 가운데 어떻게 이것과 저것의 실로 다름
을 말할 것인가.
　학담도 한 노래 더하리라.

진여의 성품 가운데 두 모습 없는데
나는 무슨 물건이고 까마귀는 누구인가
추우면 닭은 나무에 오르고 오리는 물에 가나
성품 하늘 밝은 달은 차고 이지러짐 없도다

眞如性中無二相　我是何物烏是誰
鷄寒上樹鴨下水　性天明月無盈虧

밝은 거울 반드시 닦을 것 없으니
〔嘲獨居僧 : 홀로 사는 승려를 비웃음〕

조계가 한 생에 말해준 것은
오직 홀으로 마음길이 곧음이네
밝은 거울 반드시 닦을 것 없으니
보디를 누가 심을 수 있겠는가
삼경에 발우와 가사를 짊어지고서
열 해를 세속을 따라 흘렀도다
뒤에 와 선을 하는 사람들은
앉아 조는 것으로 지극함에 이름을 삼네

曹溪一生說　單單心路直
明鏡不須磨　菩提誰可植
三更負鉢衣　十年隨流俗
後來叅禪人　坐睡爲臻極

평창

　조계혜능(曹溪慧能)은 오래 닦지 않았지만 번뇌가 본래 공함을 바로
알아들어 붇다의 마음도장〔佛心印〕을 얻었으나, 요즈음 선을 닦는 이
들은 구하는 마음으로 도를 찾거나 앉아 캄캄히 조는 것으로 지극함을
삼는다.

　노행자는 마음의 눈을 열고 사냥꾼 틈에 숨어 십 년을 지냈으나, 그
를 어찌 세속의 물든 사람이라 말하리. 광주(廣州) 법성사 인종화상이
바로 그를 알아보아 그 자리에서 '남이 없는 계를 갖추어 지니고〔具足
無生戒〕' 돈오선문(頓悟禪門) 조사의 법을 드날렸다.

　그러나 번뇌 속 범부라고 어찌 그 법 밖에 있을 것인가. 마음과 모습
의 공한 실상이 곧 보디의 법이니, 법을 전하고 받음이 그 무슨 잠꼬대

소리일 것인가.

　단하순(丹霞淳)선사는 이렇게 노래했다.

　　소림에 등불 이은 일 기이하다 하나
　　섣달 밤에 매화가 피니 눈 온 뒤 가지로다
　　황벽선사에 지난 날 일찍이 말 있었으니
　　큰 중국 땅 속에 선사가 없다고 했네

　　少林續焰事堪奇　臘夜梅開雪後枝
　　黃蘗昔年曾有語　大唐國裏沒禪師

　중국땅에 선(禪)을 말하는 이 많아도 '선사(禪師)가 없다'고 한 황벽의 말은 무엇인가. 선사는 선사가 아니라 '사마타와 비파사나가 하나 된[止觀俱行] 디야나(dhyāna)의 행'이 곧 선사를 선사되게 하는 것임을 그렇게 말한 것이리라.

　학담도 한 노래 더하리라.

　　비록 법이 있다 말해도 곧게 감이 없으면
　　선을 행함이 없으니 선사가 없는 것이네
　　다만 한 생각이 생각 없음에 돌아가면
　　산 눈 닿는 곳에 보현의 흰 코끼리가 나오리

　　雖謂有法沒行直　無有行禪沒禪師
　　但得一念歸無念　活眼觸處白象出

범부가 마음 돌리면 지금 이 세상에서 붇다 이루리

〔外覓 : 밖에서 찾음〕

가난하고 부유하며 귀하고 천함을
앞세상 지은 것이라 말하지 말라
순임금은 역산에서 밭을 갈았고
부열은 부암에서 집을 지었다
왕과 제후 그리고 장군과 재상이
본래 정해진 종족이 없으니
범부가 만약 마음을 돌리면
드러난 이 세상에서 붇다 이루리

貧富與貴賤　莫言前世作
舜有歷山耕　說乃傅巖築
王侯及將相　本來無種族
凡人若回心　現世卽成佛(一)

붇다께서 본래 청정함을 말했으나
중생으로 듣는 이들 웃어버리고
세 아상키야칼파 긴 세월 닦아야
비로소 등각 묘각에 오른다 말하네
그 어찌 세 기나긴 칼파 가운데서
누구가 삶고 태워짐을 면하도록 할 건가
닦음과 닦을 것 없음 논하는 것이
마음을 스스로 비추어 살핌만 같지 않아라

佛說本清淨　衆生聞者笑
謂修三僧祇　是始登等妙
其柰三劫中　誰敎冤煮燒

論其修不修 未若心自照(二)

사람 사람 마음의 생각은 커서
세간에는 견줄 물건이 없네
허공은 생각 가운데 창이요
세계는 허공 가운데 뼈이니
한 생각이 나지 않을 때
삼세가 다 비어 고요하도다
밖으로 구하는 자에게 말해주나니
자기성품은 얻는 바가 아니로다

人人心念大　世間無比物
虛空念中槊　世界空中骨
一念不生時　三世悉空寂
爲言外求者　自性非所得

평창

　이 법은 오래 닦아 공덕을 쌓아올려 기나긴 칼파[廣劫]에 얻는 법이
아니라, 마음과 법에 얻을 것이 없음을 단박 깨치면 이 자리가 진리의
자리고 이 한 생각이 공덕의 곳간이다.
　붇다의 단박 깨침의 법[頓悟法]을 '왕후장상에 정해진 종족이 없다'
고 말하고 그 보기로 순임금과 부열을 들고 있으니, 사대부 지배 군주
국가에서 역적으로 몰릴 혁명적 발언이다.
　허공이 '생각 가운데 창'이라고 함은 허공도 허공이라 하면 생각의
창이 사라지지 않음이라 저 '허공 가운데 세계'와 '세계를 담는 허공'이
모두 공한 줄 알아야 생각이 생각 아닌 생각이 됨을 말하는가.
　옛 선사들의 노래 들어보자.
　정엄수(淨嚴遂)선사가 노래했다.

눈에 가득 펼쳐진 것 바닥까지 공하니
마음과 경계 모두 같이 없어짐이
도리어 마음 경계 없어지지 않음과 같네
그 가운데 이름과 글자 둘 것이 없으니
천고로부터 오면서 조사가풍 떨치네

滿目森羅徹底空　俱亡還與未亡同
箇中不用安名字　千古由來振祖風

단하순(丹霞淳)선사는 이렇게 노래했다.

싸늘한 달이 너울거리며 먼 봉우리에 오르니
평평한 호수 만 이랑이 비단 빛에 막혔네
고기잡이 노래에 놀라 깬 모랫벌 해오라기가
갈대밭에서 날아 나오지만 자취 볼 수 없어라

寒月依依上遠峯　平湖萬頃練光封
漁歌驚起汀沙鷺　飛出蘆花不見蹤

학담도 한 노래 더하리라.

만법이 오직 앎이나 앎에 자기성품 없으니
밖으로 구할 것 없고 안으로 얻음 없어라
다만 망령된 인연 떠나면 곧 실상이니
정수리 뒤 신묘한 빛은 막혀 걸림 없도다

萬法唯識識無性　外無所求內無得
但離妄緣卽實相　頂後神光無障礙

어리석은 이들이여, 어찌 이리 큰 허물 짓는가

〔唾塵人 : 티끌에 빠진 사람에 침을 뱉음〕

동쪽 마을에 한 사람이 있는데
갑자가 한 번 이미 돌아왔는데
술 마시기 목마른 소의 입술이고
고기 씹기 주린 범의 이와 같아라

아이를 불러 흰 머리털 뽑게 하고
마누라를 빌어와 호방한 기운을 내네
가엾다, 이와 한 가지 사람들이여
마음 가운데 어찌 이리 큰 허물인가

東村有一人　甲子一周已
飮酒渴牛脣　嚼肉飢虎齒

呼兒拔白毛　借婦生豪氣
可憐一般人　中心何太累

평창

　중생의 삶이여, 탐욕의 경계를 향해 내달려 경계를 취하되 끝없이
배고프고 목마르며, 술과 담배와 마약 온갖 정신을 혼몽하게 하는 것
에 마취되어 삼계의 큰 꿈속에서 다시 꿈을 꾼다.

　그러나 한 번 선지식의 가르침 좇아 큰 꿈을 깨면 이 자리가 두렷이
통한〔圓通〕 자리이고, 뜬 개구리밥풀처럼 거리에 떠도는 신세 이 몸이
바로 법의 재물〔法財〕 갖춘 마하사트바의 몸이다.

　정엄수(淨嚴邃)선사는 이렇게 노래했다.

　　입으로 바로 물어서 뚫어 벗어날 길 구하니
　　지혜로운 이가 곧장 어두워 흐릿한 이 가리켰네

잠든 이의 눈과 귀가 홀연히 봄꿈을 깨니
꾀꼬리 읊조림 제비소리가 다 두렷 통함이네

親口問來求透路　作家直爲指昏朦
眼耳忽然春夢覺　鸎吟鷰語盡圓通

학담도 한 노래 더하리라.

나고 죽음이 아득하고 아득해 어느 때 다하고
탐욕의 마음이 불꽃 같으니 어떻게 쉴 건가
무명이 본래 공해 진여 가운데이니
들음을 돌이키고 빛을 돌이키면
불 속에 피어나는 연꽃을 보리

生死悠悠何時盡　貪心熾然如何休
無明本空眞如中　返聞廻光見火蓮

적의 칼이 두 남쪽 고을 사람들을 죽임이여

〔壬辰天中節 : 임진년 단오절에〕

아침 나무에 한 쌍의 까치가
쩩쩩이며 착함과 악함 알렸는데
한낮에는 깎고 쪼는 소리를 내면서
진흙에 부딪치니 한 신통이로다

허둥지둥 짧은 지팡이 놓지도 못하고
말을 뱉어내니 목구멍이 막히네
적의 칼이 두 남쪽 고을 사람들을 죽임이여
금성의 까마귀가 깍깍 거리며 우는구나

朝樹一雙鵲　噪噪報善惡
日午剝啄聲　衝泥一神足
無遑放短節　出言咽喉塞
賊鋒屠二南　金城烏角角

평창

　　임진전쟁의 참상을 말하고 있으니, 수백 년 뒤 우리 후학 또한 전쟁
의 참혹상과 인간의 폭력성에 가슴이 타고 목이 멘다. 지금도 같은
민족끼리 죽임의 무기를 손에 쥐고 분단과 갈등의 역사를 살고 있으
니, 참으로 부끄러운 일이다.
　　사람이 전쟁을 일으켜 사람이 사람을 무자비하게 학살함이여. 사람
세상에 지옥이 있고 아귀가 있고 아수라가 있다.
　　옛 조사의 다음 법어를 살펴보자.
　　황룡혜남선사(黃龍慧南禪師)는 늘 이러한 말로 대중을 가르쳤다.

　　"내 손은 왜 붓다의 손과 같은가. 내 발은 왜 나귀의 발과 같은가.

사람 사람이 다 '나는 연의 곳〔生緣處〕'이 있으니, 어떤 것이 그대의 나는 연의 곳인가."

그리고는 다음 같이 노래로 가르쳤다.

나는 연이 끊어진 곳에서 나귀발 드리우고
나귀 발 거두는 때 붇다의 손을 열도다
다섯 호수 천하에 배우는 이들에게 알리노니
세 빗장을 하나하나 낱낱이 뚫어서 오라

生緣斷處垂驢脚　驢脚收時佛手開
爲報五湖衆學者　三關一一透將來

임간록(林間錄)에 이렇게 말했다〔云〕.

내 손과 붇다의 손을 같이 드니
선류들은 곧바로 알아 들으라
방패와 창 움직이지 않고 말하는 곳에
저절로 붇다를 뛰어넘고 조사를 넘는다

내 발과 나귀 발이 함께 다니니
걸음 걸음이 다 남이 없음에 계합한다
곧장 구름 열리고 해가 나타남을 얻게 되니
이 도가 바야흐로 가로 세로 자유로우리

我手佛手齊擧　禪流直下薦取
不動干戈道處　自然超佛越祖

我脚驢脚並行　步步皆契無生
直得雲開日現　此道方得縱橫

나는 연〔生緣〕이 끊어진 곳에서 나귀발을 드리우고 거두며 붇다의 손을 연다고 하니, 중생업이 공한 곳에서 중생업 따라 갖가지 모습 나투어 중생을 건네줌인가.

보디사트바가 펄펄 끓는 지옥에 들어가면 끓는 물이 마르고 칼산지옥에 들어가면 칼날이 꺾이며 축생의 세계에 들어가 축생의 몸을 나투면 축생세계 어리석음의 검은 구름이 사라진다.

학담도 한 노래 더하리라.

　　한 생각이 삼천계란 옛 성사의 말씀 헛되지 않으니
　　사람 가운데 아수라와 지옥이 불꽃처럼 일어나네
　　나는 연을 깨뜨려서 남이 없음을 증득하면
　　붇다의 손 나귀의 발로 건네줌이 헤아릴 수 없으리

　　一念三千非虛言　人中修羅地獄熾
　　打破生緣證無生　佛手驢脚度無量

세간사람 서로 속여 깔아뭉개니

〔阿世人 : 세간 아부하는 사람에게〕

내가 세간 아부하는 사람을 보니
몇 치 혀로 함부로 드날려 띄우네
장씨 만나면 이씨를 해치고
이씨 만나면 장씨를 도로 깔아뭉개네

기틀 빗장 놀리는 것을 보아 취해
둘이 서로 잊음이 없도록 하니
그대는 옛날 한고조 유방을 아는가
선 채로 목을 베되 무리에 불쌍히 여김 없었네

吾見阿世人　寸舌恣飛揚
逢張則害李　逢李却凌張

看取弄機關　使無兩相忘
君知漢高祖　立斬曹無傷

평창

　세간 탐욕의 근원은 무엇인가. 경계로 주어지는 모습을 모습으로 집착하여 취하고 가지려 하기 때문이니, 작은 도적은 작게 속이고 작게 취하며 유방 같은 큰 황제는 크게 속이고 크게 죽인다. 그러나 모습에서 모습 떠나면 모습 취하는 탐욕에 뿌리가 없게 되니, 그 탐욕이 돌이켜져 크게 살리는 행이 되리라.

　모습에 모습 없음을 알면 모습이 곧 진실한 법이 됨이여, 원오근(圜悟勤)선사의 한 노래 들어보자.

　　소리는 텅 빔에서 나오고
　　빛깔은 없음에서 생기니

674 푸른 매화로 깨달음을 도장 찍다

소리 앞 말 뒤가 더욱 덧칠해 속임이로다
사이에 털끝 하나 받아들이지 않는데
어찌 이름 지어 더듬을 수 있으리

우뚝하여 두렷이 응하되 무게를 잴 수 없고
교묘하게 풀무를 펼쳤으나 풀이함에 힘씀이니
어찌 방망이 밑에 남이 없는 법인을 깨쳐
꽃다운 향기를 맡고 보아 길에 가득 칠함 같으리

聲出虛色生無　聲前句後轉塗糊
間不容髮　安可名摸

堂堂圓應沒鎦銖　巧張爐鞴費分踈
爭如棒下無生忍　聞見馨香滿道塗

학담도 한 노래 더하리라.

세간 사람 소리와 빛깔을 탐착하여
단 말과 이로운 말로 서로 겉치레로 속이네
모습에 모습 없되 모습이 곧 모습인 줄 깨치면
참말과 진실한 빛깔로 넓은 문을 나타내리

世人貪着聲與色　甘言利說相湖塗
了相無相相卽相　眞言實色現普門

한강의 물이 사흘 동안 핏빛으로 흘렀다 하니

〔禍兆：재앙의 조짐〕

한강의 물이 핏빛으로 사흘 동안
흘렀다 함을 내가 들었으니
하늘 땅이 본래 말이 없으나
앙화의 조짐은 흘려 샘을 의지하네

동서의 패거리가 다툼 더욱 말꾸밈이 심하고
자제들은 호기를 다시 내는구나
중생의 마음은 비롯함과 마침이 있으니
참으로 먼저 얻고 잃음을 알아야 한다

吾聞漢江水　血色流三日
天地本無言　禍兆憑漏泄

東西鬪益嬌　子弟豪更發
物心有始終　宜先知得失

<u>평창</u>

　전쟁의 조짐으로 한강물이 사흘 간 핏빛으로 물들었다 하는 데도,
조선 사대부들은 동인 서인으로 나뉘어 다투고 그 자제들까지 가담하
여 나라를 혼란시키니 청매선사가 이를 노래로 경책한다.
　인류는 어찌하여 자비와 관용이 아니라 군대의 무력을 통한 전쟁으
로 자기 탐욕을 관철하고 남의 것을 빼앗는가. 장주(莊周)의 함이 없
음〔無爲〕과 두어 둠〔在宥〕, 붇다의 자비(慈悲)와 보시(布施)가 아니
면 어찌 천하의 평화를 이룰 수 있겠는가.
　불안원(佛眼遠)선사는 이렇게 노래했다.

　　나라와 집안 편안케 함은 군사에 있지 않으니

제나라 노련의 한 화살 화친 편지가 또한 뜻이 많네198)
삼천의 칼잡이 나그네들 지금 어디 있는가
오직 장주만이 태평을 이루었다고 허락하리라

安國安家不在兵　魯連一箭亦多情
三千劍客今何在　獨許莊周致大平

　사물과 사물 사람과 사람 사이는 원래 막힘 없고 걸림 없는 법계이고
그 법계의 진실에 돌아감이 평화와 해탈의 길이니, 학담도 한 노래
더하리라.

　세간의 다툼과 싸움 어느 때나 쉴 것인가
　너니 나니 하는 마음 사라지면 싸움 또한 그치리
　왼쪽 오른쪽 떨어지지 않고 또한 버리지 않으면
　두 사람이 서로 손뼉 치며 웃음 머금고 돌아가리

世間爭鬪何時休　人我心滅爭亦止
不落左右亦不捨　兩人相拍含笑歸

---

198) 노련(魯連) : 중국 전국시대 제(齊)나라 사람 노중련(魯仲連)으로 화해와
　　설득으로 나라 사이의 분쟁을 해결. 조나라 효성왕 7년 조나라에 갔다가 진
　　나라가 한단을 포위했을 때 진나라에 굴복하지 않도록 조나라 평원군(平原
　　君)을 설득하였다. 그 뒤 제나라 장군 전단이 요성을 공격했지만 연수장(燕
　　守將)을 설득하여 싸우지 않고 항복하도록 함. 사마천의 사기(史記)는 그를
　　무욕(無欲)의 책사로 기술하였다.

사람의 성품 한 하늘이 준 것이나
〔生業 : 살아가는 업〕

사람의 성품 한 하늘이 준 것이나
향하는 것은 각기 달리 정해졌네
푸른 산에서 한 생을 보내기도 하고
도시의 길에서 하늘 목숨 마치기도 하네

도시의 길 하룻날의 씀씀이가
푸른 산에서 한 해를 써도 남는데
과보를 어찌 다 논할 수 있으리
야차가 저울과 거울을 잡았네

人性一天賦　所向各異定
靑山送一生　紫陌終天命

紫陌一日費　靑山一年剩
果報何足論　夜叉執衡鏡

평창

　한 진여의 성품에서 업을 따라 천차만별의 다름이 생겼으나, 어떻게 그 다름을 평등 속의 다름으로 되살릴 것인가.
　산속의 가난한 삶에 견주어 화려한 도시의 나날의 씀씀이가 한 해의 쓸 거리를 하루에 써버린다. 이것이 어찌 서로 소통하고 나누는 삶이라 할 것인가.
　티끌세상 떠나 고요하고 맑은 푸른 산에 머묾이 비록 아름답다고 하지만 한 몸의 안락만을 위해 돌아가는 푸른 산은 참된 고향이 아니다.
　티끌 세상 차별이 진여바다 속 차별 아닌 차별인 줄 알아야, 티끌세상을 버리지 않고 푸른 산에 머무는 것이며, 자신의 안락을 저 중생의 안락과 하나되게 하는 큰 마음의 행이 되리라.
　옛 선사〔海印信〕의 한 노래 들어보자.

　　포대를 베고 편히 잠자면서 자유로우니
　　사람들과 물건들 시끄럽게 짹짹거림 그대로 두네
　　거친 옷 좁쌀밥에도 오히려 생각 없으니
　　뉘라서 동쪽 하늘에 해 뜨는 것 관계하리

　　枕袋安眠得自由　任他人物鬧啾啾
　　麤衣糲食猶無念　誰管扶桑日出頭

　위 선사의 게송처럼 그대로 둠이 개인의 함이 없는 안락에 그치면
세간 거두는 행이 되지 못하지만, 함이 없되 하지 않음도 없으며〔無爲
而無不爲〕나와 남이 없되 공함도 없으면 그대로 둠이 크나큰 돌아감
의 행이 되리라.
　학담도 한 노래 더하리라.

　　도시 길거리 탐욕은 한 때에 넉넉하나
　　취한 것 다할 때엔 거지 자식 삶이네
　　복덕을 받지 않고 두타로 살아감이여
　　법의 식량 다함없어 늘 베풀어주리

　　紫陌貪欲一時饒　所取盡時窮子生
　　不受福德頭陀活　資糧無窮恒布施

쓴 오얏으로 아침 배를 채우리
〔山中味 : 산 가운데 맛〕

가을바람 차갑게 휘날리니
사람세상에는 생각할 것 많아라
어버이 생각하는 나그네는 구름을 바라보고
헤어짐이 안타까워 사람은 눈물 떨구네

벼슬 얻은 사람 뜻과 기운을 내고
바라는 것 잃으면 많이 시달려 근심하네
산의 밥 먹음에 간장과 식초 없으니
쓴 오얏으로 아침 배를 채우리

秋風冷颸颸　人世多所思
思親客望雲　惜別人垂淚

得官生意氣　失望多憔悴
山齋無醬醋　苦李充朝鼓

평창

　욕심 줄여 만족할 줄〔少欲知足〕을 모르면 삶은 끝없이 모자람과 허기짐에 시달려 헤매게 된다. 어떻게 해야 몸 편히 할 곳을 얻을 수 있는가. 찰나 찰나에 온 마음을 기울이되 찰나 찰나에 허둥대 구함이 없어야 잡아 정함〔把定〕과 놓아지냄〔放行〕 그침〔止〕과 살핌〔觀〕이 하나될 수 있는 것인가.

　옛 선사의 한 노래 들어보자.
　한산(寒山)은 노래했다.

　　몸 편히할 곳 얻고자 하면
　　한산을 길이 보살펴지니라

가는 바람이 그윽한 솔에 부니
가까이 들으면 소리 더욱 좋도다
그 밑에 머리털 희끗희끗한 늙은이 있어
중얼중얼 황노를 읽는구나
열 해를 돌아가지 못함이여
오던 때 길을 잊어버렸네

欲得安身處　寒山可長保
微風吹幽松　近聽聲逾好
下有斑白人　喃喃讀黃老
十年歸不得　忘却來時道

학담도 한 노래 더하리라.

오던 때와 가는 곳을 모두 얻지 않고
지금 비로소 밟는 곳에도 머묾 없음이여
곳곳이 몸 편안히 하는 참 살림살이니
책을 읽고 잠자며 또 산을 보네

來時去處都不得　現在踏處亦無住
處處安身眞活計　讀書睡眠又看山

빛과 그림자 멈춰 쉬지 않나니
〔促景 : 재촉하는 빛〕

사람의 삶 쉰 해가
일만 팔천 날인데
천 날이 때와 때 사이라
빛과 그림자 멈춰 쉬지 않네

양을 몰아 도살장에 들어감이여
한 걸음도 뒤로 물리지 못하네
노란 금이 쌓인 것 산과 같아도
깎고 갈아 끝내 대신 갚기 어려워라

人生五十年　一萬八千日
千日時時間　光陰不停息

驅羊入屠肆　一步退不得
黃金積如山　剉磨終難贖

평창

　업의 인과가 공하므로 인과가 없지 않으니, 업의 묵은 빚을 어찌 갚
으리. 잠깐 동안의 빚도 갚아야 하는데, 한 생의 묵은 빚은 얼마인가.
　천만금의 돈과 부를 산처럼 쌓아도 그 빚을 갚기 어렵네. 헤아릴 수
없는 칼파〔無量劫〕의 업장이 본래 공한 곳에 서서 지난 업장 참회하고
중생 위한 자비의 업을 발원해야 내일의 빛나는 삶이 열리리라.
　옛 선사〔投子靑〕의 한 노래 들어보자.

　해 저물어 구름 끼니 들판이 깊어지고
　중양이 지난 뒤에 국화향기 새롭다
　서쪽 산모퉁이 남은 얼음 녹지 않으면

어찌 동쪽 산 펼쳐지는 봄을 얻을 것인가

日暮陰雲郊野深　重陽到後菊花新
不因西嶠殘氷盡　爭得東山一帶春

일과 업을 끊어 해탈의 땅이 아니고 인과를 피해 인과 없는 곳이
아니라, 저 시끄럽게 움직임이 고요함인 줄 알아야 휘날리듯 움직임
가운데 벗어남의 길이 있는 것이니, 심문분(心聞賁)선사는 이렇게 노
래했다.

산 비끼고 돌이 막아 길 없는가 했더니
땅이 구르고 개울 빗겨 따로 마을이 있네
고개 위 한 소리 젓대가락 울리니
어둑한 안개 기우는 해에 또 저녁빛이네

山橫石礙疑無路　地轉溪斜別有村
嶺上一聲橫笛響　暝煙斜日又黃昏

학담도 한 노래 더하리라.

사물 사물이 서로 떨어졌되 털끝의 떨어짐이 없으니
눈으로 푸른 산을 보고 귀로 소리 듣네
덧없는 때의 흐름이 본래 고요하니
오는 해 새 가지에 새 봄바람이 떨치리

物物相離無毫隔　眼見靑山耳聞聲
無常時流本寂然　明年新條新風拂

암자를 지키는 외로운 학 아득히 골짜기 벗어났네
〔出山 : 산을 나옴〕

올 때는 잎이 아직 피지 않았는데
눈에 가득 다 붉은 잎의 나무 되었네
봄이 다시 가을된 줄 알지 못하나
사물에는 지금과 옛을 이룸이 있네

한 나무 아래 두 번 자지 말라고
우리 붇다 일찍이 깨우침 내리셨는데
암자를 지키는 외로운 학이 있어서
아득히 골짜기 집 벗어났도다

來時葉未開　滿眼皆紅樹
不知春復秋　物有成今古

樹下不再宿　吾佛曾垂戒
守菴孤鶴在　迢然出洞府

평창

　때〔時〕가 공하되 봄 가을 때의 인연이 분명하고, 이곳 저곳의 처소
에 좋고 나쁨이 또렷하되 곳에 머물 바탕이 없으니, 좋은 곳이라고
어찌 집착의 마음을 내리.
　오고 가는 때의 흐름에서 오고 감을 벗어나며 지금 여기 머물되 머묾
도 벗어나야 한다.
　단하순(丹霞淳)선사는 이렇게 노래했다.

　　긴 강이 사무치게 맑아 두꺼비달빛 도장 찍으니
　　눈에 가득 맑은 빛이 아직 머물 집이 아니다
　　고깃배는 어느 곳으로 갔는가 물어보나니

밤이 깊자 옛과 같이 갈대꽃에 자노라

長江澄徹印蟾華　滿目淸光未是家
借問漁舟何處去　夜深依舊宿蘆花

심문분(心聞賁)선사가 노래했다.

동지에서 한식까지 백 닷새라 하니
구봉선사 마음과 법 둘을 이미 잊었다
오늘 아침 또 첫새벽에 일어나니
해 그림자 처음 한 실 만큼 길어졌네

冬至寒食一百五　九峯心法已雙忘
今朝又是從頭起　已影初添一線長

학담도 한 노래 더하리라.

모든 법이 다 공해 본래 모습 없으니
늘 머묾도 없고 또한 일어나고 사라짐 없네
봄에 피는 꽃 가을잎이 다 참된 빛이니
산을 나와도 옛과 같이 소리와 빛깔 가운데네

諸法皆空本無相　無有常住亦起滅
春花秋葉皆眞光　出山依舊聲色中

양좌주의 옛일에 부끄러워하네
〔新廬 : 새 초가집〕

열 해 동안 군대의 일 가운데 있어서
힘을 써서 한 띠집을 일구었네
장씨가 찾아오면 꽃을 즐기고
이씨 총각 이르면 달을 보았네

맞이하고 배웅함을 두루 채비하는 일로
돌평상에도 일 없는 날이 없었으니
양좌주가 서산에 한 번 들어가
소식 없었던 옛일에 부끄러워하네

十年兵役中　强營一茅屋
張君來賞花　李郞到看月

周旋迎送儀　石床無虛日
慚愧亮西山　一入無消息

평창

　임진년에서 정유년까지 참혹한 전쟁을 겪으며 열 해 동안 군대의
일로 쉴 틈이 없었다. 이제 전쟁이 끝나 산속에 띠집 짓고 고요히 좌선
하며 지내려 하나, 찾아오는 손님 마중하고 배웅함이 일거리가 된다.
'마음으로 설법한다'는 견해를 가졌다가, '허공이 설법한다'는 마조
선사의 한 마디에 깨닫고 서산에 들어 다시 돌아오지 않았다는 양좌주
(亮座主)를 생각하며 부끄러운 마음 일으킨다.
　양좌주는 '허공이 강설한다'는 한 마디에 도리어 마음이 마음 아님을
깨달았으니, 그가 서산(西山)에 들어가 청산에 묻혀 다시 돌아오지
않았으나 그의 눈앞에 어찌 취할 푸른 산이 있었겠는가.
　법진일(法眞一)선사의 한 노래 들어보자.

삼계에 법이 없으니 어디에서 마음을 구할까
낮은 밝고 밤은 어두우며 산은 높고 바다는 깊네
삼계가 본래 마음을 인해 나타났으니
마음이 없으면 삼계는 스스로 가라앉네

三界無法　何處求心
日明夜暗　山高海深
三界本因心所現　無心三界自平沉

학담도 한 노래 더하리라.

　양좌주는 강설하되 본래 설함이 없었고
　허공의 강설함은 마치 물 흐름 같아라
　청매 노사 띠집 지어 빈 날이 없으나
　본래 한 일도 없어 한가하고 한가하네

座主講說本無說　虛空講說似流水
老僧營茅無虛日　本無一事也閑閑

아미타께 절하고 능엄주를 틈틈이 외우니

〔行道 : 도를 행함〕

태어난 해로부터 쉰셋인데
몸소 스스로 나무하고 물 긷네
지나감과 드러남 아직 오지 않은 때에
몸의 기운은 해마다 달라지나
마음은 처음과 가운데 뒤가 아니네

고요히 두견새 소리 듣기도 하고
무궁화 꽃송이를 천천히 만지네
때로 다시 아미타께 절하고
틈틈이 능엄주를 외우네

生年五十三　躬自行柴水
氣異過現未　心非初中後

靜聽杜宇聲　慢弄花奴手
時復禮阿彌　間誦楞嚴呪

평창

옛날 나이로는 쉰셋이면 늙은이의 나이인데 선사는 몸소 나무하고 물 길으며 두타행으로 살아가고, 고요한 아란야에서 아미타께 절하고 능엄주를 외운다. 삶의 모습 두타와 아란야행의 고요함이나, 그 가운데 바쁨 없는 바쁨이 있다.

투자청(投子青)선사는 이렇게 노래했다.

세 해에 한 윤달 있음 여러 사람 아는데
아주 멍텅구리가 있어 때를 기억하지 못하네
어젯밤 기러기가 돌아오자 모래 끝땅 차가운데

매운 바람 불어 달 가운데 계수가지 싹 틔운다

三年一閏大家知　也有顋頂不記時
昨夜鴈迴沙塞冷　嚴風吹綻月中枝

대우지(大愚芝)선사는 이렇게 노래했다.

눈을 비끼어 범어 글자를 읽고
혀를 놀리어 다라니를 외운다
불을 불어 입부리를 뾰족케 하니
뗄 나무가 부엌에 가득 연기를 내네

橫眸讀梵字　彈舌念眞言
吹火長尖觜　柴生滿竈煙

학담도 한 노래 더하리라.

흐름 따라 성품 얻으니 본래 일이 없으나
법을 지켜 연을 따르니 일이 만 갈래네
그 가운데 분명한 뜻 어떠한가
봄이 오자 옛과 같이 풀이 절로 푸르네

隨流得性本無事　守法隨緣事萬端
個中端的意如何　春來依舊草自靑

나라의 일로 진흙을 끌게 되었나니
〔僧將 : 승가의 장수〕

나무 밑의 잠을 어쩌다 깨고 보니
왕의 일로 진흙을 끌게 되었네
숨겨둔 계책으로 군대 회의에 들어가고
이김을 다짐하는 것 천리까지 구차하다

偶醒林下睡　王事拖泥淤
伏策衆謀議　決勝千里且

소리와 이름 나라 안과 밖에 찼는데
기의 솟구침은 또 절로 한결같네
일천칠백의 법등을 이은 조사들이여,
산 목숨 죽임이 있었던가요

聲名滿中外　氣岸且自如
一千七百祖　未有殺生歟(一)

어린이가 머리를 꾸미는데 금과 은을 쓰고
밥을 비는 비구의 집에도 벼슬아치 비단 띠 있네
틀 지우지 않음이 군자의 도라 말하지 말라
무니께선 옛날 그 때 왕의 황금바퀴 버렸도다

童頭絞飾用金銀　乞士家門有縉紳
莫道不器君子道　牟尼當日捨金輪(二)

평창

　　선정과 지혜로 세간을 정토로 장엄(莊嚴)하는 것이 출가보디사트바의 일인데, 전쟁의 소용돌이 속에서 전쟁의 업을 함께했으니 이 어찌 출가의 본분이라 할 수 있는가. 그러나 중생이 지옥의 고통을 겪으므로 보디사트바의 원으로 방편을 일으켜 지옥에 들어가 아수라의 업을 지은 것이다.

보디사트바의 마음에 죽임과 미움이 없으나, 청매선사는 악을 꾸짖는 큰 참음〔大忍〕의 업으로 마라를 조복받아 이 세간을 평화와 관용의 땅으로 만든 것일 뿐이다.

보디사트바가 모습을 깨뜨리는 것은 모습에 모습 없는 큰 모습 드러내기 위함이고 참사람의 죽임은 크게 살리기 위함이니, 옛 선사〔大覺璉〕의 한 노래 들어보자.

　　　왼쪽의 해 오른쪽 달이여,
　　　낮과 밤으로 돌아 모두 그만두지 않는다
　　　수메루산 홀로 높고 높이 솟구침이여,
　　　흐릿해 어두운 이가 어찌 둥지와 굴을 알리요
　　　다르고 다름이여, 아수라가 성을 내 주먹을 휘두르니
　　　해와 달의 두 빛남 허공에 빠지고 수메루산 꺾어진다
　　　어두워서 아득함이여, 어느 때와 철인가
　　　봄꽃이 피어남이여, 이월 삼월이로다

　　　左日右月　晝夜循環兮俱不撤
　　　妙高兮獨聳巍巍　朦朧詎知巢穴
　　　別別脩羅才怒揮拳　兩曜淪空兮須彌也折
　　　黑漫漫兮底時節　春花開兮二月三月

해와 달이 하늘을 돌되 실로 감이 없고 수메루산이 허공에 솟구치되 그 모습이 모습 아니니, 보디사트바는 마라의 허구와 거짓의 소굴 깨뜨려 이 세간에 공덕의 성을 다시 쌓은 것인가.

학담도 두 노래 더하리라.

슬프다 불법의 운이 땅에 떨어져
왕의 일로 군대에 들어가 죽이는 업 행했도다
불법의 큰 뜻은 다른 곳에 있음이여
만 흐름의 소리 큰 바다 가운데서 다하네

哀哉佛法運墮地　王事叅軍行殺業
佛法大意在別處　萬流聲盡大海中

죽임 행하는 것을 틀이 없는 도라 말하지 말라
군자의 도는 어짊과 의로움을 행하는 것이네
비록 그러나 마라의 군대가 세간을 짓밟으니
보디사트바는 죽임 보여 큰 참음 행하셨네

莫謂行殺不器道　君子之道行仁義
雖然魔軍踏世間　菩薩示殺行大忍

쉰 해토록 세 배움 빠뜨림을 부끄러워하네

〔懶情 : 게으름을 경책함〕

내가 비록 성현은 아니지만
늘 성현의 책을 굴려 읽으니
귀신이 귀와 눈을 기울이고
새와 짐승도 인연을 맺네

계율의 스승은 계를 온전히 겸하고
벼슬아치는 학문토론장에 참여하는데
쉰 해토록 세 배움 오히려 빠뜨림을
부끄러워하고 또 부끄러워하네

我雖非聖賢　常轉聖賢篇
鬼神側耳目　禽獸結因緣

律師戒兼全　長卿叅法筵
慚愧五十年　三學猶缺然

평창

   보디사트바의 발심(發心)은 중생의 이익과 안락을 위함이니, 보디의 마음〔菩提心〕 냄은 늘 새롭게 보디의 도 구하는 마음을 내고 파라미타의 행을 새롭게 다짐함이다. 그러므로 보디사트바는 세간 중생의 망상이 있고 괴로움이 있으면, 늘 계정혜(戒定慧)에 물러섬이 없는 마음을 내고, '중생의 괴로움 대신 받을 원〔代衆生苦願〕'을 세운다.
   늘 맑은 업으로 계정혜(戒定慧)를 닦는 청매선사의 모습이여. 마치 약산유엄선사(藥山有嚴禪師) 당시 이고(李皐)가 약산선사를 기린 다음 노래와 같다.

    몸을 갈고 닦아 학 같은 모습인데

천 그루 소나무 밑에 두 상자 경이로다
내가 와서 도 물으니 다른 말씀 없고
구름은 푸른 하늘에 있고 물은 병에 있다 하네

鍊得身形似鶴形　千株松下兩函經
我來問道無餘說　雲在靑天水在甁

학담도 한 노래 더하리라.

법의 눈이 이미 밝아 눈에 가림 없으니
함이 없음에 머물지 않고 세속 버리지 않네
염불하고 경 읽으며 또 만 가지 행을 닦되
복덕을 받지 않고 다 중생에 회향하네

法眼已明眼無翳　不住無爲不捨俗
念佛看經修萬行　不受福德皆廻向

어찌 두 귀로 풀벌레 간절함을 듣지 못하는가
〔黃鸝 : 노란 꾀꼬리〕

칠월의 꾀꼬리 소리 매끄러워
하늘의 때도 철을 잃게 되었네
교묘한 말은 들을 수 없는데
황금 옷은 이미 빛깔이 없네

몇 번이나 봄의 신의 마음을 놀렸는가
숲 사이에서 오히려 나오고 들어가네
그대는 어찌 두 귀를 가지고
풀 속 벌레소리 간절함 듣지 못하나

七月鸝聲滑　天時應失節
巧語不可聽　金衣已無色

幾弄東君心　林間尚出沒
汝豈無兩耳　草裏蟲聲切

평창

　살아있는 것 온갖 것들이 살기 위해 몸부림치니 꿈틀거리는 생명들
이 애절한 사연 없는 것이 없다. 때 아닌 때 꾀꼬리 울어대니 하늘의
정해진 때를 뒤흔드는 듯하고, 사람세상에 피울음이 넘쳐나니 풀 속
벌레 또한 그 울음소리 애절하다.
　나와 중생이라는 모습을 넘어서야 참으로 저 중생의 간절함에 하나
되어 중생을 건네줌이 없이 건네줄 수 있는가.
　모습이 곧 모습 없음이고 생각이 곧 생각 없음인데, 말 있음이든 말
없음이든 무슨 관계 있으리.
　옛 선사〔投子靑〕의 한 노래 들어보자.

솔이 바윗가에 나니 학의 머무름 안온하고
봉이 단산에서 나오니 난새가 같이 무리 짓네
벽을 향해 말 없음이 오히려 암자 밖의 일 허무는데
뱌이샬리의 정명은 어찌 애써 큰 소리로 따지는가

松生巖畔鶴停穩　鳳出丹山鸞並群
面壁尙虧庵外事　淨名何苦大言論

학담도 한 노래 더하리라.

세계가 공한 곳에 낱낱 것의 모습이 밝고
삼세가 끊어진 곳에 때와 때가 분명하네
때의 가름 넘어선 중생의 소리 어떻게 듣는가
갖가지 풀 속 벌레소리 남이 없음을 읊조리네

世界空處頭頭明　三世絶處時時分
超出時分聲何聽　百草蟲聲吟無生

나는 가진 것 없어 밤송이를 삼키도록 하네
〔抱拙 : 못남을 안고〕

어떤 사람은 복덕이 많아서
스스로 먹고 남이 먹도록 하니
먹는 자는 수가 삼대와 같아도
배속이 다 불러 든든해지네

나는 한 국자의 국도 없어서
사람이 와도 목마름 그치지 못하네
만나면 펼쳐 낼 것이 끊어져서
밤송이 가시를 삼키도록 하노라

有人福德多　自食敎人食
食者數如麻　肚裏皆飽足

我無一杓羹　人來無止渴
如逢絶陳流　使之呑栗棘

평창

　실로 가진 것 있어 베푸는 자는 가진 것 다하면 베풂도 다한다. 그러
나 지금 가난한 노승의 삶은 한 법도 가진 것 없되 갖지 않은 것이
없으니, 주고 주어도 끝이 없다.
　누가 청매노인의 줌을 받아 쓰는 자인가. 밤송이〔栗棘〕를 한 입에
삼킨 자이다.
　대각련(大覺璉)선사는 이렇게 노래했다.

　　귀종의 한 맛을 기울여오니 또한 아주 시어서
　　참선하는 무리 입부리 대기 매우 어려우리라
　　안타깝다 황벽도 겨우 목을 적시니

섣달의 얼음과 서리 뼛골까지 차갑다

一味傾來亦大酸　禪徒下觜也應難
可憐黃蘗猶遭漬　臘月冰霜徹骨寒

학담도 한 노래 더하리라.

청매선사 나날은 뼛골까지 가난하여
덩이밥과 국도 없어 베풀 수가 없어라
쌀독에 쌀이 없어 밤송이를 삼키니
받아먹으면 다 만 칼파 배고픔 벗어나리

青梅日常徹骨窮　沒段食羹無能施
瓶瓮無米吞栗棘　受食皆免萬劫饑

부녀자의 울음 듣고 나도 몰래 눈물 흘리네
〔過前村 : 앞마을 지나며〕

머리털 흐트러뜨린 어느 아낙네가
머리를 쳐들고 푸른 하늘에 울어대는데
남편은 죽은 곳 어디인 줄 모르고
한 자식은 세 번 배에 오르네

돼지와 닭은 한 마리도 없는데
마을 사람들만 문 앞에 서있네
지옥의 고통 말하기를 쉬라
나도 모르게 두 줄기 눈물 흘렸네

蓬鬢一婦女　捧頭哭蒼天
夫壻無死所　一子三上船

猪鷄無一介　里胥立門前
休言奈落苦　不覺雙淚懸

평창

　청매선사는 대비(大悲)의 보디사트바이시다. 앞마을 지나다 한 여
인이 전쟁에 죽은 남편의 주검 앞에서 슬피 우는 소리 듣고 같이 자비
의 눈물 흘리신다.
　중생의 기쁨과 슬픔이여. 기뻐서 웃고 슬퍼 눈물 지음에 기쁨과 슬
픔이 곧 공한 것이니, 눈물 한복판에 성인의 건져주시는 손길이 있고
해탈의 길이 있다.
　현사선사(玄沙禪師)가 끓는 기름에 몸을 데고서 뚝뚝 고름 흐르는
것이 법신이라 함에, 천의회(天衣懷)선사가 노래했다.

　고름이 방울방울 온몸이 곪아 터지니

고기잡이 배 위에서 가풍을 드러냈네
사람들은 다만 낚싯줄 위만을 보고
갈대꽃이 여뀌꽃 붉음 마주한 것을 보지 못하네

滴滴道身是爛膿　釣魚船上顯家風
時人只看絲綸上　不見蘆花對蓼紅

학담도 한 노래 더하리라.

중생이 아파하며 울고 괴로워하는 때가
뭇 고통이 본래 공한 법신의 처소이네
법신 또한 공하여 세간 소리 살피시니
관음대성 세간에 나와 중생을 건져주네

衆生痛哭苦惱時　衆苦本空法身處
法身亦空觀世音　大聖出世救濟衆

황천의 길에 백 나라 천 꼴의 사람 있네

〔路逢使客 : 길에서 사신 가는 나그네를 만남〕

푸른 말에 흰 옥의 안장으로
앞뒤 따르는 이 같이 바퀴 달리니
말을 몰아 달리는 한 길 넓이의 길
십 리에 안개와 먼지 일으키네

한 일이 뜻에 맞지 않음이여
두 눈썹 찡그림을 이기지 못하나
황천 가는 죽음의 한 길 위에는
백 나라 천 꼴의 사람이 있네

青驄白玉鞍　呵殿俱奔輪
驅馳一丈道　十里生烟塵

一事不稱意　不勝雙眉顰
黃泉一路上　百國千形人

평창

　지금 나라의 권세를 받아 사신으로 가는 이의 행차가 참으로 당당하
나, 누구나 죽음의 길 앞에서 평등하니 누가 누구에게 호기를 부릴
것인가. 오직 큰 자비 보디사트바를 생각하고 큰 자비 행할 것을 다짐
해야 하리라.
　설두현(雪竇顯) 선사는 노래했다.

　남산에 구름 이니 북산에 비가 내림이여!
　서천 스물여덟 중국 여섯 조사 얼굴 서로 보도다
　신라국 안에서 일찍이 당에 올랐는데
　큰 중국 안에서는 아직 북을 치지 않았네

괴로움 가운데 즐거움, 즐거움 가운데 괴로움이여
누가 황금이 똥거름 같다고 말하는가

南山雲起北山雨　四七二三面相覰
新羅國裏曾上堂　大唐國裏未打鼓

苦中樂　樂中苦　誰道黃金如糞土

　　인간세상 귀한 자는 귀하고 천한 자는 천하며, 나날의 삶 속에서도
슬플 때는 아주 슬프고 기쁠 때는 아주 기쁘므로 황금이 똥거름 같다
고 하지 못함이리라. 그러나 기뻐하다 슬퍼하고 웃다가 우는 것이니,
괴로움과 즐거움에 모두 얻을 것이 없는 것이다.
　　학담도 한 노래 더하리라.

　　가엾도다, 귀하고 천함으로 시비하는 사람이여!
　　황천 가는 죽음의 한 길에서 갖가지로 다투네
　　업의 모습 깨뜨리지 않고 법과 법이 융통하니
　　반드시 지금의 일에서 옛 때 사람을 보라

可憐貴賤是非人　黃泉一路爭多般
不破業相法法融　今事須見舊時人

한 광주리 밥만 얻어 시방 붇다께 귀의하노라

〔山中生活 : 산 가운데 생활〕

몸은 봄가을의 옷만 입고
입은 아침 저녁 먹을 것만 먹지만
꽂고 거는 책은 오백 상자요
곳간에 들임은 삼만 섬이로다

네 큰 요인이 내것이 아니니
어찌 하물며 다시 밖의 것 탐내랴
나는 한 광주리 밥만 얻어서
시방 붇다께 귀의하노라

身合春秋服　　口合朝夕食
挿架五百箱　　入庫三萬石

四大非我有　　況復貪外物
我得一簞食　　南無十方佛

평창

　　입고 먹는 것은 가난하고 가난하지만 늘 법계의 경을 읽고 입으로
시방 붇다를 불러 귀의하니, 선사가 참으로 곳간에 만겁의 식량〔萬劫
糧〕거두는 큰 부자이다.
　　왜 그럴 수 있는가. '내 몸이 내 몸 아닌 줄 알아 시방법계로 나의
몸을 삼았기' 때문이리라.
　　단하순(丹霞淳)선사가 노래했다.

　　문을 나서면 두루한 세계에 나를 아는 이 없고
　　방에 들어서면 눈을 떠보아도 어버이 없네
　　빈 방에 밤이 차니 어떤 것이 있는가

푸른 하늘 밝은 달이 자못 이웃 되도다

出門徧界無知己　入戶盈眸不見親
虛室夜寒何所有　碧天明月頗爲鄰

학담도 한 노래 더하리라.

많이 가진 장자에게는 바지가 없고
거지자식에게는 옷 가운데 보배 있네
본래 취하는 바가 없으니
베풀어줌에 막혀 비좁음 없어라

長子無袴子　窮子衣中寶
本來無所取　布施無壅塞

날이 다하도록 사람들의 허물만 말하네
〔笑失計 : 바른 계획 잃음을 웃다〕

갓을 기울게 쓰고 신을 거꾸로 신은 이가
날이 다하도록 사람들의 허물을 말하네
장공은 재상이 될 수 없고
이씨 총각은 좋은 장수가 아니라네

스스로 한 벼슬도 얻지 못했으니
때때로 한은 천 갈래로다
장사와 보습 일은 익힌 것이 아니니
재상이나 장수 향해 처자가 울어대네

欹冠倒履者　竟日論人過
張公不可相　李郎非良將

自不得一官　時時恨千般
未耜非所習　妻子相將泣

평창

농사짓고 장사하며 몸을 움직여 물건을 만드는 등 노동의 가치를
중요시하지 않고, 재상〔相〕과 장수〔將〕를 향해 달려가는 사대부 지배
조선사회 입신양명(立身揚名)의 풍조를 크게 비판하고 있다.

조선 선비들이 장사일과 농사일은 익히지 못했고 몸 놀려 도구 만드
는 대장장이 일을 천시하므로, 그 가족이 관직에 올라 벼슬하기만을
바라고 울부짖는 꼴이 이 한 수의 시에 오롯이 드러나 있다.

사람의 일에 높낮이가 없고 모두에게 평등한 기회가 주어지며, 모습
에 모습 없어 온갖 모습이 서로 막힘 없는 소통의 세계에서만 사람과
사람이 주인되어 서로 어울리는 크게 하나됨〔大同〕의 역사가 열리는
것이리라.

군자(君子)의 이름이 아름답다고는 하나, 다스리는 자와 다스림 받는 자를 양분하는 사회를 어찌 대동세상(大同世上)이라 할 수 있겠는가. 툭 트여 열린 세상을 어떻다 말할까.

백운병(白雲昺)선사의 한 노래 들어보자.

　　화악을 쳐서 여니 하늘 빛깔에 이었고
　　황하를 놓아내니 바닷소리에 이르른다
　　만리의 평평한 밭에 마디 풀도 없으니
　　씨 뿌릴 땐 반드시 쇠소를 써서 갈라

　　擘開華岳連天色　　放出黃河到海聲
　　萬里平田無寸草　　種時須用鐵牛耕

학담도 한 노래 더하리라.

　　세계가 넓게 열렸고 업도 만 갈래인데
　　어찌 꼭 재상과 장수에만 빠져 있는가
　　곳곳이 살 계책이고 사람 사람이 참됨이니
　　일과 일로 장엄하여 세간사람 받들리라

　　世界廣濶業萬般　　何必相將而汨沒
　　處處活計頭頭眞　　事事莊嚴奉世人

가사 걸친 무리여, 처자 없음 자랑 말라
〔寒拾二子 : 한산과 습득 두 사람〕

천태산 국청사에 일찍이
두 가난한 사람 있었는데
웃으며 희고 검은 소를 가리키니
앞 생의 두 큰 수행자로다

아아 지극한 사람의 말씀이여
원인과 결과는 차이 없도다
가사 걸친 무리에게 말하노니
처자 없음을 자랑하지 마라

天台國淸寺　曾有二貧子
笑指黑白牛　前生諸大士

吁嗟至人言　因果無差矣
寄語袈裟輩　莫誇無妻子

평창

　　승려도 아니고 세속 사람도 아닌 모습으로 산 눈을 떠서 자유로운
한산(寒山)・습득(拾得) 두 사람을 들어, 겉모습만 승가의 몸가짐을
나투었지만 안에 진실한 덕과 바른 눈이 없는 출가승려들을 경책하고
있다.
　　열재거사(悅齋居士)의 한 노래 들어보자.

　　두 번째 문수보살을 다른 데서 찾지 마라
　　다른 데서 찾으면 눈에 모래를 더하는 것이다
　　풍간 늙은이 말재간이 아니었다면
　　한 꾸러미의 가지라고 천고에 재잘대리라

第二文殊莫覓他　覓他添箇眼中沙
豐干老漢非饒舌　千古喃喃一串茄

  첫 번째 문수는 선재동자를 이끌어 보디에 마음을 내게 하는 문수라
면, 두 번째 문수는 선재동자 스스로의 앎 없는 앎의 지혜를 나타내리
라.
  한산 습득은 천태 풍간선사가 길에서 주워오고 가르쳐서 깨우친 성
인들이니, 풍간이 문수이고 한산 습득이 선재인가. 한산 습득이 산
눈〔活眼〕을 떠서 봄에 봄이 없으니〔於見無見〕 한산 습득이 풍간이고,
한산 습득이 저 만주쓰리보디사트바일 것이다.
  학담도 한 노래 더하리라.

    한산과 습득이 다른 사람이 아니니
    본래 범부인데 남이 없음 깨친 것이네
    승도 아니고 속도 아니라 화현하신 성인이라 하니
    지금 사람이 이를 깨치면 어떤 사람이라 부르리

    寒山拾得非別人　本是凡夫悟無生
    非僧非俗呼應化　今人悟此呼何人

말법에 태어나 붇다와 조사 만나지 못함이여

〔嘆生季運 : 말법에 태어난 운을 한탄함〕

사람이 뱃속 자식 두고서
이미 황천의 나그네가 되었으면
아들이 나서 아버지 묘에 절해도
서로 알지 못함 깊이 한탄하리

중생이 말법세상에 나서
붇다와 조사를 만나뵙지 못함이여
왜 그런가를 알지 못하나
앞세상 닦은 복이 적어서일까

人有遺腹子　已作黃泉客
子生拜父墓　深嗟不相識

衆生生末世　佛祖逢不得
不知何以故　前生少修福

평창

　붇다의 바른 법이 사라진 말법의 때에 태어나, 붇다와 조사를 만나지 못함이 마치 뱃속에 자식을 두고 아버지가 죽으면 태어난 아들이 아버지를 알아보지 못함에 비유하고 있다.

　그러나 최상승(最上乘)의 가르침에서 보면, 중생의 한 생각이 바로 여래 공덕의 곳간인데 정법(正法)과 말법(末法)의 분별이 도리어 헛된 꿈에 지나지 않는 것이리라.

　그리고 중생의 모습과 붇다의 모습, 뜻 있는 중생〔有情〕과 뜻 없는 세계〔無情〕가 공한 줄 알면 붇다와 보디사트바의 출현이 지금 이곳인 것이니, 옛 선사의 노래 들어보자.

　선주흥복(宣州興福) 가훈선사(可勳禪師)가 노래했다.

가을 강이 맑고 또 얕아지니
흰 해오라기 안개섬에 섞이네
좋도다, 관세음보살이시여
온몸이 거친 풀에 들어가도다.

秋江淸且淺　白鷺和煙島
良哉觀世音　全身入荒草

학담도 한 노래 더하리라.

아버지와 아들이 서로 만나 서로 알지 못하나
붇다와 조사는 멀지 않아 늘 내몸 따르네
만약 사람의 한 생각이 생각 없음에 돌아가면
곳곳에서 성인들과 같이 서로 손을 잡고 가리라

父子相逢不相識　佛祖不遠恒隨身
若人一念歸無念　處處與聖相提携

낚시 즐기고 권세 뽐냄이 어찌 뜻을 얻음이라 하리
〔嘲漁父 : 고기잡이를 비웃음〕

머리관을 우뚝 쓰고 허리띠 푼 자가
강가에서 낚시 내리고 있으며
스스로 즐기는 바가 있다고 하나
그는 뜻을 얻지 못함이라 나는 말하네

岸冠解帶者　落釣邊江次
自言有所樂　我道不得志

자줏빛 말이 옥같이 흰 발굽 흔들고
푸른 매는 황금날개를 치는데
구리도장은 곡식을 되는 말처럼 커서
한가할 틈이 전혀 없겠구나

紫騮飜玉蹄　蒼鷹拷金翅
銅印大如斗　應無暇閑事

평창

　벼슬아치들이 낚시로 소일하며 말을 타고 으스대고 다니며 권세 자
랑하고 다니는 것을 꼬집어, 그것이 삶의 행복과 여유로움이 아님을
깨우치고 있다.
　만법이 공하되 공하지 않은 진여(眞如)의 땅을 모르면 그가 어찌 참
으로 많이 가진 자이며, 움직여 시끄러운 곳이 본래 고요한 줄 모르면
그가 어찌 한가하고 넉넉한 이겠는가.
　대각련(大覺璉)선사는 이렇게 노래했다.

　　두루한 세계가 텅 빈 왕의 몸이니

바로 그곳 떠나서 어찌 날 것인가
금 호미로 한 번 파자 바로
신령한 잎이 천 줄기나 자란다
하늘이 가물었어도 끝내 시들지 않고
장맛비 퍼부어도 기울어지지 않네
자손들이 그 맛에 젖어 살아가니
마음껏 뜯어다가 국을 끓이리라

遍界空王體　寧離當處生
金鋤才一钁　靈葉長千莖
天旱終非悴　霖霪信不傾
子孫霑味在　採採任爲羹

학담도 한 노래 더하리라.

강가에 낚시 내려 스스로 즐거움 삼으나
날 가물고 고기 없어지면 무슨 즐거움 있으리
공왕의 몸에 채소 심는 자를 보라
곳곳에서 채소를 따 긴 목숨 보전하리

江邊垂釣爲自樂　天旱魚亡有何樂
須看空王身種菜　處處採取保長命

안타깝다 출가한 무리들이여, 어찌 인과 생각지 않는가

〔示諸僧 : 모든 승가대중에 보인다〕

세 가지 할 수 있음과 할 수 없음이 있으니199)
붇다와 붇다가 다 이와 같도다
평생에 한 번도 붇다께 절하지 않으면
붇다인들 그대를 어찌할 수 있을 건가
몸에는 샤캬무니의 옷을 입고서
입으로는 바이로차나의 피를 마시니
샤캬의 제자들이 다 붇다 이루면
농가에는 반드시 송아지가 없어지리

三能三不能　佛佛悉如是
平生一不禮　佛於爾何以
身被釋迦服　口歃毗盧血
釋子盡成佛　農家必無犢(一)

안타깝다 출가한 무리들이여
어찌 인과를 생각하지 않는가
임금과 신하는 밖의 보살피는 주인이고
온 백성은 나를 길러주는 사람이네
한 권의 경도 읽지 않으니
두드려 보면 벙어리 양과 같네
끓는 가마솥 지옥 불타는 지옥 가에

---

199) 당나라 때 원규(元珪)가 세운 여래의 세 가지 할 수 없음〔三不能〕과 할 수 있음〔三能〕 : 세 가지 할 수 없음은 ① 결정된 업을 없애지 못함 ② 인연 없는 중생을 제도 못함 ③ 중생계를 다 제도 못함. 세 가지 할 수 있음은 ① 온갖 모습을 공하게 아는 지혜로 만법을 통달함 ② 중생의 성품을 알고 억겁의 일을 앎 ③ 한량없는 중생을 제도함.

밝고 밝게 그대의 허물 기록되리라

嗚呼出家輩　胡不念因果
君臣外護主　百姓養我者
不看一卷經　扣之如羊啞
鑊湯爐炭畔　明明記汝過(二)

평창

출가해서 인과를 믿지 않고 계를 지키지 않으며, 시방 붇다와 중생
의 은혜 갚을 생각하지 않고 지옥업 짓는 대중을 크게 깨우친다.
　모든 법이 공하므로 연기생성이 있고 업의 과보가 없지 않은 줄 모르
면 '인과를 아주 뽑아 없애버리게 되니〔撥無因果〕', 그 병통을 영가선
사는 다음 같이 노래했다.

　　　툭 트여 공하다고 해 인과를 없애버림이여
　　　거칠게 우거져 아득하게 앙화를 부르리라
　　　있음을 버리고 공에 집착하는 병 또한 그러니
　　　마치 물에 빠짐 피하려다 불에 뛰어듦과 같으리

　　　豁達空　撥因果　莽莽蕩蕩招殃禍
　　　棄有着空　病亦然　還如避溺而投火

학담도 한 노래 더하리라.

　　　인연으로 일어남이 곧 공해 닿는 사물이 참됨이니
　　　인과를 깨뜨려 없애지 않고 자재를 행하네
　　　날이 다하도록 티끌 밟되 세간에 물듦 없음이여
　　　연꽃으로 국토를 장엄해 중생을 해탈케 하네

　　　緣起卽空觸事眞　不破因果行自在
　　　終日踏塵不染世　蓮華嚴土度脫衆

나라의 재앙이 오늘에 이를 줄 누가 알았으리
〔聞變 : 변고를 듣고〕

어제 한 들사람이 찾아와서
머리를 긁으며 혀를 차 탄식했네
중국 동쪽 오랑캐는 한라산을 등지고
중국 북쪽 오랑캐는 백악산을 바라보는데
억조의 백성 게처럼 터전을 잃고
백 고을은 개미집처럼 무너졌네
붇다께서 같은 업과 다른 업 말씀했는데
오늘에 이를 줄 누가 알았으리오

昨日野人來　搔首嗟咄咄
東夷背漢拏　北狄望白岳
兆民蟹失場　百郡蟻潰垤
佛言同別業　誰知到今日

평창

　청매선사의 이 게송은 임진 조일전쟁과 병자 조청전쟁으로 초토화
된 나라와 참담한 고통 속 백성의 삶을 안타까워한 것이다. 한라산을
등진 외적은 왜군을 말하고 백악산을 바라보는 외적은 청군을 말함이
니, 조선 지배세력의 성리학 유일주의 숭명사대(崇明事大)의 정치외
교노선에 그 책임이 크다.
　아, 중생은 본래 괴로운 것이나 괴로움 가운데 여기 참으로 괴로운
백성이 있고 아픈 중생이 있도다. 경청(鏡淸)의 다음 공안이 바로 이
상황을 말한 것이다.

　경청이 어떤 승려에게 물었다.

"문밖에 이 무슨 소리인가?"
"뱀이 개구리를 무는 소리입니다."
선사가 말했다.
"중생이 괴롭다 말하려 했는데, 다시 괴로운 중생이 있구나."200)

숭승공(崇勝珙)선사는 이 공안을 이렇게 노래했다.

　　뱀이 개구리 무는 소리에
　　다시 괴로운 중생이 있다 함이여
　　벽 위에는 비파소리 끊겼는데
　　세간은 한가한 피리소리 다투네
　　장안은 매우 시끄럽고 떠들썩한데
　　우리나라는 저절로 평탄하네
　　누가 믿으리 잔나비 울음 밖에
　　다시 신령한 자취의 이름 있음을

　　蛇咬蝦蟆聲　　更有苦衆生
　　壁上斷琵琶　　世間競閑箏
　　長安甚喧鬧　　我國自昇平
　　誰信猿啼外　　更有靈蹤名

　　잔나비 울음 밖에 신령한 자취가 있다 함은 살육과 전쟁 고통의 아우
성이 울리는 그 자리, 고통이 공한 곳에 다시 중생이 살아나 크게 안락
할 길이 있다 함인가.
　　그러나 삼계의 불타는 집〔三界火宅〕 그 아수라의 싸움판에 휘말려서
는 그 고통 벗어날 길이 없고 삼계의 헛된 꿈을 벗어나야만 해탈의
길이 있으니, 단하순(丹霞淳)선사는 이렇게 노래했다.

---

200) 鏡淸問僧 門外是什麽聲 云蛇咬蝦蟆聲 師云將謂衆生苦 更有苦衆生

밝은 밤 발 밖에 달은 어둑한데
코끼리 타고 몸을 뒤집어 보배종을 친다
큰 울림 위로 솟구쳐 삼계 밖인데
귀머거리는 무슨 일로 잠이 오히려 깊은가

夜明簾外月朦朧　騎象飜身擊寶鍾
洪韻上騰三界外　聾夫何事睡猶濃

학담도 한 노래 더하리라.

중생이 괴로운 곳에 괴로운 중생 있으니
원망의 소리 울부짖음 끝내 다하지 않네
만약 괴로움이 공한 줄 알아 다른 하늘 있는 줄 알면
원망하고 괴로운 중생이 깨달음의 언덕 오르리

衆生苦處有苦衆　怨聲叫喚終不盡
若了苦空知別天　怨苦衆生登覺岸

덧없는 죽음 듣고 차마 볼 수 없어라

〔秋夜 : 가을밤에〕

가을비에 참선하는 방은 차가운데
종소리 가라앉고 밤은 아주 길도다
바람 서리 치는 날 차츰 이르니
풀과 나무 다 거칠어 쓸쓸해지네

秋雨禪房冷　鐘沉夜正長
風霜日漸至　草木盡荒凉

하늘 땅이 방패와 창을 놀리니
허둥대는 사람들 펄펄 끓는 쇳물 지옥이로다
덧없는 죽음 듣고 차마 보지 못하니
앞길이 아주 아득하고 아득해라

天地干戈弄　遑遑一鑊湯
無常聞不見　前路太茫茫

평창

　아, 임진 병자 양대 외란에서 죽고 다친 이 그 얼마인가. 그리고 그
역사의 위기가 어찌 그 때 뿐이겠는가. 지금도 이 땅의 우리 민중은
서로 손잡고 뛰놀며 자유로이 오갈 나라의 땅에 철조망을 쳐놓고 죽임
의 무기를 쥔 채 서로를 향해 미움의 독한 기운을 내뿜고 있다.
　그러나 전쟁이 아니라 평화와 소통, 죽임이 아니라 살림의 길이 어
찌 위기와 분쟁의 한복판에 없을 것인가.
　지해일(智海逸)선사의 한 노래 들어보자.

　　민 땅에는 싸움터의 말 많이 간다고 함을 들어

그곳에 노니는 이에게 방패와 창 피하라 당부했네
갈림길에서 몸 숨길 곳을 가르쳐주니
끝없이 용맹한 군대도 어찌하지 못하리라

聞說閩中馬去多　丁寧遊子避干戈
臨歧指箇藏身處　無限雄師不奈何

갈림길에서 가르쳐주는 몸 숨길 곳은 어디 있는가. '전쟁이냐 평화
냐, 서로 죽임이냐 함께 살아감이냐' 역사의 갈림길이 지금 이곳에 있
으니, 몸을 숨겨 안락히 쉴 곳도 지금 이곳일 뿐이다.
　학담도 한 노래 더하리라.

　바람 서리에 풀과 나무 시들고
　방패와 창으로 하늘 땅이 무너지는데
　어느 곳에서 이 몸 돌려 피할까
　한 길이 평탄한 줄 보아야 하리

風霜草木荒　干戈天地壞
何處身廻避　須看一路坦

물건 던지면 무거운 것이 먼저 땅에 닿나니
〔因果 : 인과에 대하여〕

천당은 집이 아니고
지옥은 둘러싼 성이 없네
마음이 악하면 무거운 쇠기둥이
몸을 갈아대는 고통을 보고
마음이 착하면 즐거움을 누리네

물건을 던져 땅에 떨어짐과 같이
무거운 것이 땅에 먼저 닿나니
모든 도 구하는 이들이 각기
스스로 힘쓰기를 바라노라

天堂非屋宇　地獄無城郭
心惡見舂磨　心善享快樂

如擲物墜地　重地而先著
冀諸求道者　各自須努力

평창

　방거사가 약산선사의 회상을 방문하고 돌아오며 펄펄 내리는 눈을 보고 '펄펄 떨어지는 눈송이 다른 곳에 떨어지지 않는다〔不落別處〕'고 했는데, 지금 청매선사는 '물건 던지면 무거운 것이 먼저 땅에 닿는다'고 했다.

　말이 왜 서로 다른가. 방거사가 '떨어진 곳이 다르지 않다'고 한 것은 인과가 공함〔因果卽空〕을 들어 말한 것이고, 청매선사가 '무거운 것이 먼저 땅에 닿는다'고 한 것은 인과가 없지 않음〔因果不無〕을 들어 보인 것이리라. 이 두 눈 밝은 분들의 뜻을 잘 살피고 살펴 인과를 버리지 않되, 인과에 묶이지 않는 해탈의 길로 나아가야 하리라.

영가선사는 이렇게 노래했다.

　법신을 깨치고 보면 한 물건도 없으니
　본바탕 자기성품 타고난 붇다로다
　다섯 쌓임 뜬 구름이 헛되이 가고 옴이여
　세 가지 독 물거품이 헛되이 나고 사라지네

　法身覺了無一物　本源自性天眞佛
　五陰浮雲空去來　三毒水泡虛出沒

학담도 한 노래 더하리라.

　원인 있으면 결과 있음 매우 분명하니
　주장자 땅에 떨어짐에 무거운 곳이 먼저 닿네
　비록 그러나 좇아와 이르는 곳 없음을 깨치면
　뜬구름 흩어지는 곳에서 긴 하늘을 보리라

　有因有果甚分明　拄扙墮地重先著
　雖然若了無從到　浮雲散處見長天

몸을 죽여 의로움 이루는 것은 참으로 어려운 것이니

〔自意 : 스스로의 뜻〕

몸을 죽이어 어짊과 의로움 이루는 것은
사람이 참으로 하기 어려운 것이라
어버이의 울음이 그치지 않으니
임금의 마음도 편안치 않으리라

충성과 효도 두 가지를 잃으니
어찌 앉아서 벼슬 위해 갓을 털 건가
고운 옷의 얼룩 다만 효뿐 아니니
아이들 소꿉놀이라고 보지 말아라

殺身成仁義　人之固所難
父母哭不輟　君心應未安

忠孝兩失之　何如坐彈冠
斑襴非但孝　莫把兒戲看

평창

　세상의 의로움을 위해 몸을 버려 어버이보다 먼저 간 젊은이의 죽음
을 애도하는 시일 것이다. 비록 어짊과 의로움을 이루었으나 그 몸이
죽어서 나라에 충성함과 어버이에 효성 바칠 길이 없어졌으니, 보는
이가 어찌 슬프지 않겠는가.
　인연이 공하므로 세간 인과가 분명한 것이니, 씨앗을 심는 이의 뜻
이 깨끗하고 씨앗이 튼튼해야 실천의 좋은 꽃과 열매가 아름답게 맺힐
것이다. 그렇다면 나〔我〕에 나 없는〔無我〕 깊고 깊은 마음으로 티끌세
상을 받들어야 어버이와 나라의 은혜, 중생의 은혜 붇다의 은혜를 갚
게 될 것이다.
　장령탁(長靈卓)선사의 한 노래 들어보자.

괭이 머리 가에서 뜻을 얻을 때는
꽃이 피고 열매 맺음에 저를 근심치 않으나
얼마나 착하지 못한 뿌리와 줄기가
다만 가지 끝만 보고 또 가지를 자라게 하리

钁子頭邊得意時　開花着子不愁伊
幾多不善根株者　只見枝頭又長枝

학담도 한 노래 더하리라.

세간의 의로움 행함은 공정한 길 위함이고
효를 행해 모셔드림은 마음 편안함 위해서네
스스로의 뜻으로 착함을 행해 편안치 못하게 되면
어찌 깊은 마음으로 티끌세계 받듦이라 말하리

世間行義爲共道　行孝奉養爲心安
自意行善至不安　何謂深心奉塵剎

세간의 시끄러운 사람들아, 덧없음을 아는가
〔塵累 : 티끌에 더럽혀짐〕

세간의 시끄럽고 시끄러운 사람들이여
덧없음을 아는가 모르는가
해와 달이 머릿가를 지나가는 것
빠르기가 베틀의 가벼운 북이 달림 같아라

스스로 건지는 것도 아직 다하지 못했는데
어느 틈에 부부의 사랑에 빠질 건가
솥에 떨어진 게를 살펴보니
물이 맑다고 오히려 서로 놀고 있도다

世間擾擾子　無常知耶不
日月過頭邊　疾若輕梭走

自救尙未了　何暇愛夫婦
看取落鼎蟹　水淸猶相戱

평창

　덧없는 세간의 흐름이 빠르고 빠른 것을 깨닫지 못하고 세간의 욕락
에 빠져 사는 이들을 경계하는 게송이다. 그러나 덧없음이 본래 남이
없음〔無生〕인 줄 알면 덧없음이 항상함의 모습이고 중생의 망령됨
〔妄〕이 오되 옴이 없음을 알면, 망령됨을 돌이켜 참됨〔眞〕으로 쓰며
세간의 물듦 속에서 연꽃처럼 물듦 없는 것이다.
　거사(居士)로서 대조사의 이름을 얻은 방거사(龐居士)의 노래 들어
보자.

　　아들 있어도 장가보내지 않고
　　딸 있어도 시집보내지 않네

온 집이 즐겁게 모여 앉아
남이 없는 이야기를 같이 말한다

有男不婚　有女不嫁
大家團圞頭　共說無生話

　시집보내지 않고 장가보내지 않음이란 하되 함이 없음〔爲而無爲〕의
뜻을 그렇게 말한 것이니, 무위(無爲)거사는 이렇게 노래했다.

아들이 크면 장가 들어야 하고
딸이 크면 시집가야 한다
무슨 부질없는 공부를 말하기에
다시 남이 없는 이야기를 말하리오

男大須婚　女大須嫁
討甚閑工夫　更說無生話

　이 두 거사의 노래에 학담도 한 노래 더하리라.

장가감이 있고 시집감이 있어도 때묻음 없고
흐름 따라 나고 사라지되 늘 고요하도다
남편 아내가 서로 남이 없는 노래를 부르니
날마다 편안하고 즐거우며 늘 청정하도다

有婚有嫁而無累　隨流生滅常寂然
夫婦相唱無生歌　日日安樂常清淨

성품을 길러 천하를 평안케 하네

〔盡忠孝 : 충효를 다함〕

산 목숨 죽이는 것은 어버이 모시기 위함이요
나라의 녹을 먹는 것은 사직을 편안케 함이라네
오직 충성과 효성 다한다고만 아나니
어찌 도리어 재앙 부름을 믿을 것인가

삶을 온전히 해 어버이께 효도하고
성품을 길러 천하를 평안케 하네
복을 비는 것은 날마다 아침 저녁으로 하고
죽과 밥으로는 신선의 가마 생각하네

殺生爲養親　食祿稱安社
唯知盡忠孝　曷信返招禍

全生孝父母　養性平天下
祝釐每朝昏　粥飯思仙駕

평창

어버이를 위하되 살생의 업으로 모시고 나라를 위해 일한다고 나라
의 녹만 축내면 충효가 도리어 재앙이 된다. 산 목숨을 잘 보살피고
세간 위하는 깊은 정성과 축복의 뜻으로 어버이와 나라를 위해야 할
것이다.

열재거사(悅齋居士)의 한 노래 들어보자.

눈 가운데 매화 한 가지로
곧 봄소식 이르러 온 줄 안다
한 잔의 술은 어떠한가
숲에 가득 꽃 피기를 기다려야 한다

一枝雪中梅　便知春到來
如何一盃酒　須待滿林開

한 가지 봄소식 알리는 눈 속 매화로 어찌 술을 담그리. 언덕에 가득
꽃 피기를 기다려야 하리라.
학담도 한 노래 더하리라.

세간의 충성과 효성은 비록 착한 행이나
이것은 함이 있고 기다림이 있는 착함이네
날마다 복을 빌고 죽과 밥으로 공양하여서
공양해 모신 복덕을 내가 받지 않아야
주고 받음의 모습 없는 착한 행이리

世間忠孝雖善行　是則有爲有待善
日日祝釐粥飯供　不受福德無相行

가을 소리에 외로운 기러기는 끊기고

〔庵中秋日 : 암자에서 가을을 맞으며〕

잠잠히 띠집 아래 홀로 앉아서
쓸쓸히 기나긴 밤이 더딤을 깨닫네
가을 소리에 외로운 기러기는 끊기고
서리 기운에 늙은 회나무는 서글프네

병에 시달리는 이 몸 태워 닦음에 게으르니
선정의 마음은 고요하고 깨끗하되 나른하네
그러나 나의 참되고 실다운 성품은
앎과 알지 못함에 속하는 것 아니네

嘿坐茅齋下　凄凄覺夜遲
秋聲孤鴈斷　霜氣老槐悲

病骨焚修懶　禪心靜潔疲
然吾眞實性　不屬知不知

평창

　병든 몸이 가을 암자에 앉아 선정을 닦되 게으르고 나른함에 빠져
밝고 맑지 못하다. 쓸쓸한 밤은 길고 길어 새벽은 더디 오고 하늘에
기러기 그림자마저 끊겼다.
　그러나 나의 이 앎은 본래 앎과 알지 못함에 속하지 않아서 본래
그러함을 바로 보는 곳에 선정의 길이 있으니, 여기에 무슨 빠름과
더딤이 있으리.
　앎에 앎 없음〔於知無知〕이 선정(禪定)이고 앎 없되 앎 없음도 없음
〔無知而無無知〕이 지혜(智慧)이니, 세간의 공한 차별법 억지로 알아
그 지식과 관념을 쌓아간들 무엇할 것인가.
　혼성자(混成子)는 노래했다.

이름 가운데 실다움이 있어도 눈속에 가루라
서리 내린 하늘 새벽녘에 눈발까지 날려 더하네
외로운 기러기 한 소리 구름 밖에서 오니
암컷과 수컷을 누가 말해 가려낼 수 있으리

名中有實眼裏屑　霜天後夜重飛雪
孤鴈一聲雲外來　雌雄誰道能甄別

학담도 한 노래 더하리라.

이 법은 앎과 알지 못함에 속하지 않으니
먼 하늘 외로운 기러기 자취 없어라
선의 마음 고요하되 또 또렷하니
고요히 단좌하여 가을 소리 듣노라

此法不屬知不知　遠天孤雁沒蹤跡
禪心寂靜又歷歷　寂然端坐聞秋聲

세간 벗어난 지혜에 견주면 반딧불로 새벽빛 다투리

〔世智 : 세간의 지혜〕

처음 위에 있는 큰 사람을 좇아
경전과 사서에 지식을 내
어둡게 놀리는 것 요사한 여우 같고
허둥대 바쁘기는 목마른 사슴 같았네

날카롭고 밝음으로 성현을 모독하고
기와 뜻은 하늘과 붇다를 업신여기네
만약 세간 벗어난 지혜에 견준다면
반딧불이 새벽빛을 다투리리라

從初上大人　經史生知識
陰弄若妖狐　奔忙如渴鹿

聰明冒聖賢　氣意凌天佛
若比出世智　螢光爭曉色

평창

　세간 지식으로 여래의 지혜 깔보는 이들을 경책하고 있다. 책에서
보아 얻은 세간 지혜를 자랑거리로 삼는 자들은 '아는 것 만큼 보인다'
고 호기롭게 말한다. 그에 비해 노자(老子)는 '배움은 날로 더하고 도
는 날로 더니, 덜고 덜어 함이 없음에 이른다〔爲學日益 爲道日損 損之
又損 而至於無爲〕'고 하였다.
　붇다의 가르침은 알되 앎이 없고 앎 없음에 앎 없음도 없어, 그치고
그침〔止〕이 살핌〔觀〕이 되고 밝게 살핌〔觀〕이 그침〔止〕이 되니, 덜어
감과 더함〔損益〕이 둘이 없고 함 있음〔有爲〕과 함 없음〔無爲〕에 모두
머물지 않는다.
　영가선사(永嘉禪師)는 노래했다.

큰 코끼리는 토끼길에 다니지 않고
큰 깨침은 작은 마디에 걸리지 않는다
대통 같은 견해로 푸른 하늘 비방하지 말라
알지 못함에 내 지금 그대 위해 말해주노라

大象不遊於兎徑　大悟不拘於小節
莫將管見謗蒼蒼　未了吾今爲君訣

해가 차가워지고 달이 뜨거워진다고 해도
뭇 마라가 참된 말씀 무너뜨리지 못하니
코끼리가 수레 끌고 우뚝하게 나가는 길에
소똥벌레가 수레바퀴 막음을 누가 볼 건가

日可冷　月可熱　衆魔不能壞眞說
象駕崢嶸漫進途　誰見螳螂能拒轍

학담도 한 노래 더하리라.

세속지혜로 바른 법바퀴를 업신여기고
요망한 말로 붇다의 참된 말씀 깨려 하는가
반딧불 가져다 빛나는 해와 다투는 것 같으니
삿된 마라 스스로 다함 서리 녹듯 하리라

世智凌蔑正法輪　妖言欲破佛眞言
似將螢光爭赫日　邪魔自盡如霜消

한산시의 가락은 다섯 음에 떨어지지 않나니
〔看寒山詩 : 한산시를 보고〕

안타깝다 한산의 책이여
지는 눈물 모래금에 떨어지네
아이들이 모여도 알지 못하고
말과 소가 밟아도 마음이 없네

글 구절이 세 운에 짝짓지 않고
소리가 다섯 음에 속하지 않는데
늙은 나이에는 시들고 병듦이 심하여
이 때문에 끙끙 앓게 되었네

可惜寒山卷　零涕落沙金
兒童聚不識　馬牛踏無心

句不聯三韻　聲非屬五音
末年衰病甚　以此當呻吟

평창

　세속의 높은 고관대작의 모습도 아니고 법좌에서 설법하는 고승도
아니고, 떨어진 옷에 국청사(國淸寺)의 후원에서 밥을 먹고 마당을
쓰니 그 이름이 차가운 산〔寒山〕인가.
　그를 세속사람이라 할 건가, 출가승려라 할 건가. 말을 내되 고승의
점잖은 말이 아니고 시를 쓰되 세속의 시가 아니니, 그를 선승(禪僧)
이라 할까 시승(詩僧)이라 할까. 그의 시를 도인의 탈속(脫俗)의 노래
라 할 것인가. 세속시인의 바람과 달〔風月〕 읊조림이라 할 것인가.
　그의 시는 말에 말 없는데 어디에다 짝지우리.
　한산(寒山)선사는 이렇게 노래했다.

내가 샤카무니붇다에 대해 들었는데
어느 곳에 계신지 알지 못하네
가신 곳 헤아려 생각해보니
나의 이 도량을 떠나지 않네

我聞釋迦佛　不知在何方
思量得去處　不離我道場

학담도 한 노래 더하리라.

한산이 어디서 왔는지 알지 못하니
그 사람이 어디로 갔는지 어찌 알리요
한산의 면목은 무슨 얼굴인가
눈으로 산 빛을 보니 귓가에는 소리로다

不知寒山從何來　焉知彼人何處去
寒山面目是何顔　眼見山色耳邊聲

깊고 깊음은 큰 바다와 같고 휘늘어짐 허공 같나니
〔無題 : 제목 없음〕

깊고 깊음은 큰 바다와 같고
휘늘어짐은 허공과 같네
고요하고 고요하여 보고 들음을 끊고
흔들리고 흔들리되 같고 다름이 없네

하늘에 나도 즐거움을 받지 않고
지옥에 들어도 많은 괴로움 없네
그대에게 이것이 무엇인가 묻노니
나에 미혹하면 그대 어찌 깨치리

沉沉如大海　落落等虛空
寂寂絶見聞　擾擾無異同
生天不受樂　入獄無多苦
問君是何物　我迷汝何悟

평창

　보고 들음에 봄이 없고 들음 없는 진실이 나의 참모습이니, 나를 어찌 나로서 구하리.
　여기 삼계 안에 있되 삼계 밖으로 아득히 벗어났으니, 심문분(心聞賁)선사는 이렇게 노래했다.

　　산이 정수리를 드러내지 않음이여
　　형상이 모습 있음이 아니지만
　　마주 보아 서로 드러내니
　　이것은 무슨 모습인가
　　문을 나서서 한 실오라기 보지 않는데

눈에 가득 흰 구름과 푸른 산이네

山不露頂　形非有相
覿面相呈　是何模樣
出門不見一絲毫　滿目白雲與靑嶂

학담도 한 노래 더하리라.

내가 곧 나 없음이고 모습에 모습 없으니
산이 정수리 드러내지 않는데 물은 숨어 흐르네
문 밖의 푸른 산은 마디풀도 없는데
머리 돌리니 뒷봉우리에 흰 구름 일어나네

我卽無我相無相　山不露頂水潛流
門外靑山無寸樹　廻頭後峯白雲起

모습 잊었는데 어찌 기이하고 특별한 뜻이 있으리
〔默庵 : 암자에 잠잠히 앉아〕

걸어다니거나 앉고 눕는 때에
그 가운데 웃을 일이 있으니
노루와 사슴이 뜰에 들어오고
백 가지 새가 열매 물고 이르네
세속사람들에게 보도록 하면
반드시 따로 한 이치라 말하지만
저와 내가 각기 모습을 잊었는데
어찌 기이하고 특별한 뜻이 있으리

經行坐臥時　中有可笑事
麋鹿入庭來　百鳥嚙果至
如令俗子看　必言別一致
彼我各忘形　曷有奇特意(一)

살아감이 맑고 또 싱거우니
다른 붙잡아 생각함이 있지 않아라
사슴 다니는 길가에 푸성귀가 자라고
밤알은 날다람쥐 오는 문앞 떨어지네
바구니 끌고 부질없이 가고 오며
돌바닥에서 한가히 잠이나 자네
싱그런 발 돌이킴은 어느 때런가
아침 끼니를 이을 죽도 먹지 못하네

生涯淡且薄　無有異攀緣
菜長鹿路畔　栗墮鼯門前
携籃空去來　石床打閑眠

神足返何時　連朝粥不饘(二)

　세간법을 보고 들음 밖에 어찌 기특한 도리를 따로 찾으리. 보고 들음 끊어진 곳에서 보고 들음 버리지 않으면 보고 들음의 길이 바로 기나긴 겁 목마르지 않고 배고프지 않는 진리의 길인가.
　옛 선사〔石門易〕는 다음 같이 노래했다.

　　만리의 바람과 안개에 풀과 나무 성긴데
　　눈앞에 모습이라 할 법이 없도다
　　흰 구름 깊은 곳에 살아가는 길이
　　오히려 고기잡이 늙은이에게 웃음거리 되었네

　　萬里風煙草木踈　目前無法可相於
　　白雲深處生涯路　猶被漁翁冷笑渠

　눈앞의 어우러진 법에 한 법도 볼 것이 없는데, 세간 시끄러움 피해 흰 구름 깊은 골에 산 것으로 어찌 자랑거리 삼을 수 있으랴. 화정선자선사(華頂禪師)처럼 산 눈〔活眼〕을 뜬 저 고기잡이 늙은이의 비웃음거리 되리라.
　학담도 한 노래 더하리라.

　　마디풀도 없는 곳에 풀과 나무 있으니
　　채소와 밤 캐고 주어와 식량을 삼네
　　백 가지 새를 벗 삼으나 기특함이 없으니
　　어떤 때 잠을 자고 때로 걷고 좌선하네

　　寸草無處有草木　採拾蔬栗爲糧食
　　百鳥爲友無奇特　有時沈眠或行坐

만 가지 그림자에 단풍잎이 시드네

〔靑海不晴 : 푸른 바다가 개지 않음〕

서산은 깊고 다시 깊은데
아홉 겹의 산 세 가을에 이었네
한 소리 새가 노래함은 가늘고 가는데
만 가지 그림자에 단풍잎이 시드네

오늘 같은 가을 소식 몇 번이런가
하늘가의 일에도 깊은 꾀함 있어라
옷깃 끌어 동녘 하늘 바라보니
아침 저녁에 푸른 놀이 떠있네

西山深復深　九重連三秋
一聲鳥語細　萬影楓葉稠

秋成今幾許　邊事有甚謀
引領東天望　朝昏翠靄浮

평창

　가을 되어 산이 깊어지고 새 우짖는 곳 만 가지 그림자에 단풍잎이
시드니, 삼계 안에서 삼계 밖에 벗어난 진리의 소식이리라. 이것이
천하를 천하에 감춘 소식이고, 몸이 없는 곳에서 몸이 몸으로 드러난
소식이리라.

　그렇다면 몸이 몸 아닌 줄 보아야 온전한 몸 보는 것인가. 옛 선사들
의 노래 들어보자.

　보자(報慈)선사가 스승의 진영〔眞〕을 보고 이렇게 노래했다.

　　해는 떠서 산에 이었고
　　달은 둥글어 문에 밝았네

몸 없는 것이 아니지만
온전히 드러내려 하지 않네

日出連山　月圓當戶
不是無身　不欲全露

설두현(雪竇顯) 선사가 노래했다.

한 잎이 허공에 날리니 곧 가을을 보지만
법신은 반드시 시끄럽게 떠듦을 꿰뚫는다
오는 해에 다시 새 가지가 돋아나서
어지러운 봄바람 그쳐 쉬지 않으리

一葉飄空便見秋　法身須透鬧啾啾
明年更有新條在　惱亂春風卒未休

학담도 한 노래 더하리라.

서산은 깊고 깊어 구름은 아홉 겹인데
구름 가운데 산은 온몸을 드러냈네
만약 숨고 드러남 둘 아님을 알면
한 풀 한 나무가 조사의 뜻이로다

西山深深雲九重　雲中山兮露全身
若了隱現本不二　一草一木祖師意

배워 알기만 함 번뇌의 병 늘리나니

〔示敎師 : 문자로만 가르치는 사람에게 보임〕

배워 알아 세 가르침을 통했지만
다만 번뇌의 병을 늘렸네
깨달음은 반드시 물고기눈이라야 인정하고
닦음은 옛 거울을 닦듯 하여야 하네

앎의 단지에 지혜의 바다 가득하고
말과 붓이 참성품 끌어낸다 함이여
한 기러기 가을하늘에 날아가니
천 강에 스스로 그림자 있네

學解通三敎　只增煩惱病
悟必認魚目　修當磨古鏡

識甁盛智海　語筆抽眞性
一鴈點秋空　千江自有影

평창

　　문자로 된 경은 법계의 경을 말로 쓴 것이니 말에 말 없음을 알면
말 아닌 말이 삶의 참된 이정표가 되는 것이나, 말을 붙들어 이치를
구하면 그는 하늘 끝 헤매는 나그네 신세 면치 못하리라.
　　말로 된 가르침을 자나 깨나 눈 뜬 물고기처럼 살펴 실상에 돌아가
면, 앎이 지혜가 되고 말과 뜻이 참성품을 이끌어내리.
　　삽계익(霅溪益)선사는 이렇게 노래했다.

　　　한 바퀴 밝은 달이 소상강 비치는데
　　　고향길 물을 사람 다시 만나지 못하네
　　　스스로 하늘 끝 나그네 되어 왔으니

저 잔나비 울음이 사람의 애간장 끊도록 두라

一輪明月照瀟湘　更不逢人問古鄕
自是天涯慣爲客　任他猿叫斷人腸

학담도 한 노래 더하리라.

세 가르침 배워 통해 뜻의 하늘 사무쳐도
글 따라 뜻만 풀면 어찌 고향에 돌아가리
서산 봉우리 끝 천고의 달이여
온몸을 드러내어 숨겨 감추지 않네

學通三敎窮義天　逐文解義焉歸鄕
西山峯頭千古月　顯露全身不隱藏

마음의 신령함 사물 마주해도 평안하리
〔友人 : 벗에게〕

사람의 마음은 서로 더불어 하길 좋아하고
여섯 잔나비는 한 관을 같이하여
어떤 것은 집착하고 어떤 것은 집착하지 않아
의심하고 미워함을 볼 수 있어라

입과 몸을 연을 따라 씀이여
마음의 신령함 사물 마주해 편안하고
몸이 실로 나의 것이 아니니
기꺼이 다른 사람과 더불어 함께하네

人心相與好　六獼同一冠
或著或不著　奸猜忍可看

口體隨緣用　心神對物安
身非我所有　肯與別人干

평창

　중생의 마음은 마주하는 경계를 따라 굴러가고, 여섯 앎〔六識〕은 뜻
뿌리〔意根〕를 의지해 뜻의 앎〔意識〕의 분별을 따라, 뜻에 맞는 것은
취하고 뜻에 맞지 않는 것은 싫어해 버린다. 그 뜻을 청매선사는 '여섯
잔나비가 한 관을 같이하여 경계 따라 의심하고 미워함을 볼 수 있다'
고 했으리라.

　그러나 '내가 저 사물을 안다'고 하는 것은 아는 자도 공하고 아는
바도 공하기 때문에 알고 봄이 있는 것이다.

　그러므로 알고 봄〔知見〕에 실로 알고 봄이 없으니, 알되 앎이 없고
보되 봄이 없으면 참으로 사물과 마주해 잘 씀이고 사람과 더불어 잘
행함이다.

심문분(心聞賁)선사는 이렇게 노래했다.

　　하늘 가운데 아름다운 음악 소리 구름 끝에 울리고
　　밤의 촛불 빛을 나누니 만 점이 차갑도다
　　옥의 수레 저자 뚫고 지나지 않으니
　　아름다운 여인은 누각 기대 보는 것 쉬라

　　鈞天雅奏響雲端　夜燭光分萬點寒
　　玉輦不穿衢市過　佳人休更倚樓看

누각에 기대어 옥수레 기다리는 마음을 쉬어야, 하늘과 땅에 가득한
축복의 노랫가락 들을 수 있는가.
　학담도 한 노래 더하리라.

　　평등한 성품 가운데 친하고 성김 끊어졌고
　　큰 허공 맑은 바람 두텁고 엷음 없네
　　마음 없이 사물 대하면 마음이 평안하고
　　몸이 공한 어진 베풂 비좁아 막힘없으리

　　平等性中絶親疏　太虛淸風無厚縛
　　無心對物心平安　身空慈施無壅塞

외로운 지팡이로 만 리 떠도는 몸이로다

〔送暉上人 : 휘상인을 보내며〕

초나라절에서 봄여름을 같이하여
책상을 이어 말이 다시 새로웠네
비말라키르티는 말을 삼갈 수 있었고
안회는 가난에 편안히 함 좋아하였네

한 발우로 천 산을 가는 나그네여
외로운 지팡이로 만 리에 떠도는 몸이로다
거울 같은 호수는 달을 보는 것 같으니
반드시 바다 남쪽의 사람 생각하라

楚寺同春夏　連床語更新
維摩能愼口　顏氏好安貧

一鉢千山客　孤節萬里身
鑑湖如見月　須念海南人

평창

　같이 봄가을에 안거하고 한 책상에서 법담을 나눈 제자를 보내는
감회를 노래했다. 비록 말로 도를 의논하나 비말라키르티(Vimalakīr
ti; 淨名)의 말 없음의 가풍을 따르고 늘 안회(顏回)처럼 가난에 뜻을
편안히 해 도를 즐겼다〔安貧樂道〕. 서로 얼굴 마주했으나 서로 마주함
이 없었으니, 천 리 먼 길 서로 떠돌지라도 서로 바라봄이 멀지 않다.
　천복일(薦福逸)선사는 이렇게 노래했다.

　　산양이 뿔을 걸고 사발 같은 산봉우리 향하니
　　사냥개는 아득하여 발자취를 보지 못하네
　　도리어 돌다리에서 다리가의 늙은이가

삼천리 밖에서 서로 만남을 알도다

羚羊掛角向甌峯　　獵狗茫然不見蹤
却是石橋橋畔老　　三千里外解相逢

학담도 한 노래 더하리라.

　　옛날에 같이 도량에 안거하여
　　도의 말 나눴지만 말이 없네
　　오늘 소리 아는 이 떠나 보내니
　　비록 멀어도 하늘의 달은 밝네

昔日同安居　　相與談無言
今日送知音　　雖遠天月明

이 늙은이에게 명아주 지팡이 짚고 한 번 오소서

〔答闇大師 : 은대사에 답하다〕

등불 시드는 외로운 절에 누웠으니
해는 뜨고 산새 소리 울리네
홀로 살아가니 가난 가운데 성품이요
환히 빛남을 쉬니 앓아누움 속 마음이네

물과 구름은 옛 벗이 되고
산과 달이 소리 아는 이 되어
아주 늙어 사람에 마음 아파하니
명아주 지팡이 짚고 한 번 와주소서

殘燈孤寺臥　日出響山禽
任獨貧中性　休華病裏心

水雲爲故舊　山月是知音
老大偏傷物　扶藜一枉臨

평창

　　은대사는 청매선사의 옛 도반인 듯하다. 이제 나이 들고 병들어 물
과 구름으로 벗을 삼고 산과 달로 소리 아는 이 삼으니, 서로 만나
도반의 정을 나누고 싶어함이다. 내가 몸이 아파 외로운 절에 누워
그대를 찾아갈 수 없으니, 그대 은대사가 명아주 지팡이 짚고 와주길
청하는 시이다.
　　그러나 어찌 본분의 큰 종사가 세속의 정만으로 만나기를 기다렸을
것인가. 겹 밖의 봄에 앉아 다시 꽃피는 봄소식 바라봄과 같으리.
　　개암붕(介庵朋)선사는 노래했다.

　　　평생의 심장과 간 사람에게 기울이니

한 방망이 분명해도 그릴 수는 없어라
몸을 뒤쳐 말로 보여준 곳 안다고 하면
물과 하늘 비어 넓고 달은 맑고 맑으리

平生心膽向人傾　一棒分明畫不成
若也翻身知落處　水天空闊月澄淸

학담도 한 노래 더하리라.

지팡이 짚고 물과 구름 사이 노닐어 다니다
산과 달을 벗 삼아 몸은 병에 맡겼네
병 가운데 병이 없어 천고의 달 밝으니
명아주 지팡이 짚고 한 번 서로 만남이여
여래의 법 가운데 법의 기쁨 오래리라

策杖遊歷水雲間　山月爲侶身任病
病中無病千古月　扶藜一逢法喜久

내 이름 푸른 매화인 것 웃노라
〔春日江上 : 봄날 강위에서〕

봄바람이 남쪽 나라에 가득한데
홀로 강위 정자에 올랐네
언덕의 꽃은 붉어 비단 같은데
강물의 푸르름은 이끼 같아라

한 마리 새는 구름에 이어 다하고
외로운 돛배 해를 등지고 오네
빛깔 소리 걸림 없는 곳에서
내 이름 푸른 매화인 것 웃노라

春風滿南國　獨登江上臺
岸花紅似綿　江水綠如苔

一鳥連雲盡　孤帆背日來
色聲不礙處　笑我號靑梅

평창

　봄이 되어 온갖 꽃들이 만발하고 산천에는 갖가지 빛깔 나무와 돌들
이 우거져 서로 걸림 없는데 내 이름은 왜 푸른 매화인가. 푸른 매화
푸르고, 붉은 장미 붉은 대로 법이 늘 스스로 그러함〔法爾自然〕인가.
단하순(丹霞淳)선사는 이렇게 노래했다.

　　바위 앞에 비록 구름이 천 이랑이나
　　방안에는 한밤의 등불마저 없도다
　　벌린 눈에 아스라한 봉우리 옛과 지금에 빼어난데
　　저무는 하늘 저녁빛이 층층의 푸르름 비추네

巖前雖有雲千頃　戶內殊無半夜燈
極目危巒今古秀　暮天斜照碧層層

　청매선사가 그 이름 푸른 매화이지만 다시 인오(印悟)라 하니, 푸른
매화의 모습이되 모습 아닌 실상이 곧 깨달음을 증험하기 때문에 깨달
음을 도장 찍음〔印悟〕이라 했는가.
　학담도 한 노래 더하리라.

　　푸르고 노랑 붉고 흼은 무슨 물건인가
　　본래 한 물건도 없는데 빛깔 헤아릴 수 없어라
　　만 갈래 빛깔과 소리 붙잡을 수 없으나
　　노란 꾀꼬리 지저귀며 꽃가지에 오르도다

　　青黃赤白是何物　本無一物色無量
　　萬般色聲沒可把　黃鸎咬咬上花枝

옛 장군이 절에 올라 홀로 거니나니
〔奉次安僉正韻 : 안첨정의 운을 받들어 떠라〕

장군의 몸 같이할 곳 없어서
절에 올라 홀로 걸어 다니네
맨발은 어려움 가운데 말이요
노란 꽃은 서리 뒤의 뜻이로다

가을에 하늘의 달을 기약하고
늙어서 해동의 군사에 눈물짓네
날리는 쑥을 말하지 말라
왕과 백성 그 태어남을 어찌하리

無將身合處　上寺獨經行
白足難中語　黃花霜後情

秋期天上月　老淚海東兵
不道飄蓬子　王民若爲生

평창

　만민에 차별된 성품이 없는데 이 세간의 질서 속에는 왕과 제후 장군
과 재상 백성이 정해져있으니 어찌하리. 옛날 군사를 이끌던 장군도
늙어서 의탁할 곳이 없어서, 절에 올라와 홀로 거니니 사람은 홀로
왔다 홀로 가는 것인가.
　험한 풍진 속 맨발로 걷는 것처럼 붙들어 보살피는 이 없이 홀로
절 길 걷는 모습이 그의 고난에 찬 삶의 여정을 보여주나, 그의 기개는
서리 뒤 노란 국화처럼 시들지 않는다. 이처럼 비록 지금 외로운 듯하
나 뜻 아는 이들과 먼 역사가 그를 기억함이여. 가을하늘에 하늘의
달이 늘 함께하는 것과 같으니, 삶의 깊고 깊은 뜻은 작은 이익에 탐하
는 뜻을 따라서는 안 된다.

투자청(投子青)선사는 이렇게 노래했다.

자식을 길러야 바야흐로 어버이 사랑을 아니
친한 말은 맛이 없어 바깥 사람이 의심하네
푸른 바다 깊고 깊은 곳을 사무치려 하면
고기잡이 뱃노래 듣고 헤매지 말아야 한다

養子方知在上慈　親言無味外人疑
欲窮滄浪深深處　聽取漁家輒莫遂

학담도 한 노래 더하리라.

외로운 몸이 만 리에 떠돌지만
하늘 위에는 한 달이 밝도다
늙어서 돌아갈 곳 없음이여
발밑에 맑은 바람 떨치도다

孤身萬里遊　天上一月明
老來無歸兮　脚下淸風拂

늦은 그림자에 외로운 돛배 멀어지니

〔秋日晩望 : 가을날 저녁에 바라봄〕

구월 절기에 몸을 버텨 바라보니
강바람이 불어 저녁놀을 말아오네
숲이 성김은 서리 뒤의 나무요
비춤이 부서지니 햇빛 가의 물결이네

늦은 그림자에 외로운 돛배 멀어지니
가을소리 한 기러기는 비껴나네
남쪽 지방 예순의 고을이여
모두가 군대를 싫어하는 집이네

九節支頤望　江風捲夕霞
森踈霜後樹　照碎日邊波

晩影孤帆遠　秋聲一鴈斜
南州六十郡　俱是厭兵家

평창

　가을날 저무는 빛 속에서 산천을 바라보며 전쟁 뒤 이 땅에 다시
전쟁이 없이 평화가 지속되길 바라는 시이다.
　장군의 칼날이 비록 외적을 무찔러서 세상이 평화로워졌으나, 칼과
창을 버리고 장군의 이름마저 잊어야 참된 평화인가.
　옛 선사의 한 노래 들어보자.
　법진일(法眞一)선사가 노래했다.

　　나라가 태평함은 군대를 쉼으로부터니
　　길에서 검객을 만나면 반드시 보여주라
　　비록 그러나 사나운 범도 제 새끼는 먹지 않으니

바른 명령 다른 때에 어떻게 행하리

國泰由來自偃兵　路逢劍客也須呈
雖然猛虎不食子　正令他時作麼行

　바른 명령은 병이 있으면 약이 있고 불의가 있으면 불의를 깨뜨리는
의로움이 있어야 됨인가.
　그러나 칼로 칼의 힘을 다시 부르는 것은 바른 명령이 아닌 것이니,
학담도 한 노래 더하리라.

　때와 철이 옮기고 옮겨 가을날이 되니
　강바람과 붉은 놀의 경치 하나로 어울리네
　군대의 집 서로 싸워 몇 년이 되었는가
　칼을 놓고 군대를 쉬니 천하가 평화롭네

時節遷移到秋日　江風紅霞景一和
兵家相爭幾多年　撒刀偃兵天下平

뜬 개구리 밥풀처럼 다시 만나기 어렵나니

〔客中見別 : 나그네 가운데서 헤어짐을 보면〕

바닷가 절 가을바람은 저물어가는데
아득히 먼 나그네는 돌아오지 않네
시름 깊은 때 또 헤어짐을 보니
병들어 아픔 속 다시 설움을 머금네

노란 국화 서리 이긴 새벽녘이
푸른 산에 나뭇잎 지는 때인데
뜬 개구리 밥풀처럼 다시 만나기 어렵나니
어느 곳에서 또 눈썹 열고 웃으리

海寺秋風老　悠悠客未歸
愁邊又見別　病裏更含悲

黃菊凌霜曉　青山落木時
浮萍難再會　何處又開眉

평창

　　만 가지 법이 늘 머묾도 없고 나고 사라짐도 없는 줄〔無有常住 亦無
起滅〕 모르면 사람은 만나고 헤어짐의 고통에서 벗어나지 못한다. 여
기 있어도 참으로 머물지 못하고 마치 그 신세 뜬 개구리밥풀 같으니,
그 어느 때 고향땅에서 서로 만나리.
　　옛 선사의 노래 들어보자.
　　용아(龍牙)선사가 노래했다.

　　　산에 올라 낚싯줄 드리운 이를 앉아서 보니
　　　날이 다하도록 구구하게 물결 가에 바쁘다
　　　백 개울의 끝없는 물을 탐착해 바라보다

이곳이 바로 근원인 줄 알지 못하네

登山坐看垂綸者　終日區區役浪邊
貪看百川無限水　不知當處是根源

학담도 한 노래 더하리라.

생각 일으켜 내달려서 밖으로 구하게 되면
기나긴 밤에 흘러가서 고향땅 밟지 못하네
복사꽃 물결치는 곳에서 다른 봄을 알게 되면
흐름을 돌려 근원에 이르러 고향에 온 사람이리

起念馳騁向外求　長夜漂流不踏鄉
桃花浪處認別春　返流到源歸鄉人

세간 사람의 일로 어찌 이리 다투는가

〔所作自愛 : 지은 것을 스스로 사랑함〕

젖은 종이 같은 사람 사이의 일로써
어찌 이처럼 다투고 있는가
추위 오면 한 벌의 옷이고
목마름이 오면 반 잔의 콩국이로다

부귀라 해도 아침 나절 피는 버섯의 아름다움이고
빼어난 글재주도 뜨거운 사발 소리인데
자손 때문에 걱정하고 살지 말지니
잘 찧어 갈아도 이름 바꾸지 못하리

濕紙人間事　胡爲若此爭
寒來一領衣　渴來半豆羹

富貴朝菌美　文章熱椀聲
莫爲子孫憂　春磨不換名

평창

　　나고 사라지는 세간일로 사람들은 어찌 그리 바쁜가. 실로 얻고 잃음 없는 곳에서 얻었다 크게 기뻐하고 잃었다고 절망하니, 하루인들 그 마음 편할 것인가. 특히 부귀를 향해 내달리고 자식을 애착하는 것은 그 목마름 어찌 그치리.
　　다만 만족함 알아 지금 일에 온 정성 기울이되, 지금 일의 있는 모습을 잊으면 일과 일 사이에서 옛 때 사람〔舊時人〕을 보리라.
　　승천종(承天宗)선사는 이렇게 노래했다.

　　쇠까마귀 해가 솟고 달토끼 저무니
　　돌고 돌아 삼백예순의 날이로다

하늘 땅 안에서 달려 바쁘고 바쁘니
몇이나 둥지의 굴인 줄 알 수 있는가
나날의 삶이 둥지의 굴인 줄 앎이여
소양의 콧구멍을 일찍이 집어 올렸네

金烏出玉兔沒　循環三百六十日
乾坤之內走忙忙　能有幾个知窠窟
知窠窟　韶陽鼻孔曾拈得

　소양의 콧구멍을 집어 올렸다 함은 소양선사가 '나날이 좋은 날이다
〔日日是好日〕'고 함이 새로운 둥지가 됨을 경계함인가.
　학담도 한 노래 더하리라.

　업을 따라 짓는 것은 물의 달과 같은데
　헤매는 이들 붙잡고 날이 다하도록 바쁘네
　둥지와 굴 깨뜨리고 새장을 벗어나면
　나날이 좋은 날이라 늘 편안하고 즐거우리

隨業所作如水月　迷人把着終日忙
打破窠窟出紗籠　日日好日常安樂

구함이 있으면 다 괴로움이니

〔忘心頓證 : 마음을 잊고 단박 깨침〕

늘 온갖 때에 있으면서
모든 망상을 일으키지 않고
망상의 경계에 머물러서는
쉬어 없애는 생각 쓰지 않도다

진실한 성품 깨달아 알면
모두 다 헛된 흔들림이라
구함이 있으면 다 괴로움이니
마음 잊음이 가장 높음이 되네

常居一切時　不起諸妄想
而住妄想境　不用息滅想

了知眞實性　總是虛撓攘
有求皆是苦　忘心最爲上

평창

　　원각경(圓覺經)에서 보인 바, 억지로 짓고 그치고 맡기고 없애는〔作
止任滅〕 선병(禪病)에 대해 깨우치는 법문을 청매선사가 다시 노래한
것이다.
　　중생 망상의 본 바탕은 무엇인가. 눈에 보이고 귀에 들리는 사물의
모습에 모습 없는데, 실로 있는 경계로 취하는 것이 망상의 모습이다.
그러나 모습에 모습 없다면 망상 또한 실로 있는 것이 아니니, 망상의
경계에 머물러 알려 할 것도 없고 망상을 없애고 참된 경계를 다시
취해서도 안 된다.
　　옛 선사〔石門昜〕의 한 노래 들어보자.

사람 없고 집이 깨지며 또한 돌아감을 잊으니
방에 가득 붉은 티끌을 쓰는 사람 드무네
붉은 해가 얼음 녹여 물을 따라 흘러가나
누가 그를 위해 사립문 닫아줄 줄 알지 못하네

人亡家破亦忘歸　滿室紅塵掃者稀
紅日消冰逐流水　不知誰爲掩柴扉

　모습에 취할 모습 없음을 알면 안의 망상에도 끊고 쓸어 다할 것이
없으니, 마음이 마음 아닌 줄 알아 마음에서 마음 떠나는 것이 가장
높은 해탈의 길인가.
　학담도 한 노래 더하리라.

　망상이 본래 공하고 경계 또한 공하니
　참사람은 망령됨을 없애지 않고
　또한 따로 얻을 참됨 취하지 않네
　망령됨이 곧 참됨인 줄 깨치면
　몸을 돌이켜 피하지 않으니
　붉은 티끌 떠나지 않고 고향땅을 밟으리

妄想本空境亦空　眞人不除不取證
了妄卽眞不避廻　不離紅塵踏家鄉

몸은 흰 구름 속이나 마음은 붉은 티끌에 달리니

〔漏 : 번뇌가 흘러 샘〕

몸은 비록 흰 구름에 누웠으나
마음은 붉은 티끌에 달리니
취해 읊조림은 누각의 달 노래함이고
한가히 거닒은 고운 못의 봄이로다

장사꾼과 저자에서 값을 다투고
아이들의 놀이 타고난 재미를 놀리네
큰 귀는 오히려 있는 것 같으나
나는 내 몸을 받아들이지 않으리

身雖臥白雲　心是走紅塵
醉咏秦樓月　閑行楚澤春

與商爭市井　兒戲弄天眞
大耳如猶在　吾當不容身

평창

　　몸이 비록 청산에 살고 흰 구름에 누웠다 해도, 생각이 치달려 밖을
향해 구함이 있으면 그는 붉은 티끌에 달리는 사람이다.
　　저 귀로 듣는 바 소리가 실로 있음 같으나, 내가 나를 실로 있는 나로
받아들이지 않으면 소리는 무엇이고 듣는 자는 누구인가.
　　해인신(海印信)선사의 한 노래 들어보자.

　　　어리석은 이 집 가운데 앉아서
　　　남에게 돌아가는 길을 물어 찾나니
　　　도리어 눈 먼 이의 가리켜줌 따라
　　　다른 곳으로 헛되이 찾아가도다

길에서 눈 밝은 사람을 만나
꾸짖음을 받아도 깨닫지 못하다
홀연히 비구니스님이 원래
여인이 된 것임을 깨닫게 되네

癡子家中坐　問人覓歸路
却被箇盲兒　指從別處去
路逢明眼漢　責呵猶未悟
忽然悟師姑　元是女人做

학담도 한 노래 더하리라.

세상사람 붉은 티끌에 치달려서
구구하게 모든 경계에 빠져 사네
홀연히 모든 경계 고요한 줄 깨치면
산과 물이 곧 나의 고향이로다

世人馳紅塵　漚漚沒諸境
忽然悟境寂　山水卽家鄉

한 조각달이 사사로움 없이 눈앞 봉우리에 이르렀네
〔幽居 : 그윽이 머묾〕

홀로 서쪽 숲 아래 누웠으니
안개와 등넝쿨 푸르고 또 겹쳐있네
한가로이 지냄 즐기는데 해는 쉽게 지고
가난해도 기쁜 삶인데 나그네 오는 것 더디네

학을 찾는 구름의 대는 가까운데
이어져 이웃한 풀길은 막혔네
사사로움 없는 한 조각 달이여
저절로 눈앞 봉우리에 이르는구나

獨臥西林下　烟蘿翠且重
閑甘日易落　貧喜客來遲
訪鶴雲臺近　連隣草路封
無私一片月　自到眼前峯

평창

　푸른 숲 흰 구름 오가는 아란야의 생활이여, 한가로움 가운데 바쁨
이 있고 가난함 속에 넉넉함과 즐거움이 있다. 도의 벗을 아득히 그리
워하나 안개 짙고 풀길 우거져 막혀 나그네의 발길은 더딘데, 사사로
움 없이 두루 비치는 한 조각 달 앞산 봉우리에 이르렀다.
　이 경계가 어찌 다만 눈앞 아름다운 경치만을 노래함일 것인가. 법
과 법이 서로 머금고〔法法相含〕, 겹치고 겹쳐 다함없는 법계〔重重無盡
法界〕의 소식을 노래함이리라.
　옛 선사〔丹霞淳〕의 한 노래 들어보자.

　　물밑의 진흙소가 흰 달을 갈고

구름 가운데 나무말이 맑은 바람에 달린다
인도스님 서쪽나라 발우를 느슨히 들고
한밤에 배를 타고 바다동쪽 지나네

水底泥牛耕白月　雲中木馬驟淸風
胡僧懶捧西乾鉢　半夜乘舟過海東

학담도 한 노래 더하리라.

모든 행 덧없음이 참으로 항상함이고
모든 법 공한 모습이 바로 법의 몸이로다
외로운 학 구름과 물이 서로 어울리는데
사사로움 없는 한 달이 앞 봉우리 마주했네

諸行無常是眞常　諸法空相卽法身
孤鶴雲水相交涉　無私一月對前峯

멀리 노니는 흥을 다하지 말지니

〔贈別淸上人 : 떠나는 청상인에게 줌〕

바다 위에는 처음 잎이 지는데
떠나는 생각 다시 아득하고 아득하네
남쪽 나라에는 내가 오히려 있고
하늘 끝에는 그대가 홀로 노니네

노란 국화는 서리 내려야 빛나고
흰 물억새는 비 지난 뒤 가을이네
멀리 노니는 흥을 다하지 말지니
집과 산에는 풀이 이미 그윽하네

海上初下葉　離思更悠悠
南國吾猶在　天涯爾獨遊

黃花霜落曉　白荻雨過秋
莫盡遠遊興　家山草已幽

평창

　남쪽 바닷가에서 제자 청상인을 멀리 떠나보내며 감회를 읊은 시이
다. 서리 내린 뒤 오히려 그 빛깔 또렷한 노란 국화꽃이 그 절개가
빛나고 흰 물억새 우거진 가을 하늘 끝이 비록 그 풍치 아름다우나,
오래 노님에 마음의 뜻 다하지 말고 집안의 산에 어서 돌아가도록
당부한다.
　떠나가는 그대는 하늘 끝에 노닐고 보내는 이 노승은 남쪽 나라에
있지만, 그대가 나의 뜻에 함께하면 어찌 두 하늘이 서로 떨어짐일
것인가.
　보영용(保寧勇)선사는 이렇게 노래했다.

문 나서자 손을 잡고 다시 간곡히 당부하니
가끔가끔 일이란 간곡히 당부함에서 나네
길은 멀고 밤은 기니 불 켜는 것을 쉬라
큰 사람은 어둠 가운데 다니지 못하게 하나니

出門握手再叮嚀　　往往事從叮囑生
路遠夜長休點火　　大家吹殺暗中行

'길은 멀고 밤은 기니 불 켜는 것 쉬라' 함은 어둠과 서로 엇바뀌는
밝음에 의지하지 말고 한 밤에도 꺼지지 않는 반야의 등을 의지하라는
말이리라.
　학담도 한 노래 더하리라.

　가을 이르러 잎이 져서 세상은 덧없는데
　그대는 하늘 끝 향하고 나는 남쪽에 있네
　노란 국화 흰 억새꽃이 집안 소식 드러내니
　집 산을 돌아보고 먼 길 나그네 되지 말라

秋到葉落世無常　　爾向天涯我在南
黃花白荻現家音　　照顧家山莫作客

오는 해 어느 때 학을 불러 구름 빗장 지키며 살리

〔奉別柳公 : 떠나는 유공을 받들어〕

흰 머리에 또 헤어짐 많으니
수염을 만지며 눈물 흐르려 하네
흥이 돌아가는 나그네로 인해 다하고
시름은 먼 사람 때문에 아득하네

나뭇잎 지자 관가의 길 붙드니
구름 높고 푸른 뼈대만 남은 산이로다
오는 해의 봄에는 그 얼마나 되어야
학을 불러 구름 빗장 지키며 살리

白首又多別　摩髭淚欲潛
興因歸客盡　愁爲遠人漫
木落扶官道　雲高碧骨山
明年春早晚　呼鶴守雲關

평창

　나이 늙어가며 또 오래 사귀던 세속 벗을 떠나보내니, 산중 도인의
마음이라고 어찌 슬픔이 없을 것인가. 그 어느 때나 만나고 헤어짐을
멀리 떠나 천년학을 불러 흰 구름 사이에서 노닐 것인가.
　나뭇잎 지자 관가의 길 붙듦이란 가을 되어 몸을 쉬어야 하는데 관가
의 일 맡아 먼 길 가는 것을 말한 것인가.
　세상사 고달픈 삶 비좁은 산길 홀로 가는 것처럼 외롭고 힘들지만,
비좁은 산길 몸 돌이킬 곳 없는 곳에서 산과 산이 산 아님을 보면 바람
고요한 곳 꽃잎 날리는 새 하늘 새 땅을 보리라.
　삽계익(霅溪益)선사는 이렇게 노래했다.

비좁은 길에서는 몸을 돌리기 어려우니
동쪽 서쪽이 온통 다 산이로다
길 가는 사람 이르지 않는 곳에
바람 자니 지는 꽃잎 한가롭네

狹路轉身難　東西盡是山
行人不到處　風定落花閑

학담도 한 노래 더하리라.

때가 옮겨 붉은 얼굴이 흰 머리 되고
곳이 번거로워 일상에 헤어짐 많네
그 가운데 다른 소식 있음을 보아야 하니
물과 달 산 빛이 겁 밖의 봄이로다

時遷紅顔變白首　處煩日常別離多
其中須看有別音　水月山色劫外春

잠 못 드는 나그네 나무 베개에 서릿바람 때리네

〔秋日在實相寺文殊殿 次嚴公韻 : 가을날 실상사 문수전에 있으면서 엄공의 운을 따라〕

나그네는 차가운 산의 전각에 자는데
산은 비고 절 또한 텅 비었네
사람의 말은 등 그림자 속에 있고
개울 물 울림은 밝은 달 가운데이네

잎이 떨어짐이여 문앞의 나무요
까마귀 우짖음이여, 집 뒤의 봉우리이네
밤 깊어도 나그네 잠들지 못하는데
외로운 나무베개에 서릿바람 때리네

客宿寒山閣　山空寺亦空
人言燈影裏　溪響月明中
葉下門前樹　鳥啼屋後峯
夜深眠不得　孤枕撲霜風

평창

　잎 지는 가을날 지리산 깊은 골짝 실상사(實相寺)에 나그네 되어 한 밤에 누웠는데, 나그네의 외로움에 개울물소리 밝은 달이 쓸쓸함을 더하니 어찌 깊은 잠에 빠질 수 있으리.

　낮의 분주함에 분주함이 없는데 밤의 고요함 속이 어찌 이리 분주하며, 까마귀는 우짖어 깊은 밤 나그네의 잠 못 드는 밤을 길게 하는데 가을 서릿바람은 나그네의 홀로 누운 베갯머리를 치는가.

　죽암규(竹庵珪)선사의 다음 노래 들어보자.

　　서른 해 전에 이 절에 노닐었는데

목란꽃은 피고 집은 새로 고치었네
지금 다시 이렇게 거닐어 다니는 곳
나무는 늙어 꽃은 없고 스님 머리 희었네

三十年前此寺遊　木蘭花發院新修
如今再到經行處　樹老無花僧白頭

악한 세상의 기운 속에서 민중의 삶은 지는 나뭇잎처럼 피폐해지고 서릿바람 치는 실상사의 밤에 나그네의 시름 깊지만, 흐르고 흐르는 역사의 물결 속에서 시들지 않는 봄소식을 보아야 하리라.
학담도 한 노래 더하리라.

참모습은 모습 없어 경계가 경계 아님이여
달 밝은 개울물 소리 고요히 듣도다
밤 깊어 먼 길 나그네 잠 못 드는데
앞개울 뒤 봉우리 바람은 쉬지 않노라

實相無相境非境　月明溪響寂然聽
夜深遠客眠不得　前溪後峯風不歇

그대 노니는 곳 멀리서 생각하네
[仙源洞 : 신선골에서]

걸어서 신선골에 이르니
남쪽 언덕에 보리는 가을 되었네
구름이 하늘피리의 절 감추고 있는데
꽃은 가만히 무릉언덕에 피었네

한 마리 새 산에 돌아가 사라졌는데
긴 강은 바다에 흘러 들어가네
봄바람이 불어서 돌아간 곳에
그대 길게 노님 멀리서 생각하네

行到仙源洞　南坡麥作秋
雲藏天竺寺　花暗茂陵丘

獨鳥歸山沒　長江入海流
春風歸去裏　遐想子長遊

평창

　가고 옴이 없는 곳에서 감이 없이 가고[不去而去] 옴이 없이 오니[無來而來], 남쪽 언덕에 보리 익고 무릉언덕에 꽃 피는 것 밖에 어찌 불성의 뜻[佛性義]을 찾으리.
　그대 노님을 아득히 생각하니 그대 이르는 곳 그 어디인가. 긴 강은 흘러 바다에 들어가 물결 이랑이 깊은 바닷물 속에서 쉬지만, 저 강물이 온 곳이 없다면 바다가 어찌 마침내 돌아가는 곳인가.
　투자청(投子靑)선사의 한 노래 들어보자.

　　옛 집에 바위 열리고 달이 솔에 갇혔는데
　　서리 엉기고 눈꽃 드러나 운치가 끝없어라

천 봉우리 방에서 별 앞에 사람이 누웠는데
붇다와 조사도 그를 알 길 없어라

古殿巖開月鑠松　霜疑雪露韻無窮
星前人臥千峯室　佛祖無因識得渠

지해청(智海淸)선사 또한 이렇게 노래했다.

동쪽 개울 물 흐르니 서쪽 개울도 물이고
앞 동산에 꽃이 피니 뒷동산도 꽃이네
지금 생의 위산과 다음 생 검은 암소의 몸[201]
사람이 사람 아니고 축생이 축생 아니니
다른 나라 사람 서로 만나 한 집에 모이도다

東澗水流西澗水　前園花發後園花
潙山水牯非人畜　胡越相逢會一家

학담도 한 노래 더하리라.

보리 누른 가을 강가에
구름 깊고 꽃향기 그윽하네
서로 그리는 마음 아득한데
새는 우짖고 긴 강 흐르네

麥黃秋江邊　雲深花香暗
相思心悠悠　鳥啼長江流

---

201) 위산의 암 물소〔潙山水牯牛〕: 위산영우선사(潙山靈祐禪師)가 어느날 대
중에게 '내가 다음 생에 위산의 암소가 되어 옆구리에 '위산승영우'라 쓰면,
그대들은 영우라 부를 것인가, 암소라 부를 것인가?'라고 물은 공안.

신선의 대 아득히 휘날려 푸른 허공 꿰뚫었네

〔滿月臺 : 둥근 달의 누대에서〕

신선의 대 아스라이 백자인데
아득히 휘날려 푸른 허공 꿰뚫었네
푸른 계수는 구름 가에 늙어가고
푸른 이끼는 비 온 뒤에 넉넉하네

땅은 높은 바위에 이어져 다하고
하늘은 끊어진 벼랑을 만나 낮아졌으나
소나무 사이 달을 좋아하여서
머뭇거리며 사다리를 내려오지 않네

仙臺危百尺　縹緲貫靑虛
碧桂雲邊老　蒼苔雨後餘

地連高石盡　天接斷崖低
爲愛松間月　般桓不下梯

평창

　인연으로 나는 세간법의 세계는 이것이 있으면 저것이 있고, 높음이
있으면 낮음이 있고, 하늘이 있으면 땅이 있다. 서로 마주하고 있는
법의 진실을 살피면 땅이 땅 아니므로 땅이고 하늘이 하늘 아니므로
하늘인 것이니, 온갖 법의 서로 의지함과 마주함에 실로 마주함 없다.
　이와 같은 세계의 진실을 진실 그대로 사는 곳〔如實行〕에 해탈의 길
이 있으니, 해탈은 억지로 지어서 이루는 길이 아니다.
　투자청(投子靑)선사는 이렇게 노래했다.

　　　일어나고 사라짐은 구름이 가고 구름이 오는 것
　　　그에게는 국토가 없어서 티끌먼지 끊어졌네

수메루산 꼭대기 위에 뿌리 없는 풀은
봄바람을 받지 않고도 꽃이 저절로 피네

興亡雲去與雲來　渠無國土絶塵埃
須彌頂上無根草　不受春風花自開

학담도 한 노래 더하리라.

뿌리 없는 나무가 푸르고 푸른데
푸른 이끼 비 뒤에 새롭네
산 솟구치고 물은 아래로 흐르는데
달 밝으니 새가 잠들지 못하네

無根樹靑靑　蒼苔雨後新
山屹水下流　月白鳥不眠

천년의 절 쓸쓸한 자취 돌 구렁 사이에 있네

〔過重愛廢寺 : 무너진 절을 지나며 거듭 안타까워함〕

천년의 절을 깊이 사랑하나니
쓸쓸한 자취 돌 구렁 사이에 있네
풀은 푸른 놀과 어울려 합하는데
꽃은 저녁 빛을 띠어 한가하여라

못은 말라 용이 머물지 않고
소나무 말라 학이 돌아오지 않는데
나그네 마음 다시 슬픔에 젖고
맑은 개울물은 저절로 졸졸 흐르네

重愛千年寺　蕭條石洞間
草和靑靄合　花帶夕陽閑

澤渴龍無住　松枯鶴不還
客心更怊悵　淸澗自潺湲

평창

　이 땅의 산하는 이름난 산〔名山〕에 큰 상가라마〔大刹〕가 있어 이름
난 산을 더욱 아름답게 한다. 조선조 억불의 시대적 아픔과 전쟁을
겪으며 절이 무너져 못이 말라 물고기가 살지 못하고 솔이 말라죽어
학이 깃들지 않음을 안타까워한 시이다.

　그러나 청매선사는 절의 무너진 모습을 통해 만법에 실로 얻을 것이
없으므로 만법이 일어남을 다시 노래하고 있으니, 무너진 자취 쓸쓸하
나 꽃은 저녁빛 띠어 한가하고, 맑은 개울물은 저절로 졸졸 흐르는
것이다.

　진정문(眞淨文)선사 또한 이렇게 노래했다.

많이들 일 없음을 가지고 앎을 지으니
일 없음이 사람을 지치게 한다
있음과 없음을 모두 생각하지 않아야
스스로 신령한 소리를 가릴 수 있다
휘늘어져 비록 달리 응하지만
고요하고 고요해 찾을 길 없네
마땅하도다 만 가지 변화의 머리여
모두 다만 지금 여기에 있도다

多將無事會　無事困人心
有無俱勿念　自可剖靈音
落落雖殊應　寥寥不在尋
宜哉萬化首　都只屬于今

학담도 한 노래 더하리라.

용의 못이 이미 말라 용은 머묾이 없고
솔이 말라 푸름이 없음이여, 학이 깃들지 않네
천년의 옛 절이 사라져 쓸쓸하지만
그 가운데 밝은 달이 산과 내를 비추네

龍潭已渴龍無住　松枯無靑鶴不棲
千年古刹廢蕭蕭　其中明月照山河

기꺼이 이 세간과 더불어 함께하리
〔夏日 : 여름날에〕

긴긴 날에 아주 일이 없어서
거닐어 다니다 홀로 소나무에 기대네
산은 옮겨가고 모래섬에 비내리는데
나무가 고운 하늘 바람 이끄네

가난을 기뻐함에 때를 따르는 뜻이 엷어지고
한가로움 즐겨 낮잠이 무르익는다
한 생에 내가 이미 끊겼으나
기꺼이 세간과 더불어 같이하네

永日渾無事　經行獨倚松
山移沙島雨　樹引楚天風

貧喜時情薄　閑甘午睡濃
一生吾已斷　肯與世間同

평창

　　이 게송은 여름날 바깥 풍경을 들어 욕심 줄여 만족할 줄 아는 도인
의 삶을 노래한 것이다. 그는 때의 흐름이 공한 줄 알아 뜨고 가라앉는
세간법에서 한가하고 고요함을 즐긴다. 그러나 이미 나〔我〕에 나 없음
〔無我〕을 깨친 참사람에게 저 세간에 취할 모습이 없는데, 어찌 버릴
모습이 있겠는가.
　　빛을 누그려 이 티끌 세상에 함께하고〔和光同塵〕 세간에 물듦 없이
기꺼이 이 중생 세간에 함께하리라.
　　원오근(圜悟勤)선사는 이렇게 노래했다.

　　　북녘 바람 매운 위세 떨치니

차가운 기운 살과 뼈에 사무친다
한 구절이 사람과 하늘 살려내니
어찌 일찍이 자취를 받아들일 것인가
흐름 따라 본래의 몸을 알아 얻으면
두루한 세계가 값할 길 없는 보배 아님 없으리

北風逞嚴威　凜凜侵肌骨
一句活人天　幾曾容朕迹
隨流認得本來身　遍界莫非無價珍

　안개 끼고 비 내리어 잎이 돋고 잎이 지는 이곳이 본래의 몸[本來身]
이고 새로운 있음이 솟구치는 진여의 본 바탕[眞如體]이니, 단하순
(丹霞淳)선사는 이렇게 노래했다.

쇠소가 울부짖어 하늘 땅을 흔들고
옥말이 바람에 짖으니 바다와 산이 내달린다
어젯밤 삼경에 해가 대낮 같아서
빛을 흘려 흰 구름의 마을 높이 비추네

鐵牛哮吼震乾坤　玉馬嘶風海岳奔
昨夜三更日輪午　流輝高照白雲村

학담도 한 노래 더하리라.

봄이 가고 여름이 와 푸른 그늘 짙은데
솔숲에 홀로 거니노니 가는 비 내리네
저와 내가 꿈 같아서 세계가 공한데
낮잠이 무르익는 때 산빛은 새롭네

春去夏來綠陰多　獨步松林下細雨
彼我如夢世界空　午睡濃時山色新

천 길 산머리 끊으니 산과 내가 한 눈에 밝네

〔逍遙峯 : 소요봉에서〕

앉아서 천 길 산 머리 끊으니
산과 내가 한 눈에 밝고
산 길은 잦아지는 비로 푸른데
강은 늦은 바람 띠어 맑고 맑도다

멀리 바라보는 마음은 더욱 시원해지고
허공을 밟아 뼈가 가벼워지려 하니
하늘과 땅은 나의 두 발 아래인 듯
가볍게 걸으니 날개 돋친 듯하네

坐斷千尋頂　山河一眼明
山經殘雨碧　江帶晚風淸

望遠心逾爽　凌虛骨欲輕
乾坤雙足下　散步欲生翎

평창

　가까운 데서 티에 가린 눈으로 보면 크고 큰 것도 높은 산봉우리에서
멀리 내려다보면 가늘고 작은 티끌이 된다. 다시 저 경계의 한복판에
들어가 돌이켜 보면 경계의 모습은 모습에 모습이 없다.
　모습이 모습 떠나 모습 쥘 것 없되 모습이 모습이니, 비에 젖은 산길
더 푸르러지고 강은 바람 띠어 맑도다. 이렇게 모습의 진실을 알면
사람 사이 시비와 다툼이 얼마나 하찮은 것인가.
　단하순(丹霞淳)선사의 한 노래 들어보자.

　　위음왕 붇다 저쪽에 다니지 않고
　　손 털고 집에 돌아가며 가만히 길을 묻네

자는 집에 사람이 없어 비어 고요한데
창에 가득 오직 달만 비어 밝아라

威音那畔不能行　撒手還家懶問程
寢殿無人空寂寂　滿窓唯有月虛明

학담도 한 노래 더하리라.

홀로 높은 봉우리에 앉아 천하를 쥐니
만 가지 것 두 발 아래 펼쳐져 있네
그 가운데 노닐어 걸으나 발자취 없는데
하늘에 이은 가을 강은 바람 이끌어 맑도다

獨坐高峰掌天下　萬象雙足下參羅
其中遊步沒縱跡　連天秋江引風淸

눈 속에 누더기 나부껴 학과 같으니
〔次古人韻代作 : 옛 사람의 운을 따라 대신 짓다〕

구름 같은 발자취로 아래 세계에 옴이니
눈 마주치자 바로 참된 승려로다
슬픔과 기쁨 몇 번이나 냈는가
사무쳐 통하니 뜻이 일어나지 않네

집에 가득한 바람이 능금나무를 치는데
장대에 의지해 스스로 마르는 등줄기네
다시 삼생에 오래 만날 기약이 있지만
끝내 백세토록 켜지는 등은 없도다

雲蹤來下界　目擊是眞僧
哀樂幾何發　窮通志不興

齋充風打柰　杖倚自枯藤
更有三生約　無終百歲燈(一)

눈 속에 누더기 나부껴 학과 같으니
서에서 온 눈 푸른 스님이로다
시를 빌고 달빛 받아 이르러서
나로 하여금 서리 같은 흥을 범하게 하네

얼은 붓 녹여 두 수의 시를 써서
바랑에 넣고 한 등줄기에 걸음이여
옛 아란야에 돌아갈 줄 알아서
홀로 앉아 외로운 등불 마주하였네

雪衲飄如鶴　西來碧眼僧

借詩承月到　使余犯霜興

呵筆書雙首　藏囊掛一藤
知歸舊蘭若　獨坐對孤燈(二)

평창

　　서로 만나 한 번 보자 그대의 구름 같은 발자취와 학 같은 자태가, 서에서 온 눈 푸른 스님의 다시 오신 그 모습이다.

　　그러나 옛 때 눈 푸른 조사스님이 어찌 같은 모습으로 지금 다시 오겠는가. 옛 때 그가 그가 아니니, 다시 오는 이 또한 이것이 아니되 이것 아님도 아니다. 참사람의 오는 모습 이와 같은데 어찌 백세에 꺼지지 않는 등을 바랄 것인가. 삼세의 기약 따라 앞의 등불이 뒤 등불이 아니지만 뒤 등불은 앞을 떠나지 않고 밝혀지니, 이것이 법등(法燈)의 전해지는 모습이다.

　　옛 아란야에 돌아와 홀로 외로운 등불 마주한 지금 사람이여. 옛 때 그 사람이 지금 이 사람이 아니지만 옛을 떠나 지금도 없으리라. 그렇다면 지금 이곳에서 어떻게 옛 때 사람〔舊時人〕을 만날 것인가.

　　동산(洞山)선사가 '동서로 가되 한 치의 풀 없는 곳으로 가'고 하니, 석상(石霜)선사가 '문 나서면 곧 풀이라'고 한 법어에 붙인 불안원(佛眼遠)선사의 한 노래 들어보자.

　　　문 나서면 곧 풀이라 하니
　　　용문의 늙은이를 아주 한가롭게 하네
　　　북으로 가 문수노인에게 절하고
　　　남으로 가 오로봉에 오르네
　　　귀밑머리 이미 희어 넘치니
　　　돌아간단 말 일찍 못함 뉘우치도다
　　　가을 바람 앞에 홀로 서서
　　　서로 생각하며 강 건너 섬을 바라보네

좋고 좋음이여
다시 찾아 말할 것이 없어라

出門便是草　閑殺龍門老
北去禮文殊　南來登五老
鬢髮已蒼浪　言歸恨不早
獨立秋風前　相思望江島
好好不用更尋討

학담도 한 노래 더하리라.

서쪽에서 오신 눈 푸른 스님 지금 어디 있는가
갈 때 간 곳이 없으니 옴에 발자취 없으리
머리 돌려 산을 보니 흰 구름 일어나는데
앞개울 물소리를 옛 그대로 듣는다

西來碧眼今何在　去時無處來無蹤
廻頭看山白雲起　前溪水聲依然聽

까닭 없이 고향 생각 나의 마음 움직이니
〔廻鄕 : 고향에 돌아감〕

까닭 없이 고향 생각 나의 마음 움직이니
백 번이나 무릎게 절하고 푸른 산을 내려왔네
세속에 들어 사물의 화려함 꿈인가 의심터니
사람 만나 웃으며 말 하고서 참됨 아닐까 걱정하네

강마을에 희게 비침은 억새꽃 시들어감이고
바다 섬 속 산은 붉은 빛 머금어 비단수 새롭네
옛집을 도로 기억하니 어떤 것이 가장 사랑스러운가
뜰의 소나무 텅 비어 만년의 봄빛 띠었네

無端鄕思動精神	百拜牟尼下碧岣
入界物華疑是夢	逢人談笑恐非眞
江村映白蒹葭老	海嶠含紅錦繡新
却憶舊居誰最愛	庭松空帶萬年春

평창

　세간의 애착 인연 끊고 공문(空門)에 들어와 세간 벗어나는 배움〔出世學〕에 함께하나, 육신이 태어난 고향땅이 어찌 그립지 않으리.
　옛 고향에 돌아와 화려하게 변한 마을과 사람 사는 모습이 꿈인 줄 알지만, 오히려 꿈처럼 사라질까 걱정된다.
　어떻게 고향땅 만년의 봄빛을 간직할 것인가. 청매선사가 '뜰의 소나무 텅 비어 만년의 봄빛 띠었다'고 하니, 꿈이 꿈인 줄 알아야 또 다른 봄빛을 보고 때가 흐르되 흐름 없음을 보아야 기나긴 나그네 길에서 집안 소식 떠나지 않으리.
　불감근(佛鑑勤)선사의 한 노래 들어보자.

나무 마르고 잎이 지니 어느 때와 철인가
바탕이 가을바람에 드러나니 구월의 하늘이네
눈에 가득 참되고 한결같음 아는 이 없어서
한 개울의 바람과 달이 바로 쓸쓸하도다

樹凋葉落何時節　體露金風九月天
滿目眞如人不會　一川風月正蕭然

학담도 한 노래 더하리라.

홀연히 옛 살던 곳 생각해 산을 내려오니
사람 많고 사물의 빛남 눈이 미혹하네
사람 만나 얼굴 마주해 꿈인 줄 깨달았으니
갈대 시듦과 솔 푸르름이 또 다른 봄이로다

忽憶舊居下山來　人多物華眼迷惑
逢人對面覺是夢　葭老松靑別是春

잠깐 헤어지고 합하는 것 꿈과 넋 사이로다

〔次鄭生員以事來山中韻 : 정생원이 일로 산에 와서 산 가운데서 부른 운을 따라〕

인연을 기뻐하지 않으나 또한 산이 있어서
잠깐 헤어지고 합하는 것 꿈과 넋 사이로다
안개 긴 등넝쿨 작은 오솔길 스님 의지해 내려와
바람 비 치는 텅 빈 숲에 말에 맡겨 돌아왔네

북두를 치는 기운 서려 티끌과 땅이 힘겨운데
바다 막은 둑이 쌓여 들 못이 한가하네
다른 때 만나 사귐이 많은 날이 아니지만
푸른 계수 높은 가지를 맨 먼저 잡아오르네

不喜因緣亦有山　暫時離合夢魂間
烟蘿微逕憑僧下　風雨空林信馬還

衝斗氣蟠塵土困　堰溟資滯野塘閑
明時際會非多日　碧桂高枝第一攀

평창

　내 비록 세간 인연을 집착해 즐거워하지 않으나, 세간 인연을 버리고 무슨 법이 있으리. 꿈과 넋 사이 서로 만나고 헤어지나, 바다를 간척한 넓은 들은 한가하네.

　하늘과 땅의 기운 평온치 못해 때로 힘겨워하지만, 만나고 헤어지는 인연 버리고 무슨 도가 있으리. 만남이 비록 짧으나 그리운 뜻은 저 하늘의 달에 부치니 그것을 계수나무 가지 잡아 맨 먼저 잡아 오름이라 한 것인가.

　만나되 실로 만남 없음을 알고 알되 앎 없음을 깨쳐야 도의 뜰에 들어가 늘 즐거우리라.

원오근(圜悟勤) 선사가 노래했다.

봄에 피는 난초와 가을의 국화가
낱낱이 다 봄가을 그 때에 맞아서
그곳에는 서로 돌이킬 것이 없는데
누굴 원망해 골수와 가죽 나누리

바람이 불어오면 까마귀가 이미 느끼고
이슬이 무거우면 학이 먼저 알지만
어찌 그럴 수 있는가 물어본다면
그는 처음부터 알지 못하네

春蘭與秋菊　一一各當時
底處無回互　冤誰分髓皮

風來烏已覺　露重鶴先知
爲問何能爾　渠儂初不知

학담도 한 노래 더하리라.

인연으로 나는 곳에 본래 일어남이 없고
인연으로 사라지는 곳에 본래 마침이 없네
꽃 피고 잎 지는 것 때와 철에 맡기니
방위 밖의 꽃향기는 하늘 땅에 가득하네

因緣生處本無起　因緣滅處本無終
花開葉落任時節　方外花香滿天地

새벽 종소리 울림이 푸른 하늘 밖에 솟구치니

〔秋夜 : 가을밤에〕

삶이 쓸쓸한 가지에 함께하니 학이 같이 기뻐하고
다르고 같음이 일찍이 이미 천 갈래를 튕겨냈네
사람이 거사가 아니지만 가난함과 병이 많고
절이 바이샬리라 가고 옴이 끊어졌네

잎이 진 텅 빈 산은 가을이 다하려 하는데
촛불 가물거리는 외로운 집에 밤이 다 되려하네
새벽 종소리 울림이 푸른 하늘 밖에 솟구치니
깊은 선정 속 한 번 빙그레 웃음인가 의심하네

生契蕭條鶴共歡　異同曾已撥千端
人非居士多貧病　寺是毗耶絶往還

葉落空山秋欲盡　燭殘孤閣夜將闌
晨鐘韻出靑霄外　准疑深禪一破顏

평창

쓸쓸한 가을날 내 가난하고 병든 몸 돌아보고, 붇다 당시 바이샬리 고을 비말라키르티거사가 병들어 병으로 법을 보임을 생각해본다.
그 때 거사가 여러 보디사트바의 현성들과 교류하는 모습을 따라 나도 또한 다르고 같은 모습이 끊어진 법계의 실상을 돌이켜 보니, 내가 머무는 이 절이 그 옛날 비말라키르티(Vimalakīrti; 淨名)께서 계시던 바이샬리의 암라나무숲이 아닐 것인가.
새벽 종소리 울려 하늘 밖에 솟구침을 고요히 들음이여. 영산에서 세존께서 꽃을 들어보이니, 카샤파존자 빙그레 웃는 그 소식인가.
보영용(保寧勇)선사의 한 노래 들어보자.

동으로 가면 서로 가는 이익 보지 못하고
남쪽에서 싸게 사지만 북쪽에서는 비싸네
가로는 천 세로는 백이 되어 강가강 모래수 셈하니
아홉 아홉이 도리어 여든둘을 이루었네

東行不見西行利　南頭買賤北賣貴
橫千竪百筭河沙　九九翻成八十二

　천만 가지로 차별되는 이 세간법의 모습이 모습에 모습 없으므로
강가강 모래수의 모습됨이니, 학담도 한 노래 더하리라.

온갖 것 펼쳐 벌여져 세로 가로 다 셀 수 없으나
꽃 피고 잎 지는 것이 한 하늘 가운데로다
천한 것을 만나면 귀해지고 귀한 것 만나 천해지니
저자 가운데 날이 다하도록 셈하는 것 헤아릴 수 없네

參羅縱橫盡無數　開花葉落一天中
遇賤則貴遇貴賤　市中終日算無量

삶의 길이 고요함에 돌아가 다른 일이 없으나
〔贈僧 : 어떤 승려에게 주다〕

영화와 욕됨의 문앞에는 꿈이 일찍 돌아와
행실과 말이 같이 있어 성품 가운데 한가하네
삶의 길이 고요함에 돌아가 다른 일이 없으나
사람 사이에 도로 향하여 스스로 가고 오네

榮辱門前夢早回　行言俱在性中閑
道歸寂滅無餘事　還向人間自去來

인장로가 나에게 말했다.
"남원 태수의 정치는 견줄 수 없으니, 그대가 나를 위해 말을 지어주오."
"내가 어쩌다 장로가 머물던 암자에 붙어 살았는데 편지로 장로에게 다음 같은 말을 주고 갔다."202)

이것은 옳고 저것은 그르다 하면 큰 교화가 아니니
마니구슬 사물 비춤은 스스로 함이 없어라
윤택한 강물이 곧음은 어짊 행하는 징험이 되고
송아지를 가두는 것은 본래 세상 미혹하는 기틀이네

강 왼쪽 언 매화로 섣달이 가까움을 아니
언덕 남쪽 향기로운 풀은 봄의 더딤과 다투네
무성의 옛 가락 누가 어울려 부를 수 있는가
길 위의 가는 사람들 소리 아는 이가 되네

---

202) 仁丈老言余 南原太守 政治無類 汝爲我著語云 余偶寓丈老所居 菴 因書贈
丈老而去

此是彼非非大化　摩尼照物自無爲
潤河直可行仁驗　留犢從來惑世機

江左凍梅知臘近　原南芳草鬪春遲
武城古曲誰能和　路上行人作子期

　인장로가 살던 암자는 남원 고을에 있고 청매선사가 인장로의 암자
에 붙어 살았는데, 인장로가 남원태수의 선정(善政)을 찬탄하는 글을
선사께 부탁하여 지은 시인 듯하다.

　비록 착한 다스림[善教]이 아름다우나, 큰 교화는 시비를 넘어서고
함 있음을 넘어설 때 큰 교화가 됨을 보인다. 함이 없되 하지 않음도
없이 바름을 행하면, 저 흐르는 강물이 바로 곧아지고 길 가는 이가
그 행함을 저절로 알아주므로, '강물 곧음은 어짊 행하는 징험이 된다'
고 하고 '길 위의 가는 사람들이 소리 알아주는 이 된다'고 했으리라.

　불감근(佛鑑勤)선사의 한 노래 들어보자.

　　성 남쪽의 큰 어른은 나귀를 타고
　　저자 북쪽 총각은 망아지 탔네
　　제각기 네 발굽이 다 땅에 닿으니
　　석 달 봄날에 같이 밝은 못에 이르리

　　城南措大騎驢子　市北郞君跨馬兒
　　各各四諦俱着地　三春同到金明池

　성 안에 가는 성 남쪽 사람이나 북쪽 사람들이 나귀를 탔던 말을
탔던 가는 방향이 옳고 네 발굽이 다 땅에 닿으면 다 같이 봄날의 밝은
못에 이를 것이다. 그러나 타고 가던 나귀와 망아지를 애착하지 않아
야 밝은 못이 있는 뜰에 이르러 걷는 걸음 한가히 뜰에 노닐어 꽃향기
맡는 주인이 되리라.

학담도 한 노래 더하리라.

함이 없이 교화해야 저것과 이것 거두고
맞음이 없이 맞아야 옳고 그름 받아들이네
나귀 타고 말에 걸터앉음 같이 뜰에 이르니
뜰 가운데 향내 맡으면 모두 안락하리라

無爲而化攝彼此　無當而當受是非
騎驢跨馬同到院　院中聞香咸安樂

선(禪)을 오래하여 스스로 깨침 더욱 그윽하고 미묘한데

〔次仁丈老軸中韻 : 인장로의 축 가운데 운을 따라〕

선을 오래하여 스스로 깨침 더욱 그윽하고 미묘한데
사는 일에 오직 아는 것은 들의 고사리 캐는 일
경계 위에는 이미 그른 것을 옳다 하는 옳음이 없고
선정 가운데는 일찍이 옳음을 그르다 하는 그름이 끊겼네

스승에 몸을 던져 천리 길 밝은 눈을 찾고
벗과 모여 해를 이어 자줏빛옷 임금 찾네
거두어 모아 모두 쓸어서 뛰어 날아오름 일으키고
바랑에 넣어 주장자 끝에 높이 걸어 돌아오네

久禪自覺轉幽微　生事唯知採野薇
境上已無非是是　定中曾絶是非非

投師千里尋明眼　會友連年訪紫衣
收拾蕩然飛躍興　入囊高掛杖頭歸

평창

　　세간의 옳음은 실로 옳음이 아니고 그름은 실로 그름이 아니다. 그
러므로 옳고 그름은 곳과 때를 따라 옳음 아닌 옳음과 그름 아닌 그름
이 세워진다. 경계 위에 그름 아닌 그름을 옳다 하는 옳음이 없으므로,
선정의 마음에도 옳음 아닌 옳음을 그르다 하는 그름이 없다. 이와
같은 때 세간의 옳고 그름을 모두 모아 한 바랑에 넣어 주장자 끝에
걸면 주장자 빗겨 지고 천만봉에 뛰어들 수 있으리라.
　　누가 그 사람인가. 인장로가 바로 그러한 대장부이니, 그는 안으로
깊이 깨쳐 도의 눈이 밝고 밖으로 뜻 맞는 세속 선비들과 모여 나라일
을 토론하고 걱정한 듯하다.
　　천동각(天童覺)선사는 이렇게 노래했다.

세간에 들어 인연을 따르지 않음이 아니니
겁의 항아리 빈 곳에 집안의 전함이 있네
흰 갈대에 바람결 가늘어 가을 강이 저무는데
옛 나루언덕 배가 돌아오니 한가닥 안개로다

不入世間未循緣　劫壺空處有家傳
白蘋風細秋江暮　古岸船歸一帶煙

　세간법의 나고 사라짐이 본래 니르바나되어 있는 것이라면 대장부
의 삶에 취해야 할 나고 죽음도 없고 머물러야 할 니르바나도 없는
것이니, 학담도 한 노래 더하리라.

시비의 바다 속에서 물이랑 따르지 않음이여
세간 만 물결 이랑 가운데 늘 고요하도다
세간법 버리지 않고 티끌에 물듦 없으니
스승께 몸 던지고 벗과 만나 붇다의 일 짓는다

是非海裏不逐浪　萬波浪中常寂然
不捨世法不染塵　投師會友作佛事

그윽한 진리 빗장 참구하여 성품 스스로 공하네

〔無住臺 : 머묾 없는 대에서〕

땔나무 나르고 물 길러 들사람 뜻 게으르고
그윽한 진리 빗장 참구하여 성품 스스로 공하네
날마다 만년 소나무 아래 나아가 앉으니
동쪽 하늘의 해가 벌써 서쪽 봉우리 걸렸네

般柴運水野情慵　叅究玄關性自空
日就萬年松下坐　到東天日掛西峯

평창

　무주대(無住臺)에서 노래했다고 하니, 그곳은 아마도 고려조 보조
지눌선사(普照知訥禪師)와 원묘요세선사(圓妙了世禪師)가 같이 공부
했던 지리산 상무주(上無住)가 아닐까 생각한다.

　지눌선사와 요세선사는 상무주에서 같이 선정을 닦다 서로 길을 달
리하였다. 지눌선사는 송광산으로 향해 수선사(修禪社)를 결사하고,
요세선사는 남원 귀정사(歸正寺) 월생산 약사난야를 거쳐 만덕산에서
백련사(白蓮社)를 결사하니, 고려불교 양대결사운동의 뿌리가 지리
산이다.

　또 조선조에 와서는 임진 정유 연간 외적의 난으로 나라가 초토화되
고 민중이 도탄에 빠졌을 때도 소요태능(逍遙太能) 청매인오(靑梅印
悟) 백암성총(伯庵性聰) 등 구국의 성사들이 지리산 주변에 머물며
불조의 혜명을 잇고 중생의 고통을 건네주는 보디사트바행을 지었다.
지리산은 삼신산(三神山)으로서 신령한 산일 뿐 아니라 붇다의 정법
안장을 이어온 진리의 보궁인 것이다.

　청매선사는 만법이 공함을 깨치되 공함에도 머물지 않으니, 하나의
하는 일도 없이 게으른 사람이자 날마다 갖가지 일로 붇다의 일을 짓
는 참으로 부지런한 사람이다. 앎이 없되 알지 않음이 없고 함이 없되

하지 않음이 없으니, 그의 살림살이 어떻다 말할까.
  옛 선사〔蔣山泉〕의 노래 들어보자.

    뜨겁고 뜨거운 불꽃이 멧부리를 태우지만
    잠에 빠진 멍한 사람 아주 알지 못하네
    불러 일으켜도 허둥대며 오히려 알지 못하여
    눈썹 털 콧구멍이 모두 타버리도다
    다 타버려도 놀라지 말라
    봄바람이 일어나면 또다시 나도다

    炎炎烈火焚山岳   貪睡阿師渾不覺
    喚起愡忙尙未知   眉毛鼻孔都燒却
    燒却也   不須驚   才得春風又却生

학담도 한 노래 더하리라.

    만상이 공한 곳에 일이 바쁘고 바쁘나
    들늙은이 일이 없되 지혜는 늘 부지런하네
    암자 가운데 좌선하는 스님 앉아 말이 없는데
    산달과 흐르는 물의 어울림 다함 없네

    萬像空處事忙忙   野翁無事慧常勤
    庵中禪僧坐無言   山月流水和無盡

마라와 붇다 모두 달아나 불구덩에 떨어지네

〔示一淳禪子在病求語 : 일순선자가 병을 앓으며 말을 구함에 보임〕

북을 묻는네 남쪽을 말해 말이 평탄치 않으니
반드시 길 가는 나그네로 하여금 도로 길에 헤매게 하네
목마른 잉어가 연못에서 석 자나 날아오르는데
마른 뼈가 침을 만나니 한 소리 웃노라

돌여인이 꿈을 돌이키자 하늘이 밝아오려 하고
나무아이가 노래 그치자 달은 허공에 환히 밝아라
관음원의 주인은 씩씩하고도 굳센데
마라와 붇다 모두 달아나 불구덩에 떨어지네

問北云南語不平　要令行客返迷程
渴鱗荷澤飛三尺　枯骨逢針笑一聲
石女夢回天欲曙　木兒唱罷月空明
觀音院主雄而毅　魔佛都驅落火坑

평창

　연기법에는 모습에 모습 없되 모습 없음에 모습 없음도 없으므로 존재는 과정으로 주어지고 활동으로 주어진다. 그 활동은 하되 함이 없어 고요함에 돌아가는 활동이므로, 여기 이것이 만법에 서로 통한다. 그 뜻을 청매선사는 '돌여인〔石女〕이 꿈을 돌이키자 하늘이 밝아옴'으로 나타낸 것인가.

　'마른 뼈가 침을 만나 한바탕 웃음'이란 아는 자와 아는 바가 공하되 아는 자와 아는 바가 어울려 앎이 일어나고 행이 일어남을 보임이다. 이는 병 앓는 일순선객이 한마디 노래 듣고 석 자 뛰어오르는 잉어처럼 홀연히 병을 털고 일어나길 바라는 뜻이리라.

　그 가운데 마라와 붇다 또한 스스로 있는 그 무엇이 아니라 중생의

행(行)이 연기한 마라와 붇다라 곧 공한 것이니, 그 뜻을 청매선사는 마라와 붇다가 불구덩이에 떨어진다고 한 것인가. 그렇다면 마라가 곧 법계인 줄 아는 이가 붇다 또한 중생 밖에 얻을 것이 아님을 아는 자이리라.

옛 선사〔慧日瓊〕는 이렇게 노래했다.

　　법신을 뚫어 사무쳐야 비로소 소리 아는 자이니
　　해는 부상에서 떠서 바다 동쪽으로 구른다
　　남악의 축융봉이 천고에 빼어나니
　　천태의 화정봉 푸르름은 하늘에 이었네

　　法身透徹始知音　日出扶桑轉海東
　　南岳祝融千古秀　天台華頂翠連空

학담도 한 노래 더하리라.

　　천 봉우리 만 골짝 가운데 길이 있으니
　　한 길이 평탄하여 막혀 걸림 없어라
　　중생이 마음 돌이켜 눈에 가림 없어지면
　　나무 말이 우는 곳에 보배곳간 열리라

　　千峯萬壑中有路　一路平坦無障礙
　　衆生廻心眼翳除　木馬吼處開寶藏

내 마음이 가을달과 같으니

〔三聖詩續吟 : 세 성사의 시를 이어 읊조림〕

풍간스님이 말했다.
"본래 한 물건도 없으니 나고 죽음과 니르바나 늘 고요하도다."
한산스님이 말했다.
"내 마음 가을달과 같으니, 닦아 다스림을 빌지 않고 스스로 청정하다."
습득스님이 말했다.
"긴 겁에 나루터를 헤매었으나, 일찍이 오랜 생의 탐내고 애착하는 뜻 쉬었네."
만약 사람들이 이 도리를 알면 저의 높은 아만〔高〕과 못난 마음〔屈〕이 두 가지 무거운 병을 벗어나리라.

豊干師云 本來無一物 生死涅槃常寂靜
寒山子云 吾心似秋月 不假修治 自淸淨 拾得子云 永劫在迷津 曾息多生貪愛情
若人知此理 免他高屈兩重病

중생의 망상이 본래 공한 줄 알면 나고 죽음이 공하고 니르바나도 공하니, 지금 범부의 몸이 못났다고 물러서는 마음〔退屈心〕을 내지 않고 중생 망상을 떠나 니르바나를 구하지도 않는다.
그러나 오랜 겁의 미혹이 없지 않으므로 닦음 없는 닦음 또한 없지 않음이여. 성인의 경계를 함부로 넘보지도 않고 얻을 것 없는 곳에서 얻었다는 아만〔增上慢〕도 내지 않는다.
이를 청매선사는 '세 성사가 보인 이 도리를 알면 높음과 못남〔高屈〕 두 가지 병을 벗어난다'고 한 것이리라.

옛 선사〔丹霞淳〕는 노래했다.

　　그 모습이 높고 높은 대장부가
　　한 생에 지혜 없어 마치 어리석음 같네
　　원래 붇다와 조사도 오히려 바라지 않는데
　　지옥과 천당이 어찌 걸리게 할 것인가

　　相好巍巍大丈夫　一生無智恰如愚
　　從來佛祖猶難望　地獄天堂豈可拘

학담도 한 노래 더하리라.

　　망상이 본래 공하고 깨달음에 얻음 없으니
　　물러서는 마음과 높은 아만 둘을 모두 벗어나네
　　니르바나 들지 않고 세속 버리지 않으니
　　물결이랑에 배 띄우고 집안 달을 보도다

　　妄想本空覺無得　退屈增上兩透脫
　　不入涅槃不捨俗　汎舟波浪見家月

길이 잠자는 해오라기 이끌어 온전한 삶을 얻었네
〔二疎見機 : 두 가지에 성김으로 참기틀을 보다〕

타고난 밝음이 빼어남을 배어 글의 별에 응하니
이름이 세 왕조 늙은 황제의 뜰에 무거웠네
어여삐 여김 다투고 영화 구함은 즐거운 업이 아니라
몸을 보살펴 만족을 알았으니 편안한 길이로다

흰 머리 되도록 병을 말해도 군왕이 용서하고
옥의 띠에 먼지를 내니 자제들이 놀라네
노란 금을 흩어 다해 그치어 꺼리는 바이니
길이 잠자는 해오라기 이끌어 온전한 삶을 얻었네

天聰孕秀應文星　名重三朝老帝庭
爭寵求榮非樂業　保身知足是安寧

白頭稱疾君王恕　玉帶生塵子弟驚
散盡黃金弭所忌　永將眠鷺得全生

평창

　강태공 같은 중국 옛 재상을 들어 노래한 것인가. 그는 하늘의 밝음
을 받아 큰 문장을 이루고 세 황제의 높은 재상이 되었지만, 바름과
어짊에 뜻을 두어 이름과 재물 두 가지에 마음이 집착하지 않았다.
그가 참으로 자기 한 몸을 지킬 뿐 아니라, 세간에 큰 어짊 펴는 자이
다.
　자기 한 몸 위함이 없으니 몸의 병을 빙자해 자리에 불러 오지 않아
도 군왕이 그를 미워하지 않고, 벼슬자리 나가지 않아 옥띠에 먼지가
이니 그 자제들이 놀라리라.
　천동각(天童覺)선사는 부귀와 영화의 덧없음을 다음 같이 노래했
다.

서리와 눈에서 힘을 겨루고
구름과 하늘을 평탄히 걷는다
어진 재상 나라에서 쫓겨나고
벼슬 구하는 이 다리 건넜다
소하와 조참의 꾀와 재주
한나라를 이루었으나
소부와 허유의 몸과 마음은
요임금을 피하려 했다
영화와 욕됨이 놀랄 일과 같은 것
깊이 스스로 믿어 살피니
참된 뜻은 고기잡이와 꼴 베는 이
그 틈에 자취 섞어 같이함이네

抗力霜雪　平步雲霄
下惠黜國　相如過橋
蕭曹謀略能成漢　巢許身心欲避堯
寵辱若驚深自信　眞情枩迹混漁樵

학담도 한 노래 더하리라.

세간 영화와 부귀는 꿈과 허깨비 같으니
뜨고 가라앉고 나고 사라져 본래 자취 없네
이름과 재물 두 위태로움 벗어나 곧은 길 가면
보배 곳간 만겁의 식량을 얻게 되리라

榮華富貴如夢幻　浮沈生滅本無跡
逈出兩危行直道　卽得寶藏萬劫糧

메마른 양 누운 곳에 흐르는 눈물 천 줄기네

〔十年持漢節 : 열 해에 장부의 절개 지니다〕

한 번 먼 나라 하늘을 머리에 이어 해가 겹쳐 지났으니
만 리에 멀리 임금 그리는 뜻 어찌 견디리
외로운 뗏목 위 병든 몸이 치우친 나라의 땅 의지하니
한 실오라기 붉은 정성이 저 한나라 뜰에 매여있네

흰 기러기 나는 하늘가 넋은 길게 끊어졌는데
메마른 양 누운 곳에 흐르는 눈물 천 줄기네
모두 발해를 가지려는 열 해의 뜻인데
백세토록 헛되이 전한 책은 이름에 속하네

一戴胡天歲累經　那堪萬里戀君情
孤槎病骨依邊地　一縷丹忱繫漢庭

白鴈飛邊魂永斷　羶羊臥處淚千莖
都將渤海十年意　百世空傳典屬名

평창

　임진전쟁에서 병자년 청과의 전쟁까지 10여년 외적이 이 땅을 차지하려고 일으킨 전쟁에서, 굳건히 뜻을 굽히지 않고 적과 싸워 나라와 백성을 지키는 장부의 굳센 절개를 노래했다. '먼 나라 하늘〔胡天〕을 머리에 이었다'고 하였으니, 일본으로 사신 간 사명대사를 들어서 노래한 것이 아닌가 생각한다. 그러면서 '붉은 정성이 저 한나라 뜰에 매여있다'고 하였으니, 아마 명나라 조정에 얽매인 나라의 운명을 걱정함일 것이다.
　막힘 없고 걸림 없는 법계에서 인간의 역사는 왜 이리 막힘과 다툼 서로 죽임과 빼앗음으로 시끄러운가.
　심문분(心聞賁)선사는 이렇게 노래했다.

강 남쪽과 북쪽 끝땅 길이 삼천 리인데
발바닥이 까닭 없이 뚫리도록 달린다
다만 동쪽 끝을 향해 소식을 묻기만 하고
사람이 이미 서쪽 끝에 있는 줄 알지 못한다

江南塞北路三千　脚底無端走得穿
只向東邊問消息　不知人己在西邊

학담도 한 노래 더하리라.

만리의 산과 내가 털 끝 만큼 떨어짐 없는데
무슨 일로 뭇사람은 남과 북을 다투는가
만약 물과 하늘의 빛깔 한 모습인 줄 본다면
자고새 우는 꽃향기를 찬 북쪽 땅에서 맡으리

萬里山川無毫隔　何事衆人爭南北
若見水天色一樣　鷓鴣花香寒北聞

옛 나라 노란 꽃이 꿈 밖의 가을이네
〔西山 : 서산에서〕

죽음을 돌아감과 같다고 보아 말머리를 치니
어진 사람 한 말씀에 온전한 몸 얻었네
산을 다한 환한 해에 시름 어린 저녁인데
옛 나라 노란 꽃이 꿈 밖의 가을이네

한 가락 노래가 우짖는 새를 따라 다하니
천 줄기 눈물은 고사리 꺾음 좇아 흐르네
목숨 버릴 뜻에 한 번 맡김 누가 알 건가
만세에 나라 없으면 이를 어찌 할 건가

視死如歸扣馬頭　仁人一語得全軀
窮山白日愁邊夕　古國黃花夢外秋

一曲歌隨啼鳥盡　千行淚逐採薇垂
誰知一任捐生意　萬世無君此可由

평창

　　나라 은혜 갚는 행에 일생을 바친 장부를 기리는 노래인 듯하다. 그
러나 부모의 은혜 나라의 은혜도 은혜가 공한 곳에서 은혜를 갚아야
하고, 삼보의 은혜도 세계의 진실이 삼보임을 알아 그 은혜를 갚아야
한다.
　　그렇지 않고 은혜를 은혜로 붙잡아 은혜 갚으려 하면, 은혜 아닌 원
수도 원수가 되는 것이다. 오직 법계의 진실에 돌아가는 깊고 깊은
마음으로 티끌 세계 받들어야 참으로 은혜 갚는 길이다.
　　개암붕(介庵朋)선사는 이렇게 노래했다.

　　　　예부터 은혜가 깊으면 원한 또한 깊나니

은혜 잊고 원한 끊어져야 타고난 참됨을 보리
괭이 메고 신령한 뼈 찾을 줄 알았다가
흰 물이랑 무더기 가운데서 몸 돌림이 있었네

自古恩深怨亦深　恩忘怨斷見天眞
肩鍬便解尋靈骨　白浪堆中有轉身

학담도 한 노래 더하리라.

은혜와 원수 공한 곳에서 고향 소식 듣고
가고 옴이 끊어진 곳에서 겁 밖을 보네
봄꽃과 가을의 지는 잎 밖에 참됨이 없으니
물 흐르고 새 우는 것으로 붇다의 일 짓도다

恩怨空處聞鄕信　去來絶處見劫外
春花秋葉外無眞　水流鳥啼作佛事

산 가운데 머물러 사는 이는 몇 사람이 있는가

〔舟巖 : 배바위에서〕

하늘의 비밀은 신묘하게 감추어지나 바람과 달은 새롭고
배바위골 늙은이는 가난함에 편안히 사네
요즈음 강 밖에는 어진 이가 많은데
산 가운데 머물러 사는 이는 몇 사람이 있는가

모여 말하다 구름 타고 학의 절에 돌아가고
물고기를 살피려 비를 무릅쓰고 강가에 앉았네
지초를 캘 때에는 서쪽 숲을 향해가니
옥 같은 마을에 꽃빛이 얼굴 가득한 봄날이네

天秘神慳風月新　舟巖丈老卜安貧
近來江外多賢士　把住山中有幾人

會語乘雲歸鶴寺　觀魚冒雨坐江濱
採芝時向西林去　玉洞花光滿面春

평창

　만법은 있되 공해 숨고 숨어 보이지 않으나 만법은 공하되 있으므로, 만법으로 온전히 드러나 있다. 그러므로 붙들어 잡지만 쥘 수도 없고 사라져 없어지지만 실로 사라짐도 없다. 숨어있는 지초는 서쪽숲에서 캐지만 옥 같은 물 흐르는 마을에 봄이 오면, 꽃빛이 온 얼굴에 가득한 봄날인 것이다.
　원오근(圜悟勤)선사는 이렇게 노래했다.

　　높고 높은 봉우리 끝에 은물결 뒤집히고
　　깊고 깊은 바다 밑에 붉은 티끌 일어난다
　　금종과 물시계옥물이 서로 대꾸하니

넘쳐나는 천하사람을 몹시 의심케 한다
진실로 참된 사람 아니면 누가 빗장과 나루 물으리
채찍 잡고 머리 돌리니 네 바다가 좋은 이웃이네
그대 보지 못하는가
중니와 온백설이 일산 잠시 기울여[203]
서로 만나 눈 마주침 기이하도다

高高峰頂飜銀浪　深深海底起紅塵
金鍾玉漏相酬酢　疑殺滔滔天下人
苟非作者　孰問關津
執鞭迴首　四海良隣
君不見
仲尼溫白雪　傾盖相逢也奇絶

학담도 한 노래 더하리라.

하늘 가운데 말이 없으나 네 때가 돌아가고
큰 도는 함이 없으나 하지 않음도 없네
세간 가운데 한가한 사람 보되 보지 않음이여
복사꽃 지는 곳에서 다른 봄을 보도다

天中無言四時行　大道無爲無不爲
世中閑人見不見　桃花落處見別春

---

203) 중니와 온백설[仲尼溫白雪] : 공자가 평소 늘 숨어지내는 어진 사람 온백
설을 만나고자 하였다. 길에서 온백설을 보았으나 만나지 않자, 제자들이
'왜 저 온백설을 만나지 않느냐' 물으니, 공자가 말했다.
"군자가 서로 만남에 눈 마주치자 도가 있는 것이다〔君子相逢 目擊道存〕."

한 번 서산에 들어 몇 번의 봄이었나

〔贈西山僧 : 서산의 스님에게 주다〕

한 번 서산에 들어 몇 번의 봄이었나
외로운 지팡이 일찍이 붉은 티끌에 내려가지 않았네
처마 빈 곳에 달 움직여서 높은 목침에 옮기니
학의 깃에 바람 일어 부들깔개 말도다

추위 더위 깊이 감추고 가고 돌아옴을 쉬니
풍년이나 흉년에 가져다 써 맑은 가난 즐기네
향 사르고 발우 씻고서는 다른 일이 없으니
선정에 들어 뜰앞 잣나무 새로움을 마주했네

一入西山第幾春　孤節曾不下紅塵
簷虛月運移高枕　鶴羽風生捲薄茵

寒暑深藏休往復　豊荒取用樂淸貧
焚香洗鉢無餘事　禪對庭前栢樹新

평창

　　서산(西山)의 스님은 마조대사(馬祖大師) 당시 양좌주(亮座主)를 말
함이리라. ‘마음으로 설법한다’는 견해를 가진 양좌주는 마조선사가
좌주를 부름에 한 번 뒤돌아보고 ‘허공이 설법한다’는 뜻을 크게 깨치
고 서산에 들어가 다시 나오지 않았다.
　　이와 같은 양좌주의 일을 들어, 보되 봄이 없는 선정의 마음일 때
뜰 앞 잣나무 새로움을 봄이 없이 봄을 말한 것인가.
　　영운선사가 ‘나귀 일이 가지 않았는데 말 일이 왔다〔驢事未去 馬事到
來〕’고 했는데, 말 일과 나귀 일을 모두 보되 보지 않으므로 ‘나귀 앞
말 뒤〔驢前馬後〕’에서 영운을 알 수 있다고 한 것이리라.
　　심문분(心聞賁)선사는 이렇게 노래했다.

나귀 앞 말 뒤에서 영운을 아니
눈에 가득 바람 먼지에 티끌이 끊어졌다
천태산과 안탕산에 두루 다니고서
돌아옴에 거듭 비단 같은 강의 봄을 보도다

驢前馬後識靈雲　滿眼風埃絶點塵
行遍天台幷鴈蕩　歸來重看錦江春

학담도 한 노래 더하리라.

네 때가 행하는 곳에 추위와 더위를 감추고
종소리 끊이지 않았는데 북소리 재촉하네
나귀와 말 일이 번거로우나 한 물건도 없는데
옛과 같이 산을 보니 흰 구름 일어나네

四時行處寒暑藏　鍾聲未斷鼓聲催
驢馬事煩本無物　依舊看山白雲起

나그네의 꿈 돌이킬 때 바다 비가 차가워라

〔贈別 : 헤어지며 줌〕

세간의 뜻에 누구에게 헤어지는 어려움이 있는가
버드나무에 동녘 바람 부는 곳 홀로 난간 기대있네
구름 다한 먼 산을 부질없이 슬프게 바라보다가
꽃 지는 깊은 뜰에서 또 맴돌아 서성이네

고향 그리는 넋이 끊긴 곳 산이 막혀 어둑한데
나그네의 꿈 돌이킬 때 바다 비가 차가워라
사람세상 그 얼마나 많이 헤어짐을 참을 수 있나
향기로운 풀에 눈물 흐름을 견디지 못하네

世情誰有別離難　楊柳東風獨倚欄
雲盡遠山空悵望　落花深院且盤桓

鄕魂斷處關山暝　客夢回時海雨寒
人世幾多能忍別　不堪芳草淚潸潸

평창

    십 년 넘도록 지속된 전쟁 속에서 죽은 자의 소식이 끝없이 전해지는
데, 어찌 아픈 눈물 흐름을 견딜 수 있겠는가. 향기로운 풀 지는 해에
도 눈물이 마냥 흐른다.
    만법에 좇아온 바가 없고〔無所從來〕 가서 이르는 바가 없음〔去無所
至〕을 알지 못하면, 그 누가 가고 오며 만나고 헤어짐에 어려움을 벗
어날 수 있겠는가. 늘 만법과 짝하되 짝하지 않음을 알면 나그네 꿈을
돌이켜 봄이 없이 사물을 볼 수 있으리라.
    불감근(佛鑑勤)선사의 한 노래 들어보자.

        올 때 서로 짝지어 오고

갈 때에도 서로 짝지어 간다
가고 옴에 같이 가되
같이 걷지 않음을 반드시 알라
못 가의 오리는 우렛소리 듣고
고개 위 바람은 나무에 부는데
아홉 구비 누런 샘물 바닥까지 깊어서
삼천 년이 되어야 한 번 맑아지도다

來時相伴來　去時相伴去
須知去與來　同行不同步
池邊鴨聽雷　嶺上風吹樹
九曲黃泉徹底深　三千年來淸一度

학담도 한 노래 더하리라.

가고 가되 가지 않고 와도 오지 않으며
만 가지 산 겹친 곳에도 본래 머물지 않네
눈 앞에 사람 없는데 헤어짐은 무엇인가
자고새 우는 곳에 백 가지 꽃 향기롭네

去去不去來不來　萬山重處本無住
眼前無人別離何　鷓鴣啼處百花香

울며 헤어질 때가 많아 귀밑머리 희어지네
〔客中話別 : 나그네 가운데서 헤어짐을 말함〕

흘러 다한 은하수에 꿈을 부쳐 시드는데
새벽 숲에 바람 불어 잎새소리 바삭이네
집 떠난 지 날이 오래 몸은 의지할 데 없는데
울며 헤어질 때가 많아 귀밑머리 희어지네

강 위 기운 쓸쓸하여 빗속에서 서로 보내는데
구름가 하늘은 푸르러 홀로 산에 돌아오네
여기에서 헤어진 뒤 그대 생각하는 곳
달빛이 빈 창에 들어 솔 그림자가 차가워라

流盡星河寄夢殘　曉林風度葉聲乾
離家日久身無賴　泣別時多鬢欲斑

江上凄凉相送雨　雲邊蒼翠獨歸山
從玆別後思君處　月入虛窓松影寒

평창

　　만 가지 법은 원인과 조건이 갖춰지면 그에 맞는 결과가 난다. 원인
과 조건이 어울려 결과가 나옴은, 원인이 공하고 조건이 공하기 때문
에 결과가 나오는 것이니 결과 또한 나되 남이 없다〔生而無生〕.
　　그러므로 좋은 결과의 일이 이루어져도 원인과 조건 결과가 공한
줄 모르면, 인간은 만나고 헤어짐·얻음과 잃음·나고 사라짐의 굴레
를 벗어날 수 없다.
　　만나고 헤어짐의 시름겨움이여, 산천마저 쓸쓸하여 비를 뿌리는데
빈 창에 달빛 비춰 솔 그림자 차가움인가.
　　인연으로 있다 함은 바로 있되 있음 아님〔非而非有〕을 말하니, '남에
서 남을 벗어나〔於生離生〕' 의지할 곳 없음을 향해 나아가면 도리어

홀로 있음이 만상을 거둘 수 있게 되리라.
 해인신(海印信)선사는 노래했다.

　　주춧돌이 축축하면 하늘이 비 내리고
　　구름이 열리면 달이 바로 밝으리라
　　고기잡이 늙은 이 한가히 낚싯줄 끄니
　　한 못의 별들을 끌어 움직거리네

　　礎潤天將雨　雲開月正明
　　漁翁閑引釣　牽動一潭星

학담도 한 노래 더하리라.

　　인연이 합하는 곳에서 인연을 벗어나니
　　그대 헤어지는 때 하늘에는 한 달이네
　　천만 가지 다름이 한 집에 같이하니
　　향기로운 풀끝에서 그대 얼굴 보노라

　　因緣合處出因緣　別離君時天一月
　　萬別千差同一家　芳草頭上見汝顔

버려진 성 조각달 천 가을에 홀로 비추네
〔箕峻城 : 기준성에서〕

어느 해에 이 성의 누각 쳐서 깨뜨렸나
돌도 시들고 구름 한가해 시름 이길 수 없네
성난 칼 휘두르는 쪽에 바람은 넓고 넓은데
항복하는 깃발 꺾인 곳에 해는 아득하네

천 가지의 옥나무에 빈 개울물 소리 울리는데
아홉 단계 붉은 터의 땅 토끼언덕 되었네
슬퍼 탄식하는 꽃다운 영가는 어느 곳으로 갔는가
버려진 성 조각달 천 가을에 홀로 비추네

何年攻破此城樓　石老雲閑不勝愁
怒釰揮邊風浩浩　降旗折處日悠悠

千枝玉樹空溪響　九級丹墀作兎丘
怊悵英靈何處去　荒城片月獨千秋

평창

　기준성은 호남 익산의 미륵산성으로 삼국시대의 성으로 알려졌다.
무너진 옛 성터에서 나라의 흥망과 뺏고 빼앗기는 전쟁의 역사를 되돌
아보며, 세간법의 덧없음을 살피며 그 가운데 셀 수 없이 죽은 이름
없는 넋들을 위로한다.
　세간법은 나고 사라지되 나되 남이 없고 사라지되 사라짐 없으니,
덧없음을 이 법에서 저 법으로 흘러간다고 말해서는 안 된다.
　'일어나고 사라짐〔起滅〕'과 '늘 머묾〔常住〕'의 두 견해를 넘어설 때
덧없음의 참뜻을 깨달아 법과 법이 서로 마주하되 서로 머금는 법의
진실을 알 수 있는가.
　심문분(心聞賁)선사는 이렇게 노래했다.

아름다운 대에 자주 내린 서리 서로 맑음 다투고
긴 강에 먼 물이랑은 바람 소리 흔든다
밤 늦은 오경에 일어나 뜰 가운데 달을 보니
오히려 창을 엿보는 한 자의 밝은 달이 있네

美竹繁霜相鬪淸　長江遠浪撼風聲
五更起看中庭月　尙有窺窓一尺明

학담도 한 노래 더하리라.

세간의 일어나고 없어짐 허깨비 같으니
묵은 성에 봄이 옴에 풀이 절로 푸르네
조각달 허공에서 비춤 방위 없는데
개울물은 달 머금고 바위 앞을 가도다

世間興亡猶如幻　荒城春來草自靑
片月當空照無方　溪水含月岩前去

병든 나그네 푸른 산 생각하며 눈물 거두지 못하네
〔病吟 : 병을 앓으며 읊조림〕

깊이 탄식하는 나그네 저무는 강머리에 누워
도리어 푸른 산 생각하며 눈물 거두지 못하네
홀로 기댄 빗장 같은 나무는 잎이 붉어 저녁인데
흰 구름 속 아득히 고향의 가을 바라보네

서리가 흰 머리털을 다시 덮어 나의 한을 더하는데
비가 노란 꽃을 때려 나그네 시름 더하네
무디어진 머리 들어보지만 돌아갈 고향길은 멀며
비단성 문밖에 물은 아득하고 아득하네

沉吟客臥暮江頭　却憶靑山淚不收
紅葉獨憑關樹夕　白雲空望故鄕秋

霜侵白髮添吾恨　雨打黃花益旅愁
頑首擧來歸路遠　錦城門外水悠悠

평창

　금성(錦城)의 성문 밖 흐르는 물을 바라보는 병든 나그네의 시름을
노래했으니, 지금 나주(羅州) 영산강가에서 읊은 시가 아닌가 한다.
　몸의 병(病)은 땅·물·불·바람 네 요인의 부조화로 생긴다고 하지
만, 네 요인은 허공〔空〕 속 물질의 요인이고 저 세계는 앎인 세계이다.
그러므로 고향의 가을 바라보며 눈물 짓는 나그네의 병은 여기 내안에
있는 것이 아니라, 전쟁으로 도탄에 빠진 중생을 바라보는 보디사트바
의 아픈 마음이 병이 된 것이리라.
　병은 병 아닌 병이고, 병을 병 아님으로 보는 지혜의 마음은 병이
없다.
　설두현(雪竇顯)선사는 이렇게 노래했다.

소머리가 사라지자 말머리가 돌아오는데
조계의 거울 속에는 티끌 먼지 끊어졌다
북을 치고 보아오나 그대 보지 못함이여
백 가지 꽃 봄이 오면 누구를 위해 피는가

牛頭沒馬頭迴　曹溪鏡裏絶塵埃
打皷看來君不見　百花春至爲誰開

학담도 한 노래 더하리라.

고향이 비록 멀지만 바로 몇 자 사이이고
사물 사물은 늘 흐르되 본래 옮기지 않네
비가 노란 꽃을 때리니 나그네 더욱 시름 겨운데
머리 들어 산을 보니 상서로운 구름 이네

故鄕雖遠咫尺間　物物常流本不遷
雨打黃花客尤愁　擧首看山瑞雲起

우는 새는 빗장 같은 나무에서 지는 매화 노래하네
〔旅懷 : 나그네의 회포〕

넓게 트인 봄바람에 홀로 누대에 오르니
들 안개와 못가 버들 같이 어울려 서성이네
비 개인 새벽 외로운 성 모서리에 새 울음은 차가운데
빗장 같은 나무에 저녁빛 비끼어 지는 매화 노래하네

의지할 데 없는 나그네 마음은 오히려 드넓은데
어떤 사람 일이 있어 아직 돌아오지 못하는가
고요하고 쓸쓸한 곳에 집이 있음을 멀리서 알지만
하늘의 비 뜰에 가득해 푸른 이끼 돋는구나

浩蕩春風獨上臺　野烟池柳共徘徊
孤城晴曉鳴寒角　關樹斜陽奏落梅

無賴客懷猶契濶　有那人事未歸來
遙知家在寂寥處　天雨滿庭生綠苔

평창

　편히 머물러 쉴 곳 없는 나그네의 눈에 들에 낀 안개, 못가 버들의
한들거림마저 어찌 쓸쓸한 뜻을 더하지 않겠는가. 그러나 오고감과
늘 머묾이 모두 공한 곳이 참된 삶의 안주처인 줄 알면, 비 내리는
뜰 돋아나는 이끼마저 어찌 진여의 고향소식 아니리.
　삽계익(雪溪益)선사의 한 노래 들어보자.

　　무릉에 날 따뜻하고 꽃은 또 피었는데
　　옛과 같이 지난 해 꽃이 지던 곳이로다
　　개울 끝 가는 나그네 부질없이 서성대지만
　　푸른 안개는 오는 때의 길을 막지 않는다

물결이 출렁여 아득함이여, 물이 아득함이니
고기잡이 사씨집 사람은 낚시터에 있지 않도다
복사꽃 붉고 오얏은 희며 장미는 자줏빛임을
봄바람에 물어보나 스스로 알지 못하네

武陵日暖花又開　依舊去年花落處
溪頭行客空徘徊　靑煙不鏁來時路
波淼淼兮水瀰瀰　謝家人不在漁磯
桃紅李白薔微紫　問着春風自不知

학담도 한 노래 더하리라.

꽃 피고 꽃 지는 것이 한 하늘 가운데요
복사꽃 오얏꽃 장미꽃이 봄빛을 의지하네
먼 길 나그네 서성이며 시름하는 마음 무엇인가
집에 돌아가는 길 위에 꽃향기 가득하네

花開花落一天中　桃李薔花依春光
遠客徘徊愁心何　歸家路上花香滿

홀로 남은 등불 마주해 먼 사람을 기억하네

〔送崔正經歸故山 : 최정경이 옛 산에 돌아감에 부침〕

세 번 겹친 햇빛의 빗장 새벽 뒤에 있고
푸른 개구리밥풀 같은 이 몸의 처지 헤어짐이 자주인데
외로이 한 마리 말을 타고 돌아가는 나그네 생각하며
잦아드는 등불 홀로 마주해 먼 사람을 기억하네

맑은 풍경의 울림 산 집의 밤을 재촉하고
두견새의 울음은 마한의 봄을 보내네
서로 그리는 생각 가장 쓰라림 어느 곳인가 아나니
가을 계수나무 바위 가에 달이 바로 둥글어라

三疊陽關在後晨　綠萍身世別離頻
孤騎匹馬思歸客　獨對殘燈憶遠人

清磬響摧山舍夜　杜鵑啼送馬韓春
相思最苦知何處　秋桂巖邊月正圓

평창

　청매선사가 주로 많이 머물렀던 곳이 옛 백제 땅이라, 두견새 울음이 '마한의 봄〔馬韓春〕'을 보낸다고 노래한 것인가. 세간 모습이 헤아릴 수 없고 중생 마음이 헤아릴 수 없는데, 만나고 헤어지고 서로 스쳐 바라봄이 어찌 헤아릴 수 있으리.
　그러나 고요한 밤에 잦아들어 남은 등불 아래서 오고 감을 살피면, 거기 무슨 만나고 헤어짐의 자취 있으리. 비록 그리는 마음은 쓰라리나 가을 꽃 지는 바윗가에 달은 바로 둥글고 둥글리라.
　장산전(蔣山泉)선사의 한 노래 들어보자.

　　　남악의 봉우리 앞이요 경산의 뒤인데

폭포 소리는 우레 떨치는 소리와 같아라
삿갓을 벗어들면 맨머리로 다니고
짚신 해어지니 맨발로 내달리네

南岳峯前徑山後　瀑布聲如雷震吼
拈却笠子露頭行　踏破草鞋赤脚走

학담도 한 노래 더하리라.

길 가는 나그네 신세 뜬 개구리밥풀 같으나
남북과 동서에 길은 열려 툭 트였네
먼 사람들 서로 생각하는 마음 더욱 시름겨우나
산 집의 밝은 달은 맑은 경쇠와 어울리네

行客身世如浮萍　南北東西路蕩然
遠人相思心尤愁　山堂明月和淸磬

피리 불고 북 치며 돌아오니 달빛은 모래에 가득하고

〔聞戰罷 : 전쟁이 그침을 듣고〕

피리 불고 북 치며 돌아오니 달빛은 모래에 가득하고
명과 조선 군대가 같이 태평가를 부르네
누런 못에서 다투어 말 달림을 비로소 쉬니
푸른 바다가 곧 맑아져 물결을 말리려 하네

하늘의 뜻에 미워함이 있어 대포의 불을 만났고
해의 마음이 꺼림이 많아 칼의 기운 갈았는데
오랑캐왕 만리에서 목숨이 실낱처럼 걸리니
싸움터의 군사들 한 자의 창을 와서 걸었네

筎鼓歸來月滿沙　華夷齊唱大平歌
黃池始歇爭馳馬　靑海便淸欲渴波

天意有嫌炮火觸　日心多忌釖氣磨
夷王萬里懸絲命　來掛陳郎一尺戈

평창

　일본땅에서 토요토미히데요시의 목숨이 실낱처럼 걸려 군대 철수의
명령이 내리니, 10년 가까운 긴 전쟁이 끝나 멀리서 원정온 명군과
조선군대가 태평가를 부르고, 군대가 칼과 창 거두어 푸른 바다가 맑
아짐을 노래하고 있다.
　지혜의 눈이 없으면 만 가지 것은 만 가지 것과 맞섬을 이루고 만인
은 만인과 다툼을 일으키나, 지혜의 눈을 열면 법과 법이 진여의 땅
가운데 모습 아닌 모습인 줄 알 것이다. 이렇게 알고 이렇게 살아가
면 만인이 만인과 더불어 기쁨의 노래 부르는 새세상을 이룰 수 있으
리라.
　숭녕근(崇寧勤)선사는 노래했다.

범과 표범의 얼룩무늬이고 기린 머리의 뿔이니
하늘을 흔들고 땅을 흔들며 산을 쌓고 멧부리를 올렸도다
얼굴문을 밀쳐 엶이여, 빛깔을 덮고 소리를 타며
새장과 줄을 끊어버림이여, 끈끈이를 풀고 묶임을 버렸네

백 가지 풀 끝에서 방패와 창을 그만두어 물리치니
만 리 가을하늘에 날아가는 한 마리 독수리네

虎豹文章　騏驎頭角
揮天掉地　堆山積嶽
拶破面門兮　盖色騎聲
截斷籠羅兮　解黏去縛

罷却干戈百草頭　萬里秋天飛一鶚

학담도 한 노래 더하리라.

본래 두렷이 통했는데 어찌 싸워 빼앗으며
저와 내가 한 집인데 무엇 때문에 짓밟는가
새장 끊고 창을 버리고 손을 놓고 가니
만민이 모두 기뻐하여 태평을 노래하네

本是圓通何爭奪　彼此一家爲何凌
斷籠罷戈撒手去　萬民咸樂歌太平

석 자 옥 같은 몸에 쇠탄알의 불이 나니

〔哀水統部 : 수군통제부를 슬퍼함〕

국경의 일로 세 해의 서리 거쳐 원수 갚을 뜻 세우니
어찌 하늘이 준 목숨 푸른 섬에 있음을 기약하리
바람이 북과 피리 소리에 슬프니 일천 배가 흩어지고
해가 군대 깃발에 슬프니 일만 군사가 시름겹네

석 자 옥 같은 몸에 쇠탄알의 불이 나니
백 년 아름다운 명예를 강 흐름에 부쳤네
다시 도탄에 빠진 만백성을 가엾이 여겨
충성과 의분으로 놀란 물이랑에 맹세하고
도망치는 원수를 달려 쫓나니 만리의 배로다

邊事三霜志復讐　　豈期天命在滄洲
風悲鼓角千艘解　　日愴旗旄萬士愁

三尺玉軀飛鐵火　　百年芳譽付江流
更憐忠墳盟駭浪　　馳逐逃仍萬里舟

평창

　수군통제부는 이순신 장군이 통제사를 맡았던 삼도수군통제부이니,
본 게는 장군이 마지막 노량해전에서 일본군의 퇴각을 추격하다 총탄
에 쓰러진 것을 애도하는 노래이리라.
　출가보디사트바로서 청매선사가 어찌 죽임의 무기인 창과 칼을 찬
양하고 사람이 사람 죽임을 기릴 것인가. 다만 왜적의 지옥업과 아수
라업을 응징의 칼로 쳐부수고 천하에 평화와 휴식을 가져온 장군의
마지막 안타까운 죽음을 애도하는 것이리라.
　빛 없는 빛이 만물을 삼키는 것은 빛으로 만물을 감싸는 것이지만,
자신의 강한 힘으로 다른 것을 압도하는 것은 그 안에 지배와 굴종만

이 있는 것이다. 옛 선사의 한 노래 들어보자.
대각련(大覺璉)선사는 이렇게 노래했다.

    강서의 밝은 달에 바로 구름 없으니
    서쪽 월나라 동쪽 오나라가 다 삼켜졌네
    우스워라 새우가 방울 파먹어 이지러지자
    곧바로 천고에 자손들을 배부르게 했네

    江西明月正無雲   西越東吳盡被吞
    堪笑蝦蟆才蝕缺   直然千古飽兒孫

  새우가 파먹어 자손들을 배부르게 했다 함은, 저 달이 달 아닌 달인
줄 알아야 공덕의 달을 볼 수 있다 함인가.
  학담도 한 노래 더하리라.

    충성과 의분에 힘을 다해 한 생을 보냈으나
    총탄의 불 한 번 날아 옥같은 몸 다했네
    백성을 위해 몸을 죽여 천하를 받드시니
    산과 내도 슬퍼하고 풀과 나무도 눈물 짓네

    盡力忠憤費一生   一飛銃火玉軀盡
    爲民殺身奉天下   山川悲哀草木淚

한 점의 푸른 소라가 아득히 먼 바다에 떠있네

〔日本國 : 일본국에 대하여〕

하늘이 외로운 섬을 낳고 또 해 뜨는 곳 되게 했으니
한 점의 푸른 소라가 아득히 먼 바다에 떠있네
나라의 제도가 다투어 죽임을 품게 하고
나라의 풍속은 바른 질서 없앰을 많이 기뻐하네

하늘땅이 흉악한 구역을 따로 길렀고
조화가 패역의 방위를 치우쳐 모았네
옛날 제왕이 그 땅에 옥과 비단 준 것을 부끄러워해
강좌에서 왜를 막는 망루 세우도록 하였네

天生孤島次扶桑　一點靑螺泛杳茫
王制本懷爭殺戮　國風多喜敗綱常

乾坤別養兇頑域　造化偏鍾悖逆方
愧昔帝王加玉帛　許敎江左立倭樯

평창

　이 땅의 민중을 십 년 동안 도륙하고 산천을 피로 물들인 일본국
군대의 만행을 생각하면, 어찌 그곳을 인류가 살아있는 아름다운 땅이
라 할 수 있겠는가.
　비록 '해 뜨는 곳 푸른 소라 같이 떠있는 섬'이라 하지만, 무사지배
사회제도가 사람 죽임을 아무렇지도 않게 생각하는 나라의 풍속을 만
들었으니, 자비 보디사트바의 눈에 하늘 땅의 조화가 한 군데 따로
모아놓은 악의 처소로 보였으리라. 그리고 주변국들도 제대로 된 나라
이름을 붙이지 않고 '왜(倭)'라고 지어 불렀을 것이며, 과거 중국 왕조
가 중국 강좌(江左; 江東) 지방에서 왜구의 노략질을 막기 위해 망루
와 성을 세우도록 한 것이리라.

본래 태평함을 생각해보면 비록 전쟁이 끝나 좋은 장군이 바른 명령 내리는 때라도 창과 칼이 없는 평화시기와 어찌 같으리.
정엄수(淨嚴邃)선사가 노래했다.

소나기비에 빠른 우레가 치고
구름 일어나는데 번개 그림자 따른다
장군에게 비록 명령이 있으나
어찌 요순의 때와 같으리

驟雨迅雷擊　雲興電影隨
將軍雖有令　何似舜堯時

학담도 한 노래 더하리라.

다섯 가지 크게 거스르는 죄 지은 이가
우렛소리 들으면 마음 더욱 근심스럽고
죄가 깊으면 뉘우침도 더욱 아주 많으리라
비록 그러나 약과 병이 서로 다스린 뒤에
머리 돌려 달을 봄에 빛은 가이없어라

五逆聞雷心轉愁　罪深後悔尤甚多
雖然藥病相治後　廻頭看月光無邊

온 나라 백성들은 게가 끓는 물에 떨어짐 같네

〔次李秀才傷時韻 : 이수재가 마음 아플 때 지은 운을 따라〕

푸른 바다가 오랜 해에 아홉 빛 굽이를 움직이니
창생이 잿더미에 빠져 아프고 슬픔 어찌 할 건가
만 집의 빼어난 이들 거북처럼 못 속에 숨고
온 나라 백성들은 게가 끓는 물에 떨어짐 같네

막혀있는 그 위에 뉘라서 바다 악어 쫓을 수 있나
장막 가운데 채찍 없이 양 울타리 풀어버림 같네
봄잠을 자주 놀라 깸은 다른 일이 아니니
꿈에서 푸른 뱀칼을 뽑아 오랑캐왕 베는 것이네

青海年來動九陽　蒼生塗炭慘何當
萬家豪傑龜藏擇　擧國人民蟹落湯

塞上誰能追海鰐　幄中無策解蕃羊
頻驚春睡非他事　夢拔靑蛇斬虜王

평창

　십 년 가까운 전쟁에 창생은 잿더미에 빠지고 국토는 피로 물들고 하늘의 별자리도 원망의 울음소리에 젖어있는데, 그 누군들 온전히 제정신으로 살아갈 수 있었을까. 인재들은 산야에 숨고 백성들은 길 잃은 양들처럼 뿔뿔이 달아나며, 잠자면서도 원한 갚을 마음에 놀라 깬다.
　하늘이 요동치고 땅이 요동치며 별자리도 뒤흔들려 연기와 같으나 저녁연기처럼 흩날리는 그곳이 고요한 것이니, 옛 선사〔法眞一〕는 이렇게 노래했다.

　　남산에 구름 일고 북산에 비 내리니

나부산에서 북 치고 소주에서 춤춘다
돌범은 울부짖으며 아홉 하늘에 오르고
진흙소는 바다에 들어가 찾을 곳이 없도다

南山起雲北山雨　羅浮打鼓韶州舞
石虎咆哮上九天　泥牛入海無尋處

학담도 한 노래 더하리라.

꿈 가운데서 주고 빼앗으며 또 나고 죽음이여
어찌 좇아온 바와 이르는 곳이 있겠는가
푸른 뱀의 칼 뽑아듦이여, 마라의 꿈 베어내니
백 가지 풀끝 위에서 참된 빛이 나타나네

夢中與奪又生死　何有所從與到處
拔靑蛇兮斬魔夢　百草頭上現眞光

성인의 도에 어찌 같음과 다시 밖을 논하리
〔答嚴上人 : 엄상인에게 답함〕

하늘의 항상함에 살구나무 단에 절함이 있는 줄 아는가
세 해를 여뀌풀 먹으니 이에 신물이 나네
거듭 오는 길 위에 잔나비가 기뻐할 것이고
다시 앉는 소나무가에 학도 또한 기뻐하리

성인의 도에 어찌 같음과 다시 밖을 논하리
사람의 마음이 옳고 그름 사이를 벗어남이 없도다
가을바람에 병든 뼈마디 줄기마다 여위는데
아직 돌아가지 못하고 한바탕 웃음 말하는 것 한스럽네

知有天常禮杏壇　三年食蓼齒生酸
重來道上猿應喜　再坐松邊鶴亦歡

聖道豈論同更外　人心無出是非間
秋風病骨稜稜瘦　恨未歸云一破顏

평창

　하늘 땅의 스스로 그러한 도에는 귀신 섬기는 제단에 절하고 음식
차리는 것이 있지 않으나, 백성의 삶이 피폐해지니 도리어 산천과 하
늘의 신에 절해 밖으로 구함이 있다.
　재를 지내고 음식 챙겨 나누면 잔나비와 학이 기뻐할 것이니, 재로
인해 축생과 미물에 먹을거리 베풀 인연이 생기니 성인으로 인해 착함
을 짓게 되는 것이다. 성인의 도에는 안의 마음과 밖의 경계에 두 법이
없으니, 성인의 마음을 배우는 것과 밖으로 어짊을 미물과 산천초목에
미치게 하는 것이 다르지 않을 것이다.
　붇다의 가르침에 안의 뜻 있음〔有情〕과 밖의 뜻 없음〔無情〕이 두 덩
이로 나뉨이 아니니, 마른 나무가 용트림하고 해골의 눈동자가 볼 수

있는 것이 어찌 기이한 일이리. 지금 내 눈이 저 빛깔 보는 소식이고
귀가 개울물 소리 듣는 소식이리라.

지해청(智海淸)선사의 한 노래 들어보자.

마른 나무에 용이 읊조림을 듣지 못하니
해골의 눈동자를 어찌 볼 건가
해마다 한식날에는 온 들판 가득히
쌓이고 쌓인 무덤 위에 흙을 더하네

枯木龍吟不聞　髑髏眼睛何覩
年年寒食徧郊原　疊疊墳上加添土

학담도 한 노래 더하리라.

하늘에 늘 그러한 도가 있으나 도는 도가 아니니
사람이 옳고 그름 벗어나야 하늘의 도를 보리라
마음 없이 사물 응하니 잔나비와 학이 기뻐하고
사물 마주해 생각 없으면 마른 나무 읊조림을 들으리

天有常道道非道　人出是非見天道
無心應物猿鶴喜　對物無念聞枯吟

마른 뼈가 침을 만나 웃을 줄 아는 때이네

〔次普應堂禪旨韻 : 보응당이 선지로 보인 운에 따라서〕

귀신의 문과 빗장 밖의 길을 아직 뚫지 못하니
환한 빛에서 칼날의 빛 휘둘음을 가리켜 보이네
죽은 뱀이 풀에서 나와 처음 놀라는 곳이
마른 뼈가 침을 만나 웃을 줄 아는 때이네

들판 구렁에 봄 복사꽃 옛과 같이 필 때에
강 흐르는 성 새벽 나팔 이제 막 부는구나
어떤 이가 이것이 종지를 밝힘이라 말하면
서에 온 늙은 스님의 붉은 눈썹 아주 웃겨줌이네

未透鬼門關外路　當陽指示釽光揮
死蛇出草初驚處　枯骨逢針解笑時
野壑春桃依舊發　江城曉角至今吹
有云此是明宗旨　笑殺西來老赤眉

평창

　죽은 뱀이 풀에서 나와 놀람이란, 죽음 속에 크게 살아남이 있음을 말한 것인가.

　뜻 아닌 선의 뜻〔禪旨〕에서 보면, 뜻 있는 중생〔有情〕에게 뜻 있음이 아니고 뜻 없는 저 사물〔無情〕에 뜻 없지 않은 것이다. 보응선사의 시운을 따라 이 뜻을 청매선사는 '마른 뼈가 침을 만나 웃음'으로 다시 보이고 있는 것이리라.

　그렇다면 뜻 있음과 뜻 없음을 한꺼번에 막아〔雙遮有無〕 마른 뼈가 침을 만나 웃을 때 저 풀 속에서 죽은 뱀이 살아서 튀어나옴을 보게 되는 것인가.

　법진일(法眞一)선사는 이렇게 노래했다.

산 사람의 길 위에 죽은 스님이 있으니
여섯 앎은 짓는 공이 없어 씀을 행하지 않네
눈에 닿는 것이 어두운데 어떤 것을 가리는가
밝고 밝은 한낮에 삼경의 종을 치도다

活人路上有亡僧　六識無功用不行
觸目黯然何所辨　明明日午打三更

학담도 한 노래 더하리라.

눈에 가리는 막이 있으면 조사빗장 세우나
가림 없어지고 망령됨 사라지면 빗장은 무엇하리
죽이고 살림 서로 통해 생각에 생각 없으면
만 리의 신묘한 빛이 닿는 곳마다 통하리

眼有瞖膜設祖關　瞖除妄滅關作麼
殺活相通念無念　萬里神光觸處通

선방의 등불 밤에 밝았다 사라지네

〔次安詩山韻 : 안시산의 운을 따라서〕

남겨진 옷 사람에게 보내기 위해
호계의 돌을 지팡이로 쳐서 울리니
저녁 놀은 스스로 성글다가 빽빽하고
가을산은 반쯤 붉고 반쯤 푸르네

나귀를 채찍질하니 한 번에 어찌 빠른가
헤어짐을 생각하니 세월은 함께 쌓였네
구름과 진흙에도 스스로 나뉨이 있는데
하물며 다시 방패와 창의 틈이겠는가
어느 곳이 가장 서로 생각함인가
선방의 등불 밤에 밝았다 사라지네

爲送留衣人　筇鳴虎溪石
夕霞自疎密　秋山半紅碧

鞭驢一何速　離思歲俱積
雲泥自有分　況復干戈隔
何處最相思　禪燈夜明滅

평창

　　안시산(安詩山)과의 교류가 혜원법사(慧遠法師)의 도연명(陶淵明)
육수정(陸修靜)과의 교류와 같으므로, 헤어져 떠나던 동구의 돌을 '호
계의 돌〔虎溪石〕'이라고 한 것이리라. 만물은 서로 다름이 있고 떨어
진 틈이 있는데, 어찌 사람의 몸과 마음이 그렇지 않으리. 그러나 멀어
도 멂이 없이 서로 가운데 서로를 바라봄이 있으니, 그 무엇인가.
　　촛불 켜놓은 작은 방 밝은 창을 바라보며 고요히 선정에 든 때로다.

옛 선사〔竹庵珪〕의 한 노래 들어보자.

　　지혜복덕 다 갖추신 세존께 절하고
　　우러러보아 잠깐도 버리지 않네
　　눈썹 사이 흰 털의 빛이여
　　대천세계를 환히 비춘다

　　稽首兩足尊　瞻仰不蹔捨
　　眉間白毫光　照耀大千界

학담도 한 노래 더하리라.

　　호계에서 지팡이 울린 한 소리여
　　흐르는 물이 소리 실어 은인에게 이르네
　　비록 서로 떨어졌으나 소리 듣고 두렷 통함에 들면
　　주고 받음에 참됨 알아 넓은 은혜 갚으리

　　虎溪筇鳴一聲兮　流水帶聲到恩人
　　雖隔聞聲入圓通　施受了眞報弘恩

굶어죽은 시체가 천백의 길에 가득하네
〔悼世 : 세상을 슬퍼함〕

시골 들사람이 밖에서 찾아와
나에게 세상은 아주 시끄럽다 말하네
병 기운이 마을을 온통 말아서
굶어죽은 시체가 천백의 길에 가득하네

방패와 창의 싸움은 날로 더욱 더해가니
뼈와 살 나눈 이도 서로 아까워 않네
부역은 해마다 더욱 몰아닥치고
아내와 아이들은 남북으로 달리네
산 가운데는 슬픔과 기쁨 끊어졌지만
가슴이 쓰리고 아픔을 이길 수 없네

野人自外來　道我世煩劇
癘氣捲閭閻　餓莩滿千陌

干戈日益尋　骨肉不相惜
賦役歲益迫　妻兒走南北
山中絶悲喜　不勝痛病膈

평창

　십 년의 긴 전쟁으로 먹을거리는 떨어지고 삶은 피폐해져 가족의
죽음 앞에서도 손 쓸 길이 없는데, 나라의 착취는 날로 심해가니 사람
속 지옥의 고통이다.
　중생의 울음소리 들어주는 관세음(觀世音) 보디사트바는 어디 계신
가. 민중의 눈물만 하늘을 치네. 그러나 슬픈 눈물 흘리는 자여. 슬픔
이 일어나기 전을 되돌아보아야 살아날 길이 있는가. 어느 곳이 몸을

숨겨 피할 곳인가.

　고난의 한복판 그 가운데에 몸 피할 곳이 있으며 다시 살아날 길이
있으니, 옛 선사〔蔣山泉〕는 이렇게 노래했다.

　　　일곱 민땅으로 가는 길은 날마다 칼날을 다투니
　　　돌려 피하려면 자취 보이지 않게 하라 했네
　　　몸 감추기 좋을 듯하다 하니 어떤 곳이 이것인가
　　　푸른 산은 구름 밖에 천만 겹이로다

　　　七閩歸路日爭鋒　迴避須教不見蹤
　　　恰好藏身何處是　靑山雲外萬千重

학담도 한 노래 더하리라.

　　　전쟁과 질병 배고픔의 때가 이른 악한 세상에
　　　중생은 서로 죽여 도탄에 떨어졌도다
　　　저 관세음과 내가 공한 곳에서
　　　소리 살피시는 성인 부르고 부르면
　　　손 드리워 중생 끌어 저 언덕에 건네주네

　　　刀疾饑至大惡世　衆生相殺落塗炭
　　　彼我空處念觀音　垂手引衆度彼岸

나무사람 노래 끝나자 달이 처음 기우네

〔宗風偈 : 종풍을 노래한 게〕

어울림은 얕고 말은 깊어 불러들임이 더욱 말이 되니
붙다를 마른 똥막대기라 하여 큰 거침을 내네
목마른 잉어가 연못에서 석자나 뛰어 날음이여
마른 뼈가 침을 만나니 웃음 한 소리 나네

돌여인이 꿈을 돌이키자 하늘은 밝아오려 하고
나무사람 노래 끝나자 달이 처음 기우네
아아 안타깝다 글 잘하는 늙은이 씩씩하고 굳세어서
이 승려의 한 수 약한 모습을 보내버리네

交淺言深招尤道　佛稱乾屎大麤生
渴鱗荷澤飛三尺　枯骨逢針笑一聲

石女夢回天欲曙　木人唱罷月初傾
堪嗟文老之雄毅　輪却者僧一着贏

평창

　　이 종지는 말로 말을 불러들이면 거북털 토끼발이 허공에 가득하다
는 것이다. 말이 말을 불러들이는 말의 실타래를 말로 끊으려 하니,
옛 조사〔雲門〕는 '붙다는 마른 똥막대기이다'고 아주 거친 말을 일러준
것이다.
　　마른 뼈가 침을 만나 한바탕 웃음이여. 목마른 잉어가 연못에서 뛰
어 날아오르듯 죽은 자가 크게 살아 움직이는 소식인가. 글과 말에도
글과 말이 공한 줄 알면 글과 말로 실상의 소식 열어보일 수 있으니,
'방편의 말을 잘 쓰는 씩씩한 늙은이가 약한 모습 보내버린다'고 한
것인가.
　　분양소(汾陽昭)선사는 이렇게 노래했다.

세 현묘함과 세 요점의 일 나누기 어려우니
뜻을 얻고 말 잊으면 도가 쉽게 친해지네
한 구절이 밝고 밝아 만상을 거두니
중양절 아흐렛날에 국화꽃 새로우리

三玄三要事難分　得意忘言道易親
一句明明該萬象　重陽九日菊花新

학담도 한 노래 더하리라.

중생의 병 다스리려 말의 가르침 세웠으니
말을 잊고 뜻 얻으면 방편을 뛰어넘으리
말과 말 구절 구절이 강가강 모래세계 두루하니
일에 닿아 곧 참됨이면 실상을 증득하리

爲衆治病設言敎　忘言得意超方便
言言句句遍河沙　觸事而眞證實相

가난한 서민이 무슨 죄가 있어서 남북으로 다니는가

〔北草堂 : 북쪽의 초당에서〕

때를 잃음이 이와 같음이 없는데
집을 의지해 억지로 뜻을 넓히네
절하는 법당 등불 언제나 어둡고
부엌의 표주박에 죽은 말갛네

시는 흥 일으킴을 인하지 않고
시름은 가난한 삶 때문이 아니네
가난한 서민이 무슨 죄가 있어서
서로 붙들고서 남북으로 다니는가

失時無若此　傍舍强寬情
拜閣燈常暗　齋瓢粥但淸

詩非因逸興　愁不爲窮生
黎庶有何罪　扶携南北行

평창

　전쟁으로 백성의 울음이 하늘에 사무치니, 하늘도 길을 잃고 땅도
피에 젖어 함께 운다. 불전에서 밤새 기도한들 사람의 모진 악이 하늘
을 덮었는데, 어찌 응답이 있으리.
　오직 사람들의 미친 꿈과 칼질을 그쳐야 비로소 환히 웃으며 다가오
는 붇다를 맞이하리라.
　대각련(大覺璉)선사는 노래했다.

　　삶의 바다가 넓어 아득하고 죽음의 바다 깊은데
　　뗏목에 오르면 뗏목이 가라앉고 배에 오르면 배가 가라앉네
　　종사의 한 구절은 사사로움이 없는 말이니

누가 참금은 금 바르지 않은 줄 알 것인가

生海茫茫死海深　上篺篺沒上船沉
宗師一句無私語　誰辨眞金不點金

　아득한 나고 죽음의 바다 가운데서 그 바다 건네줄 튼튼한 배와 뗏목이 없어 배에 오르면 배가 가라앉고 뗏목에 오르면 뗏목이 가라앉는다.
　도병겁(刀兵劫)의 칼날 아래서 남북으로 떠다니며 의지할 곳 없는 우리 가난한 백성의 신세가 그와 같다. 그러나 어찌 그 가운데 살 길이 없고, 참된 인도자의 참된 말씀이 없으리.
　학담도 한 노래 더하리라.

　중생이 흘러 떠돎 나뭇잎과 같아서
　고통바다 물이랑 가운데 괴로움 만 갈래네
　의지함이 없고 머묾 없음이 살 길이니
　뗏목과 배 가라앉을 때 관음이 나오시리

衆生漂流如樹葉　苦海浪中苦萬端
無依無住是活路　筏船沒時觀音出

하늘 바람에 강과 산이 하룻밤에 봄이로다
〔晩雪 : 늦은 눈〕

늦은 눈이 하늘바람에 흩어지니
강과 산이 하룻밤에 봄이로다
섬돌 틈의 풀싹이 죽으려 하는데
나무에 붙은 새는 성내 우짖네

푸른 궁전 은으로 자물쇠 되었고
넓은 침상 옥으로 티끌 되었는데
흔들리고 흔들리며 햇빛을 가려서
꽃 보는 사람을 아주 시름겹게 하네

晩雪天風散　江山一夜春
侵階萌欲死　着樹鳥生嗔

碧殿銀成鎖　匡床玉作塵
搖搖蔽日色　愁殺看花人

평창

눈발 속에 이미 봄이 뜰에 이르렀는데, 뜰 안의 사람들이 겨울 일에
빠져 아직 봄이 옴을 스스로 몰랐다. 비록 궁전의 은자물쇠 옥침대가
아름다우나, 아름다운 그 빛에 취하면 큰 땅에 환한 봄빛을 보지 못하
리라.

옛 선사〔法雲秀〕의 한 노래 들어보자.

한 방울 개울물소리를
네 바다 세상에 아는 이 드무네
곧장 그윽하게 알았다 해도
도깨비 넋을 놀리는 것이네

一滴偃溪水　四海小人聞
直饒玄會得　也是弄精魂

신묘하고 그윽함을 알았다 하면 신묘하고 그윽함에 가려 툭 트여
막힘 없는 삶의 진실을 보지 못할 것이다.
학담도 한 노래 더하리라.

바람이 와 눈 녹으니 곧 참된 세계이고
비가 섬돌을 때리니 좋은 시절이다
다만 눈을 크게 떠 저 산을 보는 때
산 빛깔 보되 보지 않으면 온몸이 드러나리

風來雪消是眞界　雨打陜階好時節
但欲極目見山時　見而不見露全身

3부

기리고 받들며 애도하고
깨우치는 여러 글

겁의 불이 다시 타올라 큰 바다가 말랐네
- 서대에서 산과 물을 보고 느낌을 노래함

어짊과 지혜 어찌 산과 물로 인해 있으리요
빛과 바람 비 개인 달이 다른 길이 아니네
이날 서대에서 한 번 머리를 돌리니
만 모습 천 자태가 두 눈앞에 벌려있네

仁智何因山水有　光風霽月非殊途
此日西臺一回首　萬狀千態羅雙眸

하늘 서쪽 텅 비어 드넓고 바다는 끝없는데
큰 소리가 귀에 떨쳐 물결은 아득히 넘쳐나며
땅 남쪽 드넓고 드넓어 산은 다하지 않는데
푸른 빛 떠올라 눈을 가리니 빛은 마냥 흔들리네

天西空濶海無涯　大聲拂耳波滔滔
地南曠漠山不盡　浮翠礙眼光搖搖

봄이 깊으니 어느 곳인들 꽃이 피지 않으리
날이 따뜻하니 남쪽 골짝에 산새가 부르네
호수와 산의 바람 경치 다할 수 없는데
하물며 다시 눈에 가득 방패와 창이 오고감이리

春深何處不開花　日暖南谷山禽呼
湖山風景不可盡　況復滿目干戈交

요망한 기운 불꽃 같아 경사스런 구름 사라지고
전쟁 속에서 다치고 죽어 드넓은 중생 잿더미에 빠졌으나

아랑곳하지 않고 싸우는 조정은 다시 조정이네
사람 마음 하늘의 이치 오래도록 고르지 못한데
겁의 불이 다시 타올라 큰 바다가 말랐네

妖氛熠熠慶雲沒　蒼生塗炭朝復朝
人心天理久不順　劫灰更煖滄溟枯

비 오는 것 밖에는 남은 산 나머지 물도 끊어졌고
지는 꽃 우는 새만 지나가는 구름 가에 있네
끝없는 산과 물이 그림 속에서만 살아있으니
한 번 누워 길이 뜻 없는 연만 맺고 있네

殘山剩水斷雨外　落花啼鳥行雲邊
無邊山水活畫裡　一臥永結無情緣

덧붙임

학담이 따라 노래한다.

　　중생 업이 무거우면 악한 세상 이르니
　　방패와 창이 서로 다투고 배고픔과 병이 많아지네
　　다만 관음 성인 불러서 생각 없음에 돌아가면
　　발 밑에서 성인이 출현하여 건져줌 헤아릴 수 없으리

　　衆生業重惡世到　干戈相爭饑疾多
　　但念觀音歸無念　脚下聖出濟無量

높이 향기로운 불당에 의지하니 밤은 다시 깊고

- 淸夜詞 : 맑은 밤에 말하다

천 봉우리에 해가 져서 고요한 곳에
돌샘은 어두워 서리 내린 종과 같이하고
바람 불고 달 오르자 뭇 움직임이 쉬는데
소리인가 빛깔인가 그릴 수 없네

千峯日落寂寥邊　石泉暗與霜鍾俱
風來月到羣動息，聲耶色耶難爲圖

높이 향기로운 불당에 의지하니 밤은 다시 깊고
신령한 근원 툭 트여 맑아 있고 없음이 없네
여섯 사발이 신선의 신령함에 통한다 말하지 말라
오직 내가 공한 가운데 한 티끌도 받지 않아야
이것이 툭 트여 열린 길이라네

高倚香龕夜更深　靈源廓澹無有無
莫道六椀通仙靈
唯我空中　不受一塵 是通衢

백 년의 부귀는 풀 위의 이슬이요
만고의 영웅도 틈 사이에 말이 지나감이니
한 무제의 큰 누대와 진시황의 죽지 않으려 함
천 년에 그 어리석음을 웃는 것이네
허물됨이여, 티끌 속 사람들은 업식을 놀리고
뒤집힌 잔나비는 달 그림자를 잡으러 부질없이 애쓰네

百年富貴草上露 萬古英雄過隙駒

漢帝露臺 秦皇不死 千載笑其愚
累哉塵人弄業識 顚猿捉影徒自勞

유교이든 샤카이든 내가 일 삼는 것 아니니
맑은 밤에 홀로 읊조리고 홀로 서성이네
이 때 이 경치를 누구와 더불어 논할까
새벽바람 잎을 불어 좌선하는 발에 떨구네

是儒是釋不我事 淸夜獨吟獨踟躕
此時此景誰與論 曉風吹葉落跏趺

덧붙임

학담이 따라 노래한다.

바람 자고 달이 와 만 가지 움직임 고요하니
있음과 없음 벗어나서 신령한 근원 툭 트였네
유교 불교 관계 않고 맑은 밤에 읊조리니
발을 맺고 앉음 위에 지는 잎이 날리네

風息月來萬動寂 超脫有無靈源廓
儒釋不關淸夜吟 跏趺坐上落葉飛

명아주 지팡이로 금강 태백 지리 구월산을 두루 다녔나니
─ Y嵯峯記 : 아차봉에서 기록하다

나는 원래 산과 물을 좋아하는 버릇이 있어서 표주박을 메고 화살과 구름과 물처럼 흐르며 그 자취를 같이했다.

어버이를 하직하여 애착을 자르고서 명아주를 지팡이 삼아 칡뿌리 옷으로 금강(金剛)·태백(太白)·지리(智異)·구월(九月)의 산들, 금모래톱 박연폭포 맑은 호수 패강 있는 곳을 두루 다녔다.

그리하여 바람과 구름의 길, 산과 물의 맛을 크게 씹어 나머지가 없었다. 그래도 마음에 만족하지 못한 것은 왜인가.

그것은 나라가 바다 밖에 있어서 구역이 치우쳐 좁고, 높음이 장백을 지나지 않으나 그마저 두만강이 구역을 끊었기 때문이고, 넓음이 남쪽 바다를 지나지 않으나 한라산이 바다를 가로지르기 때문이다.

나는 밖이 없음〔無外〕을 크게 쌀 뜻으로써 청구의 한 이파리 호수와 산을 흘러다녔으니, 그것이 맞을 수 있겠는가.

용이 물이 마르고 학이 새장에 있는 것처럼 된 지 서른 해 신묘년 봄 삼월이 되어서, 다시 관서에 노닐어 다니고 묘향산 으뜸 봉우리 끝에 지팡이를 멈춰 머물고 있었으며, 거북처럼 움츠려 편안히 선정 닦는 뜻이 간절했다.

다음 해 사월에는 바다 도적들이 다시 쳐들어와 나라 안과 밖을 시끄럽게 해, 아홉 겹 궁전 왕의 목숨이 나귀 등에 의지했고, 용성(龍城; 南原)에서 크게 패했다.

나는 비록 세간 법도 밖의 사문이지만 그것을 차마 앉아서 볼 수 있겠는가.

드디어 가사를 풀고 갑옷을 입고 먼지를 놓으며 창을 들고 스스로 사람을 모았다.

세 해에 일 같이한 이들〔三霜同事者〕이 다 공을 말해 추천을 얻고 이름을 이루어 돌아감이 있었지만, 홀로 나는 오직 남은 그림자를 가지고 마침내 갈 곳이 없었다.

그로 인해 한 시를 이렇게 읊었다.204)

강물이 깃발의 그림자 담가 움직이니
산은 칼빛을 띠어 높도다
도리어 일찍이 깃들어 쉬던 곳 기억하니
천 봉우리에 조각달이 외롭도다

江涵旗影動　山帶釰光高
却憶曾棲息　千峯片月孤

그윽하고 쓸쓸한 곳을 찾는 것이 내가 품은 뜻이다. 그래서 묘향산을 애타게 그리워했는데, 도리어 적의 소굴이 되었으니 뜻이 있은들 어찌할 건가. 중요한 것 사이에서도 긴박한 것은 지난 번 방아 찧어 놓은 양식〔春糧〕을 가져오지 못함이다.

천리 길 가서 요행히도 호수 오른쪽 바다를 마주한 외로운 성에 이르게 되었으니, 부안(扶安)이다.

이 때는 봄바람이 불어올 때이고, 아지랑이가 허공에 떠서 아득한 사이였다. 푸른 소라 같은 섬이 떠서 사라졌다 밝아지는 듯한 바다 언

---

204) 余素有山水之癖 通繫匏苽 矢與雲水 同其跡矣 辭其親 割其愛 藜爲杖 葛爲衣 歷徧金剛太白智異九月之類 金沙朴淵鑑湖浿江之處 風雲之趣 山水之味 大嚼無餘 而心不滿足者 國在海外 壃區僻隘 高莫過於長白 而豆滿爲之絶域 曠莫過於南溟 而漢挐爲之橫海 以我大包無外之志 放浪於靑 丘一葉之湖山 其可稱乎 龍之涸鶴之籠者三十年 于茲逮辛卯年之春三月 再游關西 駐錫于香山第一峰頭 龜縮 安禪之志切切

明年四月 海寇卷土 中外搔撓 九重聖神 命寄驢背 狼狽于龍城 余雖曰度外 其忍坐視耶 遂解裂着甲 放塵持戈 自募儵數者 三霜同事者 皆告功得薦 成名有歸 獨我聊將餘影 竟無攸徃 因咏一詩曰

江涵旗影動 山帶釰光高 却憶曾棲息 千峯片月孤

덕은 변산(邊山)이라 말한다.

버들 언덕을 지나 길이 안개물결에 이르면, 갑자기 긴 평지를 넘어 높은 고개를 넘어가면 긴 소나무가 휘늘어지고 굽이치는 시냇물이 졸졸 흐르니, 봉영(蓬瀛)이라는 곳이다.

한 옛 절에 이르니 편액에 청림(淸臨)이라 하였다. 울리는 샘이 묵은 섬돌에 닿았고 누각의 위태로움을 무릅쓰고 안개 속에 잠자면서 비바람을 많이 겪었다.

또 군대 부역[兵役]을 만나 사람들이 살지 않았는데 개울물이 서로 흐르는 마을에 나는 듯이 흐르는 물이 돌에 닿아 비처럼 물을 뿌리고, 아래에는 만 길 깊은 못이 있어 신묘한 것들[神物]이 사는 곳이다.

낭떠러지를 따라가는 돌길은 실오라기처럼 끊어졌다 이어지고, 우물에 닥쳐 거쳐 가면 절벽을 잡아 올라, 손가락을 깨물고 가슴을 쓰다듬으며 앉아서 맨 꼭대기를 끊으면 이를 아차(丫嵯)라 한다.

한가히 노닐어 신선처럼 지내면 가슴 바다가 툭 트여 작은 천하라고 할 만하니, 서른 해 산에 노닐고 물을 즐긴 뜻을 비로소 이룬 것이다.

그래서 가타(gāthā; 伽陁)의 노래 한 수를 이렇게 부른다.205)

아차산 봉우리 꼭대기여, 사람 세상이 아니로다
마음 밖에 물건이 없는데 눈에 가득 강과 산이네
제사하듯 공경하듯이 말하려 하나 혀를 묶네

---

205) 尋幽索居 吾所懷也 然乃恨怛妙香 返爲賊穴 有志奈何 乃間關喫緊 不齋乎 宿舂粮 千里之適 萬死一生 得達湖右 對海孤城 乃扶安也 是時春風始扇 陽炎 浮空 稀夷之間 靑螺泛泛減明海岸者 乃曰邊山 經由柳塢 路達烟波 驀越長坪 邁踰高峴長松落落 曲澗潺潺 所謂蓬瀛者也 至一古寺 額曰淸臨也 鳴泉觸于荒 砌 宿霧冒于危樓 多經風雨 又逢兵役 人不堪居焉 泓澗投西里餘 飛流觸石 撒 洒如雨 下有萬丈深潭 乃神物所居也 緣崖石逕 如縷斷續 逼井歷參 壁絶攀躋 咋指撫膺 坐斷絶頂 是曰丫嵯 逍遙羽化 胸海豁達 可謂小天下也 三十年遊山 翫水之志 始得遂矣 因咏伽陁一首曰

눈동자 뜨는 사이에 해 뜨는 곳이 왼쪽에 있으면
나무는 오른 쪽에 있듯 해와 달이 흘러가서
서로 가는 것이 눈썹 위에서처럼 빠르네
꽃 피는 것은 한여름이요 잎 지는 것은 첫 가을인데
때의 변화 사물의 이치가 사람 세상과 다름이 많네

丫嵯峯頂 不是人間
心外無物 滿目江山
如祭如敬 欲語結舌
攪眰之間 扶桑在左
若木在右 日月流行
相去睫上矣
花開半夏 葉脫初秋
時之變物之理 異乎人寰者多矣

높이가 만 팔천 길이니 천태를 다시 말하지 마라
나무다리 넓이는 자를 넘지 않으나 돌다리를 이에 비유할 수 있네
옥을 깎아 봉우리 되니 곤륜이 빼어남을 잉태한 듯
나는 듯한 폭포는 벽에 걸렸으니 여산이 여기 견줄 수 있네
아침 해가 먼저 붉어오니 수메루산을 우러를 수 있고
신령한 새가 늘 있으니 영축산이 여기와 이르름이네

高萬八千丈 天台更莫言
棧廣不盈尺 石橋斯可喩
削玉爲峯 崑崙之孕秀
飛瀑掛壁 廬山之可比
朝日先紅 須彌可仰
靈禽常在 鷲嶺來玆

대저 지는 놀 외로운 물오리는 왕발이 노래한 것이고206)
흰 구름 노란 학은 최호가 읊은 것이네207)
외로운 돛 한 마리 기러기는 장한이 강동의 가을에 간 것이고208)
계수의 씨가 달에 떨어지니 하늘향이 구름 밖에 날림이란
송나라 지문의 시로서 영은사에 노닐던 때이고209)
신령한 퉁소 깊은 살핌 냄이란 두자미가 용문에서 노닐던 밤이네210)
맑은 휘파람 소리 듣는 달 밝은 밤은 소동파가 도사를 만난 밤이고
곡기 물리치고 멀리 이끄는 것 장자방이 적송자를 따라 놂이며211)
강물빛에 뼈를 바꿈이란 성령이 천제의 딸을 보고 와서 말함이네

以至夫落霞孤鶩 王勃之所咏
白雲黃鶴 崔顥之攸吟
孤帆一鴈 張翰去江東之秋
桂子天香之間 游靈隱之時
靈籟發深省 杜子美遊龍門之夜

---

206) 왕발·최호 등 : 변산 아차봉의 풍치가 옛 뛰어난 시인과 어진 이, 도 깨친
    이들의 자취를 한 때에 거둠을 보이기 위해 여러 사람 지명 등을 보이고 있으
    나 모든 사료를 확인하기는 어렵다.
     왕발(王勃) : 당대의 시인. 등단각 서문으로 유명한데, '지는 놀 외로운 물
    오리'는 그의 시 구절.
207) 최호(崔顥) : 당대의 시인. 황학루(黃鶴樓)의 시로 유명.
208) 장한(張翰) : 진(晉)나라 사람. 가을이면 고향 송강(松江)의 농어맛을 찾
    아 고향에 갔다 함.
209) 지문(之問) : 송대 시인. 그의 시에 다음 구절이 있음. '계수나무 씨가
    달 가운데 떨어지니 하늘 향기 구름 밖에 날린다〔桂子月中落 天香雲外飄〕.'
     영은사(靈隱寺) : 중국 절강성 항주에 있는 고찰.
210) 두자미(杜子美) : 두보. 신령한 퉁소의 구절은 용문(龍門)에서 읊은 시의
    한 대목.
211) 장자방(張子房) : 유방의 책사 장량(張良)으로 '곡기 물리침'이란 신선도
    닦는 적송자(赤松子)를 만난 이야기를 말함.

淸嘯聞月夕 蘇東坡逢道士之夕
僻縠遠引 張子房從赤松子游
河光換骨 成令言見天帝女還

옥 같은 이슬 흐르는 머리 어찌 구리사람의 손바닥 빌 것인가212)
영지가 돌을 얻어맞은 것은 서자의 배에 오르지 않음이요
나계가 쌓인 눈을 업신여긴 것은 소림 아홉 해의 자태며213)
옥발우로 돌에 엎은 것은 대유령의 한때의 일이니214)
그 귀와 눈으로 이룬 것은 만의 하나도 기록할 수 없도다
위대하도다 앞 천백 년 성현의 남은 자취를 한때에 거둠이여

玉露流頭 詎假銅人之掌
靈芝被石 不登徐子之船
嬾桂傲雪 少林九年之儀瑤
鉢覆石 大庚一時之事
其耳目之所致 非可記夫萬一
偉哉 前乎千百歲 聖賢之遺跡 卽一時而收却了也

아아 아득한 하늘과 땅을 내려보고 올려봄이 끝이 없음이여
만고의 영웅이 한 번갯빛 가운데로다
나도 여기 가다 그침이라 이미 신선의 병 속이 아니고
하늘땅도 또한 신승의 손바닥 위가 아니네
사람이란 흐르는 세속과 더불어 하고자 하니

---

212) 구리사람〔銅人〕: 소동파의 시에 다음 구절을 말함. '옛 구리사람을 만지
면 세월을 헤아릴 수 없도다〔摩抄古銅人 歲月不可計〕.'
213) 소림 아홉 해의 자태 : 선종 이조 혜가대사가 눈 속에 서서 달마께 법을
물은 일.
214) 대유령의 한 때의 일 : 오조 홍인의 발우를 받고 길 떠났던 노행자가 뒤쫓
던 도명 등을 만나 대유령에서 바위에 발우를 엎고 숨은 일.

한 때 올라 보는 것이 좋지만
도리어 몸을 가져다 아교동이에 찌름과 같도다

噫 茫茫堪輿 俛仰無垠
萬古英雄 一電光中
我此行止 旣不是仙人之壺裏
乾坤亦不是神僧之掌上
人物肯與流俗 一時登挑之好
而還將身刺膠盆者同哉

덧붙임

학담이 따라 노래한다.

　　나는 본래 구름과 물 가운데 도를 찾는 나그네로
　　애착을 끊고 집을 나와 산과 내를 두루 다녔네
　　청구의 이름난 산 길게 노닐어 흘러다니다
　　묘향산에 머물러 편안히 좌선하였네

　　我本雲水求道客　割愛出家歷山川
　　靑丘名山長遊浪　駐錫妙香安坐禪

　　홀연히 악한 세상 이름에 창과 갑옷 지니어
　　중생 괴로움 대신 받았으나 티끌에 물들지 않았네
　　비록 그러나 바라는 바 종과 교를 붙듦이니
　　붉은 티끌 벗어나서 푸른 산에 들었네

　　忽至惡世持戈甲　代衆生苦不染塵
　　然唯所願扶宗敎　脫却紅塵入靑山

　　뒤에 부안 땅에 이르러 변산에 들어가니

앞바다 아득하고 등 뒤는 높은 봉우리인데
천 년 현성의 자취 한 때에 거둔 곳이라
사람세상 아니나 실로는 신선세계도 아니네

後到扶安入邊山　前海茫茫背嵯峯
千歲賢跡一時收　不是人間實非仙

눈앞에 사물이 없으나 산에 가득 푸르름이니
하늘에 오르고 지옥에 내려가도 오르고 내림 없어라
눈을 뜨고 눈을 감는 것은 푸른 사자의 눈이고
발을 들고 발을 내리는 것 흰 코끼리의 발이네

眼前無物滿目靑　上天下獄無昇降
開眼合眼靑獅眼　擧足下足白象足

묘향산 봉우리 밑 삼십 년 전 소식에 나아갔으니

- 寄機師書 : 편양언기선사에게 붙이는 글

　덕인(德仁)이 이 시골 들늙은이의 문[野老之門]을 지날 수 있는 것은 운(運)을 인함이다.

　이 늙은이가 뜻하지 않게 운(運)을 볼 수 있게 된 것은 덕인이 베풀지 않은 것이나, 이와 같음은 이 늙은이의 다행이다.

　덕인과 더불어 도의 이야기를 하여 하룻밤을 지냈지만, 한 말도 서산조사의 방[西山室] 가운데서 늘 들어보인 것을 벗어나지 않았다.

　이 늙은이가 홀연히 가슴 답답한 것이 툭 트여 그에게 말했지만, 덕인은 이제 어린 사람이라 이와 같은 겨를이 없었다.

　덕인이 말했다.

　"제가 서산조사의 문하에서 병과 빗자루로 모실 때, 인연이 무르익어 머리 깎을 때가 되자 서산조사께서 저를 영(英)대사215)에게 머리 깎으라고 당부하셨습니다."

　처영(英) 또한 이 늙은이가 본래 알고 있었다.

　이 늙은이가 죽을 병 가운데 놓여서 다시 묘향산 봉우리 밑 삼십 년 전의 소식에 나아갔으니, 이는 반드시 하늘이 운(運)으로 하여금 나를 덕인에게 가도록 한 것이다.

　이는 곧 이 늙은이가 덕인보다 나이가 많고 운(運)보다도 시듦이 다시 심해서이다.

　늙은이는 일찍이 '스스로 뉘우치는 열 가지 말[自懺十言]'216)을 지었는데 덕인이 이를 보고 '아름답다'고 하며 말했다.

　"먼저 제 마음을 얻었습니다."

　곧 붓으로 쓰니 부끄럽고 망령된 이로 하여금 뜻에 맞게 한 것이다.

---

215) 영(英) : 서산대사의 제자 처영(處英)을 말한 듯함.

216) 자참십언(自懺十言) : 십무익송(十無益頌)을 말한 듯함.

또 덕인이 이 늙은이에게 말했다.

"달려가 두루마리 책에 넣어서 깊이 스스로 평생을 보내겠습니다."

이 늙은이가 두 줄에서 보인 어짊을 향한 간절함은 죽어야 쉴 것이지만, 탄식하는 바는 북녘으로 천여 리를 가야 하나 몸이 약함이니 어찌 버틸 것인가.

그대 간 뒤 따라 생각함이 다하지 않는다.

그러나 이와 같이 엄하고 바른 것[莊莊]도 또한 헤아리지 못한 한 일[不揣之一事]인 것이다.217)

덧붙임

학담이 기려 노래한다.

> 언기선사와 나의 문도제자들은
> 서산조사의 방 가운데의 일 벗어나지 않네
> 서산조사는 곧 붇다의 마음도장 얻은 분이니
> 깊은 마음 가져다 붇다 은혜 갚길 바라네

> 彦機師與吾門弟　不出西山室中事
> 西山祖師得佛印　願將深心報佛恩

---

217) 仁也得得過乎野老之門者 因運也 老不意運得見 仁之所不置 如是老倖 與仁
　爲道話通三夜 無一言不出西山室中所常擧地 老忽鬱膈齡曰 仁方少艾 無暇如
　斯 仁曰余鬢事瓶簟於西山門下者 稔餘臨剃 西山囑余於英剃之云云
　英亦老素所知也 老垂死病中 再造香峰下三十年前消息 是必天使運發我於仁
　者也 是卽老於仁多有 而亦重運衰更甚焉
　老嘗作自懺十言 仁見之而美曰 先獲我心 卽筆之 使羞妄投者云 又仁謂老曰
　走置卷入深 自送平生云 老於二行 向仁之懇 死便 所嘆朔行千有餘里 弱何支
　去後追懷未已 而如此莊莊 亦不揣之一事

우레처럼 종풍 떨치심은 칼이 차가운 허공 쪼갬 같나니

- 爲松雲大師疏 : 송운대사께 드리는 글

가르침의 그물을 새장처럼 펼침이여,
널리 중생의 기틀에 응하는 것은
물이 구슬 같은 달 품음과 같고,
종풍을 우레처럼 떨치심이여,
그 자취를 남기지 않는 것은
칼이 차가운 허공을 쪼갬과 같네.

籠羅敎網兮 普應其機者 似水懷璧月
雷震宗風兮 不留其跡者 如釰劈寒空

그러나 운이 아홉 빛 굽이를 만남이여,
차례가 시드는 때에 속함이로다.
나라의 복이 불 가운데 마른 나무 같음 탄식하고,
많은 백성들이 바람 속 날리는 티끌 같음 슬퍼해
가사를 벗어 소나무 끝에 걸어놓고
우리 샤카무니붇다께 절함이여,
두 줄기 눈물이 흘러내리네

然乃運逢九陽 序屬衰時
嘆國阼火中之枯草 哀蒼生風裏之飛塵
脫袈裟掛松梢 禮我牟尼兮 雙淚如流

갑옷을 입고 들판 벽에 누워
우리나라 종묘와 사직을 보살핌이여,
마디의 간절한 마음 실과 같아라.
싸움이 화살과 돌 가운데라 해도

벽처럼 우뚝하게 서 계시며,
일이 바빠 허둥거릴 때에도
조용하심이 넓고 넓도다.

着甲冑臥野壁 保我宗社兮 寸心如縷
戰當矢石之中 壁立稜稜 事在蒼黃之際 從容浩浩

기운 거둠이 푸른 바다 같음이여,
나라의 풍속을 도와 다시 봄가락을 부르심이고,
덕을 이땅 안에 펼치심이여,
샤카의 제자들이 맑은 법소리 거듭 펴게 함이네.
이에 위엄을 모래벌판에 펼치시고,
수행자들이 모인 도량에 명령을 드셨도다.
불행히 연을 찌는 가을의 꿈이
대사를 막는 나무 그루터기가 됐고,
거울의 뱀에 놀란 적장의 넋이
신묘한 발에 화를 입혔네.

歙氛靑海兮 俾國風再奏陽春之曲
布德疆區兮 使釋子重宣淸梵之音
於是宣威沙漠 擧令叢林
不幸甀蓮之秋夢 礙於大師 鏡蛇之驚魂 禍於神足

대사를 다비할 때 구름처럼 모여
자리를 서로 드리니, 숲이 빽빽했도다.
두세 개 몸에서 나온 사리는
법의 바른 원인 밝은 빛의 씨앗 보이고,
사리 모신 아홉 층의 스투파는
지극한 과덕의 묘한 몸을 나타냈네.

이는 옛 붇다의 도량에 나아가
허공 꽃 같은 법의 모습 짐짓 지음이라,
등불의 밝음은 다함이 없어
법계를 환하게 비추나니
사리 알이 백 가지로 변하여서,
성품의 허공 가득 채우기를
엎드려 바라고 바라옵니다.

茶毗雲集 薦席林稠
二三介屑利羅 示正因光明種子
三三層窣覩波 表極果妙色身根
斯就古佛道場 假作空花法會
燈明無盡 洞照於法界 粒變百種 充滿於性空 伏願云

<u>덧붙임</u>

　학담이 기려 노래한다.

　　송운대사는 종지와 설법 모두 통하시니
　　큰 힘의 보디사트바가 널리 중생 건네줌이네
　　때로 가사를 나투시고 때로 갑옷과 창 나투시어
　　갖가지 변화로 백성 건지시나 꿈 가운데와 같아라

　　松雲大師宗說通　如大勢士廣度衆
　　或現袈裟或甲戈　萬化救民如夢中

땅을 흔드는 맑은 소리 팔만 문 가운데 툭 트였도다

— 慶讚疏 : 기뻐하고 기리는 글

모든 붇다 크게 두렷한 살핌에는
만 가지 모습이 그림자와 바탕 벗어날 수 없으니
중생의 헤아릴 수 없는 무거운 죄는
작은 정성으로 다 귀의할 수 없습니다.218)

간절한 정성이 비록 적다 하나
성인의 묘한 응함이 곧 두루한 것이지만,
엎드려 생각건대 저희 제자들이
향해 나아감에는 말미암을 것이 없습니다.
세속의 법을 위하여 살 꾀를
쑥대처럼 날리며 짓지만,
병에는 한 톨의 쌓아둔 쌀이 없으며,
지나가는 새의 차림새로
주머니에 몇 푼의 노자도 없습니다.219)

이 때문에 바람이 흰 머리 되도록 속여서
만 마을에 돌아가 한 마디만을 얻고
눈이 푸른 장삼을 때리지만
천 집을 찾고 찾아 세 움큼을 거두었으니,
어찌 대줄기의 다할 수 없음을 기약하겠습니다.
오로지 제타숲의 만에 하나라도 나아가려
지금 좋은 공사를 이미 마쳤으니,

---

218) 諸佛大圓鑑 萬像不能逃影質 衆生無量罪 寸心難以盡歸依
219) 虔誠雖尠 妙應卽周 伏念弟子 就向罔由因
　　爲世諦飄蓬活計 瓶無一粒之儲 過鳥行裝 囊乏數錢之資

경사스런 모임을 이렇게 말합니다.220)

아주 좋은 소머리 향을 태워서
널리 삼천세계 밖에까지 끼침이여
땅을 움직이는 맑은 소리가 이미
팔만 문 가운데서 툭 트였나이다.221)

덧붙임
　학담이 기려 노래한다.

　　　모든 붇다 둥근 거울의 지혜 비추지 않음 없는데
　　　중생 죄가 무거워 나아감에 말미암을 것이 없고
　　　독에는 나날이 먹을 한 톨의 쌀이 없어라
　　　향을 살라 돌아가 향하니 묘한 응함 가운데이고
　　　귓가에는 다함없는 천 년의 솔바람소리네

　　　諸佛鏡智無不照　罪重罔由瓶無糧
　　　焚香歸向妙應中　耳邊無窮千年松

---

220) 由是風欺白首 歸萬落而得一寸 雪撲靑衫
　　獵千家而收三撮 何期竹竿之無窮
　　聊就祇樹之萬一 今者良工旣畢 慶會斯陳
221) 焚爐牛首 普勳於三千界外 動地魚音 已豁乎八萬門中 奉爲云云

세존의 뼈 통도사에 와 묻혔나니

　　　　- 通度寺石鍾祭文 : 통도사 석종에 제 지내는 글

드물고 다시 드물게 있는 일이니
우둠발라 꽃은 기틀에 응해 핍니다.
세존께서는 사람세상의 공덕의 달이고
하늘 위 복의 수메루산이니
천금으로 덮은 정수리이며
섞이는 빛 여덟 색깔의 눈썹이고
세계티끌은 구름 그물의 바다라
자비의 원은 아주 사유할 수 없습니다.222)

이 제자가 삼가 듣자오니
법신은 엉겨 늘 고요하고
이치가 끊어지고 근원을 다했으며,
과보의 몸은 두렷이 밝아서
티끌모래 세계에 툭 트여 두루하여,
진리의 붇다와 사법의 붇다가
곧 하나의 붇다이십니다.
붇다의 법과 세간의 법이
모두 다 묘한 법이라
그것은 인드라하늘 그물 구슬이
떠나지 않고 같지도 않음 같고
사라용왕이 널리 비내림에
곧 하나이고 곧 여럿임과 같습니다.223)

---

222) 希有復希有 曇花必應機 人間功德月 天上福須彌 優盖千金頂 交光八彩眉
　　 刹塵雲網海 悲願極難思

223) 恭聞法身凝寂 理絶窮源 報體圓明 廓周沙界理佛事佛 卽爲一佛 佛法世法

오직 우리 열 몸의 조어사께서는224)
투시타하늘 내원궁에 머무사
좋은 지혜 보디사트바라 이름했으니
본래 화장세계의 주인으로서
세간에 나실 때가 이르자
황금단 하늘신을 먼저 명하여
잠부드비파에 보내시고
정신 내릴 곳을 가리어
숫도다나왕과 마야부인 정하시니
법계에 하나로 맞음 가운데였습니다.225)

주소왕이 왕위에 오른 지
이십삼 년 계축 칠월 보름에226)
해바퀴의 모습에 앉아
여섯 이의 흰 코끼리 타고,
구십 구억 하늘사람에 에워 쌓임

皆是妙法 其猶帝網寶珠 非離非卽 娑王普雨 卽一卽多

224) 붇다의 열 몸〔十身〕: 보디를 성취한 붇다의 몸을 공덕에 따라 열 가지
몸으로 나누어 보인 것. 열 가지 몸은 ① 보디의 몸〔菩提身〕 ② 원의 몸〔願
身〕 ③ 변화의 몸〔化身〕 ④ 힘을 지닌 몸〔力持身〕 ⑤ 상호를 장엄하신 몸〔相
好莊嚴身〕 ⑥ 위엄스런 힘이 있는 몸〔威勢身〕 ⑦ 뜻으로 나는 몸〔意生身〕
⑧ 복덕의 몸〔福德身〕 ⑨ 법의 몸〔法身〕 ⑩ 지혜의 몸〔智身〕이다.
    조어사(調御師): 여래의 열 가지 이름〔如來十號〕 가운데 한 이름으로, '중
생을 잘 이끌고 잘 다루는 분'이라는 뜻.
225) 惟我十身調御師 住兜率內宮院 號曰善慧菩薩 本爲華藏世界主 出世時至 先
命金壇天子 送閻浮洲 擇降神處 定淨飯王摩耶肚堂 稱法界中
226) 주소왕(周昭王) 계축 7월: 붇다의 탄생 기일을 북전불교에서는 주나라 소
왕 갑인 4월 8일로 기산하여 열 달을 거슬러 계축 7월에 잉태한 것으로 봄.

구름이 달을 가두듯
정수리 문을 따라 들어가
알라야식 가운데 떨어졌나이다.227)

다음 해 갑인 사월 초파일에
룸비니동산 근심 없는 나무 아래
오른 옆구리를 좇아 태어나시니,
처음 나시어 땅에 서시사
하늘을 가리키고 땅을 가리키며
사자의 외침으로 말씀하시되
하늘 위 하늘 아래 나 홀로 높다 하셨네.
나이가 열아홉에 이르자
성을 넘어 집을 나와서
홀로 설산에 들어가시사
여섯 해를 고행하시다.
마가다나라 보디나무 아래서
마라를 항복받고 도를 이루셨네.228)

처음 사제의 법을 말씀하시고
여러 곳에 펼쳐 굴리시다가,
세간 머문 지 일흔아홉 해
삼백 여 모임 법을 설하고
연을 따라 일을 마치시고

---

227) 卽周昭王卽位二十三年癸 丑七月十五日 坐日輪相 乘六牙白象 與九十九億
天子圍繞 如雲籠月 從頂門入 墮藏識中

228) 明年甲寅四月初八日 於毗藍園無憂樹下 從右脇誕 初生立地 指天指地 獅子
吼曰 天上天下 惟我獨尊 年至十九 逾城出家 獨入雪山 六年苦行 於鹿野苑 降
魔悟道

주목왕 오십이 년 임신 이월 십오 일에
파리니르바나 드셨네.229)

이로부터 오늘 만력 사십오 정사년에
이르기까지 이천오백육십 여년 되었네.
우러러 생각하니 우리 제자들은
다섯 가지 흐린 겁바다 가운데
한 풀 한 개자씨 같사오니,
우러러 당시 다비의 일을 듣는 것은
백 리 밖에 모기 소리 들음 같습니다.230)

저희들이 곁에서 듣자오니
자비하신 세존 한 조각 옥의 뼈가
청구의 통도사에 와 묻혔습니다.
간절한 뜻으로 찾아뵙고
자비하신 세존께 예경하려니,
저희들이 복은 엷고 장애 많아
본래의 원을 아직 이루지 못했습니다.
여기서 간략히 향과 차를 갖추고
마음의 정성을 우러러 나타내니,
이슬을 떨어뜨려 큰 바다 흐름에 더함과 같고
가는 티끌로 큰 산에 보탬 같나니
인연 없는 저희들을 모두 보아주소서.
슬픈 눈물 부질없이 흘리옵니다.231)

---

229) 初說四諦 展轉悌處 住世七十九年 說法三百餘會 從緣事畢 穆王五十二年 壬
申二月十五日 入般涅槃

230) 自此至今 萬曆四十五年丁巳 凡二千五百六十餘年 仰惟弟子五濁劫海 一草
介耳 仰聆當世闍維之事 如聞百里之外一蚊蚋聲

제자 조선국 남해 지리산에 머무는 병승
인오(印悟)가 저희 뜻 들어주심에 감사함을
나타내 말씀드리옵니다.232)

학담이 기려 노래한다.

붇다의 몸은 법계라 진리 사법 융통하니
공덕은 달과 같아 수메루산을 뛰어넘네
남기신 사리 모시고 돌종을 세우니
사리가 빛을 놓아 중생을 건져주시네

佛身法界理事融　功德如月超妙高
安置舍利立石鐘　舍利放光濟含識

세존의 사리는 세간의 복밭이시니
우리들 청구땅 복이 엷은 중생들
지심으로 귀의하여 향과 차로 공양함이여
우리나라 불법은 융성하고 복덕 지혜 갖춰지이다

世尊舍利世福田　吾等靑丘薄福衆
至心歸命香茶供　願佛法隆福慧足

---

231) 側聞慈尊一片玉骨來瘞靑丘 通度寺云 意欲奔尋禮敬 薄福多障 未遂素願 玆
者署修香茶 仰表寸誠 如墜露添巨流 若纖塵足太山 獲覩無緣 哀涙空流
232) 弟子朝鮮國南海智異山居 病僧印悟 表宣陳謝以聞

길이 샘 있음을 떠나 연꽃대 위에서 남이 없음을 깨치소서

- 疏: 어버이께 드리는 글

깨달음의 비춤이 사사로움이 없어
환한 해 가운데 다시 환한 날이고
어버이의 은혜 끝이 없어서
환한 하늘 위에 다시 환한 하늘입니다.
돌아감이 지극하면 느끼심이 반드시 드러나니
외로운 넋을 생각한다 말하지만
이 분들은 나의 두 어버이입니다.
엎드려 생각하니 이 제자가
포대기에 쌓여 있던 날 길이 어머님을 여의고
대말 타던 어린 나이에 붇다의 절에 몸을 던졌습니다.233)

옥과 황금의 집에서 빈 몸이 나이 더 먹음을 부끄러워하며
쑥대 마을 묵은 동네 홀로 계신
아버지의 흰 머리를 받들기 힘들었습니다.
이에 산집에 이끌어 돌아오기 십 년 남짓 세월이 되었고
눈물로 헤어져 황천에 가신 지
세 서리 가을이 이미 지났습니다.234)

영땅에 돌아와 발을 씻고 동산에게서 겸양을 성실히 했으며
저자에 들어 땔감을 팔며 차츰 노행자와 같았습니다.
지금은 아직 스스로 건넘을 얻지 못했고

---

233) 覺照無私 杲日中更杲日 親恩罔極 昊天上復昊天 歸如至焉 感必彰矣 言念
孤魂 是余雙親 伏念弟子 襁褓之日 永別慈堂 竹馬之年 歸投佛寺

234) 玉堂金殿 自愧空身之添齒 蒿里荒村 難堪偏父之白頭 於是携歸山舍 十載有
餘 泣別黃泉 三霜已邁

남을 이롭게 함도 말미암을 것이 없습니다.
만약 스스로 귀의하지 않는다면 어찌 건네줄 수 있겠습니까.
좌로 구하고 우로 구해 나아가는 것은 한 발우의 공양이고
천 번 절하고 만 번 절해 바라는 것은 모든 붇다의 살펴주심입니다.
다나파티(dānapati, 施主)의 인연은 비록 적으나 묘한 응함은 곧
두루합니다.235)

엎드려 바라오니 두 어버이 영가께서는
망령됨을 버리고 참됨에 돌아가며 빛을 돌이켜 비춰
붉은 연꽃 뿌리 세계 가운데 내리시어
길이 샘 있음을 떠나 연꽃이 피는 대 위에서
남이 없음을 빨리 깨치소서, 저는 눈물집니다.236)

덧붙임

학담이 기려 노래한다.

어버이 은혜 세간에서 무거운 은혜지만
붇다의 은혜는 널리 낱낱 사물에 입혀주네
어버이를 모시기 위해 한 생각으로 귀의하니
어버이께서는 정토의 연못에 태어나
어서 빨리 남이 없음 깨쳐지이다

父母恩惠世間重　佛恩普被頭頭物
爲薦父母一念歸　願生蓮池悟無生

---

235) 歸寧洗足 誠讓於洞山 入市賣柴 稍同於盧老 今則自未得度 利他罔由 若不
歸依 曷能濟度 左求右求 所就者一鉢供 千拜萬拜 所希者諸佛鑑 檀緣雖少 妙
應卽周
236) 伏願靈駕 捨妄歸眞 回光返照 落紅根之寶中 永離有漏 開蓮花之臺上 速悟
無生 余冷云云

막힌 산 어둑한 빛은 시름이 돌아오는 곳이요

- 送神會之頭流 : 신회스님이 두류산에 가는 것을 배웅하며[237]

말이 다한 떠나는 회포 눈은 하늘에 가득하고
장부는 시드는 눈물 자꾸 흘러내리려 하네
막힌 산 어둑한 빛은 시름이 돌아오는 곳이요
초나라 강물소리 홀로 가는 땅 끝이네

說盡離懷雪滿天　丈夫衰淚欲潸然
關山暝色愁歸處　楚國江聲獨徃邊

거듭 석문을 보니 옛 그대로의 달이요 [238]
다시 푸른 학을 찾으니 백 년의 신선이네 [239]
푸른 산은 옛 그대로라 많은 것이 있을 것이나
우리 서로 흘러 떠남은 아직 그 연을
돌이킬 때 아니라고 나에게 말하여주네

重見石門依舊月　更尋靑鶴百年仙
靑山故舊應多在　說我流離未返緣

덧붙임

학담이 기려 노래한다.

멀리 가는 신회스님 오늘에 보내니
슬픈 눈물 흘러내려 눈앞이 어둑하네
가고 오며 헤어짐은 이 무슨 일인가

---

237) 두류산(頭流山) : 지리산의 다른 이름.
238) 석문(石門) : 쌍계동의 입구에 최치원의 친필로 돌에 새겨 세운 문.
239) 푸른 학〔靑鶴〕: 신선골로 알려진 청학동을 말함.

석문에는 옛 달이요 두 개울물 졸졸 흐르네

遠去神會今日送　悲淚潛流眼前暝
去來別離是何事　石門舊月雙溪潺

만약 헤어져 떠남에 본래 떠남 없음을 알면
막힌 산 먼 곳이 다른 땅이 아니리라
그대는 두류로 가고 나는 이곳에 있으나
석문의 한 달은 두 사람 마음이네

若了別離本無別　關山遠處非別鄉
汝去頭流我住此　石門一月兩人心

연기 먼지가 위로 닥쳐 하늘이 어두워지려는데

– 奉次尹相送翼師韻 : 윤상이 익스님을 배웅하는 운을 받들어 따라

나라끝 초소의 찬 구름 한낮의 피리소리에 놀라니
용주에는 평안을 알리는 날이 없어라.
연기 먼지가 위로 닥쳐 하늘이 어두워지려는데
닭과 개는 앞으로 달려 땅도 기울려 하네.

늙은 장수 기운 가빠 자주 모집하는 글 받드는데
남은 군사 힘이 다해 병사 조련 못하네
군대란 싸워 이김을 위함이라 다른 일이 아니니
다만 한 깃털의 가벼움으로 삶을 버림에 있네.

邊戍寒雲畫角驚　龍州無日報安平
煙塵上逼天將暗　雞犬前驅地欲傾

老將氣摧頻捧微　殘師力竭欠調兵
兵家乘勝非他事　只在捐生一羽輕

덧붙임

학담이 기려 노래한다.

밤낮으로 북과 나팔소리에 평안함이 없으니
백성을 위해 가사 벗고 방패와 창 쥐었네
목숨 버려 티끌 밟음이 보디사트바의 방편이니
죽을 때 곧 살아나 정토에 가서 나지이다

晝夜鼓角無平安　爲民脫袈執干戈
捐生踏塵菩薩方　死時卽活願往生

어느 날에 푸른 뱀칼을 옥의 칼집에 넣으려나

- 法興鎭 : 법흥의 싸움터에서

종묘와 사직이 넉넉히 평안하길 힘써 꾀하다
참선하는 옷을 벗고 총 쏘는 것을 배웠네
말 배를 두드리며 군사를 물리고 옛 성인 생각하며
창 휘둘러 날 보내며 제사 모시는 이 기억하네

務圖宗社優安平　脫却禪衣學放丸
叩腹退兵思古聖　揮戈却日憶神官

막힌 산 쌓인 눈을 지친 말들도 싫어하는데
들녘 벽에 바람 높아 떨어진 갑옷 차가워라
어느 날에 푸른 뱀칼을 옥의 칼집에 넣으려나
돌아옴에 울어대는 풍경소리 세존 계신 곳에 절하네

關山雪擁羸騮厭　野壁風高廢甲寒
何日靑蛇藏玉匣　歸來鳴磬禮金壇

덧붙임

　학담이 기려 노래한다.

　　중생의 괴로움이 무거우므로 전쟁터에 들어가
　　창을 잡고 총을 쏘아 비록 업을 행했지만
　　보디사트바는 오직 천하가 평화롭기를 바라
　　늘 붇다께 절하며 만민이 즐겁도록 하네

　　衆生苦重入戰場　執戈放丸雖行業
　　菩薩唯願天下平　常禮金仙爲民樂

뭇 말이 하늘에 뛰어올라 새벽별 떨어뜨리네.

– 聞戰罷 : 전쟁이 끝났다는 소식을 듣고

서풍 불던 어젯밤 변방의 소식 이르니
오랑캐적 죽여 다하고 쇠성을 깨뜨렸다네
물과 뭍으로 같이 치니 하늘도 찢기는듯
명군과 조선군대 같이 나아가니 귀신도 놀라리

西風昨夜邊耗至　屠盡蠻夷碎鐵城
水陸共攻天欲裂　華夷並進鬼應驚

만 척의 배 바다로 달아남 가을매와 다투는 듯
뭇 말이 하늘에 뛰어올라 새벽별 떨어뜨리네
해를 쌓아 분통함에 입이 막혀 온 천하가 원망하니
큰 장수 분부함이 날아가는 잎의 소리와 같네

萬艎跳海爭秋鶻　衆馬騰空落曉星
積歲憤悱天下怨　都將分付葉飛聲

덧붙임

학담이 기려 노래한다.

열 해 외적의 난에 사람은 얼마나 다쳤는가
산과 내 풀과 나무도 슬피 눈물 흘리네
외적이 군대를 물려 전쟁이 끝났다는 소식 들음이여
오직 죽임을 쉬고 서로 같이 평화롭길 바라네

十年外亂人幾傷　山川草木哀涕泣
外賊退兵聞戰罷　唯願休殺相共和

마음이 해 뜨는 것 아파하나 바다에 붉은 빛 뜨네
- 上松雲大師 : 송운대사에게 올림

오던 때 대사의 조용하심에 절 올리지 못함이여
나라는 뜻 때문에 아직 공함을 통달하지 못함이네
눈이 하늘 이어짐에 다하고 산은 푸른 기운 안았는데
마음이 해 뜨는 것 아파하나 바다에 붉은 빛 뜨네

어떤 사람의 일이 있기에 남과 북으로 나뉘는가
종지의 바람은 다르고 같음에 있지 않아라
멀리서 높은 곳 생각함은 봄꿈 속인데
자규의 피울음이 새벽종을 대신하네

來時不敢拜從容　爲我情猶未達空
眼盡天連山擁碧　心傷日出海浮紅

有那人事分南北　無乃宗風在異同
遙想上方春夢裡　子規啼血替晨鍾

덧붙임

학담이 기려 노래한다.

　사람은 남북이 있어 서로 싸워 빼앗는데
　송운대사 종풍에는 다르고 같음 없어라
　때와 철이 악함에 자규는 피울음 우는데
　대사의 바라심은 오직 넓은 연꽃 나라에 있네

　人有南北相爭奪　大師宗風無異同
　子規啼血時節惡　師願唯在普蓮邦

하늘과 물이 서로 이어 아주 아득히 넓은데

　　　　- 大師登舟日作 : 대사는 배에 올라 하루일을 하시니

하늘과 물이 서로 이어 아주 아득히 넓은데
북쪽 대궐로 머리 돌리고서 또 서성거리도다
치는 서리에 닻을 푸니 바닷물은 처음 떨어지고
달을 안고 노 저으니 밤이 이미 한가운데이네

사백 마리 말 천금도 오히려 만족함이 아니고
한 척 배 외짝 손으로 참으로 맞기가 어렵도다
병과 석장 강어구에 이르름을 부질없이 듣고서
신선 단에 눈물 뿌려 옥황께 절하도다

天水相連極渺茫　回頭北闕且彷徨
侵霜解纜潮初落　帶月呈橈夜已央

百駟千金猶不足　扁舟隻手固難當
徒聞瓶錫臨江口　淚洒仙壇禮玉皇

덧붙임

학담이 기려 노래한다.

　　나라 사신 일을 맡아 해 뜨는 나라 가는데
　　바닷물은 하늘 이었는데 백성 걱정 지극하네
　　잡힌 백성 끌고 돌아옴에 하늘에 달은 밝은데
　　승속 만민이 대사의 높은 얼굴에 절하네

　　國使任務去扶桑　海水連天愁心極
　　携民還國天月明　僧俗萬民拜高顔

하늘 땅이 한 손가락이고 만물이 한 말이리

소장(蘇張)의 학을 배우는 자가 와서 내게 말했다.[240]

"사람에게 사람의 공정함[人公者]이 있는가. 사람에게 사람 아님의 공정함[不人公者]이 있는가.[241]

사람이 사람이면 곧 뭇사람이 다 사람인 사람이고, 사람 아님이면 곧 뭇사람이 다 사람 아닌 것이 옳습니다.

공정함이 한 사람으로써라면 두 사람이 두 사람의 말[二人之二人馬]이 될 수 있음이니, 나는 공정함에 즐겁지 않을 것입니다.

공정함이 사람에 대해 공정한 사람이라면, 어떤 것 때문이오? 공정함이 사람 아님에 대해 공정한 사람이라면 또한 어떤 것 때문이오? 공정한 사람이 사람 아닌 것은 어떠하오?

다 나를 위해 말씀해주소서."

내가 마주해 말했다.

"사람이 나의 사람이면 그대에게는 어떤 사람인가. 사람 아닌 것이 나의 사람이면 그대에게 또한 어떤 사람인가."

그가 말했다.

"사람의 공정한 사람이면 나에게는 친하지 않소. 사람 아닌 것의 공정한 사람이면 나에게는 관계가 없소."

내가 말했다.

"사람이 나의 사람인 것과 사람 아님이 나의 사람인 것은 두어두고 그대는 지금 나로써 사람을 삼는가. 나로써 사람을 삼지 않는가."

그가 웃으면서 답하지 않았다.

내가 말했다.

---

240) 소장의 배움[蘇張之學] : 궤변으로 사물의 이치를 따지는 학문.
241) 공정함[公] : 모든 것에 맞는 보편적 타당성을 말함.

"앉으라. 내가 그대에게 말하겠다.

대저 사람인 사람이 나로써 사람을 삼으면 나는 내가 사람 같은 행이 있는 줄을 알지 못하므로, 나는 그 사람에게 기뻐하지 않는다.

사람 아닌 사람이 나로써 사람 아님을 삼으면 나 또한 내가 사람 같지 않음이 있음을 알지 못하므로, 나는 그 사람에게 성내지 않는다."

또 말했다.

"사람이 나의 사람인 사람이라 하나, 나는 저 사람이 사람인 것을 알지 못하고, 사람 아닌 것이 나의 사람인 사람 아님이라 하나, 나는 또한 저 사람의 사람 아님을 알지 못한다.

또 그대가 나의 사람과 사람 아님이 어떠한가, 알려고 하면 반드시 나의 기뻐하지 않고 성내지 않음이 어떠한가 믿어야 한다.

나의 기뻐하지 않고 성내지 않음이 어떠한가 알고 싶다면, '그대의 사람과 사람 아닌 마음이 공정한지 아닌지가 어떠한가'를 그대가 묻는 것을 돌이켜 생각함만 같지 않다.

슬프다. 사람의 마음이 이와 같으면 하늘의 이치가 환한 것이니 곧 하늘 땅이 한 손가락〔一指〕이고 만물이 한 말〔一馬〕이라고 한 것이다.

만약 이와 같은 이치를 안다면 뭇 움직임〔群動〕이 같은 봄〔同春〕이 되는 것이고, 네 바다〔四海〕가 형제(兄弟)가 되는 것이다."

그가 자리를 떠나면서 대꾸해 말했다.

"명하심을 공경히 들었습니다."[242]

---

242) 學蘇張之學者 來謂余曰 人有人公者也 人有不人公者也 人人則衆人悉人之人 不人則衆人皆不人之可也 公以一人得爲二人之二人馬 吾於公不快也
公於人公之人 何所爲也 公於不人公之人 亦何所爲耶 公之人不人之如何 悉爲我說破
余對曰 人吾之人 於汝何人也 不人吾之人 於汝亦何人耶
者曰 人公之人 於我不親也 不人公之人 於我不關也

　어떤 것이 어떤 것 됨의 공정함을 가지고 어떤 것들 사이의 차별성을
참으로 해소할 수 있는가. 보기를 들어보자.

　'사람의 손가락은 다섯이다'라는 것을 보편적 공정성으로 적용하면,
여섯 손가락을 가진 이는 사람이 아니게 된다. 그리고 '사람의 살빛은
흰 빛이다'를 사람의 보편성으로 규정하면 검은 빛 노란 빛의 사람은
사람이 아니게 된다. '말은 흰 빛이다'라는 특수한 예를 보편적 규정성
으로 지니면 검은 말은 말이 아니게 된다.

　사람이 사람 아니고 말이 말 아닌 곳에서 사람인 사람 사이의 차별성
과 말인 말 사이의 차별성을 보아야, 사물을 비로소 통일성 속의 차별
성으로 보게 된다.

　도가(道家)에서 어떤 것이 어떤 것이 아니지만 어떤 것을 어떤 것이
게 하는 크나큰 것〔大物〕은, 어떤 것의 어떤 것 됨의 공정함과 어떤
것의 어떤 것 아님의 공정함도 모두 넘어서는 것이 되리라. 불교는
어떤 것의 어떤 것 됨과 어떤 것의 어떤 것 되지 않음이 모두 공함을
가르친다. 그에 비해 장자는 어떤 것의 어떤 것 됨과 어떤 것의 어떤
것 되지 않음을 '어떤 것이 어떤 것 아니되 어떤 것 아님도 아닌 크나큰
포괄자〔大物〕'로서 가르친다 하리라.

　장자(莊子)는 말한다.

余曰人吾之人　及不人吾之人　且置　汝於今以余爲人歟　以余不爲人歟
者笑而不答　余曰居　吾語汝　夫人人以余爲人　余不知余之有如人之行故　余於
其人不喜也
不人人以余爲不人　余亦不知余之有不如人之故故　余於其人不怒也
又曰人吾之人人　余不知彼人之人也　不人吾之人不人　余亦不知彼人之不人也
且汝要知余之人不人之若何　須信余之不喜不怒之若何
欲知余之不喜不怒之若何　不若返思汝之問余之人不人之心之公不公之如何
噫　人心若此　天理昭然　所謂天地一指　萬物一馬也
若知如是理　則群動爲同春　四海爲兄弟也　者乃離席而對曰　敬聞命矣

크나큰 것[物]은 저것 아님이 없고 크나큰 것은 이것 아님이 없다. 스스로 저것이라 하면 보지 못하고 스스로 이것 저것 아님을 알면 곧 안다. 그러므로 말한다.

"저것은 이것에서 나오고 이것 또한 저것을 인한다."

저것과 이것은 바야흐로 따라 난다는 말이다.

비록 그러나 바야흐로 나서 바야흐로 죽고 바야흐로 죽고 바야흐로 나니, 바야흐로 그럴 수 있음이 바야흐로 그럴 수 없음이고, 바야흐로 그럴 수 없음이 바야흐로 그럴 수 있음이다.

옳다 함을 인하면 그르다 함을 인하고, 그르다 함을 인하면 옳다 함을 인한다.

이 때문에 성인은 어떤 것에 말미암지 않고 하늘[天]에 이를 비추니, 또한 이것을 인하되 이것이 또한 저것이고 저것이 또한 이것이다. 저것도 또한 하나의 옳고 그름이고, 이것도 또한 하나의 옳고 그름이다.

과연 그렇다면 저것과 이것이 있다는 것인가. 과연 그렇다면 저것과 이것이 없다는 말인가.

저것과 이것이 그 짝을 얻지 못하는 것, 이를 도의 지도리[道樞]라 한다. 도의 지도리라야 비로소 그 한가운데[環中]를 얻게 되니, 응하는 것이 다함이 없게 된다.

옳다 함도 또한 하나의 다함없음이고, 그르다 함도 또한 하나의 다함없음이다. 그러므로 말한다.

"옳다 함과 그르다 함이 밝음[明]으로 함만 같지 않다."

物無非彼 物無非是 自彼則不見 自知則知之 故曰 彼出於是 是亦因彼 彼是方生之說也 雖然 方生方死 方死方生 方可方不可 方不可方可 因是因非 因非因是

是以聖人不由而照之於天 亦因是也 是亦彼也 彼亦是也 彼亦一是非 此亦一是非 果且有彼是乎哉 果且無彼是乎哉 彼是莫得其偶 謂之道樞 樞始得其環中 以應無窮 是亦一無窮 非亦一無窮也 故曰 莫

若以明

손가락[指]으로써 손가락이 손가락 아님[非指]을 말하는 것이 손가락 아님[非指]으로써 손가락이 손가락 아님을 말하는 것만 못하다.

말[馬]로써 말이 말 아님[馬非馬]을 말하는 것이 말 아님[非馬]으로써 말이 말 아님[馬非馬]을 말하는 것만 못하다.

하늘 땅이 한 손가락[一指]이고 만 가지 것이 한 말[一馬]이다. 그런데 옳다 함을 옳다 하고 옳지 않다 함을 옳지 않다 하겠는가.

길은 다녀서 이루어지고 어떤 것은 이를 말해서 그렇다 함이 된다.

어째서 그렇다 하는가. 그러함을 그렇다 하기 때문이고, 어째서 그렇지 않다 하는가. 그렇지 않음을 그렇지 않다 하기 때문이다.

어떤 것에는 참으로 그러한 바가 있고, 어떤 것[物]에는 참으로 그럴 수 있는 바[所可]가 있으며, 어떤 것은 그렇지 않음[不然]이 없고, 어떤 것은 그럴 수 없음[不可]이 없다.

以指喩指之非指 不若以非指喩指之非指也 以馬喩馬之非馬 不若以非馬喩馬之非馬也 天地一指也 萬物一馬也 可乎可 不可乎不可 道行之而成 物謂之而然 惡乎然 然於然 惡乎不然 不然於不然 物固有所然 物固有所可 無物不然 無物不可

분다의 법에서 어떤 것의 어떤 것 됨은 어떤 것 스스로에도 뿌리가 없고[我空], 어떤 것을 어떤 것 되게 하는 크나큰 것에도 뿌리가 없다[法空].

옳다 함과 그르다 함에서도 그렇다는 규정[是]과 그렇다 함에 서로 맞는 사물의 그러함[當]에 모두 자기바탕이 없어서, 그렇다 함에 그렇다 함이 없고[是無是], 사물의 그러함에 그러함이 없으므로[當無當] 옳음이 옳음이 아니나 옳지 않음도 아니고, 그름이 그름이 아니나 그름 아님도 아니다〔是不是 非不非 是卽是 非卽非〕.

그러므로 붇다께서는 '세간의 모든 법은 어떤 것의 뿌리 없는 자기자리에 머물러서 세간의 모든 법이 늘 머무른다〔是法住法位 世間相常住〕'고 말한다.

손가락〔指〕과 말〔馬〕이 그것을 그것이게 하는 포괄자〔大物〕에 돌아감이 없이, 손가락이 손가락이 아니되 손가락 아님도 아니므로 손가락은 하늘 땅에 두루하고 하늘 땅을 거두니, 하늘 땅이 한 손가락〔天地一指〕이요 만물이 한 말〔萬物一馬〕인 것이다.

학담이 한 노래 붙이리라.

사람이 사람 아니되 사람 아님도 아니고
사물이 사물 아니되 사물 아님도 아니네
사람과 말의 공정함은 이와 같은 모습이니
낱낱이 다 참됨이고 사물 또한 그러네

人卽非人非非人   物卽非物非非物
人與馬公如是相   頭頭皆眞物物然

손가락이 곧 손가락 아니고 말이 말 아님이니
손가락과 말에는 있음도 없고 또한 없음도 없네
손가락과 말이 널리 두루하고 법을 머금어 받아들이니
하늘 땅이 한 손가락이요 만물이 한 말이로다

指卽非指馬非馬   指馬無有亦無無
指馬周徧含容法   天地一指物一馬

마음을 비추지 않으면 경을 보아도 이익이 없나니

- 十無益 : 열 가지 이익 없음

1) 마음을 돌이켜 비추지 않으면 경을 보아도 이익이 없다.
2) 성품이 공함을 통달하지 못하면 좌선해도 이익이 없다.
3) 원인을 가벼이 하고 결과를 바라면 도를 구해도 이익이 없다.
4) 바른 법을 믿지 않으면 고행해도 이익이 없다.
5) 아만을 꺾지 않으면 법을 배워도 이익이 없다.
6) 안으로 실다운 덕이 없으면 밖으로 몸가짐을 보여도 이익이 없다.
7) 사람 스승될 덕이 없으면 중생 건져도 이익이 없다.
8) 마음이 미덥고 진실하지 않으면 교묘한 말도 이익이 없다.
9) 한 생에 어긋나 뾰족하게 살면 대중에 살아도 이익이 없다.
10) 쓸데없는 지식만 배에 가득하면 교만해도 이익이 없다.

心不返照　看經無益
不達性空　坐禪無益
輕因望果　求道無益
不信正法　苦行無益
不折我慢　學法無益
內無實德　外儀無益
欠人師德　濟衆無益
心非信實　巧言無益
一生乖角　處衆無益
滿腹無識　憍慢無益

학담이 열 가지 이익을 노래함〔鶴潭十有益頌〕

1) 티끌을 깨뜨려 경을 꺼내면 경을 보는 것에 이익이 있음.
2) 마음의 성품이 공함을 깨달으면 좌선하는 것에 이익이 있음.
3) 원인과 결과에 어둡지 않으면 도를 행함에 이익이 있음.
4) 바른 믿음이 굳세면 만 가지 파라미타행에 이익이 있음.
5) 나에 나 없음을 통달하면 법을 배움에 이익이 있음.
6) 안과 밖이 공한 줄 통달하면 몸을 장엄하는 것에 이익이 있음.
7) 사람 스승이 될 덕이 있으면 중생 건네줌이 이익이 있음.
8) 마음에 헛되고 속임이 없으면 참된 말에 이익이 있음.
9) 한 생에 대중을 거두면 대중 속에 사는 것에 이익이 있음.
10) 방편의 지혜가 갖춰지면 연을 따름에 이익이 있음.

破塵出經　看經有益
了達性空　坐禪有益
不昧因果　行道有益
正信堅固　萬行有益
通達無我　學法有益
達內外空　嚴身有益
具人師德　度衆有益
心無虛誑　眞言有益
一生攝衆　處衆有益
方便智足　隨緣有益

다섯 분 성사의 존영(尊靈)께 아뢰오니

– 벽계·지엄·영관·청허·부휴, 다섯 성사를 추모함243)

때는 만력 정사년 지리산 제자 ○○ 등은 삼가 이미 가신 다섯 분 성사 존영(尊靈)께 아룁니다.

성품의 몸은 물질이 아니고 참말씀은 소리 아니나, 몸 아닌 곳에서 모습 나퉈 형상을 천억으로 나누시고, 참말씀에서 말을 나퉈 가르침을 연설하심, 강가강 모래수와 같이 헤아릴 수 없습니다.

오직 우리 다섯 분 큰 성사들께서는 참되고 깨끗한 세계로부터 나고 사라짐의 곳간에 드셨으니, 아주 드물고 드묾이여, 우둠발라꽃 차례로 핌[次第而開]과 같고, 기이하고 기이함이여, 보리나무가 때를 숨기되 철이 있는 것[隱時而季]과 같습니다.

쇠벽에서 세 문을 열어 고기와 용을 잡아 건지고, 서리 내린 하늘에서 한 칼을 뽑아들어 붇다와 조사를 파묻었습니다.

허공 가운데서 그림자를 붙잡으니 근기를 따르는 교화가 간곡히 다하고, 불 가운데서 연꽃이 피니 사람의 마음이 아주 곤고함을 위함입니다.

만약 큰 광명의 진리 곳간[大光明藏]에서 몸소 보고 들음이 아니라면, 반드시 마야부인의 태 속에서 언약 주심에 같이한 것244)입니다.245)

---

243) 오대성사(五大聖師) : 성종 연산군 이래 불교탄압이 극심해진 이후, 불조의 혜명을 이은 다섯 조사. 곧 벽계정심(碧溪正心), 벽송지엄(碧松智嚴), 부용영관(芙蓉靈觀), 청허휴정(淸虛休靜), 부휴선수(浮休善修) 이 다섯 분의 조사를 말한다.

244) 언약 주심에 같이함 : 카샤파존자에서 중국 육조혜능까지 서른세 조사가 모두 마야부인의 태 속에서 해탈의 언약 받았다는 조사선의 뜻을 말함.

245) 維萬曆丁巳 智異山弟子某等 謹告于 故五大聖師尊靈 性身非色 眞說無聲 於非身顯相分形千億 於眞說顯言 敎演河沙
惟我五大聖師 從眞淨界 入生滅藏 希有希有 如曇花次第而開 奇哉奇哉 似覺

등계존자(登階尊者)께서는 육신의 보디사트바로 자취 내려 티끌에 함께하고, 교화의 장을 만나면 놀이를 짓고 가만히 참구슬을 뿌리셨습니다.

벽송국로(碧松國老)는 세간의 덧없음을 탄식하시고 세간 벗어나 공문에 들어 세간중생의 기틀을 맞아 칼을 휘둘러 허공을 쪼갬이 번개 그림자십니다.

부용대사(芙蓉大士)는 넓게 취해 사람에게 미치게 하고 뭇 성인과 규범을 같이하며 가로 집고 거꾸로 써서 돌아오지 않음이 없었습니다.

청허총판(淸虛摠判)께서는 몸이 한 조각 구름 같고 뜻은 천 리의 학이라, 모든 법의 곳간을 비게 하고 만 조사의 뼈를 부수었습니다.

부휴대사(浮休大士)는 환히 밝으심이 타고 나시어 도가 참된 공에 젖고 바탕을 갖춘 큰 종사라 바다 안이 그 은혜의 빛을 입었습니다.246)

아아! 티끌은 늘 머묾이 아니라 길이 고요히 사라짐에 돌아가고, 자비의 바람이 나무를 흔드니 슬픈 달은 난간에 이르렀습니다.

제자 등이 따라 그리워함이 다함이 없어서 명을 받들어 진영을 그리고 조사당을 거듭 열어 여기에 받들어 모시고서, 자비의 얼굴을 우러러 보니 벽 위에 바람이 일어납니다.

樹隱時而季 開三門於鐵壁 撈摝魚龍 拔一刃於霜天 沉埋佛祖 空中撮影 隨機之化曲盡 火重生蓮 爲人之心徹困 如非大光明藏中親見聞 必是摩耶肚堂裏 同授記者

246) 登階尊者 肉身菩薩 降跡同塵 逢場作戱 暗撒眞珠
　　碧松國老 嘆世無常 脫入空門 當機揮刃 劈空電影
　　芙蓉大士 博取及人 衆聖同規 橫拈倒用 無不得歸
　　淸虛摠判 身一片雲 志千里鶴 空諸法藏 碎萬祖骨
　　浮休大士 聰明天縱 道冷眞空 具體作家 海內蒙光

향과 꽃을 애오라지 갖추어 삼가 한 제사를 베푸오니 받아주시길
엎드려 비옵니다.247)

덧붙임

학담이 기려 노래한다.

          때가 말세가 되어 붇다의 법이 땅에 떨어지니
          현성이 세상에 나오시어 법을 다시 밝히셨네
          등계존자와 벽송조사 법의 위태로움 건지셨고
          부용조사와 두 이은 제자 법의 등불 전하셨네

          時當末世佛法墮　賢聖出世法再輝
          登階碧松救法危　芙蓉與繼傳法燈

          부용영관조사의 법을 이은 두 제자로서
          서산청허 부휴선수 두 큰 조사께서는
          전란과 마라의 시끄러움 속 법의 뜰을 넓히셨네
          우리나라 붇다의 법이 여기에서 이어져
          환히 빛나는 붇다의 해 푸른 언덕 비췄도다

          清虛浮休兩大師　戰亂魔擾隆門庭
          我國佛法於此紹　爀爀佛日照靑丘

---

247) 嗚呼 塵非常住 永歸寂滅 悲風動樹 憶月臨軒 弟子等 追慕無窮 奉命寫眞
祖堂重開 奉安于玆 瞻仰慈容 壁上生風 聊備香花 恭陳一奠 伏惟尙饗

송운대사께서는 이 몸으로 오신 보디사트바이십니다

- 上松雲大師 : 송운대사에게 올림

엎드려 아뢰니 진리는 본래 고요하고 잠잠하나 느끼어 통하고, 느끼는 바는 다름 없으나 나눔을 내 다름이 있습니다.

오직 우리 대사께서는 자주 재앙을 만나시고 때의 만남이 바람과 구름이셨습니다.

비록 밝음[贊] 속에 들어가 빛남[熙]을 잇지는 못하지만, 나라의 울타리 담장의 땅에서 웅대함을 내시고 일이 때 그릇침을 겪으면서도 자귀와 도끼에 자취가 없었습니다.

기틀이 모남과 둥금을 만나면 모난 구멍과 둥근 구멍이 어찌 틀리지 않겠습니까.

그러나 그것은 마치 구름의 용이 바다에 들어가 길고 짧은 것이 자취를 감춘 것과 같습니다.248)

가는 실로 구슬을 꿸에 굽고 곧음이 설 곳이 없으니, 만 리의 푸른 물결을 한 잎 날아가는 새에 붙여 목숨이 엷은 갑판에 온전히 했습니다. 마음이 허공에 합해, 물의 신이 잘 보살펴 보냈으며 사가라용왕이 삼가 전해 일본국까지 널리 건네주었습니다.

뭇 흉측한 이들의 원수 맺음을 단박 풀어 대사의 방위에 통한 눈 아래[通方眼下]에 다른 나라의 미워하는 뜻이 스스로 열리니, 이 몸으로 오신 보디사트바[肉身菩薩]이십니다.

원수의 사람들이 이 때문에 착함에 옮기니, 대사께서는 응화하신 참사람[應化眞人]이시라 적의 나라가 여기에 어짊을 일으켰습니다.

제갈공명(孔明)이 그려 보인 여덟 진[八陣]은 한갓 뒷날 군사지휘

---

248) 伏以理本靜默 感而遂通 所感無異 生分有差 惟我大師 數逢陽九 際會風雲 雖非入贊緝熙 能以出雄審垣 事經錯節 斤斧亡痕 機遇方圓 鑿柄何忒 其猶雲 龍入海 長短潛蹤

에 도움이 됐고, 계손씨〔季子〕가 춘추시대 여섯 나라를 가로 세로 마음대로 한 것은 당대 선비들의 상황 대처하는 마음을 더욱 일으켰습니다.

대사께서는 넓은 은혜를 내리지만 천만 사람의 기쁨에 아부하지 않으셨으며, 공덕을 흘려 보이지만 안과 밖의 이룸을 자랑삼지 않으셨습니다.

불법을 깨뜨렸던 삼무(三武)249)의 남은 바람이 잠깐 솔숲〔松林〕을 쉬게 한 것이나, 은혜가 한 몸에 있으니 다른 집안 사람들〔異家〕은 반쯤만 믿었습니다〔半信〕.250)

그러니 나라의 구역에 있는 자라도 덕이 누구에게 돌아갔습니까.

지금은 몸과 마음이 모두 시들어 뼈를 조정에 빌어서 천리의 옛 산에 한 마리 병든 나귀와 같으니, 슬픈 잔나비는 나무에 매달려 기뻐하고 시름겨운 학은 공손히 귀의합니다.251)

아 슬프다, 해는 쌓여 바람과 티끌은 여뀌를 먹는 사람의 뜻이라 이에서는 시고 찬 기운이 납니다. 이에 수염과 머리털을 칼로 깎으니 두렷한 얼굴은 빛나고 구슬은 진흙구덩이를 벗어났습니다.

아름다운 무늬를 다해 팔에 거니 상서로운 빛이 환하여 산은 비단

---

249) 삼무일종(三武一宗) : 동아시아에서 국가권력에 의해 자행된 불교 탄압의 대표적 사례. 북위무제, 북주무제, 당무종 후주세종의 법란을 합해 삼무일종의 법란이라 함.

250) 다른 집안〔異家〕의 반쯤 믿음 : 불교 탄압시 사명대사를 신뢰하여 일본국에 사신으로 보낸 일에 대해 유가(儒家)에서 의심하는 입장.

251) 絲蟻貫珠 曲直無地 加以萬里滄波 一葉飛鷁 命全薄板 心合虛空 馮夷護送 娑竭謹傳 普濟旗邊 群兇之冤結頓釋 通方眼下 異國之猜情自開 肉身菩薩 雖人爲之遷善 應化眞人 敵國於是興仁 孔明之圖設八陣 徒資後日之兵柄 季子之縱橫六國 益發時士之機心 洪恩賜而不阿千萬人之喜 功德流而不 矜內外事之成 三武之遺風 姑息松林者 恩在一身 異家之半信 或有區域者 德歸于誰今則身心俱耗 乞骸楓階 千里舊山 一頭病驢 哀猿顚喜 愁鶴和南

구름 옷을 입었으며 한 소리로 드날려 연설하니, 대사의 소리를 솟구 쳐냈습니다.

홀으로 그윽함[單玄]을 맑게 노래하니 허공을 쪼개는 번개 그림자 요 옥의 빗[玉箟]을 겨우 뽑으니, 해골의 눈[髑髏眼]이 빛을 내고 금 바늘로 한 번 찌르니 죽은 뱀의 가죽[死蛇皮]에서 피가 흐르나이다.

각기 자기종지의 사람을 편안히 해 진리의 봉우리에 같이 나아가고 한 말귀에 같이 들어간 나그네들이 각기 참선하는 오두막집[禪廬] 찾 으니, 삼천 년 영축산의 남은 바람[鷲嶺之遺風]이 다시 불고 삼십삼 조사로 이어진 조계의 찬 달[曹溪之寒月]이 다시 돋습니다.

큰 줄기로 이런 바탕을 들어보였으나 바다로 먹물 삼은들 어찌 다 말할 수 있겠습니까.252)

덧붙임

학담이 기려 노래한다.

송운조사 큰 법의 장수께서는
칼을 휘둘러 마라를 깨뜨리고
붇다의 환한 해를 드러내셨네
줄 없는 거문고 맑게 노래하시고
영축산의 바람을 불어 일으키시니
조계의 달이 돋아나고 해골이 읊조리네

松雲祖師大法將　揮劍破魔顯佛日
淸唱沒鉉扇鷲風　曹溪月甦髑髏吟

---

252) 噫 積歲風塵 食蔘人情 齒生酸寒 於是鬚髮就刀 圓容麗而珠離泥壑 屈絢掛 臂 祥光粲而山被錦雲 一音演揚 出崛師聲 單玄淸唱 劈空電影 玉箟才抽 髑髏 眼生光 金鍼一試 死蛇皮流血

各安自宗之人 齊趨理崛 同傘一話之客 各討禪廬 三千歲鷲嶺之遺風再扇 卅 三代曹溪之寒月更生 槩擧是資 海墨何窮

서산에 빨리 날이 지는 것 물 흐름 같은데

- 哭西山兼愛日 : 서산대사를 울며 추모하고 가을날을 사랑함

서산 천리에 달이 처음 기우니
남북으로 가는 사람 밤의 어두움에 드네
흰 머리 늙은이가 두 줄기 눈물 떨굼 이기지 못하는데
건네주는 사람과 배가 푸른 바다에 엎어져 있네

西山千里月初傾　南北行人入夜冥
白首不勝雙淚下　濟人舟子覆滄溟(一)

서산에 날이 지는 것 물 흐름처럼 빠른데
나그네 가슴 속은 향내 나는 꽃과 함께 시름을 맺네
흰 머리에 비단 옷이 지금 이미 다 되어
천리 구름 바라보니 옛 고향 가을이네

西山頹日速如流　客裏芳華共結愁
白首彩衣今已矣　望雲千里故鄕秋(二)

덧붙임

학담이 기려 노래한다.

서산에 해가 지고 달은 동에 뜨니
기러기는 붉은 놀을 뚫고 하늘가에 날으네
달은 솔숲에 어울리고 바람은 절로 불어오니
서산의 바람 흐름 누대에 가득하네

西山日落月出東　雁穿紅霞過天邊
月和松林風自來　西山風流滿樓臺

물 속에서 연꽃 피우심 사람 위한 마음이시니

- 西山大師祭文 : 서산대사를 제사 모시는 글

성품의 몸은 물질이 아니고 참된 말씀은 소리 아니라,
몸 아닌 데서 모습을 나타내고 꼴을 나누어 천 억이시며,
참말에서 말을 드러내고 가르침을 강가강 모래처럼 연설하네.

오직 우리 앞에 가신 스승께서는 참되고 깨끗한 세계로부터
나고 사라지는 우리 중생 세간의 곳간에 들어가시니,
참으로 드물고 참으로 드무심이 우둠발라꽃 한 번 핌이고,
기이하고 기이함이여, 보디의 나무가 거듭 우거짐이로다.

쇠벽에서 세 가지 문을 열어 고기와 용을 잡았고
서리하늘에서 한 칼을 뽑아 붇다와 조사를 깊이 파묻었네.
허공 가운데서 그림자를 잡는 것은
근기를 따르는 교화의 간곡함을 다함이고
불 속에서 연꽃을 피우는 것은 사람을 위한 마음의 은근함이니,
크게 밝은 빛의 곳간 가운데서 몸소 보고 들음이 아니라면
반드시 마야부인의 태에서 언약 주심에 같이함일 것이다.

아아 신을 끌어 가실 날이 닥치고 발을 열어 보일 때가 이르자,
지혜의 해가 빛을 잠그니 길 가는 이가 길을 잃었으며
자비의 배가 삿대를 떨어뜨렸으니
배에 탄 나그네는 무엇을 의지하리.
슬퍼해도 미치지 못하고 걱정해도 따르지 못하네.

생각하지 못하고 따져 헤아리지 못함이여,

비록 붇다의 가르침 가운데 법제라고 말해도
겨우 개구리밥을 따고 흰 쑥을 캐 모시고
또한 유가의 마루라고 말해도 콩 한 알과 떨어진 좁쌀로 모시지만
애오로지 저희들의 정성스러움을 펼침이니 받아드시옵소서.253)

덧붙임

학담이 기려 노래한다.

서산조사의 몸은 하늘의 달과 같아서
물 있으면 달 있으나 그림자 잡을 수 없네
참말씀은 말이 없으나 낱낱 것에 드러나니
닿는 이는 불 속의 연꽃 모두 피우리

西山祖師身如月　有水有月沒捉影
眞說無言頭頭顯　觸者皆生火裏蓮

서산조사 세간 오심 우둠발라 꽃과 같으니
보디나무 거듭 우거지게 함 평생의 일이로다
조사께서 자취를 거두시나 본래 사라지지 않으니
귀의하는 마음 가운데 달은 스스로 밝으리

祖師出現如優曇　覺樹重榮平生事
祖師收迹本不滅　和南心中月自明

---

253) 性身非色 眞說無聲 於非身現相 分形千億 於眞說顯言 敎演河沙
惟我先師 從眞淨界 入生滅藏 希有希有 曇花一發 奇哉奇哉 覺樹重榮
開三門於鐵壁 撈漉魚龍 拔一刀於霜天 沉埋佛祖 空中撮影 隨機之化曲盡 火
裡生蓮 爲人之心殷勤 如非大光明藏中親見聞 必是摩耶肚堂裡同授記
嗚呼 携鞋日迫 啓足時臨 慧日沉暉 遊人失路 慈舟墜棹 海客何依 嗟而無及
患而莫追
無思無慮 雖云佛制 採蘋採蘩 亦曰儒宗 一豆脫粟 聊伸悃愊 尙饗

그림자의 모습은 가을 달이니

아득한 언약의 운이 이르니
삶을 이 나라 강산에 부쳤네
몸은 한 조각 구름 같으나
뜻은 천리를 나는 학이로다
모든 법의 곳간 비게 하고
만 조사의 뼈를 부수심이여
섶의 불은 다함이 있으나
그림자의 모습은 가을달이니
사람과 하늘이 같이 우러러
길이 쑥 우거진 골짜기 생각하네

懸記運至　寄生江國
身一片雲　志千里鶴
空諸法藏　碎萬祖骨
薪火有盡　影伴秋月
人天共仰　永思蘿壑

덧붙임

학담이 기려 노래한다.

조사의 진영은 다만 여기 있는데
살아계실 때 면목은 어디로 갔는가
그린 빛깔과 붓과 먹은 어울리되 합함 없으니
서산의 바람과 달은 길이 사라지지 않네

祖師眞影只在此　生時面目去何處
彩色筆墨和無合　西山風月長不滅

삼가 제사 받들어 올리니 저희 정성 받아주소서

- 松雲大士祭文 : 송운대사를 제사 모시는 글

지극한 이치는 크나큰 공에서 고요하고 잠잠하니
오직 고요하고 고요하며 오직 밝고 밝게 압니다.
밝고 신령함이 다섯 움직임에서 비춤을 따르니
여기에서 꼴이 나고 여기에서 이름이 납니다.
이를 바탕하고 이를 보전하여
하늘을 정수리에 이고 땅에 서심이여.
오직 우리 큰 스승께서는 그 무리에서 빼어나시어
밝으시고 또 참으로 슬기로우시며
그 흐름에서 홀로 우뚝하시어
어지시고 또 의로우셨습니다.254)

한단의 꿈을 깨심이여,255)
뜬 세상의 막히고 통달함에 수가 있음을 아시고
잠속 나비의 꿈을 돌이키심이여,256)
스스로 뜬 세상 깨고 잠듦이 같지 않음을 깨치셨네.
일찍이 시경과 주례의 가르침 배우길 어기고
열두 때 가운데 욕망 펼침 없기를 헤아렸네.

---

254) 至理靜默於大空 唯寂唯知 明靈隨照於五運 乃形乃名
　　資之保之 頂天立地 惟我大師 拔乎其萃 賢而智也 卓乎其流 仁且義焉

255) 한단의 꿈〔邯鄲夢〕: 당나라 현종 때 산동에 사는 노생(盧生)이라는 젊은
　　이가 가난에 시달리다. 한단의 장터에서 도사 여옹(呂翁)의 베개를 베고 잠
　　들어 인생 온갖 영고성쇠(榮枯盛衰)를 겪고 깨고 보니, 여옹의 베개 옆이었
　　다는 옛 이야기.

256) 장주호접몽(莊周胡蝶夢) : 장자가 제물편에서 가르친 이야기로, '지난 밤
　　꿈에 내가 나비가 되었는데 깨고 보니 나였다. 그런데 내가 나비가 되었는가
　　꿈의 나비가 내가 되었는가'라고 물은 것을 말함.

죽고 삶을 깨우치는 말귀의 스승 두루 찾아 뵈니
서른 해를 오면서 뒤섞여 마음 쓰지 않았네.
서리 낀 소나무에서 그 지조를 말하고
물에 비친 달에서 그 텅빔을 부끄러워하며,
나라의 걸음이 많이 어그러지고
죽임의 연기가 사방에서 일어나니,
많은 중생이 고기처럼 죽는 것 슬퍼하시고
나라가 붉은 땅이 됨을 슬퍼하심이여.
차마 그 모습 앉아 볼 수 없어 가사를 벗었고
나라의 은혜 갚기 어려워 칼에 의지했네.257)

바람 높은 들 벽에서 추위 배고픔에 맡긴 지 여덟 해
달이 강모래에서 늙어가니
돌아가는 넋이 천 봉우리에서 꿈꾸고
그윽한 말로 원수의 뜻을 맞혔도다.
위엄스럽고 빼어나게 창을 휘둘러
기를 놓아 적의 두목을 누름에
신의 나라 무리들이 배를 두드리며
어짊으로 사람을 사랑하게 되니
반듯한 선비가 때를 건지는 방략에 같이함이 있고
의로움으로써 임금에게 충성하니,
부끄러움 없는 공신이 사직을 편안히 하는 정성이네.258)

---

257) 夢罷邯鄲 因知浮世窮達之有數 睡回蝴蝶 自覺浮生寤寐之不同
早違學詩禮之訓 而十二時中 擬無羅慾 偏叅誠死活之句 而三十年來 不雜用心
霜松議其操 水月慙其虛 國步多舛 腥烟四起 哀蒼生之魚肉 愴國家之赤土
不忍坐視而脫袈 難報國恩而仗劒

258) 風高野壁 任寒餒而八稔 月老江沙 歸魂夢於千峯 以玄言而中敵
威勝揮戈 放逸氣而凌酋 神侔扣腹 仁以愛物

삶의 연이 이미 다하니
큰 운에서 도망가지 못함이여.
혀의 앎이 먼저 날아가
강물 쏟듯 하는 말재간이 여기에서 말랐고
몸의 뿌리가 흩어져 바람을 이으니
둥근 달 같은 얼굴이 어디로 돌아갔는가.
돌아가는 구름 그림자 머무를 수 없음을 탄식하고
바람 앞의 촛불 빛이 스스로 사라짐을 아파하네.
살아계실 때의 높은 자취만이
오히려 신묘함을 남겨 마치 어제 같으니
남은 이들의 슬픈 눈물 두 줄기 흘러내립니다.
삼가 한 제사를 받들어 올리오니,
아아 저희 정성 받아주소서.259)

덧붙임

　학담이 기려 노래한다.

　　송운대사는 법계에 하나로 맞으시어
　　오되 오지 않고 세간에 나타나셨네
　　큰 일을 다시 밝혀 홀연히 꿈을 깨시고
　　모습 없는 법계를 떠나지 않고
　　만 가지 파라미타행 나투셨네

　　松雲大師稱法界　來而不來現世間

　　則有同方士 濟時之略 義以忠君 則無愧功臣 安社之誠
259) 生緣旣盡 丕運莫逃 舌識先飛 懸河之辯斯渴 身根繼風
　　滿月之容何歸 嘆歸雲之影難留 傷風燭之光自滅
　　惟在世之高標 尙留神其如昨 哀淚雙垂 恭陳一奠 嗚呼尙饗

再明大事忽覺夢　不離法界顯萬行

자비지혜 원만하신 대조사께서는
백성이 물고기의 신세 되고
나라가 구덩이에 떨어짐을 슬퍼하시사
창을 휘둘러 마라를 깨뜨리시며
어지러움을 태평에 돌리시고는
교화를 마치시고 고요함에 돌아가시나
남아있는 우리 중생 떠나지 않네

悲智圓滿大祖師　哀民魚肉愴國墮
揮戈破魔還太平　化畢歸寂不離吾

산 보디사트바의 보심은 어머니 같으니

- 贊 : 사명대사를 기림

터전을 만나면 우스개놀이 지어 가만히 참구슬을 뿌리는데,
얼굴 마주해 서로 보게 되면 밤 가시가 어찌 그리 거친가.
이 몸 그대로 오신 보디사트바가 보는 것은 어머니와 같고,
눈을 갖춘 큰 스승의 지혜로움은 어리석음 같아라.
지혜의 횃불이 바야흐로 빼어남에 법의 기둥은 먼 곳을 찾았고,
소리가 바닷가에 전해짐이여, 그림자는 구름 길을 비추고
신령한 빛 없어지지 않음이여, 돌이 닳는 긴 겁도 잠깐이로다.

逢場作戱 暗撒眞珠 對面相呈 栗棘何蕪
肉身菩薩 見者如母 具眼作家 智者如愚
慧炬方秀 法棟尋迂 聲傳海岸 影耀雲衢
靈光不泯 拂石須臾

덧붙임

　학담이 기려 노래한다.

　　조사의 지혜는 크게 어리석음 같고
　　자비는 어머니가 외아들 보살피는 듯
　　때로 방망이 들고 때로 칼 들어
　　어리석은 우리 중생 일깨워주시니
　　이 일을 잊지 않고 만세에 기억하리

　　祖師智慧如愚痴　慈悲如母護赤子
　　或棒或劍警迷衆　此事不忘憶萬歲

오직 우리 대사께서는 빼어나고 빼어나시사
- 丈六大士祭文 : 한 길 여섯 자 대사를 제사 모시는 글

엎드려 간절히 사명대사를 생각하나이다.
한 근원이 고요히 툭 트여 두 기운이 나뉘니
뭇 꼴이 의지함이 있어 선악이 스스로 달라집니다.
오직 우리 대사께서는 빼어나고 빼어나시사
그 껴안고 보냄을 신그럽게 하시고
밝음이 하늘의 지음에 이웃하셨네.
버금 성인의 나면서 아는 것을 배우고
어려서 세간이 덧없이 뜬 것을 깨치시사
스스로 공한 문에 몸을 던져 크게 글과 이치 닦으셨네.
바른 자태를 넉넉히 꾸미시어 붇다와 노자의 가르침을 알아 통하고
공자와 묵자에까지 견해가 넓어 그윽한 가풍을 바로 퍼뜨렸네.260)

곁으로 유가의 업 드날려서 도가 치우치고 더럽지 않으니
우리 사명대사를 어찌 군자라고 말하지 않겠는가.
하늘이 재앙의 태를 길러 우리나라의 구역에 내려
억조의 양이 내달리고 백 개의 군이 불에 타버림이여.
의로운 군사를 모아서 나라의 수치 갚길 다짐하고
장막에서 꾀하고 의논하여 방패와 창에 힘을 기울였네.
많은 군사 죽임을 입었으나 홀로 남은 몸을 보전하사
삶의 나이 일흔에 문득 두렷이 고요함에 돌아가셨네.

---

260) 伏以
　　一源寥廓 二氣斯分 羣形有賴 善惡自殊
　　惟我大師 秀又穎矣 神其抱送 聰鄰天造
　　學亞生知 幼悟世浮 自投空門 大修文理
　　盛飾儀容 解通佛老 見博孔墨 正播玄風

문을 같이해 듣고 배운 이들이 형과 아우로 나뉘어서,
슬피 발우의 밥을 가져다 길이 긴 근심의 마음을 지으니
사명대사께서는 받아 드시길 엎드려 바랍니다.261)

덧붙임

학담이 기려 노래한다.

법계는 모습 없고 모습 없음도 없으며
고요하여 함이 없고 하지 않음도 없네
한 길 여섯 자 대사의 몸 또한 그러해
화현하여 몸이 났으나 오되 옴이 없네

法界無相無無相　寂然無爲無不爲
丈六大師身亦然　化現身生來不來

어려서 덧없음 깨치사 도와 배움 겸하시고
외적이 침입하니 나라의 수치 갚으셨네
일흔에 고요함에 돌아갔으나 가되 감이 없으니
뒤에 배우는 이들 공경히 대사의 법신에 절하네

幼悟無常道學兼　外賊侵入雪國恥
七十歸寂去不去　後學敬禮師法身

---

261) 傍揚儒業 道非僻陋 盍曰君子 天養禍胎
　　降我區域 億兆羊驅 百郡熸烈 糾合義旅
　　誓雪國恥 謀謨帷幄 幷力干戈 多士被殺
　　獨保遺體 生年七十 奄歸圓寂 聽學同門
　　分有昆季 哀將鉢飯 永作長憂 伏惟尙饗

옮기고 평창한 이 학담(鶴潭)스님은 전남 화순에서 출생하여, 광주제일고와 서울대 법대를 졸업하였다. 1970년 대학 1학년 때 도문화상(道文和尚)을 은사로 출가하여, 대각사에서 학업과 함께 용성조사(龍城祖師)의 일세대 제자들인 동헌선사(東軒禪師) 동광선사(東侊禪師)로부터 몇 년의 선 수업을 거친 뒤, 상원사·해인사·망월사·봉암사·백련사 등 제방선원에서 정진하였다. 20대에 이미 삼 년여 장좌불와의 수행을 감당하였으며, 20대 후반 법화경·아함경에서 중도의 지견을 밝혔다.

도서출판 큰수레를 통해『육조법보단경』등 30권에 이르는 많은 불전해석서를 발간하였으며, 2014년 한길사에서『학담평석 아함경』12책 20권의 방대한 해석서를 발간하였다. 2016년 사단법인 문화유산 가꾸기 푼다리카모임을 설립하여 이사장에 취임하고 우리 사회에 조화와 상생의 문화, 평화와 소통의 문화를 펼치고자 노력하고 있다.

푸른 매화로 깨달음을 도장 찍다

2017년 9월 15일 초판 1쇄 발행
2021년 11월 10일 재판 1쇄 발행

저자 청매인오선사(青梅印悟禪師)
옮기고 평창한 이 학담(鶴潭)
펴낸이 이경로(元默)
펴낸곳 도서출판 푼다리카

기획 배동엽 정범도 | **편집** 오지연
홍보 박순옥 이지은 박복희
영업 김준호 김미숙
표지 선 연 김형조 | **인쇄** 신일프린팅

등록 2017년 3월 27일 제300-2017-41호
주소 (03113) 서울시 종로구 종로63마길 10
전화 02-764-3678 | **팩스** 02-3673-5741 | **이메일** daeseungsa@hanmail.net

값 40,000원
ISBN 979-11-960740-1-2 03220
* 잘못 만들어진 책은 구입한 곳에서 바꿔드립니다.